清史列传

简体字本

王钟翰 点校

清史列传

卷七五~卷八〇

中华书局

清史列传卷七十五

循吏传二

阎尧熙

阎尧熙，字涑阳、河南夏邑人，祖籍山西太原。康熙四十五年进士。五十二年，除直隶藁城县知县。邑滨滹沱河，常以秋浸溢，为筑堤，建木桩数千，以捍其冲，夹岸植柳以固之，水不为患。雍正元年，调南宫县。未几，擢晋州知州。州濒河，河失故道，荡析民居。请设法安集，民免河患者来谢，扶携老稚，相属于道。尧熙曰："圣恩，我何与？"令望阙拜，复念远来，给百钱以资裹粮，散钱十万。民益感激，泣下曰："真父母也！"

怡贤亲王奉使过晋，闻其名，奏循良第一，授山东青州府知府。未之官，改授浙江嘉兴府。俗健讼，良懦不得直，府讼批县，或不理，狡黠者益无忌。尧熙始至，日判状三百，比对簿，自请息者二百馀，庭折数十，得豪民张某狡黠状，杖杀之。民欢然称快。

府赋重,吏胥因缘为奸,民完如额,官不知,民亦不自知。前官累以缺赋课殿去,尧熙巡行清理,民始知额,岁无逋赋。海盐县塘工不就,总督李卫欲开引河,尧熙言:"卤水入内河,田亩皆伤,非特坏庐舍、縻帑金也。"议遂罢。营弁缉私盐,纵其枭,持他人抵罪。尧熙言其诬,总督不听,庭争再三。总督乃自勘,释狱,愈贤尧熙。累迁湖北按察使。前政深刻,尧熙至,务生全不苟。

擢四川布政使。成都当康熙时兵燹未久,人稀谷贱,故满兵愿得银;雍正以后,生聚多,谷贵又愿得谷,或徇其意请于朝,令民受银购谷给兵,而汉兵亦欲仿行。尧熙不可,督兵争之,尧熙曰:"满兵例不出城,文字言语与汉殊,故代之购。汉兵募自民间,父子兄弟皆民也,奚不自购而烦代购乎?"督兵语塞,事遂止。尧熙质直,好面折人过,虽上官不少假;然宅心光大,勇于从善。初至成都,闻钱价贵,榜平其直,以成都知府王时翔言,立毁榜。又总督议徙凉州驻防兵于成都,拓满洲城,尧熙与时翔按图籍力争,止之。语皆在时翔传中。乾隆七年,卒。刘绍攽九畹集。

魏崃

魏崃,畿辅诗集。直隶南乐人。太学题名碑。康熙四十五年进士。五十四年,授浙江钱塘县知县。县附藩事至剧,吏易为奸。崃下车,先洁己,罢民间供应。曩时相沿,如仓胥供署中食米,屠侩供肉,江步供薪,渔户供鱼之类,一旦尽革之。晨夜治簿书,断理狱讼,无留牍,无遁情。减正赋耗羡,谕民以时输租,民争相劝输,勿累县官。课遂称最。故时征漕,主仓吏馈官千金。崃叹曰:"无故捐多金,非人情,其奸不待问也。"自止于仓,亲评米高下,令纳者自操量,毕,征吏无私焉。杭驻防旗丁,多不戢,市物薄予之直,挑妇女于道,民病之。前官以非所隶,不致诘。峺至,辄移所司,论罪,遂相戒勿敢犯。海塘岁修不赀,时议有欲令民出家财佐公者,令绅士为倡。峺请曰:"浙士皆无赀,且此例一开,贻患无穷。"事遂寝。县志阅八十年不修,峺开馆搜辑,成书三十六卷。

五十七年,自劾去官,时势豪与民争墓田,上官右豪,峺不自得,力求去,无以为辞,乃以库贮前官所补金微恶,及民输钱之当易银者未尽纳二事,坐亏空免。百姓吁留者数千人,或持金代偿,上官意亦悔,奏复原官。峺坚不起。雍正九年,卒。抱经堂集。有锄经山房稿一卷、且斋草四卷。畿辅诗传。

赵之鹤

赵之鹤,奉天正白旗人。康熙四十六年,由四川纳溪县知县擢济宁州知州。州有税课局,额不及千两,吏以术数倍征之。之鹤悉为裁革,物少不及税则者,免其征。四十八年秋,大雨,水。城中挐舟往来,西城外南北潴为大泽。之鹤为开水道,发土得故沟,命工增甃之。故沟见于元李谦为冀德方去思颂,谓迹访故渠而为之者。其始作更在元以前,旧矣。于是为横沟一,纵沟南北各一,凡三沟,达诸西门之外。更立约,每岁先夏启治之。今州无壅水之患,之鹤力也。阮氏衣冠族,有世英者,独为窃,其母求毙之,绝后祸。察其色甚恐,为委曲开诲,世英顿首堂下,痛哭,负其母归,卒为良民。回民文朗,号虎头鱼,淫暴乡里,则令荷校死,州人快之。州时属兖州府,兖之山茧,衣被天下,民资以为业者众。有权贵人,出巨赀为垄断。之鹤百方为求免,事获已。民为塑像,筑生祠于南门外。之鹤毁像,而以其屋为济阳会馆。又潜立木主,或刻像于石祀之,在州十九年。

雍正二年,州升为直隶州,上官谓之鹤不胜任,降补堂邑知县。去之日,百姓挈壶榼,跽拜号泣,送者以万数。之鹤为堕泪,自朝至暮,始达康庄驿,至汶上,为郁结,不能食,遂有疾。至阿城,卒。之鹤之自汶上发也,汶上人送者复数千,怪问之,皆曰:"吾邑知县虐使吾民,闻济宁州善政,愧而效为之,今亦为好官,故吾邑人无不戴德也。"祇平居士集、济宁州志。

陈惪荣

陈惪荣,直隶安州人。为诸生时,与博野尹会一切劘正学,有经世之志。康熙五十一年,成进士。六十一年,授湖北枝江县知县。修百里洲堤,以息水患;请除解饷入川杂派,民无扰累。雍正三年,迁贵州黔西州知州。丁父忧,归。服阕,署威宁府知府。未几,威宁改州,升大定为府,以惪荣移补焉。乌蒙土司叛,东川、镇雄附之。上官檄惪荣赴威宁防守,城西陴倾圮,聚民间米桶实土石累丈馀,上加雉堞,不终日而功成。贼离城三十里纵火牛,光焰烛天。惪荣督士卒昼夜备御,贼不敢逼。总兵哈元生援兵至,贼乃遁。寻丁母忧,服除,署江西广饶九南道,督浔阳、大孤两关,宿弊尽革。

乾隆元年,擢贵州按察使,疏言:"古州吏目叶封、印江县典史章秉惠,均以疏脱重犯越狱,题革覆准;独贵定县典史倪永吉部覆照有狱官例止予虚革;前后互异,无以示劝惩,且府司则有司狱,州县则有典史、吏目,若司狱为专管狱官,典史、吏目为兼管狱官,是核转衙门有专管之员,承审衙门反无专管之员,于设官制律之本意,均有未协。请处分酌归平允,监狱照例责成。"上是之,饬部议行。时苗疆新定,方驻师归兴屯,经略张广泗以威重镇服,用法严峻。二年,贵阳大火,惠荣入见广泗曰:"天意如此,当设诚修省。苗亦人也,可尽杀乎?"广泗大感动,申戒诸将吏,如惠荣言。四年,署布政使,以黔地瘠薄,宜劝民务本计,疏言:"黔省山多水足,可以疏土成田。惟小民艰觅工本,不能变瘠为腴。至于山土,荒弃尤多,流民思垦,辄见挠阻。桑条肥沃,亦不知蚕缲之法。自非牧民者有以经营而效率之,利不可得而兴也。今就邻省雇募种棉、织布、饲蚕、纺绩之人,择地试种,设局教习,转相仿效,可以有成。应将上游责成贵西道,下游责成贵东道,屯军责成古州道,俾之因地制宜,随时设教,则一年必有规模,三年渐著成效矣。"疏入,得旨允行。六年,又奏陈课民树杉,得六万馀株。谕曰:"览之欣悦! 蚕桑树艺,为政之本,所当时时留心。教民务本足用之道,均不外此。"七年,贵筑、贵阳、开州、威宁、馀庆、施秉各县,具报垦田至三万六千亩,种桑饲蚕,秩然就绪。复开野蚕山场百馀所,比户机杼声相闻。惠荣据以入告,谕曰:"此等事论之似迂,行之甚难;若果妥协办理,则实有益于农民,其勉为之!"前后疏九上,皆蒙嘉奖。复缮城垣,恤流民,给孤老,益囚食;修拓黉舍,进诸生,勖以为己之学,自立志始。士风为之丕变。

十一年,升安徽布政使,适凤颍水灾,田庐漂没,急请发仓赈恤,流移得以安集。十二年,卒于官。

谢济世

谢济世,广西全州人。康熙五十一年进士,选庶吉士,散馆授检讨。雍正四年,转浙江道监察御史。时上御门,许科道直前奏事。济世露章言三事,世宗霁颜问云何,对曰:"一钱法,一盐法。"上曰:"钱法大难,朕方筹画。"已,又奏劾河南巡抚田文镜贪黩不法状,上顾谕曰:"彼号能臣,朕方倚任,尔毋惑浮言。"还其奏。衎石斋纪事稿。济世伏不起,争益力。上怒,付法司鞫问。梅庄杂著。尚书励杜讷命刑讯问指使何人,济世曰:"孔孟。"问何故,则曰:"读孔孟书,自当忠谏。见奸弗击,非忠也。"奏上,议大辟,得旨免死,令往阿尔泰军前效力。先正事略。

济世在军台,平郡王及公大臣博尔屯、伯大臣钦拜皆遇以殊礼,钦拜则北面称弟子。夸蓝大以下受业者,不可更仆数。平郡王命嗣王从受业。会得二猎犬,拟进奉,济世曰:"进犬非王事,孰若进一二贤臣。"王顾嗣王曰:"侍御良言,真古人箴规之义,不可忽也。"谢庭瑜撰小传。居三年,上念效力诸臣,以问振武将军,将军劾济世注大学,诽谤程朱,奏进其书。廷议又谓有讽刺语,即戍所下狱论死,上复宥之。寻准噶尔扰边,徙济世察翰叟粮饷营,已又徙无量台营,已又徙鄂尔坤营。衎石斋纪事稿。

高宗登极,召还,复补江南道监察御史。同上。以母老乞外补,小传。得旨,授湖南督粮道。衎石斋纪事稿。善化知县樊德贻、衡阳知县李澎,巡抚许容心腹也,其征粮浮收,皆倍蓰。济世易服为乡民,廉得实,乃捕澎丁役,揭参德贻,皆格不行。诣许容面陈状,词过激,容恚甚,反列款纠济世。于是湖南士民揭帖讼冤,有旨交总督孙家淦会鞫，济世解任，以岳常澧道仓德代。时布政使张璨、按察使王玠锻炼成狱，谓所访衡阳事皆虚，而长沙知府张琳原详稍征寔，与劾疏歧。适玠擢四川布政使，过岳州，手致璨书于仓德，请密易原详，仓德不可，虑撄众忌，遂以书呈总督，总漕、总督寝其事，总漕移牒都察院，左都御史刘统勋上之，御史胡定采民谣以闻。上命侍郎阿里衮驰谳，至则士民数千人戴香迎马首跪称冤，尽得朋谋倾陷诬罔周内状，力为平反，坐许容及藩臬守令皆革职，总督亦免官。

济世得雪，李元度撰事略。改授盐驿道，以老病休致。家居十有二年，卒。济世在塞外九年，得究心圣籍，尤精易理。所著易在，曾进御览。又著有医匦十经及以学居业集、史评纂言内外篇、离骚解、西北域记。小传。

叶新

叶新，浙江金华人。康熙五十一年，顺天举人。从蠡县李塨受业，立日谱稽核功过，尤严义利之辨。雍正五年，就吏部拣选，往四川试知县，既署理华阳县事。寻补仁寿，民或与邻县争地界，当会勘，乡保因阍人以贿请，新怒，悉下之狱。勘毕归，各按其罪。由是吏民悉敛手奉法。八年，署嘉定州知州。州故有没水田，多逋税，新视旷土可耕者，召民垦辟，以新科抵税额，逋税悉免。仁寿奉旨采木，匠人倚官为暴，民弗堪，纠众相抗。县令以变告，新驰至，讯匠头及首纠众者一人，并治之，释馀数百人不问。上官以为才，有疑狱辄令往谳，多所平反。十二年，迁卭州知州。乾隆元年，再迁夔州府同知，署龙安及成都府知府，又署

泸州知州。泸俗好讼,初至,案牍委积。新日坐堂上,讼者至,立
剖决,诬罔者杖遣之。旬馀,狱事大减;及百日,遂无留狱。

七年,署顺庆府知府,迁雅州。丁母忧归,服除,授江西建
昌府知府。以简静为治,先教谕而后刑罚。修盱江书院,招引
文学之士,复南城黄孝子祠,以厉民俗。十三年,南丰县知县
报县民饶令德谋反,请穷治。令德好拳勇,知县以风闻遣役往
侦,误探其仇,谓谋反有据,遂逮令德,适它往,乃逮其弟系县
狱。令德归,自诣县,讯以重刑,遂诬服,杂引亲故及邻境知识
为同谋。知县遽移檄追捕,蔓赣、抚二府。新得报,集诸囚亲
鞫,时株连者已七十馀人,言人人殊。新大疑,诘县役捕令德
弟状,役言初至令德家,获一箧,疑有金宝匿之,及发视,无所
有,则弃之野,知县闻,意箧有反迹,讯以刑,遂妄称发箧得簿
札,纳贿毁之矣。令谓实然,遂逼令德俾诬服也。[一]新于是尽
释七十馀人镣具,命随往南昌,戒之曰:"有一逋者,吾代汝死
矣。"及至,七十馀人则皆在,谒巡抚,具道所以,巡抚愕不信,
集才能吏令会勘,益杂逮,治诸所牵引,卒无据,然不可卒解。
先是,巡抚得报时,遽上奏,命两江总督委官即谳,新为一一剖
解,得白,所全活三百许人。

十七年,调赣州府,有赣县民抢夺拒捕案,新依故例拟发边
充军。时新例已改本条为斩决,院司欲以改例拟,新谓事在例
前,争之不得;复以宁都民狱事,与同官持异同,不得直。遂谢事
闭门候代,上官慰谕再三,不从,遂以任性被议,免归。家居十馀
年,卒。鲁仕骥所撰状。

【校勘记】

〔一〕遂逼令德俾诬服也　原脱“诬”字。今据耆献类征卷二二六叶二
　　六上补。

施昭庭

施昭庭,江苏吴县人。康熙五十四年进士,授江西万载县知
县。县险僻多山,有客民自闽粤来居之,累数十年,积三万馀人,
号曰“棚民”。温尚贵者,台湾逸盗也。其党亦散处山中,为拳
勇师,与棚民往来。雍正元年,福建移捕盗党急,尚贵度不免,谋
为变。始昭庭之至也,以棚民为虑,县人易廉野富而才,昭庭厚
礼之,使交于棚民,而侦其所为。廉野大积粟贷棚民,还不取息,
或免偿。如是者数年,棚民大悦。棚民之才者严林生、罗老满,
数从廉野游,尽得山中要领。尚贵将举事,召棚民,廉野以闻于
县。昭庭集勇敢三百人,即以林生、老满统之,为要约以待。棚
民多受廉野恩,不忍往从尚贵,然往者犹数百人,尚贵有众二千,
大掠山林间,时三月十三日也。昭庭谓林生、老满曰:“贼易破
也。然吾虑贼或扰旁近县,旁近县无备,若使向万载,破之必
矣。”会得贼谍四人,厚抚之,使告尚贵曰:“万载人尽逃,城虚,
可唾手得也。”贼遂决意向万载,乃张疑兵伏诸山径中,时鸣鼓哗
嚣,树大旗,见斿或连击,数十马相蹛嘶,或爇草若炊烟,贼疑不
敢入,遂由官道来,而棚民多受林生、老满计,使趫捷者数十人分
曹持兵伏丛棘中,贼过突跃出,大呼击贼,贼惊走,辄追杀之。伏
数发,贼疑骇,欲却,又惧棚民之蹑其后也,于是濡被为盾以进。
昭庭望见,笑曰:“彼已慑矣。”使火枪二十馀迭击之,一战获尚

贵。尚贵起二日而败,又二日而抚营兵至。

　　初,棚民尝入市欺市人,人积畏之。尚贵叛,道路汹汹,指棚民。昭庭谓林生、老满曰:"抚营至,必搜山。吾负棚民,奈何?吾以免死帖与诸降者。汝及今趣棚民具不从贼结状来,其免乎。"兵至,果搜山,如昭庭计,不戮一人。巡抚初到官,张其事入奏,既见昭庭申文,〔一〕不合,使请于总督查弼纳欲改之,昭庭曰:"吾不忍迫棚民使畔,而杀之以为功也,不可改。"巡抚乃檄昭庭,谓"棚民匿盗已久,又从乱罪皆死,今虽赦之,必驱归本籍"。昭庭乃使人遍谕棚民无恐,而请于督抚曰:"棚民者,闽粤之贫人耳,来居山中,种麻自给,以席为屋,故曰'棚民',非刀手、老瓜贼之比也。历年多,生齿众,与居民间有争讦,皆细故,不足深惩。今日之乱,由台湾逸盗,不关棚民,而探贼动止,离贼党羽,诱贼就缚,悉资棚民力。请核户口。编保甲,列齐民,泯其主客之形,宽其衣食之路。长治久安,于计便。"查弼纳许之,巡抚寻亦悟,如昭庭策,棚民乃安。事闻,世宗临朝,谕九卿曰:"知县以数年心力办贼,巡抚到官几日,岂得有其功耶?"独下总督疏交部议叙,以主事知州用。昭庭寻引疾归,后十馀年卒于家。钱仪吉撰事状。

【校勘记】

〔一〕既见昭庭申文　"昭庭"原误作"君"。今据耆献类征卷二二五叶三七下改。又下文"乃檄昭庭",亦同。

　　刘士铭

　　刘士铭,直隶宛平人。康熙五十六年举人,六十一年,授山西闻喜县知县。闻喜故剧邑，会政弛吏偷，逋赋累岁而催科急，民益大困。士铭至，则召县之父老，谓曰："令拙于催科，而民赋不输，是欲见令拙也。愿与父老约，行滚单法，何如？"滚单法者，县出单，书赋户名，先甲次乙，甲受单输赋毕，而单至乙，乙受输之如甲。以次及于一县。赋户毕，然后上单于令者也。父老则顿首曰："如约。"于是士铭为画催租役于单首，行之如法。国赋岁入，民无谤者。又县故有市集，所在迥远，盗贼窃发，为贸迁患。士铭令改市适中之所，民大便利，盗贼亦罢去。民为立祠祀之。历摄临汾、蒲州、解州。雍正六年，擢太原府同知。兼摄和平、定州，寻授朔平府知府。朔平地连北边，蒙古部人与民相杂处，而郡又新设民属府，而蒙古人隶都统戏下，讼辄牵掣，号难治。士铭谒都统，与之谈宴极欢，曰："某奉命来从公，偕治天子人，誓不得画彼此界。"自是蒙古人或暴恣，士铭立杖决之，久之帖然，而民赖以安。八年七月，以母忧当罢，有旨在任守制。士铭力请反葬而后赴职，许之。

乾隆三年，父殁去官，两丧六年服阕，补湖北安陆府知府。楚俗悍诈，狱成则抵罪，而情或不实。士铭苦心谳鞠，多所平反。汉江在府城西，上去襄阳七百里，下去沔阳七百里。水自北来，径石城西南，与大江合，自石城下抵蔡家桥湾，由马公洲小河口以达于南河，回折三百馀里，土人谓之红庙堤，最要害。在昔石城远近湖港支分，用泄水势，其后日以堙塞，而捍水者独恃堤，堤不固则风旦霖夕，一蚁所盗，千里为壑。士铭躬亲相视渗漉，与役夫同甘苦，其课工视引锥穿土毫发不损乃已。郡人喜曰："我公不寐，我民安睡矣。"会孙家淦总督两湖，疏请调士铭知荆州，士铭曰："某得荆州，人以美官贺，岂此间有所利耶？"闻府四关有东中西北征税处，[一]即令曰商贾自入庭中，投所税钱于楼，役是士者不得与。又闻驻防兵丁粮饷，故事自府支给，所在州县岁当输南米二十馀万石，上府即令诸邑曰：至期悉以米来，不得他有所代；令兵丁曰：月至府支饷二日，支粮三日，至期一如所支，各罢去。诸邑或请曰："公若少通，自便亦以便人。"士铭曰："人之不便，某任其咎，通则何敢乎？"人以是服其清。间摄理事同知事，或有奸其姊之女而杀其夫者，事已私解。士铭访按确实，立置之法。有兵丁在校场用火枪误杀五人，律不抵罪。士铭验得铅子于尸中，讯得故杀状，抵之。士铭于所事虽非其专任，未尝苟也。十四年春，奉特命赴四川办理台站，及金川平而还。十五年八月，授本省驿传盐法道，各省盐价皆画一，独湖广无定式，士铭始令商毋二价，且时取市中权秤，亲为较其斤两轻重，毋多取民利。十六年三月，以所辖驿站迟误公事劾去。

　　初，士铭之被劾也，同官有轧大吏以去者，继至者疑士铭主使之，辄摭细故以劾士铭，且欲穷治其他事以闻，卒无所得。既而以士铭在荆州十年，于是更使踪迹之，亦无状。所使者走谒士铭曰："公诚贤者，然上官使某踪迹公，无所得。某无以报，请公自书一二事告我。"士铭曰："某不肖，不敢不自爱，惟忆为龃使，令节受商人花镫数物，此破吾检耳。"即书款付之，所使以反命，上官默然。及按驿站所迟误者，在江南，与士铭无与，人曰："何不白之？"士铭曰："某服官三十年，今以此释负戴，可矣。"遂归，三十年，卒。

【校勘记】

〔一〕闻府四关有东中西北征税处　“闻”原误作“问”。今据耆献类征
　　卷二一〇叶一八上改。下有“又闻”，同。

庄亨阳

庄亨阳，福建南靖人。康熙五十七年进士，知山东潍县，母
就养卒于涂，归而庐墓三年，自是未尝一日离其父。父既没，讲
学漳江。乾隆初元，礼部尚书杨名时荐士七人，亨阳与焉。授国
子监助教。当是时，上方向用儒术，尚书杨名时、孙家淦，大学士
赵国麟，咸以耆寿名德领太学事，相与倡明正学，陶植邦彦，六堂
之长，则亨阳与安溪官献瑶、无锡蔡德晋等，皆一时之俊。每朔
望，谒夫子，释菜礼，毕，登讲座。六堂中，国子生以次执经质疑。
句日则六堂师分占一经，各于其斋会讲。南北学弦诵之声，夜分
不绝。都下号为“四贤”、“五君子”。

迁吏部主事，外补德安府同知，擢知徐州府。徐仍岁水灾，
亨阳相川泽，咨耆民，具方略，请广开上游水道，以泄盛涨，且告
石林可危，未及施工而石林决。沛县城将溃，民窜逃，亨阳驾轻
舠，行告父老曰：“太守来，尔民何往？”亲率众堵筑七日夜，城
完。在徐三年，两遇大荒，勤赈事，至废眠食。九年，迁按察司副
使，分巡淮徐海道。亨阳通算及董河防，推究高深测量之宜，上
书当路，大略谓：“淮徐水患，在壅毛城铺而徐州坏，壅天然减水
坝而凤颍泗坏，壅车逻、昭关等坝而淮扬之上下河皆坏，宜开毛
城铺以注洪泽湖，则徐州之患息，开天然坝以注高宝诸湖，则上
江之患息。开三坝以注兴盐之泽，则高宝之患息。开范公堤以

注之海,则兴盐、泰诸州之患息。"当路者未能用,颇韪其言。故事,京察大臣当自陈,高宗命自陈者各举一人自代。内阁学士李清植举亨阳,时论以为允。勘淮海灾过劳,以赢疾卒。卒之日,淮海诸氓罢市奔走,树素帜哭而投赙。[一]

　　亨阳少时执业于李光地,光地甚重之。鄂尔泰、陈元龙尝问士于方苞,苞首言亨阳。鄂尔泰使亨阳同官达意欲令其来见,至再三,亨阳曰:"吾往见,是慕势也。相国何用见此等人?"将命者以告,鄂尔泰瞿然曰:"吾非敢安坐而相招也!顾吾非公事,未尝一出内城,恐时人以为疑。吾平生恶势交,若以老诸生视我,则不妨顾我矣。"亨阳始入见,志相得,后终不再至。讷亲巡江南,监司皆靴袴跪迎,亨阳独长揖,讷责问,曰:"非敢惜此膝于公,其如会典所无何?"讷默然。亨阳出巡,属吏馈馔羞,弗拒,曰:"物已烹饪,却之是暴天物而违人情也。"所从仆皆自饮其马,或犒之,跽而辞曰:"公视奴辈如儿子,不告而受,于心不安;告之必命辞,是仍虚君惠也。"强之,皆伏地,誓指其心。其感人如此。

【校勘记】

〔一〕树素帜哭而投赙　原脱"素"字。今据耆献类征卷二一〇叶二四上补。

　　叶左宽

　　叶左宽,江苏长洲人。康熙五十九年举人,授山西定襄县知县,通达政体,悉民隐,涤烦苛,不假胥吏,故事办而民不扰。雍正八年,升沁州知州,署潞安府知府。除无名诸税,复四门集,以便商民,民大怀畏。历权平阳、太原,治行为山西最。以十二年卓异引见,赐蟒服,擢浙江绍兴府知府。绍兴有惰民格杀士,众哗,将罢试。左宽在三江闸,飞骑至,数言剖解,试如初。

寻调金华府东阳县,饥民求赈者万计,左宽曰:"按册施赈,是赈册,非赈民也。"乃召饥者前注名于册,而挞其二人,众乃定。二人者:一妇人,曾以讼至官,服华服,至是易敝衣乞赈,左宽识之,令褫其敝衣,内华服如故;一男子,容甚泽,令饮皂荚汁,呕出酒肉。众惊服,冒赈者潜散去。在金华三年,多善政。擢杭嘉湖道,既去,人为立祠,遇其生日,张灯合乐以祀。有武人自沁州来者,言沁州亦有祠,曾于左宽生日过其地,祭献者拥马首不能行。是时左宽去沁已数岁矣。

旋调金衢严道,衢州地高,西安、龙游诸县素筑坝,蓄水溉田。木商入山者,私开坝行,水日涸。左宽严禁之,民皆称便。八年,移宁绍台道,厘关政,修战舰,亲巡外洋,虽远必至。绍兴水,萧山、诸暨民多挟众诣县求食,巡抚恶之,不欲赈。左宽曰:"某来时民饥几欲死,何忍坐视其填沟壑耶?"继以泣请,巡抚心恻,闻于朝,遂得赈。左宽以待饥而赈常不及,因议修复绍之鉴湖、宁之广德湖,用资灌溉。会去官,乃止。著浙东水利书,冀后有行之者。丁父忧归,遂不出,卒于家。

沈起元

沈起元,江苏太仓州人。父受弘,岁贡生。起元中康熙六十年进士,改翰林院庶吉士,以父病乞归,终养入京。雍正四年,未散馆,授吏部验封司员外郎,寻兼考功。时严六部缺主之禁,不自首者死。直隶学政缺主事发,起元争曰:"学政衡文,缺主不能舞弊,与六部不同。宜减死为流。"从之。五年,以知府指分福建,权福州府,调摄兴化、莆田。有黄、陈二姓,争讼久不决,结党互殴。上官虑酿祸,将悉捕治之。起元责两人而释其馀,报曰:"衅由主者,惩之毕矣,馀不足问也。"巡抚常安委摄海关,关役与洋舶,岁有例献各数千金,起元并革之。巡抚有家奴守关,阻二十馀船,欲浮收糖税。起元立督收税如额,放船行,而白其事。常安召家奴切责之。常安去,代者询常奴赃状,起元不对,强之,则曰:"但悉常抚任内革除浮税四千,他非所知也。"

　　总督高其倬奏开南洋已贴黄晓示,有旨禁内地商人羁留外国,其倬犹豫,命商人戚里具原船往回结。起元曰:"此法立,将一船不得行。"其倬问故,起元曰:"出洋者生死疾病无常数,货物利钝无常期,岂内地戚里所能逆料者? 苟无出洋之示,商无怨也。今商造船者费若干,制货者费若干,忽以结状相嬲,商必怨;且走南洋者须北风,今立春已半月,傥结状来,北风不来,彼失业。商聚集厦门,或为盗贼害,将何已?"其倬曰:"然则如何?"起元曰:"但令出洋商自具状,以三年为期。过期不听回籍。即以此状咨部足矣。"故事,验放商船,为兴泉永道及泉防同知,洋船水手数多寡,[一]视梁头大小。商苦纳税大,[二]辄报小。及出口船不得行,乃求增船夫。同知启督抚时,起元摄道篆,曰:"此启误矣。船夫工部所定,督抚不能增,势必咨请部示,从此驳诘不已,奈何?"俄而众商具牒,愿自掉船免增船夫,同知不可,起元曰:"南风起矣! 众商惧不得行,故为此请,再固执必生他变。"

同知不得已验放之,船中商果已集无赖,袖瓦石将堵公门。当是时,微起元几不测。督抚闻之,嘉奖者再。

时史贻直奉使至闽,以牧守第一荐,摄台湾府。台湾赋重,上则一甲收谷八石,中六石,下四石,视内地加数倍。然向多隐占,不甚困。时丈量法行,占者不得匿。高其倬语起元曰:"欲使台田悉按同安下则起赋,但恐不及故额,致部驳,奈何?"起元曰:"此事筹之熟矣,宜令著籍,田且仍旧额,重者均于新额之上。赋不亏而民不病。"其倬以为然。及至台,会大风坏海船庐舍,人民多漂溺。起元单骑按视,振济流民,多所全活。而按察使潘体丰中以他事,部议降四级用。盖同安县民有冤狱,潘不能察,狱成。起元直其冤,故衔之也。旋引疾归。

高宗纯皇帝御极,召入京,授江西驿盐道。乾隆二年,授河南按察使。河南多盗,半由流丐。起元檄州县递送回籍,盗案顿减。夏大水,灾被四十六县,饥民四走。布政使欲阑之,起元曰:"民饥且死,奈何禁他徙?惟州县有被水者,安插流民,给以口粮,俾勿出境可矣。"属吏报盐枭拒捕伤人,已而获二十馀人,法皆当斩。讯之,自四五人外,馀皆饥民。起元请于巡抚雅尔图,斩三人而戍其二,馀杖遣而已。旧例,命案凶犯未获,令州县于三月内结报是仇是盗,有司欲避处分,辄含混具结,得凶后则牵合附会,以符前结。起元详巡抚具折请免,得旨允行。雅尔图令府、州各立书院,嘱起元总其事。起元以教士当先实行,颁乡贤陈瑚敬怠日程,自大梁书院始。进诸生,示以省身克己之学,核其程而差等焉。又请立章善坊,令诸州县举孝子悌弟、义夫贞妇,登其名,并采访事实,著章善录刊行之。

　　七年,迁直隶布政使。直隶政烦吏猾,号难治。起元至,事无巨细,悉由手定,又绝盐纲之例馈,却库封之羡馀,省州县解项之苛驳,宽盗案三月之率结。八年夏旱,时总督高斌方自江南视河工还,起元迎于途,议赈事。斌欲迟至仲冬,起元曰:"饥民朝不谋夕,岂能久待?请先普赈一月,再查户口分别加赈。"斌愠曰:"必如此,尔自奏之。"起元出语清河道方观承曰:"普赈万不可缓,时之安危,民之生死,于此决矣。"观承入言于斌,卒从起元请。所属有倡言赈户不赈口者,严斥之,灾民俱得实惠。时户部尚书海望奏清查直隶旗地,有司违限奉旨严饬,高斌命起元劾数州县以自解。起元不可,曰:"旗地非旦夕可清,州县方灾,何暇了此?必欲劾官,请自藩司始。"九年,转光禄寺卿,并稽察右翼宗学。京职事较简,暇则键户著书,于周易尤邃。其说以象象、文言、系辞乃孔子所作,离孔子而别有推阐,均失其宗也。十一年,上幸五台,十二年,幸木兰,十三年,巡狩山东,起元皆扈从。旋以事干部议,降一级调用。十四年,乞假归。二十二年,上南巡,起元接驾,赐缎匹、墨刻。二十七年,上南巡,再赐缎匹。谕曰:"尔年老在家休养,不必常来伺候。"二十八年九月,卒,年七十九。著有周易孔义集说二十卷、敬亭文稿九卷、诗稿八卷、唐诗钥一卷、古学录四卷、古文八卷、诗四卷。

　　起元自少覃心理学,谓学须知行合一,从五伦起,张伯行、李绂皆其座主也。张主朱,李主陆王。起元则谓孔门弟子自颜曾外,入门各异,同归于闻道,今但守定经书,实实做人,不必高言做圣,尤严义利之辨。自为诸生,不妄取一非义之物,及由郡守历藩司十五年,未尝置屋一椽、田一亩,所至深求利弊,次第酌行之。心切爱民，而以宁静不扰为主。归田后，授徒自给。晚岁杜门，日诵先儒书。病中犹手钞明道语录。临终，语人曰："生平学力无住手处，年来日夕检点身心，仰不愧，俯不怍，或庶几焉。"嘉庆九年，题祀乡贤祠。

【校勘记】

〔一〕洋船水手数多寡　"水手"原误作"人"。今据耆献类征卷七五叶一九下改。

〔二〕商苦纳税大　"商苦"原误作"民惧"。今据耆献类征卷七五叶一九下改。

　　翁运标

　　翁运标，浙江馀姚人。雍正元年进士，初授河南桐柏县知县，多惠政，民为建生祠。乾隆八年，知湖南武陵，诛左道莫少康，释其被诱者。有兄弟争田，亲勘之，坐田野中，忽自掩涕。讼者惊问之，曰："吾兄弟日相依，及来武陵，吾兄已不及见。今见汝兄弟，偶思吾兄，故悲耳。"语未终，讼者亦感泣，以其田互让，乃中分之。又有兄弟争产，父殁，弟以其兄为父养子，分以瘠壤，使别居。其兄控诉，状中有父嗜酒得疾语。运标怒其暴亲过，笞之；仍斥其弟割腴田以畀兄。有子证父窃人金，拘其父，婉诘之，终不加刑，曰："脱有诬，天性之恩绝矣。请姑俟。"后廉得其实，果黑夜为他人攫去，而其子误以为父也。唐氏子聘张氏女，两姓皆贫，不能婚，乃鬻女。运标出资赎女，召唐氏子婚焉。有重囚亡命，匿衡州人业伞者家。此人故不知情，大府下檄索之急，囚

逸去。运标令此人导役往捕,卒得囚,竟不坐主者。邓、康二姓
争湖洲利,斗杀积数十年,久不服。运标亲往勘其地,会大雨,二
姓人皆请少避。运标曰:"尔辈为一块土,世世罹重法不顾,予何
爱此身乎?"植立雨中,逾时坚不去,遂皆感动,划界息讼。邑东
长乐村有江堤久圮,民屡遭水患。德山石塔,明提学董其昌建,
亦就颓。形家言颇以为病。邑又无书院,借设僧舍。运标次第
修建,不数月而工胥成。十年,岁大旱。运标芒鞋草笠,步祷于
百二十里之龙门洞,穷日夜始至,以瓶汲水,归就郊坛,跪烈日
中,膝尽肿。邑人哭,请息,运标不可,七日而雨,岁大丰。民间
绘龙门祷雨图歌咏其事。旋擢道州知州,州路通郴桂,山径险
峭。运标捐俸修凿八十馀里,皆成坦途。会大疫,为文牒城隍,
愿以身代。民亲制方药,行施村落间,或有以传染戒者,运标曰:
"我民父母也,子弟病,忍不一顾耶?"年六十,以劳瘁卒于官。
祀道州武陵名宦祠。

　　运标性至孝,甫三岁,其父赴广西,夜泊祁阳之新塘,失所
在,舟人报其家,并返其行箧,扃锁如故。失其钥,遂与兄运槐招
魂葬父。比成进士,悲不得父骨,誓与兄往寻,刺臂血祷诸神,遍
走湖南万山中,两岁无所遇,洄溯衡永间,又半载,一日泊新塘,
遇士人郑海还者,言三十年前苇间有溺尸,佩小钥囊,瘗之白沙
洲,存钥囊为志。乃遣人证钥于家,启箧吻合。遂号泣舁柩归于
原瘗处,留封树焉。及运标令武陵,复于洲建祠曰"永思",又立
启钥亭,买祭田,命郑氏世董之。迁道州,过祠展墓,哀感路人,
视祁阳绅民如故旧。时人竞传翁氏两孝子云。

朱弘仁

朱弘仁,直隶清丰人。雍正元年进士,五年,授山东昌乐知县。时吏治颇尚严急,而弘仁持大体,多宽政。其折狱务察情实,〔一〕不轻笞人,人无不各得其意以去。催科吏未尝至里舍,岁终税不满,出俸银充之。异时商民岁出官使钱,悉免耗羡三分去一。乡士大夫间有馈遗,无所受;父老有献瓜菜者,受之,坐之堂下,赐以食,问岁丰歉,及民间所疾苦。又时出循行乡社,民有取妇生子者,劳以壶酒。在官四年,民大和悦。以诖误去官,民间立生祠。久之,复以事过县,〔二〕民相率持一钱饭满盂,逆之境数十里不绝也。怀庭集。

【校勘记】

〔一〕其折狱务察情实　原脱"察"字。今据耆献类征卷二二七叶四〇上补。

〔二〕复以事过县　"过"原误作"适"。今据耆献类征卷二二七叶四〇上改。

蒋祝

蒋祝,浙江仁和人。雍正元年进士,改翰林院庶吉士,散馆,授行人司行人。父疾,乞养归。父服除,以知州发直隶用,署乐亭县知县,厘积案千馀。国朝先正事略。乾隆十二年,授晋州知州,兴农桑,浚河渠,立保甲,〔一〕事无不举。民白某习邪教,祝曰:"不治则滋蔓,蔓而图之,难矣。"遣数十人缚以来,置之狱,使人开谕之,白悔泣,卒为良民。州滨滹沱河,岁葺堤,于堤上遍植柳,数年成荫,民呼"蒋公柳"。总督方观承荐于朝,引见,赐朝衣一袭。会蝗起,自都门还州,祷八蜡庙,蝗皆南去,其飞蔽河,士人争为诗歌纪之,勒诸石。畿辅通志。

　　升永昌府同知,有土司颇戢法,单骑入苗洞,晓以大义,苗大戢。会它处苗蠢动,〔二〕境内卒帖然。它府民避贼至,厚抚之,贼退而民不忍去。署永昌府知府,为置义仓,或曰:"摄守乃不惮劳如是。"祝曰:"苟利于民,奚问摄为?"会夏旱,民赖仓谷得食,乃大服。铜厂有羡馀,悉籍以归公。上官入觐,尝举祝以对,上称为真廉吏。久之引疾归,家居,有直隶、云南民数十人送衣物至仁和县庭,曰:"蒋公去官时,不受馈遗。吾侪戴其德,请以归诸其家。"浙江大吏异之,为作图纪其事。先正事略。

【校勘记】

〔一〕立保甲　"立"原误作"严"。今据耆献类征卷二五二叶四下改。

〔二〕会它处苗蠢动　原脱"处"字。今据耆献类征卷二五二叶五上补。

　　陈庆门

　　陈庆门,陕西盩厔人。雍正元年进士,从鄠人王心敬讲明体达用之学,养亲不仕,有终焉之志。母王趣之,乃谒选。七年,补安徽庐江县知县。以文庙规制未备,倡输银六千馀两修建。大浚城濠,置义田二百亩有奇,赡养茕独。立社仓四所,积谷以贷贫民。又以平畴艺稻,高阜率成废壤,因市牛具,仿北方种植法,躬督垦辟,遂享其利。寻署无为州事,州濒江,上下二百里,率当水冲。前人筑头、二、三、四坝,常没于水。庆门沿流测量深浅,于鲍鱼桥、鲇鱼口二处,役夫千人,树桩编竹,实土为坦坡,取碎石筑之,水淳沙淤,久而成洲,民免垫溺之患。又署六安州事,州旧有水塘,议者谋改为田,将绝灌溉之利。庆门力言于上官,事得寝。十一年,升补亳州知州。亳俗多不逞,倚蠹役表里为奸。庆门廉得其魁党数百人,杖遣之,悍俗一变。讼牒山积,仿古置乡约,使之宣导排解,坐堂皇自辰至酉,判决日数十事,不数月,浇风渐息。濒湖多洼下地,督加挑浚,水归其壑,田获有秋。寻丁母忧,归。

乾隆元年,服阕,以大臣荐,补四川达州知州。境环万山,岁常苦旱,为购旱稻种,导民树艺。达邻巴州,桑柘素饶,乃买桑遍植,教民以分茧缫丝诸法,获利与巴州等。时川东多流民,官廪不给,遂厘剔腴田之被隐占者,为义产以赡之,全活甚众。又建宣汉书院,聘名师教授,文风渐振。未几,乞病归。著有仕学一贯录。

纪迬宜

纪迬宜,直隶文安人。雍正元年进士,畿辅通志。授湖北黄陂县知县。俗雕悍,多奸民,好剽劫争讼。迬宜强教而悦安之,时甫更赦令,群盗在案者,馀党七十人,渠魁三人,主坐二人,馀皆置勿问。迬宜传集庭下,反覆开谕,令改行为良民。群盗皆感动悲泣,有自诉不为乡里所容者,无以营生,故流离匪窃。迬宜即为传谕保甲长,听其居住自新,咸流涕去,竟任无一人为盗者。

初受讼牒，日三百纸，率多翻旧为新。遵宜剖析无遁情，群惊以为神。自是诪张之幻顿息。会诏核天下垦荒田额，州县以多报为能。遵宜独无所上，曰："官以足额邀功，则民以加科受害。硗瘠奇零，且登册籍，他日按册征输，民不堪命，卒至流亡，究于国赋何裨？"乃白上官，言："今之报垦，本于昔之报荒。黄陂故是狭乡，昔既无地报荒，今复有何田报垦？"上官不能夺也，然亦以此奇之。属容美土司占长阳民田，民讼之县，土人抗不就理，反虏数十人以去。遵宜奉总督檄往勘，单骑之荆州，先移书谕之，其酋惧，即还所虏数十人，逮罪土目，并案犯解送听勘，谕如律，与定界而还。土司由是敛迹。

遵宜沉敏有大略，不肯随人俯仰。义所可否，即确然不移，粮道某诬劾罢之。会大学士迈柱为总督，直其枉，复原官。再补浙江瑞安县，温州知府某复以私憾百计扼之。适以令黄陂时疏解流人，降调去然后已。其在瑞安也，有丈田之役，议者欲派费于新滩，亩四钱，民苦不均，而弓手、算手所用皆外募人，又不悉田中曲折，徒供官吏干没，而弓算手亦私有取受，意为增减，舆论皆不能平。遵宜曰："瑞安之事，当与瑞安人共之。此图彼社，交丈互勘，弓算皆用土人，董率责之绅士。壤址相错，则耳目难欺；侪辈相监，则讥评莫掩。址段可得真形，田粮可知实数。隐占诡寄，弊何由生。丈勘一定，户给田单收执，此百年之利也。"乃召绅士耆民告之此意，莫不翕然乐从事，且愿亩出银二分为清丈费，无烦复派新滩。上其事总督，总督以为然，而知府某多方沮之，卒格不行。

遵宜既去官，家居，跌宕文史，无复仕进之意。十年冬，诏选名行经术之士充太学官,孙嘉淦、鄂尔奇疏荐,召对,授国子监助教,迁宗人府主事。所著诗,曰茧瓮集八卷。陈仪撰传。

谢仲坃

谢仲坃,广东阳春人。雍正元年举人,登明通榜,初任长宁教谕,阮元广东通志。升授湖南常宁县知县。下车,署联宅门,峻却馈遗。遇履勘至乡,自裹行粮,至嚼生莱菔供馔。月两课士,兢兢以节行相劝勉。调平江,再调衡阳,以代李澎。澎征漕米,浮收斛面,粮储道谢济世发其奸,澎与济世并免。户部侍郎阿里衮奉命使湖广讯状,事急,澎尽出其贿赠簿籍,以胁上官,阿里衮重兴大狱,欲出澎浮收罪,与济世俱复官。仲坃重治澎丁役,乃以决罚过当,被劾罢官。明年,特起为衡山知县。李元度撰谢仲坃传。以巴陵审案,抚臬互奏,奉命引见,升荆州通判;又以归州纵盗冤良案,坚不会印,特旨召对,擢常德同知。历知襄阳、宝庆、宜昌、武昌、永顺、岳州、永州七府,署永郴桂道。

仕楚三十馀年,所至兴利除弊,洁己爱民,尤长于折狱,明析秋毫,案无留牍。民有"谢青天"之目,大僚倚重。广东通志。檄鞫湖南北大狱二百馀案,多所平反。肇庆府志。其巴陵、归州、桂阳命盗三案,至弃官争枉直,直声闻于朝,讴歌浃于野。广东通志。解组日,贫如故。府志。卒,民以神明事之。通志。著有耳溪文稿、山馀堂诗集、楚南纪略。广东通志。

王时翔

王时翔,江南镇洋人,为诸生,博学能文。雍正六年,州人沈起元官兴化知府,奉诏当荐士,以时翔应,引见,授福建晋江县知县。时世宗以福建吏治颓废,遣使按视,仓库尽更诸守令,新治者颇尚操切。晋江民好讼,前官以击断为治,而讼益繁。时翔至,曰:"此吾赤子也,忍以盗贼视乎?"纵解苛政,坐堂皇,呴呴作家人语,曲直既判,呼两造前,令释忿相对揖,罢去。由是讼者日衰。观风整俗使刘师恕按泉州,委时翔鞫疑狱二十馀事,辄报可,语人曰:"时翔长者,决狱又何精敏也!"寻为知府所嫉,调政和知县。晋江民乞留不得,县有平粜米六千石,代者以亏耗不受,众哗,曰:"前官饮此间一杯水,安所得钱补耗米?请各出钱买米纳价如额。"十日而事集。治政和,诛剧盗,惩讼蠹,引诸生讲学。寻调瓯宁,擢漳州府同知,驻南胜。南胜山箐深奥,民族居峒中,斗者辄百千为党,手兵械,抗官吏,莫敢诘。有赖唱者,其党犯法,捕治,纠众夺之,与诸赖万人匿险自固。时翔驰檄示以利害,亲入山。山中人闻时翔至,夹道跪,族长帅诸赖迎谒。时翔谓曰:"汝诸赖万人,奈何庇一赖而以死殉之?为我缚唱来,即无事矣。"诸赖唯而退,唱不得已自缚出,遂系以还,治如律。自是峒民帖然。岁除,系囚数人,许暂归,已而如期悉诣狱。濑子坑民叶扬煽乱,时翔谓缓之,可一纸定矣。或张其事闻于大吏,遂奉檄入山剿之。事平,意不自得。乃乞归。

乾隆元年,以荐起蒲州府同知,特诏迁成都府知府。以廉率属,为政持大体,善审机要。钱价腾,布政使榜平其直,市人皆哗。时翔方请假,谓成都、华阳二令曰:"市直当顺民情,抑之,钱闭不出,奈何?"二令言于布政,彻其榜,钱价寻平。总督欲徙凉州驻防兵于成都,[一]议拓满洲城,当夺民居二千家。时翔考故牍,请于布政使曰:"成都满洲城故容驻防兵三千,现兵一千五百,尚虚其半。但出驻兵所侵地足矣,毋庸拓也。"乃止。已而凉州兵亦不果徙。七年,江南、湖广灾,巡抚奏请运蜀米四十万石济之,报可。已而湖广急米,委属吏领运,而江南独无。巡抚檄州县馈运,舳舻蔽江,商贾不通,成都薪炭俱绝。时翔谓:"江南运可缓,而徒病蜀,甚无谓。"力言于巡抚,请独运楚,而听商人自运江南,则公私两便。巡抚不听,江运卒行,吏民重困。在官屡雪疑狱,阖府称神。九年,卒于官。疾亟,犹召成都、华阳二令入内问狱事,口为定谳而瞑,年七十。敬亭文稿。

【校勘记】

〔一〕总督欲徙凉州驻防兵于成都　原脱"驻防"二字。今据耆献类征卷二二九叶二八上补。

　　蓝鼎元

蓝鼎元,福建漳浦人。少孤力学,通达治体。尝观海厦门,泛舟过浙江舟山,乘风而南,沿南澳海门归。自谓此行多所得,人莫能测也。仪封张伯行抚闽,表章洛闽之学,独礼鼎元及蔡世远。尝曰:"蓝生经世之良材,吾道之羽翼也。"康熙六十年,朱一贵叛台湾,鼎元从兄南澳镇总兵廷珍统师进讨,以鼎元从。大海风涛,浩汗不测,军事旁午,草檄数十纸,摇笔立就。七日台湾平。复从廷珍招降人,珍遗孽,抚流民,绥番社,岁馀始返。

著论曰:"台湾地数千里,其民数百万,守土之官,有道府县令、大小丞尉,又有总兵官、副、参、游、守弁目,额兵七千有奇,粮储器甲舟车足备。顾承平日久,上下玩愒,兵有名而无实,民逸居而无教,官吏皆以为利薮。本实先拨,贼未至而众心离,虽欲不败,不可得已。曩者台地袛府治百馀里,凤山、诸罗皆毒恶瘴地,令其邑者不敢至。今则南尽郎峤,北穷淡水、鸡笼以上千五百里,人民趋若鹜矣。曩者大山之麓,野番嗜杀,人莫能近。今则群入深山,杂耕番地,甚者傀儡内山台湾山后,蛤子、难崇、夹卑、南觅等社,亦有汉人至其地与之贸易,生聚日繁,渐廓渐远,虽厉禁不能止也。郡治有水陆兵五千馀,足供调遣。凤山南路以四五百里山海要区民、番错杂之所,并淡水、郎峤盗贼出没之地,而委之一营八百九十名之兵,固已难矣。诸罗地千馀里,淡水守备僻处天末,自八里岔以下尚八九百里,下加冬、笨港、斗六门、半线皆奸宄纵横之区,沿海岸口,皆当防汛戍守。近山又有野番出没,以险阻丛杂之边地,而委之北路一营八百九十名之兵,聚不足以及远,散不足以树威。今请划诸罗县地而两之,于半线以上更设一县,管辖六百里,其钱粮合之番饷岁征银九千馀两,草莱一辟,贡赋日增,数年间巍然大邑也。半线县治设一守备,兵五百;淡水八里岔设一巡检,佐半线之所不及。罗汉门故贼薮,宜设一千总,兵三百,驻其地,使千馀里声息相通;又择实心任事之官,为台民培元气。大兵大疫而后,民之悴憔极矣,然土沃而物产多,化导整肃,均赋役,平狱讼,设义学,兴教化,奖孝弟力田之彦,行保甲民兵之法,听开垦以尽地力,建城池以资守御。一年民气静,二年疆圉固,三年礼让兴,化生番为熟番,熟番为人民,而全台不久安长治,吾不信也。夫土地有日辟,无日蹙,经营疆理,则为户口贡赋之区;废置空虚,则为盗贼倡乱之所。

台湾山高地肥,最利垦辟,利之所在,人所必趋。不归之民,则归之番与贼。即使内贼不生,野番不作,寇自外来,将有日本、荷兰之患,不可不早为措置者也。"又言台镇必不可移驻澎湖,哨船更卒、缭斗椇兵必不可易,大吏采其言奏闻。其后诸罗遂分置一县曰彰化,且建镇于台湾矣。鼎元复为台湾道条上十九事,曰:信赏罚,惩讼师,除草窃,治客民,禁恶俗,儆吏胥,革规例,崇节俭,正婚嫁,兴学校,修武备,严守御,教树畜,宽租赋,行垦田,复官庄,恤澎民,抚土番,招生番。时颇韪其言。

雍正元年,以选拔贡太学。三年,校书内廷,分修大清一统志。六年,以大学士朱轼荐,召对,奏时务六事,凡五千馀言,世宗善之。授广东普宁县知县。在官有惠政,听断如神,暇则与邑士之秀者,讲明正学,风俗丕变。旋摄潮阳县事,潮阳连岁大饥,多逋赋。鼎元揭榜告民,减耗米,除苛累,民争趋纳。妖女林妙贵惑众,置于法,籍其居为棉阳书院。寻忤监司褫职,或劝其委蛇以纾祸。鼎元曰:"吾尝涉大海,历澎台,出没惊涛间,冒矢石深入穷箐,触恶瘴毒雾,不稍慑。今肯颙首媚监司哉?"总督鄂弥达疏白鼎元受诬状,征诣阙。明年,命署广州府知府,抵官一月卒。

鼎元善治盗及讼师,多置耳目,劾捕不少恕,然治狱多所平反。论者以为如杜延年严而不残。著有鹿洲初集二十卷、东征集六卷、平台纪略一卷、棉阳学准五卷、鹿洲公案二卷。

童华

童华,浙江山阴人。雍正初,入赀得知县。时方纂律例,大学士朱轼荐其才，世宗召见，命察赈直隶乐亭、卢龙两县，报饥口不实，华倍增其数。怡贤亲王与朱轼治营田水利，至永平，问滦河形势，华对甚晰，王器之。寻补平山县，邑灾，不待报，遽出仓粟七千石贷民。擢知真定府，权按察使。以前发粟事，部议免官，特诏原之。怡贤亲王奏以华理京南局水利，华度正定府城外得泉十八，[一]疏为渠，溉田六百亩，先后营田三百馀顷。

上磁州计板开闸议，略云："滏阳河发源磁州，前州民欲擅其利。既建东西两闸，复于东闸下建第三闸以束之，每遇三月后、八月前，三闸尽闭，永年、曲周，思涓滴不可得。因磁地属豫，莫能控制。经怡贤亲王奏请，改磁州归直隶广平府，滏阳一河全属直隶磁州，西闸在西门外十二里之槐树村，闸有七洞，每洞下板八，每板以地亩尺一尺三寸为度，积水至六板，即分注沟渠，至八板而各田充足。请自二月三十以后，将闸板全下，月开放六次。放闸之法，水底留板六，水面去板二，使本地之沟水常满，而下游之馀波不绝，既不遏水以病邻，亦不竭上以益下。东闸在城东二十里之琉璃镇，闸有一洞，下板十三，每板以一尺为度，使与西闸同日启放。放闸之法，水底留板九，水面留板四，每启闸时，视水与板平即止。五日一启，至东闸下十五里地名阎家浅，州人建有第三闸，地势低，栏河收束，水难下灌，应饬拆毁。此仿唐李泌，明汤绍恩西湖三江两闸计板放水之遗规，庶可息永、磁官民之争矣。"华又以北人不食稻，请发钱买水田谷运通仓，省漕费，民得市稷黍以为食。王为奏请，上从之。

调知苏州府，时有诏清查康熙五十一年以来江苏负课千二百馀万，巡抚督责急，逮捕追比无虚日。华固请宽之，巡抚怒曰：

"汝敢逆旨耶?"对曰:"华非逆旨,乃遵旨也。皇上知有积欠,不
命严追,而命清查,正欲晰其来历,查其委曲,或在官,或在役,或
在民,或应征,或应免,了然分晓,奏请圣裁,诏书意也。今奉行
者绝不顾名思义,徒以十五年积欠立求完纳,是暴征,非清查也。
今请宽三月限,当部居别白,分牒以报。"巡抚从其请,乃量释狱
系千馀人,次第造册请奏。时朝廷亦闻江南清查不善,下诏严
饬,如华言。浙江总督李卫尝取人于苏,华以无牒不与,卫怒,为
蜚语以闻。世宗召见华,责以沽名干誉。对曰:"臣竭力为国,近
沽名;实心为民,近干誉。"上意解,发往陕西,以知府用。时鄂尔
泰屯田肃州,华署肃州,佐凿通九家窑五山,引水穿渠,溉田万
亩。复忤巡抚,被劾归。旋卒。著有铜政条议等书。

【校勘记】

〔一〕华度正定府城外得泉十八　"正"原误作"真"。按雍正元年改真
　　定为正定,今改正。

鲁淑

　　鲁淑,字静陶,江西新城人。雍正八年进士,授浙江泰顺县
知县,积能调黄岩县。黄岩故剧邑,财赋甲浙东诸郡,东南濒海,
总兵镇之,军民杂处,奸宄时出没其间。淑至,调和文武,以饬风
纪,励廉隅为先。邑有项贞妇,贫无以活,割俸资之,岁时存问。
其他问民利病,兴革惟所欲,断决讼狱如神。明岁大祲,请赈于
藩司,不许;乃直请总督,得许而后已。邑有八闸,宋朱文公所
建,岁久湮废,访其故迹复之,民号为鲁公闸。尝丈田均赋,虽剧

寒甚暑必亲莅,吏不敢欺,争端以息。以积劳得疾,民皆走祷于神。卒之日,巷哭,城内外皆缟素。有善绘者,各以意图其像,或以规诸孤,有象额者、眉者、两颧者,复醵金为祠,四时祀之。

金溶

金溶,顺天大兴人。雍正八年进士,分刑部,授江苏司主事,历员外、郎中。乾隆元年,充贵州乡试考官。旋擢山东道监察御史。畿辅通志。继协理京畿道巡济宁漕。卢文弨撰一斋金公家传。

性忠纯梗亮,巖巖自立。会上诏求直言,袁枚小仓山房文集。溶上培养元气疏,其略曰:“臣闻国之所恃者民,民之所赖者养。是以有天下子万民者,其道必以遂其所欲、给其所求为最急。家苟宁矣,国亦固焉;人苟遂矣,君亦泰焉。是则好生以及物者,乃自生之方;施安以及人者,乃自安之术。民于今日,生齿日益繁,费用日益广。财之流也不见其充,财之用也常苦其诎。养生之累深,而有生之乐寡;救死之念切,而畏法之情轻。京师者天下士民之所乐趋也,今反殷实不及于前时,规模大减于夙昔,推之各省,抑可知已。陛下临御以来,纶綍之宣,无非国计纲纪之布,俱关民生,以箴谏为国华,以谦冲为治本。当此时而富实不登,治化未洽,追怀前修,实用内热。此臣反覆思维,而愿直陈于圣主之前也。比者天灾流行,亦甚频矣。乾隆三年,陕西地震,为害甚巨。四年,河南、山东咸被水灾。今兹浙江、福建、湖北之地,亦有淹浸之患。从来外吏之弊,揣悦意者则侈其言,度恶闻者则小其事。灾异之来,得达九重之上者,虑未必尽实;幸而实矣,而蠲赈之下逮者,虑未必无遗。故与其补苴于已然之后,不若保护于未然之前。<u>书</u>曰:制治于未乱,保邦于未危。已乱、已危,则无及也。故今日所当务者,在乎培养元气。臣愚所见及者六事,具陈于左;惟陛下裁察:一曰,开荒之地,免其升科;二曰,带征之项,宜加豁免;三曰,守令殿最,必以民事;四曰,关税额外,免报盈馀;五曰,京师铺面门税,请免征收;六曰,积诚以感召和气。"凡千馀言,辞多不载。末复言:"昔我<u>圣祖仁皇帝</u>道冠古今,泽被无穷,所以养民生之元气,而绵无疆之休者,固可行之万世而无弊。我<u>世宗宪皇帝</u>遗诏内云:'凡各衙门条例,有从前本严而朕改易从宽者,此从前部臣定议未协,朕与廷臣悉心斟酌而后更定,以垂永久者也,应照更定之例行。若从前之例本宽,而朕改易从严者,此乃整饬人心风俗之计,原欲暂行于一时,俟诸弊革除之后,仍可酌复旧章,此朕本意也。向后遇此等事,则再加斟酌,若有仍照旧例者,仍照旧例行。'夫张而不弛,文武不能也;弛而不张,文武弗为也。一张一弛,文武之道也。则所以为国计久长者,其意可深长思矣。"时翰林科道轮日奏陈经史,<u>溶</u>首以<u>易</u><u>益象传</u>损下益上之说进,谓:"务鸠敛以裕籝椟之积者,匹夫之富也;务宽惠以成盈宁之象者,天子之富也。损下益上,上固益矣,卦不名益而名损,则知下损上亦损矣。损上益下,上固损矣,卦不名损而名益,则知下益上亦益矣。"

八年,<u>湖广</u>总督<u>孙嘉淦</u>以事被议,奉旨派修<u>顺义</u>城工,<u>溶</u>上疏言:"向来臣工有罪,于应得处分外,间令出赀效力者,缘其在任之日素无清名,但褫其职,不足蔽辜,是以罚令出赀效力,使天下晓然知所得者,究不能为子孙身家之计,明以开急公赎罪之条,默以寓禁暴止贪之意。<u>孙嘉淦</u>历任以来,操守不苟,久在圣

明洞照之中,今亦令其出赀效力,似于用罚之本意有所未协,且
使天下督抚闻之,谓如嘉淦之清廉,尚不免于议罚。恐一不得
当,而己即踵其后,将必隳其廉隅,以豫为将来之地。是一赏罚
之行,即天下风声之树,不可不慎也。"疏上,部议革职。九年二
月,复原官。旋命往福建以道员用。

　　十年,授漳州府知府。漳俗强悍好讼,胥役多至千馀人,党
类盘据各上司衙门,势力出长官上,藏纳奸人,多耳目侦伺,捕之
卒不可得。溶至,汰去有违犯者数百人。卢文弨一斋金公家传。有
吴成者,设局诱群少年淫博,积十数年,事未发。溶具得其踪迹,
乘夜开门出,召徼循三四辈执锒铛,突入其家,擒治之,合城欢
呼。袁枚小仓山房文集。一监生有罪,请褫革,上司不许。溶知吏
人实为之奥援,不具官文书,而自为禀以申上,乃始得请。卢文弨
一斋金公家传。龙溪县有华对村,去县二百馀里,纳租赴诉皆不
便。康熙中,知府某请设县丞,移驻其地,督抚批准。及溶至,已
四十馀年,尚未具奏,询其故,以设官则县吏之司征者失权利,故
为所格也。溶再具详,督抚又已许诺,适司藩者代去,藩吏役乘
间议驳,文书不下府而径行县。溶闻之大怒,严讯县吏,得其交
通阻挠状,乃详请治罪,而设丞对村,亲往营度,无敢梗者。袁枚
小仓山房文集。府城内旧有河,岁久为民屋所占。溶察其阻水道
者撤去之,稍侵岸旁地而犹不碍者,令出赀输官,以为疏浚费。
不逾年,旧渠以复,地气疏泄,舟楫无阻。于是修文庙乐器,选俊
秀教以乐舞,新芝山、丹霞两书院,筹其修脯膏火,学业大起。厘
名宦乡贤之合祀典者,约其行谊功绩,各书于神位,亲率其后人
而致祭,教之以无忝乃祖。行乡饮酒礼,择乡先生致仕工部主事

王材以为大宾,跪荷械者于门外。礼毕,谕罪人使知愧悔,而量减其罚。宾兴之礼废久矣,溶始复之。<u>明燕王之变</u>,漳州教授<u>陈思贤</u>与诸生六人殉于明伦堂,旧有专祠,废为民居。溶令民纳地价,因其赀改建于芝山书院之旁,并以明末<u>黄道周</u>合祠焉。<u>卢文弨</u>一斋<u>金公</u>家传。十三年春,旱,米贵,上司檄平粜。溶计府县所储止十六万石,^[一]去新谷登场时尚远,虑其不继,乃先劝有谷之家出三万石以粜,又给印纸令商人赴籴于足谷之处;又请弛台湾米入内地之禁,并开仓出粜,而群谷毕集,至六月雨降,米价顿减,民情帖然。<u>袁枚</u>小仓山房文集。其听讼也,息牵连,速审断。又虑言语不通,而译者移易其轻重也,书牍以示其人,悬牌以谂于众,皆可为来者法。

十四年,授台湾道。丁母忧,二十一年,赴<u>陕西</u>办理军需,补驿盐道。复丁父忧,二十九年,补<u>浙江</u>督粮道,历署<u>福建</u>汀州府,<u>陕西</u>潼商道、延绥道,<u>浙江</u>宁绍台道,<u>陕西</u>按察使、布政使。三十二年,休致。四十二年,卒。<u>卢文弨</u>金公家传。

【校勘记】

〔一〕溶计府县所储止十六万石　"止"原误作"俱"。今据<u>耆</u>献类征卷二一一叶三上改。

朱懋德

<u>朱懋德</u>,<u>江苏靖江</u>人。雍正九年,授<u>直隶完县</u>知县。时方大浸,躬历乡村,尽发社仓谷,以贷其民。以出借过多,夺俸七年,勿悔也。县故多旗圈地,佃民各附近开垦,业主思夺之。<u>懋德</u>亟

言于上官,请以圈馀垦熟之田,许民自首,悉依例升科,而田则归民执业。一时首垦者至千馀顷,势要无如何也。县岁办苹婆果解京,申牍请咨部免其役。县志久残缺,独修辑之。调长垣,锄强扶弱,豪右为之敛迹。境有太行堤,堤生荛,岁折征解南河银一千两,继荆龙决口淹堤,草不生,而额解之项自在,累及原户子孙。懋德复请豁免焉。蓬公书院膏火田五百八十亩,为有力者所占,为赎回之,岁收其租,延师课生童,以兴文教。未几,为知府所诬,罢职,事寻白。

谒选,得山东夏津县知县,邑被灾,悉发仓储,减价出粜;复详免牛税,以劝耕。征粮旧有合勺之零,官吏藉以取盈,懋德蠲除之,著为例。调长清,察民所苦,在办解京之阔布,雇运粮之脚费,勒于碑,尽除其累。后长清复祲,赈例发米,同僚惮于拨运,欲代以银。懋德昌言曰:"饥民得银,不及得米之半,何惜费而不惜民?"遂拨米一万二千馀石,赖以存活者数万人。久之,引疾归。

牛运震

牛运震,山东滋阳人。雍正十一年进士,十三年,诏举博学鸿词,巡抚岳濬以运震应,廷试以文逾格,报罢。寻授甘肃秦安县知县,开九渠溉田万亩。县北玉钟峡山崩塞河,河水溢为灾。运震率丁夫并夜开浚,凡四日夜,[一]水退而民安。复缘山步行,以钱米给灾户,县聚曰西固,去治二百馀里,村民苦输粮,费多积逋。运震许民以银代纳,闾阎悦服,自是无梗化者。先是,巡检某诬马得才兄弟五人为盗,前令弗察,得才自刭死。其兄马都上控,令又诱而毙之狱。其三人者将解府,运震鞫得情,昭雪之。又清水县某令冤武生杜其陶父子谋杀罪,上官檄运震覆治,验死者,得自刎状,以移尸罪其陶,因释其子。

官秦安八年,惠农通商,以经术饰吏治。设陇川书院,日与诸生讲习,民始知学。兼摄徽县,县多虎,募壮士杀虎二十六,道始通。及自徽归秦安,遇白额虎当道,从者股栗,运震叱之,虎帖耳去。人作驯虎图传其事。旋调平番县,值岁饥,捐粟二百石赈之,民感其惠,人输一钱,制衣铭德。运震受衣返币。固原兵变,大肆剽掠,督抚皆至平凉,檄招运震问方略。运震请勿以兵往,但调队遥为声援,乱将自定。游击任某执城内三百馀人,众恂惧,运震请释无辜者,入城慰谕,斩首乱者三人,馀予监禁、杖责,反侧遂安。上官咸异其才,忌之者乃撼前受民衣事,劾奏免官。绅耆留主皋兰书院,教学得士心。及归,有走千里送至灞桥者。

运震性开敏,有断制。居官不延幕友,事虽钩棘,辄自治。不问家人生产。尝与弟书曰:“吾本非长才,不过殚精竭虑,极吾耳目所能,而出之以至诚,将之以小心,事无不治。保甲严行,禁令渐张。斗争狱讼,日即于少。至于责士过严,惩盗过甚,以边鄙之地,风俗疲悍,不如此则法不立,令不行,民不可得而治。且当官治民,要通盘筹算,与其轻刑十人而不足,不如重处一人而九人畏,是惩一而恕九也。”又与人书曰:“为县官有三字:一曰俭,薄于自奉,量入为出,此不亏帑不蓌赃之本也;一曰简,令繁则民难遵,体亢则下难近,一切反之,毋苛碎,毋拘执,毋受陋规,毋信俗讳,仪从可减减之,案牍可省省之,当无日不与百姓相见,而询其苦乐,惟求一切便民,虽举世笑我以黄老,吾不易也;一曰

检,天有理,人有情,吏部有处分,上司有考课。豪强在国将吾
伺,奸吏在衙将吾欺。入一钱乙诸简,期勿纳贿;施一杖榜诸册,
期勿滥刑。今日居官,吾仓库不畏后任;明日还乡,吾心迹可白
友朋。”时以为名言。年五十三,卒。著有空山堂易解四卷、春秋
传十二卷、金石图二卷、史论二十卷、空山堂文集十二卷。

【校勘记】

〔一〕凡四日夜　“四”原误作“二”。今据耆献类征卷二三一叶一四
　　　下改。

邵大业

邵大业,字在中,顺天大兴人,祖籍浙江馀姚。雍正十一年
进士,乾隆元年,授湖北黄陂县知县。初到官,投讼牒者数百人,
不移晷,决遣立尽。有争产者,兄弟皆颁白,绝相类,令以镜镜
面,问曰:“类乎?”曰:“类。”则进与为家人语,绝痛,曰:“吾新丧
弟,独不得如尔二人白首相保也。”言之呜咽,各相视涕泣,罢去。
县有溪环城,蛟雨溪涨,破堤啮城,城坏,势且溃。大业即坏处泣
拜,誓以殉,水为骤止。拯溺餔饥,完毁岸,筑民堤,民得无以水
死。旱,祷不应,为文告城隍神,雨立沛。总督宗室德霈以其名
闻,会丁父忧去。服阕,署河南开封府同知,收土恶号木耳大王
者,杖杀之。授禹州知州,移睢州。睢频涝,破匿报习,请粜请
赈,民以不饥。浚惠济河,以俸钱更直。

江南苏州旱,米价腾贵,民哗于市。擢知苏州府,至则尽得
囤积罔利者名,宛转譬语,皆心动,曰:“唯命。”则出酒食、彩帛

劳遣之，价顿减，贫民以安。<u>松江</u>盗狱株连，死者众。<u>大业</u>奉檄
鞫治，取群盗至，则皆断胫折踝，蹙然呼之曰："尔等亦人子也，迫
饥寒遂至是，犹茹刑诡辞，颠倒首从，诬杀非罪人，且诬杀人，何
益于尔？"盗幡然曰："官廉正，以人类待我，我不忍欺。"狱辞立
具，自是狱无不待治于<u>大业</u>者。兼署苏松道，寻摄治布政使事，
督抚交章保荐。十六年，<u>高宗</u>幸<u>江南</u>，御舟左右分两岸挽行，名
"虾须纤"，<u>大业</u>语从臣曰："除道增纤，必毁庐舍，平田畴，伐桑
柘，梁支河，塞汊港，非所以宣上德意也。"遂改单纤。会积雨，治
<u>吴江</u>帐，殿基未就，总督虑不及事，豫劾<u>大业</u>观望。及乘舆至，则
供备咸具，总督悔前奏，然<u>大业</u>卒左迁。

　　再至河南，特旨授<u>开封府</u>知府。府濒河，多滩地。有<u>阳武</u>、
<u>祥符</u>民合控<u>封丘史固村</u>民侵占者，及清丈，侵占妄而亩数则浮于
额，巡抚欲照欺隐加赋，<u>大业</u>持不可，顾无解于数之浮。考志乘
及诸旧牍，始知河南赋原分上、中、下三则，自<u>明</u>万历间改并中地
十亩有奇，完上地粮七亩；下地十亩有奇，完上地三亩。亩数浮
而粮不减。陈之巡抚，巡抚曰："昔为下则，今为膏腴，如之何不
加？"<u>大业</u>曰："此河冲淤积，百姓以坟墓田庐父母妻子所易之微
利也，乌得以为膏腴而增之？且今日可为退滩淤地，异日即可为
沙压水冲，冬春播种，夏秋之收获不可知。况此村向称瘠苦，十
室九空，上年河决，正当<u>十三堡</u>口门之冲，屋宇未尽葺，流亡未尽
复，议赈议借，苟得延命。旧赋已艰，复增岁额，其何以堪？"巡抚
作色曰："是国计所在，谁敢挠之？"<u>大业</u>曰："公为国计，某为民
生，民生即国计也。"不听，卒请加赋。部议试种三年而后加，次
年尽没入水，乃止。未几，以<u>阳武</u>工漫溢，降<u>江南</u><u>六安州</u>知州。

二十三年,治颍亳水利,民忘其劳。寻又以盗案例议降,去。

引见,再还江南,署江宁府。二十八年,署徐州府,上南幸,即真授。治徐州水利,躬勤宣泄,民所号邵公河者,此其一也。[一]府城三面滨黄河、河盛涨则建瓴下,西北隅尤当其冲,虽有重堤,独恃韩家山埽工为固,失固则城危。大业按视,得苏公旧堤于城西,起城西云龙山,迄城北月堤,长三里,湮为民居。大业曰:"此堤似无用,然大堤猝溃,循此南下,城可不没。"请于大吏,卒复其旧堤。建苏公祠,置祠田,夹置桃柳,自为文记之。越岁,韩家山工几溃,民恃此以无恐。三十年,奉檄督浚荆山桥河。治徐凡七年,水不病民。三十四年,循例引见,还,道闻讹言妖匪割辫事,至即坐是革职,谪戍军台。三十七年,卒。

大业所至,以劝学为务。因黄陂二程子祠建义学,葺睢州洛学书院,集诸生月课之,亲为之师。著有读易偶存八卷。<u>郑虎文吞松阁集徐州府知府邵公家传。</u>谦受堂集十二卷。<u>苏州府志及畿辅诗传。</u>

【校勘记】

〔一〕此其一也　　原脱"此"字。今据耆献类征卷二三一叶二六下补。

李大本

李大本,山东安丘人。雍正十三年举人。乾隆九年,拣选,得湖北枣阳县,以试取奏折,改湖南益阳县。居官自奉极约,勤于吏事,识大体,所规为多远图。益阳人不知蚕,大本教之树桑,后赖其利,号李公桑。县多山,有里豪谋开矿,以利啖大本,大本叱去之。因为上官言开矿之害,请勒石申禁,从之。十年,调长沙县,考绩为湖南最。十六年,迁宝庆理瑶同知,其所隶通水峒有苗僧行贾,临桂知县田志隆见之,意为贼党吴方曙。方曙者从马朝柱谋反,时方绘图悬购者也。僧畏刑诬服,又讯朝柱所在,妄言在峒中。志隆以告,巡抚定长立上奏,帅兵出,命大本从行,大本曰:"僧言真伪不可知,大兵猝至,苗必骇,且生变。请潜访之,果在,以兵擒之未晚也。"既而白僧言实妄,定长疑未释,复欲率兵往,大本力谏乃已。复再讯苗僧,果诬,如大本言。

　　横岭峒苗乏食,吁官求粟,大本多方赈之,复请于上官曰:"横岭峒自逆渠授首,安插馀苗,在事文武官,恶其人遂薄其产,每口授田,起三十穊至四十穊,每穊上田获米六升、中田五升、下田四升,以中田为率,四十穊者获米二石,三十穊者获财一石五斗耳。峒田稍腴者,又尽与堡卒;极恶者方畀苗民。岁入不足,男则斫柴易米,女则劚蕨为粉,给口食。年来生齿日繁,材木竭,米价益昂,饥饿愁叹,深可怜悯,恐不可坐视而不为之所也。现有入官苗田一千三百四十八亩,旧募汉民佃种,出租供饷,奸良不一,屡经淘汰,请视苗民家贫丁众,书簿有汉佃应除者,即以书簿之丁次第受种,[一]出租如故。则苗民得食,而饷亦无亏,此补救之一端也。"议上,不许。后巡抚陈宏谋见之曰:"真经世之言也。"将因北觐陈其事,会迁两广总督,遂寝。二十一年,大本迁长沙府知府。以病足告归,卒于家。怀庭集。

【校勘记】

〔一〕即以书簿之丁次第受种　原脱"以"字。今据耆献类征卷二三一叶三二上补。

陈玉璧

陈玉璧,山东历城人。由荫生补光禄寺署正,出为江西赣州府同知。乾隆三年,升贵州遵义府知府。郡多槲树,旧供薪炭资,玉璧曰:"此青莱树也,吾得以富吾民矣。"四年冬,遣人归历城,贩山蚕种,兼以蚕师来,至沅湘间蛹出,事不遂。六年冬,复遣人往取,岁前到,蛹得不出。明年,布子于郡西小丘上,春茧少获,分之附郭之民为秋种,秋阳烈,民不知避,成茧者十无一二。次年烘种,乡人又不谙薪蒸之宜,火微烈,蚕未茧而病发,种竟断。复遣人之历城,多致之,审其利病,蚕事大熟。乃遣蚕师分教四乡,收茧益繁,于城东白田坝诛茅筑庐,令织师二人导民缫煮络织之事,给工资,备纬具,公馀往视,有不解者亲教之。八年秋,民间报获茧八百万,遵绸之名大著,邻省多取给焉。旋致仕归,后五年而正安州吏目徐阶平亦自浙江购茧种,仿玉璧行之。自是正安丝与遵义茧并食利无穷。遵义人郑珍本玉璧遗法,著有樗茧谱。

陆广霖

陆广霖,江苏武进人。乾隆四年进士,五年,选授福建连城县知县。赵怀玉亦有生斋文集恭城县知县陆君墓志。为治严明而平恕。张惠言茗柯文集恭城县知县陆君祠版文。有余氏兄弟三人,孟与叔后皆鼎盛,合建宗祠,以仲后单寒,诬其已为人后,不得入主。仲之后鸿渐者,纵火焚祠,遂相劫杀。赵怀玉所撰墓志。吏当之死。

广霖至，张惠言所撰祠版文。召两造集于庭，以情谕之，声泪俱下，
众感且悔，卒送主入祠。六年，调宁化，赵所撰墓志。豪民刘席玉，
其党数百人，号铁尺会，为乡里害。广霖行县召之，及其党皆至，
遽执之，众大惊，不知所为。皆首服，论十四人如法，张惠言所撰祠
版文。馀勿问。赵怀玉所撰墓志。盗邱氏者，居下泉里，聚党自卫，
积十馀年，吏莫敢捕。张惠言所撰祠版文。广霖乃设广筵，延邱氏
之诸生，举酒嘱之曰："家有圮族之子，教之不先，擒之又不力，咎
将谁诿乎？"众皆曰："诺。"即敛金为购缉费，不二旬，积盗皆获。
黄家峒黄氏人多犷悍，尝遣役有所擒治，役难之，广霖曰："无畏
彼，或不率，吾当亲往。"至则其家已桎梏以待。其先声夺人
如此。

　　八年，调台湾之彰化，未几，以宁化谳上迟延，部议革职。督
抚连章奏保，有旨仍以彰化知县用。县设于雍正四年，其初图圄
空虚，官吏无事。及广霖再至，讦讼日繁，以盗牛杀人者尤众。
广霖虚衷研鞫，不以为倦。虎尾溪地辽旷，为劫夺薮，请添设一
县丞，以资弹压。赵怀玉所撰墓志。台湾多漳、泉人，素不相悦，往
往持兵斗，因肆劫。一日，广霖以事赴淡水，泉人乘县令之不在
也，攻漳人于市，众大骇。张惠言所撰祠版文。广霖驰归，委曲劝
谕，两郡之民咸悦服。彰化多鸭寮。康熙间，[一]畔贼朱一贵即
饲鸭者，巡道某恐为患，赵怀玉所撰墓志。谓广霖必禁断，对曰：
"此民业，不可禁。"因审其籍，令邻里保任之。张惠言所撰祠版文。
俸满，调顺昌，严隐粮之弊，使民自首，民不敢欺。请于学政，复
岁科两试，府学分取之额，严立讲院程课。福建巡抚陈宏谋最重
广霖，广霖为陈十二事，曰：崇贡院，通水利，整桥梁，裕积贮，广

邮亭,兴煤厂,端士习,严械斗,禁囤积,废闯神,戒溺女,止烧山。多见施行。

十八年,以宏谋荐,擢知府,引见记名,再罣吏议,再以知县用,丁母忧。服阕,拣发广西,补恭城,署百色同知。有周甲与二人夜行,为枪所殒,二人惊避。黎明,走报汛兵,已失尸。前官因是被劾。广霖问周甲之子曰:“汝父故与人有隙耶?”曰:“有旧仆某家颇饶,父每向假贷,积有隙,或即其人乎?”乃召周甲所宿逆旅主人,诘之,则曰:“仆于数日前曾嘱周若过此,盍通一耗?”广霖恍然曰:“贼在是矣。”立械仆至,一讯而服。盖是夜仆与其弟殒周于途,剖腹置石投之河中,至是得尸,沉冤遂雪。百色界连云南,有田、岑二土官,争地久不决。广霖奉檄履勘,知为岑氏产,毅然断归之,田氏无怨言。寻以同官牵连,罢职归。四十五年,卒。

子继辂、孙耀遹,赵怀玉所撰墓志。皆在文苑传。

【校勘记】

〔一〕康熙间　“间”原误作“中”。今据耆献类征卷二三四叶三四
　　　上改。

王希伊

王希伊,江苏宝应人。祖懋竑,翰林院编修,扬州府志。儒林有传。

希伊,乾隆六年举人,授陕西白水县知县。实心爱民,不利于民者,不恤触上官怒,以与之争。翰林院侍读学士朱筠称其能

以程朱之学,致卓鲁之绩。以病改青浦县教谕。寻乞归,卒,年七十六。著有清白堂存稿十二卷、彭衙存稿十卷、由拳存稿四卷、诗集十卷。阮元淮海英灵集。

张甄陶

张甄陶,福建福清人。性嗜学,巡抚王恕、学政周学健以甄陶为国士,贡成均。乾隆元年,举博学鸿词,试罢,大学士朱轼,侍郎方苞、李绂,荐充纂修三礼官,甄陶辞而从苞问学,得于词馆读书,取永乐大典三万卷遍观之,〔一〕至废寝食。十年,成进士。时方许直言极谏,甄陶对策,因详陈时务,略谓:“开边外屯田,以养八旗馀丁,犹胜贷金于府。改捐监条款,以充地方公费,犹胜积粟于仓。请以州县佐与州县并选,以疏通举班,而升巡检之秩,比县佐以处选用县佐之贡生,则三途并用,选法疏通。”其言深切,大臣或不敢进呈,乃置二甲,选翰林院庶吉士。十三年,散馆,授编修。旋改授广东鹤山县知县,调香山、新会、高要、揭阳诸县,皆剧邑也。所至疆田畴,修堤圩,弛蜑户、蚝蚬之禁,驭澳夷,毁淫祠,定常田,建书院,赒孤贫,实社仓、理盐筴,策荒政,雪冤狱,诘盗贼,塞溃堤。凡有举措,必熟计事势,使无怫逆于民,而民阴被其福。方甄陶之补外也,人咸惜之。甄陶独慨然有用世志,大学士陈世倌知其才,临别取明吕坤呻吟语赠之。甄陶读其实政录,喟然叹曰:“视国如其家,视民如其身,视官事如其日用饮食。以天下为己任者,不当如是耶?”在岭南作学实政录。

丁忧服除,起补云南昆明县知县,坐事免。巡抚刘藻善遇之,延主五华书院。藻总督两省,移主贵州贵山书院,复上言甄陶教士有成效,赏加国子监司业衔。甄陶居五华、贵山,前后将十六年,训士如子弟,尹壮图、钱沣等皆其弟子。晚病归,主讲鳌峰书院,以经义教闽士,于是咸通汉唐注疏之学。书院创自张伯行,而蔡世远为之长,继之者惟甄陶与通政使林枝春,讲明正学,严惮有法。论者谓不啻世远主讲时也。同邑人孟超然称:"甄陶淹洽似王伯厚,而切于世务;慷慨似陈同甫,而根极理要。虽不竟其用,卓然可传于后,无疑也。"居滇南时,著正学堂经解、周易传义拾遗十二卷、诗经朱传拾遗十八卷、礼记陈氏集说删补四十七卷、春秋三传定说五十卷、松翠堂文集三十卷。

【校勘记】

〔一〕取永乐大典三万卷遍观之　"三"原误作"二",又"遍"误作"编"。今据耆献类征卷二三五叶三四下改。

谢应龙

谢应龙,字西舫,浙江会稽人。乾隆十一年,大金川酋莎罗奔作乱,应龙方任四川汶川县典史,奉檄驻沃日土司地,侦大金川兵事。沃日与大金川接壤,而土民不及七百户。十二年,金酋率兵围之,时沃日理事者为土妇泽尔吉,势弱而孤,应龙抚慰番众,力为防御,金酋不得逞;乃遣人诱泽尔吉使降,应龙使峻拒之。既而援兵不至,土妇恐,欲降金酋为自全计,应龙痛哭,责以大义,且拔佩刀以誓曰:"事不济,先杀尔而后自杀。"土妇悟,协力坚守五十馀日,而救始至,围遂解。应龙复奉檄办大营粮运,总兵任某率数百人深入,逾昔岭抵九山梁,饷道绝。应龙冒险出奇,以米百馀石往,军乃得济。尚书班第、总督张广泗上其事,超擢汉州知州,迁宁远府知府。后除甘肃平庆道,未赴任,卒。四川通志。

周克开

周克开,湖南长沙人。乾隆十二年举人,十九年,中明通榜,[一]以知县分发甘肃,旋补陇西县,调宁夏宁朔县。宁夏并河有三渠,曰汉来、唐延、大清,皆引河入渠灌田。唐延渠行地多沙易漫,克开治之使深狭,又改其水道,渠行得安。渠有石窦泄水于河,以备旱涝者,民谓之暗洞。时暗洞崩塞,渠水不行,上官欲填暗洞,而竭唐延水入汉来,以便宁夏县之引河,然宁夏利而宁朔必病。克开恐夏秋水盛,无所宣泄,时新水将至,不可待,克开请五日为期,取故渠及废闸之石,昼夜督工,五日而暗洞复,两县皆利。大清渠长三十馀里,凿自康熙间,久而石门首尾坏,民失其利。克开亦修之,皆费省而工速。再以卓异荐,擢知固原州,丁父忧。服阕,补洮州知州。

寻擢贵州都匀府知府,从总督吴达善、侍郎钱维城治贵州逆苗狱,获首从鞫之,法倚轻重,必力争无少逊。旋调贵阳府,亦以强直忤巡抚宫兆麟,嗣因公累解职。引见,授山西蒲州府知府,调太原府,清厘积案,修复风峪口堤堰,障山涝,导入汾。寻擢江西吉南赣宁道,署布政使。以王锡侯书案被议。高宗知其贤,发江南以同知用。会南巡,克开署江宁府,迎驾,命知江西九江府。擢浙江粮储道,时浙江巡抚王亶望颇黩货,属吏多重征,以适上官意。克开以清自励,并请于亶望,约与之同心。亶望心厌克开,乃奏克开才,请移治海塘。于是调杭嘉湖道,会改建海岸石塘,总督欲徙柴塘近数百丈以避潮,克开曰:"海与河异,让之则潮必益侵,无益也。"力争乃止。年馀,以督工劳瘁;卒于官。

【校勘记】

〔一〕十九年中明通榜　原脱"中明通榜"四字。今据耆献类征卷二一一叶五二上、五四上补。

林明伦

林明伦,字穆庵,广东始兴人。少好学,读左氏传,辄以意首尾联缀之,作数十大篇,以观其文章事迹之终始。乾隆十四年,成进士,改庶吉士,日与同年官建宁朱仕琇相劘硡。〔一〕居三年,仕琇外授去,明伦取宋五子之书,日夜沉潜,反覆观之,于义利之介,确乎如黑白不可淆。十七年,散馆,授编修。十八年,用荐,得旨,记名以御史用。方保举御史时,同官有要之者曰:"行举御史,不可不谒掌院。"明伦毅然曰:"御史以求而得,尚何以自树立耶?"谢不往。其秋,充山东乡试正考官。

十九年,授浙江衢州府知府,俗好機鬼,岁春秋民相率往九华山求福,籝金囊粮,男女奔走。明伦谕之曰:"尔民为不善,尔祖父之鬼不祐尔矣。若善,何求于神?"衢人大感悟。又其俗婚嫁,婿家先张酒食于中途,待妇家送女者饮啖,愚民小忤意,辄使酒骂坐,客甚者碎其器物。两姓往往终身不和。丧事则薄其死者棺身之所附,而亲交来吊问,必遍遗布帛,呼僧唱经,以故民有婚丧,每一召会,费钱几十万。中资之家,至破产不恤也。明伦为一切厉禁,去之。郡间有雨雹偏灾,明伦身亲周视,具书册上报请赈贷,毫毛无所隐。岁旱,为文祷于<u>仙霞岭</u>,请罪己,天立大雨,岁以丰熟。城南故有<u>正谊书院</u>,久荒圮。<u>明伦</u>立出俸银,为治讲堂、学舍,而延郡人为之师。治事之暇,月一至书院,与诸生讲学相磨错,毅然以教化为必可行。抗颜告诸生曰:"诸生其务读书明理,求至于圣贤,毋为区区文章之末而已。"

守<u>衢</u>三年,以安静为治,吏民敬爱。会新易巡抚,以病不即上谒,谒稍迟,巡抚疑其傲,以才力不及劾罢。<u>衢</u>人哭而送之。二十二年,入京引见,<u>至京</u>病益甚,遂卒。门人为经纪其丧,友人<u>朱珪</u>发其装,官翰林时敝衣数袭而已。所著有<u>诗集</u>一卷、<u>文集</u>二卷、<u>学庸通解</u>二卷、<u>读书迩言</u>一卷。

【校勘记】

〔一〕日与同年官建宁朱仕琇相劘磋　原脱"年"字。今据<u>耆献类征</u>卷二三六叶九上补。

白云上

<u>白云上</u>,河南河内人。乾隆十五年武进士,由侍卫任江南都司。<u>陈宏谋</u>抚<u>江苏</u>,知其才,数以手札奖勉之。<u>太乙</u>辄言事折子。总督<u>尹继善</u>奉旨裁汰<u>江宁京口</u>驻防,以旗人藉钱粮为生,稍不公,辄起物议。召<u>云上</u>至密室曰:"<u>江宁</u>吾自为之,<u>京口</u>事以委若,年六十五以上、十五以下者汰之。"<u>云上</u>出,三日复进见,<u>继善</u>曰:"尚未行耶?"曰:"<u>云上</u>已毕事,来覆命耳。"问裁汰几何,可呈册籍,则曰:"皆无可汰者。"<u>继善</u>曰:"岂无一人在六十五以上、十五以下者耶?"<u>云上</u>跪曰:"十有其四,<u>云上</u>皆损益其年齿,

以称中堂意,是以得不汰。"继善怒,云上曰:"请得毕其词,我朝幅员万里,岁赋所入,岂不能赡此数旗人耶?旗人不注四民籍,汰之则强者盗,弱者丐。京口当冲涂,外藩贡使,由此往还。旗妇章服与民人异,沿街乞丐,恐有伤国体,为外夷所笑。"继善意解,扶之起,指其座曰:"此席当属君矣!"遂上疏切论罢其议。

云上擢扬州游击,有通州奸民告海外沙民谋为逆,继善檄云上先率所部往。云上乞病假五日,继善莫喻其意,亲帅兵抵六闸,云上忽上谒,继善曰:"故未病耶?"对曰:"云上何病,度沙民必无他。兵行必惊扰,故单骑往察仇怨所自起,召其父老谕令指亲串之任内地者,传集讯验,取结状三百纸,并带晓事数十人,驰迎中堂耳。"继善握其手曰:"吾固知君能了此也。"即集众谕遣之,置告者于法。江防、扬粮两河厅,故事,派柴户输工料,岁赔累以万计。云上白继善裁之,徐、淮、扬三府民困以纾。天大旱,火起,飞骑往救,躬乘屋以帅下,祈雨长跪龙王庙阶上,凡三昼夜,乃大雨。阶石至有两膝晕,民以为至诚能格金石。岁涝,民苦薪断,冒雨督舟运薪给之。累迁至漕标副将,引疾去。

云上工诗,善草书,在官爱民,戢士卒,多美政。尝曰:"官乐则民苦,官苦则民乐。以吾一人之苦,易数十万人之乐,吾独不乐乎?"后得旨入名宦祠,男妇争进香楮,迎主者至万馀人。

子守廉,进士,官知县,有廉直声。国朝先正事略。

康基渊

康基渊,山西兴县人。乾隆十七年进士,归班,选河南嵩县知县。县地硗瘠,稍暵即歉。旧傍伊水,有渠十一道,久湮绝。

基渊按行旧址,劝民修复,山涧诸流可引溉者,皆为开渠。渠身高下不一者,分段设闸以蓄泄之,水势湍急,则设闸渠口,防冲涨。田高渠下者,则教为水车引溉。凡新旧开渠十八,灌田六万二千馀亩。巡抚上其事,优诏议叙。邑旧贡百合,以本草云"百合生宛朐",〔一〕嵩西南连宛朐,榛莽间亦时有之。惟邃谷危崖,艰于采取。基渊乃谋之土人,购地西郊,凡四十亩,分六区,令民试植,岁产千馀斤,五年一取,更番种刈,时其培护,节其旱涝。募田夫给工食,以专其任。建亭树柳,艺桑凿池,夏则迎其母清暑于中,四郊妇女咸来起居。或有勃溪,时一赴诉,间赐果饵,欢如家人。及母卒,临奠者日数百人,即百合园立祠,岁时祭焉。嵩有丝而植不繁,基渊教民蚕,为建先蚕祠,绘蚕织之事于壁,又示民以种桑法,由是蚕丝之利甲于旁邑。〔二〕基渊以嵩民朴厚,有古周南遗风,贫寒者不知诗书,乃核无业地若干,建社学,由城及乡,凡三十二所,相距或十馀里,每社修脯以二十金为率,酌定学规,择本庠通亮之士,专其教授。寻以丁忧去。

三十四年,服阕,选甘肃镇原县,历任皋兰,升肃州直隶州知州,州有洪水渠,旧筑峻岸,崩冲而下,为田禾灾。基渊度形势于南石冈,别凿渠口,以避冲陷之害。野猪沟有古荒田,无水久废。基渊询访耆旧,于柳树闸龙口宽加六分,别开子渠,界荒田为七区,招民佃种,区取租十二石,额粮则由佃自纳,而以其租给各社学师,名曰兴文渠。〔三〕肃东南九家窑凿山后渠,开屯田,向移驻州判主之。久之,田薄瘠,民租入,不能支官役。基渊请汰州判,改屯升科,为筹岁修费,民于是有恒产。肃民樵苏,远取诸边墙外,日费而价贵。基渊相东北郊外废滩,不堪种艺,劝民浚沟以泄卤碱,种杨十馀万株,择人董守之,遍谕乡堡,可种树处,皆如其式。薪樵于是不外取。肃屡经军旅,民不知学。基渊为建置社学二十一所,社中有无主绝业,取以为岁修,以兴文渠地租供学费,选老成者司其事,无捐助勒派之扰。肃境距城远者,征收粮石,借囤民房,多至四十馀处,且有久假不归者,日夜警守,颇为民累。基渊请于金佛、清水建仓数十间,以旧屋清还诸民。肃南三山口有番民向通茶马,更无征求,军兴时,皮革羽毛等暂著采取,后沿为例,名曰“给价”,官吏藉以需索,诸番苦之。基渊言诸镇营,悉与裁革。

四十四年,擢江西广信府知府。广信俗多溺女,基渊劝谕之,并设厉禁,给接生妇人以口食,令有溺者即首之,立婴长一人,给田十九亩,使之稽察女婴,或贫不能养,则暂育于婴长,月以所育女数列册呈官,因推其法于属邑。旋卒于任。基渊为学,务究根本,其治官事如家事,博求利病,而洞审原委,故推行有序。著有南圃文钞、女学纂,家塾蒙求。

子绍镛,历官安徽、广东、湖南巡抚。

【校勘记】

〔一〕以本草云百合生宛朐　“草”下原衍一“经”字。今据耆献类征卷二三七叶三五下删。

〔二〕由是蚕丝之利甲于旁邑　原脱“之利”二字。今据耆献类征卷二三七叶三六上补。

〔三〕名曰兴文渠　“兴”原误作“新”。今据耆献类征卷二三七叶三六下改。下同。

邓梦琴

邓梦琴,江西浮梁人。少贫勤学,以小学、近思录、洛学编为宗。乾隆十七年成进士,出蔡新之门,得窥闽学源流。恽敬撰墓志。植躬行己,非义不蹈。陈用光撰墓表。二十六年,选授四川綦江县知县。董诰撰墓志。县人相沿呼大府胥吏为“老上司”,横甚,君察其尤者杖之,申请治罪,遂俱敛迹。贵州遵义有巨盗,亡命过县,遣捕人踪迹千馀里,至万县获之。以能,署江津县知县。县民宋志聪与杨在位争博负,在位殴之仆,死,置尸黄君相之门。前令比君相杀人罪,已瘐死。梦琴至,钩距得实,谳之,前令因推事官请于按察使,掎其狱。梦琴力争,按察使遂怒,又民周景康盗树为树主斫颅左,寻以他事与周秉鲁争,伤腹下,死,前令以比树主。梦琴请复勘腹下伤,重罪,当比周秉鲁,而按察使挟前怒,欲如前令比,且闻它蜚语,谓梦琴好排人,恽撰墓志。欲中以法,龃龉者数月。董诰墓志。会梦琴还綦江,定远民谭学海被杀,主名不得,县摄民六人笞服之,至府皆不承。梦琴奉府檄,廉得诸偷邓理瑶等实杀人,一讯狱具,白府,分功定远令,定远令得免吏议。诸上官乃信梦琴善平反,非排人者。适按察使又署布政使,周景康狱乃如梦琴谳。恽墓志。一时人颂神君。三十年,以继母忧归。寻丁外艰。

四十三年,选授陕西洵阳县知县。董诰撰墓志。县多楚人流寓,其垦田者,请于上官,不报升科,以利安之;恽墓志。其豪猾教民讼,持官短长者,廉得其敛钱诸簿籍,置之法。楚饥,资米于洵阳,劝以平粜,而有力者居奇货。次年春,楚民纠众强借米,距城二百里,势张甚。陈用光撰传。疾驰往谕以明宪,众叩头求活,但杖倡者十二人,馀不问。巡抚毕沅闻而善之。四十八年,署岐山县。四十九年,调宝鸡县。[一]利民渠开自前明,灌田三十顷,久堙。梦琴浚之,增灌至五十顷,其南北注渭诸渠,亦加疏导。董诰撰墓志。县临栈道,有陈仓、东河二驿,马多疲损,前令以给里民需,其值曰"领马",有事复搂私马应官,曰"里马"。乃下令领马者悉交现马,驿遂充,非大差不责里马。逆回田五作乱,陷通渭,恽墓志。疾驰二百里,至仙灵峪,断道设戍。董墓志。归而授兵登陴,贼以不至。恽墓志。及汉南援兵过县,为供其车马乏困,民皆应役,如趋私事。既平,他邑皆讼派累,宝鸡民独制锦寿县官,过客叹曰:"宝鸡令岂有馀财为供张耶? 官无所私而区画得宜,乃使民知感如是,孰谓廉吏不可为耶?"陈用光撰墓表。五十四年,以卓异升商州知州。六十年,擢汉中府知府,署陕安道。董撰墓志。因事镌级。大府以教匪方炽,奏留任。恽墓志。募乡勇相险易为防守,自冬徂夏,跋涉山谷,得足疾,嘉庆二年,引疾归。十三年,卒,年八十有六。二十二年,入祀名宦祠。

梦琴故善为文,所著有楸亭文集十六卷、陈撰墓表。诗集八卷。恽撰墓志。其它主端明、鹿洞书院,所诲示士子及在官所修志书,复共若干卷。官洵阳时,答督抚咨访事宜、诸官行文字,皆详究利病,足资考核。子传安辑为外集。

传安,嘉庆十年进士,罗源县知县。

【校勘记】

〔一〕调宝鸡县　"调"下原衍一"署"字。今据耆献类征卷二三七叶二七下删。

李炯

李炯，江苏元和人。乾隆十七年进士，授广东茂名县知县，以慈惠为政。每听讼，平心察理，未尝用一暴刑。县有重狱，株连二十馀人，炯按验多纵舍，所羁候才一二人而已。彭启丰撰传。县属地有黄塘者，滨临山谷，暴雨水涨，居民多死。言之府，请发官银收葬，不足，请复发，知府不可，则捐俸以益之；其生者为起竹屋，复煮粥食之。士人载贽见谢，弗纳，乃洁治书院，俾肄业其中。公事之暇，亲往慰诲。初，绍兴沈某为炯幕友，颇通贿，炯知即谢遣之。及是，客府署，构炯于知府，遂以不胜任被劾，改教官。去之日，彭绩撰传。士民执香送者，踵错于道，作德政歌，用金书采旗为导。有瞽者百馀人，制布袍献炯，服而见之，瞽曰："贫不能得锦，恐不当公意。"炯曰："服之矣！"瞽前扪炯衣，果布也。则皆大喜，罗拜去。舟过梅菉镇，商民张彩棚，设乐以饯，三爵后，献百金为寿，却之。已而异炯遍历镇中，曰："公去矣，俾镇人一识公。"炯既归，遂不出，卜居灵岩山下，野服翛然，以山水自乐。四十年，卒，年七十一。彭启丰并彭绩所撰传。

顾光旭

顾光旭，江苏无锡人。四川通志。乾隆十七年进士，户部山东司主事，擢员外郎。二十四年，授浙江道监察御史。是年，直隶、山东大水，明年正月，光旭上奏曰："近见流民扶老挈幼，什百入京。询之，是近畿数百里内被灾之民，相率逃荒。先之毁屋伐树,继以卖男鬻女,饥羸老弱,踣顿不可胜计。耳目所及如此,其外可知。伏思救荒无奇策,惟督抚及有司亲民之官,实心实力,方克有济。乃各州县未尝不设厂,未尝不施赈,而或委任佐贰,假手吏胥,所设厂或远离村镇,穷民奔走待食,或得或否,冻馁颠毙,皆所不免。国家良法美意,一入俗吏之手,民沾实惠者十不及五;即有一二贤能有司,抚循周至,而他境流民闻风毕集,日聚日多,转难措手。此督抚不能真实爱民,下亦以应付塞责,一切皆属具文。臣请敕下督抚,分饬有司,随地抚绥,毋致流移失所。去年被淹之地,积水未消,宜设法疏导,以工代赈,然后借给牛种,资其耕作。倘仍因循侵蚀,有流民,有旷地,即重治督抚州县之罪。至京城外来饥民,虽已获赴厂领赈,但一年之计,全在东作,应给赀遣回原籍。其本籍全无倚赖者,即归大兴、宛平,作何安辑,免致流亡,并请敕顺天府尹会同五城御史查明人数,请旨遵行。抑臣更有请者,外省遇有水旱,司道府亲临查勘,州县先以伺候供应为能,所委佐贰亦盛索厨传。请嗣后大员亲临灾地,州县毋许供应,亦不得带同佐贰,多携人役,致累灾区。违者严参重处。似于荒政亦有裨益。"奏入,上善之。王昶春融堂集。二月,命赴京畿查勘,光旭至文安、大城,疏积水,抚饥民;入乐亭境,民数万拥县门,欲毙知县,及悍役王姓者。时已昏黑,光旭令老者数人前,宣示上恩,言至痛切,众哭,光旭亦哭,乃乘夜秉烛起草,驰章奏乞加赈。次至宝坻、滦州、卢龙,皆如之。四月,复命召见,嘉许良久。畿辅通志。旋命赴通州坐粮厅任。三十二年,擢工科给事中。

三十三年,授宁夏府知府,明年,调平凉。三十五年,甘肃大旱,光旭请赈于布政使,不许,乃以便宜查灾户,发银米,适布政使以忧去,代者胡季堂,谓光旭曰:"轮蹄鸟道羊肠路,沟壑鸠形鹄面人。贤二千石涕泣多矣。"盖光旭口占诗句,为人传诵,而季堂闻之也。按察使毕沅见光旭青岚山诗"产破妻孥贱,肠枯草木甘"。叹曰:"一字一泪,十字千古矣!"是时陇坂灾黎鬻妻子,装木笼于驴背,每笼两人。光旭命城门籍其数,五阅月共出六万七千馀人,则他郡可见也。皋兰各县闻平凉设粥厂,相率就食,日以万计。总督明山巡边至隆德,告光旭路有馑死者,光旭率县令请罪,总督曰:"百姓道毙,于知府何与?"光旭曰:"知府任地方责,乌得辞罪?且总督见者一,知府见者十,知县见者百,乡长保正见者以千数矣。曩知府于路见群鸦飞鸣,树枝牵挂缕络,则人腐败之肠也。迹而求之,涧谷中胔骸堆积,绵延不绝。是皆地方之责,乌得无罪?"总督蹙然问何如而可,光旭曰:"平凉、隆德、固原、静宁各有二粥厂,饥民日增,每厂多至四五万人。天渐热,疫将起,愿给两月口粮,为归农资,俾得及时布种。"总督曰:"诺。"乃具薄笨车数百辆,陆续送归其地。

　　时光旭已升凉庄兵备道,而总督以罪免,文绶代之,属光旭以河东一路赈事。光旭曰:"河东道路辽阔,仓库空虚,官吏非本属,未敢任也。"文绶曰:"一切钱粮,惟子支取;自府以下,惟子调遣。某帅以听,谁敢犯子?"光旭为治,素有声,既奉檄,罔不响应。遂分八路,比户清查,用三连票填注极贫、次贫大小口数,一付领赈者,持票领赈;一贴灾户门首;一存本官核对。未领之户,昼夜抽查,发奸摘伏,官吏惕息。暨于讫事,无敢丝毫中饱。及秋大熟,甘肃民遂以生全。时大兵方讨金川土司,三十七年,文绥调任四川总督，以光旭自随，部署馈运三路，军营赖以无乏。
十二月，署按察使。王昶春融堂集。裁抑奸贪，剔除衙蠹。四川通
志。先是，四川有失业无赖之民，好拳勇，嗜饮博，掠恶少年为
从，四出劫杀，众莫能制，名为啯噜子，[一]至是益甚。光旭督役
搜捕，获之，则予杖荷校，反覆理喻，咸股栗，誓改悔，乃令率其侣
为运丁。军米因以益裕。光旭常谓："天下无饥民，无游民，则揭
竿篝火之盗，断无从生。"识者以为名言。四十年，以秋审失出五
案，革职，仍留四川，总理粮饷。春融堂集。出南徼，事竣，回成都，
百姓以香盆花烛迎者数万人。时塞外军兴，而腹地不知兵，光旭
之力也。四川通志。四十一年正月，两金川平，大军凯还，驰驻西
路卧龙关，料理回兵，兵十馀万抵关，震光旭威名，无有叫呶需索
者。寻以积劳得疾乞归，百姓送者亦数万人。士大夫为立生祠
于坡仙楼上。著有响泉集。春融堂集。

【校勘记】

〔一〕名为啯噜子　"啯"原误作"喝"字。今据耆献类征卷二一一叶四
　　五下改。

王德屏

王德屏，广东吴川人。乾隆十八年，选拔贡生，廷试后，以资
授贵州平远知州。值苗匪倡乱，德屏单骑深入，反覆开导，酋长
感化，缚其渠以献，得胁从名册焚之，存活以万计。寻以前官事
落职，归。三十五年，恭祝皇太后万寿，恩复六品职衔，降补南汇
县丞，调常熟，职小而节弥励。邑民闻德屏廉明，皆趋走质讼，县

贰例不受事,谕遣弗去,随事剖析,民皆悦服,来者不绝,德屏亦弗能禁也。乡俗投牒,有官钱,德屏曰:"是何足污我?"大署牒后曰"本衙不收陋规"。役卒多散去。由是见知上官,调署嘉定县知县。檄下,适以病卒,士民争醵钱乃成殓。后祀常熟名宦。采访册。

茹敦和

茹敦和,浙江会稽人。乾隆十九年进士。初嗣妻父李为子,占籍广东,登第后,始归宗复籍。二十九年,选授直隶南乐县知县。初下车,即咨询绅耆,访求民间疾苦,矜慎庶狱。有诉讼者,书片纸呼被告至,立剖曲直,罪当笞杖,薄责之,民咸感愧自新。择乡间清白谨愿者,俾充社长、里正,朔望令毕集,密陈其乡利弊为籍,以记次第施行。南乐地故卑下,当猪龙河之冲,时有水灾。敦和寻察源委,于开州、清丰间审地形高下,因势利导,水有所归,遂不为患。以县地多茅沙盐碱,教以周礼土化之法,广植杂树,瘠田皆变沃壤。邑人以麦秸编笠为生,率荒本业,敦和劝令育蚕,先于县治后圃种桑多株,春时分给四境,并勒碑纪其事,民获利赖焉。三十四年,调大名县,地滨漳河,水患尤剧。敦和谋开渠以杀其势,议甫定,内迁大理寺左评事,不及上请,乃手书悬城闉,劝民兴修,刻期令集河干,亲为指示形势。及期,乡民各具畚锸,偕来者以万计。敦和为擘画讲论,大众欢呼,争先从事,及旬而渠成。

四十一年,授湖北德安府同知,寻署宜昌府事,弛商船报验之禁,以便行旅。缘事降调,归。五十六年,卒。以绅民请入祀直隶名宦祠。所著有周易二闾记、大衍守传、周易证签、周易小义、尚书杂说、读春秋札记。

子荃,乾隆四十九年一甲一名进士,官至兵部尚书。

莫暮

莫暮,广东定安人。广东通志。乾隆二十五年举人,五十三年,选授直隶安肃县知县。县为九省通衢,驿传络绎,民疲于供应。暮至,供张刍豆,皆自置办。每大吏临境,辄布席坐行馆外,有驺从需索者,则曰:“县在此,勿他问也。”有使臣于役西藏,从者滥征马,不得,击伤圉人,立械系之。自是过境者,咸知敛束。五十五年,调静海县。去之日,民泣送者不绝于路。先是,静海有抢劫案,拟大辟者十许辈。暮至,廉得其情,皆荒年饥民也。亲诣省白其冤,得从轻典。县滨运河,有隔淀堤长数十里,屡溃决。暮躬亲相度,无靳工料,期于坚固。自是岁省公帑而田不病涝。五十八年,兼署沧州,历署河间府通判、广平府同知。五十九年,以运河淤浅阻粮艘,奉檄还静海以督浚,令于众曰:“有能出土一囊,置之堤外者,给一钱。”众皆曰:“诺。”越三日而漕以济。大吏上其事,奉旨嘉奖,且著为例。秋汛河溢,督工堵塞,昼夜坐卧堤上者一月馀,所护民田无算。又亲履村落,按户给钱米,自捐廉俸,于近郊设粥厂养流民;民有鬻子女者,以重价收买,逾年焚券,令其父母领归,存活甚众。又创建瀛海书院,割俸置田,以资修脯膏火。

嘉庆元年,署通州,旋回任。五年,擢滦州知州。州广袤二百馀里,旗地居其半。俗悍健讼。陈昌齐滦州刺史莫君墓志铭。暮

明于断狱,民无遁情。广东通志。未半年,清积案二百馀件,陈昌齐
撰墓志。奸宄敛迹。广东通志。捐修海阳书院,葺学宫,建忠孝、节
义两祠。陈昌齐撰墓志。造榛子镇石桥。六年,滦溢,民多漂没。
畿辅通志。令人收葬之,尸五金。八年,兼护永平府。十年,署赵
州直隶州。在赵半年,政清讼理,回滦州。十一年,卒于官。陈昌
齐撰墓志。静海、滦州民各请祀名宦。广东通志。

郑基

　　郑基,字筑平,广东香山人。邵晋涵江南守巡道郑君基墓志铭。
乾隆间,援例,铨安徽凤台县知县。下车即问民疾苦,县东北乡
有通川三:曰黑濠,曰湿泥,曰裔沟,汇颍上、蒙城诸县水,以达于
淮。县人统谓之"三河"。岁久尽湮,上游水无所泄。秋雨暴
涨,争注凤台,弥望成巨浸。时户部侍郎裘曰修出治淮、颍诸水。
基申牍请浚三河,而曰修先与江南疆臣议所浚川,独不及凤台。
疏稿已具矣,得牍面诘之,基侃侃陈利害,及畚捐木石之用,广袤
之势,程功久暂之期,甚悉。邵所撰墓志。曰修悦,为补疏。工成,
民不知役,农食其利。县偏隅有鲁松湾,地远于淮而卑,频年患
涝,乃捐俸倡筑堤障,遂成膏腴。

　　调定远县,举卓异,擢寿州知州,署安徽六安州知州,再任寿
州。刘鸿翱所撰传。州故有安丰塘,周百里,灌田四万顷。楚令尹
孙叔敖所治之芍陂也,岁久塘圮。基审核旧制,缮复之,为水田
三十六,为闸六,为桥一。其旁则为堨、为堰、为圩,启闭以时,污
莱尽田。尝循行阡陌,见沙地硗确,多不治,以为古者淳卤沃瘠,
分植五谷,教民种山薯蓣、佐菽麦,俾无旷土。寿州不知蚕织,而

地多椿櫄可饲蚕,乃远购蚕种,教民饲养,农桑并兴。其后凤阳亢旱,民多流离,独凤台、寿州秋成,稔于他县。邵所撰墓志。在寿三年,令行化洽,升泗州。会水灾,筹画赈抚,饥而不害。擢淮安府知府,淮安故水乡,基谓聚众水以争一门,淮所以溃也,疏之不可缓。于府东开浚东乡涧市河,于北则开渔滨山字河,于西则开护城河,壅滞既通,农田资灌溉,引其流兼济漕运,民便之。

基博览前史,于河渠、水利、图经诸册,丹铅殆遍,故施行辄有成效。乾隆四十一年,擢江南分巡道,命甫下而卒。刘所撰传。

汪辉祖

汪辉祖,浙江萧山人。少孤,继母王、生母徐教之成立。入州县,掌书记,渐习刑名。乾隆三十一年成进士,授湖南宁远县知县。县杂瑶俗,积逋而多讼,前令被讦去,摄者务姑息,黠桀益伺间为挟持地,又流丐多强横。辉祖下车,即掩捕其尤,而驱馀党出境。民纳赋不及期,谕以官民一体,缓急相关,听讼之责在官,完赋之责在民。官不勤职,咎有难辞;民不奉公,法所不恕。宁远钱粮素多延欠,今约每旬以七日听讼,二日较赋,一日手办详稿。较赋之日,亦兼听讼。若皆遵期完课,则少费较赋之精力,即多留听讼之功夫。民感其诚,相戒无负好官。不逾月而赋额足。

治事廉平,尤善色听,援据比附,律穷者通以经术,决狱皆曲当,而心每歉然。遇罪人当予杖,辄呼之前曰:“律不可逭,然若受父母肤体,奈何行不肖亏辱之?”[一]再三语,罪人泣,亦泣。或对簿者,反代请得免,卒改行为善良。每决狱,纵民观听。又延绅耆问民疾苦、四乡广狭肥瘠、人情良莠,皆籍记之。据汉书赵广汉传,钩距法断县民匡学义狱,唐书刘蕡传断县民李氏、萧氏争先陇狱。他邑有讼,闻移辉祖鞫之者,皆大喜。在宁乡时,讼师黄天桂与大府吏史坤揽讼。辉祖以他事搜其笔据,陈之大府,革坤役,天桂逸去。终辉祖任,不敢出。宁远例销淮盐,值数倍于粤盐,民多食粤私。大吏遣营弁侦捕,人情惶扰。辉祖为帖白上官,以盐愈禁则值日增,夫私不可纵而食淡可虞,请改淮引为粤引。未及报,辉祖即张示,盐不及十斤者听。侦弁谓其故纵私,闻于大吏。辉祖揭辨,总督毕沅嘉赏之,立弛零盐禁。时伟其议,称“莽知县”云。

两署道州,又兼署新田县,皆有惠政。以足疾请告,时大吏已疏调辉祖善化,疑诡疾规避,夺职归里。值西江塘圮,巡抚长麟、吉庆先后遣官劝辉祖董其事,不获辞,初估工费钱二万八千九百缗,用辉祖议,工倍而钱省。嘉庆元年,诏举孝廉方正,邑人以辉祖应,固辞免。

辉祖少尚志节,老而愈厉,持论挺特不可屈,而从善如转圜。性至孝,痛父早殁,两母孤苦,抚己成立,故于守身之义,懔懔自防,终其身罔敢陨越。嘉庆十二年,卒。著有元史本证五十卷、史姓韵编六十四卷、九史同姓名略七十二卷、二十四史同姓名录一百六十卷、二十四史希姓录四卷、[二]辽金元三史同名录四十卷、学治臆说四卷、佐治药言二卷。

【校勘记】

〔一〕奈何行不肖亏辱之　“肖”原误作“屑”。今据耆献类征卷二四二叶八下改。

〔二〕二十四史希姓录四卷　原脱"二十四史"四字。今据耆献类征卷二四二叶一〇上补。

陈昌齐

陈昌齐,广东海康人。乾隆三十六年进士,改庶吉士,散馆授编修,晋中允。三十九年,典试湖北。四十年,充会试同考官。五十年,大考三等,左迁编修。五十五年,补河南道监察御史。奏言:"各省首府宜请旨简放,以杜贪缘。直省督抚政治,宜令学政随时稽察,以防弛纵。京师各门,宜严章程,以杜勒索。"均下部议覆。又奏缉捕洋贼事宜,略言:"洋匪、会匪相为狼狈,会匪藉洋匪为去路,洋匪靖则会匪自消。"又言:"沿海居民类皆采捕为生,习拳勇,谙水势,向为匪等所畏。自匪等以利招诱,遂多从匪者。夫可以为盗,即可以捕盗。似宜令地方官明示有能出洋剿捕,或匪等上岸并力歼擒,送官验实者,其船只资财,一概充赏。已经听诱下海之人,若能设法歼擒者,连船投首,亦准免罪。"

嘉庆元年,升兵科给事中,转刑科给事中。九年,授浙江温处道。时海寇蔡牵骚扰闽浙,昌齐抵任,修战舰,简军伍,又令人出海,绘浙闽海洋全图,纤悉备具。每汛口弁兵禀报杀贼情形,及道里远近,稍有虚妄,必加申饬,虽百里外事如亲睹。凡接见武员,必加礼,曰:"海氛未靖,正武夫效命之日也。"一等侯德楞泰奉命按阅闽浙营伍,议申海禁,不数月盗可尽毙。侯风采严厉,属吏莫敢置对。昌齐进曰:"侯未身履其地也,闽浙两省环海,居民皆捕鱼为业。若禁其下海,则数万鱼户无以为生。激变之咎,谁当任之?"侯默然,徐曰:"君言是也。"永嘉民有胞弟误用屠刀格兄致毙,讼师使认为木柴殴伤,刑讯十年,坚不改。昌齐晓之曰:"汝明认刀伤,早以误杀,援赦释矣。木柴毙命,则故也,非误也。讼师利汝财,以延岁月耳。"犯大惊,叩首曰:"公活我! 指使者,实某也。"昌齐按律定拟,置讼棍于法,一时称神明。在温州,造战船,支帑不足,岁负债数千金,大吏委权盐运使调剂之。昌齐曰:"此脂膏地也。"卒不就。寻因事罣部议,上命刑部尚书景禄、光禄寺少卿吴俊按其事,或语以往谒辩之,不可,竟投劾归。总督阿林保调两江,欲奏调昌齐赴江苏办理河务,而闽浙总督方维甸又以昌齐谙练海疆,欲奏留原省补用。昌齐并辞。

初在翰林时,大学士和珅欲罗致之,昌齐以为非掌院,无晋谒礼,卒不往。归里后,修雷州府志、海康县志。总督阮元修广东通志,聘昌齐为总纂,并主讲粤秀书院。二十五年,卒。著有吕氏春秋正误二卷、淮南子考证六卷、楚词韵辨一卷、测天约术一卷、赐书堂集六卷。

刘大绅

刘大绅,云南晋宁人。乾隆三十七年进士,以知县归部铨选。[一]四十八年,选山东新城县。时累年荒旱,大绅在任多惠政,民爱之若父母。五十一年,调曹县,代者至,民数千遮道,乞留。邻邑长山民亦代吁留,大吏为留大绅三月,始抵曹任。岁又旱,灾重于新城,大绅方设法苏其民,忽河督檄修赵王河决堤。大绅不得已集夫役万馀人,以工代赈,两月竣事,无疾病逃亡者。

既又委办河工秸料三百万,大绅以时方收敛,请缓之。大吏督责益急,与十日限,否且罪。民闻,争先输纳,未及期而数足。公暇即亲诣书院校士,尝谓诸生曰:"小学一书为作圣之阶梯,入德之轨途,师舍是无以为教,弟子舍是无以为学也。晚近急于利禄,惟以记诵词章、博取功名为务,是以人心不正,达则骄奢淫佚,穷则儇捷偷薄。今与诸生约,必读此书,身体力行,由洒扫应对以驯致乎达天知命之域。庶几明体达用,有益于天下国家之大。"于是士知实学,风气一变。

尝按视乡间,闻有议谷贱银贵,征期促迫者,大绅顾而语曰:"俟谷得价,再输未迟也。"语闻于大吏,怒其擅自缓征,遴员代之。绅民虑失大绅,争先交纳,届期毕完。大吏因饬征累年逋欠,恍不足,终以代者。受事绅民愈恐,昼夜输将,不数日得银三万馀两。大绅由是膺上考。初,大绅以忤上台意,自劾求去。民闻之,环署泣留,且相率走诉大吏。适大吏有事于泰山,见而谕止之,大绅以是得不去。至是,密自申请,民知之已无如何矣。乃得引疾归。五十八年,病痊,仍发原省,以知县用,补文登县。未抵任,值新城县修城,大吏徇士民请,檄大绅督工。五十九年,工竣,寻以曹县任内旧案被议革职,发往军台,效力赎罪。新城、曹县民为捐金请赎,得免归。

嘉庆五年,谕曰:"有人奏保刘大绅操守廉洁,兼有才能,办理城工、渡船二事,民情甚为爱戴。该员籍隶云南,著初彭龄送部引见。"旋得旨,仍发山东以知县用,嗣补朝城县。是年大雨,水。大绅以灾报,大吏驳之,民素知大绅贤,虽未得减征,亦无怨谤者。十年,署武定府同知,适蝗蝻起登莱间,复值河南黄河水漫,自漕运河至大清河,灾甚巨。大绅奉檄捕蝗,并查办沿河赈务,事竣,以母年八十,请终养,归。旋丁母忧,遂不出,以诗文教授乡里。道光八年,卒。入祀乡贤、名宦等祠。

【校勘记】

〔一〕以知县归部铨选　"铨选"原误作"选用"。今据耆献类征卷二四一叶三三上改。

张吉安

张吉安,字迪民,江苏吴县人。乾隆四十二年举人,六十年,大挑知县,分发浙江。嘉庆二年,署淳安,调署象山。阮元撰传。洋盗由闽扰浙,必由县境之南田大佛头山而入,沿海渔盐民多以米及淡水、火药济盗,且向导之。吉安严法禁,盗渐穷蹙。又遇飓风覆其艇,泅至岸,尽为舟师所获,遂不敢犯象山。提督李长庚叹曰:"牧令尽如张象山,盗不足平也。"又尝建议宜如明汤和策,封禁南田,以断盗翼。韭山当海道冲,宜增兵力。事虽见格,其后卒如所议。四年,奉浙江巡抚阮元檄,署新城。邑为漕赋区,去水远,仓设省垣,民以折色输官,官为购米兑军,〔一〕多浮取,为平其折价,民力以纾。

五年,署永康,蛟水猝发,山石大如屋,随流下,平地水深丈许,田庐荡析。故事,抚恤必待申详报可,且偏灾多不查赈。吉安即日履勘,搭棚厂栖民,阻水者具舟饷之,溺者具棺厝之。巡道行县,不善所为。吉安力请于阮元,给赈如例。六年夏,处州旱,元以吉安能恤民,复檄署丽水。下车,步祷,雨立至,转歉为丰。<u>丽水</u>山地险远,<u>吉安</u>就山寺谳狱,民不苦废时失事。八年春,署<u>浦江县</u>。<u>浦江</u>叠被水,奸民鸠众掠富室,伐墓树,邻邑多煽动。<u>吉安</u>白大府,曰:“聚众肆掠,非法,无以止奸民聚众;以饥,非米无以安良民。良民安则奸民气散。请运兵米所馀往赈。”许之。民知<u>吉安</u>已请米,势渐解,擒首恶,论如律。是年冬,补馀<u>姚</u>。九年春,雨,伤禾,米价腾踊。既巢仓谷,又请运<u>川</u>米五千石,民食以足。十年,复被水,邻邑煮赈于城,拥挤伤亡,日数辈。<u>吉安</u>分乡设厂,别男女迄撤厂,无枉死者。邑多名区,次第修复,以工作代赈。<u>包世臣</u>所撰行状。

十四年,引疾归。<u>道光</u>九年,卒。旧治士民皆跋涉来吊,<u>永康</u>、<u>馀杭</u>、<u>新城</u>、<u>淳安</u>、<u>象山</u>、<u>丽水</u>、<u>浦江</u>均请祀名宦祠。

【校勘记】

〔一〕官为购米兑军　原脱“为”字。今据耆献类征卷二四二叶二六上补。

纪大奎

<u>纪大奎</u>,<u>江西临川</u>人。<u>乾隆</u>四十四年举人。父纶,邃于<u>易</u>。<u>大奎</u>幼时侍侧,辄与言<u>易</u>象,一日谓之曰:“汝何观?”对曰:“观<u>易</u>。”曰:“观<u>易</u>而已乎? 当以天地观<u>易</u>,以<u>易</u>观心,以心观天地。”又曰:“以天地观心,以心观<u>易</u>,以<u>易</u>观天地。”<u>大奎</u>于是研精殚思,以求天人之故,尽通阴阳历算之术。<u>乾隆</u>四十三年,以拔贡生,充四库馆誊录,因得纵观秘书,由是学愈贯穿,不可端倪。五十年,议叙知县,分发<u>山东</u>,署<u>商河县</u>事。会<u>李文功</u>等倡

邪说,将诱民为乱,讹言四起。大奎集县民谕以祸福,皆惊愕乞命。他郡惑者闻之,亦相率解散。补丘县,后历署昌乐、栖霞、福山、博平等县,民皆敬而亲之。丁父忧,归。

嘉庆中,选四川什邡县知县。或谓什邡俗强梗,宜示以威,答曰:"无德可怀,徒以威示于民,何益?"未几,县人士竞为诗歌颂德,大奎谓同官曰:"无德且怀,况有德乎?"先是,奸民吴忠友据高山聚众,积粟,讲清凉教。大奎侦知其事,躬率健役,夜半捣其巢,获忠友,馀众惊散。下令:受邪书者三日内缴,予自新。民遂安居。擢知合州。宋儒周敦颐曾通判合州,大奎祀之合宗书院,作示学者一篇,发挥希贤希圣之学。

道光二年,引疾归,年八十,卒。祀乡贤祠、合州名宦祠。著有观易外编六卷、易问六卷,及周易附义、老子约说上中下篇、地理末学上中下篇、古律经传附考五卷、笔算便览五卷、读书录钞一卷。

狄尚絅

狄尚絅,江苏溧阳人,寄籍顺天。乾隆四十六年进士,以知县归部铨选。五十七年,授安徽黟县知县。有王姓者,恃富豪纵,尚絅以法惩之。丁父艰,归。嘉庆四年,拣发广东,署化州知州。化滨海,俗犷悍,尚絅解烦涤苛,治以简易,民自不为非。明年,补花县。县地僻事简,屡调省发审要案,博罗陈匪倡乱,据铁笼嶂,大兵当其冲,而虑匪旁逸,檄尚絅统乡兵御之。尚絅与兵同甘苦,皆感激效命。匪侦知,不敢出,遂穷困就歼。九年,代理香山县事,旋捐升知府。

十二年,选江西南康府知府。先后在任二十有四年,有武举调族侄妇,羞忿自尽者,以无告发,事寝有年矣。尚絅甫下车,武举以他事涉讼,尚絅反覆诘问,忽露前情,因穷究得实,置之法,群惊为神。不期年理滞狱百馀,无一留者。听讼不用刑威,不设钩巨,先事必详观案牍,沉思研虑,至废寝食。及讯囚,絮语如家人,闻者厌听,而己无倦容。或夜以继日,囚卒感泣,输情实。饶州有两姓争洲田,世相仇杀,尚絅为判断调和,争端永息。南安会匪李详诰传徒聚众,事发,大吏檄尚絅按之。戴奉飞实罪首,详诰为从,当减死论,同官以详诰巨富,须引嫌。尚絅曰:“无愧于中,何嫌可避?”巡抚某亦疑与原奏不符,尚絅曰:“不护前非,乃见至公,圣明在上,又何虑焉?”力争再三,卒从其议,株连者亦多省释。尝言:“狱不难于无枉纵,惟干证之牵累,吏胥之需求,受害者不可穷诘。虽拘讯迅速,究不能信其无弊。生平思此,时用疚心。”又曰:“人知命盗巨案之当慎,不知婚姻财产细务尤不可忽。盖必原情度势,使可相安于异日,不至酿成别故,斯为善耳。”

南康自宋淳祐间始有城,国朝康熙三年改筑。尚絅以其颓堕,建议修复,阅两岁告成。宋郡守孙乔年以郡治滨湖,风涛险恶,舟无泊所,筑石堤百馀丈、广三丈,内浚二澳,可泊千艘。朱子知南康,增筑之于闸内,浚池引泉以备旱,名紫阳堤,而迤东一路,水啮崩岸,侵及城址。明知府田琯增筑石堤,亦百馀丈以卫之,久俱圮。尚絅增修两堤,丈尺一准旧制,而坚致过之。府治东为周子、朱子祠,拓而新之,为置祭田十亩。又以匡庐、彭蠡为东南名山巨浸,律以祭法,应列祀典,膺谥号,申请奏封彭蠡湖神为"显应将军",封庐山神为"溥福广济庐岳之神",春秋致祭,著为令。蓼花池周五十里,内田万二千亩,南受庐山九十九湾之水,北流入湖,水门浅隘,积涝每没田庐。尚絅亲度疏浚,岁增收谷万馀石。星子有官田租谷,供鄱阳湖救生用,向准时价折银征解,田硗佃苦,逃亡者累及亲族。尚絅三请,咨部减半征之。历署饶州、吉安、广信,护理粮道,均敝衣疏食,不问家计。旋卒于南康。

蒋励常

蒋励常,字岳麓,广西全州人。金川用兵时,父振闻署四川龙安府知府,管金川南路、西路粮站事。励常随左右,廪食皆手自俵散,役去他站来者至四千人。有勋官至站,骄贵甚,阴使悍役折其气,而徐出礼之,遂帖然去。大军进至噶拉依,粮路险远,有放夹霸者,土番也,劫粮车于噶喇穆,不及告而自以兵役击杀百馀人,后遂不敢犯。大吏闻之曰:"以子才参吾军事,五品官可立致也。"辞不就。

乾隆五十一年,举人。时州大旱,贷钱居麦,秋得两施麦种于人,明年又饥,民剽掠为变。见知州曰:"请无用兵,而先发粟以赈。某往,众可立散。"遂以无事。官融县训导,去省远,士不乐乡试,乃汰文书钱例入官者,以便贫士。或以三百金贿狱事,怒责之,请除名于学使。巡抚汪某重其名,将改边缺教官,以擢知县,吏索赇不应,遂引疾归。

主清江书院十年,士皆怀恩服教。蒋氏丁万馀人,散远不相识,乃建安阳侯琬之大宗祠,修谱牒,以禁族讼,别婚姻,而祭祀期会,无寒暑必亲往。年八十馀,每日犹徒步省墓,当往来道有博戏者,闻杖声铿然,皆避去。既卒,门弟子百馀人,以齿引奠于庭,其居首者年亦七八十矣,皤然老儒,跪拜哭不胜其哀,见者叹为盛事。有文集八卷,名曰岳麓斋,皆叙述古儒先条教及训诲子孙、门弟子者也。

伊秉绶

伊秉绶,福建宁化人。福建通志。父朝栋师其乡雷鋐为程朱之学,官至光禄寺卿。秦瀛光禄寺卿伊君家传。立朝有气节。唐仲冕撰扬州府知府伊君墓志铭。

秉绶,乾隆五十四年进士,授刑部浙江司主事,升员外郎。嘉庆元年,充湖南乡试考官。三年,授广东惠州府知府。甫下车,问民疾苦,裁汰陋规。有豪辱寡妇子,予杖荷校,寡妇呼冤。秉绶立拘豪鞫责,民皆称快。倡修学宫,赵怀玉亦有生斋文集扬州府知府伊君墓表。建丰湖书院,牖诸生以小学、近思录,海上人士皆知有朱子之学。唐仲冕撰墓志铭。

秉绶故练刑名,总督吉庆屡以重谳委之。赵怀玉撰墓表。海盗中有被胁未从盗者二十有二人,律载三年减死比五年,总督疑当重论。秉绶以委未行劫五年一如三年,宜从实请,卒得问遣。陆丰巨猾肆劫,勒赎迟者支解,力请于大吏,震以兵威,缚其渠七人,戮之。唐仲冕撰墓志铭。六年七月,归善陈亚本将为乱,广东通志。提督孙全谋驻同城,秉绶屡请兵往捕,不允。乃部役七十馀人,夜捣其巢,擒亚本。赵怀玉撰墓表。馀党入羊矢坑,广东通志。未几,博罗陈烂屐事又且起,又请兵于总督,提督沮之,兵仍不发。秉绶言于提督曰："举兵愈迟,则民之伤残愈甚。"言已,继之以泣,提督不得已予兵三百人,秉绶复力争曰:"侦虚实则三四人足矣,如其用武,以寡敌众,徒偾事耳。"提督不听,以三百人往,领兵者游击郑文照子身归,乱遂成。广东通志。而秉绶适以博罗绞犯越狱罣议,去官。士民共吁奏留,乃留军营办事。当是时,提督既拥兵不前,其标下兵丁卓亚五为伪先锋,朱得贵为伪"三大王",均通贼,纵掠,民既死贼,又死兵。秉绶愤懑,请兵益力,遂逢总督怒,复以失察教匪论戍军台。会新总督倭什布至,惠人诉秉绶冤者数千百人。倭什布以入告,上以情事与刘清之于魁伦相同,有旨免罪回籍,僚友佽助,捐复原官。

两江总督铁保奏发河南,特旨授扬州府知府。时秉绶方检高邮、宝应灾,伤刺一小舟,虽栖户杜渚,必亲阅手书,唐仲冕撰墓志铭。寝食俱废。赵怀玉撰墓表。及之任,尤劬躬率属,赈贷纷纭,锱铢必核,吏无所容其奸。倡富商巨室捐置粥厂,费以巨万计。诛北湖盗铁库子辈,杖诡道诳愚之聂兆和,唐仲冕所撰墓志铭。它奸猾扰民者,皆严治之。赵怀玉撰墓表。故民虽饥困,心无惶惑。唐仲冕撰墓志铭。历署河库道、盐运使,胥称职。赵怀玉撰墓表。寻以父忧去。家居八年,嘉庆二十年,将入京,道经扬州,遂卒。扬州故有三贤祠,祀宋欧阳修、苏轼及国朝王士禛。道光二年,以秉绶配食,为四贤祠。梁同书名人尺牍小传。著有留春草堂诗七卷。

刘体重　子煦

刘体重,山西赵城人。乾隆五十四年举人,嘉庆六年,大挑一等，以知县分发湖南。历署石门、新化、衡阳、临武、衡山、湘阴等县知县。捐升同知，改掣江西，历署九江、袁州、饶州、南昌等府同知。道光元年，补袁州府同知，署南康、临江等府知府，升广信府知府。六年，调吉安府，十三年，再调抚州府。其宦辙所至，[一]有声，于抚尤著。甫视事，亲历各属相度，当因当革诸事宜，以时举废。所至问民疾苦，集父老子弟，以孝弟耕读相劝勉。凡所区处，曲中隐微，而往复周详，无异家人。属吏不职，参劾无少徇。驭胥吏尤严。有揽办词讼者，发其奸慝，痛惩之。于府署堂后设治事所，终日危坐，内外肃然。每夜分检校文书讫，出巡两廊，察吏勤惰，仆从胥役，非禀令无敢擅出入者。郡城旧有兴鲁书院，体重厚其廪饩，勤加培植，尤崇尚经学，剖析疑义，娓娓不倦。后遂相沿，以五经课士焉。其规矩严肃，诸生中或偃蹇从事，必绳以礼法。

　　体重性端谨，动必循礼。每丁祭，辄先期诣学宫，躬执洒扫涤器，具于视牲习仪诸典，亦胥蠲胥恪。谓："宫墙内事，非可任之胥役，于此不展其诚敬，虽读书何益？"其学术纯正不为异端惑。郡有观音堂、仙居处，前守奉祀惟谨，命毁之。社稷坛久圮，损赀于南北郊分立两坛，以符典制。是年夏，河水溢，临川下游被灾，竭力赈恤，散籽粒，俾民补种，虽灾不害。又筹建义仓，以备荒歉，捐千金为倡，郡民感德，咸乐输将，积谷至五万馀石。就仓之厅事设义塾，延师课童蒙。升任后，绅民即塾为生祠祀焉，称曰"刘公仓"。十四年，擢河南彰卫怀道，管河务。所属为河防要区，每当黄流盛涨，险工叠出。体重集夫购料，躬率厅营员弁，往来巡行，动数百里，虽酷暑大雨，无少息。故终其任，河流安澜,民无水患。沁水堤由民修筑,体重以民堤单薄,择要筑子埝,并筹岁修费,垂永久。漳河无堤防,田禾屡被淹没,体重深加疏浚,水无泛滥虞。道署驻武陟,有安昌书院,课武陟县士。体重为三府士建河朔书院,仿白鹿洞立条规,于西偏祀十贤三儒附义塾,训课如抚州时。以创建书院,及防河功,先后得旨优叙。十九年,举大计卓异,寻擢江西按察使。时新喻有纠众抗漕之案,巡抚令体重带兵弹压,体重曰:"是激之变也。"单骑往,谕之,众解散,仅置首从二人于法。二十年,升湖北布政使。二十二年,乞病归。寻卒于家。

体重整躬率属,廉平不苛,尤长治狱。每莅任必榜积案于堂,次第清理,于属县之案,不行檄,不遣差,但函催解送人证。至则立讯,不肯须臾缓。遇诉期,坐堂上受牒,诘数语,即灼知情伪。虽险健者,莫售其欺。然慎笞杖,每于讯鞫时,引情据理,多方开导,俟其人输情自屈,始就断。尝令属吏各设循环簿二本,将已结、未结案刻期上闻,即于簿批示,审谳当否,故吏畏民怀,词讼日简。每去官,士民走送数百里不绝。二十五年,入祀武陟名宦祠。子煦。

煦,道光十八年拔贡,朝考以知县用,分发直隶。二十一年,署盐山县知县。二十二年,叙办理天津海防功,以知州升用。二十九年,署武邑县事。咸丰元年,署清苑县,旋补开州知州。七年,因办团出力,晋升知府,并赏戴花翎。九年,并案荐卓异,仍发直隶候补。十年,上命顺天、直隶办理团练,并敕在京官员就地方情形各举所知。刑部左侍郎齐承彦等公同酌保督办、帮办各员,煦与焉。旋署大名府知府。十一年,因在省督办团防,加道衔。旋以克复濮州功,命交军机处记名,遇有<u>直隶</u>道员缺出,请旨简放。<u>同治</u>元年,擢<u>大顺广</u>道,并命会同副都统撼克敦布办理<u>直东</u>交界防剿事宜。十月,卒。

<u>直隶</u>总督<u>文煜</u>奏称:“<u>煦</u>服官二十馀年,历任繁剧,善政不可枚举。自<u>黄河</u>横决,<u>开州</u>适当其冲,发帑赈济,<u>煦</u>必亲历灾区,清查户口,丝毫不容欺隐。发帑不足,必多方筹捐,务令灾黎均沾实惠,不使一夫失所,全活者数万众。后因带兵剿匪过<u>开</u>,甫入境,<u>开</u>之民扶老携幼,争欲一见颜色为快。<u>咸丰</u>十一年春,<u>直东</u>之交,<u>捻</u>、教各匪滋事,围扑<u>大名府</u>城。是时<u>煦</u>摄府篆,指挥兵勇,统率同城文武僚属,登埤固守,历四十昼夜,每乘间出奇击贼,郡城获安。六月间,<u>东</u>匪西窜,势甚披猖,畿辅震动。<u>煦</u>奉檄督师,由<u>清丰县</u>之<u>六塔集</u>亲率兵团,节节进剿,连拔坚垒,乘胜直捣<u>濮州</u>老巢。各县团勇,不期而会者万馀人。适大雨,贼决河自卫,平地水深盈尺。<u>煦</u>激励兵团,屹立不少动,贼穷乞降。迨开<u>濮水套</u>,复竖旗聚众,<u>煦</u>亲率乡团八千,追贼于冰天泥淖之中,三战三捷,水套底定。办理<u>直</u>、<u>东</u>两省粮台,当库款支绌之时,任劳任怨,力求撙节。卒因积劳,病殁于官。”疏入,得旨,照道员军营病故例议恤,<u>大名</u>及原籍并建专祠。

【校勘记】

〔一〕其宦辙所至　“至”原误作“在”。今据<u>耆献类征</u>卷一九五叶一四上改。

<u>严如熤</u>　子<u>正基</u>

<u>严如熤</u>,<u>湖南</u>溆浦人。少从学鸿胪寺少卿<u>罗典</u>,究心舆图、

兵法、星卜之书。乾隆五十四年，以优行贡成均。六十年，黔楚苗变，湖北巡抚姜晟闻如熤有干济才，延入幕，多所赞画。嘉庆三年，举孝廉方正。时川陕楚教匪方炽，制策平定三省方略，如熤奏对几万言，钦定第一。次日，传至军机询屯政，复奏上应办事宜十二条，[一]蒙召见，以知县用，发往陕西。五年，总督长龄委赴南郑、褒城、城固三县地，结寨练勇。六年，补洵阳县知县，如熤勤于听断，日坐堂皇治事，或因公诣乡，有赴诉者，立马讯结。又以县宅万山中，与湖北之郧西、竹溪，陕西之镇安、白河毗连，官兵追贼急，往来折审，皆道洵阳。如熤率民筑堡练勇，戒勿迎击，钞其尾，扰其疲，豫储糗粮于冲寨，以待官兵，督寨勇，生擒贼帅陈朝觐于阵。又与官军夹击张天伦、张三标、熊翠儿等，大败之于太平寨，经略额勒登保、参赞德楞泰上其功，诏加知州衔，赏戴花翎。八年，击毙楚北逆匪二千馀人于蜀河口，斩贼帅王详，擒贼目方孝德，命以同知直隶州即用。九年，补定远厅同知，捐修城垣，七阅月竣工。复于厅之西南百馀里，择要地黎坝、渔渡坝筑二城，置社仓三所，团练武备，如治洵时。先后擒陈心元、冯世周等，巡抚方维甸奏请赏加知府衔。

十年，丁生母忧。十二年，服阕，仍发陕西，以同知用。十三年，补潼关厅同知。十四年，擢汉中府知府。先是，宁陕新军移驻郡城，民困兵骄，如熤视事，联营伍，立保甲，朔望周历城郭，宣讲科律，问民疾苦。农事兴，撤盖行赤日中，奖勤惩惰，行区田法，制纺车式，俾民务耕织，饶生计。汉郡田畴向资渠堰灌溉，小堰不下百馀，其大者如南褒之山河堰，城洋之五门、杨填二堰，各灌田数万亩。如熤履勘形势，与绅耆讲求疏蓄启闭，水利均沾。

郡城旧有汉南书院,军兴改为行馆。如煜首出廉俸,并劝捐数千金,充修脯月米之资,拓基址,建讲堂斋舍,仿鹿洞、苏湖学规,五日一临,躬亲讲授,文风丕振,所成就士,以科名起家者数十人。十五年,巡抚董教增檄勘宁陕新旧二城。是年秋,雨连旬,所辖凤留等处山田歉收,道殣相望。如煜自宁陕返郡,请展赈期。十六年元旦,趋抚辕,请以一官易百姓命。教增破例为奏请,全活无算。宁羌山中有楚北王姓,以饥民乞食为名,聚众劫掠。如煜星驰至州,诱擒之,馀众榜示归业。十七年,城固民人陈恒乂习圆顿教,与京师民妇高张氏通,密书相勾结。事发,如煜往缉,但治从逆,释其株连者,人心帖服。十九年,防范岐鄜匪徒、供运军饷著绩,得旨,加道衔。

二十五年,授陕安道。会廷议以川陕楚接壤州县,添文武营厅为绥靖边疆计,川督蒋攸铦奏委如煜查勘,建置城口、白河、砖坪、太平四厅、县丞倅,营制有差。寻复请设佛坪厅,移驻文武员弁,三省边防始固。道光三年,谕曰:“陕西陕安道严如煜在陕年久,于南山情形甚为熟悉。该员任事以来,地方安静,洵堪嘉尚,著加恩赏按察使衔,以示鼓励。”巡抚卢坤以如煜素谙沟洫,茬汉著有成效,欲溥其利于全秦,檄视沣、泾、浐、渭诸川,郑白、龙首诸废渠,规画俱备。五年,授贵州按察使。六年正月,入觐,调陕西按察使。三月,卒于任。赠布政使衔。陕民吁恳崇祀名宦,湖南人亦请入乡贤祠,抚臣据以上闻,均允之。著有洋防辑要、苗防屯防备览、[二]三省边防备览、汉江南北及三省山内各图、乐园诗文集。子正基。

正基,原名芝。少随父如煜练习吏事。嘉庆十八年,由副贡生充八旗教习，期满，以知县用。道光六年，分发河南。旋丁父忧，服阕，仍赴原省。先后署理武安、禹、孟、息等州县事。十五年，补灵宝县知县。灵宝界万山中，地瘠民刁，构怨者每自挤老幼，坠崖死，因诈索怨家资财。正基遇其赴诉，即往相验，出俸钱勒其亲属领瘗，违者惩之，浇风顿止。以勤学端品训士类，不善者咸敛迹。县多狼，正基为誓文告城隍神，狼患竟息。因拿获邻境劫掠首盗，调取引见，以知州用。

二十年，擢郑州知州。先是，州有贾鲁河，水涨、溃史家堤，田庐漂没。是年，欢河口又漫溢，开塞久无定议。正基相度形势，先筑欢河口，次修史家堤，两患皆除。黑冈之决也，大溜啮开封府城，势危甚。巡抚檄正基入省司防堵事，时护城兵有诬河兵欲逃者，缚数十人，拟置重典。正基廉其冤，请释之，由是河兵感激，并力抢护，城赖以完。二十一年，丁母忧，回籍。二十五年，服阕，赴部补行引见，上问如煜在陕西治绩，谕以继志。二十六年，授奉天复州知州。州濒海，盗甚炽，民杀盗者，盗家因以命案控事主，转受其累，或为盗所戕，而官不为捕，民益困。正基立条教，行屯团，且谕民遇有持械盗，杀勿论。盗多逃邻境。正基乃申请府尹饬所属，并依复州法，邻境亦大治。复地卑湿，以足疾乞去。

时江南督抚以正基谙习公事，令起病，保留江南委办清查各属钱粮。寻简授江宁遗缺知府。二十九年，补常州府。时湖广、江南北皆大水，正基乘舟勘灾者逾月，复设局劝赈，常州人感其廉明，输钱至二十馀万，全活以亿万计。三十年，署淮扬道，寻署按察使，以礼部侍郎曾国藩、工部侍郎吕贤基先后保荐，奉旨交李星沅差遣委用。三月,广西巡抚周天爵奏派正基督办总理粮台。四月,补授广西右江道。十月,超擢河南布政使,并谕俟军务完竣赴任,正基患贼势披猖,而将帅龃龉,乃致书多方慰劝,并疏言:"师克在和,事期共济,必统兵大帅与地方大吏定纷更不齐之势,联疏阔难合之情,布德信以服人心,明功罪以扬士气,勿因贼盛而生推诿,勿因兵单而务自全,勿以小忿而不为应援,勿以偶疏而坐观成败,咸修和衷之雅,各致用命之忠,庶逆氛可殄,大功可成矣。"咸丰二年,广西省城围解,正基以守城功,赏戴花翎,因转运粮台随大军赴楚,值武昌收复,正基自岳州奉命驰往抚恤难民,敛骸胔,修城郭,安集流亡,勤苦备至。寻署湖北布政使。四月,奉旨仍回广西核办粮台事务。七月,调广东布政使,仍留广西。旋命来京,以四品京堂候补。十月,补通政使司副使。五年,升通政使。七年七月,足疾作,遂告归。同治二年十一月,卒。

【校勘记】

〔一〕复奏上应办事宜十二条　"十二"原颠倒作"二十"。今据耆献类征卷一九五叶一八上改正。

〔二〕著有洋防辑要苗防屯防备览　原脱"辑要苗防屯防"六字。今据耆献类征卷一九五叶二〇上补。

李赓芸

李赓芸,江苏嘉定人。事继母孝。少读书,淹贯经史,尝受学于同邑钱大昕,通六书、苍雅、三礼,慕许慎之学,自署许斋。

乾隆五十五年进士,以知县用,分发浙江。旋补孝丰县知县,调德清,再调平湖。邑故有陆陇其祠,赓芸下车,即展谒之,以陇其曾宰嘉定,而己以嘉定人令平湖,故一切政治,悉奉陇其为师法。尽心抚字,训士除奸,邑中称神明。嘉庆三年,九卿中有密荐赓芸者,诏询巡抚阮元,元奏称赓芸守洁才优,久协舆论,为浙中第一良吏。上以赓芸循绩久彰,自应格外优奖,六年,升处州府同知。七年,调嘉兴府海防同知。八年,调署台州府知府,十年,擢嘉兴府。先是,金华、处州两府被水,金华苦无钱,而处州则乏米。赓芸奉檄办赈,领银二万,以其半易钱,加赈于金华;又以其半购米,减粜于处州:民皆便之。是年,嘉兴亦被水,赓芸赈以粥,全活甚众。

　　十四年,丁继母忧。十七年,服阕,补福建汀州府知府,十九年闰六月,调漳州府。九月,升汀漳龙道。二十年八月,升按察使,寻署布政使。十二月,入觐。二十一年,授布政使。初,赓芸守漳州时,漳俗故犷悍,尝械斗,负则鸣诸官,及拘犯,又匿避,县必会营以捕。龙溪县有械斗,署平和令朱履中言会营则多费,请独往,赓芸信之,檄令去,久之终不办,始稔其诈。暨署布政使,因改履中教职。履中在任多亏累,恐获罪,先揭于总督汪志伊、巡抚王绍兰,谓亏帑由道府婪索,督抚合词奏请质讯,解赓芸职,嗣知事诬,志伊回护前奏,必欲实其事,委福州府知府涂以辀鞫之。赓芸之去漳也,承造战船工未竣,留其仆督率之,仆假履中洋银三百圆,诡以垫用告,赓芸如数给之,仆匿不以偿,赓芸不知也。以辀阿志伊意,为增其数至一千六百,逼令自承,辞色俱厉。赓芸以名节攸关,不肯诬服,既虑为狱吏所辱,遂自经。二十二年二月，事闻，命吏部侍郎熙昌、副都御史王引之驰往按其狱，事乃白。上以赓芸之死由汪志伊固执苛求，而成于涂以辀之勒供凌逼，遂褫志伊职，以辀、履中俱遣戍黑龙江，绍兰以随声附和，革职。

赓芸立意刻苦，廉隅自励，不名一钱。其殁也，几无以为殓。百姓感其德，因胪在闽时平狱止争、戢暴靖匪诸善政，请建遗爱祠，祀焉。熙昌等据以入告，上谓为斯民直道之公，特允所请。

方积

方积，字有堂，安徽定远县人。拔贡生。乾隆五十七年，以州判分发四川。累劳，补阆中县知县。时达州贼王三槐、徐天德等作乱，梁山县当其冲，积奉檄署梁山，贼犯境，营白兔山。守兵溃，积以百人据小山为疑兵，贼不敢近。筑七斗诸寨二百馀所，令人自为守。他邑流民依集者，三十馀万人，贼至无所掠食。积复出奇兵大挫之，悉遁走。当是时，贼蹂躏连数郡县，积首行坚壁清野之法，城赖以完。其后远近效仿，卒以灭贼。初，万县宝灵寺贼起，积由凉山越境平之，以功加知府衔。继佐诸将歼伍文相于石坝山，走林亮功于望牛垭，杀亮功弟廷相。赏戴花翎，擢宁远府知府。仍留驻凉山，前后凡四年。

嘉庆六年，调夔州府，贼亦以次平。八年，升授建昌道，奉命讨凉山生番，山多妖沴，白昼阴霾作，雷雨连数日，不得进。积为文以檄之，一夕霁，师进，斩获甚众。番惧，乞降。未几，里塘正土司索诺木根登杀副土司，夺其印。阜和协副将德宁以兵入，为所困，积单骑往，密授意土司之旧头目希拉工布，以其众破之。历任川北道、盐茶道。十二年，升按察使。马边前后营熟夷、赤

夷与峨眉岭夷结凉山生番寇边,积偕提督丰绅,由马边三河口
凿山深入,克六拔夷巢,遂由赤夷间道进攻岭夷十二地。浃旬之
间,每战皆捷,曲曲鸟助逆,殊死拒,乃潜师出其后,殄灭之。十
四年,擢四川布政使,僚属多故交。积清节自励,定立程格,无纤
毫瞻徇。十六年,总督常明奏请重修四川通志,积公暇咨访,商
榷是非,书垂成而卒。四川通志。

积官四川二十馀年,一统志。驰驱殆遍,山川夷险,了然于
心,故措置有方,用兵能独当一面。四川通志。屡奉谕旨褒嘉。卒
后入祀名宦祠。一统志。著有敬恕堂诗集六卷。四川通志。

史绍登

史绍登,字倬云,江苏溧阳人。大学士贻直之孙。以顺天乡
试挑誊录,叙布政司经历,分发云南试用。[一]国朝先正事略。乾隆
六十年,署文山县知县。云南盐归官办,苛刑抑配,民不堪命。
绍登到官,即弛其禁。释狱中逋课者数百人,民以大治。阅三
载,配盐之五十七州县,一日同变。乃改商办以宽民,依文山
式也。

苗匪起贵州,距文山尚数郡,绍登策其必至,乃集吏役健者,
亲教以打镖,期三十步外必命中,以备不虞。嘉庆元年四月,苗
匪窜邻境之丘北,又潜与文山各寨侬倮通。绍登谓不救丘北,则
文山侬倮必不靖,遂亲帅三百人往,人授刀一,握铁镖三十枚。
既至,当者辄仆,复卡汛以十数,廓清丘北,而云贵总督勒保剿苗
失利,被围于贵州之黄草坪,月馀,复奉云南巡抚江兰檄往援,至
则贼围十数重,内外不相闻。绍登迎阵,以镖击之,皆靡,贼死如

积,遂奔溃,逐北三四百里,七战皆捷,乃返黄草坪。先是,解围后三日,黔滇以兵至,总督德之甚,比绍登上谒,总督曰:"若文官亦远来问我耶?"绍登陈解围状,总督怒曰:"围果若解,何不入城一见我?"绍登曰:"入谒则贼不可尽。谓遣官至城外及七战处验贼尸,系镖伤者,文山民壮所奋击也。若刃伤,请伏冒功法。"总督初欲劾绍登,覆勘得实,乃已。而巡抚闻绍登与总督辨,大惧,令自备经费,不入军需报销,以是亏帑至二万。

十月,兼署蒙自县。县虽邻文山,而两城相距三百里。莅蒙未一月,交阯贼目侬福连勾结粤匪贺成猿等数万,入文山境。绍登匹马驰一昼夜,入文山城,领民壮出剿,擒首从二百人,碉卡悉复。总督以为能,奏擢云州知州,仍留署文山,默酬解围功也。三年,文山大水,发仓粟救民。四年,初彭龄来为巡抚,性好察,开化故有总兵官,当蒙自变时,土人榜通衢曰:"总兵守城,知县打仗。"总兵衔之,初彭龄询总兵曰:"闻史令不要钱,信否?"总兵曰:"小钱却不要。"遂以亏帑劾绍登,士民闻之,刊章胪绍登文武政绩,题曰"天理良心"。复设瓯邑庙,醵金至三万。初彭龄闻之,甚悔,以既完亏,奏留任,仍馀七千金无可返,乃立案存库为公项。后任欲干没之,士民请于台司,建开阳书院焉。

七年,署维西通判厅,民恒乍绷为乱,巢险固不可攻。绍登廉得巢后岩壁斗绝,阻大溪,水急如箭,乃以篾为大絙,募善泅者系长绳于腰,绳尾续大絙,既渡溪,引絙系岩树对岸,急引如笮桥,絙套篾圈,圈下系小板,可坐。绍登先上板,以手攀絙,猱接登岩顶,壮士三百人从之,贼大惊乱,擒馘净尽。事平,赏戴花翎。九年,卒。

【校勘记】

〔一〕分发云南试用 原脱"分"与"试用"三字。今据耆献类征卷二四五叶一五上补。

盖方泌

盖方泌,字季源,山东蒲台人。以拔贡就州判陕西,署汉阴厅通判、石泉县知县。嘉庆三年,署商州州同知。治商州东百里,曰龙驹寨。寨之东为河南,南出武关为湖北,路四通,绾商贾输写之会。梅曾亮所撰盖君墓志。又多林莽,山径易凭匿。时川楚教匪乱贼屡由武关入陕西寨。方泌始至,民吏扫地赤立,而贼酋张汉潮拥众至,乃置药面中,诱贼劫食,多死,遂西走。大军乘之,汉潮由是不振,然且扬言曰:"必报若。"方泌集众谋曰:"贼虽去,必复东。若等逃,亦死;守不得耕种,亦死。我文官也,无兵,若能为吾兵,当全活尔命。〔一〕"众议三日而后复曰:"生死唯命。"乃筑堡聚粮,户三丁抽一,得三千人,无丁者以财佐粮糗兵械。亲教之战,辰集午散,曰无废农事。国朝先正事略。

四年,贼屯山阳、镇安,将东走河南,迎击败之;又击贼于铁峪铺,逐贼入林中,〔二〕矛折贼已近,夺矛以毙贼。时贼据山上,而伏其半于沟,乃分兵蓊伏,夺据其东山上,数乘懈击之,杀伤过当。贼宵遁,卒不得东。后贼由雒南东逸,方泌驰至分水岭,间道走铁洞沟,出贼前,而伏贼错愕迎战,遂败,杀数百人。乡兵名由是大振。自武关至竹林关,乡兵皆请隶龙驹寨。五年,知州困于贼,方泌驰百九十里至北湾,贼惊曰:"龙驹寨乡兵至矣!"则皆遁。是时贼屯商州西,及雒南、山阳,各万馀人,欲东出。方泌勒武关竹林兵二万人,列三大营以待。贼不敢前,而闻官军自商州至,即前击贼,东西夹攻,贼大败,几歼。是役枕戈而寝者五十日,游击某诬以事解职,大吏直其谩,得留任。贼遂相戒,无过商州。八年,授盩厔县知县。犹时时入山搜贼,巡抚上其功,赏戴蓝翎。又生获宁陕倡乱者四十馀人,境内甫定,即捐俸赈饥,旌死节妇,及河滩马厂盐法皆区画久远计。擢宁陕同知。

仁宗召见,问商州事甚悉。授四川顺庆府知府。大吏闻渠县民畔,属以兵,方泌曰:"此作会人众,客主相惊疑,讹言横兴,非畔也。"捕十二人而变息。调成都府知府。十八年,岐鄜有贼入川,以乡勇屯川陕要隘,贼知为统龙驹寨乡兵者也。即遁归陕,就灭。丁母忧,归。服阕,授福建延平府知府。贼有周永和者,总督欲以兵致讨,方泌悬赏三十金,捕诛之。寻调台湾府,两署台湾道。所谳四狱,皆千百聚群,稍激则变。方泌一以理谕,蔽罪如法。彰义县饥,捕劫者七十人,置之法。天乃雨,民呼为"太守雨"。道光十八年,卒,年七十有一。梅撰墓志。

【校勘记】

〔一〕当全活尔命　原脱"命"字。今据耆献类征卷二四四叶三一下补。

〔二〕逐贼入林中　"入"原误作"于"。今据耆献类征卷二四四叶三一下改。

清史列传卷七十六

循吏传三

刘台斗

刘台斗，江苏宝应人。重修宝应县志。父世謩，兄台拱，在儒林传。台斗，阮元揅经室集刘君传。嘉庆四年进士，官工部营缮司主事，传经学于其父兄，尤究心水利，凡治河得失，漕输利弊，无不洞知其源流。阮元揅经室集刘君传。

十一年，治河之役兴，大吏荐台斗知河事，朱士彦文定集刘君传。奏留南河协，塞王家营减坝。重修宝应县志。时河决入射阳湖，众议有欲因其势改建新河由射阳入海者，台斗作黄河南趋议千馀言驳之，上之总督曰："今岁黄河漫溢，自陈家铺迤下漫口数百丈，将有南趋之势，盖地势北高南下，若顺其就下之性，则舍旧图新，似亦因势利导之机也。然窃见新河有难成者五，有不可不虑者四。夫漫口数百丈耳，而口门以下愈远愈阔，至四五十里、六七十里不等。河面太阔,无以束水,水宽则流缓,流缓则沙停。此难成者一也。现行溜势奔腾,四注数十里之地,或东或西,十数日之间,忽深忽浅,[一]河无一定之形,溜无一定之势。此难成者二也。且漫口向南,而大溜先向西南,转趋东北,若因之成河,则是折一大湾迎溜,必生险工,对湾仍致淤阻,下壅上溃,未见其畅流归海。此难成者三也。且改新河,[二]必须筑一南堤,又须于清、黄交界之处,中间隔一横堤,乃数十里中汪洋一片,人力既无可施,取土更无所出。此难成者四也。凡言湖者皆潴水之区,非行水之道,若射阳湖有出水之口,则滔滔下注,久当涸出五坝之水,不当停积中泓矣。谓之为湖,必如盂如釜,外仰内凹,故水满则溢,水平则停,盖盈科而溢出海滩,非畅流而直趋海口也。现在河流南注,势似湍激者,以濒湖一带地势较河身为低,河面较地势又低,[三]故此时似畅,究之湖外之海滩,仍反高仰,非如海口得建瓴之势也。河将入海,必束之使高于海面,故能敌逆上之海潮,以冲突入海。若今射阳湖口则河流趋湖,虽由高入低,而由湖赴海之路,反由低入高,以低就高,数年之后,必至淤阻。此难成者五也。更有不可不虑者,夫五坝减下之水,减入下河者也。往时五坝一开,虽无黄流之阻,尚且淹漫数县之地,停蓄数月之久,必须闭坝而后就涸,未有坝未闭而先行涸出者,若分射阳湖以为黄水之道,则清水去路为黄水所夺,减坝之水全积下河,不能容纳。此可虑者一也。运河闸洞之水,亦归入下河者也。一为黄流所阻,去路日高,水无所归,以内地为壑。此可虑者二也。淮南之盐场,东南财赋之薮也。沿海场垣,濒于盐阜,今若逼近黄流,淡水内浸,产盐必少;清水内壅,场垣必淹。此可虑者三也。至于黄河本有南趋之势，阜宁地势高于盐城，盐城地势高于兴化，愈南则愈低。今若导之使南，再有漫溢，则就下之势，必入兴盐，一入兴盐，则不能入海，而南入于江。是河与江合，江淮河汉四渎合流，是古今一大变迁也。杞人之忧，又不止淮、扬二郡之生灵、东南一带之财赋矣。"于是南新河之议，不果行。阮元揅经室集刘君传。旋奉檄勘下河水利，悉得要领。朱士彦文定集刘君传。

又上书曰："山盱五坝减出之水，归入下河者，以高邮各坝为口，以坝下引河为喉，以兴盐各路湖荡为腹，以串场河各闸为尾闾，以范堤外各港口为归墟，必须节节疏通，使水不中潴；〔四〕层层关锁，使水不旁溢。方能引水归海，而保护田庐。数年来各邑受淹之故，以坝下引河浅窄，而两岸十馀里外，即无堤形，是以减下之水，不能下注，先已旁流。此高邮受灾之缘由也。坝水注之兴盐，潴蓄湖荡，湖荡虽能受水而不能消，水旁无堤防，〔五〕下无去路，盈科而进者，仍复泛溢四出，在湖荡之上者，误以湖荡为归墟；在湖荡之下者，止知曲防壑邻，幸游波之不及，而壅极必溃，虽少缓须臾，亦复同归于尽。此兴盐各邑被水之缘由也。场河浅，故上游之水不能骤泄；海口高，故场河之水不能骤出。加以坝面宽而闸面窄，来源多而去路少，犹以斗米注升，〔六〕欲其畅流不得矣。此范堤内外被水之缘由也。诚使坝下之引河，开掘宽深，坚筑堤防，引归湖荡，则高邮之田可保矣。湖荡之旁圈筑围圩，约拦水势，仍留去路，导入场河，总使水有下注之路，而无旁溢之门，则兴盐一带之田可保矣。再于场河挑深，酌添范堤闸座，并挑通闸外港口，则范堤内外之民灶，可无虞矣。惟是场河以外形如釜边，场河以内形如釜底。以釜底泄入釜边，必须抬高水面，方成建瓴。若以挑河之土坚筑两岸之堤，则地势虽内低外仰，而水面仍内高外下也。如此则有沟有防，表里相应，诚一劳永逸之计矣。"总督题之，未能行。阮元揅经室集刘君传。后六七年，上命大学士松筠履治下河，卒如台斗议。朱士彦文定集刘君传。

　　十二年，以同知简发江西，阮元揅经室集刘君传。署南昌府吴城同知。吴城去南昌百六十里，粮艘所必经。十三年春，江水小，粮艘不得达。上官命以商船剥粮，台斗亲步江上，视有赍货者悉释之，以虚舟应，事济而民不扰。吴城商贾麇集，盗贼滋多。台斗严捕缉，寒暑不懈。其地杀牛者，岁进银四百两，得不禁，往往盗之农家，牛值踊贵。台斗却不受，犯必惩，遂无讼盗牛者。徽州商兄弟讼，台斗劝谕之，皆涕泣自悔。明宸濠之乱，吴城人叶景恩率其族三百人，战不胜，死者四十八。女九姑为宸濠所得，亦投水死。三百年事，未上于朝。台斗以状上，遂得祠祀。朱士彦文定集刘君传。吴城民多板屋居，值火灾，燔烧千馀家，台斗至，为设水龙六，坊各一，梯冲钩鏾及储水器各数百，坊立役夫二十人，以时习其激跃转输之事。官给以食，均勤惰为赏罚。又多掘井以备绠缶，立数万算，役夫以外，民有担水一石，与算一，官给以价。以是吴城不复火。巡抚下其法，通省仿行之。在任二年，阮元揅经室集刘君传。民怀其德。补瑞州铜鼓营同知，未抵任，谢病归。朱士彦文定集刘君传。濒行，吴城民持镜一、水盂一，拜舟前曰："象公明且清。"相泣别去。其清操感人如此。重修宝应县志。

　　归三年,贫不能自存。十八年,复赴江西候补。十九年,卒于南昌。朱士彦文定集刘君传。所著有下河水利说一卷、阮元揅经室集刘君传。又星槎游草一卷。[七]

【校勘记】

〔一〕忽深忽浅　两"忽"字原误作两"或"字。今据耆献类征卷二五九叶一一下改。

〔二〕且改新河　"改"原误作"放"。今据耆献类征卷二五九叶一一下改。

〔三〕河面较地势又低　"河"上原衍一"以"字。今据耆献类征卷二五九叶一二上删。

〔四〕使水不中淳　"淳"原误作"停"。今据耆献类征卷二五九叶一三上改。

〔五〕水旁无堤防　"防"原误作"阻"。今据耆献类征卷二五九叶一三上改。

〔六〕犹以斗米注升　"米"原误作"水"。今据耆献类征卷二五九叶一三下改。

〔七〕星槎游草一卷　"卷"下原有小字注"刘台斗星槎游草"七字。按与正文重复,故删。

　　吴梯

　　吴梯,广东顺德人。嘉庆六年举人,以方略馆誊录议叙,选山东蒙阴县知县。蒙阴故瘠邑,闻者色沮,梯笑曰:"我辈志不在温饱,甫得官即计肥瘠耶?"遂之官,至则令乡举齿德士为公正,给戳记,俾防盗。除夕漏下,忽有距城四十里某公正,以巨盗骤归来告者。梯立督捕役驰诣盗所,仓皇就缚,严讯不吐实,威以极刑,作鼾声,盖邪教林清馀党也。乃讯盗妇,知为他县剧贼。比移查,而盗毙狱中矣。县当孔道,额设驿马,每年以旧马瘠者易新马,马未到则以民马换,民每苦驿卒浮索,多以疲驽应之,往往误差。民累官亦累,梯革除之。复谕民种茶树,除粮催,皆有实惠。邻邑蝗发,独不入蒙境,民以为德化所感。旋调潍县,县滨海,图利者欲上议开港招商,梯思潍与海通,时防贼扰,更开他港,恐后患甚巨,拒不允。邑多水患,浚河修堤,其患顿息。

再调禹城,禹城岁漕六千馀石,用漕车六百馀辆外,复创蓟车名,百姓苦添派,梯下车即裁革之。邑故有官价,梯一按市估平给。听讼鞫囚,尤不敢率断。某县尝有劫案被获者,梯与审焉,刑未加,贼已吐实,狱成。梯独不画诺,曰:"赃少而不实,不成信谳。"上官不悦。适河东解盗至,赃犯全获,乃喜曰:"吴令真老吏也。"擢任胶州知州。年饥谷贵,梯劝捐杂粮,菽一糁五,稷秫各二,搀和为半价,分粜;复平粜仓谷万馀石,谷罄而价愈腾。适得豆饼济饥策,截留豆饼百六十万斤,敷五万人一月食。于是城乡分厂出粜,粮价顿平。以所得饼值归商,民弗饥而商力亦弗耗。嗣后胶州饥,踵法行之,民无馁者。郎中某巨富,卒无子,妻陈氏择族子为嗣,远族举人某私结郎中族叔强以己子入继,陈讼于官。梯令立贤而亲者为嗣,严谕其族绅曰:"陈氏母子有他故,惟某举人与族叔某是问。"陈氏母子卒无恙。〔一〕

再擢济宁直隶州知州,州有李澍者,最富,上官欲弥补盐饷,滕州取澍充盐商。梯以逼勒充商，必致破家，自为稿申覆，力陈勒充之弊，恳请永禁。大吏悟，据情转奏，李得免，以千金为梯寿，梯力却之，去任再馈，仍弗受。梯凡莅任，必与差役约：因犯罪重轻为赏钱多少，差票限日收缴，藉票毒民者革役反坐；命盗案须诣勘者，夫马自办，署明于牍尾，故相验无供应之累。任某县时，有犯逸，为邻省所获，姓名籍贯案由皆符合。既认状，邻省置诸法，移山东饬县销案。梯以道远，虑有贿嘱认案者，存未销，数月后果于县境缉获本犯。县有庄丁某得罪主人，变姓名逃匿，其母疑子与庄主女奸，为庄主所杀，因以杀子没尸控庄主，女数欲自尽。梯访无确据，因思女不到案则案不结，脱到案畏羞自尽，污人名节，且杀人非慎宪之道。乃入庄谕，悬千金赏购庄丁，不数日获之。事遂得白。

梯在禹城时，布政使朱桂桢以荐于巡抚，巡抚方以浮言拟撤梯任，嘱朱瞷之。朱至潍县，县民莫不嗟叹，以官之去潍为恨。遂极力保全之，卒为循吏。嗣卒，年八十三。

【校勘记】

〔一〕陈氏母子卒无恙　原脱"陈"字。今据上文既云"陈氏母子有他故"一语，故补。

李文耕

李文耕，云南昆明人。嘉庆七年进士，以知县用，分发山东。补邹平县知县。十五年，以疾去官。十九年，病瘥，仍补原缺。在任五年，以清讼息争、戢暴安良为务，尤尽心教化。

民妇陈氏诉其子忤逆,文耕引咎自责,其子悔悟,叩头流血,卒改行为孝。邑素多盗,文耕立获盗赏格,设捕役工食,厘弊剔奸,穷诘窝顿,盗风以息。创立义学,及梁邹书院,使诸生诵读其中,亲策励之。二十四年,调冠县。二十五年,擢胶州知州。所至皆有循声。

道光二年,升济宁直隶州知州。三年,升泰安府知府。四年,调沂州府。泰沂素称难治,而沂俗尤强悍。文耕立属吏课程,颁示前治邹平成法,谓:“官不勤则事废,民受其害,而勤本于仁,无痌瘝在抱之心,必不能殷殷于民事。又本于诚无旦明对越之隐,必不能懔懔于官箴。”官吏多化之。沂地产槲,文耕劝民广植养蚕,复捐义仓备荒,尤勤于捕盗,披匪盐枭望风敛迹,民风一变。旋迁兖沂曹济道。五年,晋两浙盐运使。六年,调山东盐运使。时鹾商多亏累,文耕分别缓征,令富商领运,不得以引地滞销,贱价私卖。七年,擢湖北按察使,未至任,调山东,除悬案不结之弊,吏治肃然。十年,再调贵州按察使,立纺织局,使民织棉布以敦节俭,家喻户晓,劳瘁不辞。十八年,卒。入祀名宦并乡贤祠。

李毓昌

李毓昌,山东即墨人。嘉庆十三年进士,[一]发江苏以知县用,总督铁保使勘山阳县赈事。亲行乡曲,钩稽户口,廉得山阳知县王伸汉冒赈状,具清册将揭总督,伸汉患之,赂以金,不为动,则谋窃其册,使仆包祥与毓昌仆李祥、顾祥、马连升谋,不可得,复于伸汉曰:“是无可奈何,计惟死之耳。”毓昌饮于伸汉所,夜归而渴,李祥以药置汤中进。毓昌寝后,包祥至,入室,毓昌方苦腹痛而起,包祥急从后持其颈,毓昌张目叱之曰:"若何为?"李祥曰:"仆等不能事君矣。"马连升解己所系带缢之,嘉庆十四年六月七日也。伸汉以自缢复于淮安府知府王毂,毂遣验视之,报曰:"尸口有血也。"毂怒,杖验者,遂以自缢状上。其族叔李太清与沈某至山阳迎丧,沈某检视其书籍,有残稿半纸曰:"山阳知县冒赈以利啖毓昌,毓昌不敢受,恐负天子。"盖上总督书稿,诸仆所未知毁去者也。丧归,毓昌妻某氏有噩梦,启棺视面如生。沈某以银针刺之,针黑。沈某曰:"是有冤,不可不白矣。"李太清走京师诉于都察院,上命提王毂、王伸汉偕诸仆至刑部会讯,命山东按察使朱锡爵验毓昌尸,惟胸前骨如故,馀尽黑,盖受毒未至死,先以缢死也。具闻于朝,天子震怒,斩包祥,置顾祥、马连升于极刑,官押李祥至毓昌墓所,摘心以祭。毂、伸汉各论如法。江南总督以下,贬谪有差。赠毓昌知府衔,封其墓。仁宗自为愍忠诗三十韵,命勒于墓上。毓昌卒时,年三十馀,无子,诏为立后。梅曾亮撰传。嗣子希佐赏举人,太清亦赏武举。李元度国朝先正事略。

【校勘记】

〔一〕嘉庆十三年进士　原脱"进士"二字。今据耆献类征卷二四七叶一六上补。

孔传坤　　徐邦庆

孔传坤,顺天大兴人。孔子六十八世孙。嘉庆十四年,以从九品投效南河,署江苏宿迁县归仁司巡检。道光元年,署桃源县管河主簿。旋授阜宁县羊寨司巡检,调宿迁县刘马庄巡检。十四年,升宝应管河主簿。淮水挟汝、颍、涡、浍、㴬、沘诸流,由运达江,恒为淮扬患。国初以来,沿堤置闸洞,以杀其势,亦藉以灌民田。主簿领四闸三洞,北起刘家堡,南至界首镇,长四十里,灌溪田数千百亩。当粮艘北上,与栽种同时,河水浅则不能运,溪水涸则不能溉。闸夫洞户,往往藉利漕为辞,持缓急以徼利。水盛又以护堤为辞延不闭。传坤定法启闭。在宝应十年,农运无失时,每岁修,必躬率徒役,伏秋大汛,虽风雨巡行堤上,日夜不少息。堡户久圮,出廉俸赁民居为夫役止宿,多给烛火,以资防守。发饷银必分包,按名唱给,人不得虚领。故夫役无多,而咸得其力。

十九年春,运河水少落,扬河厅丁映南奉漕督檄,令闭闸。传坤言农田待泽正殷,详度水势,闸不闭亦足以资运。丁诃之,传坤曰:"官可弃,闸不可闭也。"后漕船卒济。同汛多武弁,与前任相龃龉,传坤以诚待之,皆乐为用。又倡修义学,择绅司其事,不假官吏手。岁凶荒,出赀于城北盖草屋,城南易以瓦,冬则取鸡鸭羽毛蔽地上寒湿,栖流民。又时给絮衣,散药饵,施棺木,不足则人给芦席四、麻绳三、钱二百,作埋瘗费。其于人谆谆,劝以孝弟。有陆姓讼子者,使自笞之,不及十数,父母皆泣下,子亦痛哭悔罪。凡工作屠市,有官价者,皆平与之,未尝私役一人,私取一物。暇辄计工役,访陋规,徒行民间,问以疾苦。

其任宿迁刘马庄也,有皂河武弁子横行乡里,传坤籍诸恶状,执而置诸法;别系其党,速县令来挞之市,一境帖然。又有鬻其蓥嫂者,蓥脱归,诉诸传坤,传坤命擒送诸县,并捕鬻贩者,遗妇女一舟,释归者二十馀家。河督张文浩为郡丞时,传坤佐,尝迕之;及文浩总督南河,首荐之曰:"吾数与孔某共事,尝以为戇,然安得百执事一如孔某者?今荐之已后矣。"二十四年,以病去官,家宝应。三十年,卒。宝应及宿迁士民来吊者数千人,祀名宦祠。

徐邦庆,江苏山阳人。官宝应把总二十馀年,勤求民隐,百姓德之。每岁寒,中夜起,巡视四境,鸟枪之声达旦,盗贼无敢至者。邑故贫,民屋茅茨相接,值火变,往救,必先至,踊跃登屋,火未及燃,斧断其梁,俾自扑灭。又身从郁攸毁下风,屋宇使无延烧。既熄,恐馀烬复燃,必率众濡以水,使灭乃已。岁祲,督视赈恤,无丝毫入橐。邑人公捐赈粥,必蚤起,先董事至厂所,人具馔,峻却之,不食。日自备一餔,以疗饥,风雨不改。盐枭潜匿菹泽中,地方官不能治,闻邦庆至,辄俯首伏罪。两江总督铁保欲右迁之,格于例。及卒,家贫如洗云。

张琦

张琦,江苏阳湖人。嘉庆十八年举人,以誊录议叙知县。道光三年,分发山东,署邹平县。岁且尽,琦阅村四百七十,麦无入土者,即申牒报灾。明年正月四日,即赴省呈牒布政使朱桂桢面言状,朱请于巡抚,破成例入奏,因邹平得缓征者,十六州县。民失物误讼于长山,狱归琦,琦曰:"汝失物地,大树北,抑树南也?"曰:"大树北。"琦曰:"若是,则我界也。"民愕然曰:"诚邹平耶?即不欲以数斤布烦父母官!"持牒去。后权知章丘,邹平民时赴诉,琦曰:"此于法不当受者也。"慰遣之。章丘民好讼,院、司、道、府五署吏皆籍章丘,走书请托,掎摭短长无虚日。琦莅任岁馀,五署内无一纸至;结案二千有奇,亦无一翻控者。

五年,补馆陶。会久旱,风霾三日夜,沙尘压麦苗皆死,饥民聚掠。琦祷得雨,乃严捕倡者,得富民闭粜居奇状,分别按治,民大悦。琦因请普赏口粮人两月。馆陶地褊小,琦造应赈册,多邻邑过倍,〔一〕大吏呵之,忽有诏责问岁饥状甚切,乃按临灾区,民迎诉赈弊,惟馆陶得实,始劾罢他邑令,而厚慰琦。在章丘、馆陶,邻邑大蝗,皆不入境。及秋大雨雹,亦皆在不耕之地。士有讼者,阅其辞不直,则曰:"课汝文不至,讼乃至耶?"试责以文,不中程,后乃决事,士讼遂稀。其仁术兼济类如是。馆陶地斥卤,不宜谷,又卫水数败田,琦精求古沟防及区田法,试行之,未遂,病卒。

琦善医术,民有病者,设局自诊之。精舆地之学,与兄编修惠言齐名。著有战国策释地二卷、素问释义十二卷、诗文集四卷。

【校勘记】

〔一〕多邻邑过倍　"过"原误作"数"。今据耆献类征卷二四七叶五三上改。

刘衡

刘衡,江西南丰人。副贡生,充正白旗官学教习。期满,以知县用。嘉庆十八年,分发广东,历署四会、博罗等县事,补新兴县知县。父忧服阕,选四川垫江县知县,署梁山县,旋调巴县。衡为人明察敏事,习文法,然持大体,通达下情。其治爱民如子,勤力有方略,好为民兴利除弊,诚信动人。故所居见爱,去见思。学务经世,经史百氏无不通,尤嗜寻绎律义。始以知县候铨家居时,其祖编修煇,父岁贡生斯禧,谓:"令最亲民,亦易厉民。"日夜与衡究论古循吏为民实政。

初之粤,奉檄巡河,廉知巡河兵役素通盗,日夜坐卧船中,与卒役同劳苦,俾不得逞其奸,河盗敛戢,所部肃然。四会为粤瘠邑,盗贼往往白昼掠人,官不能治,反钳系亡家,盗滋炽。衡乃仿古寓兵于农之制,团练壮丁,连村自保,盗不敢近。寻奉命诇捕会匪,得其籍,胪载人多,远近骇动,亟焚之,以安反侧。只擒治其渠,众乃定。博罗城中故设征粮店户数家,乡又设十站,民苦徭重,衡至即撤之。邑多自戕案,里豪蠹役杂持之,害滋甚。衡察实立释诬滥,严惩主使者。亲历各乡,多方开导,自是民知自爱。

及官蜀,一以治粤之法治之。垫江俗轻生,如博罗。衡先事以言晓譬,民知徒死无益,终其任靡自戕者。获咽匪初犯者,〔一〕曰:"饥寒迫尔。"乃给赀使置担具以谋生,为约再犯不宥。匪闻咸感泣改行。梁山与垫江皆隶忠州,衡调梁山时,垫人诉于州及大府曰:"愿还我刘公。"梁山民亦哀大府曰:"乞暂假刘公。"梁处万山中,距水道远,岁苦旱。衡相地修筑塘堰,延亘数十里,以时蓄泄,至今利赖之。倡捐置田建屋,养孤贫,岁得谷数百石,全活无算。布政使陆言下其法,令各州县照行。巴县为重庆首邑,五方辐辏,讼狱繁多,号称难治。倚食县署者,白役至七千馀人。

自衡莅事，役无所得食，散为民，存十馀人，[二]备使令而已。值岁歉，衡建议谓济荒之法，聚不如散，命各归各保，以便赈恤。是年虽饥，不害。衡初受任时，积牍数千，泪卸篆，仅遗某举人请咨一案，移交后令而已。尝道过垫江，垫人喜其还，壶浆道迎，欢声雷动。已而知赴他任，感泣如失慈母。其得民心如此。

衡以律例命意忠厚，非圣人不能作，故本之为治，以求达其爱民之心。知爱民先在去其病民者，故恒寓宽于严。每谓官民阻隔，皆缘门丁书吏表里为奸，故所至不用门丁。惟以"官须自作"四字为宗旨，设长几于堂左右，分吏、户、礼、兵、刑、工为六橱，房吏呈案，则各就左几之橱庋之，而击磬以为号。衡闻磬自取入，立即核办。旋发出置于右几，亦如之。吏以次承领，一不经家丁之手，故拥蔽悉除。有诉讼者，辄坐堂皇，受牍亲书牒，令原告交里正，转摄所讼之人，两造俱到，一讯即结，无冤者。尝悬钲署前，民有急难，许击之以闻，即为审理。非重狱不遣勾摄隶，即出牒必注役之姓名、齿貌于签，又令互相保结，设连坐之法，蠹役无所施其技。有事于乡，省仆从舆马，工食自给，俾无扰及闾阎。有兄弟争财者，反覆劝导，动以天性，卒至感悟交让。

衡性素严重，然每临讼，辄霁威，俾得通其情，扶不过十。惟于豪猾，则痛惩不稍假借。尝延访士大夫，周知地方利害，次第举革。同城武营极与和衷，时赒其乏，俾缓急可以相倚。创立城乡义学，公馀辄亲督课程，考其勤惰而勖其志行。其为治大要以恤贫保富，正人心，端士习为主。总督戴锡三巡川东旁邑，民诉冤者，皆曰乞付"刘青天"决之。语达天听。七年，擢绵州直隶州知州，引见，蒙召对，训以"公勤"二字。八年，迁保宁府知府，九年,调成都府。每语人曰:"牧令为亲民之官,随事可尽吾心。太守渐远,民安静,率属而已,不如为州县之得一意民事也。"然所在属吏化之,无厉民者。十年,升河南开归陈许道,所属闻衡名,转相儆戒。是冬,使者阅河防,江南、河北皆以料垛不实,多罢黜,惟河南厅汛免。未几,得痰疾,巡抚杨国桢疏为陈情,而状其治蜀政绩,请优之,以风有位。奏入,赏假两月调理。外臣四品以下无此例,盖特恩也。久之未愈,遂乞归。二十一年,卒。

卒后数年,四川垫江、梁山、巴县及广东博罗县均请入祀名宦祠,先后得旨允行。同治五年,四川学政杨秉璋复疏陈衡历官循绩,并遗书以闻。谕曰:"刘衡历任广东、四川守令,所至循声卓著。去官四十馀年,至今民间称道弗衰。所著庸吏庸言、蜀僚问答、读律心得等书,尤为洞悉闾阎休戚,于兴利除弊之道,筹尽详备,洵无愧循良之吏。着将历任政绩,宣付史馆,编入循吏传,以资观感。"衡所著治谱外,又有六九轩算书五种,论者谓其申明古义,曲匜旁通,有裨后学。又著有小学书,为时所称。

子良驹,两淮盐运使;良驷,陕西商州直隶州知州。孙庠内阁中书,入儒林传。

【校勘记】

〔一〕获啯匪初犯者　"啯"原误作"啯"。今据耆献类征卷二一四叶五下改。参卷七五顾光旭传校勘记〔一〕。

〔二〕存十馀人　"十"原误作"百"。今据耆献类征卷二一四叶六上改。

俞德渊

俞德渊,字陶泉,甘肃平罗人。嘉庆二十二年进士,改庶吉士,散馆授江苏荆溪县知县,调长洲县,迁苏州府同知。^{〔一〕}姚莹识小录。居官恪谨,胥吏白事,不衣冠不见。盛暑谳狱,危服坐堂皇,汗浃竟日。尝有所推鞫,疟忽作,举体震悼,事未竟不止也。初至荆溪,遮诉者百十辈。阅年馀,前诉者又易名控,德渊一见即识之,群惊为神。贺长龄俞君言行纪略。道光八年,以巡抚陶澍荐,擢常州府知府,寻调江宁府。

十年冬,宣宗以两淮盐法大坏,命尚书王鼎、侍郎宝兴赴江南,授陶澍为两江总督。会议改革,使臣欲罢官商,盐归场灶科税,以德渊有心计,使与议。乃具议数千言,大指谓:“盐归场灶,其法有三:一曰归灶丁,以按锹起科,然其中难行者有三:一在灶丁之通欠,一在锹镬之私煎,一在灾祲之藉口;二曰归官场,以给单收税,然难行者亦有三:一在额数之难定,一在稽察之难周,一在官吏之难恃;三曰归场商,以认锹纳课,然难行者亦有三:一在疲商之钻充,一在殷户之规避,一在垣外之私售。以上三法,共有九难,姑就三者兼权之,^{〔二〕}则招商认锹一条,犹为彼善于此,苟得其人,或可讲求尽善。顾事难图始,果欲行之,宜先定章程,清灶金商,改官易制诸事,非行之三年不能就绪。此一二年中额课未可常悬也,^{〔三〕}场盐未可停售也,各岸食盐未可久缺也,然则新旧接替之时,非熟思审处,何能变通以尽利乎?至两淮捆盐之夫,淮北则永丰向有万馀人,淮南则老虎泾不下数万人,皆无赖游民,百馀年来,以此为世业,一旦失所,此数万众将安往乎?其患又不止私枭拒捕已也。"议上，陶澍深然之。乃与使臣定计，不归场灶，仍用官商如故。惟奏罢盐政，裁浮费，减窝价，凡积弊皆除之。澍举德渊，超擢两淮盐运使。在任五年，正课无缺，运费遂充。

扬州俗尚华侈，[四]德渊力崇节俭，妻子常衣布素，风俗一变。郡中至无优剧。既精会计，又知人善任，[五]诸滞岸商惮往运，辄遣官代之。每运恒有盈利，尽以充库，无私取。两淮盐政及运使，素有丰称，多以财结权贵人，及四方游客；又以其馀赡寒畯，取声誉，皆商赀也。德渊谨守管钥，失望者多，绝不为避怨计。受陶澍知遇，而执法无所阿。尚书黄钺有子曰中民，以场大使候补，澍嘱德渊与以优差。德渊曰："优差以待有功，中民无功，不可得。"澍益重之。两广总督林则徐于时人少推许，独于德渊曰："体用兼赅，表里如一。"姚莹识小录。贺长龄亦言："德渊学有用，政有本，大江南北皆食其利。"贺长龄俞君言行纪略。

十五年冬，陶澍陛见，数荐德渊贤，谓"其才可大用，以地方循良，久在盐官，可惜"。上亦嘉之，将晋用，而德渊病卒。荆溪、长洲，江宁士民闻之，皆流涕，请祀名宦祠。

【校勘记】

〔一〕迁苏州府同知　"苏"原误作"徐"。今据耆献类征卷二一四叶三三上改。

〔二〕姑就三者兼权之　"姑"原误作"如"。今据耆献类征卷二一四叶三七下改。

〔三〕此一二年中额课未可常悬也　"一二"原误作"三"。今据耆献类征卷二一四叶三七下改。

〔四〕扬州俗尚华侈　原脱"尚"字。今据耆献类征卷二一四叶三八
　　　上补。

〔五〕又知人善任　"任"下原衍一"使"字。今据耆献类征卷二一四叶
　　　三八上删。

朱士达　　子念祖

朱士达,江苏宝应人。父彬,在儒林传;兄士彦,吏部尚书,
自有传。

士达,嘉庆二十二年进士,以知县分发广东,告近,改安徽,
历署黟县、南陵、霍山等县。调怀宁,值岁饥,发赈,胥吏于粥中
置石灰,食者疾作。士达每晨亲往,以粥作餐,吏无敢为奸。升
寿州知州,寿人强悍,喜佩刀,士达捐赀设里鄢义学,增书院膏
火,举先哲德行,以诱掖之。由是寿人皆恂恂知礼让。芍陂水道
五百馀处,向溉田万顷,积年淤废。士达劝民修浚,开三百馀门,
溉田六千馀顷。以卓异升凤颍捕盗同知。时宿州与徐州间有一
河道,彼开此塞,利害适相反,用是两争不决。两江总督蒋攸铦
檄士达往勘,士达谓此河当别有故道,乃与乡民步荒郊,徒行一
月,得故道,开之,两境悉利。

旋擢凤阳府知府,府辖凤阳、大河、泗州三卫,卫丁每勾通书
吏,指民籍与军籍同姓名者,签县索之,中赀之家,不堪其扰,谓
之"飞军"。士达察其弊,取积年底册核明,钞发所属州县,"飞
军"之累遂除。庐州合肥盗李三容孜者,煮人于酒镬中,巡抚檄
庐州、凤阳两府协缉。庐州知府犹未至,士达先往,盗伏墙内,发

枪轰及左右,从者皆股栗。<u>士达</u>不为动,卒获盗,论如法。旋署
<u>庐凤道</u>,调署徽宁池太广道,升授广西<u>左江道</u>,丁父忧归。服阕,
起云南迤东道,驻寻甸州。州傍杨梅河下游,会马龙河。马龙性
猛,每暴涨,辄激杨梅河倒流,为民田害。<u>士达</u>于<u>七里桥</u>下开支
河七百丈,名曰<u>灵心河</u>,复捐千金造桥梁,山水发,得宣泄,不为
患。<u>开化府</u><u>竜白寨</u>倮民以拒捕杀县丞,巡抚檄<u>士达</u>统兵赴剿。
<u>士达</u>率数十人往,中途先为文告谕,谓但获拒捕者,馀不株连。
比至寨,倮民遂缚送渠魁,馀安业如故。<u>师宗县</u>有拜香会匪据山
村,索过客私税。<u>士达</u>多方缉捕,悉就擒。

升<u>四川按察使</u>,调陕西按察使,擢<u>湖北布政使</u>。湖北当崇阳
军务后,库存银仅五万两,<u>士达</u>悉心综核,及任满存至七十万两。
以年力就衰,原品致仕。<u>咸丰</u>四年,卒。入祀乡贤祠。子念祖。

念祖以郎中改直隶州知州,分发<u>陕西</u>,署佛坪厅同知,及郿
乾直隶州知州。佛坪介万山中,崎岖险阻,<u>念祖</u>捐廉修凿,以便
行旅。厅设于<u>嘉庆</u>中,尚无学校,请设学额八名,士人由是向学,
民风丕变。郿俗健讼,初抵任,日受讼牒百馀,剖决如流,案无滞
牍。比去任,讼庭寂静。有巨豪某向以结交官长为鱼肉乡愚计,
<u>念祖</u>禁绝,不与通。适豪家火,<u>念祖</u>率人往救,豪怀金来谢,以犒
从者为言。<u>念祖</u>正色曰:"救灾恤民,刺史之职尔。将藉此要结
耶?"严斥之,豪惴惴不敢出一语,自是益敛迹。寻丁父艰,归。
服阕,将赴<u>陕西</u>,值粤捻贼炽,<u>安徽</u>巡抚<u>福济</u>奏调念祖赴皖营委
办盱眙天长团练。和含棚匪滋事,众号十数万,然皆饥民,当事
欲多杀邀功。<u>念祖</u>力请寓抚于剿,胁从赖以保全。<u>宝应</u>地当孔
道,难民纷沓,良莠杂处,<u>念祖</u>商之县官,行保甲清查法,故南北

纷扰,宝应独耕市不惊,念祖力也。同治四年,以道员分发四川,
道卒。

朱大源

朱大源,江苏华亭人。嘉庆二十三年举人,以大挑知县,分
发陕西,补安塞县。城居万山中,形如井底,山巅积雪,每春夏
间,辄随大雨奔腾而下,漂没人畜庐舍,民率迁徙去。大源周历
山谷,揆度形势,以东北一带多土阜,鸠工疏凿,引水分泄,民复
还。遂修黉宫,增斋庑,士风丕变。

迁知蒲城,蒲城多盗,有刀匪,其首曰王敢鸣,聚众屯井家
堡,堡界蒲城、富平、临潼、渭南四邑间,匪坚壁深濠,备火器拒
捕。民与匪往来以自保。巡抚议移兵往剿,大源言于布政使陶
廷杰曰:"民受刀匪累久矣,剿则更涂炭,请宽以图之。"捕刀匪
二人,敢鸣党也,鞫以诸案不承,廉得其母,赏之酒肉,其母密告
其匪首处。大源有仆韩确者,多力而沉挚,乃授以方略,伪为贩
玉器者,往投敢鸣,渐相狎。一日,敢鸣方踞刀啖麦饼,呼确旁
坐,确解呈所佩小刀,而请观敢鸣刀,出不意,骤削其脬,敢鸣起
相搏,时观者千百人,敢鸣攫人以挥众,众辟易,确又乘间削其
臂。大源率徒役及营兵四集,匪党不敢救,擒敢鸣以归。民欢呼
曰:"此方可安枕矣。"敢鸣知必死,所犯皆承。大源谕馀党亟解
散,纳兵器,悔罪自新,否则当请兵歼之。翌日,以事过井家堡,
迎者络绎于道,曰:"小民受害二十馀年,今得见天日,公之赐
也。"大源曰:"匪徒尽乎?"曰:"皆散去,愿为良民。"大源曰:"然
则限十日,各完本年地漕银,其无缺;历年所负,当为请缓。"民叩

首如约。

大源为政慈祥公溥,事无大小,必坐大堂,任民观听,民呼为
"朱大堂"云。二十二年,闻父丧,徒步奔里门,泪尽,继以血,
曰:"为贫而仕,仍无以养,何以生为? 将从吾父地下耳!"竟以
毁卒。

费庚吉

费庚吉,江苏武进人。四岁而孤,母徐氏督之读,以贫育于
外家。嘉庆二十四年,试进士第一,授礼部主事。庚吉自以节母
之子,每汇题节孝,必肃容具稿。时有奏请建总坊者,下部议,庚
吉议曰:"定制,旌表节孝,每人给建专坊银。然吏胥因缘为奸,
寒素不得请者十八九。今请总旌,子孙有力,别建专坊者听;存
者准定例,必满三十年;殁者或十年、七八年皆予旌。是年之不
永,非节之不终。其在国子监肄业生,许为亲戚呈礼部请旌,与
在都候补候选官同。礼部据呈行查原籍,俾外省胥吏不得婪索
壅阁。"奏上,报可。乃采访其乡之合例未旌者,三千馀口,请建
总坊,著为令,自庚吉始。

道光七年,充大清通礼纂修官。十七年,补湖广道监察御
史。五月,授河南汝宁府知府,朔望诣明伦堂,集绅耆,告以士君
子居乡,当为守土吏佐慈惠,广教化,矜式后进,使乡人不为苟且
偷薄之行。召诸生讲明正学,申义利之辨。暇则屏驺从,循行阡
陌,与父老言农,与子弟言孝,作劝戒歌,晓妇孺,环听若堵,民忘
其为官。尝谓:"民风由于士,士风系于官,欲教士民,不如先教
牧令。"乃为书戒曰:"牧令与民一体也,太守与牧令犹一家也。

民失其德,牧令之责也。牧令不能使民之无失德,则太守之责也。汝南居豫省之中,近北五邑,性多刚,刚则直而易感,不善治之,则惧其悍;近南四邑性多柔,柔则顺而易从,不善治之,则惧其刁。悍与刁非不可化,视为治何如耳。上古官事与民事合,而治道盛;晚近官事与民事分,而治道衰。其贪酷阘茸者无论已,间有聪明强干之吏,类专心于官事,以供张为结纳,以掩饰为调停,其于民事漠不关心,恶在与民一体也。民事莫大于教养,尤莫难于使之自为教养。尝思之,而知其难矣,有可行者,有不可行者;有径直以行者,有委曲以行者。假手吏胥,则吏胥坏之;假手门丁,则门丁坏之;假手乡约、里正,则乡约、里正又坏之。然则终不可行乎?在出以虚心,持以实心而已。为政者当视其事为天下之事,非一人之事;为一己之事,非他人之事。遏欲以清其原,穷理以扩其识,问之长官,问之僚属,问之宾朋,问之乡大夫、乡先生,问之田夫野老。告吾善者,从如流水;规吾过者,改如转圜。洗其嗜欲功利之私,破其养尊处优之习,出一语质诸鬼神,民自知其不贰;下一令坚如金石,民自知其不欺。养与教并重,而养即寓于教之中。教富者以睦姻任恤,而富可养贫;教贫者以勤俭安分,而贫可自养。宣圣谕以教民,不必专在朔望也。当于城市、村庄,随时求宣讲之法,严保甲以弭盗,不必专在镇集也。当于孤村单户,随地求联络之方,尊礼高年,则人知敬老;表章节孝,则妇尽怀清。日坐大堂,示民以公。疾趋过庙,使民知敬。绅之贤者,优崇而咨访之,则民情可通;衿之劣者,摈绝而惩创之,则民气可静。听讼不可留,宜持详慎之意;催科不容缓,宜属抚字之仁;事上宜谨,可争是非而不可傲;待下宜谦,可绝情面而不可陵;捐输所以急公,可劝不可罚;罚则近于攘。赛会所以从俗,可偶不可黩,黩则近于荒。有时或不废咏歌,所以导民之性情,不可以空文妨实政。得暇则参观经史,所以资吾之考镜,不可以泥古拂今情。差徭可减则减,少一分科敛即留一分脂膏;糜费可省则省,去一分酬应即免一分亏累。官清则役畏,官健则捕精。署以内毋好古玩,毋进优伶,毋轻宴会。不惟节用,自可清心境之中。严办讼师,严除豪霸,严禁娼赌,不独防奸,兼堪厚俗。所谓官事与民事合者如此,言之非艰,行之惟艰。自问此心不肯以空言欺世,然但可为知者道耳。努力明德,以答苍生。”到任数月,境内大治。未尝鞭人至百,而狱讼衰息。马氏争田三十年,庚吉一讯而解。族长马贤者年八十六矣,目已瞽,言:“身年老可不到案,闻太守贤,是以来。目不见青天,得握青天手,死不恨。”庚吉怜其老,引手慰抚之。贤流涕曰:“百馀年无此官矣!”庚吉母病,民相率祷城隍神,至数千人,止之不可,曰:“出于心之不自知,且恐使君去也。”汝宁故多火,祷于神,终其任不火。

二十二年,调知开封府,耆老请留四阅月。及去,送者数万人,生童负笈从之开封者数百人。抵任七日,有旨授福建粮储道。时洋船初犯境,庚吉携仆役二人往,每食一簋,公服外无馀衣。檄办泉州行营粮台,兼充翼长,向例,粮台道员得月领盐菜火食银百五十两。庚吉以既有养廉,推以犒士。疾,卒于军。祀名宦祠。著有毛诗约旨三十卷、历代名臣管见录十二卷、宗庙时享次第考四卷、诗文集十二卷、外集一卷、治汝官书四卷。

吴均

　　吴均,浙江钱塘人。嘉庆二十四年举人。道光十五年,大挑一等,以知县用,签分广东。十七年,补乳源县知县,二十年,调补潮阳县,历署潮阳、揭阳、惠来、嘉应诸州县,或兼理焉。二十四年,署海阳县。时双刀会匪黄悟空聚徒数千,肆扰潮揭,均奉檄往办,获悟空,置之法,擒治数百人,事立靖。二十五年,保荐卓异,奉旨以同知直隶州补用。二十六年,署盐运司运同,旋补佛冈厅同知,二十七年,兼署潮州府知府。因劝捐运本,整顿盐务,以知府升用。咸丰二年,惠州土匪沿河截劫,商旅不通,有司未敢谁何,大吏以均往,遂获杨阿惹八等千三百馀名,分别惩治,惠境肃清。三年,福建土匪猖獗,稔均有能名,奏调往办,已邀允矣;而广东督抚谓潮州滨海要区,官民方倚均为保障,特疏奏留。

　　旋命补潮州府知府。四年,湖南巡抚骆秉章复奏调均襄办荆楚军务,广东仍以均不可一日离潮,再奏留之。时江南大营撤回散勇,勾结土匪谋逆,三月中,贼首陈娘康拥众围攻潮阳,知县汪政、守备李从龙击却之,而贼仍屯近郊,不下,分党攻惠来、普宁。五月,惠来陷,匪势益张,援军失利。贼攻潮阳愈亟,均大愤,亲督军出战,手燃巨炮,身先士卒轰击,所部皆感奋,并力冲突,贼披靡。均麾军蹙之,贼自相蹂躏,死伤无算,遂解潮阳之围。而海阳之彩塘乡逆首吴中庶因均治军潮阳,度难兼顾郡事,邀逆党陈阿拾纠众拜会,旬日至万馀人,自称大营元帅、军师等伪号,大掠海阳东、西、南三面村舍,逼攻郡城,而澄海逆首王兴顺亦纠众与中庶等窥澄城,海阳令刘镇、都司金国梁大困,饷道断绝,郡城岌岌,官绅皆请均回援。均以潮阳粗定,而郡城澄海方危,密饬潮阳令汪政分兵驰援郡城,而自移军澄海。政遂督诸路兵战贼郡城下,大胜,歼贼数千,解郡城之围。均至澄海,将进兵攻外砂,而连朝霪雨不绝,均跪雨中祷天,天忽霁,遂直捣贼巢,破之,分饬诸路搜捕逸匪,自留澄海清理馀孽。旋克复惠来,斩逆首陈娘康等于阵。是年十二月,以积劳,卒于官。

均性清介,治潮最久,以养以教,民畏其威而怀其恩,倚如父母。其任潮阳也,以滨海地皆咸卤,乃详考水源,开渠以通溪水,筑堤六千一百馀丈,由是有淡水溉田,瘠土悉沃。潮俗惑堪舆,多停柩不葬,均理谕势禁,并捐筑义冢,听民报明以瘗。其任海阳也,郡西南三利溪久淤不浚,均倡捐开凿,西南数十里无涝旱之忧。北堤为全郡保障,暴雨河溢,堤垂决,工役危避不敢近,均植立堤上,督救,万民皆奋身抢筑,堤以无圮;而堤身少曲,终有冲激之患,又捐三千金固之,利赖至今,人因号为"吴公堤"云。其守潮州也,州东广济桥久废,修复费大,权设官渡济之,人终不便。均捐五千金倡众,而桥以成。附郭西湖山高出城上,登之俯瞰全城如指掌,山上旧有高埠,与城相掎角,年久而圮。均筹赀筑新城百四十三丈,跨濠而过,围西湖山于城内,又培修旧城五百一十五丈,相连属。厥后吴逆围攻,竟不能破,民咸颂之。五年,两广总督叶名琛奏均屡著战功,奉旨追赠太仆寺卿。潮州府城建立专祠。

吴应连　子宝林

吴应连,江西南城人。道光元年举人。十三年,以知县拣发四川,历署天全、涪州、永川、安岳、蒲江、新津、绵竹、仁寿等州县事。二十八年,补石泉县。三十年,调补彭县。咸丰四年,卒于任。

涪州滨江,黔蜀水交会,磨盘、火峰、麻堆、群猪各滩石纵横江中,触船辄破。应连募工凿险,水势渐平。及永川之凿虾蟆口滩,仁寿之开石栈,石泉之平曲山关,皆自出廉俸,以为民利。所至扩书院,增膏火,蒲江之鹤山、彭县之九峰,安岳之龙泉,石泉之酉山,永川之锦云、东皋,其尤经意者也。涪地多桑,而民不知蚕。应连购蚕种,教以养蚕缫丝之法,于石泉、安岳种桑数万株,茧丝之利遂普两县。道光十七年,涪州水暴涨,淹没田庐,应连捐赀赈济。邑旧有浮尸会,每尸给棺一钱五百,舟人利其死而后救。应连改为救生艇,凡获一尸只给棺,无葬费;救一生者,赏钱千。二十一年,安岳大旱,饥民汹汹欲为变,应连捐三千金赈之,不及申请,辄发常平仓谷,分设男女粥厂,日巡视散放,至秋熟则自购谷补之。富者感其诚,争相转输不绝。安岳民尝争水构衅,躬履阡陌,为定蓄水法,令多开陂荡,浸田畴多少有程,启闭有时,计修新旧塘堰三百九十馀处。水足而争斗之风自戢。在永川,亦疏浚旧堰七百馀所。蒲江、石泉多山,则度地引泉,渟潴有备,田遂为上腴。彭县水利自海子分支,析为东三河、西四河,凤资灌溉,惟蓄泄无法,非竭则溢。应连筹酌形势,随地凿塘筑堰,杀涨节流,无有旱涝。石泉地界生番,蛮族筑碉而居,伺间潜出杀人越货。应连擒治骁桀,晓众番以大义,择其子弟开敏者,送旁近乡塾肄业,番人化之,相戒勿再犯。仁寿三乡皆山,盗贼窟宅其中,四出为暴,大吏稔应连能,檄署仁寿。至三日,即获首匪斩之，馀众惊遁。涪州有兄弟五人号"五虎"，人咸畏避之。应连乘其不备，执之，悉论如律。民为作伏虎颂。

咸丰四年，檄解饷赴鄂，行抵汉川，值武昌陷，贼闻巨饷至，分道要截，应连疾驰七昼夜，达大营。总督奏请加同知衔。洎回彭县任，以邻氛不靖，练乡团，置器械，定章程，厥后朱、蓝两逆逼城环攻，皆赖乡勇之力得保全，而应连遂以是病卒。易箦时，犹喃喃论浚濠、练勇事。彭民追思遗爱，援汝州民留葬刘审交故事，殡应连于城内三忠祠旁，执绋会葬者数千人。岁时伏腊，各具酒脯以献。涪州、安岳、永川、石泉、仁寿、蒲江各州县士民，亦联名请祀名宦祠。子宝林。

宝林，由监生捐输军饷，奖同知。咸丰六年，分发四川。十一年，补成都水利同知。修复都江堰人字堤，以蓄江流，溉农田一千馀顷。时滇逆蓝大顺分股窜灌县，县令皇怖欲遁，宝林尼之，而自率兵团大破贼于洋子桥，城赖以完。同治七年，调署江北厅同知。惩豪猾，约吏役，结疑狱，培寒畯，采访节孝七百馀名，教民树桑育蚕，岁获丝利十数万金。九年，丁嫡母忧，旋投效四川提督周达武军，随同收复贵州遵义府城，叙功，奖道员，并加三品衔。光绪七年，复发往四川，二十一年，筦夔关厘务，以恤商为本，有陋规辞不取，而移其款建公廨，或请闻大吏，宝林曰："局用实不敷，我自奉俭，故无需此。若遽裁之，恐将有巧立名目、取盈他项者，是重困商矣。"二十二年，大水，城垣半没，米商闭籴，居民恟惧，宝林告夔州知府，开仓平粜，众心大定。旋卒于差次。

石家绍

石家绍,山西翼城人。柏枧山房集石瑶臣传书后。以拔贡为壶关县教谕,实心课士,学使者称为真教官。道光二年成进士,授江西龙南县知县。发奸摘伏,有神明称。调上饶,再调南昌,首县最繁剧,治之裕如。理讼必细心勘鞫,至夜分不辍。时连年水患,饥民闻省会散赈,聚附郭之沙井,上官檄家绍及新建令办赈务,始散米令饥民自爨。已而来者猬集,濒河地几莫能容,且虑人众滋事,于是改散钱,令得钱各返乡里,候截留漕米济之。阅两旬,众渐散去,而水患益棘。家绍请于上官,开仓平粜,其力不任粜者,复分厂煮粥以赈之。主者循例备三千人食,而就食者五万,扶老携幼,攘臂喧争,国朝先正事略。声震屋瓦。柏枧山房集石瑶臣传书后。大吏不知所为,或曰急檄石令。家绍至,谕众曰:"食少人众,咄嗟不能办。汝等其速散,诘朝来,断不使有一饥民无粥啖也。国朝先正事略。则皆迎伏跪拜曰:柏枧山房集石瑶臣传书后。"石爹爹不欺人,国朝先正事略。愿听处置。"柏枧山房集石瑶臣传书后。爹爹者,江西民呼父也。

历署大庾、新城、新建,擢铜鼓营同知,署饶州、赣州二府,所至皆得民心。国朝先正事略。自大吏、僚友、缙绅先生、士民、卒隶,无不以为循吏。柏枧山房集石瑶臣传书后。顾自视常欿然。国朝先正事略。尝自记曰:"吏而良,民父母也;其不良,则民贼也。父母吾不能,民贼也则吾不敢,吾其为民佣者乎?"因自号曰"民佣"。柏枧山房集石瑶臣传书后。十九年,卒。五县皆祀名宦,南昌民尤德家绍,醵金建专祠于百花洲恒沙寺之右,久而奉尝不衰。

国朝先正事略。

徐栋

徐栋，直隶安肃人。道光二年进士，授工部主事，擢都水司郎中。畿辅通志。究心吏治，以为天下事莫不起于州县，州县理则天下无不理。称"州县之职不外于更事久、读书多。然更事在既事之后，读书在未事之先，则读书尤要"。乃汇诸家之说，成牧令书二十三卷。牧令书自序。又以保甲为庶政之纲，法甚约而治甚广，自明王守仁立十家牌之说，后世踵行。每每为弭盗设，此未知其本也。于是集诸家之说，明其利弊，别其难易，审其功效。成保甲书四卷。略谓："天下一大保甲，州县一小天下。天下非一人所能理，于是有省、有府、有州县；州县亦非一人所能理，于是有乡、有保、有甲。其势异，其事同；其制异，其道同。"保甲书自序。

二十一年，授陕西兴安府知府，累调汉中府、西安府，所至行保甲，皆有成效，为民福。兴安三面临汉，栋补修惠春、石泉两堤，高其基，加于旧五尺。咸丰中，水冒旧堤二尺，民皆欢然，念徐公力。城外有粮卡，禁粮下运，栋以兴安地卑湿，谷屯积多霉变，既不能久储，又不能出境，图利者改种烟叶、蓝靛，歉年每乏食。乃设策弛禁，小民便之。二十七年，大计，卓异。二十九年，以病归。咸丰三年，奉命督办本省团练。四年，修直隶省城，得旨嘉奖。同治元年，有诏录用，以老病辞。兴安府举名宦事实册。寻卒。祀兴安名宦祠。畿辅通志。

史秉直

史秉直,江苏阳湖人。道光三年进士,以知县签分甘肃。四年,署伏羌县,有毙于路者,验得伤,而杀人无主名。秉直乃微服夜访,闻酒肆人私语曰:"甲乙偕行,乙死而甲不见,何也?"因前叩甲名,遣役获之,讯实,置诸法。秋荒,民大饥,杂木皮泥粉以为食。然例有灾,非时不得报。秉直毅然请平粜,民困以苏。六年,补崇信县,地瘠民贫,又适进讨张格尔,秉直筹饷协济,不以纤屑累民。

七年,调渭源,为大军往来孔道。秉直供张车马,井井有条,事治而民不扰。朱家山有狼患,伤幼孩。秉直祷山神曰:"如儌有司之失职,不应遗祸于闾阎;如儌小民之无良,何独降灾于童穉?"自是患顿息。土司赵姓,有田万顷,恃众抗租,役至,辄殴辱之。秉直单骑入山,集年老者谕之曰:"尔等何事为土司争胜,不知自为计乎?无论纠众干重典,即结讼频年,亦受害不少矣。我知非尔众本意,特为一二桀黠者指使,欲止而不能耳。"老者皆首肯,至于涕泣,乃曰:"今速完租负,我当代呈上官,不尔责;否则家破身危,所负仍不能免。"众欢然从命,不三日租额悉偿。旋丁父忧,归。会西疆凯撤,叙办理军需功,诏俟服阕后,归部即选。

九年,授河南西华县,兼摄扶沟,村民家夜火,人尽死,惟少妇存,言以呼救免。秉直勘火自外入,推得挟仇纵火状,遂抵罪。邑与郾城界,清水河不肯独浚,雨集则皆沮洳,不可耕。秉直约郾城共举其事,而躬董督之,匝月而水患平,乃勒碑示法后来。西华粮折征钱值,银价昂,解不及额,士民请益。秉直笑曰:"吾将以清白贻子孙,尔等意诚厚,然非所愿也。"十八年,调鹿邑,县境有李原厂,国初以匿地亩责倍赋,遂成故事。秉直代筹款解司,有富五通捻匪,党羽千计,前令不敢问。秉直获而惩之。邑界安徽颍、亳,为盗渊薮,秉直督役毁其巢,匪邻以星术惑众,布旗帖,谋不轨。秉直密缉获九人,以劳晋同知。二十一年,祥汛河决,鹿邑全境被灾。秉直急赴安平集、时家口各地,星夜筑堤,复乞赈银十九万给灾户,时工程繁兴,大府派鹿邑麻秸四十八万斤,秉直谓邑既被灾,麻又非土产,乃捐廉采买以济工。嗣奉檄调办大工正料厂,河督林则徐倚如左右手。寻因鹿邑灾重,檄回办赈,于是倡捐设厂,活灾民八千馀人。

二十二年,萧县捻匪纵红等倡乱,横行十数州县,秉直随方抗御,匪不敢入。二十四年,调署祥符,旋以堤工劳,奖同知直隶州知州。二十五年,补汝州直隶州,鲁山捐职叶世升买胡姓田,靳值三之二,讼十馀年不得申。秉直至,叶逸去,嘱人请献金执贽,秉直曰:"有此多金,何不以清田价耶?"旋访获,科罪。二十六年,卒。入祀名宦祠。

何曰愈

何曰愈,广东香山人。道光初,补四川会理州吏目。州地夷汉错处,素称难治。曰愈廉己恕人,民爱戴之。狱积年不决者,一讯即服。土司某桀骜不驯,所部夷杀汉民,知州檄曰愈检验,某介绅持数百金乞免验,曰愈不受,遂亲往,某又率众来劫。会汉民亦率众至,卒成验而还。某复以狱上控,上官廉得实,杖之。旋捐升知县,委办西藏粮台,驰七八千里,览穷山怒流,边风寒雪,跌宕自喜。还省,补岳池县知县,练保甲,缮城郭,庀器械,迨同治初,滇匪围岳池,得所遗枪炮以拒贼,当时比之张孟谈治晋阳云。

咸丰三年,署屏山县,地素患猓夷,曰愈捕治汉奸数人,患少息。旋丁母艰去。六年,服阕,适宁远府属野夷出巢焚掠,及冕宁各地,大吏奏委曰愈参建昌镇总兵占泰军事。西川猓夷支凡数十,自雷波、峨边达滇南二十四塞,频年扰沿边诸郡。曰愈抵宁远,值西昌县以民变告急,曰愈驰至县署,见众大哗曰:“夷伤吾人,乞发兵除害。”曰愈曰:“是官任也。但冕宁事方亟,未能分兵,先安置若辈,可乎?”众曰:“诺。”因抚恤伤者,复集绅民晓之曰:“若等平日欺夷如鹿豕,田其地,没其租,使夷无所控告,酿成巨祸。今且少息,当为若等乞兵于总兵。”旋得兵五百人,又募勇三百人,设营山巅,分兵山下为掎角势,出夷不意,直捣巢窟。于是夷皆匍匐投诚,愿遵条约,请汉民复业。民曰:“居无屋。”夷曰:“我山有木,惟尔伐。”民曰:“耕无粟。”夷曰:“我田有谷,贷尔食。”曰愈因谕民曰:“即此见夷有天良,尔等毋负德,毋生衅。”汉夷遂相安。自是曰愈益悉夷番之情伪,山川之险隘,拟绥边十二策,请当事代奏,格不得上。

无何,会理州复有滇匪韩登鸾合众入州境,声言欲复诸回仇,回民亦疑州民接匪,尽焚民居。知州求援于府镇,乃檄曰愈行,曰愈率一旅以往。甫至城,闻流言奸细内伏,乃下令毋早闭城,三日后按户搜查,容奸细者从军法。夜则严兵以待。越三日,城内外贼党悉遁。曰愈曰:“吾所以不闭门、不遽搜者,正开其逃路耳。”众皆服。于是遣人持榜文往谕登鸾,登鸾曰:“某非

叛人,不过与回为仇耳。当遵示解退。"复持谕示回民,回目曰:
"何公恩主也,昔时我等居大桥,被水灾,田庐尽没,何公乃一骑
渡水赈我等,又为我等疏河水,至今不为患。戴德何敢忘? 来谕
当录以为训,违者诛之。"自是回民亦不扰。事既定,府镇上其
功,会有攘之者,曰愈不计也。比归成都,粤逆窜蜀事方棘,曰愈
日为当道陈机宜,不能用。乃退居灌县,蒔花种竹以自娱。

同治元年,以子璟授安徽庐凤道,迎养入皖。十一年,卒于
家。著有存诚斋文集十四卷、馀甘轩诗集十二卷、退庵诗话十
六卷。

顾蒉

顾蒉,原名恒,江南华亭人。道光六年进士,改翰林院庶吉
士,八年,散馆,授山西灵石县知县。县民好讼,蒉清厘积案,多
为解散。民有讼叔逋金者,廉得其情,则实昔所许而后靳之者
也。蒉断给以半,叔不承而浼人以五百金进,蒉受之,立予讼者。
瓜田农夜被杀,得尸于井,农无妻子,而有族子三,蒉视其一有异
色,鞫之不服,乃詿以好语,则曰:"祖父积不相能,是夜往贷,叔
不应,斫以镰刀,因夺刀杀叔,而弃尸于井。"邑滨汾河,山水猝
发,坏护城石堤,蒉捐廉倡筑,以馀赀交商收息,为续修费。民称
"顾公堤"。扬威将军有悍卒殴民濒死,蒉驰马擒之,白统领惩
治。自是过境兵,无敢哗者。

十三年,大旱,邑不产米,上流遏籴,价腾踊。蒉捐俸银为富
民倡,买米洪洞,分路平粜,兼赈极贫者。知州某欲设粥厂,蒉言
山民散处,艰于就食,拂知州意,谍大府诘责,令缴所捐。蒉言:

"山县无米籴，故价昂，邑人捐赀以救荒，官未尝收捐，安所得缴？且缴于何所？"大府无辞，而怒滋甚，遂撤任。请归养，不许，困甚，民争馈银米以济之。河东道某之任，过灵石，民遮道求还贤令，阅四月，回任，欢迎者相次。九月，丁母艰归，遂誓墓不出。二十九年，卒。

云茂琦

云茂琦，广东文昌人。道光六年进士，以知县用，分江苏。七年，补沛县知县，判决如流，每听断必与民谈井里桑麻、年谷丰歉，谆谆以务本业、忍忿争为劝，恳恳如家人父子。民感其诚，讼顿减。接见绅耆，询民间疾苦，辄采择施行。出则轻骑减从，酒浆刍豆，毫厘不以扰民。案判后，民情有未尽伸者，许面诉，必得其情而后已。葺修歌风书院，暇则亲往督课，语诸生以身心性命之学。自登降、拜跪、揖让周旋，皆有准的。邻邑闻风来学，至庠舍不能容。邑旧无乡贤名宦祠，茂琦为集赀创建，复修万寿宫以朝朔望，葺吴公祠以顺舆情。吴公者，明嘉靖时岁荒施赈而祠之者也。沛地低洼，夏秋水涝，禾稼辄淹没，茂琦躬亲相度，开浚沟洫，自后年谷屡登。南关外有桥久圮，茂琦成之。境多盗贼，无缉捕赀，益横行。茂琦乃量道里远近，给捕费，复多悬重赏，贼皆屏息。悍盗某久未获，茂琦访其巢穴，往捕之。盗闻，自杀其子，欲以诬捕役，及见茂琦震慑不敢欺，遂擒而置之法。在沛二年，每祈雨应期降。

九年，调六合县。六合逼近江淮，连年大水，田庐淹没殆尽。水初至，居民安土重迁，水深不及避，缘堤升树，号声闻数里。茂琦亲雇船载饼饵，四出赈救，逃入城者，开仓予之食。水退，即亲往各乡编户籍，计口授票，至期领粮；去城远者，榜通衢，许粮票转相贸易，民便之。嗣以仓储不继，捐金为倡，富商大户激于义，亦捐积至万馀缗，民无流亡。孤贫节妇，月给银米，年例符者，必呈请旌表。邑多淫祀，饬毁之，而民慑于祸福，不为动。茂琦亲往毁其像，祝之曰："如能为厉，身独当之。"随因其址建万寿宫、社稷坛、先农坛，改建六峰书院，捐廉置田，备宾兴费。立集善堂以掩胔、恤幼，立种德堂以施药济贫。屯田十六卫，典质略尽，运户苦之。复捐廉弥其缺，漕累以苏。

十二年，充江南乡试同考官。十四年，署督粮同知，寻署河防同知。保荐卓异，引见，授兵部郎中，转吏部郎中，以职事稀简，壹志于学，与同志切劚研究，晨夕不倦。未几，以终养告归，立宗规十四条、家劝十六条，训示家人。大旨以务孝弟、崇耕读、黜异端为要。建祠修谱，置祭田，仿范仲淹法，岁计所入，以资近属之贫者。别立阐道堂备族人应试之资。与弟茂瑰友爱，田庐取其湫隘硗瘠者，而让爽垲膏腴者归之弟。琼去京师远，筹二千缗息助公车费。试院地卑，苦雨泥淖，捐赀甃以石。青澜港海口为县要冲，道光二十八年，海寇啸聚窥县城，茂琦结安全社，立章程二十条，守御严，寇不敢犯，潜遁去。复择要增建炮台，捐集钱三万缗，浚池筑城，以备后患。建文昌阁、尊经阁，工竣，得旨嘉奖。郡幕侨居琼台书院久，遂踞之，茂琦白巡道复之。旋主讲琼台书院，揭学规五则，以训生徒。每朝暮坐讲堂，殷殷督课，有进质者，辄喜曰："学贵善疑，方能有悟。"因指示源流同异，务领解而后已。夜分辄考授天文度数，证以京房、崔浩诸家之说，反复开诱,不厌求详。

平生俭以自奉,官京外几二十年,被服恒如儒素。性质直,能习劳,竟日危座,无跛倚容。二十九年,卒。入祀沛县、六合县名宦祠。

刘庆凯

刘庆凯,直隶盐山人。道光六年进士,以知县即用,分发山东。历署金乡、历城等县知县,补东阿县,兼署东平州。十三年,调补阳谷,以政绩卓异,十五年,升补濮州。下车即决积案二百馀,讼师吏胥,皆惊以为神,不敢欺。州赋旧分丁漕,春秋季各纳其半,吏率督殷富者以春全纳,而没其半;至秋或遇灾则已,否则催呼如故。收漕之吏,上下升斗,或至倍蓰,习久以为固然。庆凯至,严禁浮收,躬赴廒厂监督,定为上下两忙完纳,不问贫富,由是积弊一清。州境跨魏河,每夏秋水发,辄泛溢为害。庆凯履勘旧堤,令民间三十亩以上出一夫,夫浚土一方,厚筑堤岸,役均而公,民皆踊跃,凡十馀日,成堤九千九百馀丈,水患遂息。十六年,夏旱秋涝,庆凯集绅富谕之曰:"有嗷嗷者,非汝亲戚,则邻里乡党也。忍视其饥而死乎?且彼不坐毙,将为不善以救死,汝岂能保其富哉?吾义不忍坐视,请捐金为倡。"绅富皆感动,争输钱谷。庆凯择人而任,判等级以赈之,方百里中无一饿殍者,民刻石颂其德。尤勤于治盗,州西界直隶开州、东明,东南界菏、郓,夙号盗薮。庆凯会邻县合捕,廉知群盗所在,至辄掩获。近城数十里,至夜不闭户。上官奏其能,得旨以同知用。嗣补兖州府总捕水利同知,二十一年,调署临清直隶州,二十三年,署武定府,二十四年，署济宁直隶州，皆有声。二十七年，捐升道员。二十八年，署兖沂曹济道。

咸丰二年，再署兖沂曹济道。时粤匪窜扰省境，大吏檄庆凯诘禁刘口私渡，旋赴武城会剿土寇，粤匪遂得乘间济河而东，巡抚李僡以情近退避，奏劾落职。庆凯诉于朝，事下山东巡抚崇恩查覆，崇恩白其枉，谕令送部引见。七年，诏仍发往山东，以同知补用。旋假归，病卒。入祀名宦祠。

桂超万

桂超万，安徽贵池人。道光十三年进士，发直隶，以知县即用。亲老告近，改江苏。十四年，署阳湖县知县，以洁清自矢，惩讼师，禁革地方宿弊。摄事凡月馀，巡抚林则徐见其日记，谓之曰："在任四十日，便行出许多善政。判语可入资治新书。洵能以经术为治术者。"丹徒有赵姓妇王氏，以贞闻，氏触姑怒，锥刺遍体，因服鸩死。超万捕主谋道士，治如律，为之请旌。又陈防盗事宜，略言："选勇敢士，伪为商旅，密巡水面，或盛石盈箱为之媒，或泊舟孤岸为之诱。盗至捕获，不难追踪巢穴，亦易并藉以励兵训士。"十五年，补荆溪县，未赴，丁本生父忧。

十六年，服阕，循例仍赴直隶，补栾城县。栾城患盗，超万以窝盗家多在交界处，比知照会缉，辄闻风遁。乃与邻县约，不分畛域追捕。又清保甲，悬赏格，令城乡客店设循环簿，稽察行旅，大道更铺立传签护送之法，城市村镇各设更牌巡逻防守，盗无漏网。以农隙集民夫浚洨河、金水河、城河，并通沟洫，平道途，以息水涝之患。役法，例计田亩分派，栾城衿户多不应，而专责之民。超万令衿户照在官人役只优免三十亩,凡树畜、修井、粪田,益种薯芋,备荒歉,均详示以法。捐俸赀兴复龙冈书院,四乡设义塾,劝各村推广,严立规条督课之。有习天主教三世者,从容谕以孝弟忠信之道,立悔悟改行。其折狱创朱问墨供法,详审得情,案无留牍,如摄事阳湖时。

二十一年,调万全县,旋署丰润县。时英吉利犯顺,各海口戒严。丰润有涧河等两口,超万甫下车,即驰往设备,募乡勇使习技艺,演营阵,亲督训练,由是团练称最。又募得渔人打鸭枪数十杆,以备水战。后粤匪李开芳等窜天津,用打鸭枪伏水次狙击之,败贼,本超万法也。会上命各督抚保举贤员,直隶总督讷尔经额疏荐超万“持躬廉谨,尽心民事,惠政及人,舆情爱戴”。特旨擢北运河务关同知。二十二年,奉檄赴滦州、乐亭、丰润各海口,劝勇建营,不吝犒赏,不受馈遗。嗣撤防回任,以同知无管辖地方责,爰集生童课经义,多所成就。饬属于沿河补植柳株,以固堤岸。

二十三年,檄赴张家口勘估坝工,适宣化府知府缺,遂以超万代理。旋得旨授江苏扬州府知府,扬州俗习浮靡,超万首以勤俭为训,严示禁令,自是胥吏咸布衣。倡修郡城,暨江都、甘泉二县学宫。二十五年,调苏州府。苏郡田赋重,大户包漕,弊百出,粮艘帮费日增,民重困。华亭县岁终无纳漕者,超万为减帮费、均赋户之议,先薄惩其豪猾者,乃出新章宽旧恶,予限十日,无敢后。寻奏定通行。昭文县有聚众拒捕案,超万奉檄会营往办,驰谕散胁从,擒首罪置之法。又粮艘佃户万馀,与惧罪水手歃血谋乱,超万宣律例通谕之,得以无事。又以水陆交冲,多盗患,定巡缉章程,得请,为通行式。二十七年,举大计,卓异。二十八年,署苏松常镇太粮储道。值岁歉,禾伤于雾,多白穟。上官严檄征全漕,<u>超万</u>摘禾穟力争,乃解。首郡事繁,承鞫省控诸案,皆委员讯理,恒致积压。<u>超万</u>必亲讯,无留滞。摄道篆数月,案复积。回任后,穷源清厘,至岁除,犹听断弗辍。

二十九年,擢<u>福建汀漳龙道</u>。三十年,乞病,归。咸丰三年,粤逆陷<u>安庆</u>,<u>超万</u>治乡团,依险战守。迨九年,贼众大至,势不敌,皖境蹂躏日甚,不得已避居闽。同治元年,福建巡抚<u>徐宗幹</u>以<u>超万</u>年虽笃老,精神强健,敦朴诚实,历任皆著循声,奏请起用,得旨俞允。二年二月,署<u>福建</u>粮储道,寻权按察使,手治官书,不假幕吏。积劳成疾,犹伏案治事,无间昼夜。八月,卒于官,时年八十。著有<u>宦游纪略</u>六卷、<u>惇裕堂古文</u>四卷、<u>养浩斋诗稿</u>九卷、续稿五卷。

王肇谦

<u>王肇谦</u>,<u>直隶深泽</u>人。道光十四年举人。<u>畿辅通志</u>。二十六年,以捐输河工议叙,选授<u>福建海澄县</u>知县。<u>闽浙总督王懿德等疏</u>及行略。县负山滨海,俗刁悍,喜斗,所属<u>马口乡</u>民构衅,互相掠。<u>肇谦</u>亲往理谕,为陈利害,积衅顿解。悬重金购巨盗<u>许蟳</u>,置于法,群盗敛迹。富绅某争产累讼,男妇数十人环跪堂下,<u>肇谦</u>援引古义,以譬喻之,谓骨肉未可乖,财产无足重,廉耻不可不存,更反而自责。众赧然汗下,谓:"今日始知礼义。"讼以是止。邑民<u>李顺发</u>负<u>杨茄</u>佳金,一日诣<u>杨</u>索金,<u>杨</u>遂留之。<u>顺发</u>兄以掳弟劫财诉于夷馆,夷人移谍欲严究,众情汹汹。<u>肇谦</u>为请于长官,

谓:"茄住无罪,不必治。夷人骄心不可长。"事遂寝。总督刘韵珂谓"可任艰巨",檄入谳局,以明决称,于冤狱多平反。有营弁二,以缉匪被诬,系狱。肇谦得其情,破械出之。

闽县上篁村故盗薮,尝奉檄往捕,单骑就道,至则寓败寺中。日出,与其父老语,开陈大义,众皆耸听。久之,乃乘间言曰:"若知我来何事,活若一乡耳。"众惶然问故,肇谦曰:"若列铳拒太守,大府怒,议屠之,尚不知耶?"众环跪乞命,肇谦曰:"某某皆大盗,速缚之来,限三日缮齐保甲册,吾保若无事也。"众听命,立以盗献,人咸称为能。三十年,以承审洋盗陈双喜案出力,以同知直隶州升用。是冬,往漳泉查办会匪,阅两月,渠魁就获,党与解散。咸丰元年,赴某府按事,知府某素贪墨,托某令赍重金以请,肇谦婉言谢却之。二年,厦门洋人因赁屋,与民龃龉,势张甚。奉总督王懿德檄往,按交涉例,据理剖决,两无所徇,洋人帖服。

五月,署上杭县知县,邑多搢绅甲族,干以私者拒之,因公建言者纳之。行略。时粤逆踞江宁,福建贼林俊等应之,叠陷漳州、永春、大田诸郡县。肇谦建碉卡,储饷粟,制器械,简丁壮,为坚壁清野计。上杭赖以无虞。三年六月,霪雨为灾,且赈且治军,复率勇二千,越境剿松源县贼,擒斩七十馀人。十月,调赴漳州办剿抚事,民诣府乞留,不得,乃为建生祠。四年,升永春直隶州知州。林俊屯城南山,肇谦慰抚城内大姓,募乡兵二万击破之,并擒土匪邱狮、辜八等。九月,署漳州府知府。漳浦古竹社蔡全为乱,踞石堡中,提镇兵攻之,弗克。肇谦设方略,约内应,纵火焚堡,生擒全。奏入,朱批有"该府所办甚为妥速"之褒,遂以知府即补,并戴花翎。府俗犷悍难治,肇谦谓民不奉法,由吏不称职,爰立六条以课僚属:一曰清案牍,二曰勤催科,三曰惩械斗,四曰严缉捕,五曰表义行,六曰振文教。能奉行者优荐,违者罢之。政馀,割俸葺朱子祠。<u>行略及题本</u>。在漳三岁,人称"漳南一柱"。

十一月,署<u>延建邵道</u>。<u>顺昌</u>土匪跳梁,令生员<u>张承需</u>率乡兵,搜破贼巢,获匪<u>陈春太</u>等四百七十人。七年二月,调赴<u>厦门</u>,署<u>兴泉永道</u>。未行,而粤匪<u>石达开</u>自<u>江西</u>窜入杉关,陷<u>光泽</u>、<u>邵武</u>。肇谦作绝命书遗其亲,词甚忠切。嗣按察使<u>赵印川</u>解<u>建宁</u>围,移军向<u>邵武</u>,肇谦亦督军至,十三战皆捷,赏加道衔。八月,以劳卒。<u>畿辅通志</u>。赠光禄寺卿衔,荫一子入监读书。祀乡贤,及<u>上杭</u>名宦祠。见<u>行略及题本</u>。

托克清阿

<u>托克清阿</u>,满洲正蓝旗人。道光十四年举人,大挑知县,签分<u>甘肃</u>,署<u>环县</u>、<u>安化</u>等县及<u>吐鲁番</u>同知。二十九年,以事解任。三十年,以办理清查事未核,降一级调用。<u>咸丰</u>元年,丁忧服阕后,捐复原官,仍发<u>甘肃</u>,除<u>皋兰县</u>。时回、捻横行<u>陕甘</u>,土匪闻风响应。侍郎<u>梁瀚</u>奏请办理团练,保荐<u>托克清阿</u>,上命<u>陕甘</u>总督<u>乐斌</u>差遣委用。寻署<u>秦州</u>直隶州知州,十一年,补实。同治二年,回逆窜<u>甘南</u>,州境戒严。<u>托克清阿</u>厉兵募勇,力筹守御,以贼窜<u>秦安</u>,率军迎剿,屡挫凶锋。后贼纠大股至,众寡不敌,力战死之。事闻,以道员例,从优议恤,并谕<u>秦州</u>及本旗建立专祠。

四年,<u>秦州</u>士民以<u>托克清阿</u>忠贞孝友,慈惠廉明,洁己爱民,

御灾捍患。在秦州时,民皆安业,贼不犯境。遗爱馀威,实足固民心而寒贼胆。公恳奏请赐谥。陕甘总督恩麟据以入告,上谕曰:"托克清阿政理民孚,事迹昭著。前在秦州任内,办理防剿,布置严密,贼至今不敢犯境,人民安堵,洵属遗爱在民。着加恩予谥。生平事迹,宣付史馆,编入循吏传,以顺舆情。"寻予谥刚烈,恩赏云骑尉世职,袭次完时,以恩骑尉世袭罔替。

沈衍庆

沈衍庆,安徽石埭人。道光十五年进士,以知县用分发江西,署兴国县。三十三年,补泰和县。二十五年,调鄱阳县,县滨巨湖,时有盗贼出没。衍庆编渔户名册,仿保甲法行之,增巡船以资督捕,屡获剧盗,置诸法,境内肃然。俗强好斗,衍庆闻衅,即轻骑驰往,力与开导,事浸息。两遇大水,没庐舍,衍庆择高埠结棚居之,其不能徙者,以饼饵给之。四门分设粥厂,日乘扁舟往来疾风骇浪间,躬亲拊循,始终不懈。前后存活者数十万。

咸丰元年,举荐卓异。二年,发逆陷湖北武昌,衍庆议征兵守康山,控鄱湖门户。三年正月,九江郡陷,城内讹言四起,逃亡者不可禁止。衍庆率练勇出东门,见粮船内数百人噪而前,衍庆手刃二人,馀党慑伏,城中以定。五月,贼围南昌急,巡抚张芾檄衍庆带勇援省垣,遂偕九江镇总兵马济美击贼于永和门,济美力战死。衍庆会省防各军再战,大破之。时援兵大集,贼将东窜,衍庆恐贼犯鄱阳,请于张芾,驰归为守御计。于时乐平县知县李仁元摄鄱阳事,七月,衍庆与仁元商战备,因久雨湖涨,城垣倾圮,无险可守。贼乘风扬帆而来,官军燃巨炮,碎贼舰,毙贼数十。贼绕逼东门，衍庆迎击，杀贼十馀人，复手刃黄衣贼目两人，贼稍却。卒以众寡不敌，城陷，力战而死。事闻，得旨加赠道衔，赐恤如例，赏云骑尉世职，袭次完时，以恩骑尉世袭罔替，并准于鄱阳县建立专祠。

黄辅辰　子彭年

黄辅辰，贵州贵筑人，原湖南醴陵籍。道光十五年进士，以主事用，分吏部。二十四年，补官。三十年，升员外郎，旋迁郎中。遇事侃侃持正论，屡忤上官，不少屈，同署咸严惮之。

咸丰二年，截取知府，三年，分发山西。旋乞假回籍。时贵州土匪杨凤作乱，辅辰集士绅，修碉卡，行保甲法，抚辑清水江诸苗，弭其怨隙。其后贼至，无叛者。巴香乱，辅辰驰往，大会团众，缚斩乱首罗宪章、王登学、姜洪三人，事以定。复劝谕商民，捐谷建义仓三十廒，备缓急。巡抚蒋霨远上其功，得旨仍发往山西，以道员用，并赏戴花翎。山西患饷绌，议抽厘以济，辅辰谓晋人皆贾于外，又山程非他行省比，不宜以病民，争之不得，则请蠲苛细，取大宗及不切民生日用常需者。户部设宝泉分局于平定州，就铁铸钱，既滞不行，则请分销各府州县，岁收息银三万两解部。辅辰谓："京师用铁钱以济铜币之乏也，山西铜币敷而用铁，故弗便。今如通行各县，必令交纳钱粮，铜少铁多，司库必绌。以三万之微利，妨数百万正供，是谓利一而害百。即专行平定州，然鼓铸不息，日积日滞，患滋大。且州在万山中，工匠猬集，诸亡赖混迹辏趋，不可稽禁，奸民煽之，害胡可言？"巡抚英桂用其议，入告，分局遂罢。两署冀宁道，加盐运使衔。

九年直隶总督恒福以防务需员，奏调辅辰差遣，允之。旋复请留直隶补用，格部议，仍回山西。寻至四川，依总督骆秉章，会回逆扰陕中，地荒残，无耕者。陕西巡抚刘蓉疏请兴营田。蓉为四川布政使时，知辅辰贤，以书询屯田事宜，辅辰为陈十二难，又采录官私书为营田辑要三卷，大旨在用民而不用兵，与民兴利而不与民争利。书中言成法者十有七，言积弊者十有四，至制田物土之宜，皆博采而详说之，于用人得失，尤三致意焉。蓉因奏调辅辰到陕，听候简用。

同治五年，凤邠盐法道缺，蓉密陈辅辰心术正大，吏事精能，与湖南岳常澧道刘达善并堪其任，有旨特畀辅辰。蓉即委以西安、同州、凤翔、延安、乾州、邠州、鄜州七属营田事。辅辰建议，谓关中土旷人少，非招徕客民，事末由济。然垦荒所需耕牛、籽种、农具、棚舍之属，官不能给，民不乐趋也。则莫若即以地畀之，薄收其租，亩二斗为差。六年届满，则给券使世其业。然虑田无限制，赋无定则，吏得以意高下为民患，当先正经界，略如古井田法，量地百亩为段，编列次第，书赋额多寡于券，视土肥瘠，别等则上下授之。凡领垦者以先后为次，自一至十，毋越其序，十段为甲，十甲为里，置长焉。里长总十甲租课，岁输之官。凡移徙更替，事皆责之，别授田六亩，俾食其入，为庶人在官者之禄，而官总其成。因详定章程十一条。令下，民称便。复定考课举劾章程四条，以策奉行不力者。期年，凡垦田十八万馀亩。时回捻交讧，援兵云集，赖有营田租麦，军食无缺。又编查保甲，严办省防，奸宄不得逞，民获安堵。长安、咸宁旧有义学四所，乱后久废，辅辰捐廉倡复之，亲临劝课，拨公产给关中书院米薪，士林竞劝。复修养济院、育婴堂、种痘局，以至坝岸堤渠各工，次第具举。寻卒。

刘蓉以辅辰积劳病故，遗爱在民，列上其事，谕曰："已故陕西凤邠盐法道黄辅辰，历官中外，二十馀年。其忠君爱民之忱，亟宜嘉奖。着准其入祀陕西名宦祠，并将该故员政绩，宣付史馆，编入循吏传。"子彭年。

彭年，道光二十五年，贡士。二十七年，改翰林院庶吉士，散馆授编修。历充武英殿协修、国史馆协修、功臣馆纂修、本衙门撰文。咸丰初年，乞假侍亲归黔，过白苀滩，舟破于石。彭年偕妇刘氏各负其父姑以出于险，俱得无恙。到籍，随父办理贵州团练。长寨等处苗汉积不相能，下游清水江猜怨尤深。彭年亲入苗寨劝谕，尽得汉民侵欺状，为蠲除之，使合团，苗民翕然听命。

同治初元，四川总督骆秉章延之幕中，俾赞戎机。平剧寇石达开，与有功，力辞保荐。陕西巡抚刘蓉聘主讲关中书院，兵燹后士鲜知学。彭年讲明实学，广置书籍，严定课程，学者渐盛。寻直隶总督李鸿章聘修畿辅通志，成书三百卷，于星躔分野，水道源流，州县沿革，考证尤确，足补旧志所未备。其主讲保定莲池书院，置书定课，一如在关中时。人给以札，使为日记，月考其得失而高下之。选刊莲池肄业生日记三十二卷。光绪八年，授湖北安襄郧荆道，调署督粮道，旋赴本任。襄郧界连陕豫，会匪未靖，民多逃亡。彭年首以除暴安良为务，得剧盗即置之法，其诱胁者悉予自新，流民皆复业。购书数万卷，储之鹿门书院，暇辄与诸生讨论。武当山香火最盛，住持僧岁供本道八百金，彭年却之，并封禁其山。九年，迁按察使，绝属僚馈遗，屏新关津贴，停工程局摊捐。湖北狱讼繁，候审所积案数百，彭年督承审官悉行断结。往时谍诉桌署者，书吏索费二三十缗，或委员提案，被讼者辄倾家，彭年皆禁罢。复以牧令多不谙律例，幕友吏胥得因缘为奸利，特设学律馆，人给律例，定期会讲，详为指授。又以游手无恒业，或偶犯偷窃，设迁善局处之，使习一艺成，贷赀释出，其人多改行。又立待质所，绝胥吏擅押罪人之弊。设戒烟局，以拯困于烟而贫无赀者。有狱犯田万青自缢，彭年例应镌二级调用，上官嘱减囚罪，冀免之，彭年不可，然竟得留任。时大吏议裁绿营饷，兵汹汹思变，彭年开诚告诫，营伍咸奉约束。彭年治狱明决，终楚桌任，平反巨案十数起，结京控案四十馀起。

十一年，调陕西按察使，权布政使，创博学斋，延宿儒主讲席，购补关中书院书籍。比履本任，其建置如治楚。悯愚民不知法，摘律例中民间易犯各条，刊布简明告示，使知儆惧。陕省乱后，会匪游勇，潜相勾煽。彭年整顿保甲，明连坐之法，严窝贼之禁，详定就地正法章程。擒诛巨魁张铁梅等数十名，又以城中失火，易致延烧，捐置水桶、水缸，令居民数家共穿一井，有警则通力扑救，由是少火患。长安县西北马营寨等六十馀村，地滨沣、渭，十三年秋，水，决堤堰，淹四十馀里，坏民田庐。彭年捐廉集款，赈抚修复，民赖以安。

寻擢江苏布政使，建学古堂以课士，设学治馆以课吏。会大旱，减漕价。明年，大水，州县以米值二千七百，而漕价二千二百，请增之。巡抚谓彭年可石增二百，彭年曰："漕米一石，定例收水脚费一千，其实所费不过数百，独不可将有馀补不足耶？今水旱连年，若增漕折，民必重困。且以江苏百万漕计之，则民间多出钱二十万缗。此钱上不在国，下不在民，独归州县中饱耳。困民以利官，不忍为也。"因力持之，未几，护理巡抚，以惩贪墨、敦朴俭为先，风气为之一变。会有水旱灾，筹赈百数十万缗，全活甚众。事蒇，馀钱三十万缗，则请修吴淞江及白茆河、蕴藻浜等处工程，未举，调湖北布政使，后任巡抚刚毅竟其志，一律开浚，吴民便之。十六年，抵鄂任，甫两月，卒。

彭年邃于学，著有陶楼诗文集、东三省边防考略、金沙江考略、历代关隘津梁考存、铜运考略。

徐台英

徐台英，广东南海人。道光二十一年进士，以知县用，签分湖南。二十三年，补华容县。华容俗好讼，台英谓讼狱纠缠，由于上下不通，若官日坐堂上，与胥吏相见，则阍者不能积留。日与绅士耆老往来，则胥吏不能壅隔。因与民约，传即到案，到即审，审即结。差役需索者痛惩之。又念士为四民首，勤接见诸生，勉励之。一日，阅呈词不类讼师笔，鞫之果诸生也。拘之至，课以诗文，文工而诗劣，谕之曰："诗本性情，汝性情卑鄙，宜诗之劣如此也。吾念汝初犯，姑宥汝，汝其改行。"其人感泣去。沱江书院久旷废，台英按月立课之，每云："陆清献作令，日与诸生讲学，吾虽不晓讲学，若教人作文，由作文而诱之读书立品，是吾心也。"

华容地滨江湖，有圻田、垸田、山田之分，山田苦旱，垸、圻苦涝。濒湖之地，旱少涝多，垸、圻例得请蠲请缓，而田无底册，影射恒多。届征收则书差代垫，官给空票，凡花户姓名，粮石多少，任其自注，差指为欠者，拘而索之。所征银米，官不知其数，漕米有保户包纳。历任皆以为便，挟制浮收，无过问者。自道光十一年后，带征银欠十六万，米欠万馀石，官民交病。台英知其弊，既履任，清田列底册，注花户粮数，姓名住址，立碑垸上，使册不能改，应缓应征者，可亲行勘验，而影射之弊绝。并申明粮随业转之例，使买卖即时过割，而飞洒之弊绝。收漕期至，县分设四局，俾升合小户就近输局，民免保户之加收，多输正供，而包纳之弊绝。华容濒湖垸田，旧有堤，修堤之费，向派诸堤内田主。日久弊生，有挪璪田作圻田，冀免堤费者；有卖田留税，派费贻累者；有卖税留田，派费不至者；而催收堤费之值，事半属抗费之人。一人抗则相率效尤，堤费不充；一垸溃决，他垸皆藉希豁免。凡借帑修堤者，久无所偿，亦相率亡匿。台英乃先为丈量，以田均费，其低洼者，许减派不许匿亩。人户俱绝，归宗祠管业承费，而罪巨族之抗法者。一年之间，堤工皆固，逋赋尽输。

旋调补耒阳，耒阳钱粮皆柜书里差收解，所入倍于官。刁健之户，酌量轻收，僻远良善之家，则多方扣折，至鬻田宅，完粮不足。有杨大鹏者，因民忿以除害为名，欲揭竿酿乱。事平后，檄台英办善后事宜，议者以里差悉粮户姓名住址，欲仍循旧章用里差。台英曰："里差不可不革也，收粮之籍，里差虽能紊乱之，至柜书则掌催收，过割者欲稽花户，有柜书终不患无藉手处。"遂尽革里差。时收粮未有定章，巡抚陆费瑔偕衡州府知府高人鉴亲诣耒阳，谕台英命乡绅举甲长以代里差，仍守包收包解议。台英以甲长之害，与里差同，上书布政使万贡珍，详为剖晰，贡珍颇然之，而重违巡抚意。台英因集乡绅问之曰："巡抚命汝等举甲长，已举齐否?"曰:"无人愿充,犹未也。"台英曰:"我知之矣,甲长所虑,不知花户住址耳。尔等所虑,恐甲长包收耳。吾今当并户于村,村若干户,户若干人,人若干粮,田在某处,人居某村。分村立册,以各村粮数合一乡,以四乡粮数合一县。各村纳粮者,就近投柜,粮入串出,胥吏不得预,甲长亦只管催科,无从前包解包收之害。此可行否?"众皆拜曰:"诺。"台英曰:"隐匿何由核?"众曰:"取清册磨对,有漏,补入可耳。"曰:"虚粮何由垫?"曰:"虚粮无几。如有之,按亩匀摊,可耳。"议遂决。数月而清册成,钱粮大定。大鹏之乱,诱胁者多仇家,纷纷告讦,大吏欲概置诸法。台英保耒阳民不生事,出谕禁告讦,一县获安。

先是,前任有革职去者,存漕规二千馀两,应归知府高人鉴,人鉴惧为所挟,存耒阳库中,未受亦未辞也。台英以之作公帑,人鉴衔之。会台英丁艰,遂以亏空杂项揭参,革职。骆秉章巡抚湖南,知台英冤,为补苴清款,开复原官。同治元年,奉旨起用,分发浙江,交闽浙总督左宗棠差遣,宗棠为捐升同知,委署台州府知府。未赴任,卒。

吴祖昌

吴祖昌,广西桂平人。道光二十一年进士,以主事用,签分兵部。咸丰三年,补主事。历迁员外郎、郎中。五年,除山西道监察御史。六年,掌四川道监察御史。八年,俸满,截取记名,以繁缺知府用。十一年,授江西抚州府知府。时当发逆蹂躏,疮痍满目,祖昌劳徕安集,次第抚循,民气以苏。先是,寇至时,乡民往往被裹胁;寇退,其狡黠者,辄诬陷良善,或指使妇女控官,藉以恫喝罔利。祖昌廉其实，凡以通贼告，置不问，诬控之风遂息。俗多溺女，祖昌稽旧牍，知向有育婴遗产，半为强豪侵没，悉追复之；不足捐廉为之倡，并劝商民行六文会法，复立育婴局，全活甚众。又念书院灰烬，士人肄业无所，乃拨各废寺田产，立讲堂养生徒，洁己修礼，期年之后，风教大洽。然后浚城隍富仓，储简器械，凡前此之荡然无存者，稍稍仍旧观焉。

同治初年，贼氛复炽。祖昌部勒乡勇，授以兵法，沿城筑兵房马道，乡民则令坚壁清野，以备不虞。三年，逆首李世贤等果率溃贼十馀万，径薄城下，并力猛攻。祖昌督众登陴，誓以死守，相持七阅月，城卒无恙。初，巡抚沈葆桢曾疏保祖昌治行为江西第一，才堪大用，命交军机处存记。至是，又上祖昌力保危城功，得旨加道衔，并赏戴花翎。六年，调补南昌府。七年，巡抚刘坤一保荐江西循吏，首以祖昌名入告。寻护理江西督粮道。是年，保荐卓异，并补行上年卓异。八年，并案送部引见，奉旨以道员回任候升。九年，丁父忧。光绪元年，卒于家。

李元度

李元度，湖南平江人。道光二十三年举人，大挑二等，选黔阳县教谕。咸丰三年，曾国藩调理营务。四年，以克复湘潭功，保知县，加内阁中书衔。从攻半壁山，夺田家镇贼巢，保同知，赏戴花翎。是冬，曾国藩率水师入鄱阳湖，为湖口贼所阻，别股由小池口袭我军，而大风复坏战舰数十，事急不可支。元度强掖国藩渡江，五年正月，入南昌，整水陆各军。曾国藩遣元度会攻湖口，伪翼王石达开、伪北王韦昌辉挟全力来争，元度力战，却之，获伪帅谭友盛、袁蕃邦。八月,遂复湖口。六年二月,贼分窜进贤等县,元度率水陆诸军,大小五十馀战,复进贤县城,进扼贵溪,以固浙东饷道。十一月,因宜黄、崇仁失守,以知县降补。七年二月,贼纠众三万自安仁来犯,大战于鹰潭,斩首数千级,赏还花翎,给同知衔。九月,以力解贵溪城围,复原官,加知府衔。

八年正月,捐升道员。二月,湖北巡抚胡林翼疏调援浙,七月,以分兵解衢州围,记名遇有江西道员缺出,请旨简放。旋移防玉山,会贼大至,守卒仅七百,元度列阵堵剿,炮伤左颊,不少动。贼砌垒与城齐,架炮轰击,坚守两昼夜,诇知贼穴城,令小西门至北门每二丈穴一洞,横出城根下,选壮士持短兵,昼夜蹲伏,眠食悉更代,众莫喻其意。元度晓之曰:“贼穴城必横长十馀丈,我先伏隧以待其至。是隧十丈而与吾值者五,贼至接以短兵,可立毙也。”隧穿及洞,伏兵殪二贼,隧隘为尸所壅,馀贼不能出,灌以水,歼焉。贼知术败,西窜德兴。寻福建浦城大股贼北窜广丰,元度派兵力却之。时曾国藩奉旨援浙,疏陈元度获胜情形,谓“能以孤军支持东路,力保两城,有裨大局”。得旨加按察使衔,赏色尔固楞巴图鲁勇号。九月,命以浙江道员缺出,请旨简放。十年闰三月,敕元度赴浙江,交巡抚王有龄差委。

六月,授温处道。会曾国藩移驻祁门,疏调元度会剿,改元度徽宁池太广道。八月,至祁门。时伪侍王李世贤陷宁国,守将周天受战死。元度至徽州未十日,徽城继陷,革职拿问。十一年十二月,杭州将军瑞昌、浙江巡抚王有龄合疏调元度援浙,诏如所请,其应得失守罪名,仍着曾国藩查办。时元度已回籍募勇,名曰安越军。三月,伪忠王李秀成扰江西、湖北,元度驻军浏阳,以保湘境。五月,贼逼湖北省城,总督官文、巡抚胡林翼檄元度进剿,元度报称连复通城、崇阳、蒲圻、通山,自驻崇阳,以七营留通山,分军进克义宁。官文据以入奏,命赏还按察使原衔。元度又称克江西新昌、奉新、瑞州等城,再加布政使衔。九月,元度始入浙江,李世贤纠众扑江山,瞰衢州,元度率九营会左宗棠分兵肃清江山、常山。

同治元年正月,授浙江盐运使,兼署布政使。二月,擢按察使。以道梗,均未抵任。三月,两江总督曾国藩疏劾元度获咎后,擅自回籍;在义宁、瑞州并无打仗克城之事;又节节逗遛,援浙不力。有旨即行革职,免其治罪,仍交左宗棠差遣委用。十一月,浙江省城陷,以御史刘庆论劾,谕左宗棠查办,寻疏言:"杭州失陷,非元度逗遛所致。惟元度由平江、通城尾贼而来,并未与贼接仗。贼去后,辄饰报胜仗,克复城池。迨经曾国藩奏劾,落职后,悻悻求去,逼索欠饷,失人臣体。"得旨,下部议罪,发往军台效力。旋以前功,免其发遣。

五年,贵州逆苗及黄号、白号等匪构乱,蹂躏思南、石阡、思州、遵义、铜仁五府,巡抚张亮基疏调元度入黔,时贼已扰及湖南沅州,而老巢在荆竹园,大小坉居其前,白号贼踞秦家寨,黄号贼踞觉林寺。四月,元度率十二营以往,六月,攻大坉,破之,小坉贼乞降。元度以大小坉河道上通石阡,由两江口入㵲舸江,遂造战船,创立水师,扼江面以捊荆竹园之背;又立贵新营以处降众,分军剿平大园子、广家山、马鞍营三寨,命赏还原衔顶戴。九月,荆竹园贼窜石阡,元度破之于石灰坡,连克铙钹顶等六寨。六年四月,白号贼安雷钵以五十一寨降,覃德徵以二十寨降。五月,贼攻尖山坉，以千馀人犯三道水，以三千人犯枣子坪及大顶寨，元度分兵夹击，贼败走入园。时疠疫流行，弁兵病亡相继，巡抚刘琨以顿兵日久奏劾，元度降三品顶戴。十一月，克官塘。十二月，克八宝营。七年正月，克荆竹园老巢，斩首逆萧桂盛等，乘胜平罗家岩，赏复原官，并顶翎。嗣分军进薄秦家寨，毁高固岩、安家坨、班鸠顶、七星关各垒，擒秦崽崽正法，先后克三十六寨，招降百十一寨，安抚万八千馀户。四月，遣将攻觉林寺，克之，诛伪英烈侯田修德，金堡庙二十五寨、牛头滩五十三寨悉降。又克偏刀水，伪黔王何继述伏诛，出难民八千馀人。贵东肃清。旋授云南按察使，以终养开缺回籍。

光绪八年，丁母忧。十年，法越构乱，彭玉麟以兵部尚书督办广东海防，延元度赞理营务。乃建议堵塞虎门海口，又定沙基洋行案，遂归籍终制。十一年六月，授贵州按察使，疏陈筹饷之策十，筹防之策十。其减漕运略曰："唐初漕运岁不过二十万石，其后兵日多，漕米亦日多。裴耀卿、刘晏所讲求，半为养兵计也。宋都汴京，去江淮不远，劳费尚轻。元行海运，初止四万石，后至二百馀万，亦无甚劳费。劳费自明始，永乐九年，会通河成，引黄河以济运，劳民伤财，几竭天下之全力。圣朝定鼎北京，仍沿明代旧制，岁漕南米四百万石。二百四十馀年，帑项之耗于漕与河者，不可以数计。设官既众，丁役且繁，其给漕费也，非四十金不能运米一石入京仓，视秦之三十钟、汉之十馀钟，古今一辙。而米在京城，每石不过值二千馀文，其馀皆成虚掷。况漕之利病在河，河不治则漕不能治。国家经费，以黄运两河为漏卮，而又无十年不决之河，故漕与河，尝交受其敝。今黄河北徙，天意既析河与漕为二,应请敕议改章,除直隶之通州、天津二所,山东之济宁、东昌、临清、任城、德州五卫,濮洲、东平二所,密迩京畿,无虞阻隔,照常运米,径解通仓,计共六十五万三千二百二十九石。其馀江南、江西、浙江、湖广岁额三百三十馀万石,并随漕耗米,概行折色,照现定折价每石一两四钱,或酌加数钱,共折银五六百万,责成各粮道征收解部,由仓场总督酌设招商局,奏定时价,陆续采买麦石,仍储京仓。凡官俸、兵食,愿领银者,照折价给银。京东产米,海船多贩往南中,闻都城需米,自必源源而来,自购亦易,其需米者尚有六十馀万石以给之。俟十年后,官民交便,则直东漕运,可一律改折,于仓储、民食,两无所损。而裁员弁,汰标兵,罢运船,免丁夫,省挑浚,所节省者岁约数百万,可以充海防经费,造船、铸炮、练兵矣。查湖广、江西各漕久经折色,其纳米者惟浙江及江宁四府之百三十馀万石,江安粮道之十万石而已。然则因势而利导之,概行折色,实亦非创举也。"其办屯田略曰:"漕法既改,则两江、两湖、浙江共三十七卫八所,请照湖南三厅屯田章程,改卫为屯,即认耕所受之屯田屯租,照入官地亩勘报。大约每亩收租谷一石,折银五钱,计两江、两湖、浙江各卫所应有田五百万亩,岁可得银二百五十万。其通州、武清、宝坻、香河、东安、永清六州县共六千馀顷,每顷收租十石,岁可收麦六万石。此外山东、直隶凡曾给地亩者,均照麦租章程办理。是改漕法,即以兴屯田也。"其裁员弁略曰:"河运既停,则漕督自可不设。此外凡与总督同城之巡抚,亦皆可省。查总督、巡抚仿自前明,因事设官,事定则罢。中叶始为定额,国朝因之。然督抚多不并设,如川陕、川湖总督所辖,亦时有分合;直隶初设巡抚,后改总督;浙江曾设总督,后改巡抚;甘肃旧有巡抚,后以总督兼之。皆因时制宜之道也。督抚权位相埒,同城者意见每多不协,属吏亦无所适从。应请敕议将同城之湖北、广东、云南三巡抚裁并,而各以总督兼之,以一事权。"其辟台疆略曰:"台湾在明为日本所踞,荷兰夺之,郑成功又夺之。康熙中,始入版图。其地土产繁盛,可富可强。沈葆桢开辟一府四县,未竟其功。其实生番之地,可尽辟也。今法人曾踞鸡笼,日本狡焉思逞,则台湾实必争之地。应请敕议,令福建巡抚专驻台湾,将台北一律开辟,可为东南重镇。"其修炮台略曰:"各要隘皆筑炮台矣,而合法者少。惟广东虎门新造者,众称坚固。凡筑台必兼顾上下流,敌船来则迎击之,过则背击之。西法有作馒头形者,曰圆炮台;作弧角形者,曰尖炮台;作磨盘形者,曰旋炮台;作偃月形者,曰弯炮台;作之字形者,曰曲折炮台。炮垒中作隔堆,使敌炮横击不得炮位,行列宜疏,炮门宜外小而内大,炮房宜前高而后低。架宜灵活,基宜坚实,顶宜覆釜,前宜交角,上宜挖孔以透烟,旁宜分仓以储药。前者垣宜坚厚,后有径宜纡曲。放炮则宜准算数,勿轻糜子药。此其大要也。"其添公使略曰:"通商诸国,既各有使臣驻之,然华人之经商佣力,寄寓外洋者,计吕宋噶罗巴一岛约十万人,美国旧金山及其近埠约十四万人,越南之西贡、河仙及暹罗等处,约三十万人,古巴、秘鲁各十馀万人,皆遵用国朝正朔衣冠,而洋人因其势孤路远,辄肆欺陵。前者闽中兵船游历东南洋,客居吕宋之华民,鼓舞欢呼。一处如此,他处可知。应请敕议,凡华民寄居之地,人多者设公使,少者设领事,遇有欺陵等事,照会该处有司,遵公法以判是非;华人有滋事者,亦照例惩之。更宜就地取才,令其团练壮丁,协同操演,择其尤者,咨给顶戴。则人争自奋,更有无形之益也。"疏入,命下所司择要议行。

元度既履任,执法无所屈挠。先是,正安胡先科、普安胡瑞廷皆由降贼保官,充练长,恣睢杀人,以百数计,瑞廷尤残虐,有司莫敢诘。元度擒治之,论如律。贵筑令以贿脱死囚,仁怀令纳役女为妾,而毙役夫妇,元度均从严劾。抵绥阳,遵义教民擅杀人,激众怒,毁教堂,问官庇教。元度谓无论为教为民,杀人者死,勒教士交凶徒,置之法。十二年,署贵州布政使,清查丁粮,将及九成,下部优叙。十三年二月,升贵州布政使,筹立蚕桑局,议办清溪县铁矿。九月,卒。初,提督孝顺、署贵西道于钟岳、绥阳令崇璟先后殉难,及其他宦游死者二十馀家,皆厝枢省外,贫不能归葬。元度筹赀返其丧及子女,而请建十忠祠,以孝顺、崇璟、于钟岳、佟攀梅、桂林、鹿丕宗,石均、戴鹿芝,石虎臣、江炳琳合祀焉。

元度在军几二十年,未尝妄杀人。凡缚贼必亲鞫,解释者十尝七八。各省州县上控株连待质者,久羁多死。元度在籍议设候审所,贵州巡抚黎培敬以其事入告,得旨通行。平江界湖北、江西,为长沙门户。元度仿唐府兵法,立合防局。有警,丁壮咸集;无事,则归农。光绪四年,会匪将犯长沙,元度率乡练堵截,擒渠魁数十人,散党万馀人。十四年,附祀曾国藩祠。

赵秉贻

赵秉贻,江西南丰人。道光八年,以布库大使分发四川。二十三年,借补重庆府经历,兼批验大使。时川盐渐漏楚境,运商捆载而下,舳舻相接。秉贻体恤商艰,开放以时,不苛不扰。或说以川商浸灌淮盐引地,可作私贩论,若持之将得巨金。秉贻笑谢曰:"汝意诚厚,然非所以爱我。吾惟以清白遗子孙耳。"历摄璧山、綦江、合江、荣昌知县,所至恤刑狱,惩豪猾,而勤于培植寒畯。璧山郭绍芳家贫,恒负薪佐读,秉贻首拔之,命入署肄业,且时恤其家。绍芳感激劬学,卒以成名。三十年,保荐卓异。

　　咸丰三年,以擒治要匪,晋知县。旋复以办理川东团练功,[一]加知州衔。五年,署南江县知县。邑地瘠而民悍,土豪李某挟其羽党,杀人越货,憨不畏法。役隶悉其耳目,县令一言一动,彼率先知,故无有能逮治之者。秉贻至,阳谓人曰:"李某义士也,闻有任侠风。丁兹世变,正英雄建树之时。会寄以干城耳。"某喜,不为备。秉贻一日托巡县,携丁役出城,曰东,东之;曰北,北之。及其居,乃宣捕拿之令,遂擒归,置之法,阖县称快焉。又推广书院课额,提倡文风。建义仓七所,备民间灾歉。在任年馀,百废俱兴。七年,署崇宁县事,境毗邛蒲,故多盗,秉贻设法缉捕,盗贼敛迹。八年,发逆石达开窜扰川境,边围戒严。大吏稔秉贻才,且在川东久,特委办涪防粮台,兼理防堵事宜。秉贻内筹转运,外固疆圻,躬亲巨细,秩然有法。遇疾病,亦不肯少息。僚友以节劳劝,秉贻曰:"大敌在前,而滇匪蓝大顺复由富荣下瞰,川东一隅有腹背受敌之忧。我今并力支持,尚虞不给,敢偷安以误事机耶?"闻者叹服。十年十月,竟卒于防次。同治八年,四川总督吴棠奏请照军营病故例赐恤,寻赠知府衔,予祀昭忠祠。

【校勘记】

〔一〕旋复以办理川东团练功　原脱"以"字。今依本书通例补。

蒯贺荪

蒯贺荪,顺天大兴人。道光二十四年举人,由誊录官议叙知县,分发河南。咸丰三年,巡抚陆应穀檄令制炮,甫成三百具,而粤匪窜扑省城,应穀即以炮勇属贺荪。贺荪督之守御,贼不敢前。赏戴蓝翎。七月,摄祥符县事,旋署固始。固始与皖北接壤,捻氛方炽,巨憝胡金斗等揭竿树帜,图犯县城。贺荪筑垣凿濠,请兵助剿,援未至而贼万馀逼城下,贺荪督勇迎击,大捷;乘胜攻贼巢,贼势蹙,遣人伪为难民,请贺荪往,袭将毒之。农民有知其谋者,秘以告贺荪。欲走,贼已合围,举火,勇丁左右之,乃得出。既,贼众渡淮,谋南窜,贺荪御之朱皋集,胡金斗乘机纠合霍匪袁三凤等扰石佛店。

张曜者贺荪妻侄也,时相随。贺荪知其才可大用,令同军功蔡天禄、吴俊基督队击败之,又败逆目薛小于华家冈。贼惧,遁入三河尖,贺荪复命曜由冠山、临水扼其前,天禄由严渡、汤冈捣其后,而自率勇丁蹑击,斩首百数十级。贼自是不敢渡淮。曜言于贺荪曰:"贼虽畏我不敢来,然亦必料我不能往。掩其无备,潜师夜袭,可立破也。"贺荪然之,遂约参将庆喜掎贼后,而亲与曜及天禄衔枚宵济,竟获李凤兰等七人,焚其巢,追击之于阜阳境,突逆首李士林勾结李凤岐、丁心田分三路来扑,贺荪亦三路并攻,斩其目许士读等五名于阵。士林穷蹙乞降,而凤岐、心田等仍负嵎自雄,贺荪与拒于徐家滩、青皮浅、王家大湾各地,屡战屡捷，贼阴通胡金斗等，声言复仇，麇聚于吴家草寨。贺荪与绅民陈廷献等设计离间之，贼果互相猜疑，随令张曜、蔡天禄领队截击，擒李凤岐、丁心田十数贼魁，并诱擒胡金斗等于吴家楼。四境稍稍肃清，商、息、阜、霍无贼踪矣。

　　县东南乡龙潭旧有坝，蓄水灌田，后渐湮废。贺荪重加修筑，以潴河水，民田复资灌溉。会岁歉，开仓平粜；其邻封流民之至境者，亦必亲加抚恤，给资散粮，并设栖流所，以备止宿，病者为延医储药，死则施棺木，设义冢，俾之咸得其所。县有临淮书院，兵荒不举，贺荪捐资整顿，并于城乡创设义学，推广养济院、育婴堂诸善举，孤独亦赖以自存。以比岁兵灾，民不堪命，申请缓征，上官疑其沽名，不报。贺荪争之再三，有"拼此一官为民请命，早已置身家于不顾，尚何名之可沽"等语，削牍万言，娓娓动听，上官察其诚挚，允之。四年，补永宁县，未之官，丁父忧，大吏以军事日棘，奏留河南军营差遣。旋录剿办捻匪功，命俟服阕后，以直隶州知州用，并换花翎。寻奉旨，夺情摄光州事。适捻匪易天福等陷光山、息县，径攻州城，固始亦同时告警。贺荪虑固始再被蹂躏，分兵赴援，而自督勇练，力解城围，匪不得逞。

　　七年，巨捻张乐行复围固始，张曜时摄邑篆，贺荪率军驰援，内外夹攻，围乃解。八年，固始又被围，曜用贺荪防御策，坚守七十馀日，贼穴隧道火攻城埭，三陷三复之。贺荪亦同李孟群大军驰击，斩馘万计。叙功，以知府仍留河南补用。州属角子山绵亘二三百里，溪径崎岖，捻匪踞之，分党肆扰汝南间，人皆畏之。贺荪选敢死士数十人，披荆斩棘，冒险深入，阵擒逆首管绍堂，馀党悉平。乘势会南阳镇各军追剿窜匪于霍丘之八里垛。旋丁母忧,团练大臣毛昶熙重其才,奏调总理营务处。积劳,晋道员。
同治元年,再夺情,擢南汝光道。时信阳州土匪蔓延,贼圩林立。
道梗不得前。贺荪密遣人约各圩良民为内应,民诡作奸细来谒,
贺荪面授机宜,立捕明港匪首陈玉林、陡沟匪首萧文信等,悉置
诸法。连破贼圩数十,驿路始通。二年,补南汝光道,并加盐运
使衔。捻首陈大喜等又悉众薄信阳州,州人大恐。贺荪亟率勇
士缒城击之,贼大溃。旋知官为贺荪,皆引去。而其党张凤林盘
踞汝光间,欲设计诡降,以唊贺荪。[一]贺荪单骑入其寨,谕以顺
逆利害,张逆慑不敢发。

　　嗣奉僧格林沁檄办大营粮饷,督催转运,往来楚豫间,源源
不匮;而淮湘各军之至信阳者,亦资以饱腾。直隶总督李鸿章谓
其力顾大局,奏请赏加布政使衔。毛昶熙旋檄充翼长,剿办息县
土匪。七年,署河南按察使。八年,回汝光道任。十年,补浙江
按察使。以积劳,卒于官。

【校勘记】
〔一〕以唊贺荪　"唊"原误作"陷"。今改正。

　　李朝仪

　　李朝仪,贵州贵筑人,原湖南清泉籍。道光二十五年进士,
以知县即用,分发直隶。二十八年,补平谷县知县。时总督讷尔
经额以饶阳多盗,先令试署,朝仪设梭巡法,每夜遣营汛丁役,四
出分捕,而自以轻骑周履暗缉,盗为屏迹。三十年,调补三河县,
创建书院,奖拔寒畯,三河文风之振自此始。咸丰元年,升补大

兴县知县。三年，署<u>南路厅</u>同知。时发、捻北窜，<u>朝仪</u>整饬团练，民有恃，不轻去。<u>南苑</u>官军强买物，白其帅，绳以法。由是相戒无敢犯。

四年，晋东路厅同知。五年，畿内旱蝗，<u>朝仪</u>令分捕，购买搜除，螟蟊略尽。又随<u>科尔沁</u>亲王<u>僧格林沁</u>在<u>宁河</u>、<u>营城</u>、<u>北塘</u>、<u>大沽</u>各处，修筑炮台，用帑近百万，出入勾稽，无私毫假借。有平馀银巨万，皆入之官。会<u>英</u>兵迫<u>通州</u>，土匪响应，众情惶惑。<u>朝仪</u>取<u>通</u>仓积谷练团，或谓正供不可擅动。<u>朝仪</u>曰："此何时，尚可拘常格耶？脱有处分，<u>朝仪</u>独承。"人心始定。寻以稽察漕运，先后加知府衔；并以知府在任候补。九年，<u>僧格林沁</u>击退<u>大沽口</u>敌船，<u>朝仪</u>在事出力，归知府候补班尽先补用。十年，奉旨分办<u>直隶</u>团练。十一年，赏加道衔。寻署<u>顺德府</u>知府。时捻匪<u>张锡珠</u>扰<u>直隶</u>境，至<u>沙河</u>。<u>朝仪</u>募勇五百，身先督御，贼众逾万人，势张甚。军士以众寡不敌，请退守<u>沙河</u>，不许；请回保郡城，亦不许。突飞炮折大旗，众皆失色，<u>朝仪</u>屹不动，结方阵自固，使游骑于后路扬尘，贼来则施枪炮击之；退则寂然。相持六时之久，贼疑有伏，引去。

<u>同治</u>四年，调署<u>广平府</u>知府。<u>直</u>境枭匪蜂起，所属<u>鸡泽</u>、<u>肥乡</u>、<u>平乡</u>、<u>威</u>等县，窜扰殆遍。<u>朝仪</u>率团军驻防<u>曲周</u><u>马疃桥</u>，四路策应，获贼无算，匪党远遁。又念捻逆<u>张总愚</u>必图北窜，亟修城垣，储军火，以为之备。及贼众十馀万逼城下，知有备，不敢近。先是，贼将至，求入城避难者，不下数万人。<u>朝仪</u>悉纳之，故贼虽恣焚掠，民无所伤。五年，补<u>大名府</u>知府。<u>清丰县</u>有杀人者逸去，县令<u>王学乾</u>逮良民鞫之，坚不承，乃严责捕役，役苦搒掠，因

以贿嘱囚使承之，并伪为血衣凶器，锻炼成狱。狱上，朝仪反复研讯，得其冤，即以囚械械县役，并劾治学乾，而另缉杀人者抵罪。清丰团绅马学孟、孙怀珍二人相构，巡道以学孟由捻党投诚，恐有反侧；而怀珍曾任山东知县，当可信，遂谕使图学孟。学孟善抚士卒，滑、濬、内黄之民多附之，因挟众入城，杀怀珍党数人，远近传学孟叛，三府震惊。朝仪请于巡道，往平其寨。是时大名屡有戕官事，巡道恐或不利于朝仪，固不许，朝仪卒私往。比至寨门，学孟果列兵以待，朝仪单骑入其帐，晓以利害，学孟伏地请罪，呈缴军械，夷所居为平陆。后朝仪管带练军击贼，颇资学孟力云。

旋以扼守黄河、堵剿捻逆功，擢道员；又以办团功，赏戴花翎。八年，总督曾国藩奏陈朝仪才具政绩，温旨嘉奖。八月，授永定河道。九年，以河溢，革职留任。嗣报漫口合龙，复原官。十二年，复以河决革留，旋开复原参处分，并加按察使衔。光绪三年，署直隶按察使，寻回永定河道任。每遇汛期险要，督率厅汛兵弁，躬往抢护。未晓赴工所，日暮始回。员弁相率从之，验收料垛，必亲为丈量，有不如式者，责令赔偿，尽除架井虚空、碎料搀和之弊。永定河沙多于土，迎溜之处，溃埽崩堤，所在皆然。因购储麻袋，盛土搪护。遇有险工，坠柳压埽，悉如前法。又念大汛时，农民多失业，乃通饬拨夫州县告谕村民，春初农隙，挑积土牛如数，大汛即无庸上堤，乡民称便。又以种植堤柳，课兵弁勤惰，工用有资，堤防亦固焉。

五年四月，升山东盐运使，永利场积盐三百馀包，历任皆恐岁久耗失，不敢动。朝仪以帑项所关，久则益耗，乃择干员授以机宜,不两月积盐尽销。九月,署山东按察使。十一月,授顺天府府尹。朝仪知顺天吏治玩泄,屏绝请托,期年吏治一变。良乡土棍挟制官吏,莫敢过问。朝仪至,皆闭门自敛。属境多马贼,朝仪饬各属开报干练捕役名,及访得盗魁窟宅,则委员弁率干役掩捕,无或脱者。

七年四月,卒。固安县建专祠。

陈崇砥

陈崇砥,福建侯官人。道光二十五年举人。咸丰三年,大挑知县,签分直隶。八年,署东光县知县,适海口有警,大吏檄沿河州县,捐办炮台木植。崇砥以东光初罹兵难,民力不胜,自出俸馀采买。士民闻之,相率辇木至堂下,酬以值,不受,两月得千五百株,如数报解。九年,调署赤城。是年冬,补献县知县。县经兵燹,马贼充斥,劫狱抢犯,城中一夕数惊。崇砥择健役,购线缉捕,渠魁多就擒。命城乡练团,选正绅为之长,具资粮器械,立团十六,合丁壮千五百人。每月每村三班轮值,值五百人,行之期年,邑亦有备。瀛渤间,地多平旷,每值夏秋,贼伏田禾中,为劫夺。崇砥令于集镇要害,掘堑筑垣,添设屯铺,以为守御,镫相望,柝相闻,由是盗贼不得入。捻逆张锡珠寇近畿,距献五里,崇砥先期调练勇入守,开门纳逃亡妇女,集绅民誓于神,复出俸增饷,众皆感泣,愿以死效。贼知有备,遂东遁。方贼之西窜也,日驰数百里,民之避地河间者,守令闭门不纳,且飞书崇砥,令拆臧家桥。桥为宁津、吴桥、阜城、东光、景州五邑入都通衢。崇砥得书,力阻之,谓:"正宜安集难民,遥为声势,岂可夷险塞阻,更示以弱？方今滹沱水生，五路羽书日数十至，此桥拆，文报不通，且委东乡百姓于贼，非计也。"知府悟，议乃寝。贼果无所掠而逸。县有天主堂，其党徐博里尝干以事，崇砥斥之曰："教事尔自主之，民间狱讼，有国典，尔无包庇，以累和好。"博里气沮。礼部尚书祁寯藻奏举循吏，以崇砥名上，擢保定府清军同知。

同治四年，署定州知州。五年，办军需局务。西捻平，赏戴花翎。八年，直隶总督曾国藩檄崇砥办水利。崇砥以保定府河港汊分歧，淤浅难稽，请令沿河汛官编字，分段循堤安闸，每月水长落，分别开报；并添置夫役、器具，淤塞者随时淘汰。以河势不能均平，商舶打坝，致为河累。议设坝船，遣河兵视守，酌给闸板桩木绳索，遇浅搭桥，以便行旅。复以沿河盐务为大，请芦纲拨款备运送盐船诸费。所论皆切要。九月，署大名府知府。大名乱后，民多筑寨堡自卫，崇砥恐易藏奸，饬属查明所辖团寨，开具里数及寨长姓名，绘图贴说，官自履勘，收存军械，择公正绅耆经理。聚众抗差之风以息。畿南久苦旱，河南巡抚钱鼎铭邀崇砥襄赈事，崇砥乃议择灾重之区，郡抽以邑，邑抽以村，村抽以户，户抽以口，地在十亩外者不赈；极贫者大口给制钱千，小口半之，壮者不给。始委员编查保甲，继造应赈细册，复查无异，则告以贷，每十户立借领一、保结一，每户给贷票一，注村居姓名、丁口钱数，十户揭一榜。散钱之日，先期设局，令出验贷票，加戳记，然后赴赈所验领。事毕，奏请蠲贷，民皆欣悦。南乐乡民以差徭聚众抗官，令飞章告变，崇砥轻骑往，谓曰："尔等反乎？"皆曰："不敢，惟苦徭重耳。"崇砥曰："徭当输否？"皆无辞，乃曲陈利害，平其轻重，曰："是吾民，当不犯上。"众欢然，即日输纳，无敢后。有副将某驻兵献县某村,兵不戢,众疑其伪为官军者,移团掩杀,戕副将。既而知误,恐逮,不敢散。县令出捕,则大哗抗。大吏以崇砥旧有声于献,檄往治,众喜曰:"好官来矣!"崇砥召团长曰:"国法,戕官,干重典,况又拒捕,与逆何异?事已至此,惟举首祸者,吾当为若解。"众感泣,缚为首数人以献。崇砥请免胁从者,遂无事。属当他调,士民将赴省乞留,直隶总督李鸿章寓书崇砥曰:"执事多善政,百废俱举,惜以特简有人,不得借寇,望将治绩告新守,俾吾民留去后思也。"七月,回本任。十二月,署顺德府。

十一年,补授河间府。河间词讼甲通省,崇砥申清讼之令,刻期审结,所属有疑狱,皆代裁决。东光为崇砥旧治,有来诉者,或不鞫而服。期年案清,人谓五十年所仅见者。河间当滹沱下游,水涝为灾。崇砥请以本年赈项,筑古洋河堤,自献县至肃宁六十馀里,于蔡家桥以上作堤,以防支流,迤西开沟六千馀丈,以资宣泄。于冯家村至高旦口,买地疏浚,造桥建闸,防子牙河暴涨。由是古洋河通流,高下之地皆大稔。采古今捕蝗成法,刊为治蝗书。

尤善治狱,东明人郝延龄女先许字周敬止之子,周以子殇辞婚。郝复受周庆云聘,后庆云家中落,婚书又失,欲娶女,郝不可,而以女送敬止家,声言守节,敬止拒之。郝乃诡称敬止子被掳未死,遂涉讼。崇砥判曰:"敬止以子殇辞婚,女与周恩义已绝;庆云婚书虽失,有媒妁可证,不得以贫寒萌他念。命庆云刻日与郝女成礼。延龄父子并为生员,如予褫革,令其女愈难自安,且失两姓好,宜薄惩示警。"狱遂定。长垣人薛玉成,其父为聘李姓女为养媳,年十四未成婚。玉成屡挑女,女拒之,后竟杀女。鞫者以夫殴妻至死律定谳,大吏檄崇砥亲讯,知女曾纳段姓聘,段子为贼掳,女至薛家犹不忘段。薛之父母欲子成婚,以绝女望,屡挑屡阻,至于被杀。崇砥谓:“女不许聘,则父母冻馁,而心未忘段,抵死不悔以待之,旌之宜也。薛子以父母命而得妻,照前律亦宜也。必以君子之道责村农小儿女,则过矣。”时韪其议。积年重案,平反得雪,多类此。

光绪元年,卒于任。

朱次琦

朱次琦,广东南海人。道光二十七年进士,分发山西。咸丰二年,摄襄陵县事,县有平水与临汾县分溉田亩,居民争利,构狱数年不决。次琦至,博询讼端,则强豪垄断居奇,有有水无地者,有有地无水者。有地无水者,向无买水券,予之地,弗予之水。有水无地者,向有买水券,虽无地得以市利。于是定以地随粮、以水随地之制。又会临汾县知县躬亲履亩,两邑田相若,税相直也。乃定平水为四十分,县各取其半。复于境内设四纲维持之,曰水则,曰用人,曰行水,曰陡门,实得水田万四百亩有奇。邑人立碑颂之。系因赵三不稜,剧盗也,越狱逃。次琦未抵任,先出重赏购,知其所适,亟假郡捕,前半夕疾驰百二十里,至曲沃郭南以俟。盗众方饮酒,家役前持之,忽楼上下百炬齐明,则赫然襄陵县灯也。乃伏地就缚。比县人迎新尹,尹已尺组系原贼入矣,远近以为神。河东岁患狼,次琦募猎户捕之,无获,乃檄祷西山神祠。天忽大雾,旬日,人得迹兽所出没,攒火枪击之,无脱者。

半月，得狼百有七，患遂绝。

每行县，所至拊循妁妁，老稚迎笑，有遮诉者，索木倚在道与决，能引服则已，恒终日不笞一人。其他颁读书日程，创保甲追社仓二万石，禁火葬，罪同姓为婚，卓卓多异政。在任百九十日，民俗大化。其去也，攀留万人，至门陁桥折，为立主祀之邓伯道祠，后别建朱使君祠，春秋报祀弗绝。先是，南方盗起，北至扬州。次琦犹在襄陵，谓宜绸缪全晋，联络关陇为三难、五易、十可守、八可征之策。大吏不能用，遂引疾去。归则讲学九江乡，生徒百数十人，晋省弟子亦有来学者。足不入城市，有"后朱子"之称。时称说浦江郑氏、江州陈氏诸义门，及朝廷捐产准旌之例，由是宗人捐产赡族，合金数万。次琦呈请立案，为变通范氏义庄章程，设完课、祀先、养老、劝学、矜恤孤寡诸条刊石，世守之。同治元年，与同邑徐台英奉旨起用，次琦竟不复出。光绪七年，两广总督张树声、巡抚裕宽疏其学行，特赏五品卿衔。逾数月，卒。

次琦生平论学，平实敦大。尝论："汉之学，郑康成集之；宋之学，朱子集之。朱子又即汉学而精之者也。宋末以来，杀身成仁之士，远轶前古，皆朱子力也。然而攻之者互起，有明姚江之学，以致良知为宗，则攻朱子以格物。乾隆中叶，至于今日，天下之学以考据为宗，则攻朱子以空疏。一朱子也，攻之者乃矛盾。呜呼，古之言异学也，畔之于道外，而孔子之道隐。今之言汉学、宋学者，咻之于道中，而孔子之道歧。果其修行读书，蕲至于古之实学，无汉学、无宋学也。"凡示生徒修行之实四：曰敦行孝弟，曰崇尚气节，曰变化气质，曰检摄威仪。读书之实五：曰经学，曰史学,曰掌故之学,曰性理之学,曰词章之学。一时咸推为人伦师表云。著有国朝名臣言行录、五史实征录、晋乘、国朝逸民传、性学源流、蒙古闻见等书。疾革,尽焚之,仅存手辑朱氏传芳集五卷,撰定南海九江朱氏家谱十二卷、大雅堂诗集一卷、燔馀集一卷、囊中集二卷。

李仁元

李仁元,河南济源人。道光二十七年进士,以内阁中书用,呈改知县。咸丰元年,选授江西乐平县。乐平民俗剽悍,以礼让化之,民多感悟。有素习械斗者,仁元曰:“民不畏死,然后可以致死。今天下多事,正此辈效顺之时也。”募骁健得六百人,日加训练,土匪皆畏之。三年,发逆围南昌,鄱阳县知县沈衍庆奉檄助剿,仁元移摄鄱阳。初,衍庆宰鄱阳,治行为江西最。及仁元摄县事,政声与之埒。时人以汉召信臣、杜诗方之。未几,贼东窜,衍庆驰归,仁元以瓜代请,衍庆曰:“鄱阳之在君,犹在我也。”既因仁元父母妻子皆在乐平,亟从索印,趣仁元回。仁元曰:“贼旦夕且至,临敌易令,是谓我不成丈夫也。”印不可得,衍庆争之力,靳不予;议并力战守,乃予之。

饶州府城被水冲坍,无险可撄,于是审度地势,衍庆军南门,仁元守北门,为掎角势。经营一昼夜,而贼帆大至,官军燃巨炮碎贼舰,毙贼数十,贼绕而东,登岸入城,衍庆迎击之;贼稍却,又绕而北,仁元率乐平勇巷战,颇有斩获,卒以众寡不敌,为贼所困。仁元犹张空拳奋击,发指眦裂,勇气百倍。适一贼横冲而过,矛刺其背,刃出于胸,遂踣地,群贼脔割之。乐平勇犹与贼战,逾时死者过半,卒得仁元尸以出。初,乐平土匪度仁元去,必复来,伏不敢发;及闻殉难,贼又将至,乃倡议迎贼。仁元母顾谓其妇女曰:"祸将及矣,曷早自计?"皆死之。城陷,仁元父及弟并遇贼,不屈死。事闻,得旨加赠知府衔,赐恤如例,赏云骑尉世职,袭次完时,以恩骑尉世袭罔替。并准于乐平县建立专祠。

仁元父予墀、母陈氏、妻金氏、弟诚元、妹三人、妾杨氏及使女仆妇等,均得旨准其附祀。

钱德承

钱德承,浙江山阴人。由监生捐从九品。道光五年,分发湖北试用。历任汉川、麻城巡检,以捕盗功,升县丞。十九年,补石首县丞。二十三年,改发江苏。二十四年,摄吴县丞。二十六年,补上元县丞,葺先贤祠墓,修义冢,有暴棺不葬者,出俸钱掩埋之。复捐修屋三楹,岁收租以资善举,禁书役毋得苛索,一切陋规悉罢之。二十八年,权知高淳县事,县境地分七乡,附城者四,其三乡远且阻湖。德承下车,先清附城四乡宿案,即诣三乡,假庙宇判决,两月尽结。邑患蝗,德承令寅午二时捕之,旬馀蝗尽。二十九年,以整理盐政功,升知县。

咸丰二年,补金匮县知县。三年,调署青浦。青浦当周立春乱后,民辄目所恶为馀党。德承下令捕党恶十三人,诬告者以其罪罪之。时上海犹为贼踞,距浦不百里,邑民被胁者多。德承以乡团法箝束之,令自归免罪,并教以联络应接之术,于是民情固,而匪势日衰。大吏以军储孔亟,议开征,浦民环署泣诉,德承善言遣之。已而檄下令征钱漕十之四,乃具牍力争,谓"官可去,事

不可办"。卒得请。四年,复金匮任。有盐枭械斗,久未成谳,<u>德</u>
<u>承</u>一讯而结。<u>金匮</u>绅士完漕,恒减民户数倍,<u>德承</u>令绅民画一,
诸不便者,百计撼之,不为动。<u>上海</u>克复,叙防堵绩,赏戴蓝翎,
加同知衔。六年,丁母忧,去官。旋以<u>常州府</u>属团练得力,保以
同知直隶州用,并留办<u>常州</u>军务。十年,奉文回籍补行守制。

　　<u>同治</u>元年,摄<u>元和县</u>事,寻调<u>崇明</u>。<u>崇明</u>滨海,民鲜由礼。
<u>德承</u>采节义可风者旌奖之,遇贫乏无告者抚恤之,复广置义阡,
掩骼埋骴,行不数月,风气丕变。邑故为海贼逋逃薮,<u>黄六郎</u>者
剧盗也,党羽实繁。<u>德承</u>以计捕诛之,馀党乃散。邑素健讼,<u>德</u>
<u>承</u>定传审之法,禁胥役需索,道里远近给以资,久之,民以见官为
耻。故事,邑田环海,恒有涨沙,三年一均,有馀则以偿赋之不
足,官斯土者,多取以自给。<u>德承</u>举所得五千缗,悉以济军。巡
抚<u>李鸿章</u>上其治状,得旨,以知府用。二年,署<u>松江府</u>知府。时
<u>苏</u>省兵民交哄,<u>德承</u>与统兵官力解之,免民军中樵苏之供,兵民
以安。<u>松江</u>漕赋最重,乱平,方议规复。<u>德承</u>遍勘属邑,酌定科
则,陈请均漕减赋者数四,<u>松</u><u>苏</u>漕额视前得减十之三,乃刊勒成
书,俾为定法。府属芦洲久未定赋,民纠结争讼,<u>德承</u>冒烈日履
度之,感热咯血,不少休息。尝饮水味咸,意海塘必有倾坏者,察
之,<u>海宁</u>塘果圮,即日补葺。沿海田亩,得以无患。又修黉宫,建
试院,续纂府志若干卷,皆精心规画,力为其难。

　　三年,调<u>常州</u>,时府城初复,穷民无所归。<u>德承</u>于城南北设
粥厂,二日再食之;其去城远而艰于就食者,计口授以钱。冬则
制棉衣衣之。城乡安然,无冻馁者。于是禁游勇,招商贾,劝耕
织,浚水道,百废并举。手札下属吏,累千百言,虽疾弗少懈。其

奉行不力者,闻于上官黜之。抚臬两署毁于贼,修复工赀,当七万金。德承任其事,费减半。五年,兼督海运事。六年,权苏州府,吴中风尚奢靡,肆市往往男女杂坐。德承录大清会典并节钞律例揭于市,严加禁止,风气顿改。江北州县讼狱积滞,德承定发审新章,并令各属增设月报,弊遂除。七年,海运事竣,保以道员用,旋署镇江府事。郡治华洋杂居,勇匪混迹。六七濠等处,会盐枭约期为变,德承出不意掩之,获犯数人,事即定。先是,府城设有留养所、普仁堂、育婴堂、恤嫠会,各有庐舍田亩,兵燹后渐多侵没。德承详加清厘,得田一万一千馀亩、房舍数十楹,手订章程,概复旧观。镇俗多溺女,悬为厉禁,并增育婴堂以收养之。距城远者,由近乡寄以资。郡滨大江,多风涛患,德承令救生船时出拯济,并开江口淤河,以资停泊,行旅赖之。

八年,以前督海运出力,加三品衔。旋署江宁府事。初,德承之宰高淳也,以地处江之下游,民圩易决,乃预令典肆储絮,并市蒲包藏之库。秋大雨,湖涨,德承巡视各圩,或以蒲包实土填之,或塞以絮,圩皆得全。时永丰圩将溃,驰往救之,至则水与堤平,风雨狂急,德承令健者五百人负絮背水坐于堤,堤内下木桩实以土,自巳迄申,风雨不已,负絮者战慄无人色,德承温语抚循,戒毋动,而自往来雨中,水流面如注,督迫工作,藏事乃归。及守江宁,又值大雨为灾,山水下注,江流暴涨,冲上元、江宁沿江各圩,房舍半没。德承冒雨周视,力为捍御,择高阜栖止流民,又于近省之虎贲仓设厂收养。上元七里洲圩民贫不能自修,德承筹资三千馀缗兴筑之。江宁每届隆冬,有散棉衣之举,水灾而后,德承假款豫为购制,并劝集五千馀缗,以羡馀为掩埋棺木之用。又设当牛局官为收牧，来春听其赎归。九年，西捻肃清，录功，换花翎。是年冬，再莅镇江，尤加意水利。郡城河北水关至甘露港出江，南水关至便宜桥达运河，计长一千四百丈有奇，自乾隆中开浚，历百数十年，日就淤塞。德承集资修之，河流乃畅。

十年二月，以病去官，卒于籍。祀松江、青浦名宦祠。

穆其琛

穆其琛，四川华阳人。道光二十九年举人，选巴县教谕。咸丰十年，湖北巡抚胡林翼咨调入营。十一年，两江总督曾国藩又调赴安徽，参佐军事。同治元年，署无为州。逾年，国藩以其琛识力坚定，心地朴诚，有过人之才，奏请破格录用，遂改实任。时州治陷贼，收复未久，而金陵悍贼复由九洑洲渡江上窜，踞含山、巢县，去州仅数十里，居民逃徙一空。其琛力扼孤城，静待援师，表里合击，城汔以完。次年，贼酋李秀成再犯州境，又击走之。当是时，金陵大军云集，以无为素产米，兵食倚之为命。其琛筹画钩稽，馈饟不竭。金陵之平，与有功焉。

其治州事也，首筹善后，设保卫局，延公正绅耆董其事。招抚流亡，以辟荒土。严诘奸宄，以杜乱萌。采报贞孝节烈，以励薄俗。厚饩无告穷民，以培元气。境内坝堤，自土桥至栅港，延袤二百四十里有奇，为上下七州县保障。自罹兵燹，土功久荒。其琛督率士民，虑事量功，培修完固。又以田粮册籍，经乱散失，荒熟地湆，察核为难。令乡各绘一图上之，按图履勘，疆理秩然，胥吏无所售其奸。听讼则先榜全案于门，与民约，有诉随讯随结，如应传邻证，牒内注明饭食数目，以路之远近、时之久暂为衡,安索者惩。时人为之语曰:"穆如清风。"方州治之陷也,文庙毁于贼,因即绣溪书院旧址筹建数十楹,以崇祀事,别购屋为书院,置田二百馀亩,租入充膏火。其课士必亲为讲说读书门径,以道义相勖勉,志行之士,莫不宗之。

五年,以积劳卒于官。所著有海航文稿。

许瑶光

许瑶光,湖南善化人。道光二十九年,拔贡。朝考二等,以知县用,签分浙江。历署桐庐、淳安等县。咸丰六年,署常山县,以支应兵差迅速,奉旨俟补缺后,以同知用。七年,署诸暨县,九年,补宁海县,十年,调署仁和县,再署诸暨。以署仁和时,防守杭城,立解其围,奉旨,俟同知补缺后,以知府用。十一年,发逆攻扑县城,瑶光带勇堵剿,力尽城陷,瑶光誓以身殉,头额颐项,皆刀伤,县民争救之,拥之以行。乃由绍兴绕道赴衢州大营。

同治元年,浙江巡抚左宗棠疏言:"瑶光历任均著贤声,御贼受伤,请免治罪,留营效力。"奉上谕,着革职,免其治罪,准留营差委。二年,浙东肃清,宗棠以瑶光随营不避艰险,并克复龙游县城,请开复原衔;又带勇克复诸暨,办理善后。搜斩著名多匪,请并案开复原官,仍留浙补用。上均允之。三年,署嘉兴府知府,宗棠特疏奏保,上谕有"廉干朴勤,舆情爱戴"之褒,并准免补同知,以知府留浙补用。四年,授嘉兴府知府。瑶光初莅嘉兴也,兵燹疮痍,公私庐舍荡然,人民流离满目,乃延集绅士,创善后、抚恤各局,振兴庶务,安辑流亡。不期年,而商贾交通,士庶复业。凡学宫、坛庙、书院、考棚、驿路、桥梁之被焚毁者,先后筹款建复。遂设育婴、普济诸善堂,朔望躬率僚属宣讲圣谕广训,又令教官讲生周历乡镇,发明其义,以定民志。

浙江既经大乱,奉恩诏将该省漕粮量予减免。瑶光就七县之科则,通筹核减,计嘉属减免正米十馀万石,得部议三十分之八;复减浮耗数万石,酌留办公耗米每石二斗五升,绅民一律完纳。嘉属年解丝贡,乱后丝值綦昂,咸苦例价不敷。瑶光据情吁请,竟减其半。郡治赋税甲全浙,嘉善尤重,向有嵌田一项,善田为嘉、秀两县嵌去者二百七十馀顷,其嵌于两境者,仅九顷有奇,而钱漕仍照原额起科征收。所缺产额,摊之通县。瑶光详请入奏,得旨准永远豁免。按年计豁除银三千九百馀两、米三千二百馀石,民困大苏。卜路年、戚润得、盛毛、卜小六、陈南山、陈顺大者,皆匪之馀孽也,瑶光悉数缉获,置之典刑。而折平民之狱,尤晰。平湖旧有陆陇其祠,向取东门外莫字、忘字两圩淤地租息,以供祭祀。祠生因贫转售,乱后则侵入民间新淤地,指为祠产,连岁讼系累累。瑶光精研旧卷所断,尽得其情,士民交颂。全浙肃清,赏加道衔。

光绪元年,以海运出力,晋道员。二年,关陇肃清,叙筹解协饷功,加三品衔。八年十一月,卒。

尹耕云

尹耕云,江苏桃源人。道光三十年进士,改礼部主事,累迁郎中。咸丰三年,粤逆北犯,上命惠亲王绵愉为奉命大将军,僧格林沁参赞军务,王檄耕云入幕府。耕云上书论京师形势,及巡防利弊,卓卓五千言。八年,补湖广道监察御史,署户科给事中。

时前大学士讷尔经额以四品京堂起用，耕云首劾之，请授曾
国藩为钦差大臣，以援湖北。疏言："湖北武汉二府，地踞上游，
自古南北用兵，皆出死力争之。咸丰三年，武汉再失，前兵部侍
郎曾国藩忠义奋发，简练乡兵，重复武汉，乘势东下，围攻九江，
克复在于日暮。五年，贼复由北岸上，避实击虚，督臣望风奔溃。
武汉旋为贼有，非克之易而守之难也，盖黄梅、广济、兴国、大冶，
居省垣肘腋，贼蹿蕲黄，则武汉危如累卵。故欲捣金陵，必先经
营武汉。今罗泽南、胡林翼等先后济师，崎岖数载，仅收残局，而
贼用其故技，窥伺楚北，分扰广济、黄冈，逼近省垣。抚臣胡林翼
兵勇数千，众寡悬绝，江路绵远，首尾不及兼顾，万一蹉跌，封疆
岂复堪问？曾国藩忠勇朴诚，用以急难，断不敢辞。惟用人而不
尽其用，与不用同。曾国藩比在江西，应请授为钦差大臣，统兵
赴援。湖北必能事半功倍。"又疏言："定远失守，全淮震动。上
自怀远，下自五河，沿淮处处可渡。西北达宿、徐，而趋曹、兖；东
北近睢、泗，而趋兖沂。顺洪湖东下，又达清、淮，而趋青、齐。粤
捻将为北窜之计，河淮并无劲旅，恃山东为屏蔽，而金、嘉鱼、单、
郯、费、兰、蒙诸邑，无不为捻匪蹂躏。抚臣幸其不据城邑，贼退
捏报胜仗，百姓流离怨讟，欲其保卫京辅难矣。况粤捻合势北
来，翁同书隔在贼后，傅振邦偏在西路，不能断南北之冲，山东势
如破竹，可为寒心。我朝所定官制，各直省承流宣化，责成布政
使。若督抚原以寄将帅之任，今概谓军旅未学，请别简大臣，带
兵堵剿。此省之兵调之他省，此任之官移之别任，兵皆客兵，官
皆客官，平日恣睢偃蹇，临事畏葸张皇。故臣以为任将帅不如任
督抚，请于洪湖多募水师，集炮船溯流而上，直达五河、临淮，使

贼不得由凤阳以下径渡。其怀远上下百馀里，夹岸皆贼，宜饬傅振邦全军移扎固守，使贼不得长驱而北。再于淮、徐、曹、兖适中之地，调拨马队三千，与德楞额合为一军，益以青德驻防马队，派重臣在彼驻扎，贼窜何路，即由何路截击。再合各路之兵追剿，然后步步进逼，以收复皖北。庶山东得以坚固屏翰矣。"时京师米贵，耕云究极事理，疏筹本计四条：曰平粜，曰采买，曰赒恤，曰蓄积。

　　又请改河营为操防，略言："黄河改道，下游已成平陆，无工可修。淮运各厅亦以河运未复，闸坝堤身，久不葺治，大小文员无所事事。应请将河督及黄河各厅悉行裁撤，酌留数员以司启闭。其官弁兵勇，一律改归操防，汰其老弱，加以训练，即以岁拨之银为饷。复简大员专司统带，于邳、宿扼要地方，分屯南北两营，以为门户。"会廷议改设淮扬镇，河工兵弁均归陆路操防。耕云虑总兵材不胜任，上五难、三便、四利疏，略曰："淮扬各武弁，本为修防战阵，非其长技，故他营仅止选兵，而淮扬镇则先选选兵之官，偏裨有人，主将乃能出号施令，其难一；凡提镇所辖某处驻某官，某官管兵多少，星罗棋布，若网在纲，淮扬镇汛地北至山东、河南，南至瓜洲、江口，其中何为门户，何为藩篱，兵少则单，兵多则扰，从前河工二十馀营缘堤而居，今既改为操防，不得仍前散漫，故淮扬不仅选兵，尤须选屯兵之地，川原险易，臆度无凭，其难二；河工习为欺罔，由来久矣，近因堵御贼氛，舍兵募勇，惟是兵有档册可查，多寡不能捏报，勇无丁口可计，出入任其冒销，假令此次练兵，仍如从前粉饰，锢蔽久而发觉无由，其难三；至于枪炮、刀矛、衣甲、锅帐，本无旧存之件，安免制造之烦，监制非人,弊端百出,语云:兵不铦利,与空手同,甲不坚密,与袒裼同,至用时始悔器械之劣,亦已晚矣,其难四;兵民杂处,易启争端,镇标驻扎清江,其地甫经兵燹,使不坚明约束,则人人存一畏兵之心,人人遂无复业之日,不独哀鸿嗷雁,转徙可伤,而市井为墟,营制何能孤立,其难五。知此五难,可言三便:按簿而稽,其人具在,只须汰其老弱,不必别事招徕,其便一;淮扬镇之饷,原系南河应领经费,此时练有用之兵,而不费他筹之饷,其便二;淮扬人土著,出门咫尺,已近疆场,目习旌旗,耳熟钲鼓,驱以出战,罢即归家,其便三。及至训练既精,则其功效尤著,丰沛之师进图蒙亳,淮海之众俯控江湖,傅振邦、李若珠之兵可以渐减,则省征调之利也;出高宝之西,则扫天来而窥浦六,道通泰之左,则袭江靖以震苏常。彼备多而力分,我远攻而近取,则图规复之利也;果其战守兼资,烽烟稍息,河湖一带,本有营田,但使经理有人,不至与民田相扰,假以籽种,教之耕耘,收获既丰,饷糈可节,则兴屯之利也;剿贼以来,征调半天下,一旦事竣,遣散为难,或有变出非常,受祸必在淮泗,得此重镇,足慑狼心,则善后之利也。宜令袁甲三、曾国藩各举所知,奏请简放,庶智勇足期胜任,而训练得以有成矣。"先后疏凡数十上,皆关军国大计,上嘉纳焉。

会洋兵北犯,津沽告警,耕云剀切陈词,封章叠进,最后与御史陆秉枢合词,会团防大臣名进疏,奉命与军机王大臣、九卿、科道会议。时郑亲王端华专政,恶耕云戆直,厉色诘难,耕云抗辨数百言,不少屈。嗣巡视北城,清积牍以千计。津事亟,京师戒严。耕云创立水火会,以兵法部勒,编察保甲,奸宄无所容。旋以科场失察，镌级去官。十年，上将幸木兰，肃顺实主其谋。耕云以书抵之，危言悚论，慷慨数千言，亦竟不能挽救。大学士文祥时提督九门，见耕云于东城，相持而哭，因为创置留守事宜数十则。

湖北巡抚胡林翼以耕云胸有权略，疏请起用。会副都御史毛昶熙为团练大臣，奏调耕云襄办河南军务。值发、捻交讧，饷匮兵单，其势岌岌。耕云入治军书，出援枹鼓，从容展布，转危为安。同治元年，耕云以步卒五千人隶僧格林沁部下，从攻金楼寨教匪，与总兵图塔纳议用古人距闉法，近寨为营，掘地为道，贼始困。僧格林沁、毛昶熙亲至督战，命耕云驻前敌，会黑夜大风，贼队来袭，耕云觉之，自以手枪轰击，众兵继发大炮，贼惊遁；遂乘势会诸军合长围平之。复偕提督张曜攻张冈捻寨，血战数十日，斩获首逆霍广玉、萧文信等。叙功，命以道员记名简放，并赏戴花翎。

三年，署河南河陕汝道。时陕回方炽，征调络绎，民苦供亿。将军多隆阿西征，购粮陕州，斗斛倍市肆。灵、阌、卢三属责赔小麦数百万斤，追呼迫切。耕云言于巡抚，咨免之。撤遣楚师，过境横恣不法，耕云捕其尤者，斩以徇，馀皆敛戢。又以境多刀匪出没，且逼回焰，缓急无以应，请得节制河陕兵，饷需不断，自为筹给，兵益感奋。捻首张总愚北窜，畿甸震惊。耕云从巡抚李鹤年进军磁州，建策筑长围，断贼归路。贼果穷蹙，就灭。六年，署盐法水利粮务道，佐巡抚经理善后。事既办治，则浚惠济河，消省城积涝，澹农田水灾。武陟沁河漫溢，奉檄堵决口，三月蒇事，费省而工固。叙劳，加布政使衔。十三年，补河陕汝道。故事，河陕民岁出车马,供支差徭,漫无稽考,吏胥因缘为奸,所用金钱,按粮亩摊派,几亚常赋,乡民莫可申诉。耕云饬州县严定章程,凡遇差至,置籍申报,月计岁会,无可容奸。岁省不可胜计。

光绪三年,大旱,耕云以救荒七事上大府。寻卒。

刘秉琳

刘秉琳,湖北黄安人。咸丰二年进士,以知县签分直隶。时发逆北窜,秉琳奉檄解饷防营,冒险速达,大吏壮其胆,委署大城县事。持躬清苦,约胥役,恤孤寡,摘豪猾,小民称之。五年,补宝坻县,悉去邑中杂派,及榷酤赢馀者。僧亲王驻兵天津,有索伦兵伐民墓木,纵马蹴田禾,诡诬村民絷其马。翼长索村民甚急,秉琳闻之,单骑赴营,陈于翼长,时敌炮过顶上,秉琳屹不动。民始得直,兵亦自是不敢肆。县境蝗,秉琳饬民自捕,而己与绅富集赀购之,得蝗二十馀车。于是有蝗之田皆得藉钱以代赈,而捕蝗不由地役,亦不至践民田。九年,调补宛平,革票规,禁私押,除差役之需索煤窑者。十年,英人至京师,大吏檄秉琳赴营议犒具,秉琳纳刀靴中,虑以非礼相加,义当不受辱。遂往,与抗论,无少屈,犒具皆如议。叙劳,加运同衔,以直隶州知州升用。十一年,引疾归。

同治元年,因密保调取,引见,以原官发往直隶,会剿捻匪。总督刘长佑檄令襄治军书,擢知府。三年,署任丘,县境多盗,秉琳募勇缉捕,获渠魁郑大毛,置之法。县有驿传车,向由里民折钱归役,役以车应,名曰"班车",民苦其科派。秉琳为筹款招雇,民累永息。五年,补深州知州。七年,捻匪张总愚至，人谓秉琳眷属可出避，秉琳曰："吾家人皆食禄者，义可去哉?"遂授兵登陴，婴城四十馀日，乡民及邻境闻者，咸挈孥入保，至十馀万人，城守益固。贼七围之，皆不破。秉琳数上书统师，言："贼入滹沱河套，势已蹙，宜兜围急击，缓将偷渡东窜。"卒如其言。事平，赏戴花翎，补缺后以道员用。寇乱既定，乃清学田之被占者，取其岁入，设塾以课子弟。时盐枭之禁甚严，凡为枭所胁者，秉琳必详陈请释；又念衡冀地多斥卤，民以盐为恒产，课与地粮垺，水旱无从报灾，非漉盐出贩，无以应正供。因陈请设法官销，以杜私贩。民服其允。九年，补正定府知府。滹沱河为灾，秉琳查有存储兵米若干石，请于上，以米为赈，并筑曹马口、回水、斜角三堤，水不啮城，民用安集。郡接壤山西平定州之固关，守关武弁，颇苛敛煤铁，商贩以加税故，委物塞关道，将聚众以控。秉琳奉檄往，晓谕解散，除其重征。正定镇总兵获盗三人，并劫赃送府，将定谳；秉琳以其输服易，疑之，更详鞫，始廉得其情，乃营兵以负博起衅，刑逼三人，诬以为盗。其所劫赃，悉博场富家子物，兵挟来以饰伪者。亟释三人，而重惩其兵。

光绪元年，简授天津河间道，所辖南运河为重寄，因规险要，培堤埝，请增岁抢修已减额银，河兵口粮既足，于是无偷工减料者。又补筑文霸中亭河北堤，水有所泄，涸腴田千馀顷，岁获杂粮十万石。时方旱，饥民流集于津郡，秉琳设粥厂十馀所，分居男妇，给以衣食，事必躬亲，灾黎得活者甚众。尝太息曰："哺饥衣寒，救荒末策也。本计当于河渠书、农桑谱中求之。"津俗尚械斗，擒其魁，绳以法，暴民皆敛戢。四年，以海运功，晋二品衔。

旋引病乞归。八年,卒。常论:"两汉吏治最盛,但颍川近名,渤海近术,我所愿者,其召父、杜母乎!"故每迁一官,民多攀辕卧辙以送云。

清史列传卷七十七

循吏传四

杨荣绪

杨荣绪,广东番禺人。咸丰三年进士,改翰林院庶吉士,六年,散馆,授编修。己未、辛酉两充顺天乡试同考官。十年,补授河南道监察御史。时户部尚书肃顺导驾幸热河,意叵测。荣绪与同官抗疏力请回銮,又劾参赞国瑞骫法营私,风裁大著。十一年,掌四川、河南等道御史,帮办五城团防事。历署京畿、广西两道御史,刑、礼两科给事中。

同治二年,授浙江湖州府知府。时府治甫克复,荒墟白骨,阒无人烟。荣绪安集流亡,闾阎渐复。乃置善后局,规画庶政,各属粮册无存,荣绪招徕垦辟,试办开征,数年银漕,加于畴昔。湖蚕利甲天下,乱后桑株尽伐,荣绪课民复种,贫者给以桑苗,菀然成林,丝业复盛。府故滨湖,汇天目诸山之水,旧设三十六溇,以资宣泄。荣绪以经乱多淤，设法疏浚，又淘汰城河、北塘河、碧浪湖，并立岁修章程，著为令。复府城育婴堂，令南浔、长兴、荻港皆次第创设。又饬各属立留婴公所，全活者万馀人。重葺学校，建考棚，举宾兴，修书院，积仓谷，造桥梁，编保甲，诸事井井。初莅任时，归安哄漕，县令奔府署，荣绪亲往劝谕，粮户见知府至，皆拈香跪迎，事竟帖然。遇鞫狱，坚坐详问，吏胥立侍相更代，而荣绪无倦容。放告坐堂皇，告者入无阻，讼牒有虚谬语，则指示之曰："汝倩人为耶？如此使汝讼，不得休，徒为吏役利耳。曷持归细思？"讼者如其言，往往不复至。其受理者，即手书牍尾，恒数百言，剖析曲直，观者咸服之。由是讼愈稀，或兼旬无一至者。刑具朽敝，隶役坐府门，卖瓜果自活。

素性廉俭，为郡守如布衣时。客坐无供张，每出门，仆人皆步从。年终，辄无以卒岁。上官知其匮乏，稍稍助之。布政使蒋益澧欲师礼之，遇属吏尤谦厚，所上公牍，疵缪者教之使改，莫不感服。十年，举卓异。嗣为人所谮，遂求去，格于例，不得请。乃捐升道员，解任。寻卒。入祀名宦祠。著有十三经音义考、左传博引、读律提纲诸书。

陈建侯

陈建侯，福建闽县人。咸丰五年举人，援例签分户部主事。十年，乞假回籍，行至河南，巡抚严树森奏留襄办营务。时捻逆勾结会匪，合犯开封。官军由老君塘进剿，歼贼颇多。附省郡县，一律肃清。叙功，奖直隶州知州。

同治元年，随河南巡抚郑元善督师杞县，防兵四出。贼骤至,合围环攻,城垂陷,建侯率死士百人,夜缒垣突围,乞师于科尔沁亲王僧格林沁,连战皆捷。围解,力辞保奖。旋以前在籍练勇守城劳,晋知府。十月,湖广总督官文、湖北巡抚严树森奏称建侯办理营务,著有成效,请以知府发湖北差委。诏如所请。二年,官文奏称:"建侯行军多所建白,深中机宜,尤于民生疾苦、地方利弊,纤悉周知。笃实光明,有为有守。请留湖北补用。"允之。六年,署安陆府知府,会捻匪由东路回窜,建侯请调水师巡岳口,陆师扼臼口,防贼渡潜江而南;而自率勇丁城守。贼知有备,别窜。以力保危城,加盐运使衔。襄水骤发,民垸溃,钟祥堤穿漏,建侯督民夫抢护,屹立堤上,水及其靴,誓死不去。堤赖以完。乃分遣吏役,乘小舟,携粮食,救灾黎。役有乘危索民钱者,立擒斩之,终事肃然。

旋调署汉阳府,湖广总督李瀚章保荐人才,奏称:"建侯洁己爱民,循声卓著,于中外交涉事,尤能悉心讲求,经权互用,请予简擢。"十年三月,奉旨俟补缺后,以道员升用。七月,署德安府知府,十一年,实授。府属之应山有劫盗未获,大吏切责,令惧,听捕役诬指他窃三人成谳。狱具,援新章解府,请正法。建侯研讯得实,平反之。光绪三年,保荐卓异。六年,调补武昌府,因晋捐出力保,俟升道员后,加二品衔。母忧服阕,以道员仍留湖北。十二年,署荆宜施道,设因利局以赡贫民。十三年,河决郑州、河南巡抚倪文蔚奏调赴工差委,从之。建侯闻命,迁道清淮,察勘下游形势,以劳致疾,至商丘,卒。

建侯敦尚志节,能胜艰巨。其佐戎幕也,熟习舆地,夙究心兵家诸书,山川险易,贼踪出没,无不周知。军书旁午,中草檄恒数千言,动中机要。其为政,以清积案、惩健讼、安良善为先,以察属吏、兴文教、培元气为本。少随其祖官南河久,故练习河事。既,经文蔚调工,以黄河全溜入淮,欲咨访故老,博求方略,跋涉风雪中,精考变通尽利之法,每遗文蔚书,常连数十纸。内竭思虑,外中积寒。殁后,倪文蔚为请敕部优恤,并将事迹宣付史馆立传。寻赐恤如例。

铁珊

铁珊,姓徐氏,汉军正白旗人。咸丰初,以笔帖式考充国史馆校对官。五年,补理藩院笔帖式。本纪书成,议叙知县。十年,统兵大臣胜保调赴军营。十一年,以直隶山东防剿出力,赏戴蓝翎。濮范一带捻首刘占考等恃众负嵎,势张甚,奉檄谕降者多被害。铁珊躬冒矢石抵其巢,力陈顺逆,占考等降,解其党数万。叙功,以直隶州知州选用,并赏换花翎。旋仍回国史馆供职。

同治三年,拣发甘肃,以实录黄绫本告成,赏加知府衔。四年,署通渭县知县。邑当孔道,回氛四塞,期月被围者九。铁珊登陴守御,城卒以完。时军需浩穰,日供粮万斤,民大困。铁珊规画减其半。及去任,父老攀辕不令行,乃单骑夜从间道去。五年,代理平番县事。六年,署皋兰县。所至轻赋役,辑流亡,除蠹胥,修城堡,以次毕举。经陕甘总督杨昌濬保以知府,仍留甘肃补用。穆图善奏请破格录用,均报可。未几,丁父忧,复经穆图善奏留,摄中卫县事,督办南路粮台。九年二月,服阕。时左宗棠奉命西征,大军云集,铁珊运筹飞挽,经画裕如。十一年,补宁夏府知府,未莅任,调兰州府,创津贴法,民德之。旧制,甘肃乡试并于陕西举行,士子远涉为艰。铁珊议建贡院于兰州,条析分闱事宜上之,左宗棠据以入告。得旨,下所司议行。

光绪元年,署甘凉道,所辖武威、永昌、镇番,三邑毗连,中有一渠,资以灌溉。民争水械斗,或伤或死,不可究诘。铁珊为开支渠,别子母水,设闸其中,立均水约,轮日灌溉,并勒碑纪其事。民大悦,为立生祠渠上。铁珊又佣工牧羊,三千取息,给穷民之无告者。府经历受其成,著为例。六年,叙筹饷功,加按察使衔。八年,俸满,命以道员选用。

十二年,授河南河陕汝道,问民疾苦,擒巨盗李改、李复岐等,置诸法。陕州文教陵夷,铁珊建书院,定课程,士气以振。阌乡北滨黄河,南临涧水。铁珊拟筑石坝以杀水势,而运费无所出,忽水发阌底镇,激湍中得巨石无数,因以施工。十六年夏五月,大雨,河水涨,陕州南城不没者数版,居民大恐。铁珊乃以陕州石堤之,役与阌工同时并举,昼监役作,夜治簿书,既葳事,十月,遂卒于官。十七年,建专祠。

金国琛

金国琛,江苏江阴人。附贡生。咸丰五年,粤匪窜扰江西,国琛杖策谒统军罗泽南,泽南深加器异,委以营务。每出战,部伍严整,虽仓猝犯之,屹然不乱。军兴以来,湘勇创自曾国藩,统之者罗泽南、李续宾、李续宜,而国琛襄赞其间,为群帅所倚任。是年,随罗泽南克复江西之弋阳、广信,保以县丞选用。嗣克义宁州,赏戴蓝翎。六年,随克湖北武昌、黄州、兴国、大冶、瑞昌,保升知县。七年，<u>李续宾</u>接统<u>湘军</u>，以<u>国琛</u>谋勇兼优，使总理营务。

是时，<u>九江</u>贼酋<u>林启荣</u>与<u>湖口县</u><u>梅家洲</u>伪城首尾援应，<u>国琛</u>率师会袭<u>湖口</u>，克之；进复<u>彭泽</u>及<u>小姑洑</u>、<u>泰坪关</u>等处。援贼麇至，击退之。论功，保同知直隶州，〔一〕并赏换花翎。八年四月，随克<u>九江府</u>，即率师入<u>皖</u>，攻<u>太湖</u>、<u>潜山</u>、<u>桐城</u>、<u>舒城</u>。未几，<u>三河</u>变起，<u>李续宾</u>殉难，将士死者甚众。<u>国琛</u>至<u>黄州</u>，与<u>续宜</u>招集散亡，劳徕抚慰，激厉军心，重申纪律，阅月，军势复振。九年夏，剧贼<u>石达开</u>攻<u>湖南</u><u>宝庆</u>，水陆诸军赴援，与贼相持。<u>湘军</u>至，布置甫定，<u>国琛</u>从山背袭之，各营继进，遂毁<u>田家渡</u>垒卡，城围立解。又败贼于<u>贺家坳</u>，斩擒甚多，逐贼走<u>粤西</u>边境。〔二〕由是勋名日著。奏入，奉旨以知府遇缺即选，并赏加道衔。

<u>陈逆玉成</u>以<u>安庆</u>为巢穴，<u>曾国荃</u>诸军围之久，势在必救。冬间，勾结捻匪十馀万，自<u>庐州</u>等处分道上犯，围<u>鲍超</u>军于<u>小池驿</u>，救兵皆失利。<u>皖</u><u>鄂</u>震动。<u>国琛</u>素悉<u>皖</u>北险要地势，绘图干<u>湖北</u>巡抚<u>胡林翼</u>，请出贼不意，间道赴援。时岁暮大雪，<u>国琛</u>统十四营，自<u>潜山</u>疾趋<u>天堂镇</u>，攀援险阻，依山而行，阅十日乃出<u>高横岭</u>、<u>仰天庵</u>，从万山深处俯视贼营。贼骤见旗帜，大惊。十年正月，贼众缘崖上扑我军，<u>国琛</u>初坚恃不战，忽奋击，大破之，生擒悍酋<u>蓝承宣</u>。复与山外各军夹击，又大败之，遂克<u>太湖</u>、<u>潜山</u>。<u>胡林翼</u>奏称："非<u>鲍</u>军之坚忍，不能久持；非<u>国琛</u>出奇致胜之师，亦不能转危为安。请免选知府，以道员用。"从之。

时匪攻<u>杭州</u>急，<u>国琛</u>上书<u>胡林翼</u>，略言："<u>浙</u>省被围，势甚岌岌，<u>吴</u><u>越</u>为东南全局关键，非捣虚不能制胜，非出奇不能图功。

夫逆党凶悍者，不过此数，彼注意于浙、池、太、芜、湖一带，势必空虚。若分一枝劲旅，取道南岸，辅以水师，循江直捣，则各路之守贼，金陵之老巢，未有不震而惊者，窜浙之贼势必回顾。此捣虚之兵也。由华阳镇至京口，水程不及千里；由京口至钱塘六百馀里。若再分一枝劲旅，载以民船，多带行粮、军火，而以水师护之，江流奔驶，乘风利不泊之势，不出四五日可达京口。由京口改乘小舟，不过七日夜可达钱塘。水陆并进，较之仅由陆路驰援，迟速有间。且兵出浙之上游，苏、松、嘉、湖可以保全。此出奇之兵也。果若是，风行雷厉，大军自天上飞来，贼之气焰已先为我夺。将皖中窜贼有畏首畏尾之虞，金陵渠魁有入穴倾巢之患。庶江浙可以挽回，而大局不致危坠。不然，江浙事坏，而贼势益张，将挟其全力以分扰南北，其祸患不仅为东南忧，且为天下忧。岂独大江南北处处宜防，鄂之藩篱节节宜固哉？或曰：征皖之师，数仅四万有奇，合则厚而分则单，若分两枝以救江浙，则力有不逮。似也。独不思贼有巨股以窜江浙，皖北之贼数月内必以坚守为得计。我师进薄坚城，将有顿兵之势，迨至江浙糜烂，由是而江右、而闽、而粤，四出蹂躏，补救为难。将有不堪设想者，无论征皖之师未必能遽下坚城，即怀、桐、舒、庐渐次恢复，而得残破之皖北，与失完善之江浙，其轻重不待智者而知，况海运所关，财赋所出，为天下安危转移之机，而顾可不先其所急耶？"胡林翼深韪其言，部署诸将已定，旋中止。

　　十一年二月，逆匪由皖入鄂，连陷郡县，国琛以官军自下进剿，贼必直趋武汉，因建议请以大军渡江，为迎头截击之举，遂以弋船载勇七千人南渡，径趋武昌。既抵省城，复北渡击贼于溠口、杨店,获胜;进攻孝感,贼守御甚固。国琛乘夜督水陆夹击,克之;再击德安,贼负峒死守,国琛添筑炮台,开挖地道,久不能下。七月,分军择要设伏诱贼出城,截其归路,我军奋击,遂复其城。追至随州,擒斩几及万人。先后以克复孝感功,加按察使衔;以克复德安功,交军机处记名简放,并加布政使衔。九月,补授湖北安襄郧荆道,仍兼统勇营。襄樊为鄂省门户,发、捻时来窥伺,国琛于樊城建立土城,以资防守。嗣因捻匪西窜秦中,上以陕西军务亟须得人整顿,以保关陕重地,浃月中七奉谕旨,敕国琛带兵赴陕,经湖北,督抚以贼窜郧西,防务吃紧,奏留。

同治元年七月,发逆马融和由郧纠众五六万围攻南阳,国琛率十二营星夜前进,贼知援军将至,上施云梯,下挖地道,以图必克。郡城内外,消息不通,国琛分两路进军,以马队直捣中坚,鏖战三时,贼始败退。越日,乘胜追剿,贼众大奔。围遂解,南阳官民莫不感泣。官文奏称:“宛郡为南北关键,设有疏虞,不特秦豫有肘腋之忧,楚边亦无安枕之日。南北隔绝,大局不堪设想。国琛此役,厥功甚伟。”得旨优叙。旋因鄂抚严树森劾国琛赴调迟延,遂以同知降补。后张之万奏调赴豫,毛鸿宾奏调赴粤,皆以伤病举发辞,遂请假赴湘调养。

二年秋,曾国藩奏调赴皖接统义从等营,防剿皖南。发逆贼由浙江入皖,延扰徽郡,国琛截击于豹岭、佛岭、黄备口,复要截于小溪,剿除殆尽。以功开复原官。十月,补授甘肃巩秦阶道。四年,皖南撤防,国琛因母老请开缺终养,云贵总督刘岳昭奏调赴滇,以母病力辞。八年,丁母忧。九年冬,湖南巡抚刘崐奏调赴湘,嗣因筹饷出力,部议复还布政使衔。光绪元年,补授广东督粮道,督办厘务,剔除弊端,勾稽精密。三年,署广东按察使,四年,奉旨补授。国琛于署内设立积案局,勘核州县词讼,有赌案盗犯,皆亲往密拿。五年四月,办理秋审,悉心勘核。事竣,将遵旨陛见,六月,因劳伤复发,卒,年五十有八。两广总督刘坤一奏闻,奉旨赐恤如例。

国琛居家孝友,任恤乡间,尝创建西郊书院及试馆,开浚江阴之丁、桃、利三大支河,以兴水利,乡人至今利赖之。

【校勘记】

〔一〕保同知直隶州　“州”下原衍“知州”二字。今据清史稿(一九七七年中华书局点校本,下同)册四〇卷二二〇页一二三三一删。

〔二〕逐贼走粤西边境　“走”原误作“出”。今据清史稿册四〇卷二二〇页一二三三一改。

钟谦钧

钟谦钧,湖南巴陵人。道光二十四年,报捐从九品,分发湖北。旋丁父忧,服阕,仍赴湖北候补。咸丰元年,署沔阳州锅底司巡检。五年,以团练功,升用府经历、县丞。六年,筹办军需,擢知县。七年,丁母忧,湖北巡抚胡林翼奏留,办理膏井盐茶事宜。八年,湖广总督官文以“谦钧洁己奉公,民情服悦”保奏。得旨,以同知直隶州补用。九年,檄办牙帖、厘金、盐厘等务,劳勚最著。经胡林翼奏奖补缺后,以知府用,先换顶戴。十一年,随官文等克复黄州府城,命免补本班,以知府补用,并赏戴花翎。

同治元年,补汉阳府知府。汉阳旧有晴川书院,燬于兵,谦钧增斋舍,捐田以助膏火,并筹赀生息为经久计。汉沔频遭水患,灾民流徙,辄十数万。谦钧于大别山麓设厂,散给糜粥,加意抚恤,寒暑靡间,流民无一失所者。时汉阳拦江大堤溃,以工代赈,全活无算。汉口商市所萃,向无城郭,为群盗所瞰。谦钧倡修堡垣,集赀十馀万,逾两岁工成,崇墉绵亘十馀里。贼由黄麻来犯,不得入,市廛赖以安堵。复倡修育婴、敬节两堂,严立条规,保全甚众。参将成大吉统军驻汉口,因索饷未得,几至哗变。谦钧单骑至军,晓以忠义,军心翕服,无敢于境内滋事者。二年,官文以“谦钧廉正勤明,总理湖北粮台,接济邻省诸军月饷,综核精密,任劳任怨,洵属才能出众之员”,疏请奖励,得旨,赏盐运使衔。四年,调武昌府知府,举卓异。寻署汉黄德道。八年,擢广东盐运使。广东滨临大海,六门内外,私盐出没靡常。谦钧巡缉严密,枭匪敛迹。省城粤华书院向有运司衙门,支给膏火银两,谦钧核实发给,不假吏胥之手,复捐菊坡精舍经费,肄业者均沾实惠。九年,叙前在湖北筹办陕西捐饷,加按察使衔。十一年,署按察使以捐直隶赈,加二品顶戴。

　　谦钧历任所至,务饬风化,民有以细故争讼者,每婉转劝谕,发其天良,两造往往感泣,不终讼而去。暨署臬司,尤留意京控发审案件,日必亲临谳局,悉心研鞫,判结最多,案无留牍。创建候审公所,为待质人证栖止处,筹备资粮,赒其衣食,鲜有痃毙者。南海、番禺两首邑,每多羁囚,谦钧令立积案局,酌定章程,派员推鞫,用能剖决平反,悉成信谳。积牍为之一清。十二年,因病乞休,十三年,卒。

俞澍

俞澍,直隶天津人。监生,以从九品分发安徽。咸丰五年,助剿粤匪,兼管理粮台。有功,保县丞。六年,捻匪滋扰怀远、宿州,寿春镇总兵郑魁士檄澍随营襄治军事,奖补缺后以知县升用。旋署蒙城县知县,适捻匪窜渡沙河,攻蒙城。澍集团兵,昼夜防守,捕斩内应三人。贼围攻不克,遂遁去。叙劳,擢知州,并赏戴蓝翎。七年,贼踞酂墟,澍又率团勇攻之,擒酋目徒成德等,进逼贼巢,俘获无算。八年,攻龙元贼垒,遏其分窜之路,乘胜围剿,连克十馀处。捻首孙葵心乘隙犯蒙城,澍出奇兵击走之。围解,加知府衔,并换花翎。九年,实授蒙城县,〔一〕以历次防剿绩,保升同知直隶州。十月,卒。奉旨照知府例议恤。同治三年,安徽巡抚乔松年疏言:“澍洁己爱民,勤劳备至,众心感戴,追念不忘。”诏追赠道衔,于蒙城县建立专祠。

【校勘记】

〔一〕实授蒙城县　“实授”原误作“借补”。今据清史稿册四三卷二六六页一三〇七八改。

娄诗汉

娄诗汉,浙江山阴人。道光二十二年,以从九品分发江苏,署沛县典史。回避,改发陕西,补襄城县巡检。丁母忧服阕,升县丞,分发直隶北河。六年,署涿州州判。同治四年,署景州州判。诗汉久任河职,究心水利,督治堤埝,皆有法度。惩吏役为奸利者,民争赴功,田漕交利。六年,畿辅大饥,委办天津粥厂,别男女,分老幼,以旗鼓进退之。凡五阅月,就食者日万计。终事无杂乱滥冒之患。论功,为诸厂最。

七年,捻匪北窜,天津戒严。吴桥奸民以八卦会惑众,镇道虑其为捻内应,议戢以兵。时诗汉与巡防之役,惧其株累也,自请微服往按,奔驰两昼夜,抵其境,掩捕渠魁数人,馀众解散,不数日而事定。先后以海运及防捻功,保升知县,并补用同知。十年,署永年县,视事百日,清滞狱三百馀,票传人证,务从核省。至则堂审略无积留,因事开诚劝导,讼者往往悔悟自咎,或至感泣。县豪高姓谋夺寡妇某产,讦以奸,诗汉察其诬,治豪如反坐律。光绪二年,权成安县。四年,署安平县。

诗汉为政,以通民隐为首务。所至必召请绅耆,询民间疾苦利便,汲汲如痛痒在己。时以事诣乡,轻骑裹粮,不受民间馈献,妇孺闻其至,亦欢呼迎拜,如家人父子焉。尝制劝善俚歌,刊布乡里。刁猾莠民,必先以情理晓譬;如怙恶不悛,则于广众加之罚。百姓咸畏而爱之。境内被水,前令以灾轻报。诗汉甫下车,即棹小舟,躬赴四乡巡视,被灾凡百馀村,田庐蓄聚,半沦巨浸,恻然闵之。力请上游,得陈准缓征。复达书江南善士,筹及巨款,运粮及绵衣以赈,并分饬绅董,广开粥厂,架席为棚,以栖宿尤贫者。征收既停,官无所润,而办赈费又不赀,或劝索钱大户,藉以集事,诗汉坚不肯,而自贷钱数十万继之。兼筹以工代赈法,募民浚沟洫,创翻水车,以消积潦。壮者得雇值自活,而水患亦除。恒往来灾区,冰天雪窖中,匹马驰驱,未尝少逸。有以节劳劝,则曰:"吾民方在水火,为之父母者,忍即安乎?"故安平虽遭巨灾,而人无冻馁死者。以积劳致病,在任逾四月而卒。部民闻丧,如失慈母,相率入城哭奠。归葬之日,争为更迭舁柩者以千数,士民禀恳奏请优恤,旋赠知府衔。

段起

段起,湖南清泉人。由监生捐输军饷,奖道员。弱冠,即为广西左江道王普相记室,数陈兵事,动中机宜。普相荐诸巡抚劳崇光,俾部百人,首解全州围。别贼邓正高等思乘虚袭永州,进窥衡州。起先后单骑驰谕,降其众。贵州苗乱,扰及广西之怀远县境,起奉檄讨清江、高峰二苗,平之。

广西事定,崇光檄令赴援江西,谒曾国藩于行营,国藩初不纳。时建昌有贼三万,久不克,起率所部四百人,夜扑其垒,一鼓下之,乘胜复德安。国藩乃收为护卫军,易军名为衡字营。咸丰七年,从刘腾鸿、李续宜、普承尧攻瑞州、腾鸿战死,起亦被重创,卒克瑞州。吴楚饷道始通。八年,援浙,解衢州围,赏戴花翎。复还攻景德镇、浮梁县,克之。九年,逆首陈玉成由皖南窜江西景德镇,起力扼其冲,贼以数万死争,裨将樊俊没于阵,起裹创冲突,贼竟不得南窜。浙抚王有龄请援,起输家财募勇,遣别将率以行。江宁贼之绕侵浙西者,以次就歼。有龄奏调起赴浙,总领水陆全军,而江西亦倚起为重。巡抚毓科以起复景德镇、浮梁县城功,请加盐运使衔,交部优叙,并以道员留江西补用,允之。十一年,李秀成逆众饥疲,思就食广丰,遂围其城,并分兵围广信。起星夜赴防,婴城固守,贼不得逞。侦其将遁,开壁驰击,贼大溃,并解广丰围而去。民间仓谷,手自封题,故贼退而民食无匮。

以先后捐赏募勇,敕部按数核给奖叙。又以玉山两次解围,及追击广丰、广信窜匪,加布政使衔。十月,败匪复窜广丰,起督师击败之,下部优叙。

时起驻防广丰,十二月,两江总督曾国藩疏请将所部各军均归左宗棠就近节制调度。同治元年,江西巡抚毓科奏起约束坚明,舆情爱戴,奉旨交军机处存记。九月,授江西督粮道。二年,收复鄱阳、彭泽各县,赏给瑚松额巴图鲁名号。九月,巡抚沈葆桢奏请将候选道屈蟠所部营勇,归起兼统。三年,饬赴本任,起虑贼平,凯撤兵勇难以安置,条陈事宜献之。葆桢据以入奏,谕令各直省妥议近年武职借补及收标考课各章程,率本起议。金陵初平,馀匪分窜江西,起荐精毅营将席宝田添军兜剿,擒伪小天王洪福瑱。四年,霆军驻江西,索饷哗噪,[一]起疾驰晓谕,前队不识,伏矛直刺洞颐及股,既有识者,大呼曰:“粮道也!”皆弃兵罗拜,起反覆开譬,变遂定。寻兼署江西按察使。先是,江西、闽浙之交,有山蜿蜒千里,夙为盗薮,久封禁。贼炽时,居民避乱,多匿其间,生息日繁。至是,有指为江南馀寇者,廷旨敕三省会剿。起疑之,轻骑驰其地,周历询访,尽得其避乱匿居状,遂据情上请,奏恳弛禁。民感再造惠,为建生祠。护署巡抚孙长绂奏起沉毅有谋,赏给一品封典。六年,以疾归,出禄俸所馀,赡宗族,立义庄,别设育婴、补恤二堂,赈孤寡,周乏绝。九年,邑大饥,计口授食,全活逾万家。十三年,沈葆桢奏调赴江南差遣。光绪二年,复授江西督粮道。三年,调补江苏徐州道。徐属椎埋攻剽,自汉为然。起行保甲,兴学校,民风丕变。微山、昭阳两湖涸出堈田,贫民垦辟成熟,黠者辄争夺之,狱讼不休。起躬亲履勘,为剖别,人服其平。

六年,<u>两广</u>总督<u>张树声</u>奏调<u>广东</u>差委,始至,属夷警,方急筹防备边,靡役不从。十月,授<u>广东</u>盐运使,却苴馈,禁奸私,期年课入增倍。八年,卒。<u>张树声</u>奏请于立功地方,建立专祠。

【校勘记】

〔一〕索饷哗噪　"索"原误作"因"。今据<u>清史稿</u>册四一卷二三八页一二五五七改。

姚国庆

<u>姚国庆</u>,<u>广东番禺</u>人。监生,以同知衔知县,分发<u>河南</u>试用。<u>咸丰</u>七年,随营剿贼,克复<u>方家集</u>、<u>三河尖</u>贼巢,归候补班补用。是年,因防河,赏戴蓝翎。十年,捻匪窜踞<u>河南</u>之<u>黄园</u>,<u>国庆</u>随官军追剿,歼俘略尽,<u>豫</u>省肃清。换戴花翎。十一年八月,<u>皖</u>捻西窜,<u>国庆</u>随官军截击于<u>郑州</u>,立解城围;又击殄<u>山东</u>会匪之攻扑<u>郑州</u>者,保以直隶州用。<u>同治</u>元年正月,丁母忧,<u>河南</u>巡抚<u>郑元善</u>奏请留营差遣。旋随<u>汝宁</u>官军攻克<u>陈</u>逆老巢,并擒获逆首之弟,保俟服阕后,以直隶州归候补班补用。四年,署<u>陕州</u>知州。时征兵过境,往来如织,<u>国庆</u>威镇理谕,居民安堵无惊。八年,署<u>光州</u>知州,旋以代去。

十一年三月,补<u>光州</u>,因攻克贼巢,以知府用。<u>光绪</u>三四年间,<u>晋豫</u>奇灾,道殣相望。<u>国庆</u>捐廉赈济,全活无算。<u>光</u>故夹<u>潢水</u>为城,叠石成岸,岁久水啮石颓。<u>国庆</u>召绅耆筹巨款兴修,躬自督勘,工以速成。七年七月,<u>息县</u>奸民<u>徐中义</u>纠合<u>颍</u>、<u>亳</u>、<u>太和</u>

匪徒，约期举事。<u>国庆</u>侦知，密约防军掩捕，<u>中义</u>见事急，不待期而踞寨竖旗，恣为劫杀。<u>国庆</u>乘贼众未集，督勇进薄其寨，<u>中义</u>仓皇遁，馀众奔溃，乃悬赏购首恶，越七日，<u>中义</u>伏诛。州境以安。巡抚<u>涂宗瀛</u>保以道员用。<u>光州</u>自遭兵燹，士女多以身殉。<u>国庆</u>设局采访，著忠节志六卷；复劝积谷以备荒歉，增号舍以惠士林，舆论翕然。八年十月，以积劳卒于官。

沈锡华

<u>沈锡华</u>，<u>浙江海宁</u>人。<u>咸丰</u>七年，以巡检分发<u>江苏</u>，初任<u>吴县光福</u>巡检，后署<u>吴县</u>典史及县丞，代摄<u>吴县</u>、<u>吴江</u>知县。<u>两江</u>总督<u>曾国藩</u>、<u>江苏</u>巡抚<u>李鸿章</u>以守洁才优、习勤耐苦保奏，遂授<u>吴江县</u>知县。寻因承缉盗案镌级。时<u>江苏</u>巡抚<u>丁日昌</u>以<u>锡华</u>勤苦耐烦，奏请开复，疏再上，允之。再任<u>吴江</u>，调<u>常熟</u>，以劳疾乞归。

其任<u>光福</u>巡检也，革除规费，约束吏役，徒步巡行村落，劝息争端，惩治土棍。居官如家，颂声四起。其署<u>吴县</u>典史、县丞也，时省垣巡防，募漕艘水手为团勇，强横多不法。知府遣员掩捕，辄被殴辱。<u>锡华</u>立执拒捕者置之法，全部肃然。<u>咸丰</u>九年，<u>震泽</u>乡民抗粮，聚众万馀，环伺城外，衔接十数里，临以兵益哗，势且岌岌。巡抚<u>徐有壬</u>知<u>锡华</u>有循声，檄令往谕。<u>锡华</u>请速撤兵，遂单骑驰入众中，大言曰："尔等皆安善良民，乃作此不顾身家事耶？"剀切导以利害，众皆感悟，齐呼"明白清官"，即日解散。其摄<u>吴县</u>也，值<u>苏</u>垣久陷，<u>洞庭东西</u>两山孤悬<u>太湖</u>。<u>锡华</u>激励沿湖各镇村民团，与水师统领<u>江南福山镇</u>总兵<u>王之敬</u>、湖郡团绅<u>福建</u>

粮道赵景贤联络声援,互相掎角,保全实多。其摄吴江也,驻邑之章练塘,地逼贼巢,界连三邑,锡华招抚枪船,晓以祸福,结以恩信,昼夜躬率巡防,与民相亲,民赖以安。分辖青浦属之金泽镇,孤注泖、淀之间,贼踪靡定,十室九空。锡华移驻镇中,不数旬,市廛复业。时大军进规吴中,锡华旋补吴江,兼署元和。元和各乡故多枪船,阳为保卫,潜与贼合,闻锡华名,悉投册受抚,争为之用。后皆杀贼立功。甘肃凉州镇总兵孙金彪即锡华所识拔者也。

吴江克复,锡华入城治事,又兼摄震泽,内坚城守,外防要隘,而苏、湖、嘉兴各逆纠合数万人,不次环攻。一夕,夜将半,贼直扑东门外,纵火焚掠。锡华慷慨登陴,督防军鼓噪迎击,大败之。吴江为苏浙咽喉,孤城危如累卵,左右皆骇散。锡华独誓以死守,凡一切安民之谕,乞援之文,皆手自草缮,三阅月如一日,城卒得完。于是集流亡,事掩埋,招垦荒,编保甲,筹办善后事宜,日不暇给,吴江东门外垂虹桥南临具区,北达吴淞,桥碕久淤,间多倾圮,而具区东下之水,邑为首冲。锡华谓汇将泄之水,以一百数十丈之桥栏阻之,上游湍势骤杀,下游波流递缓,菱芦涂泥之属,因之停壅,利在宣畅,浚碕修桥,非仅关一邑利害。遂首先举办,疏浚城河,便利舟楫,而文庙、书院、养济、育婴诸所,次第修举。经费不足,捐廉继之。复清盗产,入书院,厚给膏奖。添设义学,垂之久远。养济院,例有定额,锡华于额外割俸收养。故同城隶震泽之民,有求隶吴江者,以锡华有以恤之也。吴江经征钱漕,向有经造之目,小户粮赋不能自纳,皆由经造代输,包揽抑勒,久相把持,往往官未催科,而民已先困。锡华论其弊,请于大府,一律革除,勒石永禁。会减赋恩旨初下,厘定新科斗则,按亩细核银米实数,勒石昭示,吏胥不能上下其手。每届启征之前,复按科则分别应完银米若干、合钱若干,遍给简明文告,银洋悉如时价,不得短估高抬。布政使丁日昌取其示式颁行各属。及日昌抚苏,复饬通省一律遵行,永为定章。此则锡华便民之政,惠及全省者也。锡华尝言:"州县之弊,半由吏胥,而吏胥之得售其奸,以官与民疏耳。官勤则民逸,官苦则民乐。"故尝遍历村镇,口讲指画,倾心化导,务在与民休息。行保甲十家牌,事举而民不扰。有诉曲直者,片言剖判,民自无冤。各乡圩甲,每假祀神赛会之名,按田科钱,为肥家计。锡华曰:"是既妨农,又耗民财,且不免奸人混迹。"严禁止之。去任之日,攀附如归,父老多泣下者。再任吴江,士民服教既久,几于卧理。

其任常熟,课士爱民,一如任吴江时。光绪四年,卒。

朱靖甸

朱靖甸,河南安阳人。咸丰九年进士,以知县即用,分发直隶。海运叙功,奖同知直隶州。旋补正定县知县。同治二年,以地粮额征全完,加运同衔,调清苑县。十一年,权滦州,擢深州直隶州知州。光绪六年,以卓异荐,九年,授保定遗缺知府,署保定府,寻补授。在任十馀年,两举卓异。十五年,筹办豫赈,加三品衔。二十年,权清河道,旋授湖南岳常澧道。先后捐赀助赈,议叙花翎,加二品顶戴。二十一年,擢直隶按察使,升署布政使。是年十月,卒于官。

其莅正定也,值山东马贼宋景诗等北窜,靖甸方就道,闻贼已薄城,旦暮且陷,人或尼之,慨然曰:"吾奉檄视事,与城存亡,分也。将焉避?"兼程进,以夜至县,迟明巡城,守陴者惊问,则县官也。众心大定。于是具守备,遍树帜堞间。贼知有备,遁去。前知县邹灏创练土勇,靖甸复勒以兵法,旌旗改色。总督刘长佑追贼及境,叹曰:"贼踪飘忽,兵苦不及。使团练皆若此,大可辅兵力之不逮。是宜褒之,以劝能者。"靖甸辞曰:"此非某功,邹前令力也。"仅举首事者四人以应。正定西北七十里,有地孤悬邻境,奸人穴地作室为博场,伺隙窃掠,渠魁为同知署役,捕至则逸,捕去复聚。靖甸廉得之,思掩其不备。一日,出城,策马疾驱,果获十馀人,治其罪。内逃军某,巨憝也。由是县境获安。

　　宰清苑日,究心水利,府河源出满城一亩泉,地势建瓴,水苦直泻。前总督方观承浚泉建闸,居民利之。道光后旧闸渐废,民截水灌田,泥壅泉枯,下流益浅。重载商艘,又每于船尾拦河作坝,河身愈高,阻滞愈甚。靖甸劝商众集赀,先决下游浅阻,然后从事众源。事未及行,以丁忧去官。于是益考求河流衰旺之故,自城西灵雨寺至一亩泉,往返履勘,悉得要领。服阕,总督曾国藩知靖甸贤,语清河道以治河事委之。乃次第疏浚诸泉源,于旧设五闸外,上游添蛮子营、齐村、响闸石闸三,下游添莲花桥、新桥、扇马庙、清河村石闸四。手定启闭章程,节节停蓄,水以不匮,溉运交利。清苑为保定附郭,咸同间,三辅席太平馀业,官民习为侈靡。知县率终日奔走,伺上官颜色,转无暇治民事。靖甸则日坐堂皇,狱至剖决如流,未尝壅滞。安州南北堤,同治间霪雨为灾,河水溃防,屡修屡决。靖甸偕知州丁文俊协谋修葺,采土人议,以苇泥砌堤根,苇长而堤益固。堤成,斥壤悉变上腴,辟水田四千馀顷,岁出稻值钱二百馀万缗。民大悦,立生祠祀焉。

其署滦州也,马贼日肆劫掠,州境大扰。贼巢窟关外,得利辄逸,鲜有弋获。靖甸悬重金置堂上,书贼魁名,选干捕告之曰:"能致若辈者,赏此,否且重罚。"未旬日,皆就擒,悉置诸法。盖靖甸精于治盗,其所设方略,为使民自卫,以辅官力之不及者有三:一曰团练局,通衢大镇,税往来骡马,即以其钱募勇,察奸宄;一曰青苗会,俾村民据高阜更番守禾稼,兼护商旅;一曰冬令支更,村人集粟熟食,饷更夫有警则鸣锣立集,不至者罚,获贼者赏。

在深州八年,以此法屡获巨盗。所下青苗示,州人至刊为碑碣,志弗谖焉。深州城南,岁以春大会,数百里市骡马者咸集,董其事者例赂官千金,或以骡献。靖甸悉禁绝之,因事赴乡,豫戒里正毋治候馆。至则宿学舍,招父老欢谈,凡土地种植之宜,稼穑收敛之丰啬,津津然如老农也。而盗贼秘迹胥役弊窦,亦藉以觉察无遗。靖甸尝谓:"亲民之官,必官民一气,能于亲字做得切,则好官也。"深州向有积谷仓,岁久废弛,布政使任道镕议复旧规,下各属锐意兴行。旧例,建仓廒城内,以胥吏司之,抑勒之费,且倍蓰所出。靖甸下令曰:"无贫富,亩捐一升,而储谷于本村富户。"虑富者有时贫且侵蚀也,设乡长月头稽查;虑互相诿也,饬交替时验视。乡长以里正为之,月头者月以一人职村事,其十一人助之,皆岁易者也。谷不出乡,无一钱费,咸以为便。匝月竣事。故光绪四、五年,深州旱蝗,八年,地震,皆恃积谷为赈抚,民无流亡者。其他规复义学,广植蚕桑,民皆利之。

先是,曾国藩总督直隶时,颁清讼事宜十条,有所谓议狱者

两司首府,以时率局员至总督所相与讨论。当时上下惕厉,积案
一清。靖甸知保定府筦发审局事,遂仿议狱遗意,一案至,先阅
卷宗,兀坐翻视,疑则绕室走,思其窾要。既阅,以属委员,讯得
情或否,复相与考核证明之。时都察院奏各省京控案不以时结,
独直督奏交、咨交各件无留牍,咸靖甸力也。后升任按察使,及
权布政使,孜孜以甄录人才为急务。到官即谕属吏不得妄有乞
请,及持书札关说,终日见寅僚,访政治得失,唯恐弗及。服官几
四十年,无一陇一椽之产。殁后,馀财仅足治丧。其果毅朴诚,
卓然有古循吏风。

陈佐平

陈佐平,安徽宿松人。咸丰九年举人,历署宣城教谕、当涂
训导。嗣入淮军,襄赞戎幕,保知县,留山东候补,加同知衔。旋
办郓城侯家林工赈,奖以同知直隶州补用。同治十一年,署德平
县,德平界直隶,多盗。佐平力行保甲,以清盗源;又整兴书院,
使人知向学。公馀则孜孜校士论文,邑人二百馀年少登科名者,
自是乡举不绝,而盗以渐息。光绪三年,再署城武,治亦如在德
平时。五年,补朝城,朝地低下,上游与直隶清丰接壤,积水倾
注,比年为灾。佐平相度地势,按段分疏,合直东两省上下游河
道三百馀里,阅三月而工竣。夹岸田庐,遂免淹没。六年,调署
兰山,瘠壤鲜盖藏,民艰于食,遂相聚为盗。佐平悯之,仿朱子成
法,建社仓储积谷,定借还章程,选识大体者经纪其事,不假胥吏
手。民善其法,争输谷恐后。甫两月,积谷至一万二百馀石。由
是每岁春借秋还,民食有赖,皆各安其业焉。七年,回朝城任,以

母老乞养归，遂不复仕。

秦焕

秦焕，江苏山阳人。咸丰十年进士，授户部主事。同治元年，湖北团练大臣晏端书奏调焕襄办军务。叙功，赏加员外郎衔。二年，回京。五年，赴通州验收漕粮，事竣，诏俟补主事后，以员外郎即补，并加四品衔。九年，办理捐铜局事务，加道衔。历充捐纳房、豁免处总办，则例馆纂修。十一年，恭办穆宗毅皇帝大婚典礼，得旨优叙。十三年，补主事。光绪元年，迁员外郎。以筹助贵州军饷，赏戴花翎。二年，京察一等。三年，擢郎中。五年，再举京察一等，记名以道府用。旋充工部宝源局监督，兼办理京捐，叙劳，诏俟补道府后，加三品顶戴。是年，授广西桂林遗缺知府，六年，补桂林府。所属临桂县以粮赋缺额，请院司设局清查，操之过急，奸民煽惑为乱。大吏檄焕以兵往捕，焕曰："彼民素德我，必不忍以刃相向。"遂单骑往，恳切谕之，民皆感泣服罪。

八年，调署梧州府。法人专以行教，张其国力，议建教堂，梧州民议家出一人，束缊火之，张其约于衢。焕阴戒民姑恫喝之，勿果尔，恐两伤。法使至，众拥而哗，炮声四起。使大惧，问曰："吾以通商衙门知会来此，纷纷者何为？"焕曰："是将从教，彼意奉教则赡其家，其数不可计。使者诺之自退，太守不能禁之不从教也。"使语塞，乞援。焕遂躬导水次，使急起碇去。法越构衅，边圉戒严。南北洋调兵，饷糈军械，络绎道途不绝。舟楫缆夫之费，焕均捐廉应给，不以丝毫累民。九年，叙捕除积匪，并援剿越南边贼功,以道员在任补用。

十年,回桂林任。十一年,兼署盐法道,以援剿琼山,加二品衔。是年,灵川大水,省河暴涨,漂没居民。焕言于大吏,奏请蠲缓粮赋,并出赀收埋骸骨。十二年,岁大饥,焕设厂食饿者,开仓平粜,饬人赴全州一带购米,由陆路星夜趱运,或虑费奢。焕曰:"民命为重。若虑开报之难,愿倾家以济。"未几,米至,活灾民以数十万计。是年冬,大计,保荐卓异。十四年,补盐法道。焕慎于刑狱,恒诫属吏曲求其情,无锻炼,有不承者亲鞫之,案辄定。十五年,升授按察使。

焕生平精力过人,任桂林时,巡抚李秉衡远驻镇南关外,署布政使凌彝铭复病,焕兼盐道、善后、保甲、厘金,并布政按察司事,案牍纷如,悉心剖决,洪纤毕举。在官勤求民瘼,所至劝蚕桑,设书局,平榷课,通沟渠,恤孤寡。牧令有片善,必深赞之,以养其才。尤以文风士习为己任。在粤西行郡试者七,凡试卷皆手披目校,士论翕然。巡抚倪文蔚、李秉衡、沈秉成先后荐为循吏第一。十六年,奉旨入觐,桂人献慈云远恋图勒碑建屋,颜曰望来亭。舟次黄州,伤足,陈情归籍养疴。十七年,卒。著有剑虹居感旧集行世。

李孟荃

李孟荃,河南光州人。咸丰四年,以候选知县,投效皖营。十年,发逆踞凤阳,我军进攻,屡胜,复府县两城。孟荃在事出力,叙功,予补缺后以同知用。十一年,定远匪张乐行谋北犯,其兄张闯王方盘踞亳州、雉河集等处,率党数千至涡河北岸,联络声势,蔓延数十里。乐行乘机趋长淮卫之南岸,与闯王隔河而军。孟荃会诸军进剿,贼分三队迎拒,我军亦分三路冲之,获贼大矗,擒斩无算。贼溃,遂复定远。是时西捻乘虚扰固镇,我军又大挫之。以功,加知府衔。同治元年,复会楚军克庐州,督兵大臣袁甲三疏称孟荃约束严明,临敌制胜,得旨以同知直隶州用。四年,补亳州知州。九年,委办广德州垦务,兵燹之馀,遗黎凋敝,客民恃众占垦,田主不能禁,争端大起。孟荃至,因时立法,锄强扶弱,主客以安。十一年,署州事,修黉宫,振文教,百废俱兴,民得其所。以积劳成疾,十三年春,卒于任所。孟荃所至有声,蔬食布衣,宦橐萧然,无以为殓,百姓哀之。

李炳涛

李炳涛,河南河内人。咸丰十年,就职州判,游湖南,主候补道刘建德。建德随曾国藩东征,炳涛与俱谒国藩。国藩命总办明兴营务,治军书,昼夜不息。能通蒙古语,军中或有诟谇,即作察哈尔语调和之,闻者笑而解。十一年,以军功,赏戴蓝翎。同治元年,以同知留安徽补用。二年,明兴营凯撤,炳涛假归。

四年,国藩奉旨北征,炳涛于扬州上书言四事:一专责防堵,以严分窜;一联络民团,以孤贼势;一设局开荒,以资解散;一多备火器,以夺贼长。又言:“中原平衍,利在骑兵。然贼马一匹,翼步贼二人。请以步兵之习藤牌者,当贼骑;骑兵之习洋枪者,当贼步。如贼骑多,则以炸炮轰其中坚,必无所逃避。豫东不靖,贼氛必及两淮,宜权收两淮厘金,以济北征之用,保豫东即保两淮也。”国藩颇采其言。八月,委查亳州圩,炳涛微服遍游民间,尽得诸匪徒姓名,及蠹役胡采林通匪虐民不法状。归即夜缮密札,遣急足呈大吏,诱采林诛之,竿其首,一州大惊。州民酾酒祷神者数百家。自是讼狱者,咸取决于炳涛。呈词日数十,立时批发,不累守候。日率亲兵十馀人,按圩查阅,为立条教,别良莠,戮悍贼二百人,予限自新者三千。期年而俗变,无盗窃者。五年,捻逆大股窜州境,炳涛亲督各圩捍卫,晓以大义,诸圩虽有亲故,无敢出应,〔一〕捻惧遁去。旋擢知府,并换戴花翎。六年,摄蒙城县事。蒙亳接壤,风气相同,而瘠苦尤甚。炳涛锄梗强,抚良懦,勤于听断,复书院,捐膏火,弦诵声大作。捻匪馀党解散归里,及各军凯撤还乡,人数千,炳涛弹压安辑,民用晏然。时有马贼劫营兵于途,兵负伤诉县,乃传谕诘旦城但启一门,呼营兵同往,稽其出城者,适有马奔出鞍而无辔,炳涛心疑,命役羁之,俄顷一人手持一封至,将出门,回顾者再,缚发其封,则辔与劫物皆在焉。其人请死,论如律。解巨盗赴郡,其党中途欲逃,渠呵止之曰:“无累官。”皆就法。八年,巡抚英翰疏言:“炳涛笃谨廉明,久著循声,百姓爱之如父母,治行为皖省第一。”疏入,谕以“勉为循吏,用副朝廷之厚望”。十年,调署亳州,兴利剔弊,如治蒙时。

旋补庐州府知府,庐故皖北剧郡,元勋宿将多出其中,豪猾者藉倚声势,时为不法,官吏不敢捕,甚有带刀而博者。炳涛亲缉之,赌风尽息。郡属无为州江坝堤工,向例为官督民修,胥役索陋规甚巨,工程草率,溃决时闻。炳涛厘定章程,刊诸石,由是工料坚实,涝不为害。府东门外施河口,为商旅要途,隆冬水涸,船必需数牛挽行。时合肥被旱,炳涛乃请款修河,以工代赈,河身深通,运赈者皆至,粮用大减,商民便之。西洋人欲于城中买地立教堂,成有日矣,炳涛谕地主曰:"尔不闻宁国之变耶? 他日民教有争端,尔家首祸矣。"其人惧,不敢卖,事遂寝。光绪二年,大江南北讹言有妖术翦人发者,民情汹汹,奸民因藉名稽查,立卡倡团,多方苦行旅,路几无行者。炳涛乃遍示城邑无妄动,时有缚送官究者数百人,仅诛真匪一,馀皆不问,人心大定。庐素乏蚕桑,乃设局采买桑秧,订谱劝课,至今蚕利大兴,炳涛倡之也。寻以擒匪功,赏加盐运使衔。三年,丁母忧,去任。值皖南将办保甲、垦荒事宜,两江总督沈葆桢、巡抚裕禄合疏乞调炳涛,部议不允。适皖南绅士崔澄等四十馀人,又联名禀请,葆桢等再以闻,特旨可之。五年,赴皖南,旋卒于宁国差次。

　炳涛善断狱,一言剖析,莫不餍心而去。巡乡时,就地听断,民省往返,吏无需索,人悉称便。其摄亳州也,有田父报其子口角夜投井死,炳涛验其尸无伤痕,井旁有汲水器二,因念夜间非取水之时,既寻死,何暇持汲水器,传尸妇询之,貌不甚悍,而实无戚容。侦其平日与邻妇往来,曰:"狱其在此矣。"拘邻妇鞫之,果得其状。盖田家子与妇素不和,邻妇有弟与妇通,欲害其夫而妻之。事未发,值田家子忤其父,邻妇邀至家,醉以酒,与其妇布裹而投之井。置汲器者,欲人信其取水投井也。于是皆伏法。炳涛持法严而宅心甚宽,尝获巨捻孙狗者,以一子自随,狗临刑曰:"某虐人多矣,子恐不可保,奈何?"炳涛曰:"尔子善良,当令充吾亲兵以活之。"狗感且泣,子亦泣,后当兵服役倍常人。身后,家如寒素,衬衣皆取诸质库。士民无不流涕者。

【校勘记】

〔一〕无敢出应　"应"原误作"援"。今据清史稿册四三卷二六六页一
　　三〇七六改。

朱根仁

朱根仁，江苏常熟人。咸丰十年，由州判投效临淮大营。同
治元年，道员马新贻治军庐州，辟根仁参戎幕。庐州克复，以功
保升知县，留安徽补用，并加同知衔。二年，叛练苗沛霖授首，叙
绩，赏戴蓝翎。会科尔沁亲王僧格林沁驻军蒙城，令根仁研讯潘
四、潘凯从逆状，潘贿求缓颊，根仁严拒之，鞫实，悉置诸法。

三年，署定远县。时兵燹初定，兵差络绎，闾井嚣然。前令
已办试征矣，根仁以民不堪命，牒请缓之。复先期筹备刍粮，供
亿应时，民无所扰。巨猾雍秀春久为乡里患，根仁督役往擒，至
已先逸，从人于密室中得一册，备书党羽姓名，吏役喜，以闻，根
仁曰："我何忍兴大狱，以博能名？况丧乱初平，民气未固，激之
生变，〔一〕可胜诛乎？"遂火其册，人闻为改行。跖鸡岗周姓聚族
而居，〔二〕其一从逆死矣，里人利其田庐，致周族人于狱，株连者
众。根仁一讯雪之。五年，委清理庶狱，遂单车诣盱眙、天长、五
河，最后至泗州。州俗健讼，狱因累累。根仁反复推勘，多所
平反。

六年，复署定远县事。邑有金、李二姓，皆圩长也。各树党
寻仇，筑寨自固。及金氏子毙于李，根仁往验，金扬言"李且抗
官"，麾众舁根仁而驰，将挟以袭李。偁从骇伏，根仁从容出舆，
斥金曰："若敢尔，是先抗我也。如国法何？"众乃散走。验毕，

诣李。李反缚长跽,自投狱,论如律,毁其寨。嗣捻逆逼长淮,淮民惊恐,根仁修城垒,浚重隍,聚材石,积盐米,匪不敢侵。暇辄轻骑巡四乡,讲求水利,陂塘就堙者,劝民修浚,十家则治一井,田二顷则辟一塘,凡耕耨之务,种植之宜,恒与父老口讲指画,娓娓不倦。是年夏,积三月不雨,邻邑苦旱,定远犹得中稔,民始知陂塘之利。其他建文庙,缮城垣,行保甲,葺昭忠祠,埋露骸,恤孤寡,礼高年,采访忠孝节烈,捐廉给书院膏火,皆行之不遗馀力。

丁忧服阕,署阜阳。十一年,署贵池。十二年,调署怀宁。十三年,补全椒,仍留署任。光绪元年,再署阜阳。有程黑者,捻恶为皖豫害,且饶拳勇,出入尝以刀梢自随,捕者不敢近。根仁一夕侦黑张饮,密领健役乘醉掩捕,黑方格斗而刃已剚其股,遂就擒,远近快之。二年,赴全椒任,岁饥,根仁相地势,倡修水利,以工代赈,输金建龙神庙,雨随祷降,民与灾忘。四年,卒于任。

【校勘记】

〔一〕激之生变　"之"原误作"而"。今据清史稿册四三卷二六六页一三〇七八改。

〔二〕跕鸡岗周姓聚族而居　"跕"原误作"站"。今据清史稿册四三卷二六六页一三〇七八改。

林达泉

林达泉,广东大埔人。咸丰十一年举人,江苏巡抚丁日昌悉其留心经济,延之幕府。每论古今舆图武备,及外洋各国形势,历历如指掌，日昌雅重之。同治三年，发逆扰<u>广东</u>，<u>达泉</u>归里，练乡勇，筹防御，<u>大埔</u>得无患。叙绩，以知县选用。七年，随剿<u>山东</u>捻匪有功，晋直隶州知州，分<u>江苏</u>补用，并赏戴花翎。旋以办理<u>江苏</u>机器局暨通商交涉、海运各事宜，保补缺后，以知府补用。

八年，署<u>崇明县</u>知县。<u>崇邑</u>四面环海，地方疲敝，<u>达泉</u>革陋规，清积牍，增修城垣，疏浚河渠，又劝谕士民建桥梁，置义冢，筹书院膏火，设同仁、育婴堂。其后兵部侍郎<u>彭玉麟</u>巡阅水师过<u>崇明</u>，遇老者饥踬于道，与之食，泫然曰："若使<u>林</u>县主久任于此，吾邑岂有饿夫哉？"其所去，民思如此。十一年，署<u>江阴县</u>。城西<u>申浦</u>，旧有<u>延陵吴季子</u>墓，兵燹后，祠宇荡然。<u>达泉</u>以<u>季子</u>开南国文教之先，出廉俸建祠墓，岁时致祭。筹宾兴经费，以作士气。邑有内外城河，岁久淤废，集资开浚，又挑<u>东横河</u>，灌田十馀万亩。县向无义仓，择地兴建，并拟积谷章程十条，勒石以垂久远。<u>光绪</u>元年，补<u>海州</u>直隶州知州。先是，海属被灾，<u>达泉</u>奉檄查勘<u>海沭盐河</u>工程，即请以工代赈。及抵任，次第兴办、开浚城外<u>甲子河</u>，并挑<u>玉带河</u>四百馀丈，修复桥路，增筑堤防，民咸称便。州治地瘠民悍，为盗匪渊薮。岁歉，则乘机肆劫，<u>达泉</u>以时出巡，擒巨憝置之法。土宜棉，<u>达泉</u>设局教民纺绩，并广植桐柏杂树于城外<u>锦屏山</u>麓，人比之"<u>召伯甘棠</u>"云。

时<u>台湾</u>新设<u>台北府</u>，汉番杂处，且有<u>中外交涉事</u>，船政大臣<u>沈葆桢</u>以<u>达泉</u>器识闳远，洁己爱民，奏请调署<u>台北府</u>知府，部议以隔省调署，例不符，拟驳，特旨准其试署。<u>达泉</u>抵闽，即上治台诸策。旋赴署任，议兴建，减征收，整顿防营，设法招垦，因地制宜，有条不紊。以事属草创，经画尤难，积劳得咯血疾。四年，丁父忧,哀毁逾恒,疾增剧,遂卒。

储裕立

储裕立,湖南靖州人。咸丰七年,由文童投效军营,剿办贵州铜仁教匪,奖从九品。旋克复古州厅永从县,以府经历、县丞用,并赏戴蓝翎。积劳荐升知县。十一年,奏调援鄂,复来凤县城,保选缺后以同知直隶州用。同治二年,贵州苗氛益炽,复率靖军回黔,三年,收复天柱,晋同知直隶州,换戴花翎。七年,克复清江,擢知府。十年,署理古州厅同知。时初经兵燹,雕敝万状,而苗匪伺衅,出没靡常。裕立率所部扼守要隘,外修战备,内筹教养,民气渐复。旋接统靖字各营,先后收复台拱、丹江、凯里各城,加盐运使衔,以道员用。

光绪二年,论下游肃清功,赏穿黄马褂。七年,督办下游善后事宜,建义塾百三十九,筑城堡百二十七,文教武备,一时并举。民苗咸畏而爱之。八年,办理思南各属赈务,遍历灾区,存问疾苦,一钱一粟,皆日计其出入,无稍假借,故实惠及民,全活者十数万计。是年,遵义府民教构隙,焚毁教堂,法使借端要挟,民情汹汹,[一]几酿大变。大吏檄裕立驰往查办,与法使往覆驳诘,卒就范围。旋办理全省营务处,防剿云南昭通窜匪,功最,加二品衔。十一月,署贵西道。十二年,署贵东道。十三年,署粮储道。

所至兴利除弊,洁己奉公,虽无赫赫之名,而民情爱戴,无间远迩。历经贵州巡抚潘霨、崧蕃先后保奏,得旨嘉奖,并交军机处存记。十六年,复署粮储道。十八年,再署贵东道。二十一年四月,以积劳卒。二十三年,湖南巡抚陈宝箴疏恳优恤,寻赐恤如例。

【校勘记】

〔一〕民情洶洶　"民"原误作"人"。今据清史稿册四一卷二三八页一二五五九改。

丁寿昌

丁寿昌,安徽合肥人。咸丰三年,粤匪扰安徽,寿昌集勇筑寨自保。旋从安徽巡抚福济剿贼庐州,叙劳,以典史选用,并赏戴蓝翎。九年,随官军克复六安州,擢县丞。十一年,攻克巢县、含山、和州及铜城闸、雍家镇、裕溪口、西梁山各要隘,升知县。

同治元年,署江苏巡抚李鸿章督师援上海,檄寿昌带淮勇剿贼,克奉贤、柘林、南汇、川沙、金山等城,晋同知,换戴花翎。二年,解常熟、昭文围,并克复福山、太仓、镇洋、昆山、新阳、吴江、震泽,以知府留江苏补用。十一月,随道员潘鼎新克复乍浦,寻摄乍浦同知。乍浦降众数千,皆悍黠,鸿章闻其将为乱,饬寿昌遣之。寿昌与众期,令于某日缴军械易新者,至期争缴,寿昌悉收之,乃各给资使归业,众莫敢哗。又收复海盐,并攻毁海盐十三里之玙城贼垒。三年,随官军克复嘉兴府城,斩伪荣逆廖发受。荐升道员,驻军湖州南浔镇。六月,官军攻湖州,寿昌直捣中坚,填河拔桩,破其两垒,遂克晟舍,加按察使衔,并赏给二品封典。十一月,移驻松江府之塘桥,改练洋枪,兼办洋务。

六年,直隶提督刘铭传檄寿昌领队剿捻,败贼于黄安紫屏铺,追至陡山,又败之邓州。匪遂南窜,分扰沭阳、海州、宿迁。时霖雨,平地水数尺,东捻任化邦越水西渡沭河,寿昌追之,解衣率将弁徒涉,比达河岸,舟楫皆为贼掠,乃伐木造桥,顷刻立成。军既济,穷追及之,一战而捷。十月,捻匪东窜,蹑击于安丘、潍县之交,又追之赣榆城下,斩任化邦于阵。得旨,遇有江苏道员缺出,请旨简放,加布政使衔。十一月,击贼潍县,擒捻首李芸、牛卸孜等于阵。七年,刘传铭因病乞假,寿昌代统其军。值西捻张总愚扰河北,寿昌渡黄河防守东省长墙。贼攻之急,寿昌随方抗御,自周家店至七级阿城,布置严密,贼未能扑。总愚势穷蹙,他窜,铭传亦病愈回营。寿昌合诸军驰剿,饥则于马上咽饼饵,历八昼夜,及之高唐州陶家桥,歼焉。先是,寿昌以剿捻功,赏给西林巴图鲁名号。至是,复以按察使记名,遇缺题奏。

八年,直隶总督曾国藩奏调寿昌赴直隶,分统铭字马步全军,兼驻扎保定之八营。会天津民教构衅,国藩奏以寿昌署天津道,旋补实。以承办海运、漕粮,赏给一品封典。十三年,丁父忧,御史李桂林奏言:"寿昌洁己爱民,清廉自矢,莅任以来,兴水利,练兵勇,办海防,筹赈济,立学校,诸惠政次第举行。今以丁忧开缺,合郡士民如失所依。乞破格留用,以裨地方。"奏入,上命俟百日孝满后,准其留直隶差遣委用。是时,太常寺少卿周瑞清、御史游百川先后奏言:"持服终制,礼之常经。臣下夺情,原属万不得已之举。如因天津系畿南重地,寿昌留津乃为破格之举,则请明降谕旨,嗣后不得援以为例。"得旨俞允。寿昌固请归葬终制,由总督李鸿章代陈,情词恳切,优诏许之。光绪二年,寄谕安徽巡抚裕禄,促寿昌北上,寿昌泣涕固辞,乞裕禄奏恳终制。

三年，服阕，奉特旨调赴天津总理营务，兼充海防翼长。四年，署津海关道。嗣以转运山西赈粮，饥民全活甚众，下部优叙。六月，补直隶按察使。五年，署布政使。十月，回按察使任。六年五月，卒。

寿昌以粤匪之乱，投笔从戎、迭著战功。其遣散降众，收抚捻党，均能恩威并用，约束严明。署天津道时，值民教不和，事机棘手，寿昌操纵缓急，措置裕如。天津频年患水，设法筹赈，全活甚多。光绪初年，直隶旱荒，晋豫尤甚，寿昌统筹兼顾，不分畛域。其在臬司任时，适有清丰县民谢光玉叩阍一案，上命寿昌提讯。先是，捻匪窜清丰，光玉之祖及父避地弗及，贼至其家，勒供酒食。贼去后，同里有隙者，诬以通寇，纠众杀其家十馀人。光玉时仅九岁，逃匿获免。及成立，申诉大吏，以案巨年远，事无左证，悬不能结。寿昌细心推鞫，尽得其情，沉冤昭雪，闻者称快。又以直隶刑案甲天下，督所属清理，痛除延宕之习，历数月而积案一空。

卒后，李鸿章为之恳恩优恤，奏入，谕曰："直隶按察使丁寿昌，在安徽带练剿贼，复随李鸿章剿办粤捻各匪，转战江苏、浙江、湖北、河南、山东各省，克复城池，擒斩贼目，运筹决胜，所向有功。嗣于天津道任内，办理赈抚诸务，实心实力，遗爱在民。旋经升任臬司，亦能勤慎供职。兹因积劳病故，殊堪悯恻。丁寿昌著照按察使积劳病故例，从优赐恤，并将战功宣付史馆立传。天津府城建立专祠，以彰劳勋。"寻赐恤如例，赠太常寺卿衔。

方大湜 陈豪

方大湜,湖南巴陵人。咸丰五年,由附生投效湖北巡抚胡林翼军营,荐保知县。旋补广济县,莅任以后,清保甲,设团练,盗贼屏息。筑盘塘石堤,下游各县均无水患。十年,蕲广土匪何致祥等谋结皖贼,袭攻官军于蕲州河岸。大湜知之,先期偕员外郎阎敬铭驰往严拿,立获首逆,置之法。叙功,以同知用。十一年,皖贼由英霍窜扰楚疆,黄州、德安所属州县,先后为贼踞。广济地界蕲、黄,无城可守,贼众窜入境。大湜以未能扼截,褫职留任。后调署襄阳,飞蝗遍野,大湜持竿蹑屩,躬率农夫扑灭,三日而尽。城南旧有襄水故道,年久湮塞,水涨则淹没田亩,以数万计。大湜力筹开浚,渠成而田复旧。

同治二年,湖北巡抚严树森奏称“大湜贞廉沉毅,洁己爱民”,上恩予开复,并以知府归湖北补用。六年,拿获教匪刘汉忠及其党李心宽等,加盐运使衔。七年,浙江巡抚李瀚章遵保两湖贤员,以大湜“廉静明达,循声卓著”奏闻,得旨,俟补知府后,以道员留于湖北补用。八年,补宜昌府知府。九年夏,大雨,江水暴发,难民避高阜,绝食已逾二日,大湜急捐赀作糜,又购面粉为馎饦数万,分途赈济,而谕米商招乡民负米,日得数十石,计口散给。其沿江被灾之处,亦请帑按户赈恤,使无失所。十一月,摄荆宜施道。

十年,调补武昌府。光绪元年,举卓异。武昌属之樊口有港,蜿蜒九十馀里,外通长江,内则重湖环列,周五百馀里,统名樊湖。当盛涨时,水即由港倒灌入湖,[一]近湖居者苦之,仝请筑坝樊口，以御江水。大湜谓："闭塞樊口，仅附近居民可免于水，而湖水无所泄，环湖数州县受灾尤广。上下江堤亦岌岌可危。"力持不可。五年，湖广总督李瀚章又以大湜"廉正朴诚，谙练吏治"入奏。五月，再署荆宜施道。九月，补安襄郧荆道。六年，擢直隶按察使。七年，署直隶布政使。八年，迁山西布政使。是年八月，开缺，另候简用。九年，行抵天津，因病请假回籍，为言者所劾，部议降调。十年，两江总督左宗棠疏称大湜"有守有为，体用兼备"，命交军机处存记。

　　大湜生平政绩，多在牧令时，所至必培学校，兴蚕桑，事皆亲理，胥吏无所容其奸。尝终日坐堂皇，门内外设钲柝各一，钲以达民，柝以召吏，百姓亲而信之。或周历民间，以一吏一担夫自随。有讼者即田陇间坐判之。守武昌日，以勘堤过属县，日暮投宿民舍，已去而其县令犹不知也。平日尤严义利之辨，尝云："以利诱者，初皆在可取不可取之间，偶一为之，自谓无损，久则顾忌渐忘。自爱者当视之为鸩毒，即饥渴至死，不可入口。"又云："居官能廉，如妇人贞节，不过妇道一端。若恃贞节而不孝、不敬、不勤、不慎，岂得谓之贤乎？"性恶逸居，公暇辄读书。所著有平平言六卷、蚕桑提要六卷、捕蝗纂要二卷、堤工摘要二卷、修防刍言二卷、农桑提要八卷、农家占验一卷、区种水稻法区田法各一卷、堂谕十卷、直隶省驳案一卷、历任驳案八卷。归里后，闭户养疴，种桑数百株，出其廉俸所馀，置义田以赡宗族，立学田以惠士林。尝语所亲曰："官至两司，曾不如府州县之与民相亲，而措置自如也。"十二年九月，卒于家。

　　陈豪，浙江仁和人。同治九年，优贡，以知县发湖北。光绪三年,署房县,勤于听讼,每履乡,恒提楄张幕,憩息荒祠,与隶卒同甘苦。会匪柯三江谋乱,立擒置之法。置匦县门,谕胁从自首,杖而释之。征米斗斛必平,不留难,不挑剔,民大悦。刁绅感而戢讼。禁种莺粟,募崇阳人教之植茶,咸赖其利。历署应城、蕲水,授汉川,频年襄河溢,修筑香花垸、彭公垸、天兴垸溃堤,疏浚茶壶沟、县河口,以工代赈。新沟者,毗汉阳,冬涸舟涩江口,奸民辄恃众索诈,捕治,谕禁之。因病乞休沐,将去任,有淹讼久未决,虑贻后累,舁胡床至厅事判定,两造感泣听命。值年饥,发赈,大吏知豪得民心,强起力疾往,民夹道欢呼。赈未半,复以疾去。

寻署随州,素多盗豪,如治房县时。置匦,令自首,选贤绅,行保甲,盗风顿戢。俗多自戕,图诈,豪遇讼,实究虚,坐不稍徇,浇风革焉。立辅文社,选才隽者亲教之,多所成就。治随二年,濒行,闻代者好杀,竭数昼夜之力,凡狱情可原者,悉与判决免死。后因养母乞免,归。浙中大吏,辄就咨要政,多所匡益。家居十馀年,卒。在随州重修季梁祠,去后,随人思其德,于西偏为建遗爱祠,祀之。

【校勘记】

〔一〕水即由港倒灌入湖　"灌"原误作"流"。今据清史稿册四三卷二六六页一三〇八三改。

何金寿

何金寿,湖北江夏人。同治元年进士,殿试一甲第二名,授编修,充国史馆协修、起居注协修、功臣馆纂修。九年,简放河南学政。

光绪二年,充日讲起居注官。山西荒旱,奏请特简清介强直大臣巡察赈务,庶不致中饱吏胥,而灾黎多沾实惠,即可隐消乱萌。上复因灾象可忧,诏群臣言事,金寿上储粮平粜策,均优旨俞行。四年,又应诏上言:"比以灾荒不雨,皇太后、皇上下诏自责,哀痛恳切,读者感泣。往代遇天灾,则策免三公;三公亦自请罢斥。今新疆平,则枢臣受赏;腹省灾,而枢臣独不受罚。晋豫之人,流亡过半,畿辅赤地数百里,道殣相望,流民数万,哄集京师,万一聚为明季之流贼,则枢臣等微特谋国不臧,即自谋亦拙矣。"疏入,诏责军机大臣以下革留有差。五年,京察一等,记名以道府用。六月,复沥陈时弊,上以所奏为破除情面,特予宣示。

九月,简授江苏扬州府知府,六年,到任。值甘泉西北各乡旱,春尽不雨。金寿请于运库,拨款借给穷民,兼筹赈抚,民困大苏。设典牛局,次年,听照本取赎,牛悉得全。郡城地阔,宵小溷迹,金寿筹款立新栅一百六十馀道,更棚五十座,募丁监守,盗贼屏迹。民舍数不戒于火,而城内市河狭浅,水龙艰于取水,金寿拨款购大瓮七十馀,置新旧两城间,分段储水,以备不虞。七年,郡城典铺火,金寿曰:"于法邻火半偿,自火全偿,而收其息。今火自肆中起,熄而复燃,是自火也。且法直十当五,今当不及五,而息或过五,是当还本,不许责息。"援东台县故事,力请于上官,并揭偿法于通衢,莠民不服者捕治之。旋因防筑运河堤岸,经漕督黎培敬保奏,赏加三品衔。八年七月,步祷求雨,得疾,遂卒。

方瑞兰

方瑞兰，河南禹州人。同治元年，副贡，选宝丰县教谕。捐升知县。九年，分发安徽。十年，委办广德建平垦务，瑞兰招抚流亡，皖豫之众，闻风偕来。分田授廛，规画尽善。十一年，署盱眙县事。时当兵燹之后，百事填委，瑞兰日坐堂皇，手批口答，巨细无遗。暇则微服，访民疾苦，牧竖皆识其面。又以县境多盗，严行保甲，风雪出巡，辄襆被宿村墝，擒划巨猾，馀按遣之，以故民得肆力农殖，疮痍渐苏。县故有湖田，民岁纳钱于里魁，谓之灾费。胥利缘为奸利，上户审籍者众，下户大困。瑞兰躬往履勘，尽除其弊，湖田之籍乃定。飞蝗入境，督民搜捕，以蝗至者衡其轻重，计值与之，蝗不为灾。县署毁于乱，常平仓与祠庙之载在祀典者，率不能蔽风日。瑞兰次第葺治，悉复旧观。光绪二年，去任，三年，再署盱眙。五年，补石埭。八年，调署阜阳。九年，署泗州直隶州，十年，真除。适岁饥，瑞兰赈之，全活甚众。州无社仓，歉岁无所赖。十一年十二月，大稔，瑞兰喜，捐俸以为倡，绅民继之，不数月款大集，乃建仓储粟，用备不虞。州故泽国，港汊堙阏，时有水患。

瑞兰鸠工修治，西自老鹳脖，南至潼东，引汴北达安河，节节疏浚，注之淮，泛滥以息。瑞兰又留意于文教，尝谓绅耆曰："养而不教，民俗且偷。"故在盱眙，修敬一书院；在泗州修夏丘书院。皆延名宿主讲，优给诸生膏火。又采访故实，续修泗州志。州学五十馀年，无掇科者，自是踵相接焉。先是，盱眙有剧盗，纠党盘踞，吏不敢诘。瑞兰至，捕而诛之，长淮以南称神明。迨莅泗后，

闻匪首陈尔富等尤恶,泗、徐、桃、宿之间,咸有戒心。瑞兰密侦
其巢在宿迁之金锁镇,乃檄清淮马队、宿邑丁役往捕,而亲督练
勇拊其背,遂获尔富,并党众置之法。及论功,愀然作色曰:"寇
盗充斥,有司之过。幸而就诛,民害已深。愧且弗遑,曷敢言
赏?"力辞弗受。屡以河防出力,保升知府,补缺后,以道员用。
安徽巡抚吴元炳、漕运总督李瀚章先后密疏保荐,均得旨嘉奖。
十六年秋,以积劳病卒。

曾纪凤

曾纪凤,湖南邵阳人。附生,以军功历保知县。

同治元年,粤逆石达开窜踞四川叙州府之双龙场,李福献陷
高县。纪凤以营官随臬司刘岳昭驰援,十月,抵黄县之黄水口,
贼据桥力拒,我军夺桥而进,直逼城下。贼出西门迎战,纪凤挥
军直前,北门复出贼数千,我军乘势夺门入,贼弃城遁。遂复高
县,馀贼回窜罗家坳,将与吊黄楼贼合。纪凤等率队截击,而吊
黄楼之贼已列阵出,我军缘山直前,立破吊黄楼贼巢。进至对
山,贼凭高崖反拒,且以数千人出我后,纪凤等由罗家坳越山并
力冲击,贼溃窜沙溪。十一月,我军将攻双龙场,取道丁水寨、笔
架山,贼分数千人拒我师。纪凤涉水先进,斩馘数百,各营继至,
贼惊溃,夺贼卡二。十二月,又击走巡司场滇匪,新场贼亦剿除
殆尽。石逆知我军渐逼,乃于双龙场增设三十馀营,而横江贼
垒,亦复林立。匪党郭集益有离心,纪凤遣人为间,挥军继进,连
破二十馀卡,毁西岸贼巢,及张窝贼垒,疾扑双龙场,破其二十馀
营。郭集益率众内应,贼弃巢狂奔,乘势毁捧印村贼垒。石逆率

馀党奔燕子滩,渡横河,半渡击之,贼遁滇境。

三年四月,随云南藩司刘岳昭剿逆匪朱大亡,复正安州。四年十月,进规绥阳,破天台山贼巢,阵斩伪朱元帅,击走上坪、洪江、四面山等处股匪。遂围绥城,明年二月,克之,降逆首吴元彪。纪凤积功,递保知府。十年,苗沛霖羽党踞贵州麻哈州,贼巢林立。纪凤会总兵邓千胜潜师薄城下,贼据关迎敌,我军奋攻,立克之,生擒逆首杨阿保,馀贼窜各寨,悉剿平之。以功晋道员,留贵州补用。十一年,纪凤会各军剿贵州各路苗匪,破瓮东、富朗、枫香、同千四寨。十一月,由下司渡河,攻铜鼓诸寨,复顺流趋摆仰,破其木城,毙贼千馀人。十二月,伪元帅吴阿赛等犯马鞍山,总兵宇文秀歼之。馀党复窜摆仰。纪凤渡河击败之,馀众遁去。下游驿路疏通。奉旨,赏勉勇巴图鲁名号,并加按察使衔。时镰厂山有匪贼阿马,纪凤令参将刘金贵擒之,贵州巡抚曾璧光奏纪凤总理川黔各军营务,平定苗疆功最,加二品顶戴。十二年十月,古州苗四出裹胁,清江、八寨、清平、都江苗皆响应。纪凤率碉兵,会清平黄平防军,取道凯里,由开怀平塞进剿,擒逆首顾讲清等,力保丹江厅城,抚良苗百数十寨。全省肃清。璧光再上其功,赏穿黄马褂。

光绪元年,补授贵州贵西道。四年,署按察使。六年,大计,保荐卓异。七年,调署粮储道,兼充营务处。旋补按察使,署布政使,十一年,真除。十三年,调云南布政使,以剿倮黑及大夏寨夷匪功,〔一〕赏头品顶戴。石屏地震,伤亡者众。纪凤极力赈恤,民以全活。倮黑张登发就擒。纪凤请改土归流,地方以安。纪凤又以文学为政事之本,扩充书院,增膏火,设同、通以下月课,吏治大兴。十五年，以母疾乞终养，旋丁忧。十七年，病卒。

【校勘记】

〔一〕以剿㑊黑及大戛寨夷匪功　"大"原误作"木"。今据清史稿册四
　　一卷二三八页一二五五九改。

萧世本

萧世本，四川富顺人，同治二年进士，选翰林院庶吉士，散馆
授刑部主事。手辑秋审事宜四卷。七年，以督办京师西城粥厂，
奖员外郎衔。

八年，改直隶知县。先是，咸丰初年，川匪窃发，世本会在籍
绅耆编保甲，筑寨堡，坚壁清野，以逸待劳，寇不敢犯。嗣滇匪李
短辫倡乱，陷夹江，掠峨眉、乐山、威远、丹稜、青神，而北进逼省
城，全蜀震动。四川总督骆秉璋、布政使刘蓉闻世本名，延询战
守机宜。世本条陈利弊，皆中。贼平，力辞保荐。及是，曾国藩
总督直隶，延入幕府。九年，天津民教相哄，焚教堂，伤领事，几
肇大衅。国藩以世本精明练达，不避艰险，疏请署天津县事，以
办治功，遂补授。天津民悍，好械斗，锅夥匪徒，〔一〕动为地方巨
害。世本严惩其尤，宽以济猛，刁风顿戢。而地为通商巨埠，讼
狱之繁甲通省。世本严约胥役，自定程课二十馀则，手批口鞫，
狱决如神。

丁忧服阕，光绪元年，直隶总督李鸿章以世本爱民勤政，实
本至性，奏请再补天津县。时方比岁旱荒，灾黎就食者万数，世
本饥给粥，病施医，心周体勤，不遗不滥。二年，城北军械所灾，

延烧三库,世本预移开花炮弹、水雷、火箭等物于河干,得不毁。三年六月,旱蝗,世本亲督捕治,复捐赏购蝗,灾不为害。调署蔚州知州,刊节妇孝子之碑,建恤嫠社、保婴局,请复宣化府举额,人心瞿然,械斗者自惩,博徒徙业。五年,调补清苑县,旋升遵化直隶州知州。丁母忧,八年,以知府仍回直隶候补,办理守望局务。大盗王洛八、谢昆等,久患民间,为海道之梗。世本悉擒斩之。天津世有水患,世本倡修单街堤工,四阅月而功成。遂疏潴龙河故道,开范家堤及石碑河、宣惠河金沙岭下水道四十馀里,以工代赈,民气苏而河道大治。九年,叙海运功,补用道员。

十年,署广平府知府。十一年,又因海运,加二品衔。十二年,署天津府知府,旋署正定府。十三年,卒。

【校勘记】

〔一〕锅夥匪徒　"夥"原误作"夥"。今据清史稿册四三卷二六六页一三〇七五改。

　　邹振岳

邹振岳,山东淄川人。同治二年进士,改翰林院庶吉士,散馆授湖南桂阳县知县。亲老告近,五年,改选直隶怀安县。八年,直隶总督曾国藩以贤员保荐,得旨嘉奖。九年,丁继母忧,服阕,仍发往直隶补用。十二年,永定河漫口合龙,赏戴花翎。光绪元年,补清苑县知县,叙前办海运功,以直隶州知州在任补用。三年,丁父忧,八年,迁易州直隶州。复以查办张、独、多三厅各旗官荒厂地,保以知府,在任遇缺题奏,先换顶戴。甫下车,即捕治大猾赵老尚,馀匪敛迹。十二年,举卓异。十四年,擢宣化府知府。十五年,调补天津府,清厘积牍,严察属吏,民皆安居乐业焉。

津郡为北洋总汇,华洋交涉,动多牵掣。振岳遇事持平,中外翕然。至于接办清泉公所,则严禁毛帖;整理守望局,则重惩窝盗。商民交颂,遂缀"嫉恶若仇,爱民如子"之语,播为歌谣。其实惠感人类如此。十八年,再举卓异。十九年,山西奇灾,振岳劝谕绅商捐,集银三万馀两以济之。查办子牙河,抢护南运河,奔走烈日中,昕夕无间。病暑,卒于官。

潘治

潘治,浙江山阴人。由监生捐输军饷,奖从九品,分发安徽。历署六安马头司巡检、天长典史。咸丰六年,入戎幕,以克复凤阳、寿州暨剿平定远、泗州、灵璧各郡县功,荐保知县,并加五品衔。同治二年,苗逆蠢动,随道员马新贻赴剿蒙城,设防筹饷,动合机宜。旋委署盱眙县,县境屡遭兵燹,人民寥落,田地荒芜。治首请拨款,招集流亡,给散牛种,民始复业。阅一年,而市廛辐辏,大吏嘉其功,即奏补盱眙。

治以学校久废,捐俸建试院,修文庙,整理书院,聘耆儒教授其中,广设义学,慎选馆师,公暇必亲诣书院、义学与诸生讲说,勉以忠孝、节义,宣讲圣谕十六条。巡行乡里,见父老,与之讨论,清沟渠,殖蚕桑等事,肫肫如家人父子焉。尤精听断,案无留牍。有因乱后田房失据构讼者,必确访其界址所在,持平剖决,民感其诚,相戒让畔。邑有孀妇素健讼,治初悯之,温语晓譬,使归更寻思,而妇讼不止;乃集其牍一一摘发其奸,妇知不敢欺,一讯而服,盱人称叹。在任五年,风教大洽。有盗者,获之,则曰:"本不忍犯盱境,实系误入,刑罚自甘,无怨言也。"其德之感人有如此者。同治七年,卒。

周秉礼

周秉礼,湖北汉阳人。咸丰四年,以县学生从湖北巡抚胡林翼军。五年,攻克汉阳,奖训导。嗣随道员金国琛襄办营务,屡有功。十一年,自皖桐回援,克复孝感、德安,保以应升之阶即选,并赏戴蓝翎。

同治二年,随福建按察使张运兰办理营务,运兰每战,必令秉礼从。一日,拔队行,突有巨股贼至,全军大震。运兰手令箭授秉礼曰:"事急矣,汝助我!"秉礼应声出,驰马突贼阵,官军乘之,斩其渠,遂大捷。两广总督毛鸿宾上其功,以知县遇缺即选。运兰旋奉调援闽,虑官道迂回难猝达,议出夹谷,直捣贼巢,秉礼度山径狭阻,贼必有伏,力争之,不得,果大败,运兰死之。秉礼单骑走还。嗣捻匪蹯楚,湖北巡抚曾国荃调总兵郭松林、沈俊德会剿,而檄秉礼总坚字营营务处,遇匪于天门、安陆间,三战皆捷。旋为大股贼所乘,败于臼口,松林军溃,俊德陷重围,食且尽,求计于秉礼,曰:"无恐,第假吾令,可转败为胜也。"俊德诺之,乃下令军中曰:"敢有虚发枪炮击贼,不中者死;敢有掠贼所纵牛马者死。"固守七昼夜,卒以计突围出,驰赴国荃大营。七年,陕西布政使蒋凝学调秉礼办湘楚军营务,扼守山东,以剿平巨捻任柱、赖文光各逆,保分省补用知县,加同知衔,换戴花翎。

九年,捻匪肃清,叙功,升知州,留山东补用,加运同衔。

光绪二年,办菏泽县贾庄堵口大工,及修筑两岸长堤,保以直隶州知州用。时昌乐有疑狱,久不决,按察使陈士杰委秉礼往谳,一鞫而定。四年,署郯城县知县,教民植桑隙地,奖勤惩惰,蚕丝之利大兴。郯故多盗,恃练勇为巡缉,会部议裁撤,秉礼持不可,上状力争,乃止,盗为敛迹。邑当冲途,饷差络绎,悉取给民车,民不能堪。秉礼捐制小车六十辆代之,著为令。邑素不娴女工,秉礼导之纺织,或编帽苴履,以补男耕之不足。五年,补莒州知州,州素鲜盖藏,秉礼按朱子社仓遗法,变通举行,积粟八千馀石,分储城乡;而地瘠赋重,申请大府核减之。巡抚陈士杰阅牍嘉叹,谓造福无量也。州有劫案,盗未获,悬重金购之。一日,忽报获盗三,不刑而服,自供邻邑巨案悉所为。秉礼疑之,徐察盗有榜掠痕,意必捕役利重赏,以私刑拷服,游民所伪为者,讯之信,将释矣。旋虑为邻邑所得,乃署为练勇,徐访其所亲领去,而重惩捕役焉。十二年,兼署兰山县事。

十三年,调署濮州,濮亦盗薮,闻秉礼至,皆徙去。岁荐饥,三请赈,皆报可,全活甚众。铜瓦厢之决也,溜傍金堤行,后稍南徙,始筑临黄埝蔽之。当流大至埝,溢刘柳村地方,州治适当其冲,民大恐。秉礼豫于城外筑高堤护城,水至,督役抢救,城得无恙。又于刘柳村筑小埝,暨新埝三千馀丈,自是居民无水患。

十六年,卒。巡抚福润奏请从优赐恤。寻赠道衔。

任兰生

任兰生,江苏震泽人。由俊秀投效安徽军营。咸丰八年,拔姚、邓等圩,奖蓝翎,从九品。旋捐升同知候选。

同治三年,充皖军前敌营务处。四年,随安徽布政使英翰驻宿州,会捻首张总愚纠粤逆赖文光、亳捻任柱等巨股,齐趋皖境。英翰移壁雉河集,贼进攻其营,英翰嘱诸将守垒,自率二十骑突围至西洋集,调军赴援。时兰生守南门,与知府史念祖等缒兵出,伺隙击贼,粮且绝,乃空仓粟,分置四门,以示充积,力持四十馀日,最后至削榆为粥,激厉士卒,固守不懈。泊英翰率军赴援,张总愚从龙山率悍匪突战,兰生等闻枪炮声,麾守军分路冲贼后阵,贼溃,围立解。叙功,以知府留安徽补用,并换花翎。六年,督兵大臣李鸿章建策蹙贼胶莱河,于运河设防,贼忽扑渡潍河,溃防南窜郯城。英翰分皖军三千人驰往迎剿,水陆皆捷,兰生功尤著,晋道员,并加盐运使衔。任柱就歼,赖文光自赣榆南奔,图扑运堤,为皖军击败,折回沭阳,由六塘凫渡,阑入扬州东北湾头。英翰檄兰生偕参将奎光等督饬运防各军,星驰拦剿,诸路之师合力并进,贼穷蹙,逆首李允、牛遂子、任三厌率众乞降,赖文光就擒。事闻,加布政使衔。七年六月,西捻张总愚窜临清,〔一〕窥伺运防,兰生等赴魏家湾沿河探剿,贼窜清河以南,转而西,兰生等分三路迎敌。贼北走,皖军别将横击之,回窜东南,兰生等前后夹攻,贼大败。总愚伏诛,西捻平。捷入,命交军机处存记。凯撤师,旋将达南乐,有部卒十一人,先至为寨民所歼,诸将欲屠其寨。兰生请于英翰,率二千人往,距寨里许,令曰:“止!妄动者斩。”独从一骑,呼寨中人,数以擅杀罪,遂缚献首犯八人,治如律,驰白英翰,免其馀,全活甚众。

旋驻防寿州,兼筦淮北牙厘。督兵大臣曾国藩、巡抚英翰先后上兰生战绩,八年,奉旨以盐运使交军机处存记。十一年,河南固始匪首李六、李昭仁窜安徽霍丘,攻叶家集,兰生闻警,派队进剿,并约总兵牛师韩合击,贼溃,获首逆斩之。光绪二年,皖北旱,远近土匪蜂起,宿州之旷同勾结席小猴、陈骆驼,聚党劫萧县水堌砦,掠百善汛;河南永城之李玉龙肇乱南昌庙,而涡阳诸匪应之;凤台之胡志端亦纠党窃发怀远,则赵爽与苗沛霖馀党刘四巴子等图扑县城。兰生先后会同总兵郭宝昌,简精锐迅击破之。全境既平,于是有查圩之请,又诛捻恶二十馀名,地方大定。三年,署凤颍六泗道,率属兴保甲,严缉捕,奸宄敛迹。山西、河南大饥,流民相率入皖,兰生倡捐廉俸,募赈银十数万,设厂颍、亳、寿三处,以兵法部勒之。明年春,资遣回籍,全活无算。临淮故孔道,各行省转饷过境,岁数十百万,率役西土坝官庄铺民,往往废时失业。兰生备驴三十头、牛车五辆,使供支应。无事,则听民受雇取值,别筹钱二千缗,生息以饮饲畜,民得不困。凤颍道兼督凤阳钞关,额征外旧有办公款目,以状上巡抚,汰十之二,馀悉作兴利之需。四年,当受代,总督沈葆桢、巡抚裕禄合疏留之。裕禄复上言:“兰生治行为安徽最。”

五年,授凤颍六泗道,凤阳南北关键城故无池,兰生督防军凿壕一千四百馀丈,筑垣之圮者千丈,治凤滁间驿路,自临淮至江苏江浦袤二百馀里,均成坦途。洪泽湖多覆舟,设救生船拯之。沿淮要津,造官渡船以济,修复朱龙、大东等桥梁数十处。盱眙、临淮当水道之冲,淮水涨时,弥望无际,帆樯夜泊,风涛险恶。创开船塘,各周百馀丈,建宿州、灵璧、定远、凤阳诸驿宾馆。设因利局,贫家得贷钱于官,以治生计;设育婴堂、牛痘局,以保赤子;设归藏局助殡葬,以厚其终;设戒烟局,诱不肖者以自新。
其综理不遗,类如此。兵乱后,水利失修,兰生刊寿州人夏尚忠
芍陂纪事,民灼然知利病所在。于是筹贾浚安丰塘,经营各属塘
渠闸坝凡二十馀所,蓄泄以时,旱涝有备。复仿制江南水车,教
民戽水,以助灌溉。创设课桑局,刊行蚕桑摘要,购种桑秧,雇江
浙工匠教民育蚕缫丝,开衣食之源。郡故有淮南书院,前任胡玉
垣募白金二千有奇,取息以助膏火。兰生益廓其规,赢馀至万馀
缗,购四部书二百馀种,令士人得寓院读书。灵璧书院废,为兴
复之。又于凤阳、寿州、盱眙各试院侧,筑屋为赴试士子避雨所。
添置义塾,使贫民子弟不失学,士民大悦。六年,以筹济山西等
省赈银出力,下部优叙。八年,署按察使。九年,举大计卓异。
先是,三年夏旱蝗,兰生饬属收捕,因筹救荒之策,创丰备仓,积
谷数千石;又檄州县各建仓廒。至是,滨淮十四州县大水,亟檄
属吏便宜发仓粟,并请款募捐,工赈并举,无流亡者。十二月,回
本任,仍兼管牙厘事。

　　十年,内阁学士周德润劾兰生盘踞利津,营私肥己,上命户
部尚书崇绮、内阁学士廖寿恒往按之。十一年正月,解任候处
分,旋查所劾皆不实,惟留用革书屠幼亭为知情徇隐,部议革职。
十三年,山东巡抚张曜以兰生历年募捐山东赈银,数逾十万。罢
官后,仍日与诸绅广集赈款,并自捐棉衣一万件,为奏请开复原
衔,允之。寻凤、颍、六、泗绅士孙家怿等二百馀人胪列兰生在营
在任有益地方事实,公呈巡抚陈彝,并筹银八千两,愿代遵例报
捐道员。陈彝会同两江总督曾国荃入告,得旨,任兰生着准其捐
复,发往安徽,交陈彝差遣委用。是年,河决郑州,安徽被水。兰

生奉檄办皖北赈抚。十四年四月,卒于颍州。陈彝具疏奏请优
恤,并将事迹宣付史馆立传。十五年,陈彝复以士民感念不已,
奏恳将兰生附祀英翰专祠,均诏如所请。

【校勘记】

〔一〕西捻张总愚窜临清　"清"原误作"邑"。今据续碑卷三七叶二二
　　下改。

李金镛

李金镛,江苏无锡人。同治三年,捐同知,投效淮军,以功赏
加运同衔,并赏戴花翎。

光绪二年,淮安、徐州饥,金镛首倡义举,与浙绅胡光墉等筹
集十馀万金,前往灾区散放,并绘图遍告同志,所济者博。嗣后
如山东之青州、武定两属十馀州县,直隶之天津、河间、冀州三属
二十馀州县,水旱各灾,金镛均亲莅查放,用款至五六十万金。
五年,捐升知府,调赴直隶。六年,承修西淀之千里堤,长一万二
千六百馀丈,百日而毕事。

七年,吉林奏调金镛出关办理珲春招垦事宜,时珲春界外苏
城沟隶俄属,华民在沟垦种者数千户,常苦俄人侵掠。金镛与俄
反覆辩结,严申禁约;沟民相率来归,则劳徕安辑,俾得奠居,从
事垦辟。海参崴既已通商,俄人援设领事例,拟于东三省要地设
官,金镛据约力辩,谋遂沮。八道河地方有华民王纯依窝棚,被
俄官焚掠,杀八人。金镛往验属实,责俄官抵于法。八年,吉林
将军铭安疏请留吉委用,旋委勘图们江口界址。初,中俄界约由

瑚布图河口顺珲春河及海中间之岭,至图们江口岭,以西属中国,距江口二十馀里,立土字界牌,地图以红线为界,地旷而界画未详,遂致岭西之罕奇、毛琛崴等处海口盐场,均画置线外,已与条约不符。俄人复于中国界线内黑顶子地,私设卡伦,距江口几百里,金镛按图据约,迫令俄官退还占地,卒重立界牌,以符前约。八年,〔一〕署吉林府知府,严禁抹兑,以整钱法;摊丁于地,以苏民困。

九年,摄长春厅通判,厅属为郭尔罗斯公地,光绪七八年间丈量加租,员役因缘为奸,旗、民不堪其扰。金镛两诣郭尔罗斯公府吁恳求缓,并援道光旧案,沥情上陈,卒蒙奏准,永不加租,民庆更生。又创建养正书院、同善堂,所至与民讲孝悌力田,老幼环听,亲如家人父子焉。厅属周围八百里,盗风素炽,剧寇苗青山、高福,党羽甚众。金镛设计擒斩青山,福因畏罪,偕其党投首,属境遂安。尝遣人运布三万匹至高丽易牛,以给耕者。中途水涸舟胶,盗劫其布,后知为长春官运之物,悉数送还,并以车代运,曰:“吾不敢负‘李青天’也。”凡在任裁革陋规,清理积讼,除盗安良,兴利剔弊,事事求实,厅以大治。关东称循吏者竞言“李、高”,谓金镛及前署昌图府知府高同善也。十二年,以获盗功,晋道员。

十三年,查勘精奇里河四十八旗屯地,地在黑龙江东岸,俄人侵占四十馀里。金镛与俄员据约抗论,挖濠定界,由补丁屯至老瓜林一百七十馀里,悉数取还。旋调办漠河矿务。五月,由墨尔根入山勘道,裹粮露宿,行无人之境千五百馀里,三十六日始达矿地。在万山中,披荆建立局厂,共设漠、乾、洛三厂,岁出金至三万两有奇。嗣是练勇招商,屹成重镇。十五年,叙吉林设电功,赏加二品衔。十六年,以积劳咯血病,殁于漠河差次。直隶总督李鸿章奏闻,得旨下部,寻赐恤如例。

【校勘记】

〔一〕八年　"年"原误作"月"。今据续碑卷四五叶八上改。

蒯德模

蒯德模,安徽合肥人。咸丰间,诸生,以团练随大军攻克定远、庐州,兼理筹饷事,积功递保至知县,留江苏补用,并赏戴蓝翎。

同治三年,署长洲县知县。是时苏城新复,游勇降匪聚而为盗,日数十发。德模侦其所在,率丁役迹之,辄获。有盗匿镇将营,倚众拒捕,德模亲往,立擒以归,一营环视莫敢动,遂论如律。车渡地方与新阳县民聚众抗租,上游令德模督炮船往按,德模曰:"是激之变耳。"扁舟入其境,治首恶,散胁从,事立平。县治旧有天主堂,雍正间,鄂尔泰抚吴改祠孔子,寇乱燔焉。泰西人伊宗伊以故址请,督抚令与德模谋,德模不可,呵曰:"某官可罢,此祠不可得也。"卒弗许。有奸人诱买良家女,恃势豪庇,德模挈其亲属往出之,势豪亦屈服。盖德模天性沉毅,疾恶如仇,故能不畏强御如此。有因饥寒为窃者,为设化莠堂,给以衣食,督其习艺,艺成各令归。知长洲四年,所判八百馀牍,皆惬民意。常乘马日行数十里,与田夫走卒相酬答,周知民隐。一旦坐堂皇莅事,人皆惊以为神。驭下严而能恤其私,胥役辈争自濯磨,不敢为淄蠹。首邑讼狱繁,限日传提,随时判决,间用俳语,粲然成章。谳狱思无不入,能虚中察辞气,或故支离曼衍其词,而忽得其情会。所在发摘若神,豪猾屏息。然执宪平,不为礉刻,多得法外之意。上官贤之,凡疑狱悉移鞫治。

淮阳水师在江面巡徼,被盗格伤副将,捕役于通州获张开大等五名,坐以盗。德模鞫为宁波护商船,立释之,惩误获者。丹阳吕郁文讼严家正盗丝,团董黄宽祖家正,郁文舅贡元良恚愤,上控,词及宽,宽亦控元良喜讼,元良匿他所,妻高氏坚指老郎桥下溺尸,谓为元良。又有贡士斌指为伯父秉锡,皆控宽主谋,并诬大眼孙三以为加功。德模观贡高氏虽号泣讼冤,其意若不甚戚者,搜得元良书,知死者实秉锡,验之无伤,又于其怀得已湿词,则在县控人有案者。先是,宽患贡高氏许士斌埋葬银,证非元良狱,竟靳不与。故士斌亦诬以谋杀,情既得,按律分惩,而孙三获免。其他平反多类此。高邮清水潭决,灾民南下,德模请于大吏,酌派各县按图分养三万馀人,无一失所。吴门遭兵祲,百废待举,坛庙、仓庾、书院、清节堂、恤孤局、昭忠、节孝、名宦等祠,及先贤祠墓之在境内者,德模率先修举;不足,则割俸资之。又为浒墅关营筹刍秣费,永免比闾供役。修望亭塘为桥二十八,以利行者。吴中向章征收钱粮,有淋尖、踢斛、花边、样米、捉猪诸色目,纳粮一石,须米两石馀。又往往差追严切,不堪其扰。德模稔民疾苦,壹皆革除,不事追呼,而输租相属。惟大小户均一,颇有不便之者。御史朱镇以浮收奏劾,事下督抚推治,总督曾国藩、巡抚郭柏荫奏雪之,奉旨以是非倒置,申饬原奏官。德模前已汇保至直隶州知州,换

戴花翎;复叙分援浙、闽、皖功,晋知府,加道衔;又以海运出
力,陞补用道员。

　旋署太仓州知州、苏州府知府,其治一如长洲时。治狱精
审,或不得,废寝与食,力思诚索,幽明响应。在太仓,遂有因风
击鼓而获豆腐店谋杀亲夫一案,小民演为谣谚,初亦不尽诬也。
未几,调署镇江府,时天津丰大业事方棘,沿江设烽燧,或有缓其
行者。德模毅然曰:"臣子避难,不忠;上游知我,不义。"趣装
往。镇江有外城,粤逆增筑也,德模至,规度形势,知城包北固,
瓦子山据险,宜葺;甘露港不通,则城河塞,宜浚。而士民闻警远
徙,城为之空。乃驰书召绅富,责以大义,不数日输金至巨万。
工未竟,调署江宁。

　旋擢四川夔州府。夔城濒江,屡圮于水,承修者以竹笼盛石
子筑之,随筑随圮,糜金数万而工不举,不得已议建木城。德模
自出方略,筑保坎十三道,甃以方丈馀大石,层累而上。先捐万
金以倡其役,不二年遂成。附郭有臭盐碛,盛涨时没水中,水落,
贫民相聚煎盐。嗣为云阳灶户所持,奉有永远封禁之旨。然每
至冬令,私煎如故,煎户恒至数千人,或执械以抗捕者,官无如
何。德模以货弃于地为可惜,请弛其令,而由官购买,运至宜昌
一带销售。既不夺奉节之业,又不侵云阳之岸,遂定为例。然浮
舟东下,厘金水脚费殊巨,德模志在利民,独力任之,岁累万金亦
不计。复刊蚕桑实际一书,分给保甲,劝民种桑,又遣委员董理
之。不二年奉节一县种桑二十二万有奇,他邑称是。在夔州四
年,卒于任。长洲、太仓及夔州各绅民,咸祠祀焉。

金福曾

金福曾,浙江秀水人。附生。咸丰九年,随祖父衍宗温州教授任所。适粤逆陷处州,福曾与筹团练,城赖以完。后从官军肃清金华、处州等府,浙江巡抚胡兴仁保奏,赏戴蓝翎。十年,协守独松关,解杭州围,并克复临安,保以训导选用。江苏巡抚李鸿章视师上海,见福曾论事公牍,器之,檄至营。随克苏州,委办善后事宜,遣散降虏,抚恤流亡,劳勚渐著。旋报捐教谕。同治三年,以收复苏州功,保升知县,留江苏补用。四年,从克嘉兴、常州等处,保以直隶州用。五年,从克湖州等处,加知府衔,并换花翎。

是年,捻匪事起,福曾往赞徐州道张树声军务,兼行营粮台。十二月,捻众北窜,复随直隶总督刘长佑驻军大名防堵。丁忧服阕,到苏,历署娄县、南汇、吴江等县知县,所至兴学校,课农桑,理冤狱,禁溺女,劝垦沙田,开浚河道,善政卓著,民有去思。光绪元年,捐升知府,归部选用。四年,河南大旱,吴中绅士谢家福等倡办义赈集赀,亲往散放,各省闻而兴起,前后得银四十馀万,公举福曾董之。福曾遂挈苏浙诸绅赴豫,分赈新安、渑池、洛阳、登封、嵩县、偃师、宜阳、孟津、汜水、陕州、灵宝、阌乡各州县,自冬历春,躬亲其事。新、渑被灾尤重,福曾创立善堂,举恤嫠收埋等事,以县当孔道,徭役殷繁,官多浮敛,民以重困,乃置车马代应诸役,并存款生息,为久远计。自是役不及民,而官无废事。又以两县为涧水所经,可兴水利,乃开渠凿井,购南省戽水之具,以便灌溉。一渠灌田数顷,收获倍蓰。又以洛阳、宜阳旧有废渠,贯通伊、洛,可灌田二十万顷,遂因其遗址,浚而深之。先是,饥民乏食,鬻及妻孥,奸侩因以为利,展转掠贩。福曾于开封、归德、陈州设局收赎留养,有家者资遣之。所赎妇稚以千百计。时福曾已报捐道员,事竣,河道总督李鹤年、河南巡抚涂宗瀛奏请奖叙,奉旨,加三品衔。五年,复赴山西分办虞乡、永济、芮城、平陆、垣曲、沁水、阳城、石楼、蒲、永和等县赈务,活饥民七万馀口。又于平、垣两县筹备骡马,代应差徭,如新、渑故事。复值疫疬大行,钱米之外,兼施药饵;又设立种痘局于蒲、解二州,以全婴儿。

是时畿辅频年水旱,晋赈既毕,诸绅移局而北,福曾议行以工代赈之法,遂开大清河自文安左各庄至台头三十里,并浚中亭河,培千里堤,使饥民就役受食,即以消文、大、保、霸频年水患。七年五月,工竣,直隶总督李鸿章奏请存记给奖,并调赴直隶差遣。疏再上,允之。是冬,奉委清丈文、大、霸、静东淀无粮地亩,福曾谓淀池淤塞,为清河受病之原,因议清厘苇地,规复堡船旧制,将以疏淤导滞,使水有所归。八年,疏浚东淀河道,自文安县台头以下至天津县韩家墅以上,旧皆淀地,年久淤垫,芦根盘结。福曾克期蒇役,费省工坚,天津县三河头堤所以障遏永定河,不使灌注大清河者也,故谓之格淀堤,亦于是年兴筑。福曾穷究受病之源,施治有法,工竣后,历经伏秋大汛,淀路疏通,河流顺畅。直隶总督张树声奏保,以道员分省补用。九年,督修子牙河堤,福曾尝论子牙河自献县臧家桥以下,合水愈多,狂澜益涨,从臧桥至河间县境百馀里,两堤夹峙,水势已不能容。从河间过大城至青县百馀里,大堤渐远,而民埝相逼,束缚愈甚。每遇盛涨,民埝一开,大堤即不能保,西淹文安,东注青静。欲留埝则碍水道,欲废埝则拂舆情,欲移堤远水则又以成规难改,众志不齐。乃于王家口开支河,以消盛涨。十年,畿东大水为灾,河堤冲决,福曾筹理赈抚,兼办蓟、香、宝、宁等处工程。十一年,复浚饶阳县境内滹沱河,以清来源。

　　十二年,山东河溢,李鸿章檄福曾前往赈济,行抵齐河,值横流泛滥,车阻不得进。福曾乃改乘小舟,遍历灾区,屡濒危险,卒赈饥民二十馀万。嗣即赈济阳等九州县。十三年,修南运减河,是河发自山东恩县四女寺,至德州九龙庙入鬲津,经直隶之吴桥、宁津、南皮、盐山、庆云,山东之乐陵、海丰,直至埕子口入海。福曾酌度地势,于四女寺坝基子东减河身内移进三十丈,别筑新基;又在坝之北引水南入新闸门,略作纡回之势,以避溜冲。并规复减水闸旧制,启闭以时。酌修埽段,用资保护。自上年冬,福曾即周行风雪中,遇疾几殆,仍力疾毕勘而返。及期兴工,往来上下游,躬亲督率,五月工竣。由是分流通畅,盛涨疏消,埕子口进海一带,可通舟楫矣。工竣,部议加二级。七月,署永定河道,适南岸七工西小堤漫溢成口,福曾筹筑旱占、水占坝埽,昼夜抢镶,艰苦万状,两阅月合龙,堤外水涸地复可耕。李鸿章上其功,得旨加二品衔。十四年五月,再署永定河道。七月,水势盛涨,卢沟汛南岸三号石堤,及南二工、北上汛大堤均溢,奉旨革职留任。福曾克期抢堵,河流仍归故道。旋开复原官。时房山县山水暴发,淹注田舍,山中煤道桥梁均坏。福曾捐集巨款,修复如旧。十五年,山东复灾,鸿章再檄福曾往。福曾亲赈济南、青州、武定各府属,又以齐东各县频年沉浸,议迁民于大堤之外,款不足用,乃赴苏、沪各处,多方筹画,事赖以举。旋因病乞假回籍。

时浙江大水，巡抚崧骏奏请会同办理赈务，福曾施粥平粜，因地为用，仍持以工代赈之议。于是海宁备塘、杭州长安镇以上塘河，嘉、湖各属经流支港，凡淤浅壅塞，皆次第疏瀹。会廷议浚复馀杭县南湖，敕崧骏勘估兴工，崧骏复奏令福曾督同在事员绅经理。十七年七月，功竣，是年顺、直、东水灾亦见告，福曾时已卧病，犹力疾筹捐银二十馀万两。十八年闰六月，卒于浙江平湖县差次。

十九年，直隶总督李鸿章会同浙江巡抚崧骏、山东巡抚福润合词奏称："福曾历办工赈十有馀年，无日不在劳身焦思之中，尤非他人一时一事之劳绩可比。其规画各端，成效昭著。叠经各省专案奏陈，四蒙特旨嘉奖。功能治行，卓然可传。恳敕部照各省办理河务积劳病故人员例议恤，并将事迹宣付史馆。"得旨俞允。嗣赠内阁学士衔。

毛隆辅

毛隆辅，江西丰城人。由监生捐输军饷，奖知县，分发四川。咸丰九年，因劝办江西绅商捐输，以同知直隶州升用，先换顶戴。

同治三年，署新都县知县，甫下车，延访正士，询民间疾苦。邑有正因寺富于田，僧无行，豪猾争侵蚀之，互控数十年，不决。隆辅改寺为桂湖书院，聘耆儒教授其中，讼遂息。新都民愿朴，隆辅政尚慈惠，有讽以立威者，谢之曰："立威必严刑，严刑则民无所措手足，吾弗忍也。"四年，补丹稜县知县，邑故瘠，屡陷于贼，蹂躏无完土。隆辅至，涤除烦苛，与民休息。旧有户首之役，支应差徭,吏因缘为奸,民益累。<u>隆辅</u>禁革之。善听讼,不轻用刑。每从容开导,使之省悟。前令积案数百,一一清理。日坐堂皇,投牒者立予判结,胥役无所庸其需索,虽不设钩距,而洞见情伪,奸猾慑伏。邻境民有冒<u>丹稜</u>籍投诉者,<u>隆辅</u>却其词,则稽首曰:"公青天也,特来求直耳。"<u>隆辅</u>用片辞剖解,欢感而去。有骨肉争讼,以天伦至性之言,反覆婉导,皆泣且悔,因手其牒还之曰:"毋使若有相讼名。"

为政务持大体,培养元气,好为民除害兴利,不惮艰劬,以要其成。邑多盗,<u>隆辅</u>举行保甲,酌古准今,定条目三十有二,筹画周密,保长、甲长、牌首以次递相保荐。有犯连坐,首者免。乡里有小忿,令质于保甲,为调息之。每甲造循环册二,凡山川、道路、桥梁、渠堰、村落,各绘一图载册端。每六阅月置酒,召保长更番呈验,人无敢欺,且乐为用。因以稽核户口之贫富、民情之善否,胥瞭如指掌。一年规制始备,境内盗戢。有一民被窃,次日盗知为<u>丹稜</u>境,悔甚,及夕,潜还其物置户外。邻境苦盗,往往乞附<u>丹稜</u>保甲,得无恙。<u>隆辅</u>念团练本足卫民,行之不善,反为民厉。因刊布程式,编二十八团,择殷实士绅为众推服者充团总,于农隙教习技艺,月游巡二次,申明禁约。届期亲临点验,风雨无间,事未竟虽日昃不退食。又令团首保送壮丁,每三十户出丁一、米八斗,练乡兵七百馀人,分为武毅、中左二营,以<u>楚军</u>营制部勒之。孟冬调城操演,仲春撤遣归耕。

会<u>马边</u>逆匪<u>宋侍杰</u>勾结<u>洪雅</u>贼目<u>尹一山</u>等,窜踞<u>八面山</u>,与<u>丹稜</u>毗连,民情汹汹。<u>隆辅</u>示以镇静,调集民团,营南北两山为掎角,而自率乡兵星驰出境,会援军合剿,旬日即就扑灭。事闻,赏加运同衔。后宁远府请兵防倮夷,督臣谕之曰:"曷不仿丹稜办团,徒纷纷乞兵,何为也?"乃下其法于边郡。邑城卑,久未修葺,嗣复为贼平毁殆尽。隆辅履任,亟图修复,嘱绅耆筹款,躬度形势,以城北枕山,兵法所忌,增建敌楼月池以制之。因运石车辆皆雇自邻邑,即饬局制造给值,令民推挽,仍为本境穷黎之利。隆辅戴笠督工,杂处徒役间,历两寒暑无间。城高二丈,厚一丈八尺,周六百馀丈,费数万计,民不知役。然隆辅卒以此致疾,士民相率以节劳,劝曰:"吾民日以肥,我公日以瘠矣,将奈何?"隆辅曰:"吾惟未能尽职之惧,何敢言劳? 且不知劳也。"

隆辅治事精敏,尝言:"一官系万民之命,苟有未尽未周,即为病民,即为旷官,何以自解?"县山多田少,水利不足。隆辅劝民依山开沟,引至平冈,凿塘潴水,以防亢旱。教民种桑,先于郊外隙地,植数千株为之倡。社仓存谷久亏,历任徒事追比,社首或至倾家。隆辅集社首于庭,开诚布公,分别新旧久暂,谕以秋收偿还,皆感泣,如期输纳,无爽者。旧存谷九十馀石,越二年积至一千四百石。值夏旱,米价腾踊,开仓平粜,全活甚众。邑有丹山书院,故事,官止季课,隆辅割俸加奖,按月一课。讲舍向无藏书,购买经史子集千馀卷藏学宫,资多士搜讨。寒畯艰于乡试,置田取租,以备卷资。设义塾九所,慎选馆师,巡乡之便入其塾稽课程,正句读。重刊孝经、小学诸书,详为讲导。其悉心教养,不遗馀力如此。

隆辅素清介,布衣蔬食,淡泊自适。顾喜捐廉为利益事,如设矜恤会,以祀无主坟茔;设同善会,以给贫民棺椁。皆定章程,垂之久远。常循行田野,与乡民详咨风土人情,诲以孝敬忠信忍让之言,肫肫如家人父子,民亦忘其为官长之尊。有穷民道拾五十金,追其主还之,咸以为德化所感云。

七年,调署德阳县,士民涕泣攀辕,道路为塞。因勒去思碑于白崖山。德阳地辽阔,盗多于丹棱,稔隆辅名,咸遁迹去。届岁暮,无报窃者。八年,卒。隆辅博览经史,尤潜心于先儒语录。著有自治官书。十一年,入祀名宦祠。

袁垚龄

袁垚龄,安徽泗州人。由文童投效湘军。同治元年,随复江岸各城隘,叙从九品职。二年,解金陵雨花台之围,擢县丞。[一]三年,官军攻克江宁,擢知县,并赏戴蓝翎。五年,湖北巡抚曾国荃调赴鄂省。六年,进剿捻匪,复云梦、应城、天门等县,加同知衔,换戴花翎。十年,刘锦棠治军甘肃,奏调办理营务。攻破小峡要隘坚垒数十座,径薄西宁府城,克之,升同知。十一年,平西宁府属回逆,复大通县城,肃清边境,安辑回番。光绪二年,关陇底平,以知府补用。又攻拔古牧地坚巢,复乌鲁木齐等城,以知府仍留原省候补,并加盐运使衔。寻署迪化州知州,招集流亡,倡办保甲,拊循劳徕,遗黎渐苏。五年,以剿办安集延、布鲁特、陕回金山股逆获胜,并案保奖,晋道员,加二品顶戴。并赏给那尔珲巴图鲁名号。十年,以新疆六载边防出力,下部优叙。十二年,补授阿克苏兵备道,[二]至则统筹全属利病,凡农桑、学校,有裨教养者具举,事必躬亲。经理通商事宜,尤能力持大体。十四年,调补喀什噶尔道。十五年三月,署新疆布政使未赴任。七月,以积劳卒。护理新疆巡抚魏光焘疏请照道员军营立功后积劳病故例优恤,附祀新疆省城左宗棠专祠,允之。

【校勘记】

〔一〕擢县丞　"擢"原误作"晋"。今据袁尧龄传稿(之四一)改。

〔二〕补授阿克苏兵备道　原脱"兵备"二字。今据袁尧龄传稿(之四
　　一)补。

　刘含芳

　刘含芳,安徽贵池人。咸丰初年,粤匪扰江南,曾国藩督师
祁门,含芳往谒,条陈战守方略,甚器之,延入幕府。

　同治元年,以从九品从署江苏巡抚李鸿章剿贼东下,积功荐
保至知县,补缺后以知府升用。五年,李鸿章奉命剿捻,檄含芳
督办清江、蒋坝、张秋、济南军械所,精器练材,综理有法。七年,
东捻平,擢知府,并加道衔。八年,西捻亦平,以道员用,加三品
衔。九年,李鸿章移督直隶,含芳从,究心制造各学,购泰西新式
利器,省览机括,默记冥会,久之悉通其业。凡某国某厂所制,皆
能洞烛奥窔。以戎器宜豫储,于是议建北洋军械局,购地西沽,
修大小库屋二百馀楹,实枪炮其中,号曰"武库"。以将士宜教
练,于是与宿将演习枪炮,复遴选武弁出洋,分赴德国斯那道军
营、乌里治克鹿卜炮厂学习,回华转相教授。以军械自制,可塞
漏卮,于是扩充机器、制造两局,增厂庀材,募工仿造。以海口设
防,始固藩篱,于是创设电气、水雷学堂于大沽,编立水雷营,以
固北洋门户。凡鸿章所建树,含芳皆赞成之。厥后日韩、法越之
役,协济各路军火,以应付海军大阅操演之需,随时取携,无稍

匮乏。

光绪七年,李鸿章以含芳应保荐人材之诏,奉旨交军机处存记。旋汇案请奖,加二品衔。八年,以援护朝鲜,下部优叙。是时海军初立,北洋防务,旅顺为最要。旅顺者奉天金州滨海形胜也,与山东威海卫南北对峙,中隔海汊二百馀里,控扼渤溟,为畿辅天然犄角。含芳议置重兵戍守,互为声援,复议造大船坞于旅顺,备修治战舰之用。立海军公所于威海,为操防停泊之区。一力经营者十年,海堧荒岛,屹然成重镇焉。先后奉檄总办威海卫鱼雷营,充北洋沿海水陆前敌营务处,兼总办旅顺船坞工程局。凡屯防营,筑炮台,设机器厂,造子药库,并开医院、学堂,皆手定章程,躬亲履勘,联络诸将,督率华洋工役,克期并作,一岁往来海上,风涛跋涉,无间寒暑。他如设津沪保定电线,立天津武备学堂,亦力任其难,成效大著。十四年,署津海关道,十七年,授甘肃安肃道。李鸿章奏请暂留旅顺办理海防,未及赴任。十八年,调山东登莱青道,监督东海关。十九年,视事,即以整顿吏治、辑和华洋为己任。至于裕课恤商,惠工怀远,稽税则严保甲,凡有便于民者,莫不实力举行。又以其时浚沟渠,修街道,兴医院,创广仁堂,皆捐资独办,中西商民交口颂之。

二十年,日本犯辽东,我军失利,运兵轮船,遂为敌所袭击。含芳闻警即密商各国领事,托其兵轮在仁川救护阵伤弁勇三四百人,资送回津。时敌船游弋口外,讹言数惊。含芳一示以镇静,手书慰前敌,并调所部东海营练兵,设卡防护,稽查奸宄,亲出巡阅,严申号令。凡有劫船挟资远遁者,悉捕获,置之法。既,兵事日棘,金旅继陷,敌近逼威海,烟台益危。含芳仍料量军储,筹备防务,昕夕无暇晷。及海军舰队没于刘公岛,敌进踞宁海州城,其边队至竹林寺,炮声达烟台,防兵单,且新募,居民商贾迁徙一空。含芳独并力死守,誓与烟地为存亡。各国领事暨税务司咸劝暂避租界,含芳曰:"此吾死所,退一步不忠矣。"与妻郝氏公服坐堂皇,置鸩酒两盂于侧,敌见官不去,民不乱,部伍不失,惮而引退,私相谓曰:"自进兵中国,独有烟台守固,无隙可乘。"西人商于是者亦曰:"使领兵尽如邓世昌,守土尽如刘含芳,日本岂能幸胜耶?"威海之陷也,有溃勇五千趋烟台,势将哗乱,含芳单骑往谕曰:"汝等失伍,罪当斩。今姑赦之,其听我约束。"皆俛伏曰:"诺。"先处之空营,日与薪米,居数日,则简其枪枝未失,愿复为兵者,编为四营,馀悉资遣。其难民留者给糇粮,去者给船票,一无失所。费至数万金,皆出私钱,无稍吝。山东巡抚李秉衡深嘉许之。

二十一年,和议成,含芳奉檄渡海勘收,至旅顺,见向所经营摧残略尽,遂以是病,假归。二十四年,〔一〕卒。

【校勘记】

〔一〕二十四年　"四"原误作"三"。今据碑传综表页七二九改。按续
　　碑卷三九叶一二上不误。

王寅清

王寅清,河南上蔡人。由拔贡,以知县分发安徽。初摄凤台,经苗沛霖之乱,伏莽未清,寅清巡行四乡,十日九出,土匪徐光山勾捻酋任柱、任时意等围城,寅清督团勇迎击,擒斩时意等

数十人。任柱他窜。追获徐光山等,斩之。移摄太和,值黄水横流,饥民遍野,寅清请款赈抚,捐廉侭助,躬亲施放,复捐散棉衣,设立粥厂,活灾黎无算。霍丘经捻匪蹂躏最甚,元气未复,而客民转多于土著,奸宄出没无时。同治八年,寅清署县事,治盗贼,抚流亡,善后诸务,擘画井井。有富民胡氏被劫,寅清督练勇周巡荒陬,不逾月,首从悉获。并请上官屯重兵于县南叶家集,设守汛于县东隐贤集,由是盗贼潜踪。在署,日坐公堂,有讼立断。赴乡勘验,怀饼而食,苞苴尽绝,丁役不敢索一钱。县有翠峰书院,寅清礼延名师,捐俸以佐膏火。暇则躬履畎亩,召父老询疾苦,如家人父子焉。公差来往,向拨民夫,苦妨农业,寅清改雇夫供役,民困始苏。九年,安徽巡抚英翰以循良荐,得旨嘉奖。

旋调宣城,宣城土客杂居,又值教匪猖獗,寅清擒渠解从,抚慰良善,民气遂平。更调英山,前令积案悉结之,狱无滞囚。再权寿州,州素称烦剧,苗逆馀党犹不时游弋,为乡民害。寅清缉而惩之,盗风顿戢。并裁养勇费数千缗。其他宣讲圣谕广训,采访贞孝节烈,捐牛种,建义仓,筑城池,培学校,立保甲,以及地方工程,如修城垣,建坛庙,治道路,葺桥梁各事,靡不因地制宜,兴废举坠,历各任如一日。旋授望江,以病假归。光绪八年,卒于家。

曹秉哲

曹秉哲,广东番禺人。同治四年进士,改翰林院庶吉士,七年,散馆授编修。十年,充会试同考官。十一年,以襄办庆典,加侍讲衔。十二年,记名以御史用。光绪元年,充实录馆总纂官。

八月,充顺天乡试同考官。旋充国史馆、功臣馆纂修、本衙门撰文。二年,京察一等,记名以道府用。三年,补江南道监察御史。寻掌本道,巡视东城,并署户科给事中。数上章言事,皆切时务。嗣以实录告成,奉旨专以道员用,加二品顶戴。五年,署甘肃兰州道。八年,署按察使。九年,丁忧回籍。

十三年,服阕,补河南彰卫怀道。奉檄履任,甫抵境,值沁河陡涨,小杨庄大堤漫决,西南百数十村尽成泽国,护城堤不没者尺许。城形如釜,人心惶惧。秉哲冒险渡河,入城集幕僚,筹守堤拯民之策。城堤岁久失修,又值大雨,危险益甚。秉哲亟购棉衣数百塞其罅漏,并覆铁锅数十于上,溜始断而雨仍不已,涨与堤平,势且漫溢。秉哲泣祷曰:"守土官义与城存亡。脱不守,誓先葬鱼腹,以谢黎庶。"大溜旋减,万众欢呼。又多备船只,携饼饵分赴各乡,拯救万人,堵筑漫口,日夜奔驰风雨中,无少休息。其督理赈务也,银米棉衣皆令官绅会同散放,不假手胥吏。调署开归陈许道,绅民闻之,不期而集者数千人,攀辕卧辙,挽不使行;奔诉上官,坚请留任。巡抚倪文蔚允之,众乃散。十五年夏,在祥河厅监防大汛,闻河内县王贺庄沁河大堤疏防,星夜驰回,拯难民,议赈济,堵塞漫口,十馀日而工竣。力辞奖励,而优保在事员弁,人乐为用。秉哲素有晕眩之疾,至是加剧。嗣以黄河两岸修防得力,下部优叙,在任四年,爱士若渴,才俊者拔入致用书院,加给膏火,期为有用之学。又刻前人治河诸书,以备当事采择。嗣调署按察使,厘定保甲,并缉捕章程。

十六年,补山东按察使。十七年,卒。

冷鼎亨

冷鼎亨,山东招远人。同治四年进士,以知县即用,分发江西。十年,署瑞昌县知县,瑞昌故瘠邑,民尤健讼,胥吏高下其手,乡愚每因之破家。鼎亨至,捕讼师及猾吏数人,绳以法。或因事诣乡,为巨牌严禁供张,使人持于前,胥役各随舆后;返则令役居前,而己殿之,未尝以杯勺累民。瑞俗悍,时有抗粮事。及是,并宿逋无负者。期满将去任,百姓争具牍乞留,不能得,则垂涕相吊。

其治德化绩尤著,德为九省通衢,又多屯防军,每倚势凌民。鼎亨于诸军有所侵犯,必按法惩之,境内肃然。驿里堤塘者,濒江险障也,前令请万金而功不就。鼎亨莅事数月告成,费仅四千金。既,植柳江堰,用护堤根。民间遂以冷公名其堤。德邻瑞昌、黄梅,民因争淤地芦洲,累岁相斗杀,官不能制。鼎亨谕绅民建台于斗所,官吏誓不私,三邑民皆悦服,而德化人尤乐道“冷公树”一事。初,白鹤乡人叔侄争田,久不决。鼎亨即树下谕解,遂悔悟如初。今呼为“冷公树”云。邑旱蝗,徒步烈日中,掩捕弥月不倦,露宿祷诸神,翌日而雨,蝗皆死。越三岁,邻县蝗复作,至德化辄不复前,民以为鼎亨德化所感焉。又尝摄新昌,故事,凡投税者必先以赀购签,始能上纳。鼎亨设签椟堂下,听民自执签投税,并刻石严禁,弊政遂绝。

其移彭泽也,地界三省,濒大江,夙多盗,而报盗者特稀。突有一老儒以窃闻者,鼎亨诘其状,诧曰:“此盗案也,何第窃乎?”老儒泣曰:“前令多讳盗,报辄重惩,故相戒勿以上。今公爱吾民若此,忍累公耶?"鼎亨令易其词,捕获盗首,置诸法。其党相率逃走,戒勿犯。又设禁鸦片烟会,赏罚严明,期年而俗一变。院司知其能,奏补新建。新建为附省首县,令此者大都昕夕奔走,冀博上游欢,转不遑治民事,狱讼则付诸委员。鼎亨请于上官,屏酬应,[一]亲听断,民歌颂之。又置酒会诸绅,醵金七千,增书院课产,士林戴德,祀之于讲堂。讼狱既清,益严保甲,奸民无所容隐。邻县有大盗,助获之而散其党。鄱阳为滨湖剧邑,冲繁号难治。大吏以鼎亨调补,未及下车,而蛟水大作,漂没田庐。鼎亨急驰往,不俟报辄发官廪赈给。先是,办赈者但按粮册,吏遂得因缘为奸。鼎亨独刊印票,酌重轻,亲填散给,终事无侵蚀。已,复请巨金为长堤,使饥民藉佣以得食。逾年,灾复作,赈如前。尝朝夕跣足露立炎天沮洳中,湿疾遍体,前后凡十月。尝乘小舟行骇浪间,楫再折,几死,返署虽深夜,听断不休。其坚苦恤民如此。

在官食无兼味,公服外无玩具鲜衣,妻子衣履皆自制。购食物,严禁官价,市买于民。兵部侍郎彭玉麟巡阅长江水师,尝寄书巡抚曰:"某所至三江五湖数千里,未见坚刚耐苦如冷知县者也。"历任十馀年,所至以身率下,吏胥几无以为生。暇则筑塘堤,兴水利,建津渡,设义学、义仓、育婴诸政,无不捐廉俸以为倡。尤留意教育,增修书院,加益膏火,亲督课讲,日以文章气节相勉励。鄱阳俗好斗,鼎亨曰:"化民有本,未教而遽杀之,非义也。"乃取孝经证圣谕为浅说,妇孺闻之,亦泣下。在鄱三岁,民以不争。办理教案,尤能持平,两无冤抑。鼎亨任瑞昌、德化、新建时,咸有民教龃龉事,桀黠者藉以鼓众,约毁教堂,终恐遗祸好官而止。盖其素行诚笃,有以感服之也。历任<u>江西</u>巡抚<u>刘坤一</u>、<u>李文敏</u>,皆以贤能荐。

　　<u>光绪</u>九年,举卓异。十年,升补<u>南昌府</u>同知。巡抚<u>潘霨</u>遵保人才,疏称<u>鼎亨</u>老成练达,恒愊无华,实惠及民,循声远播。奉旨,交军机处存记。十一年,引见,乞假修墓。归,卒于家。

【校勘记】

〔一〕屏酬应　"屏"原误作"简"。今据<u>清史稿</u>册四三卷二六六页一三〇八八改。

　　陈文黻

　　<u>陈文黻</u>,<u>湖南长沙</u>人。附监生,捐输军饷,奖通判。<u>同治</u>间,投效<u>陕甘</u>军营,克复<u>西宁</u>,晋同知。寻指分<u>陕西</u>。<u>光绪</u>二年,充善后局委员。四年,大军克复<u>乌鲁木齐</u>,叙<u>关中</u>馈运功,擢知府。六年,筦<u>白河</u>厘务,裁串儿钱,银钱折易,必平其值,商人费省十二三,而榷收转增倍。

　　七年,署<u>鄠县</u>知县,旋补<u>留坝厅</u>同知。<u>文黻</u>之治<u>鄠</u>也,朔望必宣讲<u>圣谕广训</u>,反覆譬喻,以畅其旨,闻者多感泣。凡告期坐堂皇,受牒诉,立予判决。旧任积案,两月悉结。公事不由阍人关白,亦未轻遣钩摄之隶。九年,莅<u>留坝</u>本任,治行亦如在<u>鄠</u>时。十年,<u>伊犁</u>收还,以<u>文黻</u>旧日筹饷,加四品衔。<u>留坝</u>向有枣茨经费,用以葺狱解囚,岁征之民,两倍正赋。<u>文黻</u>下车,首革之。境内无质肆,贫民缓急称贷,盘剥者要重息,甚或子母相埒。<u>文黻</u>捐廉为倡,设裕民公所,贷钱者以衣物质,赎以期,息以十一,绅

综其事，而官岁会之，取其赢以抵枣茨费，并备地方公用，民困大苏。厅境山多于田，〔一〕又无他物产，可资养生，文黻忧之。先是，摄鄠县时，尝课民种桑数十万株，会去任而利未溥及。至是，乃周历山谷，辨其土宜，作种橡说及山蚕四要，遍谕乡民，因颁给树秧、蚕种，募蚕师树工导之，丝成则制机教之织。复虑民不乐趋，设收买丝绸局，重其值以招引，又购给紫阳茶种课之艺茶。于是地无弃利，民无遗力。留坝俗素朴陋，向学者鲜，岁科两试附凤县额，每试或不得一人。文黻为建紫柏书院，置书籍，立课程，兼设义塾，拔书院高才者为之师。阅数年，黉舍彬彬称盛。遂请奏设厅学，建官置额。

初，文黻见厅治有溪河，岁久壅阏，往往横溢为患，因陈开河数十事。大府韪之而不果发，及猝被水时，已逾报灾限，立以便宜开仓赈之，督同绅士赴乡查放，跋涉沮洳，侵寻成疾不少已，并令妻子杂作糜粥，赈近郊，全活无算。明年春，邻境流民坌集，公款不足，则罄廉贷赀继之，复谋以工代赈。乃申开河议，不得请，则因其众除道路，浚沟渠，出私囊给值，负累至数千缗，而民大称便。厅介万山中，林谷深阻，奸民狙伏，劫行李，或掠妇孺贩卖境外。文黻密图其处示捕役，时复微服亲迹之，卒皆就擒，置之法。其治保甲也，于民户、职业、田产、丁口、年岁，及已未婚嫁、所聘字姓氏，悉书于册。或讥其烦碎，及账抚事起，稽之册乃如家至户觇，且从前户婚、田土之案，日有所闻，至著籍在官，咸莫敢欺，讼益简。民有杀媳匿其尸者，母家以无左验，不得直。文黻偶行经山径，群鸦噪于前，索而得之，一讯具服。

十八年二月，初次边俸期满，部议入即升班升用。旋调署潼

关厅,未赴任,闰六月,卒。二十年,<u>陕西</u>巡抚<u>鹿传霖</u>胪<u>陈文黻</u>历
官政绩,奏请宣付史馆立传,允之。

【校勘记】

〔一〕厅境山多于田　"境"原误作"治"。今据<u>清史稿</u>册四三卷二六六
　　页一三〇九一改。

桂中行

<u>桂中行</u>,<u>江西</u><u>临川</u>人。<u>咸</u><u>同</u>间,天下多故,<u>中行</u>以诸生赴<u>皖</u>
从军,<u>两江</u>总督<u>曾国藩</u>见而器之。积功奖知县,历任<u>合肥</u>、<u>蒙城</u>、
<u>阜阳</u>诸县事。

<u>国藩</u>奉命北征<u>捻</u>寇,以<u>捻</u>党多<u>蒙城</u>人,其地特岩阻,令<u>中行</u>
清查<u>蒙城</u>圩寨,便宜从事。<u>中行</u>单骑历各圩,晓以利害,择良干
者作正副圩长,为坚壁清野之计。村民皆入堡,粮食辎重,悉移
置焉,寇无所掠。复时时礼接耆老贤士,使人皆得进见,言方略,
因询通<u>捻</u>奸民簿记之,诛其渠桀数十人,豪猾武断者,悉绳以法。
岁馀,威化大行,<u>蒙</u>人在<u>捻</u>中者,闻许自新,多逃归。以功保
知府。

<u>光绪</u>三年,<u>宣城</u>民焚教堂,外人责言日至,<u>两江</u>总督<u>沈葆桢</u>
檄<u>中行</u>往治。<u>中行</u>察事本末,谕教士曰:"倡乱者固当论如律,顾
汝先侵民地,何哉？今令民偿汝财,汝必还民地也。"教士初不肯
承,<u>中行</u>援公法及条约,婉譬而严诘之,相持数月,卒如<u>中行</u>议,
案遂结。旋丁母忧,服阕,<u>安徽</u>巡抚<u>裕禄</u>委办<u>皖南</u>垦务。先是,
<u>皖南</u>遭寇乱,民多流亡。事平,邻省游民相率占垦,田赋十不报

一。以中行得民心，委使清丈。中行先莅宣城，与民约克日丈量，无问客主，至期，客民聚者以万数，噪而毁其舆。吏请缓之，中行不可，立捕为首者十馀人，面数其罪，斩以徇。众皆骇散，卒丈而还。他县闻之，俱不敢动。事竣，见裕禄，惊曰："汝为国家岁增赋巨万，须尽白矣！"

九年，补徐州府知府。时初罹水患，饥民流离邳宿尤甚。中行以工代赈，修沿运官堤、民埝二百馀里，浚邳州艾山河，筑宿迁六塘埝，民获其直以自赡，水患亦除。府界山东、河南、安徽三省，犬牙相错，素多盗。中行广设方略，严治窝户，奸宄为之衰止。徐故贫瘠，兵燹后，士风尤不振。中行为条教劝民务农，躬至郊野，奖厉力田。又建彭城书院，广置图籍，择其师士贫者资给之，数年文风大起。尤留意社仓，以裕民食。故徐州仓储为列郡之最。治郡十二年，徐人爱之如父母。尝卧病，士民争祷城隍，愿减算益其寿。及以卓异荐，调苏州，旋授岳常澧道，耆老相率攀留，不可得，则绘其像祀之。迁湖南按察使。

光绪二十三年，〔一〕卒。附祀徐州府城曾国藩专祠。

【校勘记】

〔一〕光绪二十三年　原脱"三"字。今据碑传综表页七二〇补。按续碑卷三九叶一五下不脱。

沈镕经

沈镕经，浙江乌程人。同治七年进士，以知县用，〔一〕分发江西。八年，署长宁县。九年，补贵溪县。十年，以获盗出力，下部优叙。十二年,调上饶。奸民以吃斋为名,煽聚徒众,出没九龙山,谋不轨。镕经廉得状,擒治为首者,乱源遂塞。召健讼诸生,读书官舍,士咸感愧,知自爱焉。光绪三年,调署新建县,保荐卓异,旋选授安徽太平府知府。四年,以赈捐,奖花翎。八年,调补安庆府。时皖北水灾,镕经收恤老弱,民安其生。九年二月,擢安徽安庐滁和道。六月,升授广东按察使。粤人轻犯法,积牍数百,镕经悉清厘讯结。

十年,兼署两广盐运使。会法兰西构衅越南,彭玉麟以钦差大臣治军广东,檄镕经总理营务处,兼任饷需。十一年二月,授云南布政使,四月,调广东布政使。于是防海之师,自成军以至资遣,胥由镕经总理。方军事填委时,司署铨序,仍为手订章程,兼筹修广州肇庆围堤,以劳致疾,十月,卒。彭玉麟会同两广总督张之洞、广东巡抚倪文蔚先后疏陈镕经廉明勤干,为守兼优,所至皆有循声。殁之日,布被萧然,一如寒素。其才识为官民信服,使之久任,必能转移颓俗,整饬官常。恳将生平政绩宣付史馆立传,为以死勤事者劝。”从之。

【校勘记】

〔一〕以知县用　原脱“用”字。今据续碑卷三九叶一八上补。

章洪钧

章洪钧,安徽徽州人。同治十三年进士,改翰林院庶吉士,散馆授编修。光绪七年,直隶总督李鸿章奏调赴天津办海防,并中外交涉事。十一年,李鸿章以洪钧明习吏事,保胜道府之任,

奉旨以知府留于直隶补用。十二年,补宣化府,宣化为口北通
衢,有蛇腰崖、右洋河、左巨崖诸险,夏秋泛溢为害。洪钧集赀兴
修,治别道三,以避其险。居庸属大行山八陉之一,前代利其险
阻,资以备边,不加修治。我朝中外一家,内外蒙古藩王贡使,及
西北两路边防台站转运,皆取道于此。洪钧平治其途,行旅称
便。又以山多土洞,为盗贼薮。洪钧饬所属将远年旧洞无居人
者,悉堵闭之,游民遂无所溷迹。蔚州民武进昌被诬,州牧以为
积匪,例拟军。洪钧察其冤,为平反焉。他如购经史柳川书院,
以培植士类;整理义仓,平均籴籴。巡行县邑,屏绝馈仪。关心
士民,类多可纪。

冯德材

冯德材,湖北兴国人。同治九年,优贡,由教习、知县、军功,
递保至直隶州知州。嗣因捐赈,奖补用知府。旋以知府留广西
补用。

光绪二十五年,署思恩府,府属厅一、州县四、土司七,纵横
五百馀里,而武缘、那马及各土司之地,丛杂万山中,向为匪穴。
是年十月,隆安游匪黄大、马二、黄特康等,纠众数百,劫那马厅
署,戕官夺狱,所过村堡,恣行焚掠,郡城震动。德材闻报,即单
骑驰往,悬赏严缉。旬日之间,擒匪首马二、周特二等数十名,斩
之。二十六年二月,武缘匪首周治国及苏任臣等,聚党千馀人,
潜匿寺墟,胁民入会,竖旗滋事。其附近之仙湖、寺墟各土匪,亦
乘机骚动。百色厅属之那色、平色,复有游匪数千,盘踞江河两
岸,遥为声援。石塘墟者,出入宾州、迁江、上林及各土司要道

也,向设关榷税。至是,商旅裹足,郡县岌岌不可终日。德材亟督同那马、武缘、宾州、迁江各厅州县,分领乡勇,择要设防。迨援军既集,复亲历各地,擒斩匪首周治国、黄玉新、苏任臣、李特达、韦天成、苏加珊,及著名悍党二百馀名。各属股匪悉平。德材恐萌蘖未尽,久且潜滋,复饬各州县编查户口,严保甲连坐之法,虽瘴疠恶乡,亦必间月周视。惟欲革狉犷之俗,必修文学,习礼仪,乃建迁善学堂,捐给膏火,督习经史,由是人知向学。思恩府志久经散佚,复搜辑采访,捐廉纂修,并增建忠义、孝悌、节孝等祠,以端风化。思恩地瘠民惰,偶遇岁歉,贫者遂无以为生。德材筹款购买桑秧、棉种、松杉、茶竹之属,相其土宜,招民垦荒种植。岁增钱数十万缗,利赖至今。

治思恩二年,卒于官。广西巡抚丁振铎奏请照军营立功后病故例,从优赐恤。旋赠太常寺卿衔。

孙叔谦

孙叔谦,山东荣城人。同治十二年举人。光绪十四年,选授河南虞城县知县,改补阌乡。既受事,创筑石坝,御溵河泛溢之患,民生祠之。调补武陟,武陟当沁水入河处,数溃决,坏民田庐。叔谦先事设访,水不为患。二十一年,举大计,卓异,调补祥符,旋署杞县。二十四年,升补光州。时涡阳饥民为乱,息县土寇谋掠光州,州既富实,而武备又虚,居民大扰。叔谦捐金治城,募勇敢士,克日讨练,严举乡村保甲,清奸宄之源,屹然有备,贼竟不敢犯。则大购书弋阳书院以课士,置扶光阁,纵人入览焉。而城乡义塾之虚糜者,至是主以文行之士,学风浡然。贫者施棉衣、钱米，以裕卒岁之谋，民遂无冻馁忧。陈、许饥，乡人挈老幼来州就食，奸民多诱买其孥。叔谦严禁之，筹赈以济。晨起则听讼堂皇，人自谓不冤。

二十六年，京师有联军之难，款议未集，而州境息县、商城边楚、皖，故多伏莽，欲乘间作乱。叔谦单骑赴二县，巡行村落，谕以利害。所至，民聚观之，皆曰："吾父母来矣！"虽凫号桀骜者，亦感其诚。由是奸徒皆窜逸。二十七年，卒。

涂官俊

涂官俊，江西东乡人。光绪二年进士，归班知县。七年，截取分发陕西。九年，署富平县。十一年，调署泾阳。十二年，再调长安。十三年，补宜君县。十五年，调补泾阳县。十九年，举卓异。二十年十月，卒。

官俊两莅泾阳，在任最久。其初任也，甫遭兵燹，百端废弛，官俊则先清厘积讼一千馀案。其当沿袭者，亦以次规恢。不期年而仍复旧观。龙洞渠者，即白公故渠，为县境水利所关。自经回乱，屡费巨款，迄少成效，遂弃置之。官俊详勘，倡言开浚，众议难之，独毅然不为所挠。由梯子关疏瀹而下，水量顿增三分之一，[一]以利农田。后复于清冶河畔修复废渠二，水所不至者，则劝民凿井以济之，先后增井五百馀，以是无荒旱忧。又喜振兴文教，立宾兴堂，购置前贤性理、经济有用之书，日与诸生讲习。复增设义塾，手定课程，亲为考校，而其尤系人思者，则在积谷一事。先是，泾民多逐末，不重盖藏，旧日义仓空无实储。官俊谓："积谷所以备荒，莫善于年出年收，莫不善于有出无收，或有收无出。"于是躬诣各乡查验,反覆谕导,令民间输谷填补,严定章程,以时收放。百姓感其诚,依限交纳,仓廪充盈。故十九年饥,卒以有备无患,全活凡数万人。自馀编联保甲,劝课农桑,治盗贼以靖地方,增膏奖以培寒畯。凡有利于民者,知无不为,为无不力,十馀年如一日,然竟以积劳致疾。疾笃时,犹强起治民事,遗命捐俸银一千两,购棉衣散给孤贫,遂卒。民因先建生祠,持斗酒只鸡,岁时奠焉。

【校勘记】

〔一〕由梯子关疏瀹而下水量顿增三分之一　"关"原误作"崖",又"一"误作"二"。今据清史稿册四三卷二六六页一三〇九〇改。

夏敬颐

夏敬颐,江西新建人。同治十二年,由监生捐输军饷,奖主事。光绪二年,改官同知。四年,分发广西。以前在贵州克复下江厅、永从县各城,保以同知,归候补班补用;又叙剿办全州匪党功,保俟补缺后以知府用。

九年,署郁林直隶州知州,郁俗强悍,凤健讼,积案多至百数十,囹圄为满。敬颐悉出之,然皆各尽其曲直,无一幸免者。惟其地有溺女风,敬颐捐金为之倡,劝绅耆亦量力出赀,不建育婴专堂,但就各乡社庙置公所,凡无力养女者,给赀畜育其中,陋习渐除。州地故宜桑,而未谙纺织法,获利不溥。敬颐为广植桑秧,并制备机器,募蚕师教之组织,期月成效大著。十年,补百色直隶厅同知,以筹办越南边防,奖俟补知府后,以道员用。百色处万山中,多瘴疠,官斯土者,相戒不敢出城闉,吏胥遂得因缘为奸。乡里患之,而无可如何。敬颐知其弊,凡讼者至,远近皆躬履其地,面为剖决,然亦未尝病疫。厅境属边徼,土壤硗薄,不任种植,小民苦无以自给,半多流亡。所垦山田,随种随废。及厅境改流,当事贪陈地利,未察民艰,故多有田本荒芜,依然计亩造册者,上官不详其实,但责催科。敬颐视事,设法招垦,借给牛种银,约俟垦熟,分岁摊还。请于大吏,豁免荒田历岁欠粮,并展限升科,以纾民力,人心大快,流亡者亦稍稍复业焉。又创设义塾,以恤寒畯;建造义仓,以补荒歉;严整保甲,以安商民。皆次第施行,边围大治。十四年,广西巡抚沈秉成,十六年,巡抚马丕瑶两举循良,皆奉谕传旨嘉奖。复因苏浙赈捐,赏戴花翎。

十七年,擢补浔州府知府,以劝办顺直赈捐,加盐运使衔;又以边防出力,保俟归道员班后,加二品顶戴。浔郡西北,万山环峙,苗瑶杂处,不逞之徒辄依险完屯,四出剽掠。敬颐以为此辈捕之则无名,激之则生变,非使各有恒业,无以消其桀骜不驯之气。廉知郡城西北荒山广袤三百里,乃购发蓝靛、包粟、薯芋、松杉、桐、茶诸植物,俾与居民杂处,耕凿其间。复檄属县编户口册,凡山居、寺观,一一备列,地方有积匪,咸得按籍而稽。时大乌之蒙亚养等,方以散财聚党,盘踞坚巢,为负嵎计。敬颐不动声色,伺隙捕治,隐患遂除。二十年,以巡抚张联桂荐,命以道员记名简放。旋调署桂林府。二十一年,再以巡抚马丕瑶荐,得旨交军机处存记。是年五月,回浔州任。六月,以剿办来、武各县土匪,擒获首逆,赏给精勇巴图鲁名号。

当是时,广西屡旱,盗贼蜂起,武宣、来宾之韦老恩,贵县之李春华,兴业之刘亚丁等,皆号召莠民,肆行暴掠,势蔓延不可制。大吏知敬颐能,檄使剿捕,至则诛其首乱者,馀悉纵不问。事遂平。二十三年正月,卒。八月,巡抚史念祖奏请照军营立功后病故例,从优议恤。寻赐恤如例,赠内阁学士衔。

王仁堪

王仁堪,福建闽县人。祖庆云,工部尚书,自有传。

仁堪于同治十三年由举人考取内阁中书。光绪三年,一甲一名进士,授翰林院修撰。五年,俄罗斯更定条约,索我伊犁,要求无厌,使臣崇厚专画诺,未奉旨遽回京。仁堪偕修撰曹鸿勋等疏劾之。六年,提督山西学政。十一年,充贵州乡试副考官。十三年,命在上书房行走。十四年,充江南乡试副考官。

十一月,太和门灾,上有遇灾修省之谕,仁堪复偕修撰曹鸿勋等上疏曰:"天人感应之理,著于圣经,备于诸史,明示警戒,断非无因。非有实政应天,必不能弭此灾异。自琉球灭,越南失,缅甸亡,日谋朝鲜以伺我东,英扰卫藏以窥我西,法扩商务觊觎滇粤,俄增战舰,现造铁路,自彼得罗堡直达珲春,逼我东三省,羽翼尽翦,将及腹心。外患浸深,财力穷尽。天下臣民,深望朝廷惩后惩前,厉精图治。乃仰窥朝政,若以为已治已安,臣下希风相率,粉饰治具,纪纲废弛,中外愉嬉,泄泄悠悠,成为锢习。自去冬河决不塞,荡析流亡,不啻亿万。今年江淮苦旱,每县饥民率数十万。夏秋之间,京师地震,大风拔木;近畿山倾水溢,摧压漂没,毙人无算。盛京大水,被灾者十三厅州县。南中绅民,绘图募赈,惨不忍闻。今又值太和门之灾,官吏奔走,悚动震骇。

臣等备员禁近,目击涕零,中夜傍徨,不能自默,因陈时政数端。"
其请罢土木,语尤切直,略曰:"本年二月初一日奉谕旨,拟修颐
和园,以备慈舆临幸、大庆祝嘏之所,此诚我皇上不匮之孝思也。
臣等谓孝以养志为大,皇太后爱民之心,率土普天,同深钦仰。
故庀材鸠工之费,指明不动正款。夫出之筦库,则有正款、杂款
之分,至朝廷责之督抚,督抚取之厘征,竭蹶以应,虽非地丁之正
供,仍是小民之膏血。在计臣可执未动正款之说,以告朝廷;在
朝廷何能执不动正款之说,以谢天下? 臣等以为颐和园虽极壮
丽,在皇太后所处不过一室之间,所览不过一山一水之胜,若因
此而民生愈蹙,皇太后虽日居胜地,未必不戚然不欢也。况值非
常之灾,罢不急之务,非惟圣慈所必许,抑亦臣民所同谅。伏愿
圣明将此项工程停止。自今以往,垂念政治,力节游观,庶恭俭
为心,而孝思亦大矣。"

十五年正月,大婚礼成,奉懿旨赏加五品衔;并因恭办大婚
事宜,保以应升之缺尽先升用。五月,充广东乡试副考官。十二
月,充会典馆绘图处帮总纂官,十六年十月,改总纂官。以十四
年京察一等,授江苏镇江府知府。十七年三月,莅任不十日,而
有丹阳教堂之案,起于邑人刨见孩尸,仁堪验得孩尸七十馀具,
请两江总督刘坤一专疏入告,其略曰:"既名为天主堂,即不应有
死孩骨,即曰兼育婴局,更不应无活婴儿。且教堂兼办育婴,虽
各省间有此案,而遍查历年条约传教条下,并无准外国人在中国
育婴之约。该教士等既于约外兼办育婴,复不遵光绪十五年两
广总督奏行章程,使地方官得司稽察,祸由自召,请于结案之时,
曲贷愚民之罪,以安众心;别给抚恤之赏,以谢彼族。庶不致积

愤日甚,为祸愈深。"坤一迁之。嗣获犯卒,拟罪军徒有差。案既结,外人屡移书督抚保护教堂,<u>仁堪</u>请奏定保护律例,言和约保护教堂,衹言从严惩办,并无若何惩办明文,故每出一役,使臣任意要挟,动增条款,宜明定保护之律,将焚毁教堂作何赔偿,杀伤教士作何论抵,〔一〕以及口角、斗殴等事,定明律法,人心既平,讹言自息。时<u>英</u>人<u>梅生</u>交通匪首<u>李鸿</u>,〔二〕为购军火,事觉,郡民汹惧。<u>仁堪</u>亲出巡防,达旦不寐,以安民心。又以<u>英</u>领事坐<u>梅生</u>罪,仅监禁九月,复上书总理大臣论之,词极剀切,有洋人忻爱珩者,持簿籍来谒,称欲捐建<u>中外</u>义学,并列沿途地方官衔名捐款,<u>仁堪</u>诘之,并无游历护照,乃商之关道,咨送该国领事查办,并请<u>两江</u>总督照会各国总领事,令公议章程,凡洋人无护照,即属流氓;傥私至各处为非,经地方官查出,应按照<u>中国</u>律法科罪,庶足清游匪,全邦交。

　　<u>太平湖</u>者,当四郡五县之交,萑苻薮也。<u>仁堪</u>创乡团,设局员,以镇摄之。又建荷花荡船坞,商贾无风涛患。郡为商埠,奸人诱拐民子女,窟穴其中,悉捕鞠,置之法。又狡黠朋比,扰市廛者,建悔过所禁锢之。驻防旗兵多倚势为虐,密达当事,拘最无赖惩之,商民以安。城中有善堂五:曰育婴,曰恤嫠,曰普仁,曰救生,曰留养。积久弊生,则易辙而更张之。<u>仁堪</u>尝谓民为邦本,亲民之官,当知民之利病。乃巡行乡里,无险阻穷僻皆躬到,慨然以设渠塘备荒自任。念官款无可请,又不欲扰民,乃驰书乞诸亲旧,复捐廉以益之。商富闻而感愧,咸踊跃输将,得钱三万馀缗。十八年春,率邑人度地高下,开塘二千三百有奇,沟渠闸坝以百计,积数十日,因劳得疾,犹强起视事。会蝗生,督捕于

野,病几殆,伏枕絮絮作捕蝗议,日召丹徒县知县王芝兰于署,口授方略;在野则以手书教之。是年秋,丹徒、丹阳大祲,陈灾状,蒙恩旨截漕济赈,又劝绅商捐助。于是清查户口,分别大小、极贫、次贫,放赈日,严察司事,无敢疏滥者,全活二十馀万人。民有售牛者,假官钱使刍牧之,名曰"牛赈",益用工赈法,择丁壮治水道,所开浚河渠,若太平港、沙腰河、练湖、越渎、萧河、香草、简渎之属,凡二十有五;自馀支沟别渠,二百三十有奇,皆引大江及运河水,使深入以溉民田。又凿塘四千六百,以蓄高原之水,〔三〕东西百馀里,水利毕举。地高不宜禾豆者,为购桑榆、松柏诸种,给民栽植。又买荒山十馀顷,以储种,足材木之用。金坛、溧阳亦量发仓谷赈之,取溧阳丝捐款,修县城,浚金坛薛埠旧闸,灌田数万亩,皆以工代赈。十九年,续举丹徒、丹阳春赈,一如前法,馀银四万两,发商生息,为积谷赀,以备不虞。收丹徒民所借牛赈钱,仿社仓法,立社钱,按区分储生息,为民间修沟洫、广义塾之用,使城董掌收,区董司发,互相箝制,以遏弊源。先是,郡之西乡僻陋,不知书,仁堪立榛思文社教之,郡城无学舍,于府署前建南濡学舍为藏修地,又清宝晋书院膏火积弊,悉复旧章。

七月,调苏州府,仁堪积前后劳,至苏即病,犹力疾入发审局,清结积案;冬防夜出巡,感寒卒。耗至镇江,士民皆欷歔流涕,乃列仁堪政绩呈督抚。二十年三月,总督刘坤一、巡抚奎俊据以上闻,谓:"仁堪以恺悌之心,行仁义之政,其治狱平法,似于定国;发奸摘伏,似赵广汉;讲求水利,似召信臣;恤灾黎,则富弼之于青州也;兴文教,则文翁之于巴蜀也。以实心行实政,视民事如家事,卓然有古循吏风焉。"

【校勘记】

〔一〕杀伤教士作何论抵　原脱"伤"字。今据清史稿册四三卷二六六
页一三〇九四补。

〔二〕时英人梅生交通匪首李鸿　"英"原作"洋"。今据清史稿册四三
卷二六六页一三〇九四改。

〔三〕以蓄高原之水　"原"原误作"源"。今据清史稿册四三卷二六六
页一三〇九四改。

　　何庆钊

　　何庆钊,河南固始人。由优贡以知县分发安徽,以克复六合
功奖知州,并赏戴花翎。历署寿州及东流、来安、涡阳等县,及庐
州府事,所至有声。

　　光绪三年,署宿州知州,逾年补授宿州,自兵燹后,益雕敝。
庆钊见文庙殿庑倾圮,亟倡议兴修,阅岁工竣。朔望会学官,率
诸生宣讲圣谕暨御制训饬士子文,勉诸生以敦品力学。邑旧有
正谊书院,庆钊聘名宿主讲其中,手定章程,令邑绅经纪,并于濉
口镇添建古濉书院。初,宿州兵乱,岁科两试,应者寥寥。及是,
增至二千馀人,试院不能容,乃于书院东添建西棚,又捐俸为春
秋试宾兴费,后沿为例。宿之北闵乡,先贤闵子故里,祠墓存焉。
旧列祀典,寇乱后,祭田质于他族,飨祀遂废。庆钊饬其后裔赎
还,并为申请大吏,立奉祀生二人,春秋由学官分往致祭。濉口
子路湖,相传为先贤仲子负米处,亦集赀建祠,为立奉祀生。凡

列入祀典各祠宇，及驿路桥梁之应修复者，靡不捐金为之倡。勤于缉捕，有席小猴者，巨盗也。先与匪目旷同竖旗滋事，旷同伏诛，而小猴独逸。庆钊购线悬赏，卒获之。保以直隶州知州，在任候补。当庆钊之莅任也，值晋、豫、直、东连年岁歉，皖境亦不登，宿稍完善，饥民闻而麇至。庆钊皆拨款赈济，复令绅耆设粥厂饵之，病者加致医药，流亡咸庆更生。宿素患蝗，岁设局收买蛹子，蝗入境，即率众扑灭。终任蝗不为灾。州治当孔道，饷差络绎，旧设额夫运送，或添雇之民。乾隆间易民夫为牛车，遂成车徭，乡民苦之。庆钊悉其弊，以山东南运盐局岁送巡费钱九百六十缗，拨充车价，不足者以私财补之，永免车徭。而别筹巡盐费，宿困大苏。民无葬地者，为置义冢；髫年失学者，为设义塾。又与寅僚士绅，共捐赀生息，为恤嫠、保婴、惜字、馈药、施棺、掩骼六事，各立条规，以资遵守，遇讼事，片言解释，两造辄涕泣而去。

州志阅六十馀年未修，庆钊以中历发捻，殉难节烈者，久恐湮没，因礼延名人续修之，志成，得忠义、贞烈数千名，并为请于朝，咸旌恤有差。

十四年，补广德直隶州知州，其治一如在宿州时。十八年，州试，卒于考舍。

张华奎

张华奎，安徽合肥人。父两广总督张树声，自有传。

华奎，由分发四川道员，中式光绪十五年进士，奉旨仍发原省以道员补用，旋加二品顶戴。十七年，四川总督刘秉璋檄办滇黔边引盐务。盐务素称弊薮,华奎悉心厘剔,事治而商不扰。遂署理川东道。先是,大足龙水镇教民倚势虐乡里,大激众怒,焚教堂五,毙教民一,毁其房舍百馀。部民余栋成托义愤,煽聚多人,数百里汹汹骚动。华奎至,先别良莠,以解其势。会营调团捕斩要匪,馀党悉散。时主教方挟此恫喝,索债甚奢,华奎酌予恤银五万两,据约力争,教士则斥逐回国。五教堂永不准复修,卒定议。因照会主教曰:"民教不和,由教素欺良善之民,积忿成雠,遂一发而不可遏也。自今须约束教士,不得干词讼而纵教民。"又通饬地方官吏,有平毋颇,于是群猜渐释。教士亦心服其公。终华奎之任,民教不复滋事。

重庆新厘旧厘创自同治之初,由绅议收,愈久愈蚀。华奎首裁署中陋规者数千,减浮支款三万馀,设报厘之票,严偷漏之罚,岁增解银十馀万。时值大足教案之后,重庆新通海关,讹言岌岌。华奎晓譬绅商,躬勘设关,及停泊商埠,采长江各关章程,斟酌损益,事汔大定。秉璋嘉其能,遂荐华奎"心精力果,有体有用,廉正干练,材可大任"。得旨,交军机处存记。十八年,补建昌道,饬所属兴文教,出署中岁入三千馀金,为书院膏奖,筹学田以赡教官,除考试需索之弊。所驻城市狭隘,火易延烧,华奎置水龙汲器,亲为条教,使民知所豫备。诸葛亮论治蜀宜严,严于治蜀官,非严于治蜀民,而酷吏不学,每以此藉口,酷烈示威,告讦株连,瘐死相藉。华奎严禁非刑,刊布前大学士曾国藩及其父树声所撰清讼章程,饬属遵行,违者详参。年馀,平反冤狱甚众。十九年,调署按察使,旋改署成绵龙茂道。

二十一年,回任。适鹿传霖督川,以华奎长于交涉,檄署川东道,与各国领事主教在<u>重庆</u>定结成都教案。日本通商<u>重庆</u>,<u>马</u><u>关</u>新约也,<u>华奎</u>预与税司勘租界,定<u>王家沱</u>为商埠以待之,日本总领事<u>珍田舍已</u>至,别索<u>江北厅</u>地。<u>华奎</u>以非原约,拒之,<u>舍已</u>复争场界管辖权,并援各国城居之例,<u>华奎</u>于人数行栈,坚持以限制,而城内制洋货,<u>川江</u>行轮船,阻之尤力。其论行轮船也,曰:"<u>川江</u>峡曲,而滩长流急,重船下滩,惟中流一线路,民船上滩依岸行,故无碍;轮船上滩必中流行。若遇民船下滩,峡曲则不及见,滩长则不及退,流急则不及避,触沉民船,溺<u>中国</u>人,当奈何?"曰:"人与五十金。"曰:"触沉轮船,溺外国人,当奈何?"<u>舍已</u>语塞,遂定合同而去。是冬,保荐卓异,旋奉旨调补<u>川东道</u>。<u>川东</u>既设子口税,奸商贩运土货,每藉偷厘。<u>华奎</u>遇事公行,其罚<u>英</u>领事,争之不为动。

先后<u>川东</u>数年,凡交涉皆智在事先,力维大局,馀所兴除尤多。积劳咯血,于二十二年八月卒。

马嘉桢

<u>马嘉桢</u>,<u>江苏吴县</u>人。光绪十五年进士,以知县即用,分发<u>河南</u>。十六年,补<u>西华县</u>知县,二十年,调<u>新野县</u>。二十一年,回<u>西华</u>任,以卓异荐。二十四年,署<u>柘城县</u>。二十五年四月,积劳卒于官。

其履<u>西华</u>也,民苦水为灾,乃设<u>仁济堂</u>,加孤贫粮额,隆冬访极贫,予之钱,兼施襦袴。时疠疫盛行,多死亡,复创设善局,购地置棺,以待掩瘗。遇棺无主者,次第标号以为识。县故<u>隋鸿沟</u>、<u>唐箕城</u>地也。朴陋相仍,民未知学。<u>嘉桢</u>广立义塾,岁延师

教导,月必亲历各塾,考其勤惰而高下之。县人由是欣欣向化焉。又作劝戒四民歌,分示城乡学塾,择晓人为之反覆讲解,期于化莠为良。书院向无储,历任率捐廉以奖诸生,嘉桢踵行之,优者加致膏火,岁以为常。县西南乡尹家坡地,洼下,患积水,遂成荒芜。嘉桢将于旁地之大郎沟、二郎沟,除浚渠道,使水直达沙河,有所归蓄。议未及行,调权柘邑,属之代者,卒藏厥事。

新野据豫鄂之冲,民刁俗敝,讼狱尤繁。嘉桢视事,惩讼师一二人,馀皆敛迹。有械斗者,则集其乡公正绅耆,晓以大义,令转相告戒,不期月而风俗一变。

其署柘城,时值岁俭,嘉桢首令停征,并请全将常平仓谷价作赈,不足以俸钱益之。本邑米贵,则赴近县亳州购运,复达书苏、沪,多方募集,先后请赈银凡八千两,放仓谷钱九千缗,募集义赈银五千馀两,躬巡灾区,按户散给,不假胥吏之手,民困大苏。又于城乡分设男女粥厂,别立医厂居病者。嘉桢夙知医,公暇辄亲疗之,触恶臭弗顾,或劝善自保卫,嘉桢蹙然曰:“是皆吾赤子,忍坐视其毙耶?”然卒以是病,遂殁。

嘉桢作令十年,起居服食如寒士。卒之日,家无馀财,士民咸哀之。

赵以焕

赵以焕,贵州广顺人。父国澍,自有传。

以焕,初以父荫袭骑都尉职,旋中光绪十五年进士,次年,以知县即用,指分江苏。十九年,补丹阳县知县,明年视事。时邑界频旱,以焕出巡乡里,视沟浍率垄秽堙塞,乃召集耆老,谕以兴修水利备灾祲,因为指示地势,及先后缓急之宜,出入阡陌间,口讲手画,娓娓不倦。所至民聚观听,皆曰:"官爱我厚。"互相劝勉,荷锸负畚,从事疏浚,不期年而役竣。由是蓄泄以时,弗忧旱潦。丹阳城内故有渠河,可通舟楫,岁久淤废。以焕欲治之,同官以费巨谏阻,以焕自捐廉俸,克日程工,旬月而复旧观,运舟达于阛阓。又以旧时书院湫隘,乃创设讲舍数十楹,选士肄业其中,躬自训诱。其尤良者,时引入便坐,赐酒食,或奖以文具,贫则量给膏火赀,俾赡其家。后生感奋,咸自力学。其怠骛者,往往藉他故重惩之。明示好恶,士习为之丕变。

以焕内敏足智,长于御变。二十一年,日本款议既成,东南解严。散兵游勇,所在为患。县滨大江,地尤冲要,于是齐豫流民,盘踞县境者千数;加以游匪扇诱,遂相聚掠劫,号称"夸子",持械公行,越货杀人,肆无忌惮。团防汛弁,不敢究诘。土民不获已,亦聚众与抗,所在骚然。以焕念相持无已时,终且酿祸。乃躬率营勇,驰往镇抚,至则众势讙哗,谕以资遣回籍,皆不应。以焕诱擒魁桀数人,拘回署中,馀众惶骇,莫敢动,然亦不遽听命,惟环跪乞释其魁,始惟令是从。以焕知若辈难以理喻也,适见道周有空旷佛舍,乃揭榜于门,晓之曰:"乱民聚众,于法当重治。念汝曹饥饿流离,为奸人所胁,姑宽恕汝。有愿归者,可皆入此庙中,候给川赀,还汝于籍。"顷之,入者大半,亦有逃散者,馀数十人,尚喧豗。以焕曰:"此真乱民也。"缚而重笞之。已乃具舟分道遣复乡里,事遂定。院司多其才,调补吴县。

旋以武进繁剧,檄令署理。时本境米价翔贵,以焕会商阳湖令筹款万馀金,贩米平粜。适日本亦告饥,商人趋利,转运出洋,于是奸民藉遏籴为名，结党掠夺官局富户，城乡嚣然。以焕时卧病，闻变，力疾出署，立捕其渠数人，谕散馀众，各乡匪徒拟俟城中有警，即起响应，闻城匪被逮，乃瓦解，而以焕竟以积劳病卒。

许祺身

许祺身，浙江仁和人。以知县分发山东，历署章丘、朝城等县知县，旋升胶州知州。光绪十五年，山东巡抚张曜保荐循良，奉旨嘉奖，调署东平州知州。岁饥盗起，祺身募兵缉捕，常单骑夜巡，以示不测。李官屯者，盗薮也。祺身亲往，谕献其魁，屯人不敢匿，卒获盗首而还。期年，擒盗四十馀次。巨盗如庞黑、庞四、长腿、张渭林等，皆就获。馀闻风远飏，州境以清。东平仍岁水灾，祺身周历灾区，拯济无算。其行荒政也，先之以平粜，复集捐广设赈局，寒则衣之，疫则药之，灾黎无失所者。又修筑运河北岸官堤，并民埝五百馀丈，南岸民埝五千馀丈，涸出民田数百顷。东平与汶上邻，汶上杨家堤屡决，灌东平。汶民以水有所归，不肯塞漫口。祺身晓以利害，群情悦从。遂会同汶上县修复，两境获安。

祺身有惠政，听讼明，决狱无冤滥。尤留意于文教，广书院名额，增生童膏火。公馀集生童于署，课以诗文，优者奖之。寒畯赴府院试者侭助之，士论翕然。署东平三年，回胶州任，道卒。

李景祥

李景祥，浙江鄞县人。光绪二十一年进士，以即用知县，签分奉天。二十三年，补广宁县。县民之豪者，往往挟奉教为乡人害,积怨不能平,几酿巨祸。景祥至,按条约告谕远近,教士不得干预地方事。有民教涉讼者,以理定其曲直,无所偏倚,人心大快。以是庚子拳匪起,他县教民多罹害,而广宁独全。城内水道久湮塞,夏秋恒雨潦,无所泄,将成泽国。景祥思疏浚之,遍访土人,不得故道。因考盛京通志,载广宁城内东隅有经济桥,桥南为会流桥,长春、大惠二水至此合流。然长春桥遗址尚存,而大惠桥无闻。乃于水落雨霁,详察长春之水东流,大惠之水西行,会此以达于河。捐廉倡修,循流疏凿,复其故道,水患遂除。广宁士习朴陋,景祥接引生童,勉以德行文章,诸生由是知敦品立行。

二十六年闰八月,俄兵入县境,溃勇土匪四出劫掠,人咸不自保。景祥与其长子士藩、幕友宋世清,誓与城存亡,团结乡勇,励以忠义。匪首金寿山、范广全、赵璧等先后攻城,闻景祥名,皆就抚,馀众亦相率远避。俄人之入城也,土匪孔宪邦实勾引之。景祥廉得其情,执宪邦置之法,俄员肃然。二十八年七月,城内有六和拳复起之谣,法国教士照会俄员,请领兵数百按户搜查,城中大恐,几激变。景祥力争其妄,俄教士夙知其平日治行,事遂得寝。

在任六年,积劳成疾,二十九年正月,卒。奉天将军增祺、府尹廷杰等以照军营立功后积劳病故例奏请,寻赐恤如例。

清史列传卷七十八

贰臣传甲

刘良臣　子泽洪

刘良臣，直隶人。明游击，守大凌河。本朝天聪五年，随总兵祖大寿等来降。八年，叙投诚功，授三等轻车都尉，隶镶黄旗汉军。顺治元年，授三等参领。二年，迁山西宁武关副将。三年，擢甘肃总兵，加都督同知。四年二月，疏言："甘肃军饷，向例本折各半折色，仰给兰州。今州库空虚，须赴西安关领，计镇标岁支折色银十六万二百馀两，现饷久缺，甘肃至西安几三千里，往返数月，非早给不能应用。又向例银七钱三搭放，更多脚费。请敕部议免搭制钱，将饷银早发。再镇属自河西达嘉峪，边长二千馀里，兼之海番、松番、西番等众纳贡，番回所至，盘踞分布，未周查。经制合镇官军二万六百五十，近又增西协兵千名，分驻城堡。臣自庄浪、凉州至甘州相视地势，现有官兵驻守不合机宜者,如庄属河霸等营,凉属镇番等营,昔冲今缓,应移防冲要,不必加兵增饷,防守皆得实用。"下部议行。五年,甘肃逆回米喇印作乱,良臣被执,死之。八年,特赠右都督。雍正八年,入祀昭忠祠。

子泽洪,明副将。顺治二年,随其伯父良佐投诚。五年,授二等轻车都尉世职。九年,袭其父所遗三等轻车都尉,并为二等男爵。康熙三十四年,卒。子俊德,袭。

孙定辽

孙定辽,辽阳人。明副将,守大凌河。本朝天聪五年,随总兵祖大寿等降,赐银币、鞍马、橐鞬、器用诸物。寻授副都统,隶镶红旗汉军。七年,大军克松山,诏大凌河诸降将有兄弟妻子在松山、锦州者,俱给完聚。定辽初降时,其从役二人私逃,人谓定辽遣归明,上不问。至是,谕及之。定辽疏言:"臣奉谕,始知十二年来负此大罪,荷恩不问。今松山、锦州既克,正臣心可白之日。逃去二人,未曾在臣家。如他处察获,亦可严鞫实情。"上慰答之。

顺治元年,随征山西,取太原府。寻随豫亲王多铎征江南,取扬州、江阴。三年五月,叙功,予骑都尉世职。七月,授湖广提督。初,流贼张献忠裨将王光恩降明,为郧阳总兵。大兵定湖北,光恩投诚,即以原官留镇。至是,以郧襄道李之纲劾其结连土贼陈蛟恣行贪暴事,逮问其弟光泰,遂叛,自称明镇武伯,偕弟昌纠党掠襄阳。四年五月,杀荆南道甘文奎、守道刘开文、襄阳知府杨扩、推官李实发、襄阳知县潘朝佐、副将杨文富、参将漆向友、都司袁捷,劫仓库,纵狱囚,返踞郧阳,杀知府董有声,同知刘璇、张有芳,推官孙扬声,郧阳县知县赵承祯,竹山知县童士勤,保康知县薛溥,典史雷之缙,势益猖獗。结陕西叛镇贺珍、武大定等为援。定辽在武昌,闻变,率兵援郧阳,遇贼安阳口,力战,贼追至河湾,定辽且济且战,中流矢,马蹶,没于河。游击李显功趋援不及,并为贼害。总督罗绣锦、巡按曹协卜先后疏闻,自文奎至显功十七人赠荫有差。定辽赠左都督,赐祭葬如例。晋世职三等轻车都尉,以其兄之子登高袭。雍正三年,定辽及奎等入祀昭忠祠。

孔有德

孔有德,辽东人。初与耿仲明为明总兵毛文龙部校,文龙善遇之。及文龙为督师袁崇焕所杀,副将陈继代领部众。有德谓不足共事,偕仲明走登州,巡抚孙元化官辽久,谓辽人可用,奏授步兵左营参将。

大兵围大凌河急,元化令骑八百赴援,行数日兵乏食,肆掠村堡,有德绳以法,兵益哗。小校李应元,参将李九成之子也。九成为元化赍金市马耗其金,惧诛,遇应元于吴桥欲倡叛,有德与合谋,还掠陵县、临邑、商河、齐东、德平、青城、新城,遂趋登州,围之。约仲明及都司陈光福内应,城破,以元化素有恩勿杀,释之去。收辽人三千馀,会旅顺副将陈有时、广鹿岛副将毛承禄亦叛明来合,[一]兵势益壮。众推有德为王,有德曰:“今方起事,何敢遽膺王号?”众强之,乃自称都元帅,铸印登坛,署官属:九成为副元帅,仲明、有时、承禄、光福为总兵官,应元为副将,四出攻掠。明以保定、天津、昌平诸镇兵会剿,逾年弗能制,议用辽人之在宁远者,使总兵祖大弼、吴襄督之,围登州。九成、有时出战死,有德虑不支,遣部将来我朝纳款。集战舰突围出,泛海过旅顺口,明总兵黄龙以水师截击,应元死于阵,承禄、光福被擒;朝鲜兵复邀之于鸭绿江。

　　天聪七年四月,命诸贝勒统兵驻岸受降,明兵及朝鲜兵不及追。有德偕仲明携人众辎重来归,给田宅于辽阳。六月,召赴盛京,上帅诸贝勒出德盛门十里至浑河岸,行抱见礼,亲酌金卮劳之,赐敕印,授都元帅。寻随贝勒岳托征明旅顺,破其城,黄龙自刎死。有德收辽人数百自属。及还,有德坠马伤手,留辽阳。诏慰之曰:“都元帅远道从戎,良亦劳苦。行间一切事宜,实获朕心。至于赞襄招抚,尤大有裨益。不谓劳顿之身,又遭衔蹶之失。适闻痊可,大慰朕怀。”又传谕曰:“卿所携红衣大炮,已运至通远堡矣,即付卿,令军士时时演习。”八年正月,御殿,命与八贝勒同列第一班行礼,遣官为营第宅,有德疏辞曰:“臣自归附以来,蒙恩赐赍服物田宅,已极周渥。今更劳睿虑,为臣治室宇,臣心实切不安。惟愿皇上勉图进取,俾中原底定,民庶康宁。斯时以华屋赐臣,臣乃受之无愧也。”奉旨:“进取之事,难以预料,惟仰赖上天之垂祐耳。若得如所言,天下底定,更有酬庸之典。今为营第宅,聊示优异,其勿辞!”三月,诏定有德军营纛旗之制,以白镶皂,别于满州及旧汉军,号天祐兵。四月因有德于朝臣往来辽阳者,悉躬迎款宴,谕止之;并令礼部,凡有德遣使诣盛京,给馆饩。

　　八月,从上征明,由大同入边,击败敌骑于代州城西,俘斩甚众。九年,有德以新附人民日众,偕仲明输粮助饷,上以归附人民,粮已足用,却之。崇德元年四月,封恭顺王。十二月,获大炮及辎重,从上征朝鲜,败其援兵。二年,随武英郡王阿济格攻克皮岛,赐蟒服、银币。先是,旅顺之役,诸贝勒疏言有德、仲明所属将士,当投诚时,争占官廨及富家宅,藉称戚属,多取俘获人户,上以来归未久,置勿问。至是,复有言其部众违法妄行者,谕令申严约束,毋蹈故辙。三年,上征明锦州,有德偕仲明及智顺王尚可喜,都统石廷柱、马光远等,以神威将军炮攻克锦州城西台、戚家、石家诸堡,又招降大福堡,赐所俘获。四年,从征松山,炮击毁城堞。明守将金国凤乘夜葺城,拒益力。有德议凿地道攻之,明总兵祖大寿自锦州遣蒙古兵三百入城,多方防御,不能凿,我兵遂还。六年,率兵更番围锦州,破明兵于杏山。七年,赐服物及降户。时汉军始分八旗,有德请以众部隶汉军,于是隶正红旗。八年,从大军取明中后所、前屯卫。〔二〕

顺治元年四月,随诸王贝勒入山海关,击败流贼李自成,追剿至望都。十月,上御皇极门宴赉之。寻以豫亲王多铎为定国大将军,有德率兵从。二年,破自成于潼关,遂定西安,移师下扬州、江宁,分克江阴县,乃班师,赍蟒服、良马、黄金百两、白金万两。命还镇辽阳,〔三〕操兵马,俟调遣。三年,授平南大将军,征湖南,并可喜受节制。初,自成弃西安走襄阳、武昌,窜死九宫山,其党李锦、高必正、郝摇旗、土进才、蔺养成、牛有勇、袁宗第、刘体纯等众数十万,走长沙、常德,为明巡抚何腾蛟招降,请于桂王朱由榔,授总兵,与旧将黄朝宣、杨国栋、李茂功、黄晋、吴兴、萧旷、姚有性、张光璧、刘承胤、董英、曹志建分据湖南。由榔以武冈为奉天府,自桂林徙居之。有德至岳州,进兵长沙,击走进才,歼其众,下湘潭;败朝宣兵,克衡州,斩朝宣及其四子;取祁阳,进克宝庆,斩茂功、晋、兴,及步骑万馀,遂薄武冈。由榔与腾蛟走桂林,承胤、英降。光璧集沅州万馀众拒战,副都统蓝拜等破之,取沅州,分兵克靖州,斩旷、有性。五年,克辰州。湖南诸郡邑底定。进平广西全州,并招降兴安、灌阳、铜仁苗峒二百馀。奉诏班师,宴劳,赉黑狐、紫貂、冠服、彩帛、鞍马、黄金二百两、白金五千两。六年五月,赐金册金印,改封定南王。

命统兵征广西,携家驻衡州。先是,有德自湖南班师,南昌总兵金声桓、广东提督李成栋相继叛,湖南郡邑复为锦、摇旗、进才、宗第等侵据。上命郑亲王济尔哈朗、顺承郡王勒克德浑统兵讨之,恢复长沙、衡州、宝庆诸郡,而马进忠犹据武冈,进忠者明季流贼十三家之一,自称"混十万"。明将左良玉招降之,良玉死,归由榔,为总兵。至是,与其党曹志建、郑恩受、刘禄、胡光荣、林国瑞、黄顺祖、向文明等寇扰靖州、永州、郴州,窥宝庆。十月,有德至衡州,遣副将董英、何进胜斩恩受于燕子窝,自督兵永州,击走贼众数万,俘斩过半。七年正月,攻武冈,阵擒禄、光荣等,进忠负创远窜,武冈、靖州俱复。志建踞龙虎关,有德移兵永州,分布攻围,大破之,擒国瑞、顺祖于兴宁,文明率众五万降。捷闻,得旨嘉奖。十二月,有德拔桂林,由榔先遁,擒斩其王、侯、官属四百馀。桂林、平乐二府底定。八年正月,有德奏移藩属驻桂林。寻遣总兵马蛟麟等进克柳州、[四]梧州二府,象州、马平、雒容、柳城、融县、怀远、苍梧、藤县、容县、岑溪、怀集、北流诸县悉平。复遣总兵线国安、马雄、全节分三路进取,有德赴广州、廉州策应,恢辟思恩、南宁、庆远诸郡。

九年四月,有德疏言:"臣荷先帝节录微劳,锡以王爵。恭遇圣主当阳,正四海永清之日。南粤、东西、八闽,尚未全归版图。臣谬辱廷推,驻防闽海。同时有固辞粤西之役者,盖因其地最荒僻,民少山多,百蛮杂处,诸孽环集,底定难骤期也。臣自念受恩至渥,必远辟岩疆,始敢伸首丘夙愿,故毅然以粤西为请。受命以来,道过湖南,伏莽犹蔓延六郡,拮据一载,咸与扫除。乃进征粤西,仰藉威灵,所向克捷。贼党或审或降,虽土司瑶、伶、狼、僮,古称叛顺靡常者,亦渐次招徕,受我戎索,粤西业已底定,臣生长北方,与南荒烟瘴不习。每解衣自视,刀箭瘢痕,宛如刻划。风雨之夕,骨痛痰涌,一昏几绝。臣年迈子幼,乞圣恩垂鉴,即敕能臣受代,俾臣得早觐天颜,优游绿野。"疏入,奉旨:"览王奏,悉知功苦。但南疆未尽宁谧,还须少留,以俟大康。"先是,有德以黔贼孙可望附桂王窥伺楚、粤,请敕剿抚。将军续顺公沈永忠拨重兵驻防沅州,以扼楚、粤门户,复令缐国安、全节、马雄分守南宁、庆远、梧州。未几,桂王将李定国、白文选陷沅州、靖州、武冈。永忠自宝庆告急,有德遣兵赴援,至全州,永忠已弃宝庆退湘潭。七月,定国由间道逼桂林。时城中守兵无多,贼昼夜环攻,有德登城御,为矢中额,仍指挥击贼。及闻城北山岭已为贼踞,令家众举火焚室,曰:"城亡与亡,大义也。"遂自缢。事闻,上震悼,谥武壮。

大兵复桂林,女四贞以榇归京师,赐祭葬,立碑墓道。给四贞白金万两,并视郡主食俸。复谕礼部曰:"定南武壮王孔有德航海来归,屡建功绩。迨朕平定天下,有德剿巨寇,靖南服,开辟广西,勤劳懋著。不意桂林之役,众寡不敌,精忠自矢,竟以身殉,义烈允彰。应立祠致祭。"于是部议立祠,春秋致祭,以其妻白氏、李氏陪祀,皆殉节桂林者也。一子名廷训,当桂林陷时,为定国掠去。十六年,大兵定云南,随征总兵李茹春旧为有德护卫,访知廷训于十五年十二月为定国所杀,乃收其骸骨,乞归葬。奉旨:"定南王子久陷滇中,尚冀大兵克取,来京有日。据奏惨遭逆害,深可悯恻。下部议恤。"特予祭葬。

【校勘记】

〔一〕广鹿岛副将毛承禄亦叛明来合　"鹿"原作"陆",音近而讹。贰臣传(琉璃厂半松居士排字本,以下简称贰排)卷一叶五下同。今据贰臣传(琉璃厂永盛书坊检字本,以下简称贰检)卷一叶六上改。

〔二〕从大军取明中后所前屯卫　原脱"明"字。今据贰排卷一叶八下及贰检卷一叶一〇下补。按本卷张存仁传同。

〔三〕命还镇辽阳　原脱"还"字。今据贰检卷一叶一〇下及贰排卷一叶九上补,但贰排又脱"命"字。

〔四〕寻遣总兵马蛟麟等进克柳州　"柳"原误作"郴"。贰排卷一叶一一上同。今据贰检卷一叶一三下改。

王鳌永

王鳌永,山东临淄人。明天启五年进士,累官郧阳巡抚。崇祯时,张献忠犯兴安,鳌永防江陵。大学士杨嗣昌督师,好自用,每失机宜。鳌永尝规之,不听,遂奏罢鳌永。鳌永上书于朝曰:

"嗣昌用兵一年,荡平未奏,此非谋虑不长,正由操心太甚。天下事总挈大纲则易,独用万目则难。况贼情瞬息更变,今举数千里征伐机宜,尽出嗣昌一人。文牒往来,动逾旬月,坐失事机,无怪乎经年不战也。臣愚以为陛下之任嗣昌,不必令其与诸将论功罪,但责其提衡诸将之功罪。嗣昌驭诸将不必人人授以机宜,但核其机宜之当否,则嗣昌心有馀间,自能办贼。"疏入,不报。后嗣昌败,授鳌永户部右侍郎。时有主事蒋臣请行钞法,岁造三千万贯,每贯价一两,岁可得银三千万两。鳌永赞行之,特设内宝钞局。未几,复出为通州巡抚。流贼李自成陷京师,鳌永被拷索,输银乃释。

本朝顺治元年五月,投诚。六月,睿亲王令以户部侍郎兼工部侍郎衔,招抚山东、河南。鳌永请以井陉道方大猷,员外郎张慎言,[一]主事胡之彬、潘臣等偕往,疏言:"重兵屯集京畿,筹饷维艰。自畿南、山东、河南要地有八,宜各移兵驻镇。俟秋爽,大兵进剿闯贼,就近调度,可北控潼关,南扼武关。"得旨允行。鳌永至德州,同都统觉罗巴哈纳、石廷柱等击走自成馀党。寻赴济南,遣官分路招抚,疏言:"东省士民愿归附,特以盗贼充斥,无由达。请简巡抚、司道各官,以慰徯望。"又荐明大学士谢陞,并得旨如所请。寻命方大猷为山东巡抚,巴哈纳等移师征陕西。鳌永同大猷及登莱巡抚陈锦、沂州总兵夏成德、胶州副将柯永盛等,绥辑山东郡县,剿馀贼。八月,疏报济南、东昌、泰安、兖州、青州诸属邑,俱归顺。复遣官由广平、大名招降彰德、卫辉、怀庆、开封、归德五府,赍明德王朱由弼、衡王朱由楲降表以闻。是时,明福王朱由崧据江南,以刘泽清为东平伯,镇庐州。泽清尝任山东防海总兵,其旧部将杨威踞登州、莱州,自称前锋恢剿副总兵,肆焚掠。鳌永请敕大兵进剿,上命副都统和托、李率泰讨之。师未至,鳌永先赴青州备刍饷,会土贼张舆伪称总镇大元帅,踞高密作乱。永盛率青州驻防兵往剿,有赵应元者,自成裨将也。败窜长清县,窥青州,兵少。十月,率众伪降,既入城,遂肆掠,蜂集鳌永官廨,缚之。鳌永骂贼不屈,遂遇害。和托等至,斩应元。事闻,得旨王鳌永招抚著劳,尽节死难,宜予旌恤。于是赠户部尚书,赐祭葬如例。

授其子樛骑都尉世职,隶镶蓝旗汉军。后以袭次满,停袭。乾隆十五年,特予恩骑尉,世袭罔替,以鳌永四世孙作亮袭。

【校勘记】

〔一〕员外郎张慎言　“言”原误作“学”。贰检卷一叶一八下同。今据贰排卷一叶一五上改。

王正志

王正志,直隶静海人。明崇祯元年进士,累官户部左侍郎。本朝顺治元年,大兵定京师,授原官。

二年五月,改兵部右侍郎,巡视延绥。疏言:“榆镇幅员辽廓,素为贼窟,较他镇伤残更甚。闻标兵二千馀已无存,请急拨饷招募。”部议于西安库支银二万为募兵粮饷。十二月,疏请蠲肤施、米脂二县本年钱粮,诏如所请。三年正月,四川降贼贺珍复叛,应逆贼孙守法出栈道,陕西总督孟乔芳檄榆林总兵王埏帅本镇兵扑剿。正志疏言:“延安土贼刘文炳现聚众千馀窥伺,镇

兵一出，恐贼乘隙。请先令挺奸文炳，然后往剿。"得旨："土寇
盘踞，自当速剿，听相机便宜行事。"九月，疏奏绥德州、安塞、米
脂、清涧、洛川各州县冰雹蝗蝻为灾，吁恩蠲恤，得旨免本年额赋
之半。十一月，疏言："延绥镇东西千二百馀里，南北千馀里，旧
设东、西、中三协，分统营堡，各有专责。自顺治二年议裁中协，
查中路自双山至清平共堡十，旧时保宁、清平皆参将。今俱设守
备与守堡各官，并无副参，遇警统驭无人。且各堡与套人止隔一
边墙，刻须严防。请仍设中协副将驻波罗堡，另募兵千名，即择
地方将领熟练者任之，以资保障。"下部议行。

六年二月，大同总兵姜瓖叛，正志遣参将王永强赴河防堵，
永强密通贼，陷延安、榆林等处，执正志，不屈，禁之。寻被贼绞
死，并其子王麟，巡抚王尔性以闻。八年二月，特赠都察院右都
御史，赐祭葬如例。

徐一范

徐一范，江南高淳人。明崇祯二年进士，官南京吏部郎中。
本朝顺治元年，投诚，授礼部郎中。五年九月，授大同左卫兵备
道。将之任，闻总兵姜瓖据城叛，兼程进，趋马邑，欲与从子马邑
县知县明弼谋讨贼。至则贼党环匝，一范以大义谕居民，贼怒，
梃刃交加，至死，骂不绝口。七年六月，宣大总督佟养量疏言：
"姜逆倡乱云镇时，一范殉难可怜，请赐恤典，以慰忠魂。"章下
所司，赠光禄寺少卿，荫一子入监读书。八月，赐祭一坛。乾隆
二十九年，入祀昭忠祠。

徐勇

徐勇,辽东人。初为明巡抚何腾蛟裨将,后隶宁南侯左良玉部下,官总兵。

本朝顺治二年,英亲王阿济格追流贼李自成下九江,勇随左梦庚迎降。王令署九江总兵,旋调镇黄州。时土贼黄拐子、李聚马等纵掠九江,[一]自成馀党踞黄州东山四十八寨,阴结商城、固始诸贼煽乱。勇授策副将徐启仁合九江总兵金世忠击九江土贼,遂率兵剿白云寨,贼首王光淑拒战,勇令诸将东西夹击,而自简精锐,由中路进剿光淑,下马擒之,其党易道三率众降,移师剿斗方寨,擒贼首周从勖,降其众,并招降刘婆等九十五寨。三年正月,叛将郑廉贲明唐王朱聿键及腾蛟书招勇,勇执斩以闻。五月,伪总兵欧应衢、周文江寇黄安、麻城,勇率兵援,至塔子山击败之,追擒文江;复与总兵祖可法、张应祥会剿,降邹墩、大佛等三十二寨,应衢授首。

命勇以署总兵镇长沙。五年正月,叛镇金声桓据南昌,使约勇应援,勇斩之。五月,加都督佥事衔,实授长沙总兵。十月,安仁、耒阳贼犯攸县,勇遣参将李如龙击之,擒伪总兵谢如香等,斩级三千馀。自成馀党一只虎降于腾蛟,纠众窥长沙。勇沿江列炮击沉贼舟,稍退,复来犯,勇方督战,中流矢仆,复苏,裹创战愈奋,我兵以炮击贼,毙其渠三人。日暮收兵,令将士衔枚守城。贼潜薄城下,甫树梯,炮矢齐发,乃却走。贼复掘濠穿城丈馀,几隳,勇令增筑木城,守御益固;别凿地道,掩杀贼千馀,造悬楼十馀,飞矢以断贼往来。密遣兵驾轻舟,布列江滨,贼遂惊溃。会腾蛟亦遣将分袭永州、宝庆、衡州诸郡。勇疏言："长沙东西受敌，臣以兵三千当贼数万，即婴城固守，尚虞不足。请速益兵数千，以资攻战。"既而一只虎复集众寇长沙，都统佟图赖率兵赴援，一只虎遁去。六年正月，勇遣人迎郑亲王济尔哈朗军，赴长沙会剿，擒腾蛟于湘潭。五月，加都督同知衔，调辰常总兵，驻辰州。复疏言："辰常界连黔粤，苗瑶杂处，贼寇出没不常。前赖亲王奋扬威武，腾蛟就擒，而一只虎尚漏网。今亲王既奏班师，都统佟图赖兵亦北调，贼党牛万才、马进忠、王进才等猖獗无忌。盖贼畏禁旅而不畏南兵，请敕发八旗兵剿贼湖南。"疏下所司议行。八年五月，叙功，授一等轻车都尉兼一云骑尉。

九年六月，流贼张献忠馀党孙可望附明桂王，遣党掠沅州、靖州、武冈、宝庆，突陷桂林，定南王孔有德死之。楚粤骚动。九月，桂王由荆州与伪侯张光翠、总兵张景春窥辰州，屯荔溪，距城四十里。勇督将士渡江战，约曰："成败利钝，在此一举。倘有不测，勿复渡此江。"于是参将张鹏、游击吴光鼐等奋勇杀贼，阵斩景春及其众数百，生擒其将王忠、阎之美、姜祚昌、吴起顺、马佩、曹运期等。捷闻，谕曰："尔屡奏拒斩贼使，多有擒获。同道府县将领各官，誓死固守，忠壮可嘉！昨览奏，以孤军迎击巨寇，歼戮无算，生擒伪官及贼众甚多，获伪印伪札，并器械马匹，朕心嘉悦！已谕部从优议叙，尔宜益奋忠勇，诛渠歼党，保固疆圉，以膺殊恩。"十月，加左都督衔，晋爵三等男，赐冠服、弓矢、鞍马。是时，敬谨亲王尼堪奉诏率禁旅剿可望。未至，可望党分踞宝庆、武冈、沅州，四出攻掠。勇以兵三千守辰州，声援绝，饷且匮，可望屡遗书诱降，勇辄斩其使。十一月，桂王将军白文选纠众五万来犯,勇方督战北门城楼,文选列象阵,突陷东门。勇率数骑巷战,中创,堕马,复手刃数人,遂遇害。既死,犹握刀不释,或断其手以去。妻曹氏、子祚泰及亲属遇害者三十九人。十一年八月,经略大学士洪承畴疏陈其事,得旨:"徐勇屡著战功,忠节殉难,阖门受害,深可悯恻!"下所司议优恤,赠太子太保,晋爵二等男,赐祭葬,谥忠节。建祠江夏,以其兄之子自贵袭爵,入籍武昌卫。

　　乾隆三十二年,上念国初以来,绿旗官弁致命疆场,折冲阃外者甚多,命核实具列以闻,于世职袭次满时,照入旗之例赏给恩骑尉,世袭罔替。徐勇与焉。

【校勘记】

〔一〕李聚马等纵掠九江　"聚"原误作"纵","纵"作"聚"。贰检卷一叶二一上同。今据贰排卷一叶二五上改。

　　郝效忠

　　郝效忠,辽东人。明副将,隶左良玉部下。本朝顺治二年,英亲王阿济格追流贼李自成至九江,效忠随左梦庚迎降,王令署原官,与同降总兵惠登相入山搜剿,招抚伪都督王复远万馀人。随大军进取湖南,复武陵县。寻随总督佟养和镇武昌,英亲王班师,随入京,隶正白旗汉军。五年,充湖南右路总兵,加都督金事。寻叙投诚功,命授三等轻车都尉世职。七年,孙可望纠滇黔贼众肆扰,效忠遣参将马如松击败之于托口,擒伪总兵李应元等。八年,可望等陷沅州,效忠遣守备吴进功等堵剿,复亲率兵进克黎平屯四卫所,可望窥我兵少,突来犯,效忠力战,马蹶,被执不屈,遂遇害。事闻,诏赠都督同知。雍正七年,命入祀昭忠祠。子尔德,袭世职。

马得功

马得功,辽东人。明总兵。本朝顺治二年,豫亲王多铎下江南,明福王朱由崧遁芜湖,护军统领图赖邀其去路,得功同总兵田雄缚福王及其妃来献,王令以原衔从征。

寻授镇江总兵,隶镶黄旗汉军。时江宁初定,明瑞昌王朱谊泐潜据城外花山、龙潭一带,纠众散札。三年九月,与其经略韦尔韬,总兵杨三贯、王朗生、谢宏之、姜云甫等谋犯江宁,事泄,遁镇江,得功追获谊泐于王巷,尔韬等均就擒,斩之。十一月,以滥收劫贼姚翼庭入伍,降一级调用。四年五月,大学士洪承畴奏请得功署副将,赴闽防御。八月,随浙闽总督张存仁剿建宁邵武山贼,复松溪、政和、建阳、崇安、光泽等县,驻防松溪。十一月,明鲁王朱以海、巡抚刘中藻陷庆元县,得功同副将李荣援剿,复其城。六年正月,复永春县,擒鲁王总师兵部颜昌儒、提督郑瑛、总兵郑岳等,平三百馀寨;进取虎豹关,复德化县,平建宁府。五月,授右路总兵,加都督金事。十二月,复南安县,擒鲁王,将陈已斩之陈奇甯入海。时有逆首林忠结寨于双坑等处,奇帅海贼援之。七年五月,得功击斩奇,忠遁。九月,海贼郑丹国据兴化、仙游、惠安等处,得功擒丹国,并其党赵子章,俘斩无算。八年,巡抚张学圣乘海贼郑成功他出,令得功取厦门贼巢,贼奔回,复夺厦门,乘势围漳州,破海澄,得功败,退守泉州。九年,同都统金砺解漳州围。寻以得功前克厦门贪取财物致败,命拿交刑部鞫实,坐失守汛地罪,援赦免。

十一年三月,叙前功,赐一品顶戴。八月,出镇泉州,得功自陈功册三十馀次,且与田雄同投诚,今雄已授一等子,恳求世袭,下部议授一等子爵,加都督同知。十三年二月,擢福建提督。七月,林忠复据永春、德化、尤溪、大田等处,巡抚宜永贵令得功赴山进剿,阅十馀日,甫抵贼寨,闻海贼乘虚破闽安镇,围省城甚急,得功星驰与城内兵夹攻,围解。时贼已分兵陷连江县,得功乘胜进剿,败分围罗源之贼,复连江。贼退据闽安,十四年,同浙闽总督李率泰等攻克之。十五年四月,成功统贼众近泉州登岸,得功整兵冲杀,贼遁,乘潮北犯。六月,得功疏言:"贼出没无常,今连艘北犯,势必近寇温、台,远及浙西。巢穴在闽,定属空虚。宜上击白沙,下略泀洲,〔一〕分其北逞之势。"七月,克白沙,以捷闻。十六年二月,贼将黄昌统大舰百馀来犯洛阳内港,据长桥,得功夺桥,败其众,贼于厦门集炮台拒敌;复败之,贼党黄邑卿率众据湄州犯峰尾,得功擒之。十七年,以病乞代,上慰留之。十八年三月,晋爵三等侯。剿平泉州诸贼林顺、沈彩、王贵等。六月,土寇杨意啸聚同安,要截行旅,密令营兵改装匿械,诱斩意。七月,逆贼余思始、张普等连海贼犯南安,调参将王承印扑剿,至彭溪,斩伪先锋李鹏,降张普等。

康熙元年,迁滨海居民于内地,击败阻迁海贼。二年,大兵进剿厦门、金门,得功攻克鸟沙,追贼出洋,南风陡发,贼乘上流来战,得功奋勇冲杀,殁于阵。总督李率泰以闻,得旨优恤,赐葬地。四年,恩赐一等侯,谥襄武。雍正七年,入祀昭忠祠。

子三奇,袭爵。

【校勘记】

〔一〕下略沗洲　"沗"原误作"汭"。今据贰检卷一叶二三下改。按贰
　　排卷一叶一九上作"沔",亦误。

李永芳

李永芳,辽东铁岭人。明万历四十一年,官游击,守抚顺所。
时叶赫贝勒锦台什、布杨遣蒙古人诉于明曰:"哈达、辉发、乌拉
三国,满洲已尽取之。今复侵我,其意即欲侵明矣。"明于是令游
击马时楠、周大岐率练习火器者千人,为叶赫守东西城;且遣使
诇我朝言毋相侵,当修好罢兵。太祖高皇帝以书与明曰:"昔叶
赫、哈达、乌拉、辉发、科尔沁、锡伯、卦勒察、珠舍哩、讷殷九姓之
国,于癸巳岁合兵侵我,我是以兴师御之,天厌其辜,我师大捷。
斩叶赫贝勒布斋,擒乌拉贝勒布占泰,仍遣之归国。逮丁酉岁,
刑马歃血以盟,通婚媾,无忘旧好。讵意叶赫渝弃前盟,将已字
之女,悔而不予。至布占泰吾所恩育者,反以德为仇,故伐之而
歼其兵,取其国。今布占泰逃奔叶赫。此吾所以征讨叶赫也。
与明国何嫌何怨,而乃欲相侵耶?"既作书,遂亲往抚顺所,永芳
出城三里外迎导入教场,太祖以书予之,乃返。未几,明总兵张
承荫立碑于我屯田界内之柴河、三岔、抚安,不容刈获。巡抚李
维翰又执我使臣刚古里、方吉纳等胁偿越界采参受戮之人。

四月,本朝天命三年,是为明万历四十六年,太祖书"七大
恨"告天,始兴师征明。以书谕永芳曰:"尔明发兵疆外,卫助叶
赫,我乃兴师而来。汝抚顺所一游击耳,纵战亦必不胜。今谕汝
降者,汝降,则我兵即日深入;汝不降,是汝误我深入之期也。汝

素多才智,识时务人也。我国广揽人才,稍堪驱策者,犹将举而用之,结为婚媾,况如汝者有不更加优宠,与我一等大臣并列耶?汝降,俾汝职守如故,恩养汝;汝若战,则我之矢,岂能识汝也?必众矢交集而死。既无力制胜,死何益哉?且汝出城降,则我兵不入城,汝之士卒皆得安全;若我兵入城,则男妇老幼,必致惊溃,亦大不利于汝,勿谓朕虚声恐喝而不信也。汝思区区一城,吾不能下,何用兴师为?失此弗图,悔无及也!其城中大小官吏、兵民等献城来降者,保其父母妻子,以及亲族,俱无离散,岂不甚善?降不降,汝熟计之!毋不忍一时之忿,违朕言,致偾事失机也。"永芳奉谕,知大兵至,冠带立城南门上,令军士备守具,不移时,大兵树云梯登城,守陴者惊溃。永芳遂乘骑出降,我管旗大臣阿登引之谒上,命收降城中人及东州、马根单二城台堡塞五百馀,守备王命印不降,就戮;张承荫自广宁同辽阳副将颇廷相、海州参将蒲世芳、游击梁汝贵等,率兵万赴援,皆殁于阵。上命毁抚顺城,编降民千户,迁之兴京,仍如明制,设大小官属,授永芳副总兵,辖降众,以上第七子贝勒阿巴泰女妻之。

是年七月,从上征明,招清河副将邹储贤降,储贤不从,同参将张旆率兵万人,战死,城遂拔。四年,上统师取明铁岭城。六年,取沈阳、辽阳,永芳俱从征,有功,擢总兵官。明巡抚王化贞及边将累遣谍来诱,永芳执其人并书以闻,上嘉奖,赐敕免死三次。天聪元年,因明将毛文龙结朝鲜踞海岛,命贝勒阿敏、济尔哈朗,内大臣扬古利、纳穆泰等,与永芳率师征朝鲜,谕以朝鲜理宜声讨,然非必欲取之,凡事相机度义而行。于是先攻克朝鲜义州,分兵征铁山,击走毛文龙,进克朝鲜定州、安州,俘斩无算。

师次平壤城，其官民皆遁，遂渡大同江。朝鲜王李倧遣使赍书来迎，诸贝勒得书，历数其不恭之罪，许以遣亲信大臣谢罪誓盟，即班师。师次黄州，李倧遣人驰告，即有亲信大臣来盟，贝勒阿敏仍欲进攻，永芳言于诸贝勒曰："我等奉上命秉义而行。前与朝鲜书已言若遣亲信大臣谢罪誓盟班师，今若背前言不义，盍暂驻于此待之！"诸贝勒皆是其言，独阿敏怒叱永芳曰："尔蛮奴，何得多言！我岂不能杀尔耶？"遂进次平山，李倧所遣亲信大臣及其弟原昌君李觉至，阿敏谓诸贝勒曰："吾常慕明朝皇帝及朝鲜王所居城郭宫殿，无因得见。今既近朝鲜国都，岂可不至而归？当前往为久居计耳。"贝勒岳托、济尔哈朗、阿济格、杜度皆以为不可，卒如永芳前议，遣副将刘兴祚等往盟而还。八年五月，分别诸臣功次，以永芳归诚最先，予三等子爵，世袭罔替。是年，卒。

子九人，隶正蓝旗汉军，均授官。次子率泰，官至大学士、总督；第三子刚阿泰，官至总兵；第五子巴颜，袭世爵，官至都统，别有传。

孟乔芳

孟乔芳，永平人。明副将。罢职家居。本朝天聪四年，大兵克永平，乔芳降，诣御营朝见，上以金卮酌酒赐之，令以原官领降兵，随诸贝勒驻永平。遣人往阳和侦探。明总兵祖大寿亦遣人至乔芳所，侦我兵多寡，乔芳缚以献。寻随大军归辽阳，隶汉军，管佐领事。五年，授刑部承政，予二等轻车都尉世职。崇德三年，更定官制，改刑部左参政。四年，兼正红、镶红两旗汉军副都统。七年,随大兵围明锦州,同都统金砺等克塔山城。是年,分汉军八旗,乔芳改镶红旗副都统,后遂为镶红旗汉军人。八年,有以贝勒罗洛浑家人夺金事诉者,乔芳置弗理,坐瞻徇,降世职一等。十月,随大兵征明,攻前屯卫、中后所二城,并克之。叙功加一云骑尉。

顺治元年,从大军入关。二年四月,授陕西总督。长安妖民胡守龙等造伪印倡乱,乔芳遣副将陈德擒斩之。闰六月,疏言:"秦省沿明陋习,各官苴政,俱有铺设,繁费累百姓,请严禁。"诏如所请。时流贼张献忠尚据四川,乔芳请于兴安驻重兵,汉中增设巡抚,以扼其冲。疏下部议行。三年,宁夏兵变,杀巡抚焦安民,乔芳授计总兵刘芳名,斩首恶王元、马德,别遣副将任珍、陈德、王平等剿贼贺珍、刘二虎、胡向宸于兴安,挫贼众,追斩向宸,败孙守法于椒沟,降平天、青嘴诸寨。复遣副将张勇、刘友元擒贼贺弘器于安家川。五年四月,流贼一朵云、马上飞等犯西乡县,乔芳遣任珍会汉羌总兵驰剿,斩伪监军许不惑及贼众千馀,生擒一朵云、马上飞。

寻河西逆回米喇印、丁国栋作乱,渡河而东,连陷郡邑,薄巩昌。乔芳率兵驻秦州,遣副将马宁援巩昌,会副将赵光瑞军,[一]与贼大战于广武坡,逐北七十里,遂解巩昌围。时贼据内官营及岷、洮、河三州,众数万。乔芳遣军三路进,张勇败贼于马韩山;光瑞败贼于梅岭,擒伪将丁光射等,直抵内官营,岷、洮、河三州皆复。逆回退踞兰州,乔芳与侍郎额色督兵攻下之,喇印、国栋皆受抚,逾两月,复踞甘州叛。甘肃巡抚张文衡,西宁道林维造,参议张鹏翼,总兵刘良臣,副将毛镔、潘云鹏等俱遇害。乔芳自兰州渡河,驰赴甘州,与提督傅喀禅、协领罗毕大、总兵齐陞等,四面合攻,不下,深沟坚垒以困之,贼食尽援绝,乃宵遁。乔芳遣兵驰剿,斩喇印于水泉;国栋复与缠头贼土伦泰等踞肃州,出掠武威、张掖、酒泉地,乔芳遣张勇、马宁等攻破肃州,擒伦泰、国栋,诛之。

　　六年八月,大同叛镇姜瓖党虞胤、韩昭宣等,纠众三十万陷蒲州及临晋、猗氏等县,乔芳同额色奉命赴山西会剿,自潼关渡趋蒲州,歼贼略尽;遂进兵临晋、猗氏,斩伪帅白璋,擒伪监军道卫登方,复遣协领根特,参领都敏,副将狄应魁、赵光瑞等分剿败贼,斩虞胤、韩昭宣,猗氏、解州、荣河等城俱复,乃还。十二月,兴安贼何可亭踞箭峪、〔二〕阶峪,出入剽掠。乔芳遣任珍剿平之。七年,遣赵光瑞等剿贼于合水县,斩贼渠刘弘才,擒其伪军师苗惠民。八年,遣游击陈明顺败贼何柴山于商州、雒南县。时贼渠孙守全纠川湖诸孽,踞紫阳山寨。乔芳先令游击仰九明侦防,复遣光瑞往会兴安镇兵合剿,擒斩伪将军翘兴宁、赵定国、谢大奇等,扫其巢。九年八月,入觐,加太子太保。诏驰驿还西安。先是,叙平回贼功,加兵部尚书衔,晋世职为一等轻车都尉。至是,两遇恩诏,晋三等男。

　　十年二月,命兼督四川兵马钱粮,疏请以重兵镇守保宁、汉中,分步兵五千,兴屯广元、昭化之间,俾兵食有赖。又请于陕西四镇分步兵二千,给帑备牛种垦荒田。下部议行。五月,疏言:“大军进取全蜀,宜随在留兵驻防,以树干城而谋生聚。至进征之兵,请每名给马三匹、伴丁一,携甲仗以利攸往。”得旨悉心筹画,具见为国忠诚,深可嘉悦。十月,西宁孙家寨回民谋不轨,乔芳遣狄应魁驰剿,擒贼渠祁敖、牙固子等,馀党悉平。十一月,引疾乞休,诏以原官加少保,驰驿回京。十一月,卒。遣内大臣奠茶酒,加赠太保,赐其家白金千两、第宅一区,予赐祭葬如例,谥忠毅。雍正十年,诏入贤良祠。

　　熊弼,袭世职。

【校勘记】

〔一〕会副将赵光瑞军　“会”原误作“合”。贰排卷二叶七下及贰检卷一叶四三上均误。今据耆献类征卷一四九叶一六上改。

〔二〕兴安贼何可亭踞箭峪　“亭”原误作“亮”。贰检卷一叶四四下同。今据贰排卷二叶八下改。

　　张存仁

　　张存仁,辽阳人。明宁远副将,守大凌河。本朝天聪五年,随总兵祖大寿等来降,召见,仍授副将。崇德元年,擢都察院承政,寻授一等男世职。三年,更定官制,改都察院右参政。四年,分汉军四旗,存仁隶镶蓝旗汉军。

　　五年正月,疏请屯兵广宁,扼宁远、锦州门户。先是,大寿降,请归锦州为内应,纵之去。既而我师次锦州,大寿仍拒战。四月,存仁疏言:“臣睹今日情势,围困锦州,实为上策。但略地易以得利,围城难以见功,必积日持久,截彼侦探,禁我逃亡,自有可乘之机。兵法全城为上,〔一〕盖贵得人得地,不贵空城也。我师压境,彼必弃锦归宁,再急必弃宁归关。今祖大寿背恩失信,人皆以为无颜再降。臣知其本无定见,一当危急,束身归命矣。况彼所恃者,蒙古耳。今蒙古多慕圣化来归,彼必疑而防之,防之严则思离,离则思变。伏愿以屯粮为务,布谕蒙古,多为间谍,再以所擒土人纵之招抚,未有不相率来降归者。此攻心之策,得人得地之术也。"十二月,又言:"兵事有时、有形、有势,三者变化无定,而用之在人。松山、杏山、塔山乃锦州之羽翼,宁远之咽喉也。取其一城,则羽翼折而咽喉塞矣。〔二〕"六年,大军屡败明兵于松山、杏山间,存仁复疏请相机度势,速行攻取。悉采纳之。七年,疏言:"今松锦既破,明督臣洪承畴就擒,镇臣祖太寿归降,凡明之将帅,孰不惶惧?惟总兵吴三桂尚在观望,宜颁御剳于宁远城中,详示逆者必杀,顺者必生,有不动其心者乎?"上旋颁谕三桂及守宁远诸将,存仁亦遵旨遗三桂书,言:"明气运已衰,救锦围而松杏受困,守一城而三城俱失,重臣大帅就俘投诚。将军系祖氏甥,欲逃罪而责无可逭,欲明心而踪有可疑。大厦将倾,一木难支,纵苟延岁月,迨智竭力穷,终蹈舅氏故辙。何若未困先降,勋名俱重,幸速为裁审。"是年,编汉军四旗为八旗,授存仁镶蓝旗副都统。八年,随郑亲王济尔哈朗取明前屯卫、中后所二城。叙功,加云骑尉。

顺治元年,大军定京师,命同都统叶臣招抚山西,攻太原,拔其城。又随豫亲王多铎征河南、江南。二年六月,大军下浙江,存仁随至杭州,遂管浙江总督事。城中居民逃避几空,存仁集绅士慰谕抚绥,民复其所。七月,疏言:"近有因剃发思反顺为逆者,若俟形迹显著,必劳大兵剿捕,莫若速遣提学开科取士,免积逋,减额赋。则读书者可希仕进,而逆志自消;力农者不苦追呼,而乱萌自戢。"得旨:"开科以取士,薄敛以劝农,诚安民急务,归顺各省准照恩诏事例,一体遵行。"十一月,授浙江福建总督。是时,明鲁王朱以海称监国于绍兴,令方国安镇严州,福王阁部马士英率兵依之,屡窥杭州,尝拥兵渡钱塘江,距城十里立五营。存仁同总兵官田雄等进击,斩五百馀级。后士英偕国安复来犯,存仁同副都统济宁哈等奋击败之,溺江死者无算。又昌化贼聚众抗逆,推姚志倬为首,结国安据城为患。三年,存仁遣副将张杰等进剿,志倬败走,昌化复平。会端重亲王博洛统师进征,明鲁王遁,国安、士英就擒,伏诛。浙闽渐以底定。十一月,存仁疏言:"钱塘要地,宜设水师五千,以备海寇。"下所司议行。是年,叙功,晋三等子。四年,海寇周鹤芝据福州镇东卫,遣副将满进忠等攻下其城。贼党岑本高犯浦城,遣副将李绣等击败之;复遣副将马成龙等援处州,^[三]大败贼众,复景宁、云和、龙泉三县。寻疏请解任。存仁莅浙后,屡以疾乞休。至是,得旨俞允。五年二月,因代者未至,遣将收复连城、顺昌、将乐三县,擒斩鲁王侍郎赵士冕、总兵黄钟灵等。

六年,起授直隶山东河南总督,有榆园巨寇为害大名诸邑,存仁平之。七年,诏督抚、按臣考校守令文艺,存仁躬莅各郡,其居官廉干者,有一二语通晓,即注上考;其馀文虽佳,亦抑之。监司请其故,存仁曰:"文有伪,实难欺。专以文艺为短长,恐灰能吏心耳。"是年至九年,三遇恩诏,晋一等子兼一云骑尉。未几,卒,赠太子太保,荫一子入监,以其孙斑袭爵,赐祭葬如例,谥忠勤。入祀直隶、山东、河南、浙江、福建名宦祠。

【校勘记】

〔一〕兵法全城为上 "法"原误作"以"。贰排卷二叶一一下同。今据贰检卷一叶四七下改。

〔二〕则羽翼折而咽喉塞矣　"折"原误作"削"。贰排卷二叶一二上及
　　贰检卷一叶四八上均同。今据碑传集卷五叶一二上改。

〔三〕复遣副将马成龙等援处州　"援"原误作"据"。贰排卷二叶一四
　　上同。今据贰检卷一叶五一上改。按碑传集卷五叶一三下作
　　"剿"，亦误。

刘武元

刘武元，辽东人。明游击，守大凌河。本朝天聪五年，随总
兵祖大寿出降，命至盛京赡养之。崇德六年，授刑部参政。七
年，分汉军八旗，武元隶镶红旗汉军。顺治元年，改任参领，予三
等轻车都尉世职。二年，授天津兵备道。

三年，擢南赣巡抚。四年，武元遣副将刘伯禄、徐启仁等分
剿瑞金、石城、兴国、龙安、上饶等县土贼，擒斩伪都督叶南枝，伪
军门刘志谕、刘飞等，剪平鱼骨、莲花、丁田、钩刀嘴诸寨。五年
正月，江西总兵金声桓、副将王得仁据南昌叛，纠党犯赣州，武元
率诸将守城。闰三月，粮尽，鼓励士卒奋战，得仁中创遁。声桓
闻大军已复九江，谋退保南昌。武元出奇兵袭其后，败之太湖
港，斩获无算。时广东总兵李成栋亦叛，自惠州陷南雄，以广东
郡邑附明桂王朱由榔，结洞蛮土贼号百万，于十月朔犯赣州。武
元授计诸将，乘贼方凿壕，分兵东、西、南三门出战，大破贼，成栋
以数骑走。事闻，得旨嘉奖，加衔右都御史兼兵部侍郎，赐紫貂、
冠服、甲胄、佩刀、鞍马。六年，征南大将军谭泰既克南昌，遣副
都统觉善等会武元剿成栋，克信丰，成栋宵遁，堕河死。武元分

遣副将徐启仁、参将鲍虎、游击左云龙等，剿成栋馀党于瑞金、雩都、崇义等县；进征梅岭，破贼木城五，擒伪总兵刘治国。

七年，平南王尚可喜奉命由南安进征广东，武元遣副将栗养志以兵会，克复南雄、韶州二府。先是，金声桓倡叛，土贼彭顺庆踞宁都，伪称军门，窥伺郡邑。及武元遣将往抚，顺庆负固不下。至是，遣副将高进库，游击杨继、洪起元等，攻克宁都，斩顺庆。流贼罗荣自明季倡乱楚粤间，号"阎王总"。至是犹聚众数万，踞大庾县之云山，结寨二十馀，伪称五军都督，劫掠上饶、崇义、南康、信丰、龙南诸境。武元遣副将杨遇明、刘伯禄、贾熊、董大用等分布伏兵，截其去路；乃合兵捣贼巢，斩荣及伪官百馀，其胁从皆就抚。叙功，加太子太保、兵部尚书。三遇恩诏，晋世职为一等轻车都尉，加一云骑尉。十年，以疾乞罢者再，谕奖其抚赣多年，劳绩茂著，命还京调治。十一年，卒，赠少保，荫一子入监，赐祭葬如例，谥明靖。

长子瀜，袭世职。康熙三年，瀜疏述父武元于贼犯赣州时，率众御战，保全危城，未邀优叙。诏下部议，予骑都尉，合现袭之职为二等男，仍以瀜袭。后官至副都统。

次子浩，康熙十三年，于桂林殉节。

祖可法

祖可法，辽东人。总兵祖大寿养子。初为明副将。崇祯三年，随大寿复滦州。四年，随大寿筑城大凌河，未讫工，太宗文皇帝统师围之。城中食尽，大寿欲降，令可法冒亲子，遣游击韩栋送我军为质，与贝勒济尔哈朗、岳托等相见，诸贝勒询以死守空城何意,可法曰:"恐屠戮降民,是以人皆畏缩。上于贫困者赈给衣食,富饶者秋毫无扰。宽仁爱民之德,远近闻之,然我国人犹不信也。"诸贝勒与语毕,仍令入城。明日,随大寿暨副将刘天禄、张存仁、祖泽润、祖泽洪、韩大勋等率众来降,命大寿仍还锦州。

可法偕诸降将随诸贝勒赴盛京,诸贝勒更番日给供馔,五日一大宴,以客礼优待之,是为本朝五年十一月也。明年五月,从征明归化城,叙录大凌河降将,予爵一等男。与存仁并为都察院承政,大勋为户部承政。三年,大勋为其家人首告盗取库贮金银等物,下法司鞫实,论死。上命追赃入官,革职免死。可法同存仁疏言:"大凌河官员困厄已极,蒙上矜全抚养,赐以宅舍田园,丰且足矣;妻妾奴仆,众且多矣;轻裘肥马,荣且贵矣。乃大勋纵情声色,妄费不赀,致盗用库银,上念恩养日久,所费巨万,今所盗为数甚微,未忍遽诛。然恐开新人为盗之门,乞敕正典刑,以警将来。并谕户部速立文簿,分晰旧管、新收、开除、现在四柱之数,年终再令公明官员稽察,庶仓库无侵克弊。"疏入,命部如所奏行,大勋仍免死。是年七月,更定官制,可法同存仁并改都察院右参政。六年,上以睿亲王多尔衮、肃亲王豪格、贝勒阿巴泰等围锦州,离城远驻,纵敌出运粮草,下部议罪,降罚有差;命停其办事,不令入朝。可法同存仁疏言:"上智勇天锡,算无遗策。兵戈所指,即见成功。前者诸王、贝勒、大臣领兵疏略,退步安营,使敌得暇,大失机宜。今俱已知罪,愧悔交集。臣等伏思明关外各城,下在旦夕,正我军奋力之时。诸王、贝勒、大臣既蒙恩宥,自必黾勉立功,以赎前愆。况大勋在迩,宜与大小臣工朝夕议论,以期有成。不当隔越弗见,望上开宥过之仁,容觐天颜,俾得力图报效。"疏入,上从之。

七年四月,遵旨遗明总兵吴三桂书云:"兹者松山、锦州已下,天运人心,悉归新主。有识者宜熟为审处,及早投诚,则分茅裂土,超出寻常,毋至势穷力竭,摇尾乞怜也。"六月,分设汉军八旗,授可法正黄旗副都统,后遂为正黄旗人。初,上屡遗书与明议和,可法疏言:"讲和之策,利于彼而不利于我。彼惜名之君在上,惧杀之臣在下,口虽和而心则否。倘乘此时募训练,修防御,多出金帛,收揽蒙古,十数年间,牢不可破之势成矣。我业已与和,无征伐之事,将壮士忘其勇猛,逸其志气,谁复以甲胄为乐事?方今铁骑如云,加以蒙古之众,取天下有馀力;或虑明地广民众,未能一旦帖服。不知勘定中国,如理乱丝,未得头绪,尺寸难分,急切割断,竟成弃物。既得头绪,则千寻亿丈,可经可纬,卷舒自由,明之百姓,甚苦官吏贪酷,诚吊民伐罪,我军行不惊扰,慎择宽廉长吏抚绥之,则人心莫不向顺。至进取之计,譬之去人一手一足,而其人犹生;若断喉刺心,则其人立毙。明虽大国,势已极弱,我军直捣燕京,断其通津粮运、西山煤路,彼势将立困。不能如大凌河之持久,此刺心之着也。先取山海关,则关外诸城可唾手而得,此断喉之着也。"至是,复同都统李国翰疏言:"锦州、松山、杏山、塔山一时俱为我有,明人心摇动,燕京震骇。惟当应天时,顺人事,直取燕京,控扼山海。"上曰:"尔等建议直取燕京,朕以为不可。取燕京如伐大树,须先从两傍斫削,今不取关外四城,岂能即克山海耶?若取燕京,必俟彼精兵已尽,国势日衰,然后可图也。"八年,随郑亲王济尔哈朗征明中后所、前屯卫，克其城。叙功，加一云骑尉。

　　顺治元年四月，随睿亲王入山海关，击走流贼李自成。五月，同张存仁启于王，谓："吏、兵二部务在得人，宜以通达治理者，暂摄事务；山东、山西乃财赋所出，急宜招抚。"从之。八月，命以右都督充河南卫辉总兵，至则削平原武、新乡二县土贼。时李自成党贼二万馀，劫掠济原、怀庆，总兵金玉和战殁，可法赴援，力战，贼乃退。二年，晋左都督，充镇守湖广总兵，驻武昌。三年，以疾解任，还京。遇恩诏，晋爵三等子。十三年，卒，赐祭葬如例，谥顺禧。

　　子永烈，袭爵，官至都统。

尚可喜

　　尚可喜，辽东人。父学礼，明东江游击，战殁于楼子山。崇祯初，可喜为广鹿岛副将，值皮岛兵乱，总兵黄龙不能制。可喜率兵入皮岛，斩乱者，龙镇岛如故。及龙以旅顺之战死，沈世魁代。部校王庭瑞、袁安邦等构可喜，诬以罪。世魁檄可喜赴皮岛，舟发广鹿，风大作，不克进。世魁檄愈急，可喜心疑，侦得其情，叹曰："吾家世捐躯报国，媢嫉者反欲挤之死地耶？"遂还据广鹿，遣部校卢可用、金玉奎赴我朝纳款，时天聪七年十二月也。上遣使赍貂皮赉之。

　　八年正月，可喜举兵，略定长山、石城二邑，擒明副将二，合众数千户，携军器、辎重，航海来归。命安辑于海城，赡给糗粮、牲畜，并以我兵征旅顺时所获可喜亲党二十七人与之。四月，诏至盛京，赐敕印，授总兵军营纛旗，以皂镶白，号天助兵。寻从征明,由宣化入边,至代州,俘获甚众。崇德元年四月,封智顺王。十二月,从征朝鲜,明年,朝鲜降。可喜乘其战舰,取明皮岛,斩世魁。赍蟒服、金银带币。有家僮讦其私得人户、金帛、牧畜,法司以奏,谕曰:"此岂王自得,必散于众兵耳。其勿讯。"三年,从征明锦州,屡攻台堡,更番驻牧,遇敌辄败之。七年,锦州下,赐所俘及降户。可喜奏请以部众归隶汉军,于是隶镶蓝旗。八年,随郑亲王济尔哈朗征明,取中后所、前屯卫。

顺治元年四月,随睿亲王多尔衮入山海关,击败流贼李自成,追至望都,斩贼将谷可成等。十月,上御皇极门宴赉之。寻随英亲王阿济格讨流贼出边,趋绥德。二年二月,英亲王驻师米脂,时自成兄子锦踞延安,可喜议令诸军分攻旁邑,断贼援应;独简精兵,攻克延安城,锦窜遁。会豫亲王多铎已破潼关,定西安,可喜奉诏与英亲王追剿自成,分兵攻克郧阳、荆州、襄阳诸郡,降贼将王光恩、苗时化等。复与英亲王合兵,下九江。闻自成窜死九宫山,乃班师。赐朝服、良马,还镇海城。三年八月,同恭顺王孔有德、怀顺王耿仲明征湖南。自成之窜死也,李锦与其党郝摇旗、王进才等拥众数十万,走长沙、常德,降于明桂王朱由榔,分据湖南郡邑。可喜至岳州,击走摇旗于道州,有德、仲明分克衡州,击败锦;至长沙,击败进才,复攻取桂阳、宝庆、武冈诸郡邑。湖南底定。五年九月,凯旋,赍黑狐、紫貂、冠服、彩帛、鞍马、黄金二百两、白金二千两。

六年五月,改封平南王,赐金册、金印,统将士征广东,携家驻守。时广东尚附由榔,可喜至南雄,破其城,斩守将杨杰等三十馀员、兵数千。七年正月,克韶州府及清远县,桂王总兵吴六奇等迎降。二月，师次广州，守者于城外密布炮台，城西树木城，浚河三道通海，路泥淖。我兵不能攻击，深壕筑垒困之，值暑雨郁蒸，弓矢解胶，久相持。招降其红旗水师总兵梁标相及党千馀，增造战船，别募水师二千，以供调遣。〔一〕桂王总督杜永和、国公陈邦傅、伯马宝等纠众万馀迎战，败者再。复招降其总兵郝尚久、黄应杰于潮州、惠州，分遣将士守其地。十月，江西诸路兵赴调者踵至，可喜令军士舍骑徒行涉淖，〔二〕冒矢石奋战，毁其城，据城西楼堞，以炮击城西北隅，城圮，军士毕登，斩守将范承恩及兵民万馀，追剿馀众至海滨，溺死者无算。奏捷，得旨嘉奖。八年，遣总兵许尔显、徐成功攻克肇庆、罗定、高州、雷州。时流贼张献忠遣党孙可望、李定国降由榔，自贵州、云南侵广西。九年，桂林、梧州、南宁、平乐、浔州、横州俱为定国所陷，东犯化州、吴川。可喜遣兵赴援，同提督线国安、总兵全节，以次恢复。十一年，定国以万馀众扰高州、雷州、广州，薄肇庆。可喜统兵至三水县，闻定国围新会，结营山巅，设伏沿江要隘；自率精锐，合靖南将军朱玛喇所部禁旅，涉险进攻，定国弗能抗，引众遁，伏兵邀击之，斩杀过半。复遣副都统毕力克图等追剿至横州，所过郡邑悉复。十三年，赐敕记功，岁增藩俸千两。

是时粤地皆隶版图，而土贼间作，且遥结海贼郑成功，为海滨郡邑患。十七年，伪将军邓耀入踞海康，可喜发兵剿之，耀遁走交趾。伪寨长萧国隆既降复叛，纠其党洪彪、周祥、劳泰、〔三〕陈期新等分据恩平、开平、阳春、阳江之山寨，劫掠广州、肇庆。可喜遣兵剿平山寨，擒斩彪、祥、泰、期新，及贼众千馀。国隆穷蹙，投水死。有周玉者，番禺蜑户也。党甚众，其缯船数百，三帆八棹,冲浪若飞。玉纠之习水战,助海寇。可喜募从征,署玉为游击。十八年,议迁沿海居民于内地,俾避寇扰,大吏令尽撤缯船泊港汊,迁其挐于城邑。玉遂纠党为乱,自称恢粤将军,以林辅邦为军师,所至焚掠,残破顺德县。可喜发兵剿之,斩级二千馀,擒玉及辅邦,馀党谭琳高、黄明初等窜据东涌海岛。可喜檄水师进剿,琳高就擒,乱乃定。康熙三年,碣石总兵苏利叛,可喜统兵征讨,战于海丰,阵斩之,歼贼众数千,复碣石卫城。叙功,复加岁俸千两。四年三月,谕曰:"近闻广东人民,为王属下兵丁扰害,失其生理。此皆将领不体王意,或倚为王亲戚,以小民易欺,唯图利己,恣行不法之故。自今务严加约束,以副委任。"十年,疏称有疾,请令长子之信代理军事,诏如所请。

十二年三月,疏请以两佐领甲兵及藩属孤寡老幼自随,归老辽东海城。奉旨:"览奏,具见恭谨,能知大体,朕心深为喜悦。"疏下户、兵二部议,令率诸子藩属十五佐领,悉移归。十一月,逆藩吴三桂反,诏停撤藩,仍留镇。三桂以逆书诱叛,可喜执其使,以逆书呈奏。十三年三月,逆藩耿精忠据福建反,广西将军孙延龄亦叛踞桂林。可喜获延龄檄有"三藩并变"之语,上疏言:"臣与耿精忠为婚姻,今精忠反,不能不踧踏于中。惟捐躯矢志,竭力保固岭南,以表臣始终之诚。"又言:"吴三桂遣贼兵二万屯黄沙河,若与孙延龄兵联合,势益猖獗。请就近移师,同臣剿贼。"谕曰:"王累朝旧勋,性笃忠贞,朕心久已洞悉。览奏披沥悃忱,深为可嘉,其益殚心进剿,以副倚任。"命大军之驻江西者,分遣会剿。四月,潮州总兵刘进忠叛附精忠,可喜令次子都统之孝讨之,疏言:"臣众子中惟之孝堪继臣职。至军机事宜,虽衰老尚能指挥调度，不致有误封疆。"十月，谕曰："王为国抒忠，厥功懋著。当兹军兴之际，督提抚镇以下，俱听王节制。文武官员，听选补奏闻。一切调遣兵马及招抚事宜，亦听王酌行。"

十四年正月，封可喜平南亲王，之孝授平南大将军。是时，简亲王喇布统师江西，因三桂、精忠结连为寇，未能以重兵达粤。粤东之连州、惠州、博罗、河源、长宁、龙门、增城、从化土贼蠢动，可喜发兵征剿，屡奏捷。刘进忠求援于海贼郑锦，锦遣贼万馀助之，〔四〕势猖獗。叛镇祖泽清踞高州，引广西贼众连陷雷州及德庆、开建、电白诸邑。可喜连章告急，诏趣简亲王遣兵速进。十五年正月，复言："臣病日剧，臣子之孝出兵潮州，恐省城或有不测，请遣威望大臣驻镇。"疏入，谕曰："王实心为国，计虑周详。朕与王情同父子，谊若手足。览疏未竟，朕心恻然。但王驻镇日久，措置咸宜，军民依赖。若必遣大臣，恐事未周知，王可于诸子中择才略素著者，遣赴潮州理军务，大将军尚之孝回省城，侍王左右，捍卫封守。王其加意调护，以慰朕念。"谕未及至粤，三桂驱贼逼肇庆，诱之信从逆，可喜卧疾，弗能制，愤甚，自缢，左右解之，苏，遂不起。十月，卒。十六年，之信归顺，迎大军入粤，袭父爵。之孝还京，敕部议可喜恤典，谥敬。

二十年五月，谕廷臣曰："尚可喜当阖城皆叛，矢志不移。临殁，犹被服太宗文皇帝所赐朝衣，言死后必葬于海城，魂魄有知，仍事先帝。其忠诚之心，始终无二。今尚之孝往迎骸骨，俟至都门，即以奏闻。"九月，柩至丁字沽，遣内大臣、学士、侍卫各一员，往奠，谕曰："王素笃忠贞，人尽如王，天下安得有事？朕又念王至老怀诚，克殚忠荩，殊伤悼之！"赐白金八千两，葬海城，立碑墓道。之信寻论罪除爵,家属俱归旗,诏以可喜昔年海城田宅赐其第七子之隆,设佐领二,以其一为可喜守墓。

之隆官至领侍卫内大臣,之信、之孝各有传。

【校勘记】

〔一〕以供调遣　"以"上原衍"参列"二字。贰检卷二叶八上同。今据贰排卷二二五下删。

〔二〕可喜令军士舍骑徒行涉淖　"涉"原误作"步泥"。今据贰检卷二叶八下改。按贰排卷二叶二五下作"步",当系"涉"字之误。

〔三〕劳泰　"劳"原误作"方"。今据贰检卷二叶一〇上及贰排卷二叶二六下改。

〔四〕锦遣贼万馀助之　原脱"锦"字。今据贰检卷二叶一三上及贰排卷二叶二九上补。

洪承畴

洪承畴,福建南安人。明万历四十四年进士。天启时,任浙江提学道,迁布政使参议,又迁陕西督粮参政。崇祯二年,流贼王左挂掠宜川城堡,承畴剿之,俘斩三百馀人,遁去。三年,授延绥巡抚。王左挂既降复叛,承畴诛之。寻与总兵杜文焕败流贼张献忠于清涧县。

四年,擢陕西三边总督。五年,同总兵曹文诏、贺虎臣等剿贼庆阳、平凉,击斩贼渠可天飞等,降其将白广恩。文诏复蹙贼耀州锥子山,贼党杀独行狼等以降。承畴戮四百人,馀皆散遣。七年,监督河南山陕川湖军务,加太子太保、兵部尚书。时贼聚陕西至二十馀万，高迎祥最强，自称闯王，李自成属焉。蹂躏巩昌、临洮及陇州。承畴檄总兵贺人龙、左光先合击，破之。贼众窜陷灵宝、氾水、荥阳。八年，承畴出潼关讨贼，次信阳，诸将毕会，贼见河南兵盛，复分路奔还陕西，张献忠亦掠凤翔，与高迎祥合，副将艾万年、柳国镇战死。文诏请行，承畴谓曰："非将军不能灭此贼！吾兵已分，无可策应。将由泾阳趋淳化为后劲。"文诏乃自宁州进真宁，参将曹变蛟败贼于湫头镇，乘胜逐北，不及顾文诏遇贼伏，转战数里，声援绝，自刎死。承畴方追贼泾阳、三原间，未至淳化，贼势益炽。

时有言承畴统辖太广，势难兼顾者，乃以卢象升总理江北、河南、山陕、川湖军务，督理关外兵；而承畴专督关内兵。值高迎祥掠武功、扶风以西，李自成掠富平、三原以东，承畴率兵蹑自成，大败之渭南、临潼，别遣将击迎祥，亦败蹙东走。寻为巡抚孙传庭擒送京师，磔死。贼党推自成为闯王。十年，自成陷宁羌，入七盘关，分三路寇掠。承畴令总兵曹变蛟等赴援，由洮河转战，自成败窜西羌界。十一年，自成谋犯蜀，承畴檄总兵马科、左光先等扼之，乃东遁。曹变蛟设伏潼关之南原，大破贼，自成遁高雄。兵部尚书杨嗣昌劾承畴纵贼往来秦蜀，逾久无功，削宫保、尚书。

十二年授蓟辽总督。是年冬，我朝兵征明锦州及宁远，总兵金国凤拒战于宁远城北山冈，偕其二子俱没于阵。承畴疏言："国凤前守松山，兵不满三千，卒保孤城。以事权专、号令一，而人心肃也。迨擢任大将，兵近万人，反致殒命，非其才力短，由营伍纷纭，人心不一也。自今设连营节制之法，凡遇警，守城及出战,惟总兵官号令是听,庶心齐军肃矣。"十三年,总兵祖大寿以锦州围困告急,承畴出山海关驻宁远,疏请调宣府、大同诸镇兵,俟俱集,合关内外兵十五万,又必刍粮足支一岁,乃可战可守。十四年三月,宣府总兵杨国柱、大同总兵王朴、密云总兵唐通各率兵至,与玉田总兵曹变蛟、蓟州总兵白广恩、前屯卫总兵王廷臣、山海总兵马科、宁远总兵吴三桂,凡八大将,合兵十三万、马四万,朝议以兵多饷难,令职方郎中张若麒趣战,乃进次松山。八月,杨国柱战死,以山西总兵李辅明代之。曹变蛟营乳峰山冈,诸军列七营于松山城北,屡出兵,战辄败却。既而伺我大兵归营,复来犯,望见太宗文皇帝张黄盖,亲督大兵布阵,皆披靡退遁。大兵遵上方略,度明兵乘夜出犯,分路堵截奋击,遂穷追,悉歼殄之。曹变蛟率步骑犯镶黄旗汛地者一,犯正黄旗汛地者四,复夜突御营,连败却,身中创,奔还松山。王朴、吴三桂、唐通、马科、白广恩、李辅明相继走。大兵由杏山西边及高桥发伏冲溃,自海滨至桑阿尔斋堡又为分驻大兵掩杀,诸总兵仅以身免。张若麒匿渔船遁。承畴先后丧士卒五万三千七百馀人。

太宗文皇帝以敕谕承畴及所属将士曰:"朕率师至此,料尔援兵闻之,定行逃遁。遂豫遣兵围守杏山,使不得入,自塔山南至于海,北至于山,及宁远东之连山一切去路,俱遣兵邀截。又分兵各路截守,尔兵逃窜,为我兵斩杀者,积尸遍野;投海溺水者,不可胜数。今尔锦州、松山救援兵已绝,朕思及此,乃天意佑我也。尔等宜自为计,如以为我军止围松、锦,其馀六城未必即困。殊不知时势至此,不惟六城难保,即南北两京,明亦何能复有耶?朕昔征朝鲜时,围其王于南汉山,朕诏谕云:'尔降,必生全之。'及朝鲜王降，朕践前言，仍令主其国。后围大凌河，祖总兵来降，亦不杀之，尔等所素闻也。朕素以诚信待人，必不以虚言相诳。尔等可自思之！"九月，承畴谋突围出，悉出城中步骑夜犯镶黄旗骁骑营，正白、镶白两旗汉军营，败还，伤毙千人。十二月，闻关内援兵三千赴援，将至，复出兵六千，夜犯正红旗护军营、正黄旗蒙古营，为矢炮所殪者四百二十人，从杏山遁，伏发截杀者五百七十馀人，败退城下，因门闭不得入，投降者三千馀人。关内赴援兵竟驻宁远，终不进。承畴欲战，则力不支；欲守，则粮已竭；欲遁，不敢成队而出。与曹变蛟、王廷臣，巡抚邱民仰，兵备道张斗、姚恭、王之桢等，坐困城中。越一月，副将夏成德遣人赴大军通款，以其子舒为质，相约内应。大兵夜树梯登城，破斩曹变蛟、王廷臣、邱民仰等，生擒洪承畴，送盛京赡养之。祖大寿知承畴就擒，因率锦州诸将以城降。明讹传承畴已死，予祭十六坛，建祠都城外，与邱民仰并列。庄烈帝将亲临奠，俄闻承畴降乃止。本朝崇德七年四月，都察院承政张存仁上言："臣观洪承畴欣欣自得，侥幸再生。是仰慕真主，思效用于我国者，宜速令剃发，酌加任用。"五月，召见崇政殿，承畴跪门外，奏曰："臣将兵由松山援锦州，曾经数战，冒犯军威，圣驾一至，众兵败没。臣坐困松山，糗粮罄绝，人皆相食，城破被擒，自分应死。蒙皇上矜怜不杀，而恩养之。今令朝见，臣自知罪重，不敢入。"上谕曰：[一] "彼时与我军交战，各为其主，朕岂介意？ 朕之击败十三万兵，得松、锦诸城，皆天也。天道好生，善养人者，斯合天道，朕故恩沾及尔。尔但念朕抚育之恩，尽心图报可耳。"寻命隶镶黄旗汉军。

顺治元年四月,睿亲王多尔衮征明,承畴从,师次辽河。闻流贼李自成已陷京师,洪承畴因陈进兵策曰:"我军之强,天下无敌。宜先布号令,示此行特扫除乱逆,不屠人民,不焚庐舍,不掠财物。其开门归降,及为内应立大功者,破格封赏。法立令行,此要务也。"又言:[二]"向见流贼遇弱则攻,遇强则走。今闻我军至,必遁而西。宜从蓟州、密云疾行而前,贼若走则以精骑追之;若仍据京城以拒我,则破之更易。至入关路隘,我兵皆不便履险,恐贼伏精锐邀我,宜改骑为步,从高觇之,俾步前马后。比入边,则步卒皆马兵也。抵京之日,连营城外,以断西路诸援兵,则贼可一战而歼矣。"五月,大军击走流贼,定京师。承畴奉旨仍以太子太保、兵部尚书兼都察院右副都御史原衔,入内院佐理机务,遂为秘书院大学士。

二年闰六月,豫亲王多铎定江南,明福王朱由崧就擒。上命承畴往驻江宁,铸给"招抚南方总督军务大学士"印,赐敕便宜行事。承畴既至,疏列降顺之明南京翰林、科道、卿寺、部属等一百四十九人,请令赴部录用。是时,明唐王朱聿键自号隆武,据福建,其大学士黄道周引闽兵出浙江开化,明御史金声家居休宁,受聿键部院职,募乡兵十馀万屯绩溪。明鲁王朱以海据绍兴,高安王朱常淇据徽州,蕲水王朱术輵次子常㳆冒族兄樊山王旧称,结寨英山、潜山间,又有朱由橏冒称金华王据饶州,朱谊石冒称乐安王,朱谊泀冒称瑞昌王,分据溧阳、兴化、金坛乡村,联结江南北党与,谋犯江宁。承畴檄提督张天禄,总兵卜从善、胡茂桢等,分路进征,擒金声于绩溪,擒黄道周于婺源,先后解至江宁,谕降,不从,斩之。明故官荆本彻、李守库、徐君美等据崇明,承畴檄总兵李成栋征之，斩守库，擒君美，降其城，本彻审入海。

　　三年正月，承畴查知江宁人有叛应朱谊石、朱谊泇者，于距城五十里之西沟池，捕斩万德华等五十馀人。又闭城搜捕五十馀人，鞫实郭世彦、尤琚等三十一人，诛之。未几，朱谊石、朱谊泇合众二万来犯，火攻神策门，我兵先分出朝阳、太平二门堵截，乃启神策门冲击，大败之；追至摄山，擒斩无算。寻檄总兵马得功、卜从善等剿潜山司空寨，斩守寨头目石应璧等，生擒朱常㳕，搜婺源严杭山，擒朱常淇及其监军道江于东、职方司许文玠等，复擒朱谊泇及其经略韦尔韬，总兵杨三贯、夏含章等于句容、丹徒，擒朱由榰及其族人朱常㳧、朱常㳈、朱常涫于饶州、鄱阳湖，擒朱谊泇之弟朱谊贵及瑞昌王下军师赵正于宿松县之洿池，并请旨斩之。明给事中陈子龙家居华亭，潜结太湖溃众，遥附朱以海，承畴遣参领索布图往捕，子龙投水死。四年四月，驻防江宁总管巴山、张大猷奏柘林游击陈际可擒贼谢尧文，获明鲁王封承畴国公，及其总兵王斌卿致承畴与巡抚土国宝书，有"伏为内应，杀巴、张二将，则江南不足定"语。上奖巴山等严察乱萌，而谕慰承畴、国宝曰："朕益知贼计，真同儿戏。因卿等皆我朝得力大臣，故反间以图阴陷。朕岂堕此小人之计耶？"

　　十月，巴山等以察获游僧函可、金腊等五人，携有谋叛踪迹，牒承畴鞫讯。承畴疏言："函可乃故明尚书韩日缵之子，出家多年。乙酉春，自广东来江宁，印刷藏经。值大兵平江南，久住未回。今以广东路通，向臣请牌回里。臣因韩日缵是臣会试房师，遂给印牌，及城门盘验，经笥中有福王答阮大铖书稿，字失避忌，又有变纪一书，干预时事。其不行焚毁，自取愆尤，与随从之僧

徒金腊等四人无涉。臣与函可世谊,应避嫌,不敢定拟。谨将书
帖、牌文,封送内院。"得旨,下部察议,[三]以承畴徇情私给印牌,
应革职。上以承畴奉使江南,劳绩可嘉,宥之。承畴以江南湖海
诸寇俱削平,又闻其父已卒于闽,请解任守制,乃调宣大总督马
国柱为江南江西河南总督,命承畴俟假满,仍回内院任事。五年
四月,至京。六年,充太宗文皇帝实录总裁官,充会试正考官。
遇恩诏,加少傅兼太子太傅。八年闰二月,命管都察院左都御史
事。寻甄别诸御史,分为六等,拟差用魏琯等二十二人,内升陈
昌言等二人,外转张煊等十一人,又王世功等十七人,外调、降
用、革任有差。五月,张煊疏劾吏部尚书陈名夏植党行私诸款,
有"嘱承畴庇其门生李嵩阳留任御史,及太仆少卿黄徽元因承畴
姻戚骤升正卿"等语,并劾承畴不请旨私送其母回闽;又屡与名
夏及尚书陈之遴聚集火神庙,屏左右密议逃叛,下王、贝勒、大臣
集质。名夏辩释,承畴以送母回闽未奏明,自引罪;至火神庙会
议数次,则皆御史因甄别商酌应差用及升调革降者也。吏部尚
书谭泰坐煊诬陷逃叛绞死。未几,谭泰以他罪伏法。上鉴煊由
谭泰党庇名夏冤死,优予赠荫,革名夏任。详见名夏传。承畴复
自引罪,得旨:"聚议不必悬揣,送母回闽未奏,为亲甘罪,其情可
原,仍留任以责后效。"九年五月,丁母忧,命入直如故,私居持
服,赐其母祭葬。

　　九月,钦天监奏太白星与日争光,流星入紫微宫。时大臣议
请驾往边外迎达赖喇嘛,承畴同大学士陈之遴疏言:"日者人君
之象,太白敢与争光;紫微宫者人君之位,流星敢于突入。上天
垂象,诚宜警惕。且今年南方苦旱,北方苦潦,岁饥盗起,处处入

告,非圣躬远幸之时。达赖喇嘛自远方至,则遣一大臣接迎,已足见优待之意,亦可服蒙古之心。何劳圣躬亲往?"疏入,传谕曰:"卿等谏朕勿往迎喇嘛,此言甚是,朕即停止。嗣后国家一切机务,详明敷陈,毋有隐讳。"

十年正月,调弘文院大学士。五月,调国史院大学士。时明桂王朱由榔居安隆,流贼遗党一只虎、郝摇旗、孙可望、李定国等俱假封号,以招集散亡,联结枭健,踞黔滇,掠楚粤。上命承畴经略湖南、广东、广西、云南、贵州,特晋太保兼太子太师、兵部尚书、都察院右副都御史。谕之曰:"湖南、两广虽渐底定,滇黔阻远,尚未归诚。朕将以文德绥怀,不欲勤兵黩武,而远人未喻朕心,时复蠢动,必得夙望重臣,晓畅民情,练达治理者,相机抚剿,方可敉宁。朕遍察廷臣,惟尔允当斯任,前招抚江南,已有成效。兹命绥静南方,听择要地驻扎,俟滇黔既定,善后有人,即命还朝,以慰朕眷想。"承畴奏言:"臣年逾六十,理宜退休。乃荷特授经略之任,伏愿时谕吏、户、兵三部,仰承圣意,俾臣得竭力展布,剿抚中机。"上即命内院以特假便宜条款详列敕书,传示内外遵行,并允承畴奏荐以原任大学士李率泰为两广总督,与平南王尚可喜、靖南王耿继茂驻守广东,改拨土贼未靖之江西省属承畴,铸给"经略湖广、江西、云南、贵州内院大学士"印。十一月,承畴疏言:"湖广有孙可望抗拒于南,郝摇旗、一只虎等肆毒于北,彼或由澧州而犯常德,或截岳州以犯湘潭,则我腹背受敌。广西有李定国眈眈思逞,距桂林二百里,惟附郭之临桂县与灵川、兴安二县及全州,未为所踞。我兵若由桂林进剿,而彼自靖沅乘虚潜袭,则我首尾难顾。宜防守严密,乃可随机援剿。"上命宁南大将军陈泰率八旗兵往湖广,与承畴商驻要地;又诏继茂移镇桂林,以联声援。

　　十三年二月,上谕兵部曰:"前以湖广寇氛未靖,殃及生民,曾有言增遣满洲兵,携家口驻防武昌。今念沿途水陆居民及驿递,必至骚扰;所驻之地,又须拨给房屋、田土。其为民累,更有不可胜言者。近闻五省经略辅臣洪承畴在彼操练兵卒,军威殊壮,招徕抚辑,民情安悦,无须增置携家口兵,前所遣兵,仍照常更换。"六月,可望遣其党刘文秀、卢明臣、冯双礼等分犯常德、岳州、武昌,承畴与大将军陈泰遣兵邀击,大败之。明臣堕水死,双礼中创遁,文秀窜贵州。八月,诏颁赏承畴及所统将领有差。十二月,承畴以宝庆府震雷彻夜,具疏自劾,上慰谕之。十三年二月,谕曰:"日者贼渠孙可望等猖狂犯顺,夜袭常德。尔同大将军陈泰遣发官兵,水陆追剿,大获全胜。良由筹画有素,调度合宜,用能张挞伐之伟略,杜窥伺之狡谋。已颁懋赏,仍赐特谕,彰朕嘉悦之意。"是年,考满,晋太傅,仍兼太子太师,荫一子入监。十四年十月,孙可望率所属官百馀、兵数千,自贵州赴长沙纳款。上命承畴同宁南大将军贝子洛托相机收取贵州。

　　十五年二月,疏言贵州地势情形及三路进取云南机宜,寻与洛托会师常德,由辰州、沅州进征,檄偏沅巡抚袁廓宇招降靖州,并苗兵赴镇远西二十里山口堵御。沿途擒斩收降甚众。四月,抵贵阳城中,文武官俱先遁。承畴疏言:"自常德、辰、沅至镇远、贵阳,重关高岭,石径尖斜,大雨将及半月,泥泞三尺。满洲兵谓从来出征,未有如此之难;马匹疲毙,未有如此之甚。然皆不顾艰险,奋勇当先,汉军、绿旗兵紧随而进。不五十日剿逆抚顺,贵州全省底定,皆皇上德威遐畅之所致也。"上命信郡王多尼为安远大将军,率师之贵州,与四川、广西兵会期进攻云南。六月,承畴疏言:"臣前有三路进取全局一疏,冀不致兵众拥集,争粮乏食。及至贵州,见各府州县卫所,仅留空城,即有数百、数千石米谷,八旗兵陆续经过,二三日辄罄尽。惟省仓存米七千馀石,稻谷四千馀石,足供一月食用。臣所统兵,皆分布镇远、偏桥、兴隆、清平、平越等处,各自买米,并寻野菜和米充饥。投诚官兵暂驻三四日,即改发天柱、会同、黔阳等县,及沅州以就粮。贵州山深地冷,收获皆在九月。臣遣官劝谕军民、土司、苗民预纳本年秋粮之半,接济满洲兵月米。今四川一路兵,驻于遵义、乌江休息,有旧日遗粮处;广西一路驻独山州,兵亦可就近购粮。又闻信郡王大兵自六月初旬自荆州进发,所需口粮尤多数倍。臣已檄催沅州粮米,速运镇远积贮,令随征各官分路采买,令长沙、常德各道府制备布口袋二万馀,并棕套、木架、绳索解送镇远。又于天柱、思南、石阡、思州、平越各府州县卫所,及土司苗人,募夫役,给工食,逐站递运至平越及新添卫所,可不误师期矣。"九月,改内院为殿阁,授承畴武英殿大学士。是月,承畴奉诏赴平越会议,信郡王由中路过关岭、铁索桥,抵云南省城,计一千馀里,解饷银三月,携粮十五日;运炮汉军携粮二十五日;平西王吴三桂由遵义过七星关抵云南省城,计一千五百馀里,先中路兵十日起行;征南将军卓布泰因南宁有贼屯踞,离远难以兼顾,议沿贵州、广西边界平浪、永顺、镇远,绕出安隆所,直趋黄草坝、罗平州,抵云南省城,计千八百馀里,先四川兵十五月起行。既定议,承畴还贵阳,遵旨同大将军洛托驻守,遣经略右标提督张勇等随信郡王进征，击走由榔巩昌王白文选于盘江。

十六年正月初三日，三路兵并薄云南省城，由榔与李定国、白文选等窜永昌，馀众以城降。承畴疏言："臣前料理湖南、广西，幸皇上俯鉴愚忱，有请俱允，俾得地方支持。今云南新辟，系臣经略管辖之内，必亲往相度，乃能区处得宜。故不待诏谕，即日就道，贵州有一大将军洛托弹压，巡抚赵廷臣绥辑，可无他虑。惟云南尤为险远，土司种类最多，治之非易。故前元朝用亲王坐镇，明朝以国公沐英世守，乞敕议政王、贝勒、大臣为久长计，留兵驻镇，俾边疆永赖粆宁。"闰三月，又疏言："臣自黔赴滇，经过白水、文水、曲靖、马龙、杨林等处，于三月二十六日抵云南省城。信郡王先于二月初二日令贝子尚善领兵同平西王吴三桂、征南将军卓布泰等追剿，至永昌、腾越及南甸土司，李定国、沐天波等拥由榔奔缅甸。其国公贺九义，伯李成爵、李如碧、廖鱼，将军邹自贵、马得鸣等，收集溃兵，分遁元江、〔四〕顺宁、云龙、澜沧、丽江诸处边外，云南迤西及迤东，在在可虞窥犯。民间遭兵火残毁，饥饿载道，死无虚日。在永昌一带，更为惨烈。周围数百馀里，杳无人烟。追剿大兵，因无粮不能久驻，而省城粮米，以湖南官斗市籴，每石需银十三两有奇。是以分驻宜良、富民、罗次、姚安、宾川、临安、新兴、澄江、陆凉等处就粮。臣知皇上明鉴万里，自有宸断硕画，俾边臣得以遵奉。"疏入，上已命吴三桂驻镇云南，又谕户、兵二部曰："云贵新入版图，百姓皆朕赤子，念十馀年来逆寇李定国等窃踞南服，民多在水火之中，困于诛求，生计日匮，疾痛莫告。今大兵所至，群黎归命，欢若更生。但闻两省地方，生理未复，室庐残毁，田亩荒芜，俯仰无资，衣食艰窘。朕每念及,不胜恻悯。至南征大兵,阅历险阻,长驱深入,粮饷恐有时不继。今特发内帑银三十万两,尔部即遣官刻期赍往经略军前,以十五万两赈济两省穷民,其十五万两令经略臣收贮。现今三路大兵如有需饷甚急者,宜行接济。"

八月,承畴疏言:"兵部密咨大兵宜速进缅甸,以靖根株,令臣相机布置。臣受任经略,目击凋敝景象,及土司降卒观望情节,不可谋迫,须先安内,乃可剿外。李定国等窜孟艮等处,山川皆极险远,兼瘴气为害,必霜降后方消。明年二月青草将生,瘴即复起,计自出兵、驻兵、回兵,仅阅四月,恐亦未能穷追远剿。况屡闻李定国等勾连土司,觊由景东、元江复入广西各土司,私授札印,歃血为盟,伺隙起衅,若一闻大兵西进,势必共思狂逞,避实突虚。大兵相隔已远,不能回顾,而留驻省城之兵亦未及堵御,致定国等纵逸,所关匪细。臣审度时势,权量轻重,谓今年秋冬宜暂停进兵,俾云南迤西残黎,稍藉秋收,以延残喘,尽力春耕,以图生聚,而数万大兵又得养锐蓄威,居中制外。俾定国等不能窥动静以潜逃,土司不能伺衅隙以狂逞。绝残兵之勾连,断降兵之反侧,则饥饱劳逸,胜算皆在于我。料定国等潜藏边界,无居无食,瘴疠受病,内变易生,机有可俟。是时兵饷刍粮辏备,土司苗蛮渐服,残兵降卒已安,并调拨将兵次第齐集,责成防御,然后进剿,庶为一劳永逸、固内剿外长计。"疏下议政王、贝勒、大臣会议,如所请,暂停进兵。十月,以目疾乞解任,得旨还京。十八年,圣祖仁皇帝御极,承畴乞休,允致仕,命察叙招抚经略功,予三等轻车都尉世职,准袭四次。康熙四年二月,卒。赐祭葬如例,谥文襄。

子士铭,^{〔五〕}由顺治十二年进士,官至太常寺少卿,兼袭世职。

【校勘记】

〔一〕上谕曰　原脱“谕”字。贰检卷二叶二三上及贰排卷三叶六上均同。今据洪承畴传稿(之四二)补。

〔二〕又言　原脱“又言”二字。贰检卷二叶二三下及贰排卷三叶六下均同。今据洪承畴传稿(之四二)补。

〔三〕下部察议　原脱“察”字。今据贰检卷二叶二八上及贰排卷三叶九下补。

〔四〕分遁元江　“元”原误作“沅”。今据贰检卷二叶三八下及贰排卷三叶一七上改。下同。

〔五〕子士铭　“铭”原误作“钦”。今据贰检卷二叶四二上及贰排卷三叶二〇上改。

刘芳名

刘芳名,宁夏人。明柳沟总兵。本朝顺治元年,率属投诚,命仍原官,隶正白旗汉军。二年,调宁夏,赐白金、冠服。时秦地初定,土寇尚多,悍卒复乘衅谋乱。芳名既抵任,弹压剿御,训练抚绥。总督孟乔芳奏奖之。

时降将武大定叛固原,贺珍叛汉中,大军攻剿,贼窜遁。芳名俱在事有功。三年,宁夏兵变,戕巡抚焦安民,芳名方赴巩昌剿贼,闻警驰回,知营官王元、马德倡乱,狼狈负嵎,乃计遣德摄篆花马池,以分其势;侦元将逸出镇城,与逆寇洪大诰合,先设伏河畔。元至，伏发，贼死拒，都司樊朝臣、守备姜友成等夹攻，元败奔，副将马宁等追剿之，大诰遁。芳名饬部将搜斩大诰。是时德尚署东协副将，闻王元既擒，惧河西道袁噩赴任，过花马池，德方患痔，未迎谒。噩曰："噩善医，他病皆应手愈，惟心病难疗耳。"德闻之，益惧。四年三月，芳名偕河东道马之先出师惠安，德乘间纠党劫本营军资，遁入山，合贼渠贺弘器等，自红古城出口，袭陷安定，螺山贼王一林杀参将张纯往附，横行宁固、平庆间。七月，芳名率镇兵抵乱麻川，挫贼锋，俘馘无算。复追袭于预望城，斩一林，德仅以四骑走。翌日，及于河儿坪，阵缚德，寸磔之，馀党尽歼。十月，诏予投诚各官世职，授芳名三等轻车都尉。十二月，擢四川提督，命佩定西将军印。寻奉旨以都统祖泽润代，芳名以右都督仍镇宁夏。

　　五年，香山贼李彩纠亡命四出劫掠，芳名以兵抵贼巢，掘濠环攻，炮矢如雨。贼穷蹙，其党张斌等执彩献军门，诛之。初，马德之就擒河儿坪也，芳名副将刘登楼预有功，登楼居榆林之宁塞，狡猾多力，既诛德，益自负其能。六年，附大同叛镇姜瓖，与延安营叛将王永强为乱，伪称大明招抚总督，杀靖边道夏时芳，易冠服，长驱西犯花马池，兴武各营堡望风从逆，直逼宁州。时定边屯蒙古札穆素叛逃贺兰山，窥伺宁境。芳名方坚壁以待，闻灵州告急，檄调各协营将士授机宜，分兵进剿，大败贼兵，斩贼首刘永昌等。登楼窜走定边，潜结札穆素叛属寇宁夏西境，复纠馀贼再犯河东，陷铁柱、惠安、汉伯诸堡，灵州复告警。会都统李国翰奉诏率禁旅至，封蒲城、宜川诸贼，巡抚李鉴守镇城以御札穆素，芳名引兵东渡，疾趋榆林，大破贼于官团庄，登楼退据汉伯城。我军绝其水道,攻围十二日,克之,斩登楼,从贼皆就抚。榆林平。当诸将环攻汉伯时,芳名独据东南要冲,近贼垒,矢石频及,有劝之者,曰:"当移数武避贼锋。"芳名厉色叱之曰:"死则死耳,何怯为? 且士卒多伤夷,而我独避锋镝乎?"由是军士感激,敌忾益厉。先是,登楼叛据延安,致书芳名,芳名以为污己也,切齿裂眦,不与贼俱生,封逆书示抚臣鉴,嘱代奏。鉴与督臣乔芳先后疏叙芳名功以闻,并得旨嘉奖,遇恩诏晋二等轻车都尉。九年,叙战功,予世袭五次。十二年,遵旨陈奏镇兵事宜,以宁夏孤悬河外,延袤千里,额兵屡经调拨,兵力单虚,请自后征调,缺额即令招补,备守御。又请以减等罪人佥发沿边,以资生聚。并下部议行。十六年,调随征江南右路总兵率宁夏三营将士移驻江宁,加左都督衔。时海寇郑成功犯崇明,芳名同提督梁化凤击之,夺贼舟,斩获甚多。

十七年八月,疏言:"臣奉命剿贼,方期灭此朝食。不意水土未服,受病难瘳,不敢妄请休息,惟所携宁夏军士,臣训练有年,心膂相寄。今至南方,半为痢疟伤损,皆水土蒸湿所致。及臣未填沟壑,敢乞定限更调。"得旨:"览奏,知卿抱病,江南征防重寄,正资料理,仍加意调摄,以副委任。所请敕部议奏。"九月,〔一〕卒于军。赠太子太保,赐祭葬如例,谥忠肃。所属将士仍还宁夏本镇。

子体仁,袭世职。

【校勘记】

〔一〕九月　"月"原误作"年"。贰排卷三叶二四下同。今据贰检卷二叶四七上改。

李国英

李国英，辽东人。明总兵，隶左良玉部下。本朝顺治二年，随左梦庚来降，隶正红旗汉军。

三年，随肃亲王豪格征四川，灭流贼张献忠，授成都总兵。五年正月，擢四川巡抚。献忠之灭也，馀党孙可望、刘文秀、王命臣等窜踞川南，思复逞。旧将谭文、谭弘、谭诣、杨展、刘惟明等分据川东，又与流贼李自成遗党邢十万、马超、刘二虎、郝摇旗、袁宗第、李来亨等声援。二月，弘犯保宁，国英败之。命臣据顺庆，谋袭保宁，国英分兵三路水陆并进，直抵顺庆，大败贼众，复其城，擒伪参将李先德、朱朝国等，而十万、超亦为保宁肘腋患。国英偕总兵惠应诏进剿，阵擒伪总兵胡敬及叛逃知县饶心知，复乘夜进袭，抵旷卢二坝，破贼巢，进取潼川。贼弃城遁；追至绵州，擒伪监纪吕济民、伪参谋石君球。寻招降惟明、展子伪游击璟新，龙安、绵州、达州咸定。六年，遣副将陈敦剿贼安县，擒伪副将解应甲、伪参将杨飞雄，又遣参将曹光间侦贼彰明县，遇伪总兵龙甫黄，射之坠岩下，贼众奔窜。我兵分四路疾进，夜夺曲山关，甫黄弃关走。遂进克石泉县，叛逃知县谢光祖阴结大定，授伪职，据寨抗拒。国英遣兵攻破贼寨，擒谢光祖，斩之。七年，又纠伪总兵马寿等犯川北，国英檄副将曹纯忠、刘汉臣伏兵邀击，斩伪总兵老铁匠、伪副将黄鹞子。九年，可望、文秀犯保宁，贼众横列十五里，势炽甚。国英督兵捣贼中坚，别由间道击其后，歼贼数万，溺死者无算。先是，叙投诚功，予国英二等轻车都尉世职。十一年二月，甄别督抚，晋衔兵部尚书。四月，伪总督魏勇犯顺庆，国英遣副将霍光先击破之，斩获甚众。

　　时成都复为贼陷，重庆、夔州、嘉定俱附贼。十二年，国英疏言：“国家师武无敌，而小丑稽诛，此封疆之臣畏难避苦，利害功罪之念存于中耳。今湖南、两广俱有重兵，平西王吴三桂及都统李国翰之师驻汉中，宜敕进保宁，纲维诸路，先取成都、嘉定，资其肥饶，且屯且守；次取重庆，以扼咽喉。然后乘流东下，扫清夔关，通荆襄之气脉，彻滇黔之门户，即为收服滇黔本计，至于内外司兵司饷之臣，必齐心一力，应如指臂，尤成功之要也。”疏入，部议令三桂等相机进取。十三年，考满，加太子太保，荫一子入监。十四年，诏以“国英久任岩疆，才猷夙著”，擢陕西四川总督。十五年二月，三桂等自汉中进征，取重庆，遂趋贵州。时文、弘、诣、二虎等据忠州、万县。七月，合犯重庆。总兵程廷俊、严自明击之，力战五日，贼遁。十一月，文复合十三家贼逼重庆，国英在保宁，闻警趋援，师次合江，诣杀文纳款，馀贼溃遁。国英入城招抚，弘亦降，伪侯郝承裔、伪伯陈达相继率众来归。谭文馀党犹据涪、忠二州，国英檄总兵王明德进剿，擒伪总兵谭益、陈贵荣、高鹤鸣、关起鹏，伪参谋高凤鸣，阵斩伪监军道王文锦、张耀，伪副将高林起等。十七年，承裔据雅州府复叛，国英统兵至嘉定，会提督诸臣，分兵三路进剿，夺竹箐关，贼烧屋遁。[一]国英发兵截击，承裔败逃黎州，追擒于山箐。

　　十八年，川陕各设总督，改国英专辖四川。康熙元年，明石泉王、朱奉鋞煽惑土夷犯叙州、马湖二府，国英遣兵剿擒之。疏言：“蜀中逋诛巨寇，俱环伺于夔东。请暂驻重庆，以图进剿。俟贼平,还驻成都。"时摇旗、来亨、二虎、宗第等窜踞山寨,为四川、湖广、陕西错壤州邑患。议者欲合三省会剿,国英疏言:"贼巢横踞险要,大兵进攻,未能联合一路,宜以荆州、宜昌兵剿远安、兴山、巴东、归州之贼,以兴安、郧阳兵剿房县、竹山之贼。其夔州、建始、巫山、大宁、大昌之贼,专以四川兵剿之。惟豫会师期,使贼三路受敌,则彼此不暇兼顾。俟一路平后,就近会师并进,贼可尽灭矣。"上允所请,命西安将军富喀禅、副都统都敏领兵会剿,国英先招抚各伪镇将,以散其党;既会三省师,期同进,又分兵大昌、大宁,截遏奔逸。二年,国英同富喀禅等督兵进巫山,趋陈家坡,攻二虎贼巢。二虎挈妻妾奔入天池寨,自缢死。摇旗、宗第夜遁。国英遣总兵梁加琦、佐领巴达世追至黄草坪,破贼四营,生擒摇旗、宗第及伪部院洪育鳌等,又遣总兵李良桢追擒明东安王朱盛蒗于小尖寨,伪岐侯贺珍子伪富平侯道宁率所属降。四年,疏言:"全川底定,宜因地设防,酌议增减官兵,增设城守副将一、游击八、都司一、守备十七,裁留通省兵四万五千名,以马二步一、战、守各半定额。"从之。又疏报建昌番猓跳梁,檄总兵王明德深入贼巢,平十九寨。五年,卒。得旨:"李国英久任岩疆,积劳病殒,深可悯恻!"下部议恤,赐祭葬,如例,谥勤襄。

七年,追叙巫山剿贼功,晋爵一等男,以其子烂袭。烂卒,子永陞袭。

永陞尝任南阳总兵,以婪取陋规,发军台效力。雍正六年,上追念国英擒剿逆寇,劳绩懋著,特召其子孙引见,以永陞从弟永安为参将,并召永陞还,授参政,荐擢工部尚书。十年,国英入祀贤良祠。

【校勘记】

〔一〕贼烧屋遁　原脱"遁"字。今据贰检卷二叶五一下及贰排卷三叶
　　二七下补。

张勇

张勇,陕西咸宁人。明副将。本朝顺治三年,英亲王阿济格
进剿流贼李自成,勇由淮安率众赴九江投诚,授游击,隶陕西总
督孟乔芳标下。

时自成馀党贺珍、武大定、贺弘器、李明义等分踞汉中、兴
安、固原,窥犯西安。勇同副将任珍、马宁等屡击败贼众。四年,
宁夏叛将马德结贺弘器陷安定,勇与总兵刘芳名率兵赴援,击走
之,德为马宁所擒。勇进征固原,连拔贼寨,弘器、明义皆就擒,
伏诛。五年四月,逆回米喇印、丁国栋踞兰州作乱,纠众千馀,陷
临洮。勇同副将陈万略率兵夹击,败贼,收复临洮城。蹑击至岷
州,败之官堡;又败之马韩山。贼窜匿二崖洞,尽歼之。五月,擒
明延长王朱识鋆于马家坪,乔芳偕侍郎额色督师,攻拔兰州。勇
会师合剿,遂渡河而西。八月,抵甘州,逆回据城拒,勇率兵迎
击,屡败之。六年正月,总兵南一魁夺西门入,勇自西南隅搜剿
至东门,逆回势穷,夜遁。蹑迹至北山城,歼贼甚众,斩喇印于水
泉。国栋窜肃州。五月,勇率兵赴肃州,伏兵壕外,伺贼出牧,四
面截杀,斩级数百,生擒百馀人。十一月,与副将马宁督兵,树云
梯登城,奋剿殪贼党殆尽。国栋等就擒,伏诛。肃州城复。特授
勇甘肃总兵。十年,乔芳疏陈勇率兵投诚以来战功,下部议叙,
予三等轻车都尉世职。

时明桂王朱由榔据滇黔，孙可望、李定国等屡犯湖南。命大学士洪承畴经略军务，勇请移兵自效，得旨："张勇久历岩疆，劳绩懋著。今奏请效力繁剧，忠勤可嘉。着即来京，以俟简用。"寻陕西总督金砺以甘肃重地，番部杂处，勇整饬有方，请仍留镇。会承畴疏言："勇智勇兼备，部下兵精马足，请移之湖南，授为经略右标总兵。"上允承畴请，仍召见，加右都督衔，赐冠服、甲胄、弓矢。勇以家口众，乞赐宅京城，子云翼以荫得陕西卫指挥，请改隶京卫。并得旨俞允。濒行，命内大臣索尼等传谕曰："当今良将如张勇者甚少。军务不可悬度，宜相机而行。勿自负才勇，轻视敌人。"十五年三月，随承畴征贵州。七月，桂王都督罗大顺夜焚新添卫城，勇率兵驰剿，大顺遁入十万溪。勇与南一魁等冒矢石，攻克险寨，斩获无算。十二月，随信郡王多尼进征云南，至盘江，守者焚铁索桥逸去。勇乘夜造桥，黎明渡全军，击败桂王将白文选于七星关。十六年，晋左都督。十七年，授镇守云南临元、广西诸处总兵。十八年，擢提督。

康熙二年，谕兵部曰："云南提督张勇前镇守甘肃，威名素著，属番詟服。着以提督现任职衔仍回甘肃镇守。"三年，加太子太保。先是，青海蒙古恋西喇塔拉水草饶，乞放牧。勇以其地为甘肃要隘，不容逼处，自往饬谕，乃谢罪去。因设永固营，联筑八寨。四年，蒙古复相继徙牧至大草滩，勇请增设甘肃西宁驻防兵四千五百二十名。部议令总督会核，得旨："张勇所奏增兵事，若令总督会核再奏，恐致迟误，即照所请议行。"五年，奏言："蒙古徙牧近边，臣遣使饬谕，抗拒于定羌庙，官军败之，犹不悛改。声言纠众分入河州、临洮、巩昌、凉州、西宁，请严防御。"从之。八年,给事中张登选劾勇两足俱瘫,宜罢斥,疏下山陕总督莫洛察核,莫洛言:"勇因昔年征剿,右足中流矢,伤骨,常作痛,不能行履。至一应边疆事务,尚堪坐理。"得旨:"张勇年久勤劳,著有功绩,仍留原任。"

十二年冬,逆藩吴三桂反,四川总兵吴之茂叛应之。十三年春,三桂以逆书招勇,勇执其使以奏,得旨嘉奖。冬,陕西提督王辅臣叛于宁羌。十四年二月,甘肃巡抚华善疏言:"逆贼王辅臣今据关山迤西、岐山迤北、黄河迤南,与蜀贼连结。加以西番、土回乘隙屡犯,河西危甚。其得免于沦陷者,提督张勇之力。目前情势,非提臣不能守,非提臣不能战,非提臣不能破贼恢复。第事权不重,未免掣肘,请赐敕便宜行事。"诏授勇靖逆将军,仍管提督事,谕部臣凡总兵以下官员,听勇调遣拔补。是月,辅臣遣人将三桂伪印札及逆书诱勇,勇奏斩其使,上嘉之,封靖逆侯。三月,勇遣西宁总兵王进宝破贼于皋兰龙尾山,擒游击李廷玉,复安定县、金县。五月,伪总兵潘瑀、伪副将曾文耀赴洮、河二州,诸羌乘隙肆掠。勇率兵赴河州,文耀闻风遁。勇乃别遣土官杨朝梁攻洮州,自督兵继其后,瑀败窜。洮、河二州平。谕曰:"秦省岩疆重地,军务方殷。张勇忠勤懋著,谋略优长。久镇西凉,奠安疆宇。近复躬履行间,殚心筹画,屡败贼众,恢复城池,必期歼灭贼众,底定秦陇。朕甚嘉之!凡用兵筹饷一切机宜,均专责任。所属文武各官,毋违节制。务早奏肤功,以副朕委任至意。"寻敕部优叙,以其次子云翼为太仆寺卿。

六月,进剿巩昌,伪副将任国治等潜引兵三千入东门,合伪总兵陈科、郑元经等自城中分出突犯,勇率副将刘宣圣等奋剿,截其归路,诛斩过半,擒获四百七十三人。先是,勇奉旨:"凡平定地方,扫除贼寇,惟尔是赖。今贝勒洞鄂虽攻围平凉,而逆贼王辅臣婴城死守,恐稽时日。又蜀贼已过昌宁驿,来援平凉,尔可量留官兵守巩昌,亲自率兵至洞鄂军前协力进取。"勇疏言:"巩昌要地,兵力难分。逆贼吴之茂进屯单家河,臣赴平凉,贼必乘虚来犯。"上命廷臣集议,议令勇固守巩昌、秦州诸处,相机行之。十二月,同振武将军佛尼勒等剿贼西和县,三战皆捷。会宁夏兵变,提督陈福遇害。勇还守巩昌,荐天津总兵赵良栋才略过人,堪镇宁夏,命即授良栋为宁夏提督。十五年三月,勇同护军统领杰殷败贼于宁远县之马坞镇。四月,叙恢复洮、河二州功,晋少保,仍兼太保。是月,贼万馀犯通渭县,勇闻警自伏羌进发,至十八盘坡遇贼,分兵两翼冲击,贼溃;乘胜追剿,斩获无算,复通渭县。五月,进征乐门,贼据险列十一寨以阻我师。勇度地势,横营山梁,复析满洲、绿旗各为攻剿、备御二营,分南北以击贼,下令兵皆携草一束,营甫立,贼齐出,勇与都统赫业各率兵分击南北山梁诸贼,贼两路来犯,我兵分队冲截,枪炮齐发。贼退走山梁,复坚守壁垒,我兵以所携草填壕直进,阵斩贼将及贼众千馀。之茂寻复纠众出犯,勇勒兵冲击,大败贼众,遂与佛尼勒、王进宝等剿平贼寨。之茂引众夜走,追败之牡丹园及西和县北山。之茂仅以数骑遁。是时,抚远大将军图海已招降辅臣,勇复遣兵败贼于岷州,阶州、平凉、庆阳、巩昌所属州县悉平。谕曰:"自逆贼煽乱以来,奸徒附和,侵扰地方。张勇一闻兰州之变,即星驰渡河剿御,收复城邑,举发伪劄,缉获奸谋,绥定边陲,厥功甚大。及大兵攻取平凉,张勇镇守秦巩,复殚心筹画,调度合宜。

剿御四川贼众，屡奏捷音，纾朕西顾之忧，功尤懋著。于军功议叙之外，应从优加恩酬答勋劳。”于是晋一等侯，加少傅，兼太子太师。

十七年，西套厄鲁特济农和啰理为准噶尔台吉噶尔丹所败，假道赴青海，其众由双井阑入内地。勇亲往驱逐出边。二十二年，以老病乞休。初，勇足疾残废，行以肩舆，经十馀年，屡疏请代。至是，上仍慰留之。二十三年三月，勇因蒙古番众逼黄城故址游牧，率兵赴丹山防守。病剧甘州，赐医诊视，命其子云翼驰驿偕往。四月，卒。遗疏至，得旨：“张勇韬钤素裕，殚心尽职。久镇岩疆，剿御贼寇，固守地方，筹画周详，劳绩懋著。边防戎务，倚毗方殷。奄逝忽闻，深为轸恻。”下部从优议恤，赠少师仍兼太子太师，赐祭葬如例，谥襄壮。以子云翼袭爵。雍正十年，入祀贤良祠。

乾隆三十二年，以勇当征剿吴逆时，懋建勋绩，其一等侯爵，特予世袭罔替。四十七年，谕曰：“朕恭阅皇祖实录，所载扫除吴逆、平定川陕事迹，因取张勇、赵良栋、王进宝三人国史列传，详加披览，其功绩实有不可没者。当吴逆煽乱川、陕两省，提镇王辅臣、吴之茂等相率从贼。维时边陲告警，张勇以云南提督调回甘肃，授为靖逆将军，躬履行间，殚心筹画，攻取平凉，底定秦陇。其间收复洮河诸郡，及举发伪札，执斩来使诸事，居然有古名将之风。而赵良栋之授为宁夏提督，系张勇所荐；又王进宝亦曾隶勇麾下。两人提兵转战，同心效力，赵良栋首先建议直取成都，王进宝戡定保宁，歼擒渠帅，其削平恢复之勋，亦不可泯。厥后张勇封侯，赵良栋、王进宝仅得子爵。盖缘两人各怀私忿，互相攻讦,较之张勇之勤劳懋著,始终无过者实逊,然两人之功,究足以掩其过。今百年论定,眷念成劳,赵良栋、王进宝宜量加追叙。前于乾隆三十二年特降恩旨,令张勇等子孙世袭罔替。张勇本系侯爵,其玄孙张承勋承袭,因旷班革去散秩大臣,在三等侍卫上行走。兹特加恩复还散秩大臣,照旧供职。进取云南,恢复成都,赵良栋之功为最,原封三等子着晋封为一等子,仍准世袭罔替。并交该督抚查明赵良栋、王进宝现应袭职子孙送部,候朕酌量录用,以示优眷。夫兵可百年不用,不可一日不备。国家承平日久,每溯前勋,爰思将帅。张勇、赵良栋、王进宝诸人将才武略,独出冠时。名炳旂常,赏延苗裔。凡在戎行者,尚其益励赳桓,以副干城腹心之寄。"

祝世昌

祝世昌,辽阳人。先世于明初授辽阳定边前卫世袭指挥,十数传至世昌,任镇江城游击。本朝天命六年,大军取辽阳,世昌率属三百馀来归,仍授游击统其众,命董筑沈阳、辽阳、海州三城,事竣,擢盛京城守总兵。天聪五年,从征大凌河。六年,上亲阅兵,以其训练有方,特加优赉。寻迁礼部承政。崇德三年,疏言:"俘获敌人妇女,有籍入乐户者,请概释。"奉旨:"满汉官会议都统石廷柱、马光远等谓世昌心护敌人,与奸细无异,应论死籍没。"命从宽流徙西北边境。顺治二年,召还,隶汉军镶红旗。

四年,授山西巡抚。时土贼踞山作乱,攻掠孟县、五台、永宁、静乐、交城诸邑,世昌连遣将分剿,屡奏捷。五年十二月,大同总兵姜瓖叛,世昌疏言:"前以山贼窃发,省城将弁分遣进剿,

猝闻姜瓖悖叛,急调回防守。今附近大同城堡已为贼据,朔州岢
岚继陷,代州被困垂破。臣檄诸将侦御,因所镇俱步兵,更发营
骑六百继进。但贼势猖狂,未易控制。乞命大军从居庸进发,急
剿大同;更选将分兵从紫荆直抵代州,与臣会商机宜,南北夹攻,
庶叛贼授首。"六年正月,疏报贼党姚举袭据宁武,万练盘踞偏
关,刘迁攻陷繁峙、静乐及交城、东关,省城四面受敌,急请大兵
会剿。诏敬谨亲王尼堪统师会剿,既至太原,遂进围宁武,逾月
未下,移剿大同,贼党乘机夺据保德,陷交城、石楼、永和。世昌
复疏言:"自宁武军围撤,贼渐逼省城,虽有蒙古兵防守,强弱各
半,贼不知惧。若待歼除姜贼后,移师分剿,恐益滋蔓。且山西
一省岁赋供应军需,实赖省城迤南汾州、平阳、潞安诸属拨运。
若一处被危,全省震动。惟偏关、宁武早得一日,则河西贼闻风
敛迹。请敕发满洲兵数百守省城,如省南有警,即分遣扑剿。别
拨兵驻代州,循次取偏关、宁武。贼素畏满洲兵如神,臣是以激
切上请。"诏下兵部议行。九月,曲沃废官李建泰谋叛,世昌得其
手书以闻,奉敕严缉。会大军攻大同,姜瓖为其将杨振威斩首来
献,巽亲王务达海、谦郡王瓦克达等先后攻讨,诸路贼党渐灭,建
泰亦伏诛。十二月,世昌疏言:"自姜瓖悖叛,群寇蜂起。左布政
使孙茂兰、右布政使林德声、按察使张儒秀等与臣协商剿抚,运
给军粮;雁平道许可用、河东道王无党、岢岚道楼希吴等竭力御
寇,保全危城,副将范承宗,参将汤自道、罗映坛,游击李好贤、白
璧等率兵攻战,所至立功,各分别事迹具奏。"并下所司议叙。

　　七年,卒。诏赠兵部右侍郎,赐祭葬如例,谥僖靖。入祀山
西名宦祠。

鲍承先

　　鲍承先，山西应州人。明万历间，积官至参将。泰昌元年，随总兵贺世贤、李秉诚守沈阳城，迁开原东路统领新勇营副将，城守如故。经略熊廷弼疏请奖励诸将，承先预焉，加都督佥事衔。我太祖高皇帝征明沈阳，由懿路、蒲河进，承先偕世贤、秉诚出城分汛驻守，见我兵至，不战而退，追斩百馀级，俘数千人，承先遁入城。明年，大兵征沈阳、辽阳，承先退守广宁。天命七年正月，师渡辽河，克西平堡，承先随总兵刘渠等白广宁赴援，渠战死，承先败奔，全军尽殪。巡抚王化贞弃广宁入关，游击孙得功等迎大军入广宁城，承先窜匿数日，随众来降，仍授副将。

　　天聪三年十月，上统师征明，由龙井关入边，承先随郑亲王济尔哈朗略马兰峪，明兵屡败，承先以书招降其守将，进薄燕京，复招降牧马厂太监，获其马骡及驼。我军自土城关击败明兵于德胜门外，明宁远巡抚袁崇焕领兵二万屯广渠门外，设伏隘口。二贝勒豪格兵趋右偏，奋进克捷。翌日，上命我军勿进攻，召承先及副将高鸿中授以密计，乃于阵获两太监系所，就近并坐，假作耳语云："今日撤兵，乃上计也。顷者上车骑向敌营，二人来见，语良久乃去，意袁巡抚有密约。此事可立就矣。"时两太监佯卧窃听，旋纵之归，果以告明帝，遂执崇焕磔之。四年正月，承先随大军克永平，招降迁安绅士，知县朱圣台、游击卜文焕以城降，遂取滦州。承先奉命同副将白格等率镶黄、镶蓝两旗兵驻守迁安，创立台堡五。未几，明兵来犯，我兵固守，力战，乃却之。明总兵祖大寿等寻集兵六万攻滦州，贝勒阿敏令承先率驻守迁安兵,偕降众移驻永平。及滦州失守,阿敏弃永平,率诸将出冷口,东还沈阳。上命鞫讯阿敏与诸将弃城奔还罪,以驻镇迁安两旗将领曾固守城池,击退敌兵,谕释承先、白格等。

明年,从征大凌河,招降翟家堡。八年五月,上征明大同,明总督张宗衡、总兵曹文诏等遣鲍韬赍书请和,鲍韬者承先次子也。初,承先降,明人执韬置应州狱。至是,出之使来,由径路经哈里庄,遇土谢图济农兵,夺其骑斫韬及仆从俱死。韬复苏,庄民留养数日,有冯国珍者,送韬至大贝勒代善营,令与承先相见,遂送韬、国珍至御营,上问韬来使之由,遣国珍赍书回,以韬创甚,留之。九年正月,承先疏言:"臣窃见元帅孔有德、总兵耿仲明为其属员请敕,上许其自行给札。夫上下之分,自有定礼。今待以诸侯之爵,隆宠极矣!乃不识国体,不谙书史,要请无已,甚失人臣体。古者帝王开国,首重名器,若任情滥予,名器一亵,贤者退,小人进矣。倘欲加意招徕远人,可谕吏部分别轻重,奏请给札,使恩出上裁,使其果能立功报效,然后请旨给札。则无功之赏不行,百世之规自定矣。"疏入,谕曰:"元帅率众航海,远来投诚,厥功匪小。朕前旨已发,岂可食言?夫任贤勿贰,载在虞书。朕推诚待下,自无收回成命之理。鲍承先临阵败走,随众乞降,今尚置诸功臣之列,给敕恩养,岂远来归顺各官,反谓无功而弃之乎?朕此言亦非独责鲍承先也。彼既竭诚以入告,朕亦开诚以宣示之耳。"

八月,大军征察哈尔凯旋,获元传国玺,承先奏请命工部制造宝函,诹吉躬率诸臣郊迎入宫,以昭符瑞;仍以得玺之由,书敕钤印,颁行满、汉、蒙古,俾知天命有归:上是之。承先寻同文馆诸臣宁完我、范文程随大贝勒代善、内外诸贝勒,六部、八旗众大臣,请上尊号,上以土宇尚未一统,谕辞再三。仍固请,乃允。议改天聪十年为崇德元年。先是,承先以宁完我荐,入直文馆。至是,改文馆为内三院,授承先秘书院大学士。三年,更定官制,改吏部右参政。四年,上命以郡王礼祭贝勒岳托,吏部误传岳托子袭封郡王,承先应罚锾,得旨宽免。是年,定汉军旗制,承先隶正红旗。五年,随郑亲王济尔哈朗等围明锦州,令防守衮塔,因明兵阻我耕种,射伤我农人。承先坐退避不救,论死,上宥之。寻以病解任。顺治元年,世祖章皇帝定鼎燕京,召见,赐银币、鞍马。二年,卒。遣大学士范文程视含敛,赐祭葬如例。

子敬,袭世职,遇恩诏,晋爵至三等男。初授河北总兵,康熙四年,随陕西提督王一正剿流贼郝摇旗,以纵贼不追,降四级,回旗。后复为大同总兵、銮仪卫銮仪使。

王世选

王世选,陕西榆林人。明副将。本朝天聪四年正月,大军克明遵化,留兵守。世选随明总兵官惟贤来袭,至城南波罗湾,我军出战,惟贤陷阵死,世选败还。及我军攻明副总兵金日观于马兰城,总理马世龙遣世选来援,纵入城,围之。二月,世选来降,授总兵。七年,赏缎疋,隶汉军正红旗。八年五月,我军将入明边,令世选同哨探前锋副都统图鲁什率兵先行。六月,上亲率贝勒阿巴泰、豪格及世选等入上方堡,由宣化府攻略朔州。崇德元年,随征朝鲜,又围明锦州、松山,世选俱在事有功,援三等子爵。四年,追议前攻松山时不力,将红衣炮子剩回,世选同副将孟乔芳俱革职,得旨宽免。汉军初分两旗,至是分四旗,每旗设都统一、副都统二、参领四、佐领十人,以世选为正红、镶红两旗都统。顺治二年,世选随大兵追李自成至潼关,又随征江南,破扬州、松江、杭州、嘉兴、湖州。五年,随英亲王阿济格讨叛镇姜瓖,复汾州。七年,以功加二等子,年老乞休,从之。十八年,卒。赐祭葬如例。

子之鼎,袭官,至四川提督。

祖大寿

祖大寿,辽东人。明泰昌元年,官靖东营游击。熊廷弼经略辽东,奏奖忠勤诸将,大寿预焉。天启二年,为广宁巡抚王化贞中军游击。我太祖高皇帝克西平堡,化贞令大寿同游击孙得功为前锋赴援,战败,却走平阳桥堡,总兵刘渠、祁秉忠,副将刘徵,参将黑云鹤等,皆殁于阵。得功乞降,化贞弃广宁遁,大寿走觉华岛。大学士孙承宗督师蓟辽,以大寿佐参将金冠守觉华岛。寻令鸠筑宁远城,大寿谓是城终不能守,筑仅十一,且疏薄不中程。孙承宗欲以此为关外重镇,用参政道袁崇焕议,定高广规制,令副将满桂,参将高见、贺谦,与大寿分督改筑,始竣事。六年,我朝兵围宁远,穴地道攻城,大寿与袁崇焕婴城力守,令闽卒发西洋巨炮伤数百人。我军别趋觉华岛,斩金冠,殪士卒万馀。七年五月,大寿同总兵满桂、尤世禄等拒我军于宁远城外,败却入城。会溽暑,我军还。

崇祯元年,以崇焕督师蓟辽,擢大寿前锋总兵,挂征辽前锋将军印,驻锦州。二年,我太宗文皇帝统师由喀喇沁之青城,分入龙井关、大安口,遂克遵化,薄京师。大寿随崇焕由山海关、蓟州入卫,庄烈帝召对,慰劳之,命崇焕列营城东南,拒战。时有因边关失守,京师受困,归咎于崇焕杀皮岛帅毛文龙,且诬其引敌胁和,将为城下之盟者。会我朝设间纵所获太监还,以袁巡抚私有成约告,遂再召对,缚崇焕下狱。大寿在旁,股栗惧;及既出,又闻满桂总统关宁将卒,不肯受节制,即引所部兵掠山海而东。桂与总兵孙祖寿营永定门外,为我军所破,并战死。大寿初尝坐法当斩,承宗爱其才,密令崇焕救解,遂贳之。大寿以故德二人。至是,承宗复督师,遣人慰抚,且以崇焕狱中手书招之,大寿乃敛兵听令。三年正月,大兵克永平,下迁安、滦州,各留师镇守。承宗檄大寿率兵入关规复,大寿遣谍入永平,觇我兵多寡,事觉,斩于市。四月,大寿同总兵马世龙、杨肇,副将祖大乐、祖可法、张弘谟、刘天禄等袭滦州,以巨炮击毁城楼。我兵在城中及永平、遵化、迁安者,皆不能守,弃城出关而归。

　　大寿仍镇锦州。明年七月,督关外八城兵役筑城大凌河,未讫工,太宗统师围其城,谕从征贝勒大臣曰:"攻城恐士卒被伤,不若掘濠以困之。彼兵若出,我则与战;外援若至,我则迎击。"驾临城南山冈,谕永平阵获明将麻登云、黑云龙曰:"善射精兵,尽在此城,他处无有也。"于是周列营掘濠,尽克近城台堡,歼其出城樵获以侦者。谕大寿以书曰:"曩者朕心实欲讲和,闻尔等修筑锦州城,我因以书付尔,使人寄尔言,尔若不罢锦州城工,我即举兵矣。嗣获尔侦卒,我仍欲讲和,释而遣归,尔竟不报。我兵至燕京,谆谆致书,欲图和好。尔国君臣,惟以宋朝故事为鉴,亦无一言复我。朕今厌兵革,愿太平,故更以书来,惟将军裁之。"越数日，复谕以书曰："自古两国构兵，不外战与和二者。今和议既绝，朕是以亲率大兵深入。幸遇将军于此，倘得倾心从我，战争之事，我自任之；运筹决胜，惟望将军指示。盖休戚与共，富贵同享，朕之素愿。今闻城内士卒马匹，死毙殆尽，甚为可惜！惟将军熟思而独断之，勿惑众言！"时明兵七千自松山赴援，又锦州副将二，参将、游击十，率兵六千至，先后为我兵击败遁去。太宗度大寿必期外援夹攻我师，亲率侍卫设伏，别遣营中厮卒执旗帜，离城十里，驰骋扬尘，声炮不绝。大寿果率众出城，夺西南隅一台，树梯将登，遇镶红、镶蓝两旗及蒙古诸营兵齐进奋击；又望见上率侍卫及护军自山腾跃下，始知堕计，急收众入城。已，为我兵阵斩台下者十七人，中创死者百馀人。自是闭城不敢出。既而永平监军太仆寺卿张春，遵化总兵吴襄，副将张吉甫、满库、王之敬等，合步骑四万赴援，距城十五里。太宗亲督师破其营，阵斩吉甫、库、之敬，歼其兵无算。吴襄与副将祖大乐、金国臣，参将祖邦林，游击祖宽，蒙古将桑噶尔寨等俱宵走。春及副将张弘谟、杨华徵、薛大湖，参将姜新，游击黄泽，千总姜桂等，皆就擒。大寿在城中闻枪炮声，谓仍是设计诱之，不遣一人出，城中粮绝薪尽，杀人为食，析骸而爨。

太宗命阵获各官致书大寿招之降，以姜桂赍往。大寿偕众官出城见姜桂，谓曰："我宁死于此城，不降也。"越二日，太宗复予大寿及副将何可刚、张存仁、窦承武书，谕曰："姜桂还言尔等恐我杀降，故招之不从。夫我国用兵，宜诛者诛，宜宥者宥，既宽宥者悉加恩养。尔等岂未之闻也？我非不能攻取，不能久驻。但思山海关以东智勇之士，尽在此城。若杀尔等，于我何益？何如与众将军共成大业！故以肝膈之言，屡屡相劝。意者尔等不愿与我共事，故出此支饰之言耶？倘实欲共事，可遣人来共莅盟誓。既盟之后，复食其言，独不畏天地乎？幸勿迟疑。"先是，八月丁未，大兵围城。至是十月乙丑，几又十月矣。所获小凌河至松山一路牲畜甚多，又攻降鱼子嶂台所遗粮糗充积，足供围城步骑一月之需，壕垒修筑益坚。大寿谋突围出，则防守严密，一人不能逸；援兵自外至者，又皆败遁，计无所出。太宗复遣阵获参将姜新往招之，大寿率众官出城，与揖见，乃令游击韩栋随姜新诣御营朝见，韩栋以军容整暇，严密防卫，还白大寿。大寿令其从子祖泽洪以书系矢射出城，复以其养子祖可法送大军为质，邀副将石廷柱过壕亲告以心腹语，廷柱过壕与语大寿曰："人生岂有不死之理？但为国、为家、为身三者并重，今既不能尽忠报国，惟惜身命耳。若身虽获全，妻子不能相见，生亦何益？上果能不回军，进图大事，当设策先取锦州，锦州得庶可保吾妻子。"石廷柱还奏，上复遣同巴克什达海往谕曰："我既招降尔等，复攻锦州，恐我兵过劳。尔等降后，锦州或以力攻，或以计取，任尔等为之。不然，尔等坐守城中，我惟有驻兵围困而已。"明日，大寿令其中军施大勇来代奏言："降志已决，欲令一人潜入锦州侦视，倘被诘出虚实，奈何？或亲率兵诈作逃走之状，何如？悉惟上裁！"

是时城中各官皆同谋归降，独何可刚不从，大寿令二人掖出城外，杀于大军前。遂遣副将四、游击二赍誓书，列大寿及副将刘天禄、张存仁、祖泽润、祖泽洪、祖可法、曹恭诚、韩大勋、孙定辽、裴国珍、陈邦选、李云、邓长春、刘毓英、窦承武，参将吴良弼、高光辉、刘士英、盛忠、祖泽远、胡弘先，游击祖邦武、施大勇、夏得胜、李一忠、刘良臣、张可范、萧永祚、韩栋、段学孔、张濂、吴奉成、[一]方一元、涂应乾、陈变武、方献可、刘武元、杨名世三十馀人,各言率众归降后,若违心背盟,则殃及其身,死于刀箭之下。太宗率诸贝勒莅盟,命巴克什库尔禅、龙什问大寿曰:"既经盟誓天地,当用何策以取锦州?"大寿曰:"我即亲至密议。"太宗复遣二臣谕曰:"盟誓虽申,民心未定,今晚且勿来。"大寿曰:"事已定,更何疑?"遂亲诣御营,是为本朝天聪五年十月戊辰也。上命诸贝勒迎之一里外,时初更将尽,列炬以俟,上出幄,大寿欲跪,上止之,行抱见礼。既入幄,命坐于左,设馔,以金卮酌酒,亲授饮。大寿曰:"愿借上酒奉献。"遂酌酒跪献,上饮毕,与语良久,以御用黑狐帽、貂裘,及金饰鞋带等物赐之,谕曰:"因在戎行,携物无多,不能以嘉物相赠。"大寿曰:"蒙上优待如此,臣虽至愚,岂木石耶?"遂辞入城。

明日,上用大寿策,命贝勒等率八旗诸将及兵四千人俱作汉装,大寿率所属兵三百五十人,以二更起行,趋锦州,炮声不绝,为大凌河城中人突围奔还状,会大雾,人觌面不相识,军皆失队伍,各收兵而还。十一月庚午朔,谕诸贝勒曰:"朕思与其留大寿于我国,不如纵入锦州,令其献城,为我效力;即彼叛而不来,亦非我意料不及而误遣也。彼一身耳,叛亦听之,若不纵之使往,倘明国别令人据守锦州,则事难图矣。今纵还大寿一人,而携其子侄及诸将士以归,厚加恩养,再图进取,庶几有益。"乃遣人传谕询大寿曰:"今令尔至锦州,以何计入城;既入城又以何策成事?"大寿对曰:"我但云昨夜溃出逃避入山,今徒步而来,锦州军民俱我所属,未有不信者。如闻炮,则知我已入城;再闻炮,则事已成,上可以兵来矣。"遂以其从子泽远及厮卒二十馀自随,既渡小凌河,舍骑徒行,遇锦州探卒,偕入城。越三日,遣人至大凌河语其所属诸将曰:"锦州兵甚众,将从容图之。尔诸将家属,已潜使人赡养。后会有期。倘有衷言,即遣人来无妨也。"于是上将旋师,赐敕大寿令毋忘前约,大寿复遣人赍奏至,言:"期约之事,常识于心,因众意怀疑,难以骤举,望皇上矜恤归顺士卒,善加抚养,众心既服,大事易成。至我子侄,尤望垂盼。"上命毁大凌河城,携大寿从子泽洪等及诸将以还,优赉田宅、服物、器用,降兵万馀,咸分隶安业。

　　大寿初还锦州,自言突围出,明巡抚邱禾嘉信之,旋知其已纳款以疏闻,庄烈帝但羁縻大寿,勿罪也。惟以蒙古将桑噶尔寨等赴援不力,战败先遁,密令大寿歼之。事泄,桑噶尔寨率众蒙古环甲三昼夜,欲执大寿来归本朝。大寿慰之曰:"我视尔如兄弟,尔安得若此?"桑噶尔寨曰:"闻欲尽杀我等,图自救耳。"大寿曰:"杀我,自必及尔;杀尔,自必及我。"与之盟誓而定。敕使至自京师,召之者三。大寿语锦州将士曰:"我虽竭力为国,其如不信我何?"终弗往。越二年,上遣都统阿山等略锦州,赐之书,不报。明年,豫亲王多铎等征锦州,大寿自勒步骑出城五里立营,令松山城守副将刘成功等以兵三千迎战,至大凌河西与我前锋军遇,未接战。豫亲王率兵自山而下,军容甚整,尘起蔽天。明兵不辨我军多寡,大惊奔溃。我军分路追击,擒游击曹得功及守备三人,歼其兵五百,获马及甲胄无算。大寿窜入城。崇德元年,上授大凌河降将世职:泽润三等子,泽洪、可法一等男,皆任参政。二年,以蒙古输诚,朝鲜底定,廓清皮岛诸捷音,敕示大寿,使密陈征明之策,大寿又不报。三年,移驻中后所,邀阻征山海关大兵,互有杀伤。上亲临,以敕谕之曰:"数载相别,朕谓将军猎在锦州,欲一晤而旋。不意将军乃驻此地? 出城一见,是所愿也。至去留之意,惟将军是听,朕终不相强。若曩则来而释之,今乃诱而留之,何以取信于天下乎? 将军虽屡与我军相角,为将之道,固所宜然,朕绝不以此介意。毋因此而见疑。"寻命移师攻其兵之列营城外者,至则大寿已收兵入城矣。乃遣俘获人赍敕再往,言:"曩者大凌河释汝,朕之诸臣每谓朕昧于知人。今将军甚宜出城相见,若怀疑惧,则朕与将军可各将亲信一二人于中途面语。盖朕之欲相见者,一以解朕昧于知人之嘲,再则使将军子侄及大凌河各官,皆谓将军之能践言也。"大寿终不敢出。我军攻克旁近诸堡,大俘获而还。四年二月,上统师围松山,分兵攻连山、塔山、杏山,守杏山城者,大寿从子泽远也。大寿令部将三人率兵九百、船十只援之,将入城,我前锋军蹑击,俘百人,斩五十人,获船一、甲四十。

先是,睿亲王多尔衮等征明,入长城,薄京师,趋山东,明人大惊。调大寿兵入援,使者数至,大寿甫行,闻我军围松山,仍还守宁远。上命大学士希福等赍敕至锦州,开陈利害,谕大寿妻令其审时度势,导大寿来降,毋执迷以及于祸。大寿于宁远拣选壮士、良马约六百馀,令副将杨震、祖克勇、徐昌永等,率之趋锦州,经乌忻河口,为我分驻兵击败,震就擒。上率四旗护军驰至锦州,攻其山寨,搜剿敌众,阵斩昌永,擒克勇,斩级四百,获马五百馀。上闻睿亲王等凯旋,乃班师。大寿复还镇锦州。五年,郑亲王济尔哈朗率兵屯田义州,有杏山城西五里驻牧之蒙古苏班岱等愿来归，王以兵迎护之。大寿侦我兵寡，令游击戴明引兵七百，与驻守松山、杏山之总兵吴三桂、刘周智合兵七千，邀我军，我军分队冲击，大败其众，斩副将二、参将一，获马械甚多。六年，郑亲王等复围锦州，大寿令蒙古兵守城郭，蒙古台吉诺木齐等谋归我，我赍降书者缒而下，约献东关，已有期。大寿觉，欲擒众蒙古。日暮，整兵至城郭，诺木齐等迎战，声闻城外，我军薄城下，蒙古缒绳援以登，合击。大寿退守内城，其都司、守备以下十馀员，及户口六千馀，俱来降。

八月，明总督洪承畴闻大寿危困，率兵十三万赴援。上统师进击，屡败之杏山、塔山及高桥诸要隘，留王、贝勒等围洪承畴于松山城。七年二月，城破，擒洪承畴及大寿弟总兵大乐，游击大名、大成等，并降之。大寿方困守锦州一年，外援尽绝，粮竭食人，战守计穷，闻松山城破，大惧，使人诣郑亲王军言："得见祖大乐，即降。"郑亲王令使者见之，大寿复使人请盟，郑亲王怒曰："我围困此城，旦夕可取，有何顾虑，乃与尔盟誓乎?"将攻之，大寿乃遣泽远及中军葛勋引罪，明日，率众诣军营叩首献城。事闻，谕凡大寿族属、部众概勿杀;召大寿及诸降将赐宴。大寿跪奏曰："臣昔因于大凌河，计穷乞降，蒙恩遣还锦州，取妻子兄弟皆来。臣不惟负恩，且屡与大军对敌，今以食尽来归，应万死。"上谕之曰："尔之背我，一为尔主，一为妻子、宗族耳。得尔不加诛，朕怀之已久。此后竭力事朕，则善矣。"命分降众隶汉军八旗，大寿遂隶正黄旗，仍官总兵，赐赉优渥。降将顾用极奏曰："大寿不得已而降，其心变易不常，恐仍效凌河故辙。"都察院参政张存仁亦言："大寿悔盟负约，势穷来归，即欲生之，待以不杀足矣。宜勿任用。"上以明总兵吴三桂等未附,卒厚遇之。十月,大寿奉命致书招三桂来降。三桂,大寿甥也。答书不从。

　　是时,贝勒阿巴泰等征明,以明兵固守山海关外五城,别由黄崖口入蓟州,越京师,略山东郡邑。八年正月,大寿奏言:"臣先执谬,自辱其身,深愧归降之晚。伏睹皇上宽仁神武,一统之业,朝夕可定。以臣目击机会,先取山海关五城,最为上策。明文武官之能否,城之虚实,兵之强弱,臣所洞悉。宜乘此时攻取中后所,收吴三桂家属,彼必为之心动。其馀中右所、中前所、前屯卫,一鼓可平也。破山海,更易于破宁远,山海军士皆四方乌合之众,不谙阵战。绝其咽喉,撤其藩篱,海运不通,长城不守,彼京师难保,三桂安能固守宁远也?"是年六月,大军之征明山东者,始凯旋。十月,郑亲王率兵攻中后所、前屯卫、中前所,取之。明年,世祖章皇帝定鼎京师,凡大寿子侄皆授显爵。顺治十三年,大寿病卒。命祭葬视一品大臣例。

　　以从子泽润为长子,屡叙军功,遇恩诏晋爵一等子,加一云骑尉,官至都统。次子泽溥,官福建总督;第三子泽洪,官副都统。俱别有传。

【校勘记】

〔一〕吴奉成　"奉"原误作"泰"。今据贰检卷三叶三五下及贰排卷五叶七上改。

　　祖泽润　弟泽溥

　　祖泽润,辽东人。大寿长子。明锦州副将。本朝天聪五年,随大寿来降,隶汉军正黄旗。崇德元年,授三等子,任兵部右参政。寻擢本旗都统,随郑亲王济尔哈朗攻克中后所、前屯卫二城,叙功,晋二等子。顺治元年,同都统叶臣招抚山西军旅,赐银五百两。五年,坐诬讦英亲王阿济格勒索屋价事,革职,并削世爵。寻随征大同叛镇姜瓖,攻克浑源州、朔州、左卫、汾州、太谷县五城。八年,叙功,授骑都尉。泽润诉前革职属枉,诏复原爵,两遇恩诏,晋一等子,兼一云骑尉。十二年,随经略洪承畴招抚湖南,驻长沙。十六年,卒于军。十七年,赐祭葬如例。

子植松,袭世爵。

泽润弟泽溥,明左都督。本朝顺治元年,投诚,授一等侍卫。十八年,授山西总督,寻调山东。时栖霞县土贼于七纠党据锯齿山出掠,诏靖东将军济席哈往剿,破其寨,斩馘无算。于七窜入海。济席哈班师,而昆仑、招虎两山贼之附于七者,犹阻险不下。康熙元年,泽溥率副将刘进宝剿平之。二年,疏言:"宁海州之黄岛、蓬来县之海洋等岛,游氛未靖,请暂移居民内地,免输丁粮。"下部议行。会原任浙江按察使宋琬及侄绍祖等为族人宋一柄挟仇诬告通于七谋叛,事下泽溥,寻奏琬等叛谋无确据,不便强拟。事下部议,以泽溥不能审取确供,请议处,命再鞫,泽溥执奏如前。经部两议上,一照谋叛律,置极典;一情有可疑,杖流宁古塔。得旨:"叛逆重罪,理应详审。如实,即应正法;如虚,即应免罪。尔部将无确据之事,悬揣两议,俱属不合。宋琬等着免罪,泽溥亦免议处。"四年,以疾解任。

六年,复授福建总督。七年,疏言:"向例,各府推官赴省承审钦件。今推官裁汰,知府有地方专责,不便轻离职守,同知、通判事简,请各轮班赴省承审。"部议从之。八年,乞休,允之。十八年,卒。

祖泽洪

祖泽洪,辽东人。大寿从子。明锦州副将,随大寿修大凌河城。本朝天聪五年,出降,后隶汉军镶黄旗。崇德元年正月,命为吏部承政。六月,以大凌河归附各官,照原衔授世职,授泽洪一等男。寻遇恩诏,加一云骑尉。三年,定部院官制,设满洲承政一、左右参政二,泽洪为吏部左参政。先是,大寿之降也,请归锦州为内应,纵之去,后竟负约。六年,大军围锦州,令泽洪以书招之。七年,授汉军镶黄旗副都统。八年,随贝勒阿巴泰征明,至浑河,叠桥以济。明总督范志完拒战,泽洪同参政张大猷击败之。顺治元年,诏改参政为侍郎,泽洪仍任吏部。寻偕都统叶臣等追斩流贼李自成伪将陈永福,克太原。二年,偕都统李国翰等赴西安,败流贼馀党孙守法及叛镇贺珍兵,又搜商州馀贼,败其酋二只虎。四年,以不称职,解侍郎任。六年,随大军剿叛镇姜瓖于大同,复浑源州、左卫、泽州、汾州、太谷县五城。八年,叙功,晋爵三等子。两遇恩诏,递加至一等子。寻兼授弘文院学士。十三年,以病解都统及学士任。康熙四十年,卒。赐祭葬如例。

子良栋,袭;卒,弟良璧袭,官至福州将军,自有传。

邓长春

邓长春,辽阳人。明前屯卫副将,守大凌河。本朝天聪五年,随总兵祖大寿来降,赐金币、鞍马。崇德元年,授三等男。三年,授户部承政,寻裁承政汉员,改本部右参政。七年,分汉军为八旗,长春隶镶黄旗,给人户为世管佐领。八年,郑亲王济尔哈朗征明宁远,长春任参领,攻克前屯卫、中后所。叙功,晋二等男。顺治元年,更定官制名,参政曰侍郎,长春仍在户部。奏请给京员俸薪,得旨,俸薪为养廉重典,自不可缓,命会同兵部详列规制以进,裁定施行。是年十月,坐覆免泰安州钱粮,不白本部尚书,用印信,革侍郎,专任参领,降世职为一等轻车都尉。二年,随豫亲王多铎破流贼李自成于潼关,定河南,平江南,进取杭州,遇嘉兴敌兵乘势来犯,长春奋击败之。我兵先后取扬州、江阴、昆山、常熟等城,长春皆督兵炮击有功,议叙,加一云骑尉。八年,从征浙江,与副都统吴汝玠等为前部,击败舟山海贼。三遇恩诏,累晋一等男。十年,以老病休致。康熙十五年,卒。

子志琳,袭爵。

耿仲明

耿仲明,辽东人。初与孔有德同为明总兵毛文龙部校,后随有德走登州,巡抚孙元化并用为参将。及有德反吴桥,其党李梅者通洋事觉,皮岛总兵黄龙系之狱。仲明弟仲裕为龙部下都司,谋作乱,龙捕斩之。疏请正仲明主使罪。时有德还攻登州,仲明遂纠将士之旧籍辽东者为内应。城陷,有德自称都元帅,仲明自称总兵,招致岛中副将陈有时、毛承禄等,龙遣副将尚可喜、金声桓抚定诸岛。时天津有裨将孙应龙者,大言于众曰:"仲明兄弟与我善,我能令其缚有德来。"巡抚郑宗周予以兵二千,从海道往。仲明闻之，亟伪为有德首以绐之，应龙舟师抵木城，延之入，猝缚斩之，歼其众，得巨舰以御黄龙兵。后有德出攻莱州，败还，明兵合围登州。

仲明随有德携人众辎重来归。本朝天聪七年四月，命给田宅于辽阳，安辑部众，召见宴劳，授仲明总兵官，恩赉优礼同有德。寻随贝勒岳托征明旅顺，多斩获。八年二月，有德劾仲明侵渔所部财物，致告讦者众。仲明旋入奏引咎，翌日，召有德谕曰："耿总兵谓讦彼之人，不可留于部下，欲改隶元帅，以图和好，甚为合礼。其善抚之！"复召谕仲明曰："尔以讦告之人改隶元帅，其党尚有留部下者，宜善加抚养，勿念旧恶！若日后怀仇虐使，是尔不思报国，止为身谋也。倘若其人越分妄行，自作罪孽，国法具在，朕亦安肯姑容？"是年秋，从征明，由大同入边，至代州，屡败敌兵。仲明每奉命出征，辄与有德偕，其军营纛旗，亦以白镶皂，号天祐兵。[一]崇德元年四月，封怀顺王。十一月，从征朝鲜，败其援兵。二年，攻克皮岛，赉蟒服、银币。旋以部众违法妄行，谕申严约束，毋蹈故辙。三年，从征明，攻克锦州城西台、戚家、石家诸堡，又招降大福堡，赐所获人户、牲畜。自是上亲征松山、杏山、塔山，及遣诸王贝勒攻锦州、宁远，仲明皆率兵从，与有功。七年八月，奏请令部众隶八旗汉军，于是隶正黄旗。九月，部下参领石明雄讦仲明匿所获松山、塔山人户，私收叛逃伏诛之冯有时骸骨致祭，及杀毙无辜诸款状，鞫实，罚白金千两。八年九月，随郑亲王济尔哈朗征明，取中后所、前屯卫。十一月，部下参领宋国辅、潘孝及明雄合谋害仲明，仲明以闻，下法司鞫实，斩国辅等，籍财产给仲明。

顺治元年四月，随睿亲王多尔衮入山海关，击败流贼李自成，追剿至望都。十月，上御皇极门，宴赍之。寻随豫亲王多铎由河南征陕西。二年，破自成于潼关，进取西安。移师征江南。凯旋，赉貂裘、蟒服、良马、黄金百两、白金万两，还镇辽阳。三年，同有德征湖南，既至长沙，分兵击败明桂王总兵杨国栋于牛皮滩，合攻衡州、祁阳及武冈，皆克之，擒其总兵郭肇基。五年，振旅还京，赉黑狐、紫貂、冠服、彩帛、鞍马、黄金二百两、白金五千两。六年五月，赐金册、金印，封靖南王。命同平南王尚可喜率兵二万征广东，携家以随。仲明既行，其部下副都统陈绍宗，参领刘养正，佐领张起凤、魏国贤，收留隐匿逃人事觉，谕仲明曰："陈绍宗、刘养正、张起凤、魏国贤虽有航海来归之功，今隐匿逃人，是犯不赦之条矣。曩遣王南征，以为腹心可寄，必能利益国家，何乃纵属诱掠，实出意外。其携去随征者甚众，即严察械归，毋隐。"仲明奉谕，旋察出三百馀人，械归，上疏引罪。法司议仲明应削王爵，罚白金五千两，命从宽免削爵。仲明未及闻命，十一月，次吉安，自缢死。七年，礼部议遣官致祭，睿亲王谓其非令终，不当予祭，王爵亦不当袭。

八年，上亲政，乃以其子继茂袭王爵，别有传。

【校勘记】

〔一〕号天祐兵　"祐"原误作"佑"。贰检卷三叶二一上及贰排卷四叶二七上均同。今据本卷孔有德传改。

全节

全节，广宁人。明参将，隶孔有德部下。本朝天聪七年，随有德自登州航海来归，授参领，寻擢副将。

顺治六年，封有德为定南王，统兵征广西。节随征，克桂林，授右翼总兵官。时流贼张献忠馀党孙可望、李定国降附明桂王朱由榔，踞黔粤间，节率所部攻剿，克庆远，驻守其地，招降宜山、河池、思恩、荔浦等县。九年七月，可望掠湖南，陷沅州、武冈，进犯宝庆。有德遣将率桂林兵赴援，檄节由庆远移驻梧州。旋闻定国将犯广西，复檄节移兵平乐，会同提督线国安、总兵马雄御击。节方趋柳州，定国已袭陷桂林城，有德死之。柳州副将郑元勋等叛降敌，谋袭节。节间道走梧州，与线国安、马雄合。定国以众来犯，我兵战失利，节负重伤，溃围出，乘舟至肇庆，请兵于平南王尚可喜。可喜遣水师助之，乃还定梧州、藤县、浔州。十年正月，攻复平乐，马雄守梧州，节与线国安合兵击败桂王兵部陈经猷、将军王应龙，遂复桂林，其卫国公胡一清、〔一〕义宁伯龙韬、总兵扬振威等，率众数万屯阳朔、永福间，一再来犯，皆击之，溃遁。叙功，加都督衔，予爵三等子。移驻武宣，剿平馀党于象州、宾州，擒其总兵韦文有、罗天舜。复移驻荔浦，招抚富川县之山冈瑶僮。时瑶僮为明裔朱盛浓及丰城侯李茂先、总兵龚瑞等所饵，合谋抗拒大兵。盛浓、茂先据黔楚交错之山，倚险为寨，与可望、定国联络声援，剽掠郡邑。节同线国安遣兵进剿，连破其寨，阵擒盛浓及其弟盛添诸瑶僮俱望风归顺。十五年，线国安奉诏进征贵州，奏请以节移驻柳州。十六年，督兵进剿至融县，斩级无算，阵擒李茂先，追击龚瑞于怀远，瑞穷蹙乞降。

康熙元年，改右翼总兵为左江镇总兵，即以节任之。七年七月，卒。赠太子少保，赐祭葬如例。

先是,桂林城陷时,节妻温氏及妾婢数人,并自缢;子成忠年甫十一,被掠去。及大兵定贵州,经略洪承畴访得之于投诚总兵赵三才营,携以归节。至是袭三等子爵。

【校勘记】

〔一〕胡一清　"清"原作"青",音近而讹。今据贰检卷三叶二五下及贰排卷四叶三〇下改。下同。

吴汝玠

吴汝玠,辽阳人。明锦州游击。本朝崇德七年三月,大军取明锦州,汝玠来归,授佐领,隶镶红旗汉军。十一月,随贝勒阿巴泰等征明,由黄崖口长城入,越京师,趋山东,败明总兵张登科、和应荐等。八年,随郑亲王济尔哈朗取明前屯卫、中后所二城,有功,寻授参领。

顺治元年,随都统叶臣等征山西。时流贼李自成已遁入西安。〔一〕贼党陈永福据太原抗我师,汝玠攻克其城。复随英亲王阿济格征陕西,进剿流贼至湖广,败贼将马进忠于武昌。二年,擢镶红旗汉军副都统。三年,叙功,予云骑尉世职。复随肃亲王豪格败叛镇贺珍、武大定等于秦、阶二州。五年,改授礼部侍郎。

六年,命以副都统驻防杭州。时明鲁王朱以海及其臣阮进、张名振等踞舟山。八年八月,汝玠同总督陈锦、都统刘之源、提督田雄等分兵进剿,由定关出海,汝玠同前队舟师扬帆先发,遇于横洋,奋勇邀击,官军并进,败之,擒阮进,乘胜抵舟山。汝玠率众先登岸,大兵继之,薄城堧,凿地道,垣堞摧陷海中。名振势蘽,纵火自焚,遂拥鲁王遁。九年,海贼郑成功遣其党犯漳州,汝玠奉诏率师至福建,贼闻风毁桥列阵拒战。汝玠与平南将军金砺击败之;复遣步兵追击,破贼三千于海岸。漳州围解。成功复驱众数万,结营海澄县东,汝玠同砺分兵进剿,三战三捷,斩获无算。成功遁走。十三年,宁海大将军伊尔德统师赴浙江,剿舟山馀孽,令汝玠及总兵张杰分兵自温、台出海会剿,过黎阳口,遇贼舰三百馀,力战大败之,又击之于崇门洋,获战船四,生擒其将丁弘业。论功,并遇恩诏,晋世职为二等轻车都尉。十四年十二月,以老病致仕。康熙十一年,卒,赐祭葬如例。

　　子国鼎,先卒;以其孙洪,袭世职,官至甘肃提督。

【校勘记】

〔一〕时流贼李自成已遁入西安　原脱"时"字。今据贰检卷三叶四八
　　下及贰排卷五叶一六上补。

　　宋权

　　宋权,河南商丘人。明天启五年进士,官顺天巡抚,驻密云。受事甫三日,流贼李自成陷京师。

　　本朝顺治元年五月,权斩贼将黄锭等,籍所部投诚,命巡抚如故。首献治平三策:"一议崇祯庙号,以彰至德,念旧主御宇十有七年,民穷寇起,卒致篡弑之祸,幸圣主歼贼复仇,祭奠以礼,凡有血气,莫不感泣。倘敕下廷臣议定庙号,以光万世,则天下咸颂大圣人之仁至义尽,四海可传檄而定;一尽裁加派弊政,以苏民生,明朝以军需浩繁,有加派之征,有司假公济私,明征之

外,有暗征,公派之外有私派,民困已极,今请照万历初年赋役全书为正额,其馀各项加增,悉予蠲免,则百姓熙然乐业;一广育贤才,以佐上理,臣所知者,如蓟辽总督王永吉、原任监军道方大猷、原任苏州道杨毓楫及原任南京礼部尚书朱继祚、原任户部侍郎叶廷桂等,均济时舟楫,惟皇上召而用之。更请敕廷臣各举所知,广收得人之效。"奉旨:"崇祯庙号、蠲免赋税,俱已有旨;加征弊政,速宜停止。所举各官,该部详察征用。"仍传谕廷臣各举所知,以副求贤图治之意。逾数月,奏荐宝坻进士杜立德等十一人。又请敕禁外任文武官擅离职守,出入京师。

时权仍驻密云,抚治二十馀州县,兼理军务。旋以遵化当冲要,命移驻焉。前后击降流贼馀党数千人,丰润被贼掠,权悉力擒治,因贼渠未获,自请罢斥,温旨慰留之。部民有以祖军、民壮两害具诉者,权疏言:"明制,祖传军籍,隶在营路;选取民壮,隶在州县。身故则勾子孙,子孙绝则勾宗族,宗族绝则勾戚属,流离逃窜,乱由此阶。请特沛恩纶,除兹弊政。"又有私雕顺天巡抚印信,伪为纠举咨文投部者,事觉,逮治。权疏言:"用舍者君人之权,黜陟者铨枢之政,荐劾者抚按之职。请敕各省抚按,除商榷细事,准用咨文外,凡有关用舍大典,必具疏请,不须以咨文从事,则百弊俱清。"疏上,并如所请,著为令。畿辅既平,诏拨近京荒田及明朝贵戚、内监等庄田,画为旗地,凡民田错杂者,另给官田互易。权疏言:"农民甫种易授之田,庐舍无依,耕种未备,请特恩蠲租三年,与民休息。"又言:"蓟州地处荒残,前奉恩诏,以大军经过,蠲租一半。小民输纳犹艰,请照霸州一体全蠲。密云当兵燹之馀,流亡未集,请将荒地逃丁派征钱粮,悉与豁除。其现在贫民,将宝坻县贮仓粟谷分别赈济。已荒地亩,仍招徕开垦,俟熟起科。"又言:"农事既兴,屯政宜讲,计三协屯田旧额十八万馀亩,今请除战兵外,每守兵给田十亩,作五月兵粮,再酌馀月应额之粮,给以牛种。"俱下部议行。会奉诏优恤绿旗阵亡兵,每名给家属银三十两。<u>权</u>以总计三协费帑金数万,此莫大恩施,但恐委之营员,或有混冒侵欺之弊,奏准特遣部臣莅视散给,俾各沾实惠。

三年,擢国史院大学士。四年,充会试主考官。五年,以母丧请终制,得旨:"内院机务繁重,着照旧入直,私居持服。"六年五月,充纂修太宗文皇帝实录总裁官。二月,再充会试主考官。九月,乞假葬亲,允之。十月,恩诏加太子太保。七年,还朝,值议御史巡方事,<u>权</u>力止停差,奏罢诸巡方御史。八年,条陈废员宜起、巡按宜复一疏,给事中<u>陈调元</u>、<u>王廷谏</u>等以起用废员,已奉明旨,<u>权</u>不言于圣旨未行之先,而言于既行之后;巡按之差在当日,<u>权</u>以为不必行,在今日<u>权</u>何又以此为请?且追议其母丧未除,入闱主试,连疏劾之,下吏部,部议<u>权</u>老病宜罢归,遂奉诏致仕。九年,卒于家。礼臣奏<u>权</u>被劾致仕,应减祭葬之半,上以<u>权</u>无大过,且入关之初,诛流贼党羽,率众首先投诚,功不可泯,特赠少保兼太子太保,赐祭葬如例,谥<u>文康</u>。

长子<u>炘</u>,荫中书舍人;次子<u>荦</u>,别有传。

王弘祚

<u>王弘祚</u>,<u>云南</u><u>永昌</u>人。明举人,官户部郎中,督饷<u>大同</u>。

本朝<u>顺治</u>元年,投诚,授岢岚兵备道。<u>宣大</u>总督<u>吴孳昌</u>以<u>弘</u>

祚筹画军饷协力，奏留大同。二年，总督李鉴荐其堪任台省，改授户部郎中。时中原甫定，图籍散佚，部臣以弘祚谙习掌故，奏令编订赋役全书。三年，加太仆寺少卿衔。六年，迁太仆寺卿，仍兼户部郎中。十年，擢户部右侍郎。是时云南、贵州未隶版图，而湖南辰州为孙可望侵踞。弘祚请于江南、江西、湖广丰稔之地，采籴米谷，厚储粮饷，为恢复辰州、进图黔滇计。又言："明自洪武时以沐英镇滇，世袭黔国公，迄今沐天波久为滇省人民、土司所信服，其僚属有閒处江宁者，宜令往滇招天波为内应。贵州有九股黑苗自都匀、黎平蔓延广西庆远、湖南靖州。近来为孙可望蹂躏，亟宜加意抚绥，俾传谕诸土司归化。至其冠服异制，当仍其旧，使勿骤更易。"上以所奏有资抚剿，令经略大学士洪承畴酌行。十一年，给事中郭一鹗劾弘祚修赋役全书逾久未成，总理钱法，巧增铸炉，于宣大裁兵饷银，朦混浮消。弘祚疏辨，一鹗复劾其巧言饰非，诏部臣察议，部臣以一鹗所劾各款不实，惟各省造册迟延，致稽成书，弘祚不举劾，论罚俸。寻转弘祚左侍郎。十二年，疏言有司私派累民，请严敕禁；又将领借名冒饷，敕督抚严核，补其虚额，汰其老弱，革其侵克。俱下部议行。十三年，户部援恩诏赦免员外郎朱世德亏缺河西务税银，部臣咸坐瞻徇，降革有差。弘祚降三级留任。十五年，赋役全书成，录弘祚编辑劳，还所降级。是岁考满，加一级，荫一子入监。寻擢户部尚书，加太子少保，命同大学士巴哈纳等较订律例。

十六年，谕奖勤劳奉职诸臣，晋太子太保。先是，弘祚父母远在云南，音问阻绝。至是，大兵平云南，弘祚闻其父母俱病殁，疏请回籍守制。得旨："览卿奏，具悉至情。但部务殷繁，正资料理。着在任守制，不必回籍。"逾月，复谕以即出供职。十八年，圣祖仁皇帝御极，弘祚乞假归葬，诏允所请。旋谕吏部曰："前以弘祚情词恳切，特准暂归。今思部务殷繁，弘祚才具敏练，急需总理。着事竣即还朝。"康熙三年六月，补刑部尚书。十一月，复任户部尚书。六年，充会试正考官。是年七月，辅政大臣鳌拜构陷户部尚书苏纳海罪，引其党玛尔赛代之，与弘祚理部务，辄龃龉。大学士班布尔善亦鳌拜党也，与玛尔赛素相比。七年四月，户部有失察书役假印盗库银事，吏部议户部诸臣处分，援恩诏免，班布尔善独票拟弘祚革职，遂罢任。八年，上察知鳌拜、玛尔赛、班布尔善等罪状，起弘祚为兵部尚书。

九年，以老乞休，诏致仕，乘驿归里，食原官俸。十一年，弘祚具疏辞俸，谕曰："卿在官著有劳绩，引年乞休，特赐禄俸，以资颐养，不必固辞。"十三年，卒，赐祭葬如例，谥端简。

李化熙

李化熙，山东长山人。明崇祯七年进士，选湖州府推官。丁忧服阕，补河间府推官。累迁天津兵备道，擢四川巡抚，方就道，改调陕西总督。会孙传庭败殁于潼关，余应桂往代，以逗遛夺职，乃擢化熙兵部右侍郎，总督三边。时西安已失，化熙不能行。既而命率总兵高杰援山西，未至而蒲州、平阳相继陷。及李自成陷京师，化熙率所部就食于家。

本朝顺治元年八月，化熙遣游击吴伸上疏归诚，并题明所部兵马数目及地方土寇情形，诏入朝，而天津总督骆养性亦荐其才，乞赐征用。九月，授工部右侍郎。十月，化熙疏荐明副都御史窦毓祥、太仆少卿刘徽、户部侍郎宋之普、给事中韩源等，得旨着吏部确校才品，酌量起用。二年四月，转左。四年四月，兼兵部侍郎。六年十月，加右都御史衔。八年八月，晋太子太保。九年十月，擢刑部尚书。十年四月，条奏："慎刑五事：一恤刑之道宜速，查会典每年热审外，五年又一大审，谓之恤刑，在京刑部会三法司审录，在外遣刑部、大理寺官分行直省，会巡按御史审录其矜疑遣释之数，恒倍于热审。前经臣部题请，奉旨以顺治八年为始，五年一遣。但现在直省刑狱，难保无冤，如必待顺治十二年再遣，转恐不得同沾泣罪解网之恩。请自今年始，即遣廉干官员分行直省，照例矜恤；一死刑之等宜别，查律载死刑分立决、监候二等，斩立决者以待谋反、大逆、强盗等，其馀斩绞俱监候。今在外所拟死刑，先下臣部核奏，巡按御史再行亲审始奏处决，而在内死刑一概立决，是内外两法也。臣愚以为一切死刑，宜悉遵律例分别两等，以昭画一；一秋决之规宜复，查会典每岁行刑，必于霜降后，所以顺天时、重人命也。诚复监候之例，则狱中积死刑渐多，宜照审录旧典，于每岁霜降后，具题请旨，将现监重囚，命九卿科道官会同审录情真罪当者，具奏处决，其可矜疑及词不服者，另请详审，庶无冤滥；一热审之令宜著，查会典小满后，三法司会审，现监罪囚笞罪释放，徒流以下减等，重囚可矜疑者，奏请定夺，盖以夏暑恐狱囚非辜瘐死，故急为决遣，或令出狱听候，臣谓宜著之会典岁一举行，一罪人逃两次者例绞，人命至重，此辈法固难宥，情犹可矜，请再宽一次，经三次立付缳刑。"疏入，下部议行，惟恤刑仍遵前旨。

五月，疏言："旧例，臣部专管覆奏科钞及御前发审重事，即在内五城各衙门,必重犯始送部;在外道府州县小事,无须径达。乃今科钞,岁不下千馀件,俱须核拟题奏。及奉谕旨后,又有满汉各衙门应行咨文及登记档案等事,是一事而更端再四。至下三法司者,较此又多一番关会,招内或未明晰,复驳查不已,徒成迟滞。近复以投旗人逃后,专听臣部归结,其中拿解窝隐居半。再如御状通状满洲木牌,应行详审。及各衙门未经奉旨事件,径送臣部,头绪不清,时日易滞。窃以为旗下重事,既悉归臣部审理。其小事在内,宜责成五城御史;在外宜责成督抚巡按。至拿解逃人更繁,尤须有专董之官,大理寺事简,请敕令料理。他如土贼,应归兵部;田土、户口,应归户部。庶臣部得循分尽职,一清积案。"部议均如所请。寻大理寺卿魏琯奏拿解逃人事,大理寺无番兵捕役,难以专董,复下部议,增设督捕侍郎。详魏琯传。

化熙以母老乞终养,允之,并令驰驿还里。康熙八年,卒,赐祭葬如例。

任濬

任濬,山东益都人。明崇祯四年进士,累官兵部右侍郎,兼右佥都御史。流贼李自成陷京师,濬被执不屈,贼释之。

本朝顺治元年,以兵部左侍郎刘馀佑荐,授户部右侍郎,督理钱法。二年,乞假省亲。八年,丁忧服阕,补原官。寻授仓场侍郎,加右都御史。驾幸通州,赐貂裘等物。十一年,刑科给事中陈忠靖劾濬不能禁革陋规,有负简任。濬回奏,部议免罪,迁刑部尚书。十年正月,疏言:"律多不备,例出随时添注,殊欠折衷。又八旗事多用靠例,如律杀人者抵,而例有义愤自首减免之条;给主埋葬,而例有赔人之条;盗贼未获赃,而例有追产赔主之条;律有五刑,而例自大辟以下,皆止鞭一百。如此类颇多,律例不符,满汉互异。乞皇上敕满汉堂官专领其事,慎选司员一一商榷,疑难者请旨裁定,靠例可更者一准于律,不可更者即载入律条,著为令。又大辟有立决、监候两等,按律所言,决不待时,谓不待秋决,非谓招成不待覆奏,即处决也。查会典凡在外绞斩凌迟监候者,依期俱差官处决,如有决不待时,重囚详议具奏。即差官前去审决,盖恐立决中尚有疑情,可临时三覆详慎人命。嗣后凡奉旨依拟立决在内者,三法司仍会审覆奏行刑,在外者宜复差官审决例,庶无冤滥。"下部议行。

二月,以年老致任。十三年,卒,赐祭葬如例。

曹溶

曹溶,浙江嘉兴人。明崇祯十年进士,官御史,巡视西城。尝劾大学士张四知溺职,不报。

本朝顺治元年五月,投诚,仍原官。疏陈六事:"一请定官制,使事有责成,不相推诿,又上下情宜浃洽,庶人思效用;一请定屯田、盐法、钱法规制,俾俸饷有所给取;一请禁兵丁牧马,践食田禾;一请有司巡缉土贼,擒为首者诛之,馀皆劝谕向善,则不烦兵力而贼寇自靖;一请发帑金,于近畿麦熟处平籴,以裕仓储,备赈恤;一京师采煤西山,近因盗贼梗路,两月不至,请设兵循徼,使无劫掠之虞。"得旨:"所陈六事,深切事务,下所司即行。"六月,授顺天学政,疏言:"旧例选拔贡生,汇八府诸生通考。今畿辅当兵燹之后,诸生或艰于远涉,宜遍历各府,举行岁考,补给廪额。即于廪生中拔其尤者,府学贡二人,州县学贡一人。顺天府学首善,士多请贡六人,并令官给路费,诣廷试分别选用。至各省士子,有游学京师者,宜令附顺天府学考试,其入学补廪充贡,俱于正额外,另议名数。"又言:"褒扬节义,有关风教,当闯贼煽惑时,誓师殉义者不少,宜敕学臣详访请旌。其隐逸之士有深通古今,明于治术,熟谙韬略,周知地利者,许特疏荐举,以备征用。"又请以辽东十五学改附永平府,分设教官,如各州县学例。寻疏荐明进士王崇简等五人,请旌殉节明大学士范景文、尚书倪元璐等二十八人,孝子徐基等七人,义士王良翰等五人,及节妇十馀人,皆下部议行。二年冬,试竣,回御史任。

三年二月,充会试监试官,奏请严防怀挟传递、移号换卷诸积弊,宽免字画粗率、格式参差之贴例,誊录务期端楷,对读宜令详审。得旨,所奏会场事宜简明切当,下礼部即行。三月,迁太仆寺少卿。先是,恩诏录七品以上京官子弟各一人,由附生充监生,由廪生、增生充贡生。溶任学政时所举充贡监,有曾于明季袭世职及中武举者。至是,事觉,坐失察,降二级调用。寻复以选拔贡生逾额,革职回籍。十年,诏三品以上大臣各举所知,大学士范文程等因以上亲政,前部议降革原奏次第奏览,于是溶与降调给事中林起龙、刘鸿儒并荷恩谕曰:"三人降革,皆非品行玷缺者比,令来京录用,各复原官。"十一年,授太常寺少卿。寻迁左通政。十二年正月,疏言:"通政之官,职在纳言。请嗣后凡遇挟私违例章疏,即予驳还,仍行劾奏。至远近灾荒,民生吏治,宜许通政司诸臣就章疏所列,随事建言,无忝敷奏之任。"又言:"开创时随处驻兵,乃一时权宜。今当归并于盗贼出没、险阻不测之地,则兵不患少,其闲散无事之兵,遇缺勿补,遇调即遣,则饷不虚糜;且当裁并提镇,改增副将,以专统辖而重责成。"又言诸司职掌,未有成书,请以近年奉旨遵行者,参以前朝会典,编为简明则例,以励官守。"并下部议行。三月,擢左副都御史。疏请时御便殿,召大臣入对,以辨其才识品行,并赐笔札,令面举所知,可杜瞻徇欺蒙之弊。又言:"明代中叶以后,议论盛而实事衰,至今积习未改。欲使群臣鼓任事之心,言官作敢言之气,在断自宸衷,遇诸臣章疏切中利弊者,即敕力行。有辨言乱政,挟私挠法者,即摘发示戒,无概下部议,以致稽延。"上并皆嘉纳之。

擢户部右侍郎。九月,诏吏部、都察院会奏侍郎、寺卿等官,才优经济者改外用,溶预焉。遂授广东布政使。十三年,遇京察,户部以溶曾任侍郎,已改布政使,牒吏部同都察院核议溶举动轻浮,应以浮躁例降一级,仍外用,凶降山西阳和道。康熙三年,山西巡抚白如梅遣溶庆贺万寿圣节至京,溶援朝觐官得条陈利病例,疏言:"大同屯地,旧例每顷征银不及一两。至兵丁垦沿边荒地,向不征银,名曰'赡军地'。后因军饷不敷,每顷每月扣饷银二钱,兵已贫乏。近因兵额裁减,所遗之地分拨现在之兵,有每兵三四顷坐扣月饷者,为累滋甚。请嗣后限每兵二顷,如屯田征银之数,按月扣饷,地少则力可任耕,租轻则兵仍足食。"又请沿边设墩军,墩每五人,每人与近墩荒地一顷,免其征输,使击柝巡逻,兼供修葺边墙之役。下所司议行。寻以裁缺归里。

十七年,诏举博学鸿儒,大学士李霨、杜立德、冯溥合疏荐溶,以丁忧未赴。十九年,学士徐元文荐溶佐修明史,部议俟服满,牒送史馆。二十四年,卒。

卫周胤

卫周胤,山西曲沃人。明崇祯七年进士。初任浙江金华府推官,行取,授四川道监察御史。

本朝顺治元年五月,大兵定燕京,授周胤原官,巡按真定、顺德、广平、大名四府。九月,疏荐明吏部尚书傅永淳、湖广巡抚王梦尹等,均下部录用。时畿南州县正官多缺,周胤请于现任教职佐贰及原任知县中选补。又请急推巡抚,以资弹压,选道府以重地方。得旨:"畿南重地,巡抚岂宜久待?速推举用,道、府、州、县需官甚多,照缺悉与选补。"又奉旨察叙三关总兵郝之润功,周胤以之润原明真定副将,因流贼势盛,走倒马关,非有三关责,亦无总兵衔。李自成审出固关,非由倒马关,而之润自以恢复岩关叙功,所叙人皆非地方所识,所加衔又皆由己立名,且肆掠不法,无功可叙。奏入,下部知之。十二月,疏言:"臣巡各处,地亩荒芜,百姓流亡,十居六七。若照旧额责征,是令现在之丁代逃亡者重出,垦熟之地为荒芜者包赔也。臣以为欲清荒田,法在丈量;欲清丁粮,法在编审。澈底清查钱粮,自有实数,官吏无朦蔽,百姓免代赔矣。"又言顺德府属邢台、南和、巨鹿三县连遭兵火灾荒,请照恩诏蠲免例,全免三县钱粮,从之。

二年五月,山西盂县土寇崔思亨、韩嗣昌等倡乱,蔓延直隶平山县,周胤檄井陉道邱茂华发兵剿捕,并请敕山西巡抚督兵会剿。六月,疏荐明通政司参议刘尚信,副使成仲龙、申为宪,郎中阎禧等。闰六月,疏言:"内丘、邯郸两县荒芜实甚,请照沙河、唐山例全蠲免元年钱粮。"七月,疏言:"真定滹沱河泛逼南关、广平,漳滏二河坏城垣,顺德府城、深州城、内丘、隆平、邯郸、武强各县城,俱冲塌,巨鹿、永年、任县、曲周、宁晋、唐山各县田俱没,请恩蠲租赋"九月,疏言:"畿辅守城兵,因贼已平,尽裁汰。今荒旱水涝,盗贼渐生,请酌复。"又言:"去冬州县因办兵差,派民供草豆,即抵应完钱粮,至今未消算。又据详办草豆数,已多于应解钱粮,宜画一以免浮增。有司升迁不常,谁肯实心任事,宜议定规则,以免凌躐。真定驻兵六千,未必俱实,每名实给银三分,糊口不足,请裁虚粮,加给现在诸兵。"疏入,俱议行。十月,差满回京,掌河南道事。三年,迁大理寺寺丞。五年八月,迁本寺少卿。十一月,丁母忧归。九年,服阕,补原官。

十年二月,擢工部右侍郎。四月,调兵部右侍郎。七月,应诏陈时事五款:"一各省郡镇将弁恣肆,甚有纵兵吓诈贻害者,请敕各督抚严明纪律,有寇贼窃发,不即督兵擒剿,乃扰掠堡寨者,参究;一招抚原为止杀,安置岂宜养痈? 直省有未抚寇党,照秦督孟乔芳安置张登、李云例,不得假以官衔,致生事端;一隐匿逃人,例当分明,如自盛京随来者,曰'东人',自顺治元年至今投充者,曰'旗下人',本自有辨,匿旗人与匿东人当有别,又逃人隐匿,出京与在京绅士误犯,与平民犯者,均当有别;一武职原不许涉词讼,近来奸人诬良为盗,武弁滥准锁拿,有司无可如何,宜禁止;一驿传积弊日深,马有额设,民甚多赔贴,牛并无额设,每年差经过,用车若干,官吏出票滥派,分肥牛、瘦牛、上车、下车名色索费,民废耕种,实滋赔累,无从控诉,宜禁革。"俱下部议行。十月,因议总兵任珍罪,徇党附和,议革职,特旨量予罚俸。

十一年八月,因议云骑尉吕献忠娄赃一案,援赦具奏,上以兵部堂司官显有受贿情弊，下诸王大臣议，分别降革，周胤降三级调外用，未补官，以疾归。十七年，卒。康熙十二年，入祀乡贤祠。

李鉴

李鉴，四川安县人。明崇祯元年进士，累官宣化巡抚。本朝顺治元年五月，投诚，授原官。

鉴与署总兵王应晖等捕斩流寇李自成之伪将军黄应选、伪防御使李允桂等十五人，并疏言闯贼署置伪官，其罪俱在不赦之条，原其情则有轻重之别，请奸渠宥胁，以昭皇仁，安反侧。"诏令加意招徕防守。六月，又言："宣化一镇，兵多而员冗，如本镇原额经制官军七万六千七百有奇，按册则有名，用之战守则无实，皆由前朝法纪废弛，弁兵虚冒，无核实之法也。今索饷者纷纷，保无侵蚀之奸。应请早定经制，裁冗员以节浮费。"下所司议行。二年正月，以赤城道朱寿鏊贪酷不法，劾之。先是，寿鏊知鉴将劾己，遣其子嘱素识之旗人绰书泰往求英亲王阿济格，王与鉴印札，令勿治寿鏊罪。及王出师至宣府，复召鉴谕之曰："寿鏊忠良，宜释免。"鉴曰："此重犯，若擅行释之，王亦不便。"时绰书泰在侧，叱之曰："尔何不惧王也？"鉴艴然去。王复遣绰书泰与总兵刘芳名强之，不可。事闻，寿鏊、绰书泰俱伏诛。上以鉴秉公执法，为国忘私，赐黄金五十两、白金千两，鞍马、裘币，并以寿鏊家产给之。鉴奏辞钦赏，以佐军需。优旨嘉奖，不允其请。二月，守备霍然讦鉴受贿，事下法司勘问，拟斩，议上，得旨："李鉴曾著大功，免死，追赃罚俸。"六月，鉴上疏自讼，命刑部会同内院覆勘,得白,免罚俸。

　　寻擢宣大总督,命驻大同。鉴复具疏恳辞,不许。是时,山西土贼乘间窃发,妖妇崔氏倡为善友会,自称都掌教。偏关、宁武、岢岚诸属村庄,多为煽惑。黑草嘴贼渠白干、侯运库,朔州贼渠武大宽等,分路响应,所在杀掠。鉴令副将侯大节率兵奋击,擒斩大宽,朔州贼党解散。会劫灰营贼馀孽数百入善友教与蒋家峪贼渠邢四等联声援,遂攻破八角堡、梨树窳等城,据守许林堡。副将尤可望率兵追击不利,鉴檄大节乘胜截击,令参将柳同春、蔡调羹,都司薛敏恩,岢岚道于重熙等,分兵协剿,阵斩崔氏及贼党邱道等,擒白干、邢四斩之,焚其巢窟,馀孽尽歼。六月,盂县土贼吕斗等踞寨拒捕,旋经巡抚马国柱讨平之。鉴以晋省经制已定,而各官犹多札委,未实授,军民既已生玩,且所在土寇猖獗,皆由将领非人,因与按察使张毓泰详议疏请,敕部核委署各官功绩,按次补授,当易急行另推官之应裁者;其军器武备,亦按册核存,以储军用。疏入,下部知之。闰六月,岢岚县土贼高九英者,曾为宁武总兵高勋所抚,至是复叛。鉴与抚臣分檄官弁擒斩之,殪其党百馀人。初,鉴令守备霍然粜售仓米,及户部咨诘,鉴以为由霍然呈请,然讼冤。鉴乃上疏引咎,部议鉴与然有隙,欲陷之,应褫职,诏改降一级,仍以巡抚用。

　　五年,补宁夏巡抚。七年,恩诏加右副都御史。八月,卒,赠兵部右侍郎,赐祭葬如例。

　　胡茂祯

　　胡茂祯,陕西榆林人。明总兵。福王时,大学士史可法督师，以茂祯为中军。

本朝顺治元年，豫亲王多铎南征，茂祯来归。二年，授凤阳总兵。三年，调宁国总兵。四年，调徽州总兵。五年正月，叛镇金声桓党潘永禧、陈九思、汪老五、汪伯升等结寨大山，蹂躏徽州诸县。茂祯剿土贼于榆村、西溪、南吴村、西坑等处，皆有斩获。三月，贼陷祁门、黟县，茂祯趋救，贼已入休宁。茂祯遣参将孙喜策，游击赵亮、杨鸣凤，分门攻击，自督兵复其城。事闻，命戴罪立功。复分兵夹击，黟县贼败走，永禧退回饶州。四月，贼攻婺源，茂祯合户部侍郎敖童兵水陆堵御。九月，追斩九思于潭口、青石，焚其新旧营。十月，败贼祁门，擒歙县巨寇吴国祯。十二月，分兵四路追剿伯升、老五，破其木关，擒老五，馀贼溃。江南总督马国柱奏茂祯智勇兼优，调度有方，请叙功，下部议，加都督佥事。十年，经略大学士洪承畴疏言："茂祯营内兵丁，多系山、陕、关、辽惯战士卒，令自选马步兵八百，赴湖广军前。"诏如所请。十二年三月，加都督同知，充经略后标总兵官。时明桂王将李定国遁南宁，而卢明臣、冯双礼等复自辰州趋陬溪、龙湾头，逼常德。茂祯偕提督李本深，总兵杨遇明、张鹏程，败之于河濮山口，明臣堕水死，双礼遁。十月，加太子少保。

寻调贵州总兵。十六年，承畴以茂祯病入奏，部议休致，得旨："镇臣职守，关系甚大。胡茂祯虽称有病，今已痊可，亦未可知。仍着察明议奏。"旋经督抚奏患病属实，请令回籍调理。康熙元年八月，上念茂祯素有才干，令兵部查用。九月，授宁夏总兵，加右都督佥事。三年，擢湖广提督，以老休致。十八年，卒，赐祭葬如例。

高第

高第，陕西榆林人，入籍河南商丘。明山海关总兵。

本朝顺治元年四月，投诚，授原官，敕守关门。七月，以擅诛悍卒赵文才等，奉旨训饬，第乞治罪，宥之。十月，随豫亲王多铎剿流贼李自成于河南，有功。二年三月，豫亲王奏改开归总兵驻河南府。时中州寇尚蚁聚，第与随征侍郎李延龄以计降土寨贼首李际遇及自成馀党刘忠，并武冈许昌允、尚遵礼、张其伦等营寨千七百馀，以次抚定。得旨嘉奖，加右都督。寻斩偃师贼裴时茂、永宁贼段竹、嵩县贼李茂华等，加左都督。十一月，移驻襄阳。三年二月，谕曰："尔留守中州，肃清巨寇，地方宁谧，忠勇可嘉，赐一品冠服。"四年，山东土贼李化鲸据曹县，逼河南归德，奸民有应之者。第闻驰往捕，疾渡河直抵曹县，焚其郛，大兵集，化鲸就擒，斩之。五年，江西叛镇金声桓遣人以密书通第，第执其人及书以献，上奖其忠诚，晋太子少保。是年，大同总兵姜瓖叛，逆党蔓延。第以兵防河，无南渡者，八年五月，授三等轻车都尉世职。七月，陕西土寇何柴山由商州转掠洛阳，出没秦豫间，第会陕西兵夹剿，歼其众。十年，以病乞休，允之。康熙十年，卒，赐祭葬如例。

子拱弼，袭世职。

孔希贵

孔希贵，奉天开原人。明总兵。

本朝顺治元年四月，大兵定燕京，希贵迎降。十月，授蓟州总兵,随豫亲王多铎剿河南。二年三月,河南平,留希贵镇归德府,剿柳营砦贼首金高,招降明副将李联元、李希皋等九人。明总兵刘花马、冯甲、秦大鹏俱南遁。九月,同总兵祖可法、高第等合疏,请留漕米充军食,从之。十二月,奉旨赴总漕军前听用,漕运总督王文奎檄防剿通、泰二州,如皋县土贼于锡范、刘南阳、刘一雄等盘踞岔河,希贵追剿至洋庄,大破之,斩锡范、南阳,擒一雄,歼其众。南江贼首张尔明闻风遁,馀党悉平。三年七月,调河南怀庆总兵,加都督同知。四年正月,山东范县土贼孔五掠大名属之南乐,敕希贵速援,至则贼遁。希贵率游击孔国养等进击贼巢,破之,阵斩孔五。七年十二月,胡家场贼首范次吾肆焚掠,希贵奉河南巡抚吴景道檄,剿之,长垣县吕律屯,侦贼欲逸入太行,追斩千馀,擒沈千斤等,随合中军赵世泰兵,破梁家寨贼窟,俘获无算。八年正月,追杀马贼于山西泽州,获贼首秦明宇。俱下部议叙。十年,以老病致仕。寻卒。

张煊

张煊,山西介休人。明崇祯元年进士,由知县累官河南道御史。大学士陈演之戚廖于义为御史考实授,嘱煊为之地,煊不从。寻会推阁臣,演诬其徇私,下狱遣戍。寻赦归里。

本朝顺治元年,以侍郎刘馀佑荐,授煊河南道御史。丁母忧归,三年,服阕,补浙江道御史,仍掌河南道事。六年,疏言:"有司朘削百姓,督抚徇纵不以告,冤无由伸。言官据所闻劾奏,乃其职守。乞付廷臣公议,勿遽下狱对理。"谕曰:"嗣后言官论人善恶,虽有不实,不得径送刑部。如系挟仇诬陷,仍令革职,下部治罪。"八年闰二月,疏言:"文武两途,全才难得。近以武职改任督抚,恐政体民瘼未必晓畅。请还本职,以全器使。"又"贪官被赃款成招,多坐吏役,或遇赦,辄复原官。请将援免之人,应降者调补闲曹;应革职者,勒令休致。"下部议行。时煊掌计册,劾御史李道昌、王士骥、金元正、匡兰兆、李允岩等巡方乖谬,会大学士洪承畴管都察院事,议道昌降级,士骥等均革职,并列煊应外转。

五月,煊劾吏部尚书陈名夏十罪、两不法,疏曰:"冢臣陈名夏以故明修撰,骤陟尚书,不思报国,反诣事故睿亲王。及王事败,卸过于同事宁古里。夫宁古里一启心郎,名夏乃尚书,宁古里革任,名夏仍得脱然无罪,罪一;名夏父为县民所杀,蒙恩赐银归葬,名夏急于揽权,夤缘夺情,置父伤于不问,稿葬浅土,恤典空悬,名教不齿,罪二;李元鼎以荐举贼人被黜,名夏特疏起用,委过于听从误用之柳寅东,欺君罔上,罪三;名夏拟太仆寺卿,舍傅景星三年俸满之左通政,而越升黄徽胤一年俸浅之少卿,徽胤为洪承畴姻亲,任意迎合,罪四;董某以谪降三司首领之小官,候升参议,陈之遴以七品编修,骤至宗伯,私庇同乡同姓,罪五;段国璋于二年投诚,甫授光禄署丞,突推三品之太常寺卿,王邦柱初授光禄少卿,历俸八年,仅转四品之右通政,紊乱铨序,罪六;江南督学御史李嵩阳两经科臣魏裔介纠参,物议沸腾,名夏以钟爱门生,私嘱洪承畴曲意保全,把持计典,罪七;奉旨处分表奏不职之宪臣,卓洛等尽革任,而徐起元与名夏同乡同年,仅议调用,若借口守郧有功,则卓洛等谁无汗马劳绩,罪八;御史吴达廷纠邪党之冯铨,名夏嗫不一语,及铨卧病,名夏屡往候安,革职侍郎孙之獬为盗所杀, 名夏素与厚, 力主优恤, 不顾人品公论, 至严旨驳正, 罪九; 名夏利人厚赀, 与富商牛射斗结姻, 岁索数千金, 屈体市井, 贻羞缙绅, 罪十。太常少卿龚鼎孳被参, 丁忧后, 援赦免议, 名夏忽于选司说当补官之时, 批降二级用, 专擅威福, 不法一; 御史崔士俊四年大计, 拾遗涉虚, 援赦免议, 名夏忽批降外府推官用, 不法二。又名夏与洪承畴、陈之遴于火神庙屏左右密议, 不知何事。"疏入, 诏王大臣鞫议, 吏部尚书公谭泰袒名夏, 援事在赦前, 免名夏及承畴、之遴罪, 而以煊所言多不实, 且先为言官不言, 乃于外转后挟私诬蔑, 论绞死。

九年正月, 上谕内院曰:"朕观往籍, 自古欺君误国之权臣, 有正法显戮者, 亦有逭刑幸生者, 其生也虽生犹死。摘奸发伏之言官, 有吐气伸志者, 亦有蒙冤就死者, 其死也虽死犹生。总之, 真假是非, 未有日久而不别白者也。原任吏部尚书谭泰刚愎成性, 狂悖妄行, 当朕亲政之初, 把持六部, 干预万几。彼时陈名夏亦任本部尚书, 昨年五月内张煊愤不顾身, 列款参奏陈名夏、洪承畴。其时朕狩于外, 一切政事暂委之巽亲王务达海。王集诸王大臣逐件审实, 将名夏、承畴羁之别所。以事关重大, 驰使奏闻。谭泰闻之, 艴然不悦, 遂萌翻案之心。及朕回京, 敕诸王大臣等质审, 廷议, 谭泰咆哮攘臂, 力庇党人, 务欲杀张煊以塞言路。诸王大臣惮彼凶锋, 有随声附和者, 亦有俛首无言者, 内亦有左袒者。入奏之时, 朕见罪款甚多, 不胜惊讶, 谭泰挺身至朕前, 诳言告词全虚, 又系赦前, 诬陷忠臣于死罪, 应反坐。谭泰忌左袒者之异己, 蔽不以闻。朕以为众议金同, 遂允其奏; 而孰意谭泰之欺罔至此也。自欺罔得售, 因而造罪多端, 诸王大臣俱以为朕亲信谭泰，朕虑延迟日久，则国是渐非，而干连者众。遂执谭泰，数其罪款，于昨年八月十七日正法讫。因思张煊当日告款甚多，骤置重典，疑有冤枉之处，故将名夏、承畴复发郑亲王同承泽亲王及内院刑部大臣再为审理。承畴招对俱实，独名夏厉声强辩，闪烁其词。及诘问辞穷，乃哭诉投诚之功。朕始知名夏为辗转狡诈之小人也，名夏罪实难逭。但朕有前旨，凡谭泰干连之人，一概赦免。今将名夏革任，同汉军闲散官随朝，洪承畴火神庙聚议，事虽可疑，实难悬拟；送母归原籍，虽不奏私遣，然为亲甘罪，情尚可原。姑赦其罪，仍留原任，以责成效。朕念张煊含冤受死，着厚加恤典。其子以父官官之，仍加二级恤典，敕部议奏。庶足以慰忠魂而辟言路。着将谭泰罪状并张煊启状，详为刊示，暴之天下，以明朕之无偏私也。"二月，议赠煊太常寺卿，赐祭葬，录其子基远，如所赠官，历官礼部侍郎。十一年，名夏为大学士宁完我劾奏奸状，鞫实，以绞死。

徐起元

徐起元，江南合肥人。明举人，累官郧阳府知府。崇祯时，流贼张献忠自陕来湖南，郧阳危急，起元与按察使高斗枢招降贼渠王光恩，战频捷，贼不敢犯。后李自成陷襄阳，分遣贼党路应标等数万寇郧阳，环攻三年，赖起元善守，光恩善战，湖南北十四郡皆陷，郧独存。事闻，庄烈帝擢起元右佥都御史，抚治郧阳。自成恨郧不下，复遣应标等增兵急攻，起元夜袭贼营，斩应标，围解。

本朝顺治二年二月，英亲王阿济格追剿流贼于陕西，将至湖南,起元遣光恩戮襄阳贼众,复均州、光化、穀城、南漳,备舟济大兵,投诚。以王光恩署总兵官,起元仍以原官视事。疏言:"英亲王体皇上好生之心,凡贼党归顺者,俱宽宥安置,但此辈虎狼成性,难保无虞。查承天、荆州、襄阳、宜城、邓州、荆门俱有降贼,居州城中。今一只虎、李过贼数万,盘踞当阳、迁安,其心叵测。倘大兵远离,贼乘间蛊惑降众,患且不测。请将新降之众,分散四方,听各抚节治,毋令养痈。"上报可。六月起元驻襄阳,遣参将刘世安屯南漳,副将王光泰屯宜城,以遏贼锋。十二月,贼党刘体纯犯襄阳,起元同光恩麈战三日,杀伤甚多,贼不支,遁。

三年,入京陛见,授都察院右副都御史。五年,迁左都御史。六年,加太子太保。八年三月,甄别部院大臣,上以起元不称风宪之职,着调用。十年二月,以原衔管大理寺卿事。四月,得旨:"徐起元坚守郧阳、投诚有功,年老可念,着以原官致仕,驰驿归里。仍荫一子入监读书。"十六年,卒,赐祭葬如例,谥僖靖。

贾汉复

贾汉复,山西曲沃人。明副将。

本朝顺治二年,豫亲王多铎南征,汉复诣军门降,随入都,隶正蓝旗汉军。十年,补佐领。十二年,迁都察院理事官,管京畿道。十三年七月,擢工部右侍郎。八月,奉命往兴京陵视工。十四年,改兵部左侍郎,巡抚河南。十五年三月,以坛殿工成,授职云骑尉。六月,疏言:"河南驿通数省,差分两路,自河决后,由山东者皆绕道豫中,加以湖南军差络绎,马毙役逃。今黄河已归故道,请更正驿路行差,于勘合火牌,注明经由某省,则两河不致偏累。"下部议行。十一月,疏报垦官民自首地共七万二千五百馀顷,每岁增正供四十万八千馀两。上以其实心任事,下部优叙,加兵部尚书衔。十二月,左都御史魏裔介请定卫所丁田归并州县,下各省督抚议。汉复疏言:"河南省宜武、陈州、颍州、归德、睢阳、彰德、怀庆、河南、弘农、南阳、信阳、汝州各卫群牧,嵩县、颍上、林县、唐县、邓州、汝宁各所,既无漕船押运,又无边境修防,且地亩钱粮不多,间坐落江南、直隶,隔属征追不便,应裁并;附近州县卫所官役,亦全裁。"部议从之。

十六年正月,大兵进取滇黔,部拨河南库银四十万两,半充湖广兵饷,半交汉复转运。汉复未半年已全解,议叙加太子太保。八月,海贼郑成功陷江南镇江、瓜洲等处,警连河南归德、汝南,汉复檄总兵张应祥赴宛南援剿,贼败,馀党窜光州、商城,勾土贼杨玉环等劫狱,散札惑众。汉复遣参将苗成龙、苏养元等平之。十二月,经略大学士洪承畴请增云南绿旗官兵,部议调河南南汝镇游击、守备各二,兵千五百赴滇。汉复疏言:"南汝标兵二千八百馀,分防均、襄、新、邓,兵千六百仅存千二百馀,不足抽调,恳留本镇,俾资捍御。"从之。十七年二月,疏言:"怀庆距山西星轺驿有两路:一由黑石岭程六十一,绕碗子城程八十。明时以郑藩墓在岭前,故纡道碗子城至万善驿。今请裁归黑石岭,以省冗费。"下部议行。七月,刑科给事中姚启圣列款劾汉复贪污,部议解任,敕总河朱之锡察究,中有垦荒缘坐令民包赔一款,属实,应降调,援赦免。先是,汉复曾馈内监银,十八年,事觉,部议复援赦降抵,仍罚银百两,特旨革云骑尉世职,留京候补。

康熙元年二月,补授陕西巡抚。八月,疏言:"旧例,兵丁月饷外，〔一〕加给米三斗。后总督孟乔芳议裁。寻以兴安镇标白土、紫阳各营岁荒兵苦，仍给加米折银四钱，自买。其时渔渡旧县，并汉中协路，尚有兴屯本色可支，故未议及。今屯兵已撤，屯粮全无，请照兴镇等营加月米三斗。"如所请行。三年九月，疏言："陕西驿递，有先冲而今属首冲者，有先首冲而今为极冲者，有次冲而今属简僻者，即尽裁简僻驿站银，已不足补冲驿之数，而近日狄道、渭源、兰州、金县、镇安等处，尤为极冲。请增站银三千二百馀两，及夫马工料银七千馀两。"得旨，允行。先是，顺治十三年，河流东徙，韩城逼河堰，有沙滩淤泥，开垦升科；后河流西徙，复多冲没。至是，汉复奏免其赋。七年，诏汉复回京另用，未及补官，卒，赐祭葬如例。

【校勘记】

〔一〕兵丁月饷外 原脱"饷"字。贰排卷六叶二七上同。今据贰检卷四叶三八下补。

张天禄 弟天福

张天禄，陕西榆林人。明末，与弟天福以义勇从军，积功至总兵官。福王时，大学士史可法督师，为前锋，〔一〕驻瓜洲。

本朝顺治二年五月，豫亲王多铎下江南，福王就擒。天禄及天福率所部三千馀人，随忻城伯赵之龙迎降。豫亲王令以原官随征，后隶正黄旗汉军。时明金都御史金声家居休宁，受唐王朱聿键右都御史兼兵部侍郎职，纠乡勇十馀万，据徽州。贝勒博洛遣都统叶臣往剿，天禄从。十月，偕总兵卜从善、李仲兴、刘泽泳等由旌德县进,连破十馀寨,至绩溪县,生擒声及中军吴国祯、副将陈有功、守备万全等,谕降不从,斩于军。徽州平。十二月,明唐王大学士黄道周率兵犯徽州,天禄击斩其将程嗣圣等十馀人,擒总兵李管先等。三年正月,大败道周兵于婺源,擒道周,谕降不从,斩之。分兵从祁门、江湾、街口、黄源四路,追剿馀党,至浙江开化县,降其城。二月,加都督同知,授徽宁池太总兵官。五月,赐一品冠服。初,天禄之定徽州也,营于城外两山,禁将卒毋入城滋扰,至次年霖雨连月,城中父老敦请天禄入,天禄曰:"三军方在泥途,何忍独安?"终不下山,徽民至为感泣。巡抚刘应宾奏其事,得旨嘉奖。十二月,明嵩安王朱常淇拥众数千,扰婺源之小坑。天禄率副将许汉鼎等剿之,抵严坑,擒常淇及监军江于东等。

四年四月,授江南提督。五年三月,叙投诚功,授三等轻车都尉。八年五月,晋三等子爵。九年十月,海贼围漳州,天禄奉命赴闽援剿,沿途搜剿土贼甚众;抵延平,擒贼首黄云纪、陈天铎等,歼其众。下部议叙。会都统金砺已解漳州围,天禄留驻延平,剿各山贼。十一年,明鲁王定西侯张名振由浙江犯崇明,天禄驰还松江,调将出洋扑剿。正月,夺稗沙老营,追至高家嘴,名振遁入浙。寻乘潮突犯吴淞深淘港,伤兵焚船。天禄坐是降三级,戴罪剿贼。十二年,江南总督马明佩以深淘港告警时多失炮械及舟师三百馀,天禄匿不报,疏劾之;而闽浙总督佟泰亦奏自洋逃回兵,称天禄与名振通书。诏并下刑部讯,通书无据,以隐匿罪革提督,降子爵为三等轻车都尉。十六年,卒。

子其龙,袭;卒,无嗣,停袭。

天福初为明总兵。顺治二年,与兄同降,以原官随征。昆山、嘉定民不剃发,据县叛,天福同总兵李成栋平之。五年四月,授陕西汉羌总兵官。八月,叙投诚各功,授一等男爵。时明山阴王朱鼎济聚兵据毛滉关,以覃一涵为元帅。六年二月,天福自汉中入山攻之,擒鼎济及监军王守基参将张文秀,游击单昌祉、李之运等八十五人,斩馘殆尽。一涵投崖死。得旨察叙。三月,延安参将王永祥叛,陷延安、榆林及同官、临漳等县,花马池军民闻风噪变。天福同平西王吴三桂都统李国翰,从间道击之,大俘获。五月,同提督李思忠破蒲城,斩贼将二、伪官三,歼贼众五千,复延安。三桂将分兵追剿绥德、榆林,以延鄜为扼要地,留天福镇守。七月,贼犯延安塞,天福遣将击败之,斩首三百馀,招降叛将蓝基等。九年三月,北山贼党刘弘才因我兵四出,乘间犯同官,围陈炉镇。天福先遣官兵由捷径疾趋富平,旋亲驰至流渠镇,贼闻风南遁,追及之。贼八千列营拒,天福分两路冲杀,大败之,斩千馀,生擒贼将魏加隆、张敖等二百七十人。下部议叙,寻以病回旗,授散秩大臣。

子其烈,袭世职。十七年五月,复授本旗都统。康熙六年四月,卒,赐祭葬如例。

【校勘记】

〔一〕为前锋　"为"下原衍"瓜州"二字。贰排卷六叶六二上同。今据贰检卷四叶四三上删。

马宁

马宁,甘肃宁夏人。明参将。

本朝顺治二年，英亲王阿济格征陕西，宁率众投诚，隶正白旗汉军，委署凤翔中协副将。三年，随宁夏总兵刘芳名剿贼秦巩，会叛将王元、马德杀巡抚焦安民为乱。宁随芳名驰归，擒斩元。德纠贼渠贺弘器等陷安定。四年三月，击斩德于河儿坪，获弘器于固原之北山；又赴鏊屋黑水峪剿贼渠贺珍等，擒斩千馀。十一月，斩逆贼洪大诰于半个城。五年正月，调陕西兵征四川，至洛阳，噪归。宁率兵追至伏羌，诛首逆，抚定馀众。三月，甘肃逆回米喇印、丁国栋杀巡抚张文衡反，临洮、兰岷、洮河诸回皆叛应，连陷郡邑，围巩昌。总督孟乔芳遣宁往援，大破之，巩昌围解。与副将刘友元进攻临洮，贼众溃。洮、岷、河三州皆复。五月，进平兰州，贼西窜，蹑斩米喇印于水泉古城窊。国栋奔肃州，婴城守。六年三月，乔芳移师讨大同叛镇姜瓖，以灭贼委宁。十一月，破其城，擒国栋。河西平，叙功，加都督同知。先是，宜君贼刘弘才据北山，寇略西安诸州县。八年，宁剿平之。九年三月，剿邰阳流贼，擒其渠雷学镇、梁镇虎等。

寻擢四川右路总兵，驻保宁。十一年，以军政卓异，赐鞍马、弓箭。十五年，随定西将军李国翰克复重庆，进取遵义，复由水西天生桥进兵，征明桂王朱由榔。十六年，由榔遁入缅甸。加宁右都督，领兵进剿。十七年，改授援剿云南前镇总兵，驻大理府。十八年正月，移驻猛卯。十一月，吴三桂分兵入缅，宁偕副都统石国柱，总兵沈应时、祁三升、马宝、高启隆、马惟兴等，由姚关至木邦。时由榔将白文选屯锡箔，潜遣其党冯国恩来木邦，纠集土兵。我军骤至，斩国恩，文选窜茶山。宁等驰追至猛养及之，文选降，众万馀。康熙元年，叙功，加左都督。三年，剿既降复叛之水西宣慰司安坤,四年,剿乌撒、宜良、宁州、乔甸、迤东、锁里、孟撒等各山城箐峒,皆捷。逆酋禄昌贤等以次擒斩,馀党悉平。

十一年,迁湖广提督。十二年,调山东提督。十三年,随顺承郡王勒尔锦征逆藩吴三桂,加太子太保。十八年,敕宁还京。十九年,卒。赐祭葬如例。

常进功

常进功,辽东宁远卫人。明副将。

本朝顺治二年,豫亲王多铎兵下江南,进功投诚,给副将札。寻随贝勒博洛征浙江,分剿富阳、于潜及牛头堰、天竺山、白石尖、迷山岭、康岭等处,均在事有功。五年,授定海左营游击。十一年,迁杭州城守副将。十二年,兼摄提督、参将事。十四年,擢浙江水师总兵,赐甲胄、弓矢、裘帽。十六年,调福建水师总兵,征海寇郑成功,直抵衙前,贼遁,追破其众于定关。康熙元年,叙功,授骑都尉兼一云骑尉世职。命隶正黄旗汉军。三年,迁广东水师提督。六年,以贼綜入甲子港口,不亲剿,革职。十四年,复授浙江水师提督。时海寇犯温州,进功同总兵朱万化自定海关出洋剿御,破贼于沈家门等处。十六年,贼据舟山,进功复出定海侦剿,大破贼于螺头门、椗齿嶨、朱家尖等处,斩杀无算。谕部议叙。十八年,以年老休致。二十五年,卒。

孙履谦,袭世职。

卢光祖

卢光祖,辽东海州人。明总兵。

　　本朝顺治二年，随左梦庚来降，隶镶蓝旗汉军。三年正月，随肃亲王豪格剿流贼张献忠于四川，斩之。师旋，光祖署夔州总兵。明桂王朱由榔经略朱天麟、总督樊一蘅等结连川中诸贼，犯顺庆，光祖败之通花三坝。是时，摇黄贼渠袁韬据列南溪，李鹞子、余大海据合州，马超、邢十万据遂宁、蓬溪，甘良臣据广安岳池，天麟部将王命臣陷顺庆，降将李开藻密约命臣攻保宁，已为内应。光祖侦知之，斩开藻，同总兵柏永馥、马化豹、左勷分三路取顺庆，复其城。五年四月，加都督佥事，实授夔州总兵。五月，遣参将吕英杰同永宁副将萧凤祚等破贼党李登甲于来苏寨，斩伪将梁士义等。七月，贼杨秉允等踞渠县李毅城，光祖由小斌山进，偕化豹及副将赵万邦分剿，贼败退，闭关拒守，求救于贼党刘惟明。光祖绕渡三汇河，败惟明援兵，秉允闻之，遁。光祖追至龙泉关，大斩获。秉允走匿川东。六年十二月，贼渠陈三台投诚，其党甘一爵、朱德洪据邻水、大竹二县。光祖同巡抚李国英遣将领任魁、知县王文彩往抚，被杀。光祖会永宁、叙州西路兵，及布政使吴之茂等合剿，战七昼夜，斩一爵、德洪，降硐寨十馀，邻水、大竹平。八年，叙功，授一等轻车都尉。九年，孙可望陷叙州，将军李国翰调重兵夹剿，光祖殿行，至停溪，猝遇贼，战一昼夜，寡不敌众，遂败。上宥其罪，令图功自赎。十年，改授川北总兵。以顺庆要地，预遣副将霍光先往防。十一年，贼将魏勇果率众来犯，光先击败之。十三年，卒。上以光祖久镇岩疆，尽瘁殒身，命与祭二坛，再加祭二坛，造坟安葬。

　　子奇，袭职骑都尉兼一云骑尉。

高进库

高进库,陕西宜川人。明副将。

本朝顺治二年,豫亲王多铎兵下江南,进库投诚,给参将札。寻授江宁副将。大学士洪承畴檄同副将冯君瑞、杨武烈等,以兵三千赴江西援剿。三年正月,江西总兵金声桓以明唐王朱聿键大学士杨廷麟、总督万元吉据吉安,遣将李士元攻之,不克;进库兵至,檄往剿,生擒其前锋邱龙等四人。贼败遁入城。翌日,悉众出拒,进库等奋击,擒其将张应魁等,斩二百馀人,遂克吉安。十月,移兵克赣州,进攻南安,贼望风溃。进库等以援剿年馀,兵力劳苦,江西土贼渐平,请还江宁休息。承畴以闻,诏可。

四年三月,南赣总兵柯永盛、巡抚刘武元先后奏言:"南赣要冲,应设两协防守。进库及湖广援剿副将徐启仁谙地利,兵精足用,请留启仁为右协,驻南安,进库为左协,驻赣。"诏如所请。五年,金声桓叛,启仁附逆,陷南康、饶州、九江,与其党王得仁谋趋江南,惧赣兵蹑其后,遂围赣,进库力战坚守,城克全。会广东提督李成栋叛附金声桓,纠众犯赣,进库出御,破贼营数十,斩首万馀。成栋退走信丰。六年正月,我军围信丰,贼遁,追击之,成栋马蹶,堕水死。时声桓亦伏诛。江西平,加都督佥事,赐蟒衣一袭。七年,贼渠彭顺庆据宁都,进库同副将刘伯禄、参将鲍虎等大破之,擒顺庆。八年,调赴广东剿贼渠李明忠于高州,斩贼二千馀,明忠遁,馀党悉降。九年,擢广东高雷总兵。康熙四年,以老病乞休。寻卒。

霍达

霍达，陕西武功人。明崇祯四年进士，官御史。累迁江苏巡抚。

本朝顺治四年，以浙江总督张存仁荐，授山东道监察御史，巡视西城。五年，巡按福建。八年，授浙江嘉湖道。十年，迁太仆寺少卿。十一年，转太常寺少卿，寻迁大理寺少卿。十二年正月，奏请以帝鉴图说、贞观政要、大学衍义诸书，令讲官日讲一二章，上嘉纳之。三月，迁大理寺卿。四月，授兵部督捕右侍郎。十五年，擢兵部尚书，荫一子入监读书。十六年，加太子太保。十七年二月，调工部尚书。

七月，兼管都察院左都御史事。十月，奏言："外官内升之例，原酌其才品。今不论才品，不俟荐举，但以品级相对为准，甚至五品堂官缺出，适当外官内升，即以一年之佥事充之，未免冒滥。请嗣后凡司道有荐剡功绩，经三四任者，方许内升。每岁不得过两人。"又言："吏部为用人行政之本，必有画一规制。如各部司官降级留任者，既难升转，又无开复，何日方可澌洗。宜确议开复定例，俾得更新自效。户部入不敷出，日事补苴，不可不讲经久之方。至外省州县易知由单，细字模糊不识，官吏即冒征混派，应速改正，使愚民俱晓。礼部磨勘试卷，年馀方结，难免揣拟奔竞，应定限以清弊窦。兵部銮仪卫官，以校尉诸人充之，无侦缉汗马功，滥膺爵赏，诸将功臣之后、殉难之荫，虚注外委衔者，酌量议用。刑部诸事废弛推诿，久蒙皇上洞鉴，特设科员查核，然积玩难返，应更振作。工部贵精厘剔，督抚请留制造者，多未开销,而再请部查,又多沉搁,此估计开销二事,宜命一科臣综核,芦政十年未楚,纠参整饬,宜责部臣。临清砖料,与京厂烧造无异,乃砖价不及京厂之半,致窑户逃亡,宜议增。至六科与六部相表里,职在纠察,如条奏及部覆有不妥者,许各科臣指实驳正,庶事有责成。”又言:“吏治四事:一闻山东武定、即墨诸处革职官,交代不清,同聚一县,积至六七员,蚕食该地,深为民害,直隶等省似此者亦不少,请敕各抚按速结,如隐纵事发,连坐;一州县官署印,每营谋多费,取偿地方,至钱粮从来征多解少,且多支衙役工食,以图加二加三之扣,嗣后凡署印官征解存支,当计任内日期,造册报部察核,如有解不及额,存支过额者,追补治罪;一丁忧官,抚按一面委署,一面题报铨补,如迟缓,科道指参;一流寓游民,当勒令回籍,若已开荒纳粮,仍听安插,惟凶徒霸占民产,或勒人取赎,或转卖厚价,宜严察驱逐,以靖民害。”又言:“陕西西安府各属额赋外多派累,咸宁、长安两县尤甚,私派名色,不下三十馀项。每县岁派二万馀金,百亩之家,一充里役,身家立尽。积弊急宜涤除。”诸疏俱下部议行。

十八年,卒,赐祭葬如例。

吴六奇

吴六奇,广东丰顺人。明亡,附桂王朱由榔为总兵,以舟师踞南澳。

本朝顺治七年,平南王尚可喜等自南雄下韶州,六奇与碣石总兵苏利迎降。六奇故贫,时乞食他郡,习山川险夷。至是,请为大军向导,招徕旁邑自效。十一年五月,潮州总兵郝尚久据城叛,寇大埔、程乡、镇平。时靖南王耿继茂剿桂王将李定国于肇庆,靖南将军喀喀穆自江宁奉命征粤东,未至,六奇奋力守御。十月,随大军进围潮州,以云梯兵克城,尚久投井死,逆党悉平。十一年三月,可喜、继茂并奏言:"饶平地接漳、潮,海寇出没,六奇率先投顺,招抚有方,其所团练乡勇,皆劲旅,粮糗器械毕裕。自郝逆倡乱,六奇亲赴军前,奋勇杀贼。请给衔,以示激励。"诏授六奇协镇潮州总兵,统兵一千,驻饶平。

是时,海贼郑成功狡称受抚,掠泉、漳、潮、惠诸郡。四月,贼党李增等分道寇饶平、大埔,土贼江龙、刘道璋为内应。六奇遣游击曾兰等率师御之,多斩馘,贼遁。六月,谕曰:"总兵吴六奇先经投诚,后调集本部舟师,累著劳绩,所授职不足偿功,宜再加超擢。"乃以六奇为左都督,诏防御邻境盗贼。十二月,成功率众来犯,六奇期苏利水师援剿,不至,战失利。揭阳、澄海、普宁三城皆陷。十三年二月,六奇率所部兵攻揭阳,斫贼水营,贼溺毙者三千馀,尽获旗甲,复仰射城上贼渠黄廷,廷中二矢堕城,[一]遁入舟。六奇潜以巨舰载火器塞潮沟,贼欲纵火截我师,会火器发,贼大溃,夺舟二十以遁;复败之新墟。澄海、普宁亦复。十五年二月,成功复犯南澳,六奇夜截之鮀浦,有斩获。复随靖南王耿继茂拒却之,生擒贼将苏兴、黄亮等,斩于军。十七年,叙捐造战船及御贼功,加太子太保。

康熙三年六月,考满,晋少傅,加太子太傅。四年四月,游击邱义讦六奇匿桂王子为赘婿,又与故明崇祯帝子通问,湖广又私开矿银于燕子山等事。靖南王耿继茂以所讦皆诬入奏,义伏法。五月,六奇病卒。先是,总兵苏利既降复叛,踞碣石,大军会剿,灭之。六奇疏言："碣石既平，无须设镇，且臣乃潮人，不可久守潮土，乞调任他省。"事下两藩及提督等，议未决，而六奇卒。至是，平南王尚可喜疏言："六奇所属汛地，最为冲险，所部之兵俱投诚时随带，频年恢剿招徕，筑建城堡，捐造战船，不遗馀力。今既物故，其子启丰乃将士宿所推服，请量加职衔，准令统率。"部议总兵无世袭之例，应请上裁。得旨："吴六奇、苏利同时投诚，利尚抗拒，久驻岛中。六奇即率属建堡筑城，驻防年久，六奇所属官兵，即令伊子吴启丰管辖，不为例。"寻赠六奇少师兼太子太师，赐祭葬如例，谥顺恪。

启丰及弟启爵，皆官至总兵，启爵在琼州征生黎，有功。

【校勘记】

〔一〕廷中二矢堕城　原脱"廷"字。贰检卷四叶五八下及贰排卷七叶九上均同。今据碑传卷一一四叶九上补。

陈世凯

陈世凯，湖北恩施人。初附明桂王为忠州副总兵。

本朝顺治十六年，川陕总督李国英率兵驻重庆，世凯来降，授副将衔。康熙二年，〔一〕流贼李自成遗党刘二虎、郝摇旗、袁宗第等据楚蜀间山寨，合贼数万，犯巫山县。世凯城守，却之。寻随国英同西安将军富喀禅进剿。贼平，叙功，加总兵衔。十一年，实授杭州副将。十三年三月，逆藩耿精忠叛，浙江总督李之芳统师驻衢州，令世凯赴金华援剿，甫渡江，闻贼犯龙游，即遣兵驰击，以通衢州饷道。驻守金华，贼犯武义，亦遣兵击之。七月，伪总兵阎标由永康、武义来犯，世凯同副都统沃申迎击，发大炮二，败之。八月，同总兵李荣击贼于汤溪，追至后大堡，贼踞两山拒敌，即先分兵拒贼，后亲攻其前，擒伪监军道徐福龙等。九月，伪都督陈重由东阳来犯，世凯同都统玛哈达往剿，击败于山口村，复败诸山河岸，追至郑店，破贼垒。十月，伪都督叶钟由浦江来犯，世凯督同副都统石调声等败贼于五都漕，又败伪总兵蒋魁于蒋家村，败伪都督陈遥于张泽村，伪总兵周彪别犯义乌，世凯败之于八里店，进拔荷叶口贼寨，生擒伪都司凌汝经等。

　　时温州、处州并为贼踞，之芳屡奏世凯战功，诏授温州总兵，加都督金事衔。十一月，伪都督徐尚朝合贼数万，逼金华，世凯迎击于城南十二里庄。乘贼甫集，大呼先进，斩伪前锋叶应龙、徐有功，贼大溃，追奔十馀里，歼戮过半。尚朝复与伪总兵冯公辅踞积道山，立木城，垒石寨，屯贼五万馀，为窥伺计。世凯乘大雾进师，破贼木城，分兵三路攻击，斩馘万馀。尚朝等弃寨遁。时大将军康亲王杰书由杭州进军，驻金华，令世凯同玛哈达、李荣恢复处州。十四年正月，世凯复永康，进攻缙云，尚朝等领众拒战，我师分击败之，复其城。伪总兵沙有祥踞处州，贼众越桃花岭结寨固守。世凯同玛哈达、李荣三路进攻，贼溃走，夺岭进至泉坡，有祥等闻风弃城遁，遂复处州。三月，尚朝与伪总兵连登云由温州分两路犯处州，世凯同玛哈达等迎击于陈潭头，斩伪参将郭美才等，擒伪参将陈亮等。五月，击贼于十八都，败之；进抵石塘，伪参将郑文登拒战，我兵分路驰击，斩馘八百馀。复移师松阳之石佛岭，击败伪总兵陈得功等，贼败走，遂率师从贝子傅喇塔进攻温州。十五年二月，伪都督曾养性同叛镇祖弘勋纠合闽贼及平阳、瑞安贼众四万馀来犯我军,世凯同提督段应举奋击,擒伪副将何宾、伪参将卢公义等。五月,傅喇塔奉诏由处州进征福建,世凯率兵从,过三角岭,养性屯贼众于得胜山下之古溪,据险以扼我师。世凯同副都统吉勒塔布等攻破贼营,又以炮击破江中贼艘,道乃通。八月,副都统穆赫林剿登云于石塘,贼坚拒,未能下。世凯同沃申等由旁径袭击,连破其营二十八,擒伪官四十九,复云和县;又招抚松阳县等伪官二百馀。伪总兵冯公辅等皆来降,泰顺县亦复。九月,精忠降于康亲王,招养性、弘勋归福建,世凯还镇温州。十六年三月,叙功,加左都督,给云骑尉世职。九月,招降海贼郑锦之伪副将林麟、詹天枢等。十二月,招降伪都督陈彬等。十九年四月,分遣官兵败海贼于南镇、双头洞。

　　十一月,署浙江陆路提督。降伪将军刘天福等。二十二年六月,复叙功,晋世职骑都尉。十二月,入觐,赐鞍马、貂裘、朝服。谕曰:"自吴逆煽惑以来,尔提兵征剿,戮力用命,扫荡逆氛,建立功绩,朕甚嘉之。为将之道,务在辑兵爱民,使兵民相安,则地方受福,尔亦可永保勋名。朕每见功大者易生骄傲,以致文武不和,地方多事。尔其以此为戒。"二十三年正月,擢浙江提督。二十五年闰四月,疏言:"兵之所习,惟戈矛枪戟;所尚惟投石超跃。好勇斗狠之心,日月渐积,罔识大义。或遇敌退避,不知报国;或触犯法网,不顾辱亲。如叛逆耿精忠等皆由不知忠孝故也。请敕直省将军、提督率所属营伍,照文职例讲读上谕十六条,俾荷戈将士,咸知忠孝纲常,永无匪行。"得旨:"陈世凯身为武职,乃能洞悉理义,详切敷陈,深为可嘉! 自古武职名臣,皆读书明理,谙通经史,斯能保守功名,克全臣节。嗣后武职官员,遇闲暇俱应览观书籍,于忠孝大义,讲究明晰,其各交相劝勉,以副职任。"世凯又选拟十六条宣解,援引经史,所载有关营伍,可为法戒者,依类附注,为书三卷奏进,诏予颁行。世凯又言:"舟山为浙江门户,向以形似称名。第舟在水则摇曳不宁,遇风则倾欹莫静。海外重地名,此似非所宜。请御书新名,勒碑作镇。"得旨俞允,改名定海山。又奏春秋丁祭文庙,应令武职一体行礼,下九卿议行。

二十八年十一月,入觐,命回任,以疾作未行。十二月,卒。得旨:"陈世凯效力行间,茂著劳绩。简任提督,居官素优。忽闻溘逝,深为轸念! 下部议恤。"遣领侍卫内大臣佟国维、侍卫马武往奠茶酒,赐祭葬如例,谥襄敏。

子天培,袭世职。三十二年,天培请效力,兵部引见,议以都司录用。得旨:"陈世凯向在行间,劳绩茂著,其子陈天培着以游击用。"仕至浙江提督。其骑都尉世职,世凯之孙思远再袭,后循例停袭。乾隆三十一年,特予恩骑尉,世袭罔替。

【校勘记】

〔一〕康熙二年　"二"原误作"十"。贰排卷七叶一一上同。今据仁录卷一○叶六下改。按贰检卷四叶六○下不误。

田雄

田雄,直隶宣化人。明总兵。

本朝顺治二年,豫亲王多铎统兵征江南,明福王朱由崧遁走芜湖,护军统领图赖等以兵断其去路。雄与明总兵马得功缚福王来献,豫亲王令以原衔随大军征浙江。寻授杭州总兵。时明鲁王朱以海称监国于绍兴,福王大学士马士英、总兵方国安等往依之,拥兵严州,屡渡钱塘江,窥杭州,雄与总督张存仁、副都统朱玛喇等御剿,先后奏捷。三年,擢浙江提督,赐冠带、鞍马。六年,江西赣州推官苏进泰遣使谒雄,为叛镇李成栋致逆书,雄执其使以奏,得旨褒奖,加左都督衔。八年,追叙投诚功,授爵一等子。先是,大将军定浙江,明鲁王窜入海,继复与其臣阮进、张名振等据舟山。至是,雄同都统金砺进战舰乘潮出海,擒阮进于横洋,至舟山,掘陷其城。名振拥鲁王遁去。十一年,奉旨移驻定海。十二年,阮进馀党阮思、陈六御等复踞舟山,命宁海大将军伊尔德统师征剿,雄昼夜督治战舰攻具,留参将徐信、傅长春,游击刘登瀛等,扼要隘,通声援,而自率精锐,会大军誓师登舟,由定海大洋进烈港,思等连兵迎战。雄与伊尔德麾兵并进,以炮毁数船,思等习风涛,左右冲突,雄恐兵志未定,稍却,必为所乘,因扬帆据上游,攻其巨舰;副将常进功等从右奋击,思众大溃,投海死者大半。转战至日夕,乃振旅还。翌日,复统水师出洋,雄见思众益炽,与伊尔德计,以横洋、金塘为舟山要路,今为所据,宜分兵急击,破之,则舟山可达。于是张水师为两翼,直薄之,四面夹攻,歼其众无算。获其船,思赴水死。捷闻,加少傅兼太子太傅,赐冠服,甲胄。

　　雄镇海疆久,以舟山不难于复,而难于守,请调兵驻防,增战舰,设水师,分汛侦剿,上以所奏悉合机宜,下所司议行。十五年,奏请归隶旗籍,以弟豹代己入侍,许之。于是隶汉军镶黄旗。

时海贼郑成功扰海滨，一围象山，再犯台州，复陷遂安、平阳诸邑。兵部劾雄失守城池罪，得旨宽免，令立功自赎。十六年四月，海贼将犯太平，雄遣兵迎战，生擒百馀人，贼望风遁。五月，贼复倾巢犯宁波，雄出城督战，阵斩五百馀级。贼退出定关，造木城为久踞计。雄分兵三路进剿，贼众溃窜入海。十八年，晋三等侯，雄疏辞，兼请解提督任。得旨："卿擒福王投诚，随大兵攻战，功绩懋著。且镇守海疆有年，故特授侯爵，用示眷酬。宜祗遵成命，益殚忠荩，以副倚任，勿逊辞。"康熙二年，卒。赠太傅，赐祭葬如例，谥毅勇。以从子象坤袭爵。乾隆十五年，定世袭侯号，曰顺义。

清史列传卷七十九

贰臣传乙

孙得功

孙得功，辽东人。初为明广宁巡抚王化贞中军游击。天启元年，沈阳、辽阳失守，化贞率兵十馀万驻广宁。明年正月，我太祖高皇帝统师围西平堡，化贞令得功会总兵刘渠等赴援，未至，而西平已溃，副将罗一贯死焉。渠与总兵祁秉忠副将刘徵，参将黑云鹤，游击李茂春、张明光迎战于平洋桥堡，〔一〕皆殁于阵。

化贞素任得功为心腹，而得功已输款本朝，还言兵已薄城，城中大乱。化贞从广宁踉跄走大凌河，得功遂偕守备黄进，千总郎绍贞、陆国志、石天柱等出城三里，至望昌冈，备乘舆，设鼓乐，执旗张盖，迎上入驻巡抚署，士庶夹道俯伏，欢呼万岁，时天命七年正月二十四日也。镇静堡参将刘世勋，大清堡游击阎印，大凌河游击何世延，西兴堡备御朱世勋，右屯卫备御黄宗鲁，锦州都司陈尚智,镇抚堡都司金励、刘式章、李维龙、王有功,平洋桥守堡闵云龙,铁场守堡俞鸿渐,锦安守堡郑登,团山守堡崔进忠,镇宁守堡李诗,镇远守堡徐镇静,镇安守堡郑维翰,镇宁守堡臧图祚,镇边守堡周元勋,大康守堡王国泰等各率所属兵民归顺。广林游击罗万言先匿山中,至是亦来降。命各仍原官,赏赉有差。

得功以游击辖降众,移驻义州。天聪八年五月,追叙得功倡广宁将士献城,嗣守义州获明谍、捕斩窃掠之蒙古十七人,予二等男世爵。是年,以年老乞休。寻卒。

长子有光,袭爵,任参领,隶正白旗汉军。随征明锦州及中后所、前屯卫,率所部发炮破敌。顺治五年,剿山西海贼及大同叛镇姜瓖,并有功,荐晋三等子。

次子思克,官至提督、将军,[二]别有传。

【校勘记】

〔一〕张明光迎战于平洋桥堡　"光"原误作"先"。今据贰检卷五叶一二下及贰排卷七叶二八上改。

〔二〕将军　"将"上原衍一"副"字。贰排卷七叶二五下同。今据贰检卷五叶一四下删。

马光远

马光远,顺天大兴人。明建昌参将。

本朝天聪四年,大兵克永平,光远率所部投诚,授副都统,隶镶黄旗汉军、赐冠服、鞍马。五年,上亲征明,围大凌河,光远从,招降城南守台百总一,男妇五十馀人,即令光远抚之。七年,诏于八旗满洲佐领分出汉人千五百八十户，每十丁授绵甲一，以光远统辖，授一等子爵。九年，甄别汉军，以各堡生聚多寡为黜陟，计丁减原额三之一者，夺职为民。光远疏言：“各堡逃亡，多寡不同，而管堡各官，功次不等。既邀国恩予世职，概罢为民，众情惊惧。臣闻雷霆之后，必有雨露。恳圣主大施格外之恩，免削世职，仍令戴罪视事。庶国法人情，两得其宜。”上从之。崇德元年，从征朝鲜，克平壤、江华岛。二年，分汉军为左右翼，授光远都统，辖右翼。

三年，上征明锦州，光远同左翼都统石廷柱运火器先行。寻与恭顺王孔有德以炮攻克台五，复与廷柱攻克李云屯、柏土屯诸处，获人畜一千。计我军攻锦州城旁一台，敌兵拒守，光远率参领郎绍贞等围之。光远以离汛地，敌乘间遁。及觉，又不追击。有旨诘问，光远复以我兵不能抵敌致辨，部议应革世职解任，诏从宽罚锾。是年，上复亲征明，光远率兵从，以右翼兵攻克松山西南隅台，降其将杨文显。时城中尚坚守不下，上登松山南冈相度城垣形势，命光远以本旗兵同怀顺王耿仲明攻城南门迤东毁其堞。会日暮，旋营。翌日，议穴城南地道，遇锦州蒙古兵三百来援，我兵不能达，遂罢攻城。议师旋，追论攻松山时光远等诡言炮子已尽，今犹剩回，玩误军机，疲敝士马，法不容贷。诏集汉官于笃恭殿，大学士范文程等宣谕，数光远等罪，令在家闲住。光远所辖参领季世昌铸炮子镕炼未净，不堪用，下所司鞫讯，复得光远徇庇不举状，光远坐论死罚赎。上念光远罪由无知，特加宽宥。六月，分汉军两旗为四旗，仍起光远为都统，辖两黄旗。

顺治四年，以老病乞休，从之。康熙二年，卒，赐祭葬如例，谥诚顺。

从子思文,袭爵。

沈志祥

沈志祥,辽东人。明皮岛总兵沈世魁从子,官副将。

本朝崇德二年,命武英郡王阿济格等征皮岛,世魁战死,志祥收溃众,走石城岛,欲得世魁敕印,监军者弗予,乃自称总兵。明发兵剿之,志祥遣部将吴朝佐、金光裕赍疏诣盛京纳款。旋挈家及部众四千馀,由黄石岛至安山城。三年四月,遣学士胡球等宴赍之,令于铁岭、抚顺自择驻所,志祥愿驻抚顺,遂给车骑,俾移众安辑。七月,召见崇政殿,授总兵,锡赍优渥。四年,封续顺公。六年,率所部随大军围锦州。七年,凯旋,赐貂裘及降户,志祥请令部众隶八旗汉军,于是隶正白旗。顺治元年四月,随大军入山海关,击败流贼李自成,追剿至望都。十月,上御皇极门,宴赍凯旋诸王大臣,志祥与焉。三年,诏以孔有德为平南大将军,征湖南,志祥率兵从。五年,湖南底定,振旅还,赐黄金百两,白金二千两。寻卒,无子。

兄子永忠,袭公爵。

谢陛

谢陛,山东德州人。明万历三十五年进士,历知三河、遵化、雄、滑四县,内除礼部主事。天启时,迁吏部文选司郎中。崇祯初,选太常寺少卿。尝求巡抚于吏部尚书王永光,会当推蓟镇,引疾以避;及推太仆卿,忽报病痊。御史毛羽健劾陛与永光朋比,宜并罪。永光召对文华殿,力诋羽健,请究主使者,以大学士韩爌言,乃不究羽健而陞罪释不问。荐迁至南京吏部尚书。寻廷推都察院左都御史,以御史路振飞疏陈其丑状,不果用。七年,诏内阁九卿各举堪胜吏部尚书者,时温体仁柄政,与陞及南京都御史唐世济善,嘱其乡人大理卿朱大启并举二人,果用陞为吏部尚书,而世济掌都察院。

　　八年,给事中许誉卿以凤阳皇陵被焚,劾温体仁误国,体仁怨之。陞希体仁意,欲出誉卿官南京。大学士文震孟以誉卿资深当擢京卿,语侵陞,陞惧,适山东布政司劳永嘉贿营登莱巡抚,列之举首,为给事中张第元、何楷,御史张缵曾所劾。陞疑出誉卿及震孟意,遂劾誉卿营求京缺,不欲南迁,并及震孟。体仁拟旨削誉卿籍,震孟并罢去。唐世济荐用逆案霍维华,陞不纠驳,御史李梦辰劾之,给事中王士鏸至指陞及温体仁、杨嗣昌、薛国观为四凶。十三年,晋太子少保,改礼部尚书,兼东阁大学士;又加少保,加太子太保,改吏部尚书,兼建极殿大学士。十五年,我太宗文皇帝克锦州及松山、塔山、杏山等城,明御史米寿图疏劾监军松山先众窜逃之兵部郎中张若骐罪状,谓恃乡人谢陞为内援,陞奸险小人,应与若骐骈斩。初,兵部尚书傅宗龙出任陕西总督,代之者陈新甲,告以上虑关外各城难守,欲息兵议和,宗龙与陞语及之。后陞因召对边事,遂述宗龙言,且曰:“倘肯议和,和亦可恃。”及出,语给事中方士亮、倪仁桢、朱徽等曰:“人主以不用聪明为高,今上太用聪明,致天下尽坏。”又曰:“此事诸君不必言,上祈签奉先殿,意已决。”于是士亮、仁桢与给事中廖国遴等交章劾陞诽谤君父,泄禁中语,大不敬,无人臣礼。至是,寿图疏入,若骐论死,系狱,陛亦罢归。

　　本朝顺治元年正月,大兵定京师,颁诏招抚山东。六月,陛偕在籍明御史赵继鼎、卢世㴲等遣人赍降表赴阙,其词曰:"闯贼李自成肆逆逞暴,神人同愤,臣等空切不共之仇,愧无回天之力。惟皇帝陛下智勇兼锡,威灵遐畅,笃夙昔之旧好,沛拯救之新纶,浩荡仁恩,有逾再造。先是四月二十七日,臣等鼓励阌州士民,磔伪州牧吴徵文、伪防御阎杰,誓众登陴,激发远迩,共诛闯贼所置伪官,贼将郭陛丧胆西遁。谨扫境土,以待天麻。彼时德藩被执,适庆藩宗室曾为明朝香河令名师鏚者,避闯过境,为伪州牧所禁。臣等暂奉为号召之资,倘蒙陛下兴灭继绝,不泯明祀,将皇仁益畅于中外,大义卓越乎千古,又是臣等所私心冀幸而未敢必者也。敬附归顺之私而并及之。"疏上,得旨,下吏部察叙。时招抚侍郎王鳌永亦具疏荐陛,寻召朱师鏚以知州用,赵继鼎、卢世㴲授御史,命陛以建极殿大学士原衔管吏部尚书事。八月,陛至,谕曰:"前以铨除为国家要务,是以欲用卿为吏部尚书。今思内院职任较重,宜即与诸大学士共理机务。"赐银币、貂裘诸物。十二月,与大学士冯铨、洪承畴等并赐金二十两,银一千两,及金玉诸器皿。

　　时有自称明崇祯帝太子至嘉定伯周奎家者,奎疏闻,下内院集明官及太监辨视,皆莫识,惟太监杨玉、常进节,指挥李时荫等数人,证以为真。陛与铨、承畴及吏部侍郎沈惟炳,给事中朱徽等请下法司详勘,得刘姓假冒状,与杨玉等数人并弃市。

　　二年正月,陛以疾剧乞假,命太医诊视。二月,卒。赠太傅,荫一子,赐祭葬如例,谥清义。

金之俊

金之俊，江南吴江人。明万历四十七年进士，官至兵部右侍郎。流贼李自成陷京师，之俊不能死，被拷索。

本朝顺治元年，大兵定京师，之俊降，仍原官。疏请先下蠲租之诏于畿甸，以慰民望。又言："土寇率众归诚者，宜赦罪勿论；其缚渠来献者，宜分别叙功；就抚之众，宜编置牌甲，令各安故业；无恒产者，宜设法区画。请颁谕各镇道府遵行。"寻奏荐故明蓟辽总督丁魁楚、陕西总督丁启睿、陕西巡抚练国安、[一]副都御史房可壮、吏部员外郎左懋泰、河东守道郝絅等，并才堪录用。又劾通州道郑煇优游养寇，剿抚无闻；三关镇臣郝之润借名诛伪，纵兵肆掠：俱宜罢斥。并请趣畿南北按臣及监司以下官，速补赴任；禁止满洲官役额外需索驿递夫马。疏入，悉采纳之。

二年五月，以京师米价日增，疏言："西北粮食取给东南，自闯贼乱后，南粟不达京师，至北地米价昂贵。今大兵直取江南，计苏、松、常、镇及杭、嘉、湖七郡漕白，必抵南庚。须急令漕督星驰淮上，巡漕御史疾趋瓜、扬，经理运务。俟金陵底定，酌留之馀，悉转太仓。南粟既来，米价自减。"诏速议行。六月，条陈："漕政八事：一、卫所旗军既裁，宜别设运官漕卒；一、明季旧艘残毁，宜改用投顺兵船；一、南漕抵济，宜别造剥船转运津、通；一、加耗应照明初旧例，馀悉蠲除；一、征收宜责正印，勿委佐贰；一、漕道宜驻济宁，专司剥运，各省粮道至济交卸，即押回空，其足额与否，听漕道验报；一、漕米除蠲饷外，视旧额盈馀若干，悉为改折随漕征解；一、漕运官军除交兑外，仍支给坐行二粮。"疏下所司知之。七月，调吏部右侍郎。三年，疏请酌改铨选进士之制，谓："故明旧例：二甲选部属、知州，三甲选中、行、评、博，推官、知县。不论名次，内外互选，于政体人情均未协。请以二甲前十五名选部属，后二十名与三甲前十名选中行评博，十一名至二十名选知州，二十一名至七十名选推官，馀选知县。"得旨，允行。五年，擢工部尚书。六年，请假归葬，许之。以炮局失火，之俊坐分赔，特予宽贳，令罚俸三月。旋以恩诏，加太子太保。七年，假满，还朝。八年，迁兵部尚书，晋少保，兼太子太保。十年正月，调都察院左都御史。会与大学士陈名夏等议革职总兵任珍罪，之俊坐党附，论死。奉旨，从宽削加衔，罚俸一年。五月，疏言："审拟盗犯，不宜概行籍没，致累无辜，请依正律。"又言："直省提学，[二]例以佥事道分遣视事。若畿辅为首善之区，江南为人才之会，请以翰林官简用。"均报可。寻迁吏部尚书。

十一月，授国史院大学士。十二月，充会试主考官。初，之俊引疾乞休，不允。十三年二月，谕曰："君臣之义，终始相维。尔等今后毋以引年请归为念，受朕殊恩，岂忍违朕，朕亦何忍使尔告归？若决于引退，即忍于忘君矣。"之俊奏曰："臣蒙皇上隆恩，但惧不能报效，何忍遽违恩眷？"越日，上复谕诸大臣曰："昨岁之俊病甚，朕遣人图其容。念彼已老，倘不起，不复相见。故乘其在时，命工绘像。盖不胜眷恋如此。诸臣亦有衰老者，岂不有归田休养之念？但经朕简用之人，欲皓首相依，不忍离也。"之俊泣奏曰："诸臣中无才者，莫过于臣；受皇上深恩而负重罪者，亦莫过于臣。舛误滋多，惟恐废职，非忍于离天颜也。"十五年九月，改内三院为殿阁衔，以之俊为中和殿大学士，兼吏部尚书。

十二月,同校定律例。十六年二月,诏立明庄烈帝碑,命之俊撰文以进。是月,加太保兼太子太师。五月,以大学士李霨于兵部请武进士刘炎等俸禄一疏,票拟任意,之俊看详疏忽,有旨切责,部议降二级留任,罚俸一年,旋加恩宽免。八月,请假归葬。十七年,在籍自陈乞罢,温谕来京供职。未至,加太傅。十八年,改殿阁衔仍为内三院,授之俊秘书院大学士。康熙元年,予告致仕,之俊回籍后,屡以衰老乞休,至是始从所请。四年,应诏驰疏陈三事:"一、决囚当有定候,凡监候斩绞之犯,请照例秋后行刑;一、考成尚需通融,酌免有司之实降实革,以责久任,分别粮里之欠少欠多,以示劝惩;一、民间挟私叩阍,因而陵轹官府,以紊法纪者,宜申严禁。"疏入,报闻。

之俊家居数年,有撰匿名帖榜其门者,多言其赃私暧昧事。之俊白之总督郎廷佐穷治之,牵累不决,事闻。八年正月,谕曰:"匿名帖乃奸恶之徒造写,陷害平人者,如见其投掷拿获,理应照律从重治罪。若因此究问,则必致株连无辜。律载收审匿名帖者,将审问之人治罪。金之俊将匿名帖送究,郎廷佐收受察拿,俱生事不合,着议处。"于是廷佐镌二级,之俊削太傅衔。九年,卒,赐祭葬如例,谥文通。

【校勘记】

〔一〕陕西巡抚练国安　"安"原误作"事"。贰检卷五叶二三上同。今据贰排卷八叶一下改。

〔二〕直省提学　"直"原误作"旗"。今据贰检卷五叶二五下及贰排卷八叶三上改。

胡世安

胡世安，四川井研人。明崇祯元年进士，改庶吉士，累官詹事府少詹事。

本朝顺治元年四月，大兵定京师，世安降，授原官。寻裁詹事府，授翰林院侍读学士，掌院事。十二月，赐鞍马。二年，迁国史院学士。寻充修明史副总裁。五年八月，迁礼部左侍郎。十月，丁母忧，奉旨在京守制。九年三月，擢礼部尚书。十二月，侍宴中和殿，赐貂皮朝衣一袭。十年，以覆审总兵任珍罪，徇党附和，部议革职，永不叙用，得旨，着降三级留任。十二年二月，以病乞休，上慰留之。七月，考满，加太子太保，荫一子入监读书。

十三年三月，副都御史魏裔介、广东道御史焦毓瑞交章劾世安受大学士陈之遴嘱，荐其同乡安肃令沈令式为知府，令式庸劣，旋为总督李荫祖所参，植党营私，确有可据。命世安回奏，世安疏言："保举令式，凭学臣、监臣荐章，〔一〕非因之遴推举。"下部议，以世安失于详慎，罚俸一年。四月，谕曰："胡世安在礼部最久，乃典礼甚多未协，有负委任。着革去太子太保，降三级照旧办事。"十四年，充经筵讲官。十五年，晋武英殿大学士，兼兵部尚书。十六年三月，诏以大学士胡世安奉职有年，勤劳素著，仍加太子太保。六月，考满，加少傅，兼太子太傅。十八年正月，圣祖仁皇帝御极，仍改殿阁衔为内三院，以世安为秘书院大学士。十一月，以疾乞休，加少师兼太子太师，致仕。康熙二年，卒，予祭葬如例。

【校勘记】

〔一〕监臣荐章　"监"原误作"盐"。今据贰排卷八叶七上改。按贰检
　　卷五叶三○上作"盐"，当系"监"字形似之误。

田维嘉

田维嘉，直隶饶阳人。明万历四十四年进士，累官吏部尚
书。崇祯十年，变考选例，知县推官政优者，得入为翰林，次科
道，次部主事、给事中。陈启新奏考选不公，庄烈帝取吏部咨访
册阅之，罪滥徇者，贬黜给事中孙晋、李右谨，御史禹好善、叶初
春等。维嘉惧，乃请先推部曹，少詹事项煜言维嘉阿大学士张至
发，优其所亲任濬；谕德黄景昉亦言素著廉能之成勇、朱天麟未
预清华选，乃命集已授部选及候选者廷试，亲定甲乙。勇等皆改
官，给事中吴麟徵，御史宋学洙交章劾维嘉赃污，检讨杨士聪复
劾其纳周汝弼金，用为延绥巡抚，御史史𤊟为居间，乃逮讯史𤊟
及维嘉家人。会有兵事，狱久不结。𤊟瘐死，事得寝。维嘉引疾
归里。

本朝顺治元年六月，维嘉遣子敬宗赍疏自陈倡率饶阳绅士，
擒斩流贼李自成所置伪令，拒却贼党康文斗、郭壮畿，开通道路，
举城归顺。得旨，召维嘉赴京录用。八月，维嘉至，命以刑部尚
书管左侍郎事。九月，疏陈衰病，乞归。谕曰："田维嘉星驰趋
召，具见急公。览奏，情词恳切，准其回籍调理，病痊起用。"二年
二月，卒。

子敬宗，以恤荫请，礼部言维嘉未任事即归，不准恤荫。

沈维炳

沈维炳,湖广孝感人。明万历四十四年进士,初任香河知县,入为刑科给事中。天启元年,廷臣争红丸案,兵部尚书黄克缵述进药始末,力为首辅方从哲辨,维炳与同官薛文周劾其昵私交,昧大义。二年,辽东经略熊廷弼、巡抚王化贞以广宁失陷,逮勘登莱道佟卜年,卜年为廷弼所荐,〔一〕有讦其谋叛者。大学士沈潅、兵部尚书张鹤鸣欲藉以重廷弼罪。维炳疏言:"潅因言官列其私迹,借廷弼为抵弹谢过之具。廷弼承失地之罪足矣,岂必加以他辞?鹤鸣左袒化贞,角胜廷弼,致经抚两败,独鹤鸣超然事外,今复欲加罪廷弼,有背公论,实与潅朋谋。"三年,御史郭巩劾左都御史杨涟等保举廷弼党邪误国,维炳疏言:"诸臣欲杀廷弼、特借名报怨,非真为封疆起见也。涟与廷弼本不相蒙,今牵入一案,且波及数十人。方今乃卧薪尝胆之日,岂报怨争鸣之日耶?"四年,转吏科都给事中。疏论魏忠贤所用立枷法,不可行。值吏部尚书赵南星放归,论维炳陈奏过当,镌秩调外用。崇祯元年,复原官。刑科都给事中薛国观劾其与兵科给事中许誉卿主盟东林,把持察典,誉卿引疾归,维炳任职如故。荐迁吏部左侍郎。及流贼李自成至,不能死,受拷掠。

本朝顺治元年五月,睿亲王多尔衮定京师,维炳投诚,令仍任原官。六月,启言:"维炳为亡国之臣,仍旧服官,虽朝章不罪其偷生,而臣义则能无愧死?且年已六十有四,两目昏盲,视字如雾,足膝疼痛,拜跪苦难。乞赐投闲。"睿亲王慰留之。七月,启言:"维炳于三四月间幽困贼营,今无家可归,即谢事亦不敢求去,愿长依辇毂下。但素性多执,弗克周旋人情,恐怨谤日生,即欲矜全亦有不能。望早赐罢斥。"睿亲王复谕曰:"前既慰留,当尽心供职,不辞劳怨,何得疑虑谤毁,豫以私情陈请?"九月,疏言:"自流贼毒辱搢绅后,引遁全生者甚多。虽荷新朝宽大,广示招徕,乃人情躁竞,吏员冒正途,粟监冒明经,生儒冒贡监,白丁冒冠裳,远年罪废而匿情起用,舆论共弃而借资求铨。总因官制未定,人希意外之荣,宜尽数察出,或姑令任事,徐观其后;或从新改正,各还其原。即前朝末政,亦多可议。臣为前朝旧臣,何忍斥言明政之非?然而兴朝作新,应斟酌因革,以为百世之准。"疏入,得旨:"沈维炳职掌佐铨,宜率属厘剔公清澄叙,使吏称民安,作新治道,各官已用者姑免追究,以后着严加察核,不许仍踵陋习,违者劾之。"

二年正月,〔二〕以吏部铨用御史之叶定秀现为明福王朱由崧光禄少卿,又推补原官之明吏部员外郎左懋泰,其兄懋第为明福王使臣,北来弗归顺。吏部不检举,下刑部审拟,维炳革职,免杖。闰六月,副都御史刘汉儒劾:"维炳子宣府推官沈宜凭父势,久招物议。今巡按御史张鸣骏荐其堪膺科道,显系徇情。且沈宜虽曰明经,其考选之文,系人代作。又维炳曾选其二仆沈永宁、沈元贞为典史,冒滥官常,宜并斥逐。"事下刑部问拟,沈宜由贡考职,部册可据,所指作文之人,未预考,无代笔事。沈永宁、沈元贞非维炳仆。所纠诸款不实,宜复职;惟年已老,既罢,弗复用。

【校勘记】

〔一〕卜年为廷弼所荐　原脱"卜年"二字。今据贰检卷五叶三三上及贰排卷八叶一〇上补。

〔二〕二年正月　"二"上原衍"顺治"二字。贰检卷五叶五六上及贰排
　　卷八叶二上均同。今据上文已有"本朝顺治元年五月"一语,
　　故删。

房可壮

房可壮,山东益都人。明万历三十五年进士,授御史。天启
元年三月,我太祖高皇帝亲统师取沈阳、辽阳,明经略袁应泰自
经死。可壮疏请起用原任漕运总督李三才为经略,下廷臣集议,
通政使参议吴殿邦阻止之。四年十月,吏部尚书赵南星罢,魏忠
贤欲用其私人代之,侍郎陈于廷不从。时可壮掌河南道事,与于
廷等会推乔允升、冯从吾、汪应蛟三人,忠贤传旨切责。可壮及
于廷等并贬黜。

崇祯元年三月,起忤珰诸臣,可壮补原官。十一月,会推阁
臣,次列礼部侍郎钱谦益、尚书温体仁讦谦益主浙江乡试时,关
节受贿,诸臣党比推举,庄烈帝召谦益及给事中章允儒等廷讯,
事详钱谦益传。可壮坐党比降秩,寻荐迁副都御史。十五年五
月,吏部尚书李日宣、给事中章正宸、御史张煊等会推阁臣,可壮
及侍郎宋玫、大理卿张三谟预焉。是时大学士陈演以试御史廖
于义,私嘱都察院予实授,可壮与张煊持不可,于义纠可壮、煊不
公,下吏部议,坐于义挟私,降调之。至是,演奏会推事徇私滥
举,庄烈帝怒,御中左门,召李日宣、章正宸等,语其妄举,日宣奏
辨,称可壮峻节练识,庄烈帝益怒,下刑部定谳,日宣等戍边,可
壮与宋玫、张三谟削籍归。福王朱由崧时,御史陈子龙请召用可

壮,大学士姜曰广亦荐之,行人朱统䥅劾曰广引用东林死党,把
持朝政。曰广乞罢归,议遂寝。

　　本朝顺治元年六月,招抚侍郎王鳌永至山东,可壮率乡人杀
流贼所置伪益都令,奉表投诚。鳌永疏请召用,侍郎金之俊、给
事中郝杰亦交章荐之。三年二月,授大理寺卿。六月,疏言"旧
制,大理寺掌覆核刑部诸司,问断当者定案入奏,请再谳。近见
刑部鞫囚,有径行请旨处决者,未足以昭慎重,宜仍归大理覆核
会奏,并请敕法司早定律令,以臻协中之治。"从之。十一月,擢
刑部右侍郎,五年,转左。六年,遇恩诏,加右都御史衔。八年八
月,加太子太保。十月,以右都御史管左副都御史事。九年三
月,升左都御史。会风霾,遵谕陈言:"请稽古勤民,减不急之费,
广钦恤之仁,并敕督抚申戒有司,无悖旨征收已蠲钱粮,掊克困
民。"上命实指有司困民状,可壮因奏江南华亭知县周世昌、山东
临朐知县童本胡苛敛浮征,事下所司,鞫实褫职。十二月,给事
中杜笃祜疏言:"叠奉谕旨,申敕都察院陈奏各官勤惰,政事修
废,无得徇情不言;并令纠驳诸臣章奏。数月以来,左都御史房
可壮不闻遵旨赴陈,惟有请复关差及添官行商之疏,经给事中周
之桂、孙作龄疏驳及户部覆奏,并不准行。是其苟且塞责,无以
仰副圣怀,况大计及按差复命,届期举劾,尤宜公正,难容尸位素
餐。"上命可壮回奏,奏上,笃祜复劾其支饰恋职,可壮乃以衰老
乞罢,诏复原官致仕。十年正月,御史吴达疏纠吏部尚书高尔俨
职任铨衡,漫无甄别,如房可壮之风纪消靡,直待科臣纠参,始自
陈引去。上以吴达不言于可壮致仕之先,切责之。五月,正蓝旗
汉军佐领张荣举首归旗候补副将贾汉复奢纵违制等款,词连可

壮任左都御史时,屡诣汉复家,屏人密议,下刑部质讯,以汉复素识可壮,其密议事无左证,得旨原宥。十月,卒于家。赠少保,荫一子入监。

刘汉儒

刘汉儒,顺天大兴人。明天启二年进士。崇祯时,累官至四川巡抚。流贼陷夔州,围太平石砫土司秦良玉率兵赴援,汉儒运长庆米济其军,太平围解。中书涂原练乡勇守梁山,击退贼。汉儒及巡按御史党崇雅请用原以蜀人治蜀兵,庄烈帝不许,并罢汉儒。

本朝顺治元年五月,起授都察院左副都御史。九月,世祖章皇帝车驾将至京师,群臣俱赴通州迎。汉儒疏言:“城守空虚,惧奸民窃发,请留重臣以镇中外,派守兵以严出入,远侦探以杜窥伺。”下部知之。十二月,赐鞍马。时流贼自太原直犯井陉,绐开城杀官,仍退据固关。汉儒疏言:“井陉险峻崎岖,一人当关,万夫莫敌。且去真定近,倘贼兵长驱,真定无兵可恃。今宜飞檄官兵,视贼所向,或直捣其巢,或分截其路,贼可就擒。否则我兵南剿,贼已近在肘腋,土贼响应,首尾兼顾,鞭长不及。勿谓疥癣,毋烦过虑。”下所司知之。二年闰六月,疏言:“顷者南差不用南人,乃一时权宜计。今天下一统,何分南北。嗣后遇巡按差缺,除回避本省外,酌量隔省资才堪任者,列名奏请简用。”得旨:“各省巡按南北,一体差用,但家乡邻近者,虽隔省亦不得差。”是月,赐纱蟒衣一袭。七月,疏言:“十三道御史,原百有二十,用以巡方纠察。我朝酌减至六十。今差务日繁,铨部竟未考满,何以应差？请敕部速补。"诏如所请行。八月，御史王守履劾汉儒系大学士冯铨党，为御史江禹绪营求，招抚郧阳。汉儒具疏辨，并引病求罢，得旨："刘汉儒无端被诬，着益尽心职掌，以振风纪。"三年，复以病乞休。

康熙四年，卒，赐祭葬如例。

黄图安

黄图安，山东堂邑人。明崇祯十年进士，由推官内升吏部主事，迁员外郎，管饷易州，寻授易州道。

本朝顺治元年五月，图安率所属投诚，命仍原官。时沿河牟山等处贼尚啸聚，而河间巨盗李联考纠众万馀，犯易州界。图安亲擒贼首，馀党悉平。二年四月，以剿抚功，擢甘肃巡抚。图安以母老，疏辞。易州民郭世明等亦赴阙恳留，得旨："黄图安擢抚岩疆，着速赴新任，弹力料理，所请俱不允。"三年二月，疏言："流贼李自成荼毒中原，横蹂三秦，望风皆靡。惟故明抚镇将吏，矢心戮力，誓死不降。如巡抚林日瑞，总兵马爌，副将郭大吉，〔一〕欧阳衮，游击哈惟新、张际，都司万峘、姚世儒、高登科、姜弘基，守备郭维崎，同知蓝台等，或甘心白刃，或骂贼自刎。请敕部旌奖，以慰忠魂。"章下所司。六月，调宁夏巡抚。八月，复疏请终养，谕部察议，以西陲多事，借端规避，革职。四年三月，追议图安于甘肃巡抚任内，服用违制，已革职，永不叙用。先是，大学士范文程以图安母年八十一，终养乃人子至情，吏部不宜遽议斥，拟为申奏，值斋期，未果。白于郑亲王济尔哈朗、睿亲王多尔衮知之，责文程擅专请，〔二〕下法司勘讯，坐削职，既而释之。九年四月,<u>文程</u>复为<u>图安</u>请起用,得旨黄<u>图安</u>着以<u>佥</u>都御史巡抚用。

十一年二月,复授<u>宁夏</u>巡抚。时左都御史<u>魏裔介</u>请裁并各省道员,命督抚议奏。十三年,<u>图安</u>疏言:"<u>宁夏</u>系西北重镇,<u>河西道</u>驻镇城内,督征屯粮兵饷,兼理学政,所管<u>汉</u>、<u>唐</u>等渠,引水灌溉,裕赋资民,关系甚巨。<u>河东道</u>驻<u>灵州</u>,东至<u>花马池</u>,接<u>延安</u>、<u>定边</u>;西至<u>半个城</u>,接<u>固原</u>、<u>庆阳</u>;北自<u>横城</u>,至<u>长边</u>。所在冲险,弹压料理,极为繁要。均难议裁。"诏如所请。十四年,考满,加副都御史衔,荫一子入监。十六年,<u>济南</u>知府<u>贾一奇</u>以贪赃为<u>山东</u>巡抚<u>程衡</u>所劾,给事中<u>姚延启</u>因疏言:"<u>一奇</u>曾任<u>庆阳</u>同知,<u>宁夏</u>巡抚<u>黄图安</u>保举匪人,贻害地方;且<u>图安</u>自任巡抚,绝无劳绩可纪,即滥举一端,已足觇其庸劣有素。请治罪以为朦徇者戒。"下部议,<u>图安</u>降五级调用。寻卒。

【校勘记】

〔一〕副将郭大吉　"大"原误作"天"。<u>贰检</u>卷五叶三八上同。今据<u>贰排</u>卷八叶一三下改。

〔二〕责文程擅专请　"专请"原误作"关白"。<u>贰检</u>卷五叶三八下同。今据<u>贰排</u>卷八叶一四上改。

高斗光

<u>高斗光</u>,<u>山东</u><u>嘉祥</u>人。明<u>万历</u>四十七年进士。<u>天启</u>间,任<u>直隶</u><u>南和县</u>知县,迁<u>保定府</u>知府。<u>崇祯</u>末,以给事中<u>沈迅</u>保荐,擢<u>凤阳</u>总督。流寇<u>张献忠</u>陷<u>含山</u>,犯<u>无为</u>,御史<u>詹兆恒</u>劾之,不报。

后贼临江欲渡，斗光不能御。兆恒陈内外合防策，再劾斗光，请以史可法代，遂罢谴。举主沈迅亦被谪。

本朝顺治元年，以锦衣卫百户危列宿奏荐，授偏沅巡抚。二年，御史吴达劾大学士冯铨，语涉斗光在前朝失陷封疆事。斗光疏辩，请与达质，命速赴任，不必自求召见。寻疏陈安民、弭盗二事，得旨："偏沅重地，新经抚定，其间安集机宜，高斗光当俟到任后，详确入告。如此泛陈，殊为无当。"初，湖北当明季时，土寇蜂起，迄明亡，蔓延弥甚。是年，顺承郡王勒克德浑统师征讨，屡败贼，贼势渐挫。既班师，贼之在湖南者，复肆掠偏沅。道梗，斗光不能达，乃驻节武昌。三年，奏请发大兵往剿，命恭顺王孔有德为大将军，率将士趋湖广，斗光进驻荆州。四年，故明总兵任宣烈率家属来降，斗光遣宣烈招抚安乡、文田各寨，击走伪将郑一龙、李春辉等，扼之洞庭湖口，斩首数百，溺死无数。寻请借荆关料税，开局鼓铸，生息佐军；又请复常德旧局鼓铸，借协饷银为铸本，接济军需。并得旨允行。七月，安化土贼瞷城中文武官出应调遣，乘间入城劫掠，典史孙煜集兵捕贼，贼却走，踞山寨。斗光檄长沙镇兵赴剿，尽歼之。

先是，湘乡诸生萧汉奇为仇家诬讦，违制蓄发，系狱。知县刘越苨雪其冤，释之。因受汉奇馈谢，越苨故贪污。至是，斗光以越苨于生员蓄发事，吓诈受财，列款纠劾，未详汉奇被诬状。疏入，上以斗光但劾越苨劣迹，不穷治生员蓄发事，下部议降二级调用。会斗光老病请休，总督罗绣锦亦以抚臣右手偏废入奏，部议照所降级致仕。寻卒。

王永吉

王永吉,江南高邮人。明天启进士,官至蓟辽总督。

本朝顺治二年,以顺天巡抚宋权荐,授大理寺卿。四年,奏请遣官往直省恤刑。寻擢工部右侍郎,永吉疏辞,上以永吉实非恬退而徒尚虚名,特允所请,并谕永不录用,以惩陋习。

永吉既罢家居数年,会有旨起用废员,复至京。八年闰二月,吏部列荐永吉才品可任,八月,起授户部右侍郎。九月,条奏三事:"一、各卫所屯地,分上、中、下三等,请拨上田给运丁,以济运费;一、各项低色银,请仍令官收官解,其本色物料动支折价采买,如额足酌加,以苏民累;一、洲田丈量,重为民害,请以芦课并入各州县考成,五年一次丈量。"皆见采择。明年七月,条奏治河事宜,略曰:"黄水自邳宿下至清河口,淮泗之水聚于洪泽湖,亦出清河口,淮黄交会,黄强淮弱,势有不敌。淮泗逼而南趋四百馀里,出瓜洲、仪征,方能达江。一线运河,收束甚紧,即有大小闸洞宣泄,而海口不开,下流壅滞。所以河堤溃决,修筑岁费金钱。九载以来,八年昏垫。海口之当开,固不容少缓者也。第海口之在兴化、泰州、盐城境内者,辄为附近居民填塞。乞敕河漕重臣,遴委才能,亲往相度,开浚疏通,复其故道。淮泗水消,则黄河势减矣。"

是时,直隶、河北诸省,皆患水灾;江以南复旱。屡诏所司议蠲赈,而湖、川、闽、广各镇战守官兵,急需本折粮饷。永吉以"来年兵马之饷,饥民冬春之苦,并当预筹,请召见廷臣各抒足饷救荒之策,以俟圣断"。奉旨:"王永吉必有良策,著详具以闻。"永吉因言：“各省老弱、病废、罪革、占冒之兵当清，而老病、弱毙、缺额之马亦当清，十汰其二，以百万之饷计之，岁可省二十万。即以裁省之项，酌定直省灾伤分数，诏谕蠲赈，自宽然有馀，则兵清而饷亦裕，赋减而民更安矣。”上嘉纳之。会畿辅奸民有借投充旗下以横行舠法者，永吉奏请敕禁诸王大臣滥收汉人投旗，以息诸弊。十年二月，擢兵部尚书。十一年二月，同刑部尚书觉罗巴哈纳等分赈直隶八府。三月，转都察院左都御史。奏言：“郑成功盘踞漳、泉、惠、潮之间，悖逆显著，乞谕督抚诸臣，制器练兵，不可因成功已经受抚，心生懈怠；更不可显露张皇，以致疑畏反侧。”又奏请以江宁总兵移驻镇江，苏州提督移驻吴淞刘河。上皆从之。四月，授秘书院大学士，八月，罢。先是，永吉在兵部时，[一]鞫德州裩生吕煌窝逃行贿事，审结稽迟，出入未当。至是，下诸王大臣诘问，永吉厉声争辨。寻以镌级罚俸议上，得旨：“王永吉破格超擢，简任机密，当竭力为国，以图报称。昨诸王大臣会议吕煌一案，诘问情由，辄张威忿怒，全无小心敬慎之意，岂非欲效陈名夏故态耶？负恩殊甚，宜加重惩。姑从宽革去大学士，降一级调用。”九月，补总督仓场、户部左侍郎，奏定领运官盗买、侵蚀漕粮，追还未清，计分科罪之例。

十二年二月，仍授国史院大学士。上以铨政重大，必清直练达，乃称厥职，特加永吉太子太保，以大学士管吏部尚书事。十四年四月，奏言：“入夏以来，亢阳不雨，皇上竭诚祈祷，恭祀圜丘，甘霖旋需，真千载仅见之盛事。然诚敬格天，不在升中告虔之日，即钦差大臣清理刑狱一事，已通帝座而协休征矣。今直隶各省，俗未还醇，讼狱繁炽，承问者怵于功令，恐蹈徇情之罚；又且急于定谳，附以深文，未必准律合情。况当耕耘力作之时，关檄勾提，恐妨农业。乞下直省督抚巡按，文到之日，速行清理狱囚。如有殊常冤枉，奏请上裁。其赎徒以下，保释宁家。庶洋泽弘敷，不崇朝而遍四海矣。"奉敕下所司议行。十月，以地震具疏引罪，得旨："朕因地震，深自惕励，兼命诸臣共加修省。王永吉身为大学士，即宜实力修省，〔二〕乃反虚饰认罪，似此徒博虚名，何如尽心实事耶？"十五年四月，以其侄树德私通科场关节事发，降五级调用。九月，补太常寺少卿。十月，迁都察院左副都御史。十六年二月，卒。上谕部臣曰："王永吉前因好胜沽名，故降级示抑，欲使省改自新。不意遽婴疾奄逝，朕甚悼焉！念其服官有年，勤劳素著，宜加旷典，以昭优恤。着赠少保兼太子太保、吏部尚书，照一品例给予祭葬、立碑，荫一子，遣官护丧归里。"赐谥文通。

【校勘记】

〔一〕永吉在兵部时 "在"原误作"任"。贰排卷八叶二六上同。今据贰检卷五叶五三上改。

〔二〕即宜实力修省 原脱"即"字。今据贰检卷五叶五五上及贰排卷八叶二七下补。

王铎　子无党

王铎，河南孟津人。明天启二年进士，改庶吉士，授编修。荐升少詹事，充经筵讲官。崇祯十一年春，进讲中庸"唯天下至圣"章，旁及时事，有"白骨如林"语，庄烈帝切责其敷衍支吾，不能发挥精义,铎惶惧俯伏案前待罪。明年,大学士张至发奏东宫出阁时,设侍班四人、讲读六人、校书二人,皆以翰林及詹事坊局官兼任。时廷议举谕德黄道周,至发屏之,而铎为侍班,寻乞假归里。十七年三月,擢礼部尚书,未赴。流贼李自成陷京师,明福王朱由崧立于江宁,铎与詹事姜曰广并授东阁大学士,道远未至。大学士马士英入辅政,出史可法督师扬州,嗾其党朱统鐼劾曰广去之。铎至,遂为次辅。是年十二月,刑部尚书解学龙治从贼狱,仿唐制六等定罪。庶吉士周钟曾为贼草劝进表,又上书劝贼早定江南,与率先从逆之光时亨,仅列二等,拟缓决。士英传旨令再议,学龙谋之铎,欲缓周钟、光时亨死,伺士英注籍上之,且请停刑。铎即拟俞旨,褒以详慎平允。士英闻之大怒,削学龙籍,而置铎不问。

　　本朝顺治二年五月,豫亲王多铎克扬州,将渡江;明福王走芜湖,留铎守江宁。铎同礼部尚书钱谦益等文武数百员,出城迎豫亲王,奉表降。寻至京候用。三年正月,命以礼部尚书管弘文院学士,充明史副总裁。六月,赐朝服。四年,充殿试读卷官。六年正月,授礼部左侍郎,充太宗文皇帝实录副总裁。十月,遇恩诏,加太子太保。八年,晋少保。是年三月,疏言:“帝王御世,莫不重道尊师。今上亲政伊始,百度维新。请幸学释奠,并命祭酒、司业诸臣于彝伦堂进讲。先期敕工部修葺圣庙,仍照例咨调衍圣公及四姓博士赴京陪祀,以襄盛典。”得旨:“释奠大典,允宜举行。其令择吉具仪以进,葺文庙,如所请行。”五月,御史张煊疏劾吏部尚书陈名夏私庇南人,以铎资深不得升尚书,反升资浅右侍郎陈之遴为证。名夏谓之遴升任,由尚书谭泰、侍郎李率泰等遍询九卿，莫有言铎居官优者，乃推升之遴，得辨释。九年三月，授铎礼部尚书，而铎先以二月间祭告西岳、江渎事竣，乞假归里，卒于家。事闻，赠太保，赐祭葬如例，谥文安，荫孙之凤中书舍人。

长子无党，初仕明为指挥同知，入本朝官山西河东道。姜瓖叛时，巡抚祝世昌奏其御贼有功，寻迁济东道。

次子无咎，顺治三年进士，官至太常寺少卿。

左梦庚

左梦庚，山东临清人。父良玉，明平贼将军，后封宁南伯，即以平贼将军印授梦庚。流贼陷京师，福王立于南京，良玉晋侯爵。有自称庄烈帝太子南来者，福王下之狱。良玉假辨明太子、清君侧为名，将以兵入南京，至九江，病死。诸将推梦庚为帅。总督袁继咸劝旋师，梦庚佯许至池州待朝旨，而潜自彭泽顺流下，连陷建德、安庆。福王命总兵黄得功破之铜陵，梦庚退保九江。

本朝顺治二年闰六月，英亲王阿济格追剿流贼李自成至九江，梦庚率众迎降。及班师，梦庚入京陛见，赐宴午门内，隶正黄旗汉军。十月，疏言："臣进京祇带总兵卢光祖、李国英二员，其馀如总兵张应祥、徐恩盛、郝效忠、金声桓、常登、徐勇、吴学礼、张应元、徐育贤，俱奉英亲王调发江西、湖广两处防剿，诚恐诸将在外，踪迹未定，室家未安，讹惑之事，不可不筹。"得旨："张应祥等官兵，着该地方官安插妥当。"十二月，梦庚为其父请恤，部议以良玉死在梦庚未投诚先，既未效顺，又非死事封疆，例不准行,从之。五年,追叙投诚功,授一等子爵。六年,随英亲王征大同叛镇姜瓖,攻左卫,克之。寻擢本旗汉军都统。十一年,卒,赐祭葬,谥庄敏。

从孙元,荫袭。

许定国

许定国,河南太康人。明末,由行伍官山东游击。以平白莲教功,迁副将。崇祯时,御流寇扫地王等于太康,有功,迁山西总兵官。时李自成围开封久,监军御史王燮趣定国统晋军刻期渡河,次沁水,一夕,溃。被逮,论死。寻复授援剿河南总兵官。福王时,定国以兵驻睢州。

本朝顺治元年十二月,豫亲王多铎兵至孟津,定国及五寨贼首李际遇各拥众四五万,请降;闻肃亲王豪格剿抚山东,上书欲携孥来归,请我兵渡河。肃亲王谕之曰:“尔果降,速遣尔子来。”定国遂以明年正月遣其子诣军门降。会明总兵高杰谋由河南开归取中原,至归德闻定国遣子事,乃招定国往会,不赴。杰邀巡抚越其杰、巡按陈潜夫就定国于睢州,定国不得已郊迎,其杰劝杰勿入城,杰轻定国,不听。既入,定国饮杰酒,侑以妓,杰酣,为定国刻行期且微及遣子事,定国益无离睢意。杰固趣之,定国遂于是夜伏兵杀杰,具疏投诚;并请大军渡河,靖杰馀党。得旨:“许定国计杀高杰,归顺有功。征南大兵,不日即至。着传谕知之。”三月,豫亲王奏令定国随南征,留其妻子居曹县,谕河道总督杨方兴安置定国家属资粮。七月,定国妻邢氏因病乞归河南旧里,方兴代奏,得旨:“许定国家属,着暂居曹县,俟该镇陛见后,奏夺。"十月,江南平,豫亲王班师,定国随入京,隶镶白旗汉军。三年三月,卒。五年八月,追叙投诚功,授一等子爵。

以其子尔安袭。十二年,诏大小官直言时政,尔安为睿亲王多尔衮颂功,请修其坟墓,语在睿亲王传。郑亲王济尔哈朗以尔安妄颂睿王元勋,比拟周公,结党煽惑,应论死。特旨从宽流徙宁古塔。

尔安所袭世爵,准定国他子承袭,于是尔安弟尔吉袭。

赵之龙

赵之龙,安徽虹县人。七世祖彝,明永乐中,以功封忻城伯,数传至其父世新,泰昌元年卒。之龙袭职。崇祯时,流贼四起,庄烈帝命之龙守南京。李自成陷京师,福王立于南京,大学士马士英挟拥戴功,内结之龙及勋臣朱国弼、刘孔昭并镇臣刘泽清、刘良佐等,擅朝政。尚书张慎言以荐旧大学士吴甡、郑三俊,为之龙等所嫉。一日朝罢,之龙等群诟于廷,指慎言及甡为奸党,叱咤彻殿陛,伏地痛哭,谓慎言举用文臣,不及武臣,嚣争不已;又疏劾慎言极诋三俊,且谓慎言迎立时,阻难怀贰心,乞寝甡陛见。命议慎言欺君罪,慎言遂乞休。

本朝顺治二年,豫亲王多铎兵下江南,福王就擒。之龙率明魏国公徐胤爵,保国公张国弼,隆平侯张拱日,临淮侯李祖述,怀宁侯孙维城,灵璧侯汤国祚,安远侯柳祚昌,永昌侯徐弘爵,定远侯邓文囿,项城伯常应俊,大兴伯邹存义,宁晋伯刘胤极,南和伯方一元,东宁伯焦梦熊,安城伯张国才,洛中伯黄九鼎,成安伯郭祚永,驸马齐赞元,大学士王铎,尚书钱谦益,侍郎朱之

臣、梁云构、李绰,翰林程正揆、张居,给事中林有本、陆朗生、^{〔一〕}
王之晋、徐方来、庄则敬,及都督、副将,并城内官民迎降。之龙
将出降,入户部封库,郎中刘成治愤击之,之龙逃免。三年六月,
之龙及胤爵等疏缴明铁券。五年八月,叙投诚功,授之龙三等男
爵,隶汉军镶黄旗。寻以老病致仕。十一年正月,卒。

孙承馥,袭职。

【校勘记】

〔一〕陆朗生　原脱“生”字。今据贰检卷五叶九上及贰排卷七叶二五
　　上补。

梁云构

梁云构,河南兰阳人。明崇祯元年进士。历官佥都御史。
福王时,授兵部侍郎。

本朝顺治二年,豫亲王多铎兵下江南,云构随忻城伯赵之龙
等迎降。十月,大学士洪承畴荐云构堪大任,诏交部拟用。三年
四月,起授通政司参议。五年八月,迁大理寺卿。九月,擢户部
左侍郎。六年十月,卒。赐祭葬如例,谥康僖。入祀乡贤祠。七
年二月,特赐右都御史。

荫一子入监读书。

刘良佐

刘良佐,直隶人。明总兵。崇祯十年,流贼罗汝才等自郧阳
东下,败官兵于宿松,令其党摇天动等众二十馀万,分屯桐城之

练潭、石井等处。良佐同总兵牟文绶败之于挂车河，连败贼于庐州、六安。十五年，同凤阳总兵黄得功大败流贼张献忠于潜山。李自成陷京师，庄烈帝殉难。南京兵部尚书史可法欲迎立潞王朱常淓，良佐同凤阳总督马士英，总兵刘泽清、黄得功、高杰送福王朱由崧至仪征，立之。议分江北为四镇：良佐封广昌伯，专辖凤寿，驻临淮，经理陈杞一路，而泽清、得功、杰争欲驻扬州，杰先至，大杀掠，泽清亦大掠淮上，临淮不纳良佐，亦被劫，可法往解，乃皆听命。杰欲趋河南规取中原，调良佐赴徐州，为杰声援。后诸军缺饷，皆饥；又闻我大兵不日南下，乃令良佐同得功扼颍寿。

　　本朝顺治二年，豫亲王多铎下江南，福王就擒，良佐率兵十万降，以原官随征丹阳、金坛、江阴等县。江南平，入京陛见，隶镶黄旗汉军。五年，叙投诚功，授二等子爵。随征南大将军谭泰剿叛镇金声桓、王得仁于江西，平之。诏回京，授散秩大臣。十八年正月，授江南江安提督，加总管衔。九月，疏言："臣现行事宜，有与敕书不符者二：其一，甄别将领，如将领臧否，毫不与闻，何为甄别，请将所属武官贤否，容臣年终举劾；其一，教习水师，沿江一带水师，俱系操江巡抚提调，督臣统辖，原与臣无涉，而敕书开载甚详。应否教习，请旨裁夺。又庐、凤、淮、扬四府既属驻瓜洲之都督杨捷管辖，应将臣敕书内庐、凤、淮、扬字样删去。"疏下部议，以江南提督三员，应归并一员，裁江宁、庐凤二缺。时直隶、山东、山西、河南、云南奉旨设立提督，议即以良佐调任直隶，去总管衔，改左都督，从之。康熙五年，因病休致。六年，卒，赐祭葬如例。

　　子泽涵，袭子爵。

刘应宾

刘应宾，山东沂水人。明进士，官吏部郎中。流贼李自成陷京师，应宾子珙与高珍、高镠等乘乱聚众，闻我朝大兵将至，珙南投明总兵刘泽清，后被杀。应宾亦南逃，明福王授以通政使。

本朝顺治二年五月，大兵下江南，应宾投诚。七月，擢安庐池太巡抚。时明佥都御史金声据徽州，应宾同总兵卜从善、张天禄等破擒之。三年三月，以太平、泾县土贼杀官劫印，应宾近驻宁国，失防。招抚大学士洪承畴疏劾以闻，上以应宾有整理残疆劳，免究。四月，疏言："太平府姑溪桥米税，金柱山商税，安庆府江上盐税，皆创于明崇祯末年，商民滋累，宜革。"部议从之。又言："宁国、太平二府界连，土贼甚多。广德州北通高、溧，南通徽、宁，此剿彼逸，日滋延蔓。今遣总兵张应庆、邱越，兵备道高岐凤，副将马希珍等，分路招降贼首郑壁等二百馀名，解散贼众数万，不服者诛之。贼渐平。"十月，疏奏青阳、石埭土贼王印伯、高近之结众谋乱，遣知府马弘长、推官彭清兴分兵缉捕，斩之，及贼党曹一扬等。又奏江西彭泽、鄱阳等处贼了悟和尚等肆行劫掠，檄池州参将折桂往剿，俘获其众。俱报闻。寻洪承畴复劾应宾衰颓不职，不能为地方兴利除害，滥给武职札付，致奸人藉作护符，假公肆扰。下部议，革职。寻卒。

苗胙土

苗胙土，山西泽州人。明天启二年进士，授户部主事，荐升郎中，外转陕西关南参议道。崇祯九年四月，擢佥都御史，抚治郧阳。时流贼出没楚豫，张献忠自均州，马守应自新野，蝎子块自唐县，合众二十馀万，劫掠郧襄。总兵秦翼明兵少，不能遏。胙土遣使招降，为贼所绐。兵部尚书杨嗣昌劾论，革职，遣戍怀庆，寻回籍。

　　本朝顺治二年三月，以山西巡抚马国柱荐，授南赣巡抚。胙土将之任，疏言："臣所辖者江西之南安、赣州二府，福建之汀州一府，广东之韶州、南雄二府，及惠潮二府内之和平、龙川、兴宁、程乡、平远五县，湖广之郴州。今闽楚尚弄兵，东粤未向化，以一巡抚率十馀有司，翩翻江上，以就未附之地，殊难济事。若暂用委署，不足服人。请敕部臣于所属地方，不论已附未附，悉遴选道府厅县及将领守巡各员，给凭前来，收一府则一府官莅任，收一县则一县官莅任，于地方及候选官皆便。"疏入，得旨："南赣抚属大小官员速遴补，星驰前去。"三年七月，疏言："南瑞等十一府倏顺倏叛，顽民以啸劫为常，而南赣截闽广联络之冲，遏湖南入闽之路，三省所必争，势所掎角。况新造之区，旧兵星散难聚，钱粮空乏难征。臣以一文臣，提不经战之土兵，尝试其间，诚为凛栗。请敕拨战兵数千，共守南赣。"

　　时总督洪承畴遣江宁总兵柯永盛领兵与江西总兵金声桓会剿贼寇，胙土因疏言："江西各府叛服靡常，总以赣州为观望。赣州不定，则江右之乱萌未歇。今诸路十馀营，环列城外，已四阅月，岂真无隙可乘？由兵将分标，号令匪一，士卒无统，因之旗鼓不振。今镇臣金声桓、柯永盛智勇兼备，部下士马精雄，若以一师守南昌，一师至赣州，令诸营将领悉听节制，庶号令明而荡平可奏。"疏下部议，令声桓仍驻南昌，调永盛南赣总兵，镇守地方。

是年九月,胙土卒。

张凤翔

张凤翔,山东堂邑人。明万历二十九年,除广平府推官。寻擢给事中。时太仆卿南企仲以请罢矿税镌级,凤翔迎上意劾企仲他事,企仲遂削籍。天启间,累迁兵部侍郎,巡抚保定。以东林党,为给事中薛国观劾罢。崇祯初,复故官。二年,迁工部尚书。十一月,京师戒严,以军械不备,下狱。四年四月,久旱求言,言者多请缓刑。凤翔得免死,戍边卫。寻召还,授兵部侍郎。十七年三月,李自成陷京师,凤翔受拷掠。及贼西遁,乘间归里。寻至福建,为明唐王朱聿键浙直总督。

本朝顺治三年,大兵定福建,凤翔投诚,授户部右侍郎。五年七月,调吏部左侍郎。六月,遇恩诏,加右都御史衔。八年闰二月,擢工部尚书。是年遇恩诏,加太子太保。九年十二月,疏言:“吏部之官制考,户部之赋役书,礼部之礼仪志,兵部之兵制考,刑部之刑法志,工部之水部备考,都察院之宪纲、台规,宜统送内院,开局纂修,博选学识老成、才品端方之彦,准古酌今,辑成本朝会典。”又疏言:“移风易俗,自荤觳始。迩来官员非有吉庆典礼,每一酒席费至二两,戏一班费至七两,宴会频仍,耗糜物力,往来络绎,劳敝精神,非所以表率四方。宜敕令节省。”疏并下所司议行。十年正月,乞休,诏乘驿回籍。十四年,卒。

山东巡抚耿焞据其孙荫生元静吁请恩恤,为之入奏,疏中有“渭滨元老,股肱大臣”语,谕责焞称许太过,仍下部议祭葬如例。

吴伟业

吴伟业，江南太仓人。明崇祯四年一甲二名进士，授编修。八年，大学士温体仁罢，张至发柄国，极颂体仁孤执不欺。伟业疏言：“体仁性阴险，学无经术，狎昵小人。继之者正宜力反所为，乃转盛称其美，势必因私踵陋，尽袭前人所为。将公忠正直之风，何以复见海宇？祸患何日得平？”疏入，不报。寻充东宫讲读官，又迁南京国子监司业，转左庶子。福王时，授少詹事，与大学士马士英、尚书阮大铖不合，请假归。

本朝顺治九年，两江总督马国柱遵旨举地方品行著闻及才学优长者，疏荐伟业来京。十年，吏部侍郎孙承泽荐伟业学问渊深，器宇凝弘，东南人才，无出其右，堪备顾问之选。十一年，大学士冯铨复荐其才品足资启沃。俱下部知之。寻诏授秘书、侍讲。十二年，恭纂太祖、太宗圣训，以伟业充纂修官。十三年，迁国子监祭酒。寻丁母忧，归。康熙十年，卒。

夏成德

夏成德，广宁人。明松山城守副将。崇祯十四年，洪承畴率兵十三万援锦州，次松山。我太宗文皇帝亲击败其众，留肃亲王豪格等围之。明年二月，成德自松山城内遣其弟景梅诣军营纳款，往返者四，并以子舒为质，约大兵由成德分守界，夜间树云梯登城。成德率步卒内应，我军如其约。及他守将觉，则我军已毕登，生擒承畴及巡抚邱民仰，总兵王廷臣、曹变蛟等，是为本朝崇德七年。肃亲王奏斩不降之邱民仰、王廷臣、曹变蛟，而令成德趋诣盛京。上命礼部承政满达尔汉出城十五里宴劳之，〔一〕以成德及随降壮丁五百馀、妇女幼稚千馀，隶正白旗汉军。自是赐宴降臣洪承畴等，赉貂裘、蟒缎等物，成德并预焉。

顺治元年，叙投诚功，授三等子世爵，景梅亦授三等轻车都尉。八年，大兵既定山东，授成德沂州总兵。时明福王朱由崧据江南，其漕运总督路振飞率兵围降贼副将董学礼于宿迁，学礼通款我朝，成德赴援，败振飞兵；又遣游击刘范德等取赣榆，明都司王有年、守备王建仁拒战，败死，馀众举城来归。十二月，籍沂州久未归里之大学士张四知等财产，疏请入官，得旨："地方人产，非武弁职司，夏成德何得越俎？"下山东巡抚方大猷等察核。谕曰："前明绅士归顺之后，又复逃窜，所司自当奏报。即人产入官，意在惩前警后，非朝廷利其所有。若在未经归顺以前，止令有司察守，俟其投诚给还，不得一概籍没。"二年正月，成德疏请颁给方印，并乞敕兵部给其标下将佐条印，奉旨："夏成德已领关防，何得复请方印？营将既属总兵统辖，旧制亦无条记。所奏俱不准行。"三月，青州道韩昭宣揭成德越境纵掠，成德亦揭昭宣攫金肥己状。昭宣故明宁远兵备道，来降授官者也。河道总督杨方兴疏言："道臣、镇臣之互揭，皆由久在明季，宦途因陋袭弊。臣窃见明季文武各官，不思奉公守法，惟知营私挟仇，以致国事败坏。我朝定鼎之初，正宜尽涤故习，乃昭宣之心力不尽于吏治，而近于逐膻；成德之兵威不用以防边，而用以勾摄。一则贪婪纳贿，一则横暴扰民，若不大伸国法，何以惩儆官邪？乞敕审究。"疏入，杨方兴会同抚按勘拟，革昭宣职，成德撤回京。寻病死。

子璞,袭世爵。

【校勘记】

〔一〕出城十五里宴劳之　原脱"十五里"三字,"之"下又衍"十五年"
　　三字。贰排卷九叶四下同。今据贰检卷六叶一下至二上补删。

冯铨

冯铨,顺天涿州人。明万历四十一年进士,〔一〕改庶吉士,授
检讨。父盛明,官河南左布政,被劾归。铨亦回籍。

天启四年,魏忠贤进香涿州,铨跪谒道左,泣诉父为东林党
陷害,忠贤怜之,起故官。荐升少詹事,充讲官。副都御史杨涟
劾忠贤二十四罪,忠贤惧,求助外廷,铨具书于忠贤侄良卿,言外
廷不足虑,且教之行廷杖,兴大狱。铨与锦衣卫都督田尔耕、左
都御史崔呈秀、给事中李鲁生等,并谄事忠贤,又引其所取士主
事曹钦程为忠贤养子,列"十狗"之一。铨欲害御史张慎言、周
宗建,令鲁生草疏,嘱钦程上之,因及李应升、黄尊素,而荐鲁生
及傅櫆、陈九畴、李璠、李恒茂、梁梦环等,张慎言等四人并削籍。
先是,熊廷弼经略辽东,以广宁失守下狱,大理丞徐大化献策忠
贤,宜并坐杨涟等纳廷弼贿,杀之有名,忠贤从之。铨素与廷弼
隙,于讲筵出书肆所刊辽东传进呈,曰:"此廷弼所作,希脱逃罪
耳。"遂杀廷弼,传首九边。御史吴裕中,廷弼姻也,铨恶之,阴使
人嗾裕中劾大学士丁绍轼陷廷弼状,而先报忠贤曰:"裕中必为
廷弼报仇。"劾疏上,杖裕中百,舁至家,卒。五年八月,擢铨礼部
侍郎,兼东阁大学士,入赞机务。九月,晋礼部尚书,改文渊阁。

六年正月,充三朝要典总裁官。四月,晋少保,兼太子太保、户部
尚书、武英殿大学士。时太监涂文辅为忠贤腹心,人为之语曰:
"内有涂文辅,外有冯振鹭。"振鹭者,铨字也。要典成,榜东林
党人姓名示天下,而于崔呈秀无美辞,忠贤心衔之。会呈秀亦与
铨交恶,其党孙杰、霍维华嗾职方郎中吴淳夫上疏力攻之,御史
卢承钦复劾铨纳贿居间数事,遂罢职。

崇祯初,忠贤既伏罪,给事中李遇知于赃罚库得铨罢官后为
忠贤上寿诗百韵,劾铨与忠贤交结,论杖徒,赎为民。十一年,我
太宗文皇帝遣睿亲王多尔衮等征明,克畿辅及山东六十馀城,铨
率乡人守涿,又护送红衣炮至京师。十四年,周延儒复入阁,铨
与延儒同年生,其再召也,铨为助,谋延儒德之,欲援守涿及运炮
功,复其冠带。给事中章正宸上疏力争乃止。

本朝顺治元年四月,睿亲王统师入山海关,击走流贼李自
成,定京师,承制摄政,以书征铨,铨闻命即至,优予冠服、鞍马、
银币,令以大学士原衔入内院佐理机务,遂与大学士洪承畴请复
明初内阁票拟旧例,凡内外文武等官条奏、部院覆奏本章,并下
内院拟票。寻又同大学士谢陞等议定郊社、宗庙乐章。十月朔,
世祖章皇帝御皇极门受朝贺,翼日,给事中孙承泽言登极之日,
朝贺诸臣班行错杂,礼节粗疏,皆由内院漫无主持,铨因与谢陞、
洪承畴乞罢,谕令益殚忠猷,以襄新治,不必合同引请。二年三
月,定部院官制,授铨弘文院大学士,兼礼部尚书。八月,御史吴
达疏劾:"冯铨为逆党魏忠贤乾儿,故习不移,曾向降镇姜瓖索银
三万,许以封拜。因止馈金马等物,大拂其意。平日揽权纳贿可
见。内院政本所关,铨令其子源淮擅入张宴,延学士讲读史馆,

及中书等官欢饮竟日,为结纳地。其纵子往来贵要,招摇纳贿又可知。请罢黜,以肃政本。"给事中许作梅、庄宪祖、杜立德,御史王守履、罗国士、邓孚槐等,〔二〕亦交章劾铨,有索招抚侍郎江禹绪金百两,为子源淮贿招抚侍郎孙之獬充标下中军诸款,并下刑部质问。御史李森先又疏言:"昨疏请仿唐制,令谏官随宰相议事,盖深忧奸相冯铨误国。旋闻许作梅等同吴达已特疏劾铨,奉旨下刑部质问。臣未见达疏,惟闻其指铨父子招摇纳贿一二事,窃谓浅之乎论铨也。明朝二百馀年,国祚坏于奄宦魏忠贤之手,而忠贤当日杀戮贤良,通贿谋逆,皆成于铨一人,此通国共知者。正如商之飞廉、恶来,岂可再列周朝之上?且铨百万之富,惯于夤缘,刑官有不敢问、不欲问者。倘解缚纵虎,为患更甚。乞亲御殿廷,询问群臣,命满洲忠诚亲信之人,遍访通国士民商贾、妇女小儿,有一不称铨为奸者,请坐臣欺罔之罪。如臣言不谬,愿皇上立彰大法,戮之于市,播告天下曰:'有倾覆明之社稷,复乱本朝法度,如铨父子,已服厥罪。'庶天下熙然向化,贤于十万兵甲。"疏入,睿亲王传集廷臣及科道各官,令刑部以所具谳词,再行面质。刑部言科道弹劾不实,应反坐。给事中龚鼎孳言:"铨实党附魏忠贤作恶",铨亦斥鼎孳曾降流贼李自成。语详龚鼎孳传。睿亲王因论"明季诸臣党害无辜,以致明亡。今科道各官仍蹈陋习"。申戒之,寝其事。

三年正月,铨疏言:"臣于元年五月特召办事内院,列同官旧臣之前,臣固辞不敢,蒙摄政王面谕:'国家尊贤敬客,卿其勿让!'目下海宇渐平,制度略定,金台骏骨,但可暂示招徕,久假不归,实逾涯分。况叨承宠命,赐婚满洲,理当附籍满洲编氓之末。

回绎‘尊贤敬客’之谕,辗转悚惧,特恳改列范文程、刚林后,如以新旧为次,并当列祁充格、[三]宁完我之后。伏乞圣鉴裁定。”得旨:“天下一统,满汉自无分别。内院职掌等级,原有成规,不必再定。”是年及四年,两充会试正考官。六年,充太宗文皇帝实录总裁官,恩诏加少傅兼太子太保。八年闰二月,上命吏部具列各部院堂官职名,亲加甄别,谕曰:“冯铨先经御史吴达疏参私得叛逆姜瓖贿赂,殊失大臣之体,便当引去。乃隐忍居官,七年以来,毫无建明,毫无争执,着致仕去。”是年,御史张煊疏劾尚书陈名夏十大罪,有依附邪党一款,谓当吴达等廷纠冯铨时,名夏时为侍郎,徇庇私交,嗫无一语;铨卧病,名夏屡为候视。故达遗书责之,有“堂堂少宰,侧足小人床褥”语。给事中杜立德复疏言:“纳贿弄权之冯铨,当时劾之者不止吴达,台臣李森先、桑芸及科臣许作梅皆劾之,同为铨所切齿。假票拟于数言轻重之中,弄机权于旁引曲借之内。森先、作梅一时革职,芸亦无辜降调。兹逢圣政方新,权奸既斥。仰乞皇上矜察忠说。”明年,上览李森先劾铨原疏,谕曰:“诸臣所劾甚当,何为以此罢斥?”大学士范文程奏曰:“诸臣疏劾大臣,为君为国。”上遂谕起用许作梅、李森先原官。

　　铨之罢也,陈名夏、陈之遴相继入内院,之遴寻以廷鞫奸民李应试等交结官吏、窝藏贼盗事,恐为所害,不敢诘问。为郑亲王济尔哈朗等劾奏,降调。代之者高尔俨,又衰病不能任事。十年三月,谕吏部曰:“国家用人,使功不如使过。原任大学士冯铨素有才学,召入内院办事,数年以来,未见有所建明,且经物议,是以令其致仕回籍。朕思冯铨原无显过,且博洽典故,谙练政事,朕方求贤图治,特召用以观自新。谕到之日,即速赴京。"铨既至,召对内院。是夕,复召同大学士洪承畴、范文程、额色赫、陈名夏入,询论翰林官贤否,谕曰:"朕将亲考其文之优劣,可定其高下。"铨奏曰:"人有优于文而无能无守者,有短于文而有能有守者。南人优于文而行不符,北人短于文而行或善。今取文行兼优者用之,可也。"上是其言,仍授弘文院大学士。四月,九卿等会勘刑部拟斩之归旗原任总兵任珍为家婢首告怨望及丑行,满洲官皆如刑部所拟,管吏部事陈名夏与户部尚书陈之遴等汉官二十八人,拟任珍应勒令自尽,又回奏欺饰,下廷臣议罪。寻议应绞,上欲从宽,铨奏对失旨,越数日,上责令回奏,且谕曰:"尔冯铨曩不孚于众论,废置业已三载,以尔才堪办事,不念前愆,特行起用,以期更新。自召至以来,谠论未闻,私心已露。如前日面议陈名夏等一事,尔之所对,岂实心忠良之言耶?况尔密勿大臣,今议一事如此,后来用人行政,将何依赖?"铨乃上疏请罪,谕曰:"上有所询,直言无隐,臣道当然。冯铨与陈名夏素相矛盾,朕所习知。因言不合理,是以有责问之旨。今冯铨既已知罪,再观自新,仍照旧办事。以后诸臣有如此怀私修怨,不公不平者,急宜改省。"

十一年正月,与大学士陈名夏、成克巩、张端、吕宫合疏荐举原任少詹事王崇简、巡按御史郝浴、给事中向玉轩、中书宋徽璧、知县李人龙可擢任;前明翰林杨廷鉴、宋之绳、吴伟业、方拱乾,中书陈土本、知县黄国琦,可补用。又言编修张天植乃顺治六年一甲三名及第,例不外任,仍宜留。疏下所司知之。三月,大学士宁完我劾陈名夏结党揽权诸罪,以既定张天植外转,复与冯铨等保留翰林,营私巧计,莫可端倪为一款。语详陈名夏传。寻吏部言郝浴为平西王吴三桂劾罢,冯铨、成克巩等于未劾之先,扶同荐举,及命回奏,谬以急欲效忠为词,巧为支饰,应革职。诏从宽降三级留任。时龚鼎孳为左都御史,疏论任辅弼等事,上命指实覆奏,鼎孳言:"铨尺寸靡效,罪过颇多。因密勿票拟,不得察纠,非如诸曹有实可指。"上以鼎孳空言抵塞,切责之。十二年二月,铨与成克巩、吕宫并以"降处之后,勤慎有加,办事无误",诏复所降级。是月,丁母忧,命入直如故,私居持服,赐其母祭葬。四月,谕奖铨翼襄政务,称厥委任,加少师兼太子太师。会纂修太祖高皇帝、太宗文皇帝圣训,孝经衍义,并充总裁官。十二年二月,谕曰:"大学士冯铨赞勷机务,历有岁年。朕近见其齿长力衰,难胜繁剧。应解院事,用便颐养。其加太保兼太子太师、秘书院大学士、礼部尚书致仕。念其学问充裕,可以文章资朕。着在朕左右,以备顾问。一切经史著述编摩,皆令专任。"铨复请回籍,允之。十六年二月,改内三院为内阁,诏铨仍以原衔兼中和殿大学士。康熙十一年十一月,死。赐祭葬如例,谥文敏。旨削谥。

　　子源淮,由侍卫官至总兵;源济,由顺治十二年进士,官至国子监祭酒。

【校勘记】

〔一〕明万历四十一年进士　原脱"明"字。贰排卷九叶二八上同。今据贰检卷六叶一七下补。按本卷谢启光传及薛所蕴传均同。

〔二〕邓孚槐等　"孚"原误作"孕"。贰检卷六叶二一下同。今据贰排卷九叶三一上改。

〔三〕祁充格　"祁"原误作"范"，又"格"误作"裕"。<u>贰</u>排卷九叶三二
　　下同。今据<u>贰</u><u>检</u>卷六叶二四上改。

李若琳

<u>李若琳</u>，山东新城人。<u>明</u>天启二年进士，官翰林院检讨。

本朝<u>顺治</u>元年五月，投诚，授原官。七月，擢左春坊左庶子，
署詹事府少詹事。荐<u>明</u>翰林<u>陈其庆</u>、<u>韩四维</u>、<u>林增志</u>、<u>高尔俨</u>、<u>张</u>
<u>元锡</u>、<u>成克巩</u>，各授官。十月，实授少詹事，兼管国子监祭酒。疏
言："国子<u>监</u>应仿<u>明</u>初制，七品以上官子弟有勤敏好学者，列入庠
序，及郡县各学诸生年壮学优者，令学臣考选送监。监臣课其学
业，分别奏请廷试授官。至<u>满洲</u>勋臣子弟有志向学者，并请送监
肄业。"奉旨允行，并谕<u>满洲</u>官员子弟及汉官子孙有愿读清汉书
者，俱送入国学，仍设满洲司业一员、助教二员，教习清书。时裁
詹事府，<u>若琳</u>改翰林院侍读学士，仍管祭酒事。寻条奏："太学事
宜：一学正、助教等官，请于吏部候选进士、举人内选举一人，八
旗子弟请以品学兼优者，每旗四人，充教习，如课读有效，咨部考
用。"又请立<u>满洲</u>八旗书院，令三厅六堂教官分居训迪，每月六日
赴监考试。"俱下所司议行。

二年正月，奏请更<u>孔子</u>神牌，略言："文庙神位，称至圣先师
<u>孔子</u>，乃<u>明</u>嘉靖大学士<u>张璁</u>建议改置者。<u>明</u>自<u>洪武</u>至<u>正德</u>，先师
谥号，皆遵<u>元成宗</u>旧制，曰'大成至圣<u>文宣王</u>'，今称'至圣'而遗
'大成'，于义未备。宜追复旧谥。"诏下礼臣议，寻议称"大成至
圣先师<u>孔子</u>"，报可。四月，迁<u>弘文院</u>学士。五月，诏修<u>明史</u>，充

副总裁官。七月，授礼部左侍郎。八月，科臣李作梅等交章劾大学士冯铨奸贪不职，并劾若琳为铨党，且庸懦无行，宜黜治。睿亲王多尔衮集讯，不实，事遂寝。五年，迁礼部尚书。六年，恩诏加太子太保。八年，上既亲大政，命吏部具列部院大臣职名，亲加甄别。会礼部有题取赍诏奉差官员违例冒滥事，特旨严饬，并谕吏部曰："李若琳身任礼臣，金检专擅，与冯铨交结亲密，朋比为奸。着革职为民，永不叙用。"罢归。寻死。

谢启光

谢启光，山东章丘人。明万历三十五年进士，累官南京兵部左侍郎。崇祯十七年，流贼李自成陷京师，分遣贼将掠山东，逼绅士资饷。启光纠邑人杀伪令，募壮丁二千馀拒守，贼引去。

本朝顺治元年十月，启光投诚，授总督仓场户部侍郎。二年六月，疏言："京通二仓，积贮将罄，山东漕船虽已开帮，仅八万七千馀石，未能供八旗数月需。幸天戈直指金陵，吴越可传檄定。前朝漕运岁四百万石，江南居十之八。今岁五月以前，未必尽到江宁，乞敕漕臣察核。现在未解者，责成管粮各官催趱前来，庶仓廪可实。"事下总漕巡抚酌行。八月，给事中庄宪祖疏劾："启光苛索山东漕船，贪图影射。既专督仓场，又包揽户部事，日向尚书案前自称谢侍郎打恭，容悦射利，毫不知愧。比复为其子钻营中式，工为行险。"事下刑部集质，启光辩释。五年七月，擢户部尚书。六年，遇恩诏，加太子太保。七年四月，给事中杜笃祜疏劾："户部诸臣，总司钱粮，七年以来，不一奏销，致拖欠钱粮几数百万两。又差委司员管关不公同注拟，及差满不加考核，辄复徇私别差。"事下部察议,以启光朦胧专擅,降二级,罚俸一年。十月,疏言:"臣年七十有四,臣子世箕,恩荫授淮安通判,今升扬州府同知。臣止此一子,敢援独子归养例,乞恩许其解任来京,侍臣左右。"疏下部如所请。

八年闰二月,调工部尚书。是月,甄别部院大臣,以启光前在户部不奏销钱粮,督仓场苦累运官,交兑多费,致挂欠漕粮三百馀万石。各关滥差多人,需索加倍及注差不循次序,任意徇私,秽声盈路,大玷官箴。着革职为民,永不叙用。十年十二月,诏来京起用。十一年三月,御史赵如瑾疏言:"启光已经废置,复荷特恩,令其洗心涤虑,励精报效。今臣侍班殿前,见其形容枯朽,步履需人扶掖,跪拜藉同官提掣始起。无论其洗涤与否,就此朝露风烛之年,安望其胜任愉快?"上谕吏部曰:"谢启光才猷老练,特赐召用。今来陛见,念其年力衰颓,难膺政务。准以原官太子太保、工部尚书致仕,遂其颐养,仍驰驿回籍,称朕优眷老臣至意。"十五年,死。

孙琮赴京吁请恩恤,下部议祭葬如例。

孙之獬

孙之獬,山东淄川人。明天启二年进士,改庶吉士,授翰林院检讨。丁父忧归,服阕,补原官,迁侍讲。七年,充顺天乡试正考官。时尚书崔呈秀以诏事魏忠贤,其子铎不能文而为之獬取中,见明史崔呈秀传。崇祯初,忠贤既败,廷臣请毁三朝要典,之獬独诣阁痛哭力争,遂入逆案,削籍归。

本朝顺治元年五月,侍郎王鳌永招抚山东,之獬率土归顺。

值土贼王桢等纠众劫明永镇等处，之獬散家财，练乡勇，有守城功。贼平，山东巡抚方大猷奏其事，召入京。十一月，擢礼部右侍郎，赐鞍马。二年六月，奏进淄川县赋册，言：“明季赋税烦重，小民旧苦加征，臣邑如此，他邑可知。谨议应征、应减二册；祈敕各抚按臣，如式编造，使部中执有定额，民间知有定数。”寻复条陈四事：“一曰本朝制作维新，宜辨等威、别上下，使臣民共守；一曰明季诸臣往来宴会，结党营私，诸恶习宜惩；一曰宜敕学臣，勿纵生儒挟持官府，武断乡曲；一曰兵燹后，书籍多残，宜搜辑遗编，以惠来者。”疏入，下所司议行。

时英亲王阿济格既定九江府，奉诏班师，令副都统佟岱偕投诚总兵金声桓驻守。之獬奏请往任招抚，奉命以兵部尚书衔，招抚江西。八月，给事中许尔梅、王守履等劾大学士冯铨贿嘱之獬，以其子源淮充招抚标下中军，并追论铨与之獬及侍郎李若琳皆魏忠贤逆党，事下法司诘问。睿亲王复传集铨、若琳及科道各官面质，以行贿无据，前朝旧事不当追论。十二月，给事中郝璧劾之獬：“前此自请招抚，疏称‘忠无不竭，知无不为，勇无不决’。今江右版图大定，袭已成之势，为敉宁之道，旦夕可以报效，而之獬弗即宣布德意。受事七月，无一事入告，与前疏大相刺谬，其怀欺无实，与退缩不前，均难辞罪。”诏之獬明白回奏。三年正月，之獬疏辩：“抵任后，巡视已定郡邑，厘赋籍，职官属，绥辑人户，遣官黄彬等分路招徕，曾三疏备陈情状，未知赍递何以稽迟？至广信、建昌二府负固抗拒，吉安、抚州既降复叛，有江宁大兵助总兵金声桓进剿，可次第奏绩。”疏入，命之獬还京。先是，之獬至江西，金声桓受节制，积不能平。至是，劾之獬擅加副将高进库、刘一鹏,总兵衔,市恩构衅;又言诸将不力攻赣州,由之獬主议招抚,故怀观望。得旨,令之獬回奏。之獬奏言:"前者副将高友才阵亡,声桓欲以高进库总统兵马;臣念攻取吉安责任非轻,因剞委总兵。继闻刘一鹏怨望,臣念高友才以众将不和,孤军进战殒命,乃亦加一鹏总兵衔,令率本营兵偕进库立功,以示鼓励,以弭衅端。于是进库以六月不拔之坚城,一月取之。臣身任阃寄,专擅之嫌,所不敢避。"寻至京,复自陈招抚南康巨寇王国栋、高挺、郭贤操等,解散贼党数十万。上以之獬所陈,及声桓所劾事,敕部核议。部议之獬久任无功,市恩沽誉,应革职为民,诏如议。

之獬既家居,值土贼谢迁劫掠长山、章丘诸邑,觊觎淄川,密结城中奸民丁可泽等为内应。四年六月,迁合五百馀贼犯城,之獬率家人登城御守,可泽启门迎贼,之獬知贼已入城,急驰归,自缢。贼解其缢,复苏,骂贼不屈,遂与孙兰滋、兰蔼等男女七人,并遇害。山东巡抚张儒秀为请恤,下吏部核议,侍郎陈名夏、金之俊谓之獬抗贼遇害,应复原衔,循例予恤;侍郎马光辉、启心郎宁古哩谓之獬既革职为民,不应予恤。得旨,陈名夏、金之俊议恤非例,不准行。

之獬子伯龄,顺治三年进士,官至左通政。

李鲁生

李鲁生,山东沾化人。明万历四十一年进士,历知鱼台、邯郸、祥符、仪封四县,擢兵科右给事中。

天启初,由大学士魏广微引谒魏忠贤,列"十孩儿"之一。

忠贤每假中旨黜陟，朝议忧之。鲁生独上言："执中者帝，用中者王。旨不从中出而谁出？"时忠贤恶经略孙承宗，鲁生曰："承宗所恃者重兵，宜以缺饷为名，汰军以挠其权。"忠贤乃矫旨汰承宗所辖兵，省饷六十八万。四年，苏松巡抚周启元劾参政道朱童蒙贪虐状，鲁生希忠贤意劾罢启元。大学士韩爌罢去，鲁生复劾之，削爌籍。五年正月，疏荐阮大铖等十一人，复代主事曹钦程草疏，劾周宗建、黄尊素等，因令荐己，转左给事中。会内阁缺人，诏推老成干济者，忠贤欲用冯铨，而铨资浅，年未四十。鲁生因疏言："成即为老而非必老乎？年干乃称济，而即有济于国。"铨遂入阁。六年，忠贤尽毁天下书院，保定知府祝万龄议不宜毁，鲁生劾其"非圣诞天"，削万龄职。七年，晋太仆少卿衔。崇祯初，忠贤伏罪，给事中汪始亨疏劾之曰："科臣李鲁生谄事忠贤，由座师魏广微引进。凡广微倾害善类，鲁生悉赞成之。此投身之第一处也。二魏交欢，同谋杀人，鲁生复为广微之篱犬。及见杨涟、左光斗酷刑垂毙，广微佯疏救，大拂阉意。鲁生亦弃广微而窜入冯铨之门。诏推阁臣务求老成干济，而鲁生颂铨"成即为老，干即为济"。此投身之又一处也。崔呈秀贿嘱吴淳夫力攻罢铨，鲁生饱飏飞去，又不肯事铨矣。崔呈秀其死友也，魏良臣其义兄弟也，良臣欲请托鬻青衿，鲁生即传之学臣李藩，居间过付，赃私狼藉，行道皆知。此投身之又一处也。忠贤用事时，鲁生典试湖广，发策诟杨涟，因力诋屈原、宋玉。逆案既败，又欲依附清流，为涟等上疏免赃，希图掩饰，遂得职任如故。于国法为不平，于鹓班为有玷。"疏上，给事中顾继祖、御史张三谟等复交章发其奸，入逆案在第三等，谪山西平定州。遇流贼李自成乱，遁归乡里。

本朝顺治元年六月，偕其乡人斩流贼所置沾化伪知县李调鼎，赴招抚侍郎王鳌永纳款。鳌永疏荐，得旨录用。鲁生遂至京。十月，授顺天府丞。二年七月，迁府尹。三年五月，以年已七十有五乞休，允之。先是，恩诏录七品以上京官子弟各一人，由附生充监生，由廪生、增生充贡生。至是，给事中林起龙疏劾顺天学政曹溶所送贡生王镇远系明武举，下部察议，溶坐滥举降调；以镇远由鲁生任府丞时印册考送，革鲁生为民。寻死。

吴惟华

吴惟华，顺天人。先世本蒙古，有巴图特睦尔者，仕明赐姓名曰吴允诚，封恭顺伯，子克忠，进侯爵。七传至惟英，崇祯十六年十二月卒，未袭。惟华其弟也，明诸生。

本朝顺治元年，睿亲王多尔衮至京师，惟华缒城投顺，自称应袭恭顺侯，请招抚山西自效，许之。时江南未平，粮道阻绝，惟华以明总兵朱国弼驻淮阳，统理漕务，请王作书遗国弼部将张国光，谕令来归，俾通漕运，以给兵食。睿亲王从其请，国弼得书，遂纳降。惟华既之招抚任，宣示恩威，代州、繁峙、崞县悉归诚；其从流贼受伪官者，多据城抗命。惟华欲率兵进取，恐力弱难决胜，于是复陈："征西五策：一、请发重兵出关，合力驱剿；一、请命平西王吴三桂、大学士洪承畴统旅西征；一、请分兵趋蒲津，与贼相持，别遣兵由保德渡河捣贼要隘；一、请调江北诸部蒙古兵，由边外渡河套，自延绥、榆林接界入口，断贼西奔路；一、请敕将领，凡遇山林险隘，加意搜剿，以备贼埋伏。若向晚安营，分番值夜，以防劫寨。"睿亲王韪其议,遣都统叶臣及觉罗巴哈纳等西征,令惟华悉心襄赞;别遣都统阿山率左右翼将士,由蒲州济河,协征流寇。九月,随大兵征太原,克之,汾州、平阳、潞安俱下。擢授总兵,镇太原。旋有旨嘉其勤劳,令回京候用。

明年,叙迎顺功,封恭顺侯,寻加太子太保,招抚广东。三年五月,以廷议撤诸省招抚官,惟华还朝。四年,兼户部右侍郎,总督漕运。六年二月,奏言:"防护运河,各有专汛,应以梁成、珠梅二闸为界:南则漕运任之,北则山东督抚任之。"诏从所请。六月,裁凤阳巡抚,命漕臣摄其事。会庐州土贼哨聚英山、霍山为寇,惟华遣兵合剿,获贼党白玉麟等三十三人。进剿猫儿潭、四柱、江家峰、尖岭诸寨,贼渠余化龙等悉降。明年,加右都御史。先是,惟华得专事权,任用匪人,恣意贪黩,偏听副将毕振武、同知陈标、推官蔡国杰等蠹剥欺公,泰州、高邮患涝,漕稽无出,知州请具疏改折,不可;纳贿三千金,而后许之。废官李寓庸家仆为盗毙于狱,惟华拘治寓庸,寓庸恐,重赂乃释。凡委署州县,及各税务佥差、查缉、稽核驿递,因事受财,动辄千百,修筑城工,假称率属捐助,苛派闾阎,复纵奸宄侵蚀漕粮,漫无觉察。给事中李宾尹、御史魏琯并劾其营私误漕,下部议,革职。至是,巡漕御史张中元复列款劾其贪婪不职状,遂逮讯。九年八月,谳成,皆实,论死。上念其投诚功,诏免死,削封爵,褫职,永不叙用。十五年,与原任大学士陈之遴等交结内监吴良辅,事觉,部议应绞决,又奉诏贷死,杖戍宁古塔,籍其家。

圣祖仁皇帝御极,惟华以输工作赎罪,恩旨赦还原籍。康熙七年七月,密疏请征各州县镇市房税,及江南沿江洲田三十馀处，令民纳价领种。上恶其害民敛财，下部论罪，应流徙，复得旨免罪，令入旗。寻死。

土国宝

土国宝，山西大同人。明总兵。

本朝顺治元年，投诚，以原官录用。适内黄有土贼王鼎鋐、苏自兴、邓名扬等，国宝奉大名道张之俊檄，同署总兵王爌剿擒之。二年，随豫亲王多铎定江宁，王令同侍郎李率泰招抚苏州、松江诸郡，遂奏授江宁巡抚。国宝以武夫不习文事，疏辞，得旨慰留。时明总漕田仰踞崇明，犯福山，国宝率中军副将曹虎等击败之，俘斩甚众。明职方主事吴易当史可法督师扬州时，〔一〕为监军，至是窜太湖，遥受明唐王朱聿键官爵。国宝招之降，不从，因檄兵防剿。会松江副将杜永和擒侦卒，国宝诘之，言苏州诸生王伯时，及文震孟之子文乘皆易党，谋内应，国宝缚二人杀之，籍其家。上以伯时、乘非阵擒者比，宜锢禁请旨，切责国宝擅杀，下所司察议，坐降调。

四年八月，命以布政衔管江南按察司事。五年五月，仍授江宁巡抚。苏、松、常三府白粮，明季令民户输运，民以为苦。至是，复明初官运制。国宝言：“民户一遇佥点，往往倾家。今改官运，一切皆给于官，而经费不敷。请计亩均派运费，民皆乐从。”谕曰：“佥点固属累民，加派岂容轻议？”下部察核官运经费果不敷否，部臣言经费未尝不敷，惟严绝克减、虚冒诸弊，则用自裕。黜国宝奏不行。华亭县有义田四万八百馀亩，明光禄寺署丞顾正心置以膳宗族，助差徭者。国宝初抚吴，即令有司收其米四万三千馀石给兵饷；及国宝降调，周伯达代为巡抚，以改充织造匠粮入奏。户部议令察勘义田在明时曾否题明，创置者有无子孙。至是，国宝以实覆奏，户部尚书巴哈纳、谢启光等核议，义田所以恤贫助徭，非入官之产，宜仍令顾正心子孙收获。至兵饷匠粮皆有正项取给，其擅用义田米，责国宝偿还。六年，国宝疏请加派民赋，佐军需。给事中李化麟疏言："加派乃明季弊政，民穷盗起，大乱所由。我朝东征西讨，兴师百万，未尝累民间一丝一粟。今国宝遽议加派，开数年未有之例，滋异日无穷之累。"上复黜国宝奏不行。

八年十月，巡按御史秦世祯疏劾国宝藉增造营房名，于苏州府城按廛纳税，敛银数万两；又逾额滥设胥役，婪取银数千两。嘉定知县随登云为拔富之术，每指富家为盗党，入财乃释，以所得给中军参将邹锡祥纳之国宝，左营游击杨国海，国宝甥也，市私盐及硝磺，月馈国宝银三百，民间因有"土埋金、谢土好"之谣。疏上，命革国宝及登云、锡祥等职，下总督马国柱同世祯讯鞫，国宝将就逮，畏罪自经，死。鞫证皆实，追赃入官。

【校勘记】

〔一〕吴易当史可法督师扬州时　　"易"原误作"易"。今据贰检卷六叶四六上及贰排卷一〇叶四上改。下同。

鲁国男

鲁国男，顺天大兴人。明昌平副将。

本朝顺治元年，英亲王阿济格进剿流贼李自成于山西，国男诣军门降,委署总兵官。二年正月,同大同总兵姜瓖击败贼党高一功于保德、宁武,一功遁,复其城。寻随征陕西,收复榆林、延安,陕西平。入京,陛见。八月,授永平中协副将。四年,迁真定总兵,加都督佥事。五年,疏言:"恒镇为京师咽喉,额设三营,辖大名、广平、顺德、真定四府。今大名贼盗猖狂,深州、宁晋、饶阳、武强之间,土贼充斥,东路梗阻。真定差务益繁,兵已不敷护送,若复分剿,势益孤弱。请于顺德、广平、大名三府各增兵千,专将统领防剿。本属汛地,臣统精锐往来驰击。庶无顾此失彼。其增设之兵,就近于保定、宣大、山海关等营速拨应用,另募补足。[一]"诏如所请行。

时山东曹县为土贼李化鲸所据,国男奉命会剿,克之。六年,姜瓖叛,从逆,副将林世昌以逆书伪檄投国男,国男拒之,并首其书檄,得旨褒嘉。七年,山西土贼张五桂、王天平等犯龙泉关,守备梁士治等御之,贼屡逼关,危甚。国男往援,出长城岭,至石嘴,贼惧,奔山。国男率游击吴应彩等追抵冀家庄,贼据西寨,我兵直上击之,破寨五,斩伪将张岐、刘定等,俘获无算。下部议叙,纪录二次。八年三月,奉总督张存仁檄,会剿山东榆园贼渠梁敏等,至开州,搜剿何家寨、苦驼村积贼,复破开州东南一带单家寨、李家庄贼巢。十月,会总兵孔希贵、张大治兵击贼老营,适边水骤发,贼奔窜,斩梁敏等。十一年,刑科给事中张时成列款劾国男贪淫残纵状,诏下督抚严察,得实,革职。十八年,山东巡抚朱裴疏劾国男废斥后恋居临清,占州田,应勒令回籍,从之。寻病死。

【校勘记】

〔一〕速拨应用另募补足　“速”原误作“进”，又“足”误作“伍”。贰检卷六叶四九下同。今据贰排卷一○叶七下改。

陈之遴

陈之遴，浙江海宁人。明崇祯十年进士，授编修，迁中允。

本朝顺治二年，投诚，授秘书院侍读学士。五年，迁礼部右侍郎。六年，恩诏加都察院右都御史。八年，擢礼部尚书。时御史张煊劾大学士陈名夏结党营私，语涉之遴，鞫讯不实，免议。寻加太子太保。九年，授弘文院大学士。十年，郑亲王济尔哈朗等奏：“之遴承审奸民李应试时默无一言，问之，则云：‘上果立置应试于法，则已；或免死，则我身必为所害。是以不言。’似此缄默取容之人，恐不堪重任。”诏之遴回奏，仍上疏引罪，上以之遴既知悔过，将观其自新，遂调任户部尚书。会与名夏等集议革职总兵任珍罪状，与同官两议，得旨责问，复以支饰欺朦，论死，诏从宽削官衔二级、罚俸一年，仍供原职。十二年正月，奏请照律例以定满洲官员有罪籍没家产、降革世职之法，下所司议行。

二月，复授弘文院大学士，加少保兼太子太保。疏陈：“营务三策：一曰修举农功，请择每旗才干大臣一员，并谙练农田水利官二三员，将本旗地巡阅，招集土民，讲求蓄泄，以备旱涝，算工估费，〔一〕及时修筑，所费虽多，一劳永逸；一曰宽恤兵力，汉兵经费甚多，而有急辄用满洲八旗，请敕各省督抚、提镇所辖将士，悉照满洲兵法训练，精强逃亡，亦照例行法，人知警畏，自能力战固守，满洲八旗可以养威息力，不至久征多费，一曰节省财用，请制满洲兵民典例,凡吉凶诸事,务从俭约,毋过丰华,则月节岁省,自致丰饶。"从之。十三年,上召吏部尚书王永吉等责其轻出亏帑司员朱世德之罪,复谕之遴曰:"朕不念尔前罪,复行简用,且屡诫谕,尔曾以朕言告人乎?抑自思所行亦曾少改乎?"之遴奏曰:"皇上教臣,安敢不改?特才疏学浅,罪过多端,不能仰报耳。"于是左都御史魏裔介劾奏:"之遴当皇上诘问时,不自言其结党之私,力图洗涤,以成善类,而但云'才疏学浅,不能报称',其良心已昧。如嘱礼部尚书胡世安保荐庸劣知县沈令式为知府,旋被督臣纠劾,植党徇私,确有所据。密勿之地,恐之遴一日不可复居。"给事中王祯亦劾奏:"之遴系前朝被革词臣,来投阙下,不数年超擢尚书,旋登政府。不图报效,市权豪纵,皇上面加呵斥,凛凛天威。之遴不思闭门省罪,即于次日遨游灵佑宫,逍遥恣肆,罪不容诛,乞重加处分。"疏入,并敕之遴据实回奏,且下部察议。寻议革职,永不叙用。上念之遴既已擢用,位至大臣,不忍即行斥革,以原官发辽阳居住。是年冬,上复念之遴效力多年,不忍终弃,令回京入旗。

十五年,之遴以贿结内监吴良辅,鞫讯得实,拟即处斩。得旨:"陈之遴受朕擢用深恩,屡有罪愆,叠经贷宥,以前犯罪应置重典,特从宽以原官徙居盛京,复不忍终弃,令还旗下。乃不知痛改前非,以图报效,又行贿赂,结交犯监,大干法纪。本当依拟正法,姑免死,着革职流徙,家产籍没。"后死徙所。

【校勘记】

〔一〕算工估费 "估"原误作"佑"。贰排卷九叶一一上同。今据贰检卷六叶九下改。

刘正宗

刘正宗，山东安丘人。明崇祯元年进士，由推官行取，授翰林院编修。

本朝顺治二年，以山东巡按李之奇奏荐，起授国史院编修。六年，迁侍讲。九年，由弘文院侍读学士，迁秘书院学士。十年四月，上亲试翰林，分别外转，正宗留原职。五月，擢吏部右侍郎，仍兼秘书院学士。疏请："澄叙官职：一宜重郎署之选，令各部堂官于选授时，精核才品，凡脂韦阘茸者，毋收，若任职廉能，即荐扬优擢；一宜专方面之员，藩臬大员徇纵所属守令贪婪败检，不即举劾者，并治其罪。"又言："朝廷用人，必兼两法：新进之士，宜循资以杜徼幸；殊尤之才，宜破格以励贤能。"上是其言。

闰六月，命为弘文院大学士。十一月，谕曰："吏部居六部之首，尚书员缺，宜慎加选用。大学士刘正宗清正耿介，堪充此任。特加太子太保，管吏部尚书事。"十二月，以疾乞休，奉温旨慰留；复辞吏部尚书职，命以兼衔回衙办事，加少保兼太子太保。十四年，考满，晋少傅兼太子太傅。是年冬，乞假回籍，为兄正衡治丧；明年，还朝，改授文华殿大学士。初，正宗在吏部时，因御史杨义论部推越次事，辨执至诟詈，于是给事中周曾发，御史姜图南、祖建明，交章劾其铨选参差，欺蒙自逞；御史张嘉劾其昏庸衰老，背公徇私，宜罢斥。[一]上俱命正宗回奏，仍敕部议，以事皆无据，得释。给事中朱徽复劾正宗擅拟佥事许宸内升通参，不由会推，又不专疏题明。正宗以疏忽引咎，部议应罚俸，援恩诏免。

十六年，上以正宗器量狭隘，终日诗文自矜，大廷议论，辄以己意为是，虽公事有误，亦不置念，降旨严饬；并谕曰："朕委任大臣，期始终相成，以惬简拔初念。故不忍加罪，时加申戒，须痛改前非，称朕优容恕过之意。"十七年二月，应诏自陈乞罢，不允。

　　六月，左都御史魏裔介、浙江道御史季振宜先后奏劾正宗阴险欺罔诸罪，命明白回奏，正宗以衰老孤踪，不能结党，致撄诬劾，自讼。下王、贝勒、九卿、科道会刑部提问，正宗反覆申诉。裔介与振宜共质之，谳成，列其罪状曰："正宗前自陈，不以上谕切责己罪载入疏内，裔介所劾是实。董国祥为正宗荐举，以降黜之员，外越授郎中，后坐贿流徙。正宗不引罪检举，裔介与振宜所劾是实。裔介劾正宗知李昌祚系叛案有名票拟内升，今讯称姓名相同，但前此不请察究，有意朦胧，是实。正宗弟正学，顺治四年投诚复叛，为李成栋参将。七年复投诚。裔介劾正宗暗嘱巡抚耿焞题授守备。正宗回奏祇称正学因擒获逆犯，叙功题授，不言从叛情事，饰非讳罪，是实。裔介劾正宗与张缙彦同怀叵测之心，缙彦为正宗作诗序，词句诡谲，正宗闻劾即删毁其序，诳云未见，其欺罔罪，是实。[二]应绞。"奏入，奉旨刘正宗性质暴戾，器量褊浅，持论矫激偏私，罔揆于理；处事执谬自恣，务显所长。悖愎琐屑，负气乖张。惟以沽名好胜为事，弗顾国家大体。时或适意，则骄矜夸诩；偶拂其意，则忿然不平。绝无休休老臣之度。凡其劣状，朕素知之，特以才学，故加录用。屡行诫饬，冀其省改。乃置若罔闻，性愈恣睢，量愈褊急，卒无悛悔，罪过滋多，大负擢用深恩。本当依拟处死，特念任用有年，姑从宽免死，革职追夺诰命，籍家产一半归入旗下，不许回籍。"

明年，圣祖仁皇帝御极，以世祖章皇帝遗诏内曾及正宗罪状，当置之重典，念其年老，特予宽免。未几，病死。

【校勘记】

〔一〕宜罢斥　“斥”原误作“职”。贰排卷九叶一五下同。今据贰检卷六叶一四下改。

〔二〕其欺罔罪是实　原脱“是”字。贰检卷六叶一六下及贰排卷九叶一六下均同。今据上文凡言“是实”有四，补。

周亮工

周亮工，河南祥符人。明崇祯十三年进士，官御史。流贼李自成陷京师，亮工间道南奔，从明福王朱由崧于江宁。

本朝顺治二年，豫亲王多铎兵下江南，亮工诣军门降，奏授两淮盐运使。三年，调扬州兵备道。四年，迁福建按察使，寻迁布政使。十一年，授左副都御史。十二年，疏陈闽海用兵机宜，言：“浙之衢州，闽之建宁，江西之广信，为山贼出没之地，与海贼声援。广信去衢州止百里，宜令浙闽总督兼辖，庶军机可以无误。至海贼以厦门为窟穴，宜密敕广东督抚令潮州镇兵合剿，往袭其后。更请增设水师，以防海口。”疏下所司议行。又请斩郑芝龙，停招抚郑成功，决意进剿，疏入报闻。既而福建巡抚佟国器奏获芝龙与其弟鸿逵及成功交通私书，芝龙伏诛。迁亮工户部右侍郎。

亮工任按察司时，福建武举王国弼及贡生马际昌、穆古子、蔡秋浦、蔡开南、史东来等创立南社、西社、兰社，党类繁众，作奸犯科。<u>亮工</u>申请督抚勘明定罪,勒石<u>南台</u>,列际昌及馀党姓名。寻际昌、秋浦、国弼、开南四人毙于狱。是年五月,督臣<u>佟岱</u>抵任,际昌等亲属具牒辩冤。<u>佟岱</u>列<u>亮工</u>贪酷诸款以闻,命<u>亮工</u>回奏。寻解任,赴<u>福建</u>听质。会海贼从<u>闽安</u>入内地,焚掠<u>南台</u>,进围<u>福州</u>。城中骑卒仅数十,势甚危。巡抚<u>宜永贵</u>从士民请,以<u>亮工</u>守<u>西门</u>城,贼乘大雨薄城,<u>亮工</u>手发大炮击殪渠帅三人,贼怖,解围去,城赖以全。事闻,下兵部,以<u>亮工</u>系革职质讯之员,未准叙录。先是,<u>亮工</u>未就质时,按察使<u>田起龙</u>等据证佐定谳,谓<u>亮工</u>得赃四万馀两,应拟斩,籍没。及<u>亮工</u>至,质问皆虚。巡抚<u>刘汉祚</u>疑推官<u>田缉馨</u>等受贿徇情,并逮送刑部。十六年,部议<u>亮工</u>被劾各款,虽坚执不承,而前此<u>田起龙</u>等已凭证佐审实,计赃累万,情罪重大,仍应立斩、籍没。上以前后辞证不同,再下法司详审。十七年,法司论罪如前谳,恩诏予减等,改徙<u>宁古塔</u>,未行,会赦得释。

<u>圣祖仁皇帝</u>御极,谕吏部曰:"<u>周亮工</u>被劾原案,既多属中虚,前<u>宜永贵</u>疏叙<u>亮工</u>在闽守城独当<u>射乌楼</u>一面,击死贼渠三人,应否量授职衔录用。尔部会同刑部确议具奏。"<u>康熙</u>元年,部议复<u>亮工</u>佥事道职,起补<u>山东青州</u>海防道。五年,调<u>江南江安</u>粮道。八年,漕运总督<u>帅颜保</u>劾<u>亮工</u>纵役侵扣诸款,得旨革职逮问,论绞。九年,复遇赦得释。十一年,死。

钱谦益

<u>钱谦益</u>,<u>江南常熟</u>人。<u>明万历</u>三十八年一甲三名进士,授翰林院编修。<u>天启</u>元年,充<u>浙江</u>乡试正考官。五年,听勘御史<u>崔呈</u>

秀作东林党人同志录,列谦益名,御史陈以瑞亦疏劾之,罢归。

崇祯元年,起官,不数月,荐擢詹事、礼部侍郎。会推阁臣,谦益虑礼部尚书温体仁、侍郎周延儒并推,则名出己上,谋沮之;嘱其门人给事中瞿式耜言于主推者,摈体仁、延儒,以成基命及谦益等十一人列上。先是,谦益主试浙江时所取士钱千秋首场文用"一朝平步上青天"句,分置七义结尾,为给事中顾其仁举发,谦益先伺知,即具疏劾奸人金保元、徐时敏伪作关节,撞骗得贿,下刑部鞫讯。时敏、保元皆遣戍,千秋逾年始至,亦论遣,谦益夺俸。至是,体仁追论谦益贿卖关节,不当预选;延儒亦言会推名虽公,主持者止一二人,馀皆不敢言,即言徒取祸耳。庄烈帝御文华殿召对延儒诸臣,谦益辞颇屈,命礼部进千秋卷阅竟,责谦益。谦益引罪,遂褫职,下法司议,以谦益自发在前,不宜坐;体仁复言狱词出谦益手。诏下九卿,科道再勘,乃坐杖论赎。千秋荷校死。十年,常熟人张汉儒讦谦益贪肆不法,巡抚张国维、巡按路振飞交章白其冤,乃下刑部逮讯,谦益尝为太监王安作碑文,为司礼曹化淳所知,及狱急,求救于化淳。体仁闻,密奏交结状,化淳时见信任,自请按治,刑毙汉儒,且发体仁他罪状,体仁引疾罢,狱乃解。谦益削籍归。

十七年,流贼李自成陷京师,明臣史可法、吕大器等议立君江宁,谦益阴推戴潞王常淓与马士英议不合;及福王由崧立,谦益惧得死罪,上疏颂士英功,士英乃引谦益为礼部尚书。谦益复力荐阉党为阮大铖等讼冤,大铖遂为兵部侍郎,而憾东林仍不时,会捕获妖僧大悲,欲引谋立潞王事,尽诛东林诸人,谦益亦预焉,士英不欲兴大狱,乃已。

　　本朝顺治二年五月，豫亲王多铎定江南，谦益迎降。寻至京候用。三年正月，命以礼部侍郎管秘书院事，充修明史副总裁。六月，以疾乞假，得旨驰驿回籍，令巡抚、巡按，视其疾痊具奏。五年四月，凤阳巡抚陈之龙擒江阴人黄毓祺于通州法宝寺，搜出伪总督印及悖逆诗词，以谦益曾留黄毓祺宿其家，且许助赀招兵，入奏，诏总督马国柱逮讯，谦益至江宁诉辩："前此供职内院，邀沐恩荣，图报不遑，况年已七十，奄奄馀息，动履藉人扶掖，岂有他念？哀吁问官，乞开脱。"会首告谦益从逆之盛名儒逃匿不赴质，毓祺病死狱中，乃以谦益与毓祺素不相识，定谳。马国柱因疏言："谦益以内院大臣归老山林，子侄三人新列科目，荣幸已极，必不丧心负恩。"于是得释，归。越十年死于家。

　　乾隆三十四年六月，谕曰："钱谦益本一有才无行之人，在前明时身跻膴仕。及本朝定鼎之初，率先投顺，荐陟列卿。大节有亏，实不足齿于人类。朕从前序沈德潜所选国朝诗别裁集，曾明斥钱谦益等之非，黜其诗不录，实为千古纲常名教之大关。彼时未经见其全集，尚以为其诗自在，听之可也。今阅其所著初学集、有学集，荒诞悖谬，其中诋谤本朝之处，不一而足。夫钱谦益果终为明朝守死不变，即以笔墨腾谤，尚在情理之中；而伊既为本朝臣仆，岂得复以从前狂吠之语，列入集中？其意不过欲借此以掩其失节之羞，尤为可鄙可耻！钱谦益业已身死骨朽，姑免追究。但此等书籍，悖理犯义，岂可听其留传？必当早为销毁，其令各督抚将初学、有学集于所属书肆及藏书之家，谕令缴出，至于村塾乡愚，僻处山陬荒谷，并广为晓谕，定限二年之内尽行缴出，无使稍有存留。钱谦益籍隶江南，其书板必当尚存，且别省有翻刻印售者,俱令将全板一并送京,勿令留遗片简。朕此旨实为世道人心起见,止欲斥弃其书,并非欲查究其事。通谕中外知之。"三十五年,上观钱谦益初学集,御题诗曰:"平生谈节义,两姓事君王。进退都无据,文章那有光?真堪覆酒瓮,屡见咏香囊。末路逃禅去,原为孟八郎。"

四十一年十二月,诏于国史内增立贰臣传,谕及钱谦益反侧贪鄙,尤宜据事直书,以示传信。四十三年二月,谕曰:"钱谦益素行不端,及明祚既移,率先归命,乃敢于诗文阴行诋谤,是为进退无据,非复人类。若与洪承畴等同列贰臣传,不示差等,又何以昭彰瘅?钱谦益应列入乙编,俾斧钺凛然,合于春秋之义焉。"

魏琯

魏琯,山东寿光人。明崇祯十年进士,官御史。

本朝顺治二年二月,以御史傅景星荐,授湖广道御史。五月,巡按甘肃,疏言:"甘肃西接回番,明代有市马之利。宜即举行,以柔远人,资蕃息。"部议从之。十二月,凉州兵以索饷鼓噪,劫参议道苏名世署,名世同副将毛锱获倡乱者二十馀人。琯疏言:"西陲兵卒骄悍,沿自明季,由专事姑息,致养奸滋乱。今宜严为创惩,有犯无赦。"得旨:"倡乱凶恶,既经擒获,着核拟正法。兵丁沿明季嚣风,肆行哗噪,深可痛恨!后有犯者,首从皆骈斩,著为令。"四年,任江宁学政。七年,还京,掌河南道事。八年二月,漕运总督吴惟华请自输银万两,复综核各项羡馀,得九万三千两,解京助饷。琯疏言:"淮扬连年水旱,惟华输助,并非出之橐中,皆分派属吏,而属吏仍取自民间,辗转追呼,状难悉数。乞赐察究。"下部议,会巡漕御史张中元发惟华贪黩状,遂逮讯,褫惟华职。三月,瑄劾郧阳巡抚赵兆麟遇甄别大典,荐举文职,多至五十馀员,仅纠劾两典史、一教官,举荐武职,亦有十一员,而纠劾者仅一老病之守备。得旨,申饬兆麟,并诫督抚诸臣不得仅劾微员,苟且塞责。九年,擢顺天府府丞。

十年二月,以大学士洪承畴荐,召同户部侍郎孙廷铨、太仆寺卿卫周祚入对。五月,迁大理寺卿。疏言:"刑部持天下之平,都察院执法纠正,皆主问大理之职,在取其所问者而平反之。请举行旧典,凡事下三法司者,刑部定拟后,即送大理寺覆核;若罪不合律,或情词不明,驳回再拟。"又言:"秋审待决之囚,即法司鞫定之案,死者固鲜含冤,但执法不敢不严,原情不可不慎。请敕会审诸臣慎之又慎,于矜减外复多缓决,以副钦恤之意。"并下所司议行。先是,八旗逃人属兵部督捕。至是,部臣以枢务綦繁,议归大理寺统之。瑄疏言:"大理不设刑具,无番兵捕役,难督缉;且讼逃者率八旗大员,而大理少卿多参领、佐领兼摄,即正卿亦仅三品,不宜董其事。"于是下九卿议,增设兵部督捕侍郎,如户部仓场侍郎例,别立专署,所属员外、郎中、主事、司狱等官,专理缉捕。又言:"逃人日多,以投充者众,不皆战阵所获。本主弛纵成习,听其他往,迨日久不还,概讼为逃人。蒙睿鉴原宥,犯逃至再,罪止鞭百,而重惩窝逃,犹沿旧例,论斩、籍人口、财产给本主,与叛逆无异。非法之平,请敕议宽减。"疏下九卿等议,改斩为流,免籍没。六月,瑄疏言:"窝逃之人毙于狱者,其妻子应免流徙。"又言:"时遇热审,窝犯亦宜一体减等。"得旨:"满洲家人系战阵所得,故窝逃之禁甚严。近已节次宽减,止于徒流。今

逃人多至数万,所获不及十之一。魏琯更于减中求减,显见偏私
市恩。下诸王大臣议处。"寻议琯巧宽逃禁,应革职论绞,诏从宽
降三级调用。

七年,补通政司参议。先是,德州生员吕煌以窝逃事觉,嘱
旗员吕献忠行贿本主,为本主首告,煌伏罪,流徙;献忠由兵部援
赦免议。上以事属行贿,不在赦款,诘问,革献忠职;命诸王大臣
察究原议诸臣,自尚书以下降革有差。以琯会鞫吕煌时,同官欲
坐德州知府佟昌年失察窝逃罪,琯倡言阻止,并议琯前曾疏请热
审减等巧为吕煌宽贷,应革职流徙。奏入,如议。琯寻死于辽
阳。十七年,诏吏部列奏建言得罪降革流徙诸臣,上以琯情罪尚
轻,宥其家,俾归故里。

潘士良

潘士良,山东济宁人。明万历四十一年进士,累官刑部右
侍郎。

本朝顺治二年,以招抚山东侍郎王鳌永荐,起补兵部右侍
郎,奉命抚治郧阳。三年三月,流贼馀党李锦犯荆州,刘体纯围
邓州。士良驰赴襄阳,饬将弁分击败之,降贼三千馀。八月,遣
副将冯雄、游击孔纯仁、参将王光泰等剿土贼陈蛟,败之朱家寨,
蛟乞降,散其众。十月,疏言:"明襄藩世封襄阳,原有山庄,并护
卫、仪卫各屯。今明藩已故,卫官宜俱撤。[一]前项屯地宜清查,
以佐国用。现委同知陶天培查出各卫所成熟屯地八万四千六百
馀亩,每亩照例征粮三升,共粮二千五百四十石零,即以抵给道
府各官廪俸人役工食之费。"又疏言:"皇上以各府同知、通判多

冗员,令议裁并。臣属郧阳府通判二:一管粮、一捕盗,应裁管粮缺,归捕盗通判。荆州同知二:一清军,一坐镇,施州卫应裁坐镇缺,归清军同知。至襄阳府同知、通判各一,南阳府同知一、通判二,俱系要缺,毋庸议裁。"二疏均下所司知之。

十二月,湖广总督罗绣锦劾士良犹豫寡断,请别调用。得旨:"潘士良既才不胜任,不必又请调用。"寻敕士良解任回籍。时郧襄总兵王光恩以罪解京,弟光泰倡乱,杀署总兵杨文富及道府各官,陷郧阳。事闻,谕曰:"郧阳被陷害,潘士良虽称解任,未经交代,何所辞罪? 着革职。"寻死于家。

【校勘记】

〔一〕卫官宜俱撤　原脱"官"字。贰检卷六叶六六上同。今据贰排卷一〇叶二〇下补。

李犹龙

李犹龙,陕西洵阳人。明末,由贡生官兵部主事。福王时,监左梦庚军。寻迁太仆寺少卿。

本朝顺治二年,犹龙随梦庚降英亲王,檄犹龙巡抚江南安庆。时江北之六安州、英山、霍山、舒城、潜山、太湖,河南之固始,湖广之罗田等县,及洋山、横山、张山、飞旗、女儿等寨,俱受明唐王札付,招叛兵为应,犹龙檄各路兵剿抚,飞旗、横山各寨相继降。三年正月,疏言:"潜山、太湖二县被兵十馀年,民逃地荒,虽蒙恩蠲赋税之半,其半亦断难及额。请再行酌免。"从之。

四年,改授天津巡抚。五年三月,巡按罗国士劾犹龙不能堵剿土寇,致庆云县失陷,请议疏防罪,得旨李犹龙着住俸,戴罪督剿。是时,西淀贼首杨四海伪称明熹宗太子,纠众倡乱,有三河县民妇张氏者,自称熹宗后,与其党王礼、张天保等造旗印及诏,谋为应。五月,犹龙同总兵苏屏翰密遣弁擒之于西淀。事闻,下部鞫实,伏诛。七月,馀党任万金伺郡城空虚,聚众静海县之赤隆河,通营兵以为内应,约期攻城。犹龙侦知,饬将弁星夜进剿,斩贼首万金,并张相、杨天瑞等。八月,土寇常元辅谋犯东津,犹龙檄屏翰剿擒之。时积寇尚多,犹龙以招抚为名,赴贼营会饮。事觉,革职。十年,巡视中城御史王秉乾疏劾犹龙既经废斥,潜寓京邸,不回原籍,恐致滋事。得旨:"李犹龙着速回籍,再延究罪。"未几,犹龙死。

王之纲

王之纲,顺天宛平人。明总兵。福王时,大学士史可法奏以之纲镇河南开封府。

本朝顺治二年,豫亲王多铎兵下河南,之纲走江宁。大兵渡河,随忻诚伯赵之龙降,委署徐州总兵。时土贼散踞山险劫掠,之纲同总兵苏见乐击斩贼任应乾,歼其众;随收剿龙驹嘴、天门寺、黄藏峪各山贼,焚毙白土洞贼众五百馀,追擒贼王清宇、徐库、赵世科、孟宗玉等,斩之,徐州平。

入京陛见,授福建云霄总兵。六年,加都督金事,镇汀州。七年正月,遣副将黄承国等擒斩杨坊寨贼首杨昌期,及伪官杨奇。六月,遣副将高守贵复石城县,降各寨贼;又破冲天寨及红石岩贼巢。七月,江西贼洪国玉、张自盛、李安民等众数万,犯邵武,总督陈锦檄之纲援剿。十一月,至泰宁县,与巡抚张学圣兵合。贼走江西,据新城县之老山岭,进击大败之,获国玉、安民及其党数十。下部议叙。八月,移师剿土贼葛登标于宁化县之巫家湖,斩获无算。九年冬,自盛复犯延平、邵武,十年五月,之纲剿擒之。十二年,败延平积寇杨日炮、杨成洪于大埠溪垄,成洪中炮死,日炮就擒。叙功,加都督同知。十三年,汀属左龙坊妖妇谋不轨,之纲斩之。

十五年三月,以结交内监吴良辅纳贿营私,奉旨逮问,革职,拟斩,改流尚阳堡。未至,道死。

任珍

任珍,河南宜阳人。明副将,守河州。

本朝顺治二年,英亲王阿济格追剿流贼李自成于陕西,珍自河州歼贼党,收文武伪敕来降,以副将衔隶总督孟乔芳标下。三年,汉中叛镇贺珍纠贼党胡向宸等犯西安,乔芳令珍守城西门,鏖战八昼夜,乃却贼,追败之濠泗河。寻与中军陈德攻剿蒲城,擒王交、张留,复同副将王平攻克兴安城。贼渠孙守法窜湖广。是年,叙功,赐冠服、鞍马、金币,令赴部擢用。乔芳请留署固原总兵事。

四年,授兴安总兵。时楚蜀未平,兴安为群盗出入之路,北山、南山土贼复肆逞。乔芳奏增步骑四千,属珍镇守;胡向宸踞盩厔县之黑水峪,珍捣其巢,遣王平追击溃众,斩向宸,降将武大定自凤翔叛,突掠紫阳县,珍督兵击走之。贺珍寇汉中,为肃亲王豪格军击败,窜郧襄,连结石梁山贼穆大相、[一]米国轸、李世英、李应全、王国贤等,窥兴安。珍以兵迎击于白土关,贼败遁竹溪,倚山立寨。进围之,斩国轸、世英。师还击北山贼李奎于镇安魔王坪,歼其众。五年,穆大相等寇竹山,珍遣兵击走,获其辎重。贼复谋西掠漕船,珍分遣游击王承光、张宝正设伏黄泥港,自率精骑诱贼血战,伏发,贼败,擒应全,进征石梁山,阵斩王国贤,尽平贼垒。贺珍遁入蜀,大相窜匿山箐,食尽,其党俞尚智斩其首以献。六年,蜀贼寇掠西乡、平利、韩城诸邑,珍分兵赴援,自扼要隘截击,阵斩伪副将唐仲亨、总兵焦贲、监军邓林春等,械赴西安,伏诛。七年,督剿南山贼,斩级无算。抵阶峪,射贼渠王大汉,堕崖,生擒之。先是,珍两叙军功,晋左都督。至是,复加太子太保,遇恩诏授三等子爵。

九年,以疾解任还京,隶正黄旗汉军。十年二月,追论珍在兴安时自治其家属淫乱,擅杀多人,行贿兵、刑二部,降世职为一等轻车都尉。四月,珍为其婢讦告,被谪怨望、言动狂悖诸罪状,下三法司鞫讯,论斩决、籍没,两奉谕覆勘,仍前议。得旨:"任珍曾立军功,从宽免死,徙置辽阳。其子仍令袭职,用昭法外之恩。"

寻以其长子弘祖袭一等轻车都尉。

【校勘记】
〔一〕连结石梁山贼穆大相　"大"原误作"文"。今据贰检卷六叶七一下及贰排卷一〇叶二七下改。下同。

梁清标

梁清标,直隶真定人。明崇祯十六年进士,官庶吉士。福王时,以清标曾降附流贼李自成,定入从贼案。

本朝顺治元年,投诚,仍原官。寻授编修,累迁侍讲学士。十年五月,迁詹事。闰六月,迁秘书院学士。十二月,擢礼部侍郎。十一年,敕赈直隶八府灾民,清标与侍郎祝世允分赈保定所属二十州县、三卫一所,并顺天府属腾骧、永清二卫屯丁之在保定者,还奏称旨。十二年,调吏部右侍郎。奉诏陈政事得失,清标疏言:"民生休戚,系乎牧令。请令督抚重视州县官,勿使疲于趋承;假以便宜,俾兴利除害,无或掣肘。台臣职居言路,旧有部郎改授之例,宜令各部堂官择端方谠直者,与卓荐州县各官,一体考选。吏部掌人材进退,宜于选、功二司,设记功、记过二簿,于序俸升选中,仍分别察核,以昭惩劝。山林隐逸,屡奉诏荐举,未有应者,请敕九卿公举数人,礼聘入京,召见咨访,以收旁求实用。"下部议行。是年,转左侍郎,以本生母丧归。十三年四月,迁兵部尚书。八月,同尚书卫周祚等奉敕督赈顺天府属二十七州县。

十六年,海贼郑成功由镇江犯江宁,给事中杨雍建疏言:"海氛告警,宵旰焦劳。枢臣职掌军机,于地形之要害,防兵之多寡,剿抚之得失,战守之缓急,不发一谋,不建一策,仅随事具覆,依样葫芦。不曰今应再行申饬,则曰臣部难以悬拟。既不能尽心经画决策于机先,又不能返躬引咎规效于事后。请天语严饬,以儆尸素。"诏兵部回奏。时尚书伊图奉使云南,清标同侍郎额赫里、刘达、李棠馥疏辩:"自有海警以来,凡调发机宜,随时斟酌,审势议覆,未敢依样葫芦,因循推诿。"得旨:"枢臣职司戎务,调度机宜,尽心筹画,方为不负委任。此回奏巧言饰辩,殊不合理。

着再回奏。"于是自引咎，下吏部察议，三侍郎皆降二级，清标降三级，各留任。十七年二月，京察自陈，谕曰："梁清标经朕特简，界掌中枢，自当殚竭心力，以图报效。乃凡事委卸，不肯担任劳怨，本当议处，姑从宽免。其痛自警省，竭力振作。"五月，上以岁旱，令部院诸臣条奏时务。清标与李棠馥疏言："兵马往来之地，应用米豆、薪刍、牛酒、羊猪，及锅铫、槽桩诸物，上官取诸下司，下司取诸民间，赔累无穷。又奸民捏告通贼谋叛，蠹役贪官借端取货，生事邀功，致善良受害，应俱严行饬禁。"〔一〕得旨："所奏上官取诸下司，下司取诸民间，及借端取货，生事邀功，着确指其人。"于是复奏："迩年地方官藉兵马往来，滥派民间，则有丹徒知县陈经筵、合肥知县岳呈祥等，为巡抚张中元、总督蔡士英所劾；藉通贼谋叛名，鱼肉平民，则有桐城知县叶桂祖、常熟知县周敏等，为给事中汪之洙、巡按何元化所劾。其未经劾奏者，不知凡几，故请旨饬禁，惩前以毖后。"疏下部知之。

康熙五年，调礼部尚书。六年，充会试正考官。旋遇京察，革职。八年，辅政大臣鳌拜以专擅获罪拘禁，诏复前此无故黜革诸臣原官，清标预焉。十年，补刑部尚书。十一年，调户部尚书，充经筵讲官。十二年，平南王尚可喜请撤藩归辽阳，命清标往广东经理藩属迁移事，旋以逆藩吴三桂反，仍敕可喜留镇，清标还京。十八年，给事中姚缔虞请宽科道纠劾不实处分，许以风闻言事。上召询九卿等，清标奏曰："言官奏事，原不禁其风闻。恐有藉称风闻，挟私报怨者，是以定有审问全虚处分之例。宜如旧。"上是其言。二十一年，命九卿等议改强盗不分首从皆斩例，刑部尚书果斯海等议盗犯为从者免死。清标与左都御史徐元文等谓宜循旧例,别为一议。上召询清标,奏曰:"法外施仁,原属至美之事,但强盗皆系凶恶,难分首从,或罪果可矜,间行宽减,应出自特恩。若预定一例,则将侥幸于不死,而愈恣为盗。"上曰:"朕因每岁盗案处决甚多,究其所劫之物甚微,岂尽甘于为盗?或以饥寒所迫,深为可悯,故与尔等商之。今所言极是,当仍旧例,别思弭盗良法。"二十三年,命以户部尚书管兵部事。

二十七年,授保和殿大学士。是年,湖北巡抚张汧贪婪事觉,清标曾保举为布政使,部议革职,得旨,降三级留任。三十年,死。遗疏入,得旨:"梁清标简任机务,宣力有年,勤慎素著。忽闻溘逝,朕心深为轸恻!"下部议,赐祭葬如例。所著有蕉林文集。

【校勘记】

〔一〕应俱严行饬禁　"饬"原误作"敕"。今据贰检卷七叶三九上及贰排卷一一叶二七上改。

党崇雅

党崇雅,陕西宝鸡人。明天启五年进士,官至户部侍郎。福王时,以崇雅曾降附流贼李自成,定入从贼案。

本朝顺治元年七月,以总督骆养性荐,征授原官。崇雅以老病请罢,不允。九月,调刑部左侍郎。疏言:"臣按旧制,凡刑狱重犯,自大逆、大盗,决不待时外,馀俱监候处决。在京,有热审、朝审之例,每岁霜降后,方请旨处决;在外直省,亦有三司秋审之例。未尝一罹死刑,辄弃于市,皆委曲为恤刑计也。皇上好生之德,同揆先圣。凡罪人之决不待时,与秋后处决者,望照例区别,以昭钦恤。臣更有请者,在外官吏,乘兹新制未定,不无逞臆舞文之弊,并乞暂用明律,候颁行新例,再画一遵守。"二年二月,复疏言:"流寇暴虐,三秦被祸尤烈。今剿灭殆尽,恐寇党株连,下民未获宁止。请速颁恩赦,以固人心。至督抚为纲纪之宗,司道乃旬宣之寄,而府、州、县各官抚字凋残,所系尤重,简用务在得人,庶可广皇仁而布实政。"并得旨允行。六月,百户安启懋讦奏原任天津总督骆养性贪婪通贼,辞连崇雅,下法司讯,启懋坐诬削职。八月,给事中庄宪祖劾"崇雅谳狱含糊,遇事少明决,即律令之损益,屡荷明旨而至今未定,其衰庸可知。请予罢黜"。奉谕,以所指无实,免议。崇雅因上疏备述衰老情状,并言:"科臣所指事款,圣明既有洞鉴,无庸置辩。但谓臣形骸虽具,神理已离,即臣自言,不及科臣所言之真切,乞鉴臣庸衰,立行罢黜。"温旨慰留之。五年,迁刑部尚书。六年,加太子太保。八年闰二月,调户部尚书。八月,加少保兼太子太保。十年四月,引疾告归。

上以崇雅服官操洁,命在籍岁支原俸,督抚按臣时加慰问。十一月,特召还朝,崇雅疏辞,奉旨:"览奏,以亲病不忍远离,且言衰老,步履艰难,情词恳切。但朕求贤图治,倦念老臣,卿年虽七十,犹堪任事,宜勉遵前谕。"十一年,授国史院大学士。十二年,复引年乞休,诏加太保兼太子太傅予告,驰驿还籍。崇雅奏谢,上见其衰颓,怜之,赐冠服,谕曰:"卿今辞朕归籍,不能复见朕矣!抵里后,服朕赐衣,即如见朕。"崇雅叩首泣谢。濒行,复召见,赐茶,温语慰劳,命大学士车克送之。十三年,赐之敕曰:

"太保、大学士觉崇雅树品端方，禔躬清慎。久典邦禁，明允蜚声。荐历司农，廉勤益著。召参密勿，作朕股肱，翼翼小心，夙夜匪懈。正期益殚猷略，佐理升平，乃以齿届悬车，抗疏解绶。高风恬致，足表仪型。今间阔年馀，深系朕念。特遣副理事官程可进、御前近侍孙尚德赍敕存问，赐羊酒。卿其颐养天和，茂膺寿祉，劭乃德，康乃身，副朕至意。倘时事有阙，勿吝嘉谟入告，卿尚敬念之哉！"

康熙五年，死。赐祭葬如例。

卫周祚

卫周祚，山西曲沃人。明崇祯十年进士，官户部郎中。福王时，以周祚曾降附流贼李自成，定入从贼案。

本朝顺治元年，起授吏部郎中。三年，丁父忧，吏部侍郎金之俊、启心郎宁古里等，以周祚掌铨务，清慎勤练，议给假治丧一月，即出任事。周祚具疏乞终制，上如所请。服阕补原官。九年，迁太仆寺少卿。十年，以大学士洪承畴荐，授刑部左侍郎，疏言："各省逮捕土贼，坐党辄数十人，恐累无辜。请自今，令所在有司必鞫讯得实，始具狱词解部，而释其诬者。京师五方杂处，奸民逞诈，讦讼者众，请严反坐罪以遏之。又赎刑所以示矜恤，功臣犯法，苟非大恶，原不宜与平民同论。请令所司复收赎之令，定议功之典，以协平允。"得旨，所奏有裨明刑，下部详议行。十一年，调吏部侍郎。十二年正月，疏言："六部司属，五年始入京察，故循资迁转者多，贤否无所区别。宜于岁终，令各堂官特纠举一二人而黜陟之。"又言："知府承流宣化，责任綦重。请敕督抚详核所属，斥其老病者。前此疆圉新辟，招民百名，即授知县；暂委各官，即予本职。乃一时权宜之计，今宜试以文义，其不娴者，招民改补武职，暂委止授佐杂。"并下部议行。五月，擢工部尚书。十三年八月，同尚书梁清标等分赈畿辅，寻以重修乾清宫成，加太子太保；复以奉先殿成，加少保。十五年，调吏部尚书。

旋授文渊阁大学士，兼管刑部尚书。十六年，诏奖奉职勤劳，晋少傅兼太子太傅。充会试副主考官。十七年四月，同大学士巴哈纳等校定律例。十一月，考满，晋少师兼太子太师，荫一子入监。十八年，复内三院，周祚改国史院大学士，复充会试副考官。会吏部尚书孙廷铨假归，奉命暂摄部事。康熙二年，乞假葬其兄周胤，明年，还朝，充武会试正考官。六年，充纂修世祖实录总裁官。八年三月，以疾引退，命乘驿归，予俸如故。九月，周祚疏辞俸，谕曰："卿著有劳绩，特给禄以资颐养，勿辞！"十一年四月，谕吏部曰："原任大学士卫周祚品行端方，清慎素著。曩以引疾请告，回籍调治。今阁务殷繁，赞理需人，即令乘驿来京，入阁办事。"六月，授保和殿大学士，兼管户部尚书。先是，令各省皆铸钱，嗣有以铜贵请停者，下部议，遂尽罢各省采铸。至是，周祚言："铜铅产自山泽，取之不乏，开采之省，即以鼓铸，俾泉布流通，民用益裕。"于是复著为令。

时上肇举经筵日讲，周祚请令讲官于尚书、大学衍义、贞观政要诸书，择其最切治道者，抽绎阐明，以广圣德、资政理。"又言："各省通志尚多阙略，宜敕儒臣修纂。举天下地理、形势、户口、田赋、风俗、人才，灿然具列，汇为一统志，以备御览。"上并嘉纳之。十二月,周祚疾,遣侍卫太医问视;周祚再疏乞罢,诏原官致仕,仍乘驿回籍,予俸。十四年,死,赐祭葬如例。后大学士冯溥告归,上以周祚居乡谨厚,若未尝任显秩者,特举以谕溥云。四十二年,上西巡,驻曲沃,遣内大臣酹酒于墓,并谕有司存抚其孙。四十五年,入祀乡贤祠。

戴明说

戴明说,直隶沧州人。明崇祯七年进士,由户部主事,累迁兵科都给事中。流贼李自成陷京师,明说从贼。贼遁,明说逃归原籍。

本朝顺治元年六月,以招抚天津锦衣卫百户危列宿荐,起原官。九月,疏言:"井陉、太原盗贼尚多,剿除宜速。其各路兵马经制既定者,按时拨饷;各处钱粮,恩诏蠲缓者,令抚按实力奉行。"十月,又言:"天下初定,人情尚怀疑贰。请严纵容盗贼之罪,优盘获奸细之赏。"二年二月,疏言:"流贼李自成兵败气夺,应急发兵剿擒。秦中士民或曾为贼用,当湔雪以安反侧,遣督抚督率官吏,专心抚字。"俱下所司知之。五月,迁太常寺少卿。九月,调大理寺少卿。四年,迁太常寺卿。五年,擢户部右侍郎。六年,加右都御史衔。七年,给事中杜笃祜劾户部不奏销钱粮及徇私注差等事,尚书谢启光降二级,明说罚俸。八年,甄别部院大臣,谕曰:"戴明说在户部,于同官贪婪,不能秉公力争,反唯唯听命。历来销算事属同官者,必据为己有。明系希望有司,求己销算。其操守不洁可知。姑念年力尚壮,降三级调外用。"

十年,补河南汝南道。十一年四月,迁广西布政使。七月,谕吏部："戴明说年力富强,才识明敏,向经降调惩诫,必洗涤自新。遇京堂缺补用。"十二年正月,授刑部右侍郎,二月,转左。三月,擢户部尚书。十三年二月,因河西务分司朱世德亏缺额税,明说议援赦免罪。上责其瞻徇,降四级调用。六月,调太常寺少卿。十四年,迁右通政。十五年,迁太仆寺卿。丁母忧,归。十七年,左都御史魏裔介劾"明说居心浮躁,前在户部时,家有庆贺事,必遍告司官,希图馈送。丁忧回籍后,私入京师,有乖礼制"。疏下部议,革职。寻死。

刘馀祐

刘馀祐,顺天宛平人。明万历四十四年进士,历知嘉兴、登封、河内三县。行取,迁刑部郎中;出知平阳府,累迁河南布政使、应天府尹、工部侍郎。福王时,以馀祐曾降附流贼李自成,定入从贼案。

本朝顺治元年,睿亲王定京师,馀祐投诚,授原官。时京东土寇窃发,疏请移顺天巡抚驻密云,蓟州道驻遵化,从之。又荐故明尚书仇维祯,侍郎任濬,副都御史贾毓祥,御史张煊、霍达、傅景星、庄宪祖,举人孙奇逢、梁维本等九人,下部知之。六年,加太子太保。七年,初设六部汉尚书,擢馀祐兵部尚书,八年闰二月,调刑部。八月,晋少保。九年四月,疏陈:"律例六款:一斩、绞虽同一死,毕竟有别,概论斩则过重,应照例分别处决;一流、徒律各有等,流则地分远近,徒则限分年月,凡流罪惟隐匿逃人,应解部汇发,今则流罪俱解部,徒者鞭责外,竟放不充,轻重多失。窃思流者以罪不至死,故量定三等,且里数亦就本犯之地论,如一概解部,而后流徒,则远省跋涉多至数千里,不死于道路者寡矣。律原不言解部,应改正,徒罪亦照律签发,限满释放;一误伤致死,律应绞,自五年奉旨改责四十板赔一人,夫以赔人作抵命,是开觊法之端,死冤不雪,应仍照律定拟;一强盗论斩,律文不云籍没,且自甘为盗,安有厚家,乃籍没之物甚微,而稽查有无,骚扰乡里,起送押运,反费脚价,至妻子则罪人不孥,岂容增累?今除强盗正法外,其妻子家产,应免籍没;一隐匿逃人,窝主免死,流徒关外,须提取妻子盘费,不得不监候,有妻产已到,而户部以人数零星,必积至数起,始押发一次,时或病死狱中,今应敕部陆续押发,即隐匿之家,亦有至情可怜,如父母之于子与子之于父母,离别重逢,天性难割,与常人有心隐匿者不同,乞量与分别;一投旗汉人,生事害民,前已敕部晓示,凡投充犯法,与民属一体究治,今复奉旨,不许稽禁旗人,则凡自称旗人者,地方官莫辨真假,何以措手?今除真正旗下旧人犯事,即送部审不许监禁外,如投充人借势生事,请仍遵前旨一体究治。"又疏言:"向例,原止许贫民投各旗为役,嗣后有身家地土者,一概投充,遂有积奸无赖,或因圈地而宁以地投,或本无地而潜以他人地投,甚且带投之地有限,恃强霸占,百弊丛生,地方有司不敢究治。请将投充之人总发州县,查明占地,各还原主。"俱下部议行。

　　十月,调户部。先是,馀祐任刑部时,兴安镇总兵任珍以疑擅杀妻妾惧罪行贿,已而事觉。十年二月,法司勘问得实,馀祐革职杖徒,永不叙用。寻死。

龚鼎孳

龚鼎孳,江南合肥人。明崇祯七年进士,授兵科给事中。十六年,大学士周延儒罢归,旧辅王应熊赴召。将至,鼎孳疏劾:"应熊结纳延儒,营求再召。政本重地,私相援引。延儒甫出,应熊复来,天下事岂堪再误?"疏入,留中未下。会延儒被逮在道,不即赴,冀应熊先入,为之解。庄烈帝知之,命应熊归,赐延儒死。时兵部尚书陈新甲获罪弃市,鼎孳又疏诋吕大器为陈新甲私人,不宜令总督保定山东河北,忤旨,镌秩。及流贼李自成陷京师,鼎孳从贼,受伪直指使职,巡视北城。

本朝顺治元年五月,睿亲王多尔衮定京师,鼎孳迎降,授吏科右给事中,寻改礼科。二年九月,迁太常寺少卿。三年六月,丁父忧,请赐恤典。给事中孙昌龄疏言:"鼎孳明朝罪人,流贼御史,蒙朝廷拔置谏垣,优转清卿。曾不闻夙夜在公,以答高厚,惟饮酒醉歌,俳优角逐。前在江南用千金置妓,名顾眉生,恋恋难割,多为奇宝异珍,以悦其心。淫纵之状,哄笑长安,已置其父母妻孥于度外。及闻父讣,而歌饮留连,依然如故。亏行灭伦,独冀邀非分之典,夸耀乡里,欲大肆其武断把持之焰。请敕部察核停格。"疏下部议,降二级调用。寻遇恩诏免。九月,补原官。十年,擢刑部右侍郎。奏定本部事宜:"一、诸司问拟大小狱情,宜悉依律文确议,不得弃律科罪;一、折狱务得其情,虚者即为申雪,实者推详定案,毋持两可;一、狱讼宜令满汉司官会讯,录词呈堂,复审或拟罪或释放,加以勘语,付司存案;一、处决重囚,宜令科臣将应决人犯,详注姓名,其有情罪失当者,许即时执奏;

一、遣戍罪人,宜就原籍远近,定地发遣;一、畿辅州县旗、民交讼、惟命盗案情,仍赴部质审,斗争细事,请即令各州县审拟,申报督抚结案;一、老幼笃病,律有收赎之条,请再为申明,凡重犯连坐之家属,即与依律科断。"下所司议行。明年二月,转户部左侍郎。五月,迁都察院左都御史。十一月,疏请:"招纳流民,先择寺院聚处,编列保甲,互为稽查,仍仿京城赈粥例,有司亲为经理;其往他省者,即令所在道厅招集,量给赀本留屯,毋令失所。"十二年八月,诏停刑部秋决,鼎孳疏请令内外概行停决,以彰一视之仁。又奏:"每年六月审定立决重犯,俟七月具题正法。"并下部议行。

先是,给事中许作梅、庄宪祖等,交章劾大学士冯铨,睿亲王集科道各官质问,鼎孳曰:"冯铨乃背负天启,党附魏忠贤作恶之人。"铨曰:"流贼李自成陷害明帝,窃取神器,鼎孳反顺逆贼,竟为北城御史。"鼎孳曰:"岂止鼎孳一人,何人不曾归顺?魏徵亦曾归顺太宗。"王笑曰:"人果自立忠贞,然后可以责人。鼎孳自比魏徵,而以李贼比唐太宗,可谓无耻。似此等人,祇宜缩颈静坐,何得侈口论人?"遂罢不问。嗣以陕西地震,鼎孳疏论任辅弼,酌铨叙,责考课诸事,上知其意必有所指,令指实回奏,又语涉冯铨。上以冯铨果有罪,即宜纠劾,何待责令回奏,始引铨抵塞,谕责之。至是,上以鼎孳自擢任左都御史,每于法司章奏,倡生议论,事涉满汉,意为轻重,敕令回奏。鼎孳具疏引罪,词复支饰,下部议应革职,诏改降八级调用。寻以在法司时谳盗事,后先异议,又曾荐举纳贿伏法之巡按顾仁,再降三级。十三年四月,补上林苑蕃育署署丞。闰五月,大学士成克巩论鼎孳党护左通政使吴达,隐其弟吴逵通贼事,请勘讯。下部察问,鼎挈以不知逵为达弟申辩,罚俸一年。十七年,诏甄别京员,以鼎挈素行不孚众论,复降三级调用,罢署丞。

康熙元年,谕部以侍郎补用。明年,起都察院左都御史,奏免康熙元年以前催征未完钱粮。三年,迁刑部尚书,疏言:"法司审拟事件,若非徇私枉法,虽或议罪稍轻,引律未协,既行改正,应免处分。"从之。五年,转兵部,八年,转礼部。九年,充会试正考官。十二年,再充会试正考官。八月,以疾致仕,九月,死,赐祭葬如例,谥端毅。

刘昌

刘昌,河南祥符人。明天启五年进士,官至户科给事中。以驳尚书张凤翼叙废将陈壮猷功,被斥。崇祯十五年,御史张肯堂请召还建言被遣诸臣,复昌原官。福王时,以昌曾降附流贼李自成,定入从贼案。

本朝顺治元年,睿亲王定京师,昌投诚,仍授原官。六月,疏陈定经赋、立官制、颁俸禄、重守令、明等威、立规模、审庙算、推诚心、集群策、施实惠十事,诏从所请。旋擢太常寺少卿。奏设金太祖、世宗陵寝奉祀官。二年,授太仆寺卿。四年,擢工部右侍郎,寻转左。六年、八年,两遇恩诏,晋太子太保。九年,奉命致祭阙里,以私归原籍,论夺俸。十年正月,迁工部尚书。四月,以会议革职总兵任珍罪,徇党失实,下九卿议,拟流徙,奉旨宽免,镌秩一级,供职如故。会雨泽愆期,应诏求言,疏陈时事,其略曰:"西山之民,惟藉采煤为生;且产煤之山,已供正赋。今复责之输煤，转运已多劳费，重征亦扰追呼，非所以广皇仁而定赋式也。请特恩蠲除。"又"易州额贡红螺炭，例遣工部主事往州监造，官役供亿日繁，渐启需索之弊，请敕令抚按止委佐贰一员，驻州督办。"均得旨允行，著为令。十一年，河道总督杨方兴奏报河水浸溢，给事中许作梅请复九河故道，诏廷臣集议。昌随众议，以故道久湮，事难悬拟，请敕督抚会同详勘，给事中林起龙劾方兴不塞决口，致河北被浸；并劾昌任工部尚书，借会议主详勘故道之说，以掩方兴不塞决口之罪，应逮问。时昌分赈直隶饥民，敕还对质，不实，起龙以诬奏坐罪。十二年正月，给事中饶宇式复劾其察勘河工因循玩忽，制造铁斛推诿迁延，请敕部勘讯。上令昌回奏，昌以河工屡有咨催铁斛、火候难强奏辩，遂免议。

三月，调刑部尚书。十二月，以巡按御史顾仁纳贿事觉，昌坐滥举夺俸。十三年三月，考满，加少傅兼太子太傅。四月，上以昌自任刑部后，狱讼未清，深负委任，命削加衔，降三级留任。七月，诏复原衔，谕以洗心涤虑，改过自新。九月，奉命往真定诸府审录罪囚。十四年，以葬亲假归。十五年，还朝，补工部尚书。十六，值会推江宁巡抚，误以降级外用之沈文奎列名陪推，部议夺俸。十七年，以老病乞休，奉旨："卿谨慎练达，历著勤劳。念年齿已迈，着以原官致仕。"并敕驰驿回籍，荫一子入监。康熙九年，死，赐祭葬如例，谥勤僖。

孙承泽

孙承泽，顺天大兴人。明崇祯四年进士，官至刑科都给事中。福王时，以承泽曾降附流贼李自成，定入从贼案。

本朝顺治元年五月,起授吏科都给事中。七月,疏荐霸州道刘芳久才堪办贼,请加衔久任,诏以霸州土寇未绝,芳久无功,所举为狥私,[一]切责之。十一月,迁太常寺少卿,提督四译馆事。二年四月,迁左通政。八月,迁太常寺卿。四年六月,迁大理寺卿。五年,擢兵部右侍郎,八年,调吏部。九年四月,都察院疏纠承泽两耳失聪,请敕部革退,因解侍郎任。五月,上以承泽无罪,不应革退,命如旧供职。八月,转左侍郎。两遇恩诏,加太子太保、都察院左都御史衔。

十年二月,吏部尚书高尔俨以疾乞罢,承泽奏言:"吏部尚书,权衡所寄,得人为难。伏见大学士陈名夏在吏部时,颇能持正。请以名夏分理部事,必能仰副澄清之治。"上览奏,谓阁臣曰:"朕见承泽此疏,洞其隐微,代为含愧,彼意允其所请而用名夏,则于彼有利,否则又将使朕猜疑名夏也。"因以侍郎推举阁臣,有乖大体,责令回奏。承泽战栗引罪,自陈愚昧,乞恩宽宥,[二]谕侍臣曰:"凡人自知有过,宜即行引罪,若强自置辨,则获罪滋大。"乃释之。寻上幸内院,览诸奏章,及明万历时史书,言及承泽所奏,谕大学士洪承畴等曰:"六部大臣互相结党,殊不合理,祗宜为君为国,秉忠持义,善善恶恶为是。"皆叩头谢。先是,正月,承泽引疾乞休,上以其年力未衰,不许。三月,再请,乃许。承泽既归,御史杨义劾承泽素附陈名夏,表里为奸,积年罪状可据。承泽上书自讼。

十一年,部议应休致,遂不复用。康熙十五年,死,赐祭葬如例。所著有五经翼、春明梦馀录、庚子销夏记。

【校勘记】

〔一〕所举为狗私　"狗"原误作"循"。贰排卷一二叶二八上同。今据
　　孙承泽传稿(之四二)改。按贰检卷八叶三七上不误。

〔二〕乞恩宽宥　原脱"恩宽"二字。贰检卷八叶三八下及贰排卷一二
　　叶二九上均同。今据孙承泽传稿(之四二)补。

熊 文 举

熊文举,江西新建人。明崇祯四年进士,官吏部郎中。福王
时,以文举曾降附流贼李自成,定入从贼案。

本朝顺治元年,投诚,仍原官。二年,授右通政,迁吏部右侍
郎。会大兵平江南,明福王朱由崧就擒,文举疏陈四事:"一江、
浙、闽、粤等处,明季加派赋额,宜悉蠲贷;一福王所授官多市井
冒滥,虽已投诚,不可委用;一山林隐逸,有清望素著,潜修博学
者,请下郡县征举;一国家初定,凡率先效顺、历著勤劳者,请特
加优异。"得旨,允行。旋以疾去官。八年闰二月,吏部列荐,诏
起用。八月,补吏部左侍郎。

时江西自叛镇金声桓蹂躏之后,逋赋积壅,诏悉蠲顺治五年
以前积逋。文举请广皇恩,断自七年以前;又以有司丈量荒地,
奉行无实,或借端苛索,请敕抚按清厘严剔。又言:"大臣不知进
退大节,无以表率下僚。请敕励群臣,毋贪持禄位,颓病者致仕,
亲老者终养,务敦名节以肃官常。"九年,请谕各省大吏,约束守
令,禁幕客家人招摇,及纵蠹役为民累。又江右甫经兵燹,无贡
生应考学官之人,武生杂流俱夤缘委署。应请命抚按学臣察革,
择举人之文行兼优者,充之。诸疏并下所司议行。初,文举投诚

时,其父洪在籍,明福王逮下狱。文举子鼎华请以身代得释,而鼎华遂以瘐死。江南平,有司上其事,诏旌鼎华。至是,洪卒,文举闻讣告归。

康熙元年,起为兵部左侍郎。二年,以病乞假,归。八年,死,赐祭葬如例。

薛所蕴

薛所蕴,河南孟县人。明崇祯元年进士,任山西襄陵县知县,卓异,授翰林院检讨。寻迁国子监司业。福王时,以所蕴曾降附流贼李自成,定入从贼案。

本朝顺治元年五月,睿亲王多尔衮定京师,所蕴迎降,六月,授原官。二年二月,疏言:"河南受贼荼毒,村社尽墟。当专设劝农垦荒官,资以牛种。俟三年成熟,陆续补还。"奏入,报闻。四月,迁祭酒。五月,奏称:"满洲学生皆沉毅聪俊,志趋向上。国学僻处东北隅,远者十五六里,近亦有数里,奔驰道路,辰巳间始到监,申刻回家就食。功课止午未二刻,有名无实。惟昼夜在监读书,庶有实益;而号舍供给未定,宜敕部院酌议。"得旨:"满洲子弟就学,请分四处,每处用伴学十名,勤加教习。十日一次赴监考课,五日一次就本处演射,务令文武兼资,以储实用。"八月,疏言:"前监臣李若琳请汉一品至七品官子孙入监读清汉书,未详内外文武现任原任之互异,及入监数目多寡,乞定文京官四品以上、外三品以上,武官二品以上,俱准送一子入监读书。年老致仕、病归及降革者,现任所送,仍准留监,革任后不准。"从之。四年正月,因误收学臣,咨送贡监滥额,降一级调用。寻补太仆寺寺丞。五年,转通政司右参议。七年,迁顺天府府丞。八年,晋太仆寺卿。

九年六月,改詹事府詹事。八月,疏言:"署后旧建经库,又设司经局官。兵燹后,散佚无存。请敕部直省学臣量动学租,及缺官缺廪银,购遗书解藏经库。至国子监现存十三经、二十一史,并乞颁发,以司经局官典守。"得旨,允行。九月,教习庶吉士。十年,转弘文院学士。十一年十月,擢礼部右侍郎,十二月,转左。十四年,御史高尔俨劾所蕴年老,每会议渺无识见,宜引退。所蕴亦乞休致。康熙六年,死,赐祭葬如例。

李元鼎

李元鼎,江西吉水人。明天启二年进士,官至光禄寺少卿。流贼李自成陷京师,元鼎从贼授伪光禄寺少卿。

本朝顺治元年,睿亲王定京师,元鼎投诚,授太仆寺少卿。二年二月,裁大仆寺缺,命为原官。四月,迁本寺卿,寻转太常寺卿。七月,擢兵部右侍郎。八月,疏言:"臣乡襟江带湖,据金陵上游,控闽粤而连浙楚。旧有江西巡抚,控制全省,又有南赣巡抚分理。承平无事,且不可一日缺人,况又地方多事,非得人料理,恐残兵馀寇,再肆蹂躏。恳恩遴简重臣二员,速往受事。"下所司知之。三年,疏言:"吉安一郡,祇臣一人受职盛朝。负固之兵,视臣家为仇雠;倡乱之众,以臣家为鱼肉。致臣弟逼死,臣母惊病,家口流离,尽皆散失。今吉安已复,恳恩给假归省。"疏下吏部,以枢务正繁,未许因私请假,得旨,着照旧办事。四月,因元鼎曾荐私人倪先任于顺天巡抚柳寅东听用。后获劫盗刘杰等,称先任是其同党,鞫实,先任正法。部议元鼎职系枢臣,辄送匪人听用,虽称不知为盗,未可遽信,应拟斩;寅东不查来历收用,先任后虽斥退,亦拟杖徒。〔一〕特恩免元鼎、寅东罪,姑革职。

八年闰二月,吏部尚书谭泰、陈名夏等遵旨荐举人材,称:"元鼎历任清勤,前缘事褫革,非赃私可比。请录用以备驱使。"诏起送来京。八月,复原官。十年,以总兵任珍前任兴安擅杀妻妾惧罪,遣人至京行贿。至是,事败,兵、刑二部株连得罪者十馀人,元鼎议罪尤重,应绞,恩诏仍免死,杖徒折赎。未几,死。

子振裕,累官礼部尚书。

【校勘记】

〔一〕亦拟杖徒　原脱"徒"字。贰检卷八叶四六上同。今据贰排卷一二叶三五上补。

傅景星

傅景星,河南登封人。明崇祯十年进士,授山西平阳府推官。寻迁山东道监察御史,巡按陕西。未行,流贼李自成陷京师,景星从贼,授伪兵政府侍郎,掌职方司。

本朝顺治元年,录明旧臣,授原官。二年正月,巡按顺天。二月,疏言:"民房应给旗下者,当宽限,俟移后令管业。又州县清查绝产,产既入官,老稚无依;卫地入官,屯军亦无栖止。请量给闲房,仍编入户口,严禁逃亡。"八月,疏言:"田地被圈之民,俱兑拨咸薄屯地。请照原额起征,倘支解不敷,再于支解额中量省。"九月,疏言:"完县地瘠赋重,原额止五分零,后加至七分有奇,较各州县三四分不等。请照原额征收。"均下部议行。先是,商民出海运籴有禁。十一月,景星以天津侨居者众,民食取给山左,本年岁本歉收,赖商贩接济,请弛禁,听商民自便。诏如所请。三年正月,疏言:"皇上初以满兵未有恒产,令圈种无主田地;又以满汉杂处未便,令择处一方。去年已有定区,续拨将蔓延无制,且庄房必近圈地,以便耕凿。乞诏部发示所拨地亩,察其与去年之圈地相邻者,不必复及他方;其庄房亦止于原地内所有者,不必圈及城内,更除大路镇店免拨,以便行旅。"三月,疏言:"奸徒谋充庄头,于续拨之田,任意圈种,请究治示惩。"又请蠲静海、兴济、青县三县荒地钱粮,俟成熟照例起科。俱得旨允行。

四年,迁太仆寺少卿。六年,转左通政。八年,迁通政使。九年,迁左副都御史。十年,迁工部右侍郎。十二年二月,给事中韩庭芑劾:"景星久居风宪,罗利无耻。继转工部,值河决,一筹莫展;且年老臃肿,请赐罢斥。"得旨:"傅景星自行回奏。"五月,以病乞假,归。寻死。

叶初春

叶初春,江南湖口人。明崇祯元年进士,初为常州府知府曾樱属吏,以行取,擢御史。后东厂诬樱行贿,庄烈帝命械赴京。初春知其廉于他事,微白之,诏诘问,因言樱实不知贿所从至,巡抚沈犹龙、巡按张肯堂俱力白樱冤,乃释罪。初春转给事中。时宣府总兵李如松以父子兄弟并居重镇,势骄横,屡被言官论劾,俱不报。初春请更调之,乃命如松与山西李承恩更镇。迁初春太仆寺卿。寻擢工部左侍郎。福王时，以初春曾降附流贼李自成，定入从贼案。

本朝顺治元年，大兵定京师，初春赴阙投诚，仍原官。十二月，赐鞍马。二年正月，丁母忧。时江西寇氛未靖，道途阻塞，诏令初春在京守制。八月，江西平，疏请回籍葬亲，许之。初春随具疏为其父母及妻请祭葬，礼部议以"初春投诚首附，简任司空，恭值大工鼎建，任事拮据。念兹经始劳臣，恩恤宜及所生，应照例与其父母祭一坛，减半造葬。至伊妻止有附葬之例，未便预为题覆。"上如议行。初春遂归葬其亲。寻死于家。

张若麒

张若麒，山东胶州人。明崇祯四年进士，任清苑县知县。十一年，行取，考选，得用给事中。检讨杨士聪劾吏部尚书田维嘉考选行私，庄烈帝因亲策诸臣，若麒仅得刑部主事，大失望，谋改兵部。会少詹事黄道周劾大学士杨嗣昌夺情起复，嗣昌呕购人劾道周，若麒乡试为职方司郎中王陛所取中。至是，陛以密结嗣昌，新擢太仆少卿，示意若麒。若麒遂疏诋道周曰："顷者大布王言，谆谆然以正人心、息邪说，为治天下之大本。举党同伐异之隐情，招权纳贿之狡术，无不见其肺腑。数日以来，群党藉藉，或掷钞传之邸报而怒视，或引不论之远事而诋讥。有谓召对之日，黄道周犯颜批鳞，古今未有，而上为之理屈者；又谓坚求一死，而上左顾言他，始终无如道周何者。要使古今未有之好语，尽出自道周之口，而凡可以归过君父者，无所不至。盖饰六艺以文奸言，务在假托道学以把持朝廷，而显行其呼朋引类之计。举国如狂,莫之敢指。臣何敢畏其凶锋而不言?"〔一〕疏入,贬道周六秩,调外。嗣昌以若麒知兵,调为兵部职方司主事,寻迁郎中。

十四年,我太宗文皇帝围锦州,总督洪承畴集诸镇兵来援,未敢决战。兵部尚书陈新甲遣若麒往商于承畴,欲分四路夹攻。承畴虑兵分力弱,议主持重。若麒以围可立解入告,新甲益趣承畴进兵,若麒屡报捷。荐加光禄寺卿。既而诸军自松山出战,我师击败之,歼殪各半。若麒自海道遁还,新甲庇之,复令出关监军。十五年二月,松山城破,若麒复自宁远遁还。时大学士谢陛与新甲庇若麒,并为廷臣交章纠劾。御史米寿图劾:"若麒本不谙军旅,谄附杨嗣昌,遂由刑曹调职方。督臣洪承畴孤军远出,若麒任意指挥,视封疆如儿戏,虚报大捷。躐光禄卿,冒功罔上,恃乡人谢陛为内援,当骈斩以慰九庙之灵。"于是若麒论死系狱。及流贼李自成陷京师,纵出之,受伪职为山海防御使。

本朝顺治元年,睿亲王多尔衮定京师,若麒迎降,授顺天府丞,暂管府尹事。七月,若麒启请拨付兵马,往剿其乡贼寇,以济南、兖州、东昌听招抚侍郎王鳌永经理,而己分任登、莱、青三府。睿亲王以府尹不便领兵进征,谕止之。先是,吴三桂为明总兵,若麒素相识。及我朝封三桂为平西王,若麒数通馈问。睿亲王谕责之曰:"大小臣工,只应辦本等职业,不宜谄上渎下。今察知顺天府差人取鱼,向各王府投送。恐各官效尤,谄渎成风。自后不得劳民献谀,有乖政体。"若麒启辨:"各王府从未轻谒,惟平西王系旧知,曾往吊其父丧。又值生辰,一往拜寿,亦无取鱼投送之事。此有人设谋陷害,故造为谤言也。"睿亲王谕以事岂无因,姑不究既往。

九月,若麒父熙家居,被土贼葛钦焚宅劫财,伤亡。疏请丁忧回籍,得旨解任,在京守制。二年四月,乞假葬父,允之;又为父请恤,下部议准,予祭奠。五年九月,起补顺天府丞。七年,迁大理寺少卿。旋迁太常寺卿,管太仆寺卿事。九年四月,擢通政使。八月,乞假归省母病。十年三月,以母病未愈,己亦患病,乞在籍调理。十三年,遇京察,以久病休致,死于家。

【校勘记】

〔一〕臣何敢畏其凶锋而不言　"而"原误作"雷同"。贰检卷八叶一〇下同。今据贰排卷一二叶六下改。

唐通

唐通,陕西泾阳人。明崇祯七年,以榆林守备从总督陈奇瑜征流贼于郧阳。寻迁游击,守汉中;复迁宣府副将,官至密云总兵。十四年,我太宗文皇帝遣兵围锦州久,蓟辽总督洪承畴令通及马科、王朴、吴三桂、李辅明、曹变蛟、白广恩、王廷臣八总兵,合兵十三万援锦州,次松山。通与曹变蛟屡迎战,辄败。太宗文皇帝亲统大军围之,度明兵必遁,密授诸将机宜,设伏邀击。明兵乘夜奔窜,自杏山迤南沿海东至塔山,伤毙及溺海死者甚众。通与朴、三桂、科、广恩等皆脱走。十五年,松山破,洪承畴就擒。明法司论诸逃将罪,斩王朴,馀皆以贿免。通贬秩,仍镇密云。是冬,太宗文皇帝遣兵自黄崖口入蓟州,越京师趋山东,凡克城八十有八。通始守墙子岭,继乃尾后,声言赴援,不敢一战。及大军凯旋,通与广恩等合兵邀拒于螺山,溃还密云。十六年五月,大学士吴甡将赴武昌讨流贼,尚书张国维请以通与马科兵及京营兵共一万,随甡南征。大学士陈演又以关口不可无备,奏留唐通,裁密云总兵,改通蓟镇中协总兵。九月,我世祖章皇帝遣兵征宁远,通率兵赴援,至则李辅明已战死,中后所、前屯卫、中前所三城俱破,以宁远城得全还报。明帝移通守蓟镇西协。召见,称卿而不名,赐蟒服、玉带。十七年三月,以流贼李自成陷大同,封通定西伯与总兵吴三桂、左良玉、黄得功并征入卫。三桂等远不能至,通逾宿即抵京,陛见,赐银币,慰劳再三,发内帑银四千两犒其军。命偕太监杜之秩守居庸。通至,闻贼已抵柳沟,遂与之秩并从贼。贼入关,遣伪兵政府侍郎左懋泰偕通守山海关,通遗三桂书,盛夸自成礼贤,啖以父子封侯。三桂甫领兵入卫,兵至永平,闻其妾陈沅被虏,还兵击通,通败,仅以八骑走。其标下兵八千尽溃,降三桂。自成闻之,令降将广恩援通,兵亦溃。自成别以兵二万守关,而遣通赍银四万两犒三桂军,欲因以招之。三桂佯受金缓贼,而以书乞本朝兵入关。睿亲王多尔衮统师由宁远进,通率数百人迎战于一片石,败却,自成率贼三十馀万自北山横亘至海,列阵以待。睿亲王令我兵向海,鳞次布列,三桂分列右翼末,各对阵,奋击大败贼众。通随自成西遁,至府谷,见贼势蹙不足恃,力纠集散卒,击走贼将李过,还驻保德州。

　　本朝顺治元年九月,山西总兵高勋以通愿归顺,乞兵共剿贼入奏。十一月,英亲王阿济格统师至宁武关,通随勋迎谒,王令往保德州河岸,造筏济大军。通寻遣裨将赴京,赍缴定西伯银印,命隶正黄旗汉军,晋封定西侯。诏以总兵官镇守保德州,杀

贼自效。二年正月，双山土贼高一功陷榆林，通与巡抚赵兆麟逐
之，贼遁。七月，同陕西巡抚雷兴剿败张果老崖土贼黄张飞等，
疏言："土寇侵扰淳化、耀州、三原、富平，久为民害。黄张飞等拒
剿，负险恃众，抗拒官兵。二旬四战，参将杜言、[一]游击史万宰
等杀贼四五千人，堕崖死者以数万计，获大旗十、铁甲十三、盔
七、马十六、骡二、驴七十四，请分别赏恤有功及阵亡诸弁兵，以
示奖励。"得旨："疏内既称杀贼四五千人，跌死数万，何以所获
旗甲等物，止有如许？此系明季恶习，以后不得沿陋入报。"下部
严饬行。九月，疏言："三秦已定，臣应回京供职。请以保德仍归
宁武镇管辖。所有兵马，当留陕西，为城守之需。"得旨："准回
京陛见，其兵马留陕西，督抚察明留用。"五年四月，奏缴定西侯
印，乞改赐世袭爵职，下部议，予一等子，袭十四次。康熙三年二
月，以年老乞休，诏原品致仕，遇朝贺随班行礼。四月，死，赐祭
葬如例。

其一等子爵，子翰辅，孙之汾，相继袭。之汾任镶红旗副都
统。五十一年，卒，所司以其子祝应袭请，谕曰："唐通原系前明
总兵官，不能出力，反降顺流贼。后虽投诚本朝，未著功绩。其
世职不必承袭。"

【校勘记】

〔一〕参将杜言　"杜"原误作"柏"。今据贰检卷七叶四下及贰排卷
　　一〇叶三一下改。

董学礼

董学礼，陕西广武人。明花马池副将。流贼李自成陷陕西，

学礼从贼,授伪总兵,驻扎怀庆。

本朝顺治元年,豫亲王多铎兵下河南,学礼降,并以书招降宁夏伪节度使陈之龙,贼将牛成虎获其书,尽杀学礼家属。会贼犯孟县,学礼渡河来援,杀贼千馀。二年,随英亲王阿济格平陕西,署凤翔总兵。部议以凤翔例不设镇,令学礼来京另用。寻入京,隶汉军正黄旗。五年,叙投诚功,授一等子。十六年,海寇犯温州,加左都督衔,充随征浙江总兵官,驻温州。十八年,擢湖广提督。时桂王将李来亨等踞湖广西山。康熙二年二月,学礼同总兵穆生辉、于大海、高守贵由间道袭剿,败之于李店,擒其将宋段,俘获无算。来亨退据谭家寨,我兵四面围之,别遣将恢复归州、巴东、巫山等处,直达夔州,抚辑西山洞寨百馀处,得旨嘉奖。七月,来亨乘大雾来犯我营,学礼督兵夹击,斩首七百馀。三年,来亨以内讧举家自焚。学礼以书招降其党王光兴、蒋尚膺等。五年,死。

子永蕃,袭职。

骆养性

骆养性,湖广嘉鱼人。明崇祯时,官锦衣卫都指挥使。荐迁左都督,加太子太傅。当周延儒与吴甡同秉政,欲引用养性,甡持不可,且因召对,言厂卫弊害,延儒附和之。养性怨甡,并怨延儒。行人司副熊开元,养性乡人也,劾延儒罪,庄烈帝怒其谮谮辅臣,令锦衣卫逮至严讯。时给事中姜埰以邀玩诏旨,亦下锦衣卫。养性告同官以奉密旨,令毙两人于狱。同官举天启时掌卫事锻炼残酷、崇祯初伏诛之田尔耕、许显纯为戒,养性惧,漏语于同乡给事中廖国遴;国遴以语同官曹良直,良直疏劾养性归过于君,而自以示恩,若无此旨不宜诬谤,即有之不宜泄,请诛养性。疏入,留中。会吴甡以出征襄阳,延缓罢任。养性构陷之,谪戍金齿。延儒督师通州,饮酒娱乐,而日腾章奏捷。养性阴刺其军中事以闻。延儒罢归。养性复与中官结,腾蜚语,庄烈帝乃尽削延儒职,遣缇骑逮至京,令自尽。开元、埰并出狱遣戍,养性任职如故。流贼李自成陷京师,养性从贼。

至本朝顺治元年,睿亲王多尔衮定京师,养性与御马监太监张泽民迎降于城外。旋与锦衣卫都指挥同知王鹏冲等率旗尉陈设仪仗,导引入武英殿,王令养性仍原官。六月,令总督天津军务。七月,疏言:"盐课一节,诚今日兵饷急需。然盐课出自南户部,一时路阻,难以胶柱。应权刻盐票,以当正引。即令商人赴户部按引纳课,发盐运使掣盐。至征课旧例,每引征银六钱五分七厘有零,加征辽、练等饷,在各商苦于上纳,食盐之民又苦价高。病商病民,莫此为甚。现在津兵待饷,请即以长芦盐课抵兵饷,庶为商民两便。"从之。又疏请征纳钱粮,照旧例每两加火耗三分,其馀停免。得旨:"钱粮征纳每两火耗三分,正是贪婪积弊,何云旧例? 况正赋尚宜酌蠲,额外岂容多取? 着严行禁革。"先后疏荐明尚书张忻,侍郎党崇雅、李化熙,副都御史房可壮,通政使王公弼,并得旨征用。十月,以擅迎明福王朱由崧所遣使臣左懋第等,部议革职为民,上念养性有迎降功,革总督任,仍留太子太傅、左都督衔。十二月,赐鞍马。二年正月,奏言:"漕粮为国计所关,明旧额四百馀万,皆取于江南北。今大兵业已渡河,当以总漕大臣前往相度料理,随收随解,庶京庾有储。又两淮盐

务国计所赖,招商裕课,亦宜及时图度。"疏下部知之。五月,叙
迎顺功,加太子太师。六月,百户安启懋讦养性贪婪通贼事,下
法司讯,不实,褫启懋职。

十月,疏言:"守候期年,未蒙委任。今升太子太师,何敢坐
糜廪禄而不思报效?伏恳敕谕吏部。"得旨:"静候简用。"五年
八月,吏部以养性原系武职出身,前已缘事撤任,不应再补文职,
请敕兵部降用。六年二月,授浙江掌印都司。寻死。

陈之龙

陈之龙,江西宜春人。明举人。历官三边监军道。流贼李
自成陷陕西,之龙降贼,授伪宁夏节度使职。

本朝顺治元年,大兵定京师,之龙旧将董学礼自怀庆降,以
书招之;及英亲王阿济格追贼至陕西,之龙诣军门降,委署三边
总督,移驻固原。二年三月,进京陛见。十一月,授都察院右佥
都御史,巡抚凤阳。三年三月,疏言:"臣自徐入境,见小口河决,
沛县首受其害。旧黄河水横冲庐舍,邳州、宿迁半皆漂没,当议
蠲赈。淮扬地方文武贪残冒滥者不少,应分别参革更换。各属
皆有投顺暂驻之兵,统驭无人,糜饷甚多,宜早定经制。"上嘉纳
之。十一月,土寇刘和尚等由湖北蕲州突犯英山县,之龙檄调庐
阳、六安两营兵击走之;又招降海贼徐见吾、卢瑞宇等。四年正
月,如皋县土贼赵云、李七,伪称都督,指称明废官李之椿为谋
主,谋攻通泰等处。之龙发兵斩贼千馀,搜获之椿,鞫讯之椿未
与谋,因未缴出前明关防,遣戍。十月,协同漕运总督杨声远剿
盐城坝湾贼,遣标将王永昌等剿庐江贼,俱平之。五年,奏擒奸

人黄毓祺于通州法宝寺,获伪印及悖逆诗词。原任礼部侍郎钱谦益曾留毓祺宿,且许助赀招兵。诏总督马国柱严鞫,毓祺死于狱,谦益辨明得释。

时江西镇将金声桓叛,攻陷无为州、巢县等处。巡按潘朝选劾之龙不能御寇,纵兵淫掠,得旨,降二级调用。又以审理周龙隐占明逃藩遂平王眷属一案,迟延朦混,下部议,革职。之龙寻死。

柳寅东

柳寅东,四川梓潼人。明崇祯四年进士,官御史,巡按顺天。流贼李自成陷京师,寅东从贼,授伪直指使。

本朝顺治元年,投诚,授原官。疏言:"顷见吏部除官,凡前朝犯赃削职,及受流贼伪职诸臣,概予录用,恐贤否混淆,或为民害。请罢斥禁锢,以清铨政。"又言:"方今景运方新,民志未定,犯罪者仅以鞭笞从事,不足威众。宜速定律令,颁示中外。"得旨:"归顺官民,既经擢用,不必苛求。罪人鞭责,本觉过宽。自今问刑,暂准明律,以副朝廷刑期无刑之意。"又疏言:"戡乱大计,惟流贼最急。当调蒙古入三边,而大兵直趋秦晋,使贼腹背受敌;别遣兵扼蜀汉冲要,以防窜逸。"上嘉纳之。时畿辅初定,赋役尚沿明制,州县额丁,遭乱逃亡,有司虚立丁口,以符原额;里甲私编馀丁,责银包纳,谓之包丁;其逃亡荒废之地,里甲加派土著,业户代输地粮,及屯田已报升科,而实未垦者,坐令营路纳粮,谓之荒粮,并为民累。寅东奏请豁免,寻复疏请裁冗员,并得旨允行。二年,擢太仆寺少卿。

三年,奉命巡抚顺天,雄县褫衿许平侯者,窝巨盗刘文禹等百馀人行劫,谋攻霸州、容城,为其党侯尚志所首,寅东督兵捕斩平侯及盗首二十馀人,馀党解散。寻大兴土贼李振宇就抚,寅东请贷其死,官给廪食。凡海子、红门诸土贼,咸责令侦捕自效,从之。初,寅东与侍郎李元鼎善,其出为巡抚也,元鼎荐其门下人倪先任才堪使令,寅东遂给以参将牌札。四年,部臣以先任曾为盗党,寅东滥给牌札,请逮讯鞫实,与元鼎并罢职,归。

八年,上亲政,诏寅东仍以巡抚起用。十三年,湖广巡抚员缺,吏部拟列寅东名进,给事中姚延启劾其年老才庸,请勒令休致,下部议寅东精力已衰,应以巡抚衔致仕,从之。未几,死。

方大猷

方大猷,浙江乌程人。明崇祯十年进士,官直隶井陉道。福王时,以大猷曾降附流贼李自成,定入从贼案。

本朝顺治元年五月,投诚,授盐运道。[一]随侍郎王鳌永招抚山东。七月,擢山东巡抚,疏请颁诏崇祀孔子,定阙里仪章典制,得旨:“先师为万世道统之宗,礼当崇祀,昭朝廷重道尊师至意。”下部详议举行。大猷复请以无业荒地,分给流民及守兵屯种,三年后起科。开矿长清诸处铸钱充饷,行保甲以弭盗,减盐课以恤商。皆议行。又疏荐明庶吉士张端、主事李森先等,得旨录用。时兖沂间土贼啸聚,大猷遣兵剿抚,屡奏绩。二年二月,给事中韩源劾奏:“山东吏治弊坏,擒获盗辄贿脱,大猷擅逐长山知县张廷钰,不入告,辄以州判梁起祯代,纵其贪婪。”诏大猷回奏,大猷言:“土贼就抚,法得宽宥,非关贿脱。梁起祯贪婪无据,张廷钰由巡抚朱朗鑅议罢不入告,咎在朗鑅。"于是韩源复劾其欺饰,朗鑅亦劾大猷擅逐廷钰,有牒可据,所奏诬罔。事下登莱巡抚陈锦、巡按李之奇查核,大猷坐谬罔,部议革职,得旨,从宽降调。六月,授密云兵备道。初,长清土贼李明、尹三清就抚,既而二人械斗讼县。大猷时为巡抚,令斩之,以既降复叛入奏。上览奏,未有叛据,且不应先斩后奏,命陈锦覆勘得实,大猷已之道任,奉谕严责回奏,大猷谓李明等不杀终叛,急诛之以除后患。其时尚未定重辟奏请上裁之例,故遽行擒斩,乞赐原宥。上以大猷既经降调,免议。

九月,以总漕杨方兴荐,调河南,管河道。时汴梁决口,未塞,小宋口、曹家寨、流通集诸处,先后冲决。大猷初仕明,尝为管河道,方兴谓其练习河务,故荐之。七年八月,河决荆龙口,大猷议以来春鸠工,于上流筑长堤,缓遏其势,乃筑小长堤于决口,请帑十万两有奇,期以半年蒇事。八年二月,部推江南按察使,方兴奏留之,命以按察使衔,仍管河务。寻以荆龙决口逾期未塞,削衔留任。十年,河决大王庙,给事中周体观、林起龙等交章劾大猷耗帑误工状,方兴为剖辩,得免议。十三年,总督李荫祖疏劾大猷曰:"决河以殃民者,河伯也。治河以奠民者,河道也。今百姓不怨河伯而怨河道,由大猷奇贪极狡,朘削之术既工,锱铢之利必尽。欲壑难填,民膏已竭。"因胪列其科敛婪取数十款,得旨,鞫治。诏革职,下抚按逮讯,得实,计赃论绞。越四年,死于狱。

【校勘记】

〔一〕授盐运道 "盐运道"原误作"监军副使"。今据贰检卷八叶一四上改。按贰排卷一二叶九上作"盐库道"，"库"显系"运"字之误。

陈名夏

陈名夏，江南溧阳人。明崇祯十六年进士，官翰林修撰，兼户、兵二科都给事中。福王时，以名夏曾降附流贼李自成，定入从贼案。

本朝顺治二年七月，名夏抵大名投诚，以保定巡抚王文奎疏荐，复原官。旋擢吏部左侍郎，兼翰林院侍读学士。时大兵定江南，九卿科道议南京设官因革裁并事，不决。名夏以"国家定鼎神京，居北制南。不当如前朝称都会，宜去京之名，存设官之实"。疏入，称旨。三年，丁父忧，命在官任事，私居持服，并敕部议赠恤；复陈情请终制，特赐银五百两，暂假归葬，仍给俸赡在京家属。明年，还期。五年，初设六部尚书各一，即授名夏吏部尚书。定例，各省道、府、州、县等官升迁，俱俟三年考满。名夏以地方需人，必待考满，势难悬缺，奏改历俸三年，抚按荐举，酌量推补。寻加太子太保。八年，授弘文院大学士，晋少保兼太子太保。九年，以党附吏部尚书公谭泰议罪，解院任，给俸如故，发正黄旗下，与闲散人随朝。

初，睿亲王多尔衮专擅威福，尚书公谭泰刚愎揽权，名夏既掌铨衡，徇私植党，揣摩执政意指，越格滥用匪人，以迎合固宠。及多尔衮事败，御史张煊劾奏名夏结党行私，铨选不公诸劣迹，下诸王部臣鞫议。会上方巡狩，谭泰独袒名夏，定议诸款皆敕前事，且多不实，煊坐诬论死。至是，谭泰以罪伏诛，命亲王大臣复按张煊所劾名夏罪状，名夏厉声强辨。及诘问词穷，涕泪交颐，

自诉投诚有功,冀贷死。谕曰:“此辗转矫诈之小人也,罪实难
逭。但朕有前旨,凡谭泰干连,概赦免。若复执名夏而罪之,是
不信前旨也。”因宥之,且谕令洁己奉公,勿以贪黩相尚,冀其自
新,以副倚任。十年,复补秘书院大学士。时吏部尚书员缺,左
侍郎孙承泽请令名夏兼摄,上以侍郎推举大学士,有乖大体,责
令回奏。复谕名夏曰:“尔可无疑惧。”越翼日,仍命署吏部尚
书。上尝幸内院,阅会典及经史奏疏,必与诸臣讲求治理,兼示
诸臣以满汉一体,〔一〕六部大臣不宜互结党与,诚谕名夏益谆切
焉。会有旨令集议,刑部论任珍家居怨望,指奸谋陷诸罪应死
状,名夏及大学士陈之遴、尚书金之俊等汉官二十八人,与刑部、
九卿、科道等满洲官两议,〔二〕得旨责问名夏更巧饰欺蒙论死,复
诏从宽典,改削宫衔二级,罚俸一年,仍供原职。

十一年,大学士宁完我列款劾奏名夏曰:“名夏屡蒙皇上赦
宥擢用,宜洗心易行,效忠于我朝。不意其蛊惑绅士,包藏祸心
以倡乱。尝谓臣曰:‘要天下太平,只依我两事。’臣问何事,名
夏推帽,摩其首云:‘留发、复衣冠,天下即太平。’臣思为治之
要,惟在法度严明,则民心悦服。名夏必欲宽衣博带,其情叵测。
臣与逐事辩论,不止千万言,灼见隐微。名夏礼臣虽恭,而恶臣
甚深。此同官所共见共闻者也。今将结党奸宄事迹言之,名夏
子掖臣,居乡暴恶,士民怨恨,欲移居避之江宁,有入官园宅在
城,各官集赀三千两,代为纳价,遂家焉。掖臣横行城中,说人
情,纳贿赂,各官敢怒而不敢言。人人惧其威势。名夏明知故
纵,科道官岂无一人闻之? 不以一疏入告,其党众可见矣。名夏
署吏部尚书时,因赵延先系其契交,骤加升擢。科臣郭一鹗疏言

吏部升官,迟速不一,指延先为证,多开资俸两月。名夏欲罪之。刘正宗不平,事乃已。臣思赵延先不当升而升,名夏反欲罪言官,其揽权可见矣。浙江道员史儒纲系名夏姻亲,为浙抚萧起元所劾,革职提问,名夏许其复官,屡嘱起元,起元难之,迟延三四年不结。臣闻之已久,一日见名夏票、萧起元疏,苛加指驳,批从重议处。额色黑、图海以为非人臣言,此疏祇宜批该部议奏,名夏乃允,其欲为史儒纲报复可见矣。翰林张天植告假回南,名夏助路费银百两,天植于其家还银,名夏不知,曾言天植得罪于我,所以外转;后知银已还,见天植又曰:'还尔翰林可也。'臣思甄别翰林,出自圣裁,而名夏直任去留由己,欺诈实甚。乃昨见冯铨等荐举十二人疏内,列有天植,则名夏之营私巧计,更莫测矣。名夏与山西牛射斗结姻,吏科魏象枢系其姻戚,象枢劾司官钱受祺擅委事,将巡捕误作中军,后自检举,下部核议,象枢应降级调用。名夏辄票罚俸六个月,其护党市恩显然矣。臣等职掌票拟,一字轻重,关系公私。臣虑字有错误,公立一簿,注姓以防推诿,行之已久。一日,名夏不俟臣等到齐,自将公簿注姓涂抹一百一十四字,为同官所阻,方止。窃思公簿何得私抹,不知作弊又在何件。本年二月,上命内大臣传出科道官结党谕旨,臣书稿底交付内值及票红发下,名夏抹去'挤异排孤'一语,改去'明季埋没局中,因而受祸。今方驰观域外,岂容成奸'四句,作两句泛语。其纠党奸宄之情形,恐皇上看破,故欲以只手障天也。请敕下大臣确审具奏,法断施行,则奸党除而治安可致矣。"遂下廷臣会勘,名夏辩诸款皆虚,惟"留发、复衣冠",所言属实。完我复与大学士刘正宗共证名夏揽权市恩欺罔罪,谳成,论斩。上以名夏久任近密，改处绞。

子掖臣逮治，杖戍。

【校勘记】

〔一〕兼示诸臣以满汉一体　 "示"原误作"训"。贰检卷七叶一〇下及贰排卷一一叶三上均同。今据陈名夏传稿(之四二)改。

〔二〕尚书金之俊等汉官二十八人与刑部九卿科道等满洲官两议　原脱"汉官"及"满洲官"共五字。贰检卷七叶一一上及贰排卷一一叶三上均同。今据陈名夏传稿(之四二)补。

高尔俨

高尔俨，直隶静海人。明崇祯十二年进士，授编修。福王时，以尔俨曾降附流贼李自成，定入从贼案。

本朝顺治二年四月，以庶子李若琳荐，授秘书院侍讲学士。七月，迁礼部右侍郎。五年，调吏部右侍郎。六年，诏加右都御史衔。八年三月，转吏部左侍郎。八月，擢补本部尚书，加太子太保。九年，侍宴中和殿，赐貂镶朝衣一袭。十年正月，御史吴达劾尔俨任匪人滥竽，漫无铨别，且以部事批决于家，不宜任冢宰。下部察奏，以所劾无据，免议。二月，引疾乞休，上允之。寻谕吏部曰："尔俨存心醇谨，行事和平。近告病谢事，其病朕已悉知，内院事务殷繁，高尔俨仍以太子太保补弘文院大学士，其力疾入院办事，毋以疾辞。"十一年，以病解任。寻死。谕曰："大学士高尔俨和平清谨，历任著劳。虽谢事养病，恒望痊可，以竟谟猷。忽闻溘逝，朕深悯恻！应给恩恤，着从优察例具奏。"十二年,特赠少保,赐祭葬,谥文端,荫一子为中书舍人。

张忻　子端

张忻,山东掖县人。明天启五年进士,初任河南夏邑知县,行取,授吏部主事。累迁太常寺卿。崇祯时,官刑部尚书,给事中姜埰先以言事下狱,会岁疫,出诸囚,埰亦出,即谒谢宾客。庄烈帝闻之,以诰忻,忻惧,复系之狱。流贼李自成陷京师,忻从贼。至本朝顺治二年四月,以天津总督骆养性荐,授兵部左侍郎,兼右副都御史,巡抚天津。闰六月,疏言:"津门防海护漕,宜充实营伍,粮饷无缺。今计兵饷欠支半年,请敕部给发。"三年十月,疏言:"沧州当冲要,凡奉差船,动索纤夫百馀,复需马赶夫,名为纤马,系明季相沿陋习,借名色以便折价,岂有步行人夫,用马追赶者?贻累地方,莫此为甚。应革。"十二月,又言:"静海、兴济二县冲疲已极,更叠遇炎祲,地土荒芜,仍征粮赋,民力难支。请恩旨蠲免。"疏入,俱议行。四年,静海唐官屯土寇作乱,戕副将周天命等,忻坐饬防不密,丧师掩饰,降二级调用。寻以病致仕。十五年,死。

子端,崇祯十六年进士,改庶吉士,亦从贼。本朝顺治二年,山东巡抚方大猷荐其才,召至京,同明庶吉士成克巩、高珩考试,大学士冯铨等拟端列中等,例授科道,部属因编纂乏人,奏授弘文院检讨,充明史纂修官。三年,充江南乡试正考官。五年,迁秘书院侍讲学士。六年正月,转国史院侍读学士。九月,迁学士。九年正月,恭修太宗文皇帝实录。充副总裁。五月,迁礼部左侍郎。十年,擢国史院大学士。十一年,死,赠太子太保,赐祭葬，谥文安，荫一子中书舍人。

白广恩

白广恩，陕西人。明崇祯初，流贼四起，广恩从盗魁混天猴攻陷宜君、鄜州，袭靖边，为副将张应昌所败，中矢遁。嗣总督洪承畴破贼于平凉，广恩降，授都司，随总兵曹文诏败贼金川岭，积功至蓟州总兵。

我太宗文皇帝征明锦州，承畴合诸镇兵来援，以广恩代左光先为援剿总兵，与总兵曹变蛟、马科、王朴、吴三桂、唐通、王廷臣、杨国柱等合兵十三万援松山，国柱战死。俄闻我太宗文皇帝亲临督阵，诸将大惧，出战连败。饷道绝，朴先遁，广恩等相继走，遇我军邀击，大败。松山破，承畴就擒，并擒广恩子良弼，留养之。明法司论诸逃将罪，广恩贬秩。寻代马科镇山海关，良弼遗之书，不报。是年冬，我军由黄崖口入蓟州，广恩自马兰峪同总兵白腾蛟来援而败，以兵入卫京师。庄烈帝喜，赉银帛、羊酒。俄，战龙山口，稍有斩获，以捷闻。庄烈帝始恶广恩观望，降旨切责，而冀其后效，特命叙功。明年，我军由山东北旋，广恩合唐通等八镇兵邀拒于密云之螺山，悉溃败。总督赵光祈请召广恩入为武经略，广恩抗不赴召。

大学士吴甡将督师征流贼，请佯逮广恩治罪，而己力救，因率以讨贼，庄烈帝从之。广恩感甡甚，受约束。无何，庄烈帝遣中官赍金二万犒其军，且谕以温旨，广恩遂骄不为甡用，大掠临清关，径归陕西。庄烈帝不得已命总督孙传庭办贼，广恩桀骜不可使。传庭惜其骁勇，用以统火车营。后传庭自汝州蹙贼于宝丰,李自成来援,广恩与总兵高杰夹击,败贼,转战至郏县,军饥,因还军迎粮。自成帅精骑还战,传庭问计于诸将,高杰请战,广恩不可。传庭以为怯,广恩不怿。及战,贼阵五重,官军破其三,贼骁骑殊死斗,广恩军将火车者呼曰:"师败矣!"脱挽辂而奔,众军大溃。高杰陷伏中,广恩走汝州,不救。传庭渡河入潼关,加广恩荡寇将军,俾缘道收溃卒,保潼关。贼随至攻关。广恩力战败,杰以前怨,亦拥众不救,关遂破。传庭战殁,广恩西奔固原,贼追击之,即开门降。自成大喜,握手共饮,伪封桃源伯。

本朝顺治二年,英亲王阿济格剿贼陕西,广恩具疏投诚,自陈罪状。得旨:"白广恩自矢奋勇杀贼,具见苦心,不必自陈前罪。"寻入京,隶汉军镶黄旗。五年八月,追叙投诚功,授骑都尉世职。未几死。以其兄子良柱袭。

南一魁

南一魁,陕西肤施人。明副将。崇祯末,流贼李自成陷陕西,一魁降贼,伪授参将。寻弃之,投鄂尔多斯部。

本朝顺治二年,英亲王阿济格逐自成至山西,一魁来降,王令前驱,西渡河,同明降将康镇邦招抚延绥东路,自黄甫川至安定边十七堡俱效顺,杀伪官刘九德,随大军收西安。以功授宁夏总兵。时贼党盘踞香山,奸回聚河东,一魁招散之,并抚定两河八路城堡。陕西平,敕来京另用,隶镶红旗汉军。四年,流贼张献忠馀党孙可望踞四川,平西王吴三桂、都统李国翰由陕西进剿,一魁统右路总兵,加都督同知。五年七月,平河州叛回,总督孟乔芳令协剿文县贼赵荣贵,复其城。八月,叙功,授三等轻车都尉。六年十月，贼首刘登楼、任一贵、谢汝德等陷延绥营堡，三桂檄一魁往剿，次武威，遣参将王国英等败之杨方坪，斩伪将王虎，复镇靖堡，一贵奔定边，同汝德拒守。进围之，贼将齐进才杀汝德降，擒伪官戴治民等，花马池贼党周四闻风遁，连复榆林东西路十八营堡，一贵走铁角城，斩之，登楼亦为总兵刘芳名所馘。一魁进剿四川。九年四月，三桂檄同总兵马化豹复叙州府。时兵马不习水土，多死亡，一魁忧成疾。八月，可望率水陆数万陷叙州府，执一魁送贵州。十年三月，可望犯宝庆府，我兵败之岔路口，一魁率把总袁功等兵四十，由新化奔回常德，总督祖泽远奏报，得旨："南一魁抱病遇难，自拔还归，情殊可念！俟平西王疏到，尔部再行覆奏。"

闰六月，大学士洪承畴经略湖广、广东、广西、云南、贵州五省，以一魁善战，知贼情，请为部将。上命一魁以左都督赴军前，补给世袭敕书，赐银千两，及甲胄、马械。寻以所蓄惯战家丁，散在陕西各堡寨，调聚军前，可成一旅，请亲赴陕招访整顿，允之。十一年，集兵千二百，马骡千馀，同弟参将一才等抵长沙，充经略前标总兵。十二年三月，明桂王由榔将李定国自新会败走南宁，诏命靖南王耿继茂合湖南、广西兵进攻，承畴遣一魁同左路总兵张国柱协剿。十三年，定国奔安隆，明桂王往依之，遂奔云南。承畴留国柱镇广西，以一魁随征贵州，平之。十二月，随大兵入云南，桂王奔缅甸，一魁回驻衡州。十六年九月，加太子少保。十八年四月，兵部以一魁原随经略取云南，今云贵已平，衡州系腹里，既有城守副将，总兵官应裁。得旨允行。一魁回京候补。十二月，诏以原职随旗上朝。〔一〕

康熙五年,一魁以曾蒙世祖章皇帝特授总兵,内大臣公鳌拜、大学士范文程皆知之,至今未授,呈请兵部代题,遂私到鳌拜家,及传旨问鳌拜、文程,皆云不知。部议以一魁身为大臣,所陈诈妄,又擅往辅政大臣家,应革去职衔及世职佐领,送刑部,得旨,南一魁着削去佐领,罚俸一年。十一年五月,以年老免上朝。十三年八月,死,赐祭葬如例。

子鹏袭职。

【校勘记】

〔一〕诏以原职随旗上朝　"诏"上原衍一"候"字。今据贰检卷七叶二一上下及贰排卷一一叶一一二上删。

张缙彦

张缙彦,河南新乡人。明崇祯四年进士,历清涧、三原知县。十年,行取,入京候考选。逾年,未得命。庄烈帝闻诸臣营竞及滥徇状,责问吏部尚书田维嘉,维嘉请先推部曹二十二,缙彦预焉。迁户部主事。十一年,给事中吴麟徵等劾维嘉赃私,乃召候考诸人及已推部员集中和门试策,亲定十人为翰林,缙彦改授编修。先是,缙彦任主事时,以前官陕西悉贼势,疏言:"贼长技在分,穷技在合。请分设两军,一追一驻,则官兵不受牵制,而贼可尽灭。"至是,给事中沈迅荐其知兵,改兵科都给事中。缙彦疑尚书杨嗣昌嗾迅使之去翰林,上疏劾嗣昌。十六年,兵部尚书冯元飙见贼势张,称病去;荐李邦华、史可法自代。庄烈帝不从,超擢缙彦为兵部尚书。十七年二月,流贼李自成逼畿辅,副都御史施邦曜语缙彦急厉士卒固守,檄天下勤王兵入援,缙彦不为意。庄烈帝召廷臣问兵饷,皆不能对,因愤惋斥缙彦负国无状,缙彦顿首乞罢。

三月,李自成陷京师,缙彦与大学士魏藻德率百官表贺,素服坐殿前,群贼争戏侮之。太监王德化叱其误国。四月,我朝兵入山海关,李自成败走,缙彦窜归乡里。闻福王朱由崧据江宁,驰疏自言集义勇擒伪官,收复列城,即授原官,予总督河北、山西、河南军务印,听便宜行事。时方治从贼案,刑部尚书解学龙既分六等拟罪,以缙彦已奉录用,别列其名上。大学士马士英方秉政,凡大僚降贼贿入,辄不问。御史沈宸荃疏劾缙彦由部曹拔置词垣,不数年擢典中枢,乃率先从贼,宜即加极刑,不当屈法录用。给事中李维樾亦纠之曰:"缙彦暗胸失机,寸斩莫赎。逆贼入宫,青衣候点。及贼西走,乃鼠窜狼奔,伏草求活,逃散馀魂,安能收复河北? 总督重任,奈何遽畀贼臣!"疏入,皆不报。缙彦既受命,士英复用其姻娅越其杰为河南巡抚,贪冒不知兵,诸弁兵结寨自守,莫为用。缙彦奏令总兵许定国、王之纲、刘洪起等画疆分守,然亦不能驭也。

本朝顺治元年九月,都统叶臣等征山西,师过河北,缙彦诣军门纳款。巡抚罗绣锦趣其赴京,缙彦伴称足疾,俟疾愈即由长垣入朝。旋由陈桥渡河而南,绣锦闻其已受明福王三省总督之职,籍其所留新乡家产,以闻。及豫亲王多铎统师定河南、江南,缙彦乃遁匿六安州商麻山中。三年二月,招抚江南大学士洪承畴檄总兵黄鼎入山招之,缙彦赴江宁纳款,赍缴总督印,及解散各寨士民册,承畴疏荐之。五月,缙彦赴京师,议以投诚在江南大定后，不用。九年，河南巡抚吴景道、巡按王亮教交章荐，下吏部考核酌用。给事中魏裔介疏言："缙彦在明朝身任中枢，一筹莫展，有卢杞、贾似道之奸，而庸劣过之。当流贼李自成逼北京，匿不以报，于贼为功首，于明为罪魁。故都城破日，为司礼内监王德化发愤殴击，众所共睹。其丧心无耻，虽阉宦羞与为类。幸逢恩赦，得饮啄于光天化日之下，已为厚幸；若授以帷幄之寄，厕诸顾问之班，彼既不忠于昔日，岂能效用于我朝？乞敕部摈弃，以协舆论，勿使魑魅魍魉，白日公行。"疏入，其乡人给事中苏文枢奏缙彦屡经荐举，不当追论前朝旧事。疏并下吏部议，以右布政使用。

十年二月，授山东右布政使，甫任事，以缉获私铸报部，户部尚书陈之遴暨大学士管吏部事陈名夏等奏予从优议叙，为御史王秉乾所劾，上以名夏、之遴植党徇私，谕责之。十一年，迁浙江左布政使。十五年，擢工部右侍郎。十七年二月，上甄别三品以上大臣，谕曰："张缙彦自擢任侍郎，不能实心任事，且耽情诗酒，好结纳交游，沽名取悦，殊失人臣靖共之义。着降四级调外用。"寻补江南徽宁道。是年六月，左都御史魏裔介劾大学士刘正宗罪恶，言缙彦与为莫逆友，序其诗称以将明之才，词诡谲而心叵测。均革职逮讯，御史萧震复疏劾缙彦曰："明之亡也，始于士大夫之朋党，终于奸臣之卖国。缙彦仕明为尚书，在籍时即交通闯贼。及闯贼至京，开门纳款，犹曰事在前朝，已邀上恩赦宥。乃自归诚后，仍不知洗心涤虑，官浙江时，编刊无声戏二集，自称'不死英雄'，有'吊死在朝房，为隔壁人救活'云云。冀以假死涂饰其献城之罪，又以不死神奇其未死之身。臣未闻有身为大臣,拥戴逆贼,盗鬻宗社之英雄;且当日抗贼殉难者有人,阖门俱死者有人,岂以未有隔壁人救活逊彼英雄,虽病狂丧心,亦不敢出此等语。缙彦乃笔之于书,欲使乱臣贼子相慕效乎？是其在明季则倾覆天下以利身家,在本朝则煽惑人心,为害风俗。假令已死,尚当鞭戮其尸,示戒将来,岂容生存漏网？请敕明正典刑,以肃纲常于万世。"疏并下王大臣察议,以缙彦诡词惑众,及质讯时又巧辩欺饰,拟斩决;上贳缙彦死,褫其职,追夺诰命,籍没家产,流徙宁古塔。寻死。

孙可望

孙可望,陕西延长人。流贼张献忠养子也。献忠据四川,以可望为伪平东将军。

本朝顺治三年,肃亲王豪格奉敕统兵征四川,献忠败死。可望与其党李定国、刘文秀、艾能奇、白文选等,率残众窜入川南,袭重庆,杀明守将曾英等,陷綦江及遵义;复由遵义入踞贵阳。值阿迷土司沙定洲作乱,云南明黔国公沐天波奔永昌,可望闻之,率众趋滇,与沙定洲战于蛇花口,定洲败遁阿迷,可望留定国、文秀于云南,而自引兵还贵阳。会艾能奇死,遂并其部众,僭称平东王,以干支纪年,铸钱文曰"兴朝通宝"。定国在云南,迎天波任职如故,与交善。闻明桂王据广东,遥附之,蔑视可望,不为下。可望诱定国,杖之演武厂以威众。定国益忿,寻以兵剿擒沙定洲,兵力日强,可望不能制,乃通使降附由榔,乞封为秦王。时由榔据广西,我平南王尚可喜定广东,定南王孔有德定湖南,将夹攻广西。由榔欲藉可望为援,许而结之。于是可望与定国合谋抗拒大兵。

俄而大兵攻桂林，由榔走南宁，趣可望出靖州，定国出武冈，以图桂林；文秀出叙州，文选出重庆，以图成都。可望乃由平溪掠朝阳堡，陷靖州；定国由武冈趋全州，犯桂林，有德督战失利，城陷，死之。可望同定国纵掠湖南郡邑。上命敬谨亲王尼堪为定远大将军，偕贝勒屯齐进讨，援衡州。定国不战，反走。敬谨亲王率轻骑蹑其后，遇伏，殁于阵，屯齐代之，屡挫其锋。定国走广西，可望还贵州，遣文选自铜仁窥辰州，以书招我总兵徐勇，勇执而诛之，迎战荔溪，文选数败却，可望益驱众助之，遂陷辰州，勇督兵巷战，手刃贼数十人，中创堕马，遂遇害。定南将军阿尔津援辰州，文选遁。定国复率众四万由广西犯湖南，大兵败之于永州，定国由龙虎关逸去，掠广东，连陷郡邑。可望亦率众四万，出武冈，大兵自永州还宝庆，遇之于岔路口，分兵逆击，斩馘无算，获其辎重。可望遁归，遣文秀以众六万乘巨舰千馀来犯常德，别遣其将冯双礼、卢明臣犯武昌，我宁南靖寇大将军陈泰遣护军统领苏克萨哈伏兵邀击，明臣赴水死，双礼被创遁，文秀走贵州。

时广东大兵击败定国，进薄南宁，可望乘间迁由榔居安隆，擅杀其从官，数加折辱，复议移之贵阳。先是，定国战败永州，可望欲以罪杀之，使人约赴沅州议事，定国不至。自此可望与定国遂绝。可望自设内阁、六部等官，立太庙，定朝仪，改印文为八叠，尽易其旧。由榔惧甚，密使人封定国晋王、文秀安南王。及可望欲移之贵阳，由榔益惧，阴使约定国以兵迎卫。时文秀在云南，私迓由榔暨定国入居云南。由榔使人慰谕可望，可望不受命，引兵攻由榔，留双礼守贵州，令文选统诸军前行，至三岔河，与定国、文秀夹水而阵。文选阴附定国，单骑奔其军，可望遣其将马宝等由浔甸间道袭云南，而自率众拒定国，战方合，兵溃走贵州，定国遣文秀、文选及将军杨武等穷追，双礼为可望殿后，截其子女玉帛，降于文秀。

可望仓皇走湖南，遣其将程万里赴经略洪承畴军前纳款，而杨武追至沙子岭劫掠殆尽。承畴遣兵驰援，可望乃得脱，携妻子至长沙，乞降。承畴以闻，时顺治十四年十月也。上以可望革心向化，宥其既往，授爵为义王，诏曰："卿阻在南服十馀年，未识朝廷宽仁大度。今一旦翻然，便为识时俊杰，朕深嘉予！"可望奏言："臣当明季丧亡之际，收士卒，缮甲兵，此心久向慕天朝，欲以滇黔尽隶版图。今适滇黔内附，臣得宣布天朝威德，率所部归诚，而李定国、白文选等尚假借名号，横逆如故。请速张挞伐，以遂生民去逆效顺之忱。"上优诏答之。遣大学士麻勒吉等赍敕印封可望。十五年，可望随麻勒吉至京，命简亲王济度等郊迎。翼日，入觐，宴于中和殿，赉白银万两。其部下陈杰、刘天瑞等百馀人，俱授职有差。可望奏言："大兵征滇，正臣报效之日，滇南形势，臣所熟悉。或偕诸将进讨，或随大臣招抚诸境，庶少效奉国初心。"疏下王大臣议，以大兵分三路趋云南，指日奏功，无事可望再往，寝其奏。是年，大兵直抵永昌，由榔偕沐天波等窜缅甸，定国、文选分窜孟艮、木邦。十七年六月，可望疏辞封爵，上特谕曰："王子身来归，孤踪疑畏，抗辞册印，理亦宜然。但封爵出自朕裁，卿其祇受。"十一月，可望病死，谥恪顺。

子徵淇袭，未几卒；弟徵灏请袭。御史孟飞熊疏言："可望为张献忠馀党，拥众久踞滇黔，负固不服，扰乱边陲。及被旧党李定国所败，众散势孤，穷蹙乞降以后，未尝效力军前。前有重罪，后无微劳，滥膺非分之荣，身死后复承袭二次，亟宜停止。或酌量以次降等予袭，无俾世玷崇班。"疏下部议，降为慕义公，以徵灏袭。徵灏卒，子弘相降袭一等轻车都尉。乾隆三十六年，奉旨孙可望子孙世职，自后不必承袭。

白文选

白文选，陕西吴堡人。明末，从张献忠为盗。本朝顺治三年，肃亲王豪格征四川，献忠伏诛。文选与其党孙可望、李定国、刘文秀溃走川南。寻并附于明桂王朱由榔。七年，文选攻遵义。八年，文秀自四川还云南，留文选守嘉定。是年，大兵南征，文选等败走，大兵入嘉定。九年五月，文选由遵义出重庆，会于嘉定，图成都，战败。七月，攻陷辰州，我总兵徐勇战殁。十三年，可望图自立，惮定国，未敢发，使文选促由榔移贵州。文选虽为可望用，然心不直其所为，以情告由榔，姑迟行以候定国。定国至安隆，文选归之，奉由榔走云南。由榔封文选巩国公，令还贵州，慰谕可望。可望衔其贰于定国也，悉夺所部兵，羁之军中。

十四年九月，可望举兵叛由榔，从部将马惟忠言，复用文选，令统诸军前行。定国、文秀率师御之，至三岔河，与可望夹水而军。文选轻骑奔定国，击败可望，由榔封文选为巩昌王。十六年，大兵取云南，定国屡战败，文选自沾益追及定国，定国留之断后。至玉龙关，大兵追击，文选战败，由右甸遁走木邦，由榔遁入缅甸。十七年九月，文选由木邦至锡箔，所至纵掠，进攻阿瓦，索还由榔。阿瓦有新旧二城，新城缅甸所居，文选急击之，城垂破，为缅人所绐，退兵十里，城中设备，反为所败；乃率兵赴孟艮，会李定国复赴阿瓦。先是，由榔至缅，久居赭砳，文选密遣人告由榔云："不敢速进者，恐有他变。必得缅人送出为上策。"由榔亦以书答之。文选乃阴造浮桥迎由榔，为缅人所觉，事不果。十八年，会兵阿瓦，复遣人求出由榔，缅人不许，以象兵与定国战，文选引兵横击之，缅人大败，退保新城。复议以舟师攻之，遣人于上流造船，为缅人所焚。遂与定国移兵洞乌。未几，溃走锡箔，定国亦引还。

　　十一月，平西大将军吴三桂、定西将军公爱星阿会师木邦，定国先奔景线，文选据锡箔，凭江为险。大兵自木邦一昼夜行三百馀里，临江造筏，将渡，文选奔茶山。总兵马宁等率偏师追之及猛养，文选降。十二月，军临缅城，缅人惧，执由榔献军前。定国走死猛猎，子嗣兴降，授都统衔。滇南平。诏封文选承恩公，隶正白旗汉军。康熙元年十一月，诏给三等公俸。七年，加太子少师。十四年，死，赐祭葬如例。

清史列传卷八十

逆臣传

吴三桂

吴三桂，辽东人。父襄，明崇祯初，官锦州总兵。三桂由武举随征阵，累叙秩，后襄坐失机下狱，擢三桂总兵。以守宁远有功，欲倚以御流贼，封平西伯，并起襄提督京营，令蓟辽总兵王永吉徙宁远兵五十万入卫，三桂留精锐殿后。甫至山海关，闻流贼李自成陷京师，入卫兵已溃，不敢前。自成胁襄，以书招之，乃进次滦州。先是，三桂尝就嘉定伯周奎饮，悦歌女陈沅，以千金购之。闻边警，遄行，奎送沅于襄所。至是，为贼将刘宗敏掠去。三桂闻之，作书绝父，驰归山海关，遣副将杨坤、[一]游击郭云龙来我朝借师，时顺治元年四月。

睿亲王多尔衮奉世祖章皇帝命，统师至宁远，三桂上书曰："流贼逆天犯阙，僭称尊号，罪恶已极，天下共愤。三桂受国厚恩，欲兴师问罪，奈力弗敌。爰泣血求助，乞王速整旅入关，与三桂合兵，直抵都城，扫除虐焰，昭示大义。此千载一时也！"睿亲王得书，许即进兵，且曰："伯诚率众来归，当裂土封王。"三桂闻自成执襄置军中，纠众二十万东，益发使趣大兵，距山海关十里。三桂以贼分趋关外来告，睿亲王遣兵击贼于一片石，贼败遁。明日，三桂率众迎睿亲王，令三桂兵肩系白布为识，遂统师入关。自成营北山，横亘至海。大兵对贼布阵，三桂居右翼末，悉出精锐搏战。时大风扬沙，战良久，未决，大兵呼声再振，风止，从三桂阵右冲贼中坚，腾跃合击，大破贼，追奔四十里。是日，睿亲王令关内军民皆剃发，进三桂爵为平西王，分隶步骑兵二万，先驱讨贼。自成遂杀襄于永平，返京师，尽屠襄家属，载辎重遁。三桂与英亲王阿济格等追至望都，屡战皆捷，贼走山西，乃班师。世祖御皇极门授平西王敕印，设宴，赐银万两。寻以英亲王为靖远大将军，三桂从，由边外趋绥德。二年，克延安、鄜州，剿自成于襄阳、武昌，东下九江。召还京，宴劳，命赴镇锦州。三桂以所给田多硗薄，请益，复为所属将校何进忠、杨坤、郭云龙、吴国贵、高得捷等百二十馀人请世职，属吏童达行、陈全国、许荣昌、钱法裕等请优擢；又以父襄、母祖氏、弟三辅俱为自成戕，乞赠恤。并得旨俞允。三年，入觐，赐银二万两。

　　五年，命移镇汉中。六年，与都统李国翰败贼于阶州，剿宜君、同官、满城、宜川、安寨、清涧、定边、榆林、府谷贼，次第平。八年八月，入觐，赐金敕、金印，敕偕国翰征四川。流贼张献忠之灭也，馀党孙可望、李定国、白文选等遁川南，因明桂王朱由榔称帝于粤，降附之，并窃王号，拥骁健，扰川北。九年，三桂分兵复成都、嘉定、叙州、重庆，就食绵州驻师。未几，可望纠㑩偻众五万围保宁，巡按御史郝浴告急，三桂移兵击走之，奉诏颁赉将士，私以冠服与浴，浴不受，疏劾三桂拥兵观望状。三桂摘疏中"亲冒矢石"语，劾浴欺罔冒功。浴坐谪徙。三桂叙功，岁增俸千两。子应熊，尚主为和硕额驸，授爵三等子，寻加少保兼太子太保。

　　十四年，定国随由榔入云南，可望与定国有隙，战败，赴长沙大军降。敕三桂为平西大将军，国翰为定西将军，进征贵州。十五年，发汉中，过保宁、顺庆，至合州，尽获沿江战舰，定国等据石壶关诸险。三桂令骑行山麓，步陟巅，以炮发其伏，悉惊溃，遂下遵义，克开州。国翰卒，三桂还驻遵义。时经略大学士洪承畴、宁远大将军宗室洛托，由湖南进贵阳，征南将军卓布泰由广西进都匀，安远大将军信郡王多尼统禁旅至，三桂驰会于平越府之杨老堡，议三路出师：三桂自遵义赴天生桥，闻文选据七星关遂绕出乌撒土司境，进沾益州；信郡王进曲靖府，败文选；卓布泰进罗平州，败定国。十六年正月，合攻云南省城，由榔奔永昌。二月，三桂同贝勒尚书卓布泰进征南州，破文选于玉龙关，渡澜沧江，下永昌。由榔先遁，我兵渡潞江，侦定国设伏磨盘山，分八队迎击，斩杀过半；乘胜取腾越州，追至南宁，乃振旅由永昌、大理、姚安还。由榔部将马宝、李如碧、高起隆、刘之复、塔新策、王会、刘俌、马惟兴、杨武、杨威、高应凤、狄三品等，及景东、蒙化、丽江、东川、镇雄诸土司，先后归顺。诏三桂镇云南，信郡王与卓布泰等班师，留都统伊尔德、卓罗等分军驻守；并谕吏、兵二部："凡云南省文武官举黜及兵民一切事，命三桂暂行总管。俟数年后补授，仍照旧例。"

时由榔奔缅甸，文选奔木邦，定国欲迎还由榔，缅人不许；定国胁以兵，缅人益固拒，乃屯孟艮，复谋入滇，以由榔印札诱元江土司那嵩内应，那嵩遂与降将高应凤倡叛。十月，三桂由石屏进围其城，掘壕困之，逾月乃破，斩应凤，那嵩自焚死，以其地为元江府。十七年，部臣会计云南省俸饷岁九百馀万，[二]议撤满洲兵还京，裁绿旗兵五万之二。三桂谓边疆未宁，兵力难减，宜如旧时。三桂阴怀异志，其藩下副都统杨坤说以先除由榔，绝人观望。三桂乃疏请发兵入缅，殄灭由榔，其略曰："前者密陈进兵缅甸事，奉谕曰：'若势有不可，慎勿强。'又谕曰：'务详审斟酌而行。'臣今筹画再三，窃谓渠魁不殄，有三患二难：李定国、白文选等以拥戴为名，引溃众肆扰，其患在门户；土司反覆，惟利是趋，一被煽惑，遍地蜂起，其患在肘腋；投诚将士岂无系念故主者，边关有警，携贰乘机，其患在腠理。且滇中米粮腾踊，输挽络绎，耕作荒而逃亡众，养兵难，安民亦难。惟及时进剿，净尽根株，乃一劳永逸计。"疏下廷臣议行。并遣学士麻勒吉、侍郎石图赴滇密筹机宜，奏至，命内大臣公爱星阿为定西将军，率禁旅同三桂进征。三桂既请颁敕印于南甸、陇川；千崖、盏达、车里诸投诚土司示鼓励，复传檄缅甸悬赏格，令擒由榔献。缅人久苦定国攻扰，请大兵击走定国，愿献由榔。

十八年正月，三桂遣土官至缅示师期，令于猛卯迎我师，以副都统何进忠，总兵沈应时、马宁等，率师由腾越出，过陇川宣抚司。三月朔，至猛卯，缅人与定国战，道阻。越二旬，缅使乃至，以缅人望大兵剿除定国告。会瘴发，进忠等撤兵入边。三桂奏俟霜降后瘴息，再进。四月，遣总兵马宝、高起隆，游击赵良栋等,剿马乃土司龙吉兆,进攻七十馀日,破贼巢,斩吉兆,以其地为普安县。九月,三桂同爱星阿及前锋统领白尔赫图,都统果尔钦、逊塔等督兵,次大理秣马。逾月,出腾越,取道南甸、陇川、猛卯,别遣总兵马宁、王辅臣分兵二万,取道姚关、镇康、孟定;又虑蛮暮、猛密二土司为定国煽惑,挡我后,留总兵张国柱以兵三千屯南甸。十一月,会师木邦,文选毁锡箔江桥走茶山,我兵行三百馀里,濒江结筏以济。三桂令马宁等率偏师追文选,而自与爱星阿趋缅。时定国走景线,缅甸屡得三桂檄,恐由榔自戕,密使人防守,尽杀其从官。十二月,我兵次奋挽坡,离缅城六十里。缅使诣大军请遣兵进兰鸠江滨捍卫,遂执由榔及其亲属献军前。文选为马宁等追及于猛养,率众数千降。三桂振旅还。康熙元年,奏捷,圣祖仁皇帝赐敕嘉奖,晋亲王,并命贵州省亦属管辖。爱星阿班师。是年四月,由榔死于云南。三桂以定国在景线,恐其由车里入寇,令提督张勇领兵万馀,分布普洱、元江防剿。[三]未几,定国死,三桂遣人招抚遗众。定国子嗣兴,偕党千馀人降。二年,遣总兵王会等剿陇纳山蛮,捣其巢,擒斩贼渠。三年,遣总兵刘之复、李世辉由大方、乌蒙分剿水西土司安坤、乌撒土司安重圣,并斩之,以其地设府治,改比喇为平远,大方为大定,水西为黔西,乌撒为威宁。四年,奏裁云南省绿旗兵五千有奇。五年,剿土司禄昌贤于陇箐,取寨数十。迤东土贼俱平,设开化府永定州。

六年,三桂疏辞总管任。初,三桂逐由榔入缅,经略洪承畴以岩疆难靖,援明黔国公沐英世镇例,请移藩久镇。三桂遂奉诏镇滇,其藩属五丁出一甲,甲二百设一佐领,积数十佐领,辖以左、右都统,设前、后、左、右援剿四镇,总兵、副将皆自择,分降兵万有二千为十营,以马宝等十人为总兵。凡文武职官,并擅除擢。复请敕云南督抚受节制,移驻提督于大理、总督于贵阳,踞由榔所居五华山故宫为藩府,增华崇丽;藉沐天波庄田为藩庄。假浚渠筑城为名,广征关市榷税,盐井、金矿、铜山之利,厚自封殖。御史杨素蕴尝劾其专擅,三桂摘疏中“防微杜渐”语,请旨诘问,素蕴以“防微杜渐,古今通义”覆奏,事遂寝。至是,三桂因目疾辞总管任,下部议,如各省例,归总督、提督、巡抚管理。云贵总督卞三元、云贵提督张国柱、贵州提督李本深交章侈三桂劳绩,谓:“苗蛮叵测,非任三桂,恐边衅日滋。请敕仍总管。”得旨:“王以精力日减,奏辞,故允所请。若令复理事务,恐其过劳。如边疆遇有军机,王自应经理。”寻晋应熊为少傅兼太子太傅,命赴滇视疾,即还京。

　　三桂益欲揽事权,构衅苗蛮,藉端用兵不休;私割旧隶丽江府之中甸与番众屯牧,通商互市。迨卞三元归养,甘文焜为总督。三桂恶其不附己,诈称边寇,檄赴剿。比至,复称寇遁,檄还藩属将弁,糜俸饷百馀万。近省输挽不给,征诸江南,岁二千馀万。偶绌,则连章入告;既赢,不复请稽核。当是时,平南王尚可喜、靖南王耿精忠与三桂分镇边疆,专兵柄,称“三藩”,天下赋半为所耗,而三桂骄恣尤甚。会可喜引疾,以子之信代理军事,愿移藩辽东。诏从所请。十二年七月,三桂亦诡疏请移藩,且言:“所部繁斥,昔自汉中入滇,渐次分移,阅三岁始竣。今生齿弥增,乞赐土地,较世祖时所给锦州、宁远诸区倍广,俾安辑得所。”疏入,下户、兵二部议。时廷臣有言三桂镇服苗蛮,不可移者;户部尚书米思翰、兵部尚书明珠等,以苗蛮既平,三桂不宜仍镇云南,议应如所请,徙藩山海关。上命议政王、贝勒、大臣会核,复有言云南撤藩必多拨禁旅驻守,纷扰民驿,且致京城兵力减,宜仍令三桂留镇,与米思翰、明珠等异议。奏入,上念藩镇久握重兵,恐滋蔓生变,非治安长计。特允三桂撤归锦州,遣侍郎哲尔肯、学士傅达礼赍诏谕三桂曰:"王镇守岩疆,厥功懋焉! 但年齿高,久驻遐荒,朕眷怀良切,故允王所请。王其率属北来,永保无疆之休! 已命所司饬庀周详。王至,即有宁宇,无以为念。"

九月,哲尔肯、傅达礼至滇,三桂期以十一月二十四日行,阴与左都统吴应麟,右都统吴国贵,副都统高得捷、婿夏国相、胡国柱谋乱,部署腹心扼关隘,入者听,出者有禁。先三日邀巡抚朱国治胁之叛,弗从,榜杀之。集四镇十营总兵马宝、高起隆、刘之复、张足法、王会、王屏藩等,听调遣,自称"天下都招讨兵马大元帅",蓄发、易衣冠。哲尔肯、傅达礼被留;按察使李兴元、知府高显辰、同知刘昆抗贼不屈,具楚毒,置之瘴地。显辰仰药死,提督张国柱、永北总兵杜辉、鹤庆总兵柯铎、布政使崔之瑛、提学道国昌等,并从逆,受伪职。三桂遂致逆书于平南、靖南二藩,及黔、蜀、楚、秦官吏旧相识者,要约党附,发兵反,帜色白,步骑皆以白毡为帽。马宝先驱至贵阳,提督李本深应之,总督甘文焜闻变,驰书荆州告川湖总督蔡毓荣,复趣经理移藩之郎中党务礼、员外郎萨穆哈、主事辛珠、笔帖式萨尔图诣阙告变;自率数骑趋镇远,辛珠、萨尔图为贼追杀,镇远副将江义得逆书以兵围文焜,文焜自刎于吉祥寺。贵州巡抚曹申吉、黔西总兵王永清、沅州总兵崔世禄降贼,贼进陷沅州、辰州。十二月,党务礼、萨穆哈驰至京,奏闻。上召议政王、大臣谕曰："吴三桂已反，荆州乃咽喉要地，关系最重。遣前锋统领硕岱率每佐领前锋各一，疾驰赴荆州守御，以遏贼势。命都统尼雅、韩赫业、朱满，副都统席布、根特、穆占等，率师分驰武昌、西安、汉中、安庆、兖州诸要地，供调遣。谕吏、兵二部曰："吴三桂藩下人在直隶各省出仕者，虽有父子兄弟在云南，概不株连治罪，各宜安心守职，无怀疑虑。其通行晓谕之。"议政王大臣等以应熊及其从官不可宥，请逮治。得旨暂行拘禁，事平分别请旨。

寻命顺承郡王勒尔锦为宁南靖寇大将军，统师之荆州。诏削三桂爵，宣诏中外曰："逆贼吴三桂当明季闯贼入京时，穷蹙来归。我世祖章皇帝念其输款投诚，授之军旅，锡封王爵，开阃滇南。迨及朕躬，特晋亲王，重托心膂。本年七月自请移归故土，朕悯其久在边疆，年已衰迈，欲令其父子祖孙得以完聚，遂允其请，为之区画居处，资给行粮。又特遣大臣往滇宣谕朕怀，可谓礼隆情至，蔑以加矣。讵意吴三桂性类穷奇，中怀狙诈，宠极生骄，径行反叛。背豢养之恩，逞鸱张之势，横行凶逆，涂炭生灵，理法难容，神人共愤。今削其爵，遣将统禁旅扑灭，刻期荡平。但念陷贼官员兵民，或心存忠义，不能自拔。大兵一至，玉石莫分，朕心甚为不忍！爰颁敕通行晓谕，各宜安分自保，无听胁诱；即或误从贼党，但能悔罪归诚，悉赦已往，不复究治。其有能擒斩吴三桂投献军前者，即以其爵爵之；有能诛缚贼渠，及以兵马城池归命自效者，论功从优叙录。朕不食言。"十三年正月，三桂僭称周王元年，遣伪总兵杨宝荫陷常德，伪将军夏国相陷澧州，张国柱陷衡州，吴应麟陷岳州、长沙，副将黄正卿、参将陈武卫以城献贼,襄阳总兵杨来嘉、副将洪福叛据穀城、郧阳山寨,并为三桂伪将军。

三桂自云南至常德具疏付哲尔肯、傅达礼还奏,上谕部臣曰:"览吴三桂奏章,乖戾词语,妄行乞请。诸王大臣咸以吴三桂怙恶不悛,其子孙即宜凌迟处死,义难宽缓。朕思乱臣贼子,孽由自作,刑章具在,众论佥同。朕亦不得曲贷之也。但以吴应熊久在近侍,朕心不忍,着将吴应熊及其子吴世霖处绞,其馀幼子俱免死入官。"六月,命贝勒尚善为安远靖寇大将军,与顺承郡王分兵进讨,尚善移书三桂曰:"王以亡国馀生,乞师殄寇。蒙恩眷顾,列爵分藩。迄今三十年,富贵宠荣之盛,近代人臣罕比;而末路晚节,顿效童昏,自取颠覆,仆窃为王不解也。何者? 王藉言兴复明室,则曩者大兵入关,奚不闻王请立明裔;且天下大定,犹为我计除后患,翦灭明宗,安在其为故主效忠哉? 将为子孙谋创大业,则公主、额驸曾偕至滇,其时何不遽萌反侧? 至遣子入侍,乃复背叛,以陷子于刑戮,可谓慈乎? 王之投诚也,祖考皆膺封锡,今则坟茔毁弃,骸骨委于道路,可谓孝乎? 为人臣仆,迭事两国,而未尝全忠于一主,可谓义乎? 不忠、不孝、不义、不慈之罪,躬自蹈之,而欲逞志角力,收服人心,犹厝薪于火而云安,结巢于幕而云固也,何乃至是! 殆由所属将弁煽激生变耳。如即输诚悔罪,圣朝宽大,应许自新,毋蹈公孙述、彭宠故辙,赤族亡身,[四]为世大僇。"三桂得书,不报。

是时云南、贵州、湖南为三桂所据,通番市,以茶易马,结猓㑩助战,伐山木,造层楼巨舰,散滇铸钱,为文曰"利用"。自诩蓄积素盈,兼综库金仓粟,辉耀富饶,以饵党羽,势日猖獗。大兵固守荆州、武昌、襄阳、宜昌诸郡，御击伪将军刘之复、陶继智、王会等，未及渡江进剿。逆书所至煽动，福建则耿精忠，广西则将军孙延龄、提督马雄，四川则提督郑蛟麟、总兵吴之茂、谭弘，陕西则提督王辅臣，并附三桂，据地叛。辅臣以三桂逆书诱甘肃提督张勇，勇斩其使。三桂遣人与达赖喇嘛通好，达赖喇嘛为上书乞赦罪，上弗许，分遣康亲王杰书等率师讨之，谕趣贝勒尚善进征岳州。三桂使伪将军吴应麟、廖进忠、马宝、张国柱、柯铎、高起隆等抗大兵。又分道窥江西，一由大江达南康境，陷都昌；一由长沙入袁州境，陷萍乡、安福、上高、新昌。上命安亲王岳乐为定远平寇大将军，统师至江西；复以简亲王喇布为扬威大将军，统师镇江南。十四年正月，谕岳乐曰：“湖南一隅，四方群寇所观望，必速灭吴三桂，底定湖南，则各地小丑闻风自散。今荆州兵未能渡江，而岳州兵又难骤进，宜由袁州直取长沙：一以断贼饷道，一以分贼兵势，一以扼广西咽喉，一以固江西门户。乌合之众，自当瓦解。荆州大兵即可乘机直追，况宁羌告变，川贼必通杨、洪二贼，窥我郧襄，扰我南邓，侵我荆州后路。揆其大势，进兵断不容缓；且延至夏月，霉雨连绵，大兵坐守日久，不但战马多毙，粮饷亦恐不继。是进兵湖南，不待再决计矣。王于江西要地，宜速行整理，稍有就绪，即进取湖南，勿误机会。”是时安亲王遣兵复都昌、上高、新昌、安福，贼坚守萍乡，于醴陵筑木城以捍长沙，于岳州城外掘壕三重，环竹木为坑穿，于洞庭湖峡口攒立桥桩，阻舟舰。凡列营陆地，悉设鹿角，挨排以阻骑兵。

　　三桂自常德至松滋，布贼船于虎渡上游，截荆岳大兵，使不相应。扬言将攻荆州，[五]决堤灌城，潜分岳州贼众踞宜昌东北之镇荆山，纠王会、杨来嘉、洪福掠穀城、郧阳、均州、南漳。顺承郡王令贝勒察尼、都统宜理布等击败之，贼势稍沮。十五年，三桂纠伪将军七人犯广东，以从逆大理府知府冯苏为伪广东巡抚，授尚之信伪招讨大将军。时可喜病笃，之信遂降三桂。简亲王奉诏移师南昌，安亲王剿萍乡，走夏国相，下醴陵、浏阳，进攻长沙。三桂遣伪将胡国柱益兵守长沙，马宝、高起隆由岳州赴援，别遣伪将军韩大任、高得捷等陷吉安，踞之，拒大兵于螺子山，分犯新淦，屯泰和，复陷醴陵，窥萍乡，断安亲王军后。三桂自松滋移屯岳麓山。是岁，抚远大将军图海征陕西，招降王辅臣；伪将军吴之茂屡为靖逆将军张勇所败，遁还四川。康亲王征福建，招降耿精忠、尚之信、冯苏并通款于简亲王。延龄之妻四贞，定南王孔有德女也，与延龄谋归顺。三桂使从孙世琮袭桂林，诱延龄杀之，肆掠柳州、横州、平乐、南宁。

十六年，贝勒尚善分营马三千，佐安亲王军。三桂邀夺于七里台，时简亲王攻吉安，既久，三桂频遣贼赴援，相持弗能下。上命征南将军穆占由岳州进，与安亲王夹攻长沙，贼不能复顾吉安，悉潜遁。吉安贼困惫，韩大任等弃城宵窜。三桂自岳麓徙衡州，驱贼众分犯江西南安、广东韶州，并助世琮掠广西。十七年，安亲王复平江、湘阴，伪将军林兴珠降。穆占攻永兴，拔之，茶陵、攸县、酃县、安仁、兴宁、郴州、宜章、临武、蓝山、嘉禾、桂阳、桂东十二城俱复。简亲王与江西总督董卫国进剿韩大任于宁都，大任由万安走福建，降。简亲王移驻茶陵，三桂纠众犯永兴，都统宜理布、护军统领哈克山战殁。[六] 贼踞河外营，又犯郴州，前锋统领硕岱等战失利，还永兴。是岁，三桂年六十有七，僭称帝,伪号昭武。既行庆贺礼,有犬登其案而坐,三桂恶其不祥,遂病噎。八月,病剧,口噤,取其孙世璠于云南,未至,三桂死,闭城四日,调贼围永兴者入城,贼党拥立世璠于贵阳,改伪号曰洪化。任伪大学士方光琛、伪国公郭壮图为腹心。

　　时贝勒尚善屡败贼洞庭湖,薄岳州城,尚善疾卒。命贝勒察尼代为大将军,调诸路水师协剿,断贼粮道。谕诸路将军以三桂既死,贼党必溃,宜进兵速剿。复命内外臣工曾隶三桂属下者,赍敕招抚陷贼官民,谕曰:"自逆贼煽乱,所在官民多被诱惑,陷身贼中,莫能自拔。朕已洞悉情形,屡颁敕谕,广示招徕,开其自新之路。今逆首已伏天诛,念在彼胁从文武官员兵民,皆朕赤子,素受国家恩养,非必甘心从贼。或志存忠义,迟徊待时;或势被迫驱,无由归化:朕甚悯焉!尔等往布德音,相机劝谕,令翻然悔悟,争先来归。有密谋内应,擒斩贼渠,及率领兵民献城纳款者,俱赦其罪,论功叙录。尔等殚心筹画,以副朕意。"十一月,伪总统吴应麟纠伪将军江义、巴义元、杜辉驾巨舰二百馀,乘风犯柳林砦,贝勒察尼合水师,棹轻舟,飞越贼舰,发炮击之,毁过半,贼溺死无算。应麟复纠众五千犯陆石口,为讨逆将军鄂讷、前锋统领杭奇击走。杜辉有子在军,通使谋归顺,事泄,应麟杀辉。十八年,贼党日构隙,赏且匮,饷运不继。岳州贼乏食,伪总兵陈华、李超、王度冲等率人众舟舰降。应麟收残卒,挟辎重,走长沙,贼众震恐,亦弃城遁。华容、安乡、湘潭、衡山各归顺。顺承郡王自荆州渡江,贼之在虎渡上游镇荆山者,皆溃走。伪将军洪福分剿松滋、松江、宜都、石门、慈利、澧州,进取常德。贼纵火焚庐舍、舟舰遁。伪巡抚李益阳、伪按察陈宝钥、伪总兵黄志功降。

简亲王克衡州，入城驻守，降伪官百馀。取祁阳、耒阳及宝庆府。时吴国贵踞武冈，吴应麟踞辰州，胡国柱踞辰龙关。将军穆占复永明、江华、东安、道州、永州，伪将军柯铎降。安亲王自衡州克新宁，复武冈。国贵以二万众据枫木岭，迎战大败，中炮死。世琮亦败于广西，负重伤，瘅死。伪将军郭义偕伪官数十人降。

十九年正月，勇略将军赵良栋破贼成都，奋威将军王进宝破贼保宁，伪将军王屏藩、陈君极自杀，吴之茂就擒。建威将军吴丹克重庆，杨来嘉降。三月，贝勒察尼复辰龙关，克辰州、沅州，杨宝荫、崔世禄降。吴应麟、胡国柱走贵阳，世璠令国柱偕王会、高起隆、夏国相掠四川，陷泸州、叙州及永宁县。上命吴丹、赵良栋于黔蜀要路，增兵御贼，相机进取。简亲王定广西，安亲王、顺承郡王，贝勒察尼还京，以贝子彰泰代为定远平寇大将军，蔡毓荣为绥远将军，授方略，同将军穆占、总督董卫国由沅州进征。十月，克复镇远府，伪将军张足法等败走，遂下平越，趋贵阳。世璠偕应麟奔云南，伪侍郎郭昌同文武伪官二百人降。十一月，大兵复遵义、安顺、石阡、都匀、思南等府；败贼于永宁州，追剿至公鸡背铁索桥，贼焚桥遁。土司龙天祐、沙起龙、李廷试各率属助战，筑盘江浮桥以济师，伪将军李本深降。

二十年正月，伪总兵高起隆、夏国相、王会、王永清拥众二万馀，屯平远西南山；伪将军缐缄、巴养元、郑旺、李继业拥众万馀据盘江西坡。大兵分道进，土司安胜祖等相助协剿，贼败溃，王会降，斩伪巡抚张维坚，普安、平远、黔西、大定诸府州并复。征南大将军赉塔奉诏自广西进云南，连败伪将军张足法、何继祖、詹养、王有功于石门坎、新城所、黄草坝诸隘，遂抵曲靖府。二月，会彰泰、蔡毓荣军于嵩明州，分队进。世璠勒步骑万馀，列象阵，离城三十里拒战，自卯至酉，大兵五合五胜，进薄城，阵斩伪将军胡国柄、刘起龙及伪总兵九人，贼众自相蹂躏死者枕藉，降临安、永顺、姚安诸路。伪总兵及平远败窜之高起隆、伪东平公张国柱自大理来降。世璠以围急，趣马宝、胡国柱、夏国相自蜀赴援，将军赵良栋与都统希福、提督桑峨等分路邀击，宝由寻甸携妻子至楚雄，聚贼屯乌木山溃败，同养元、郑旺、李继业赴姚安降。胡国柱由丽江、鹤庆入云龙州，穷蹙自缢死。国相败走广西，总兵李国梁、土司侬朋合围于西板桥，国相度不能脱，与王永清、江义等乞降。十月，彰泰、赉塔、蔡毓荣、赵良栋合攻云南省城，围之数重，伪将军何进忠、林天擎、线缄、黄明谋擒世璠及壮图以献，世璠、壮图皆自杀。进忠等率属迎降。穆占与都统马齐先入城，籍贼党属，擒光琛及其子学潜、从子学范，磔军门，戮世璠尸，函首驰献阙下。云南、贵州、四川、湖广诸省悉平。

十二月，恩赦天下，诏曰："朕夙夜孜孜勤求化理，期于兵革寝息，海宇乂安。不意逆贼吴三桂负国深恩，倡为变乱，阴结奸党，同恶相援。滇、黔、闽、浙、楚、蜀、关、陇、两粤、豫章之间，所在驿骚，肆骋痛毒。吴三桂僭称伪号，逆焰弥滋，负罪尤甚。朕躬行天讨，分命六师，剿抚并施，德威互济。或絷殒于阙下，或骈戮于师中，擒剿诛锄，以次收服。乃吴三桂既膺神殛，逆孙吴世璠犹复鸱张，踞六诏之一隅，延残喘以拒命。朕惟贼患一日不除，则民生一日不靖，策励将士，屡趣师期，于是虎旅协心，进迫城下。贼众计穷势蹙，通款军门，凶渠授首。师克之日，市肆不扰，边境晏如。捷书既至，上慰郊庙社稷之灵，下抒中外臣民之愤,神人胥悦,遐迩腾欢。念自变乱以来,军民荼苦,如在水火。披坚执锐,卒岁靡宁。行赍居送,千里相望。被兵之地,既罹于锋刃;供亿之众,复困于征输。朕悯恤民艰,不忍加赋,间施权宜之令,用济征缮之需,意在除残,事非获已,而身处宫寝之内,外廑闾阎之依,夜寐夙兴,旰食不暇。怒焉思治,八载于兹。今群逆削平,疆宇底定,悉蠲历年之蟊贼,永消异日之隐忧。用是荡涤烦苛,维新庶政,大沛宽和之泽,冀臻熙皞之风。诞告天下,咸使闻知。"谕议政王大臣曰:"曩者平南王尚可喜奏请回籍,朕与阁臣面议。图海言断不可迁移,莫洛、米思翰、苏拜、明珠、塞克德等言应迁移。其馀并未言迁移,吴三桂必致反叛也。议事之人至今尚多,试问当日曾有言吴三桂必反者否,及一闻叛乱,多有退而非毁,谓迁移所致。若彼时朕诿过于议撤者,尽行诛戮,则含冤泉壤矣。朕自少时以三藩势焰日炽,不可不撤,岂因三桂反叛,遂诿过于人耶? 今逆贼虽已削平,而疮痍尚未全复,宜恤兵养民,宣化以致太平也。"又谕曰:"陷贼之人,有曾为大吏腼颜从逆受伪职者,名节弃灭,大玷人臣之谊。惟归顺之后,功可抵罪,量予留任。馀悉罢黜。"法司以云南械系逆属,按律议辟入奏,诏如议:凡助逆肆恶、势迫始降之高起隆、张国柱、巴养元、郑旺、李继业等皆弃市,妻女财产籍入官;马宝、夏国相、李本深、王永清、江义皆磔死,亲属坐斩;悬世璠首于市,析三桂骸骨,传示天下。

乾隆四十五年,馆臣进唐桂二王本末,未载三桂擒由榔事,谕曰:"通鉴辑览附录之载唐王、桂王,所以匹于宋之帝昰、帝昺,以示万世之实录也。馆臣以吴三桂为叛臣,不书其擒桂王由榔事,而以属之爱星阿。夫爱星阿固为定西将军领兵,而三桂彼时实为平西大将军,且立意殄灭由榔三患二难之议,发自三桂;即后之进兵,檄缅甸,驱李定国,降白文选,皆出自三桂之筹画,其功固不可泯也。然其筹画,岂实为我国家哉? 彼时已具欲据滇黔而有之之心,由榔、定国、白文选在,伊岂能据之哉? 且自古权奸无时无之,亦无地无之。三桂之必欲灭由榔,实犹近日之阿睦尔撒纳之必欲灭达瓦齐,达瓦齐而在,阿陆尔撒纳必不能据准噶尔,则彼之为我宣力,皆所以自为也。今昔相形,三桂之奸计毕露,又何不可功则功之、而罪则罪之乎? 其依国史三桂传尽载其入缅事莫删。昔许子将之相曹操,两言撮其要,而操亦喜。适所举二人,颇甚类之,亦在用之而已矣,又在先觉之,俾毋出我范围而已矣。"

【校勘记】

〔一〕遣副将杨坤　"坤"原误作"珅"。今据逆臣传(琉璃厂永盛书坊检字本,以下简称逆检)卷上叶一下及逆臣传(琉璃厂半松居士排字本,以下简称逆排)卷一叶一下改。下同。

〔二〕部臣会计云南省俸饷岁九百馀万　"会"原误作"奏"。逆检卷上叶七上同。今据逆排卷一叶五下改。

〔三〕元江防剿　"元"原误作"沅"。逆排卷一叶七下同。今据逆检卷上叶一〇下改。参卷七八洪承畴传校勘记〔四〕。

〔四〕赤族亡身　"亡"原误作"湛"。今据逆检卷上叶二〇下改。按逆排卷一叶一四下作"甚",误改为"湛",而不知"甚"乃"亡"字之误。

〔五〕扬言将攻荆州 "扬"原误作"阳"。逆排卷一叶一六下同。今据
　　逆检卷上叶二三上改。

〔六〕护军统领哈克山战殁 "克"原误作"尧"。今据逆检卷上叶二五
　　上下及逆排卷一叶一八上改。

马宝　王屏藩

马宝,陕西人。初为流贼,降于明桂王朱由榔,封安定伯。

本朝顺治七年二月,平南王尚可喜攻广州不下,围之。五月,由榔使宝袭清远,以救广州,可喜遣将击败之。八年十月,由榔自南宁遁安隆,宝窜伏广西山谷间。九年五月,由榔使定国窥两广,连陷桂林、柳州,宝啸聚,与李定国相应后。见孙可望势强,即以兵附可望。十月,攻陷连州。十年四月,攻肇庆,兵败,随可望走贵州。十三年,定国奉由榔入云南。十四年,可望据贵州叛。由榔使定国讨之,可望令宝间道袭云南,欲掩执由榔。可望部下多不直可望,莫为用。宝侦沐天波守云南,已设备,顿兵不进。定国击破可望,还救云南,宝以兵附定国。由榔封宝淮国公。十六年,由榔自腾越奔南甸,定国兵屡败,宝弃由榔赴吴三桂军前降。三桂见宝犷猛,厚结之。十七年,三桂奏请以降兵为十营,营千二百人,以投诚官分统之;并拟宝及王屏藩等为总兵官。部议如所请。宝以右都督充中营总兵官,屏藩以左都督充左营总兵官。

屏藩,奉天人,亦三桂所倚任者也。十八年,三桂率屏藩等趋缅甸,遣宝剿马乃土司龙兆吉,斩之。康熙五年,宝调曲靖武营总兵官。十二年十一月,三桂反,宝、屏藩率先从逆,伪封宝国

公,以屏藩为伪将军。三桂党谋,令宝由贵州窥湖广,屏藩由四川窥陕甘。宝即率贼先驱陷贵州,进逼湖南,十三年,分兵犯江西;屏藩亦连陷四川州县,进犯秦州。十四年正月,上命安亲王岳乐进取长沙,宝据岳州,出没湖湘间,道路为梗。十五年三月,大兵攻长沙,宝令彝陵、南漳诸贼分扰军营。十一月,大兵围长沙,宝自岳州驰援,长沙围解。十六年九月,宝率贼万馀犯韶州,渡河至莲花山,薄罗江。大兵营统领额楚等御之,将军莽依图等自城中夹击,破其四营,宝大败,奔帽峰山。十二日,宝率贼赴衡州,十七年正月,又由宜章入广西,二月,复至衡州,营江东岸为声援。八月,三桂死,宝与贼党拥立其逆孙世璠。

十八年,上命诸路将军招抚贼党。五月,简亲王喇布给益阳知县徐珰参议道衔,赍谕招抚,宝杀之。十月,上降敕谕宝曰:"尔等本系吴三桂藩下人。三桂反叛,尔等率党抗拒大兵,或非本怀。尔若能悔罪归诚,前罪悉赦,仍论功叙录。标下将士,概从宽宥,酌量加恩。尔其尽释疑衷,勉图后效。"宝抗拒如故。大兵复湖南、广西,宝遁贵州,据遵义。提督周卜世破之,宝弃城走。先是,屏藩自秦州战败,退四川,据保宁,为死守计。十九年正月,大兵克保宁,屏藩穷蹙,自杀。

三月,宝复犯四川,纠贼党陷泸州、叙州。二十年二月,贝子彰泰围吴世璠于云南省城,世璠危迫,趣宝自四川来援。宝弃叙州,携妻子奔楚雄。六月,彰泰使都督希福等击之,宝佯北以诱我兵,希福等追至乌木山,宝据险相持,希福等奋击大破之,宝越山遁,仅以身免。七月,宝逃姚安,收溃卒不及百人,乃赴希福军前降。谕曰:"逆贼马宝,所在抗拒大兵,今无地可逃,力穷势蹙,始来投诚。情罪重大，断不可宥！其执来京。"九月，磔于市，枭其首。

李本深

李本深，甘肃西宁人。明总兵高杰甥。初为明总督洪承畴部将，累官至游击。福王时，大学士史可法荐为总兵，隶杰麾下，同胡茂祯为前锋。杰为许定国所杀，以本深为提督，统其军。

本朝顺治二年，豫亲王多铎南征，本深率部兵十三万降，以原官随大军渡江，平桃红、朱门诸砦，招抚镇江府。江南平，入京隶汉军正黄旗。五年八月，叙投诚功，授三等子爵。十年，大学士洪承畴奉命经略五省，奏请同行稽查随征诸将，并招沿途旧兵。十二年三月，加右都督，充左标提督总兵官。五月，大军进剿湖广。时明桂王朱由榔之将李定国据南宁，刘文秀、孙可望等据辰州，突犯常德。本深同总兵杨遇明、胡茂祯、张鹏程击却之。文秀退保点溪，六月，复犯常德，本深设伏城外，俟寇过半，夹击，大败之，文秀遁贵州。叙功，加都督、太子少保。十三年三月，疏言："湖南土荒物贵，军心易摇。或逃至常德、荆州，犹易查解；若往山陕、河南地方，即难越境缉问。兼将领喜其归来，及给粮收伍，逃兵畏避。乞皇上严饬镇将查拿，遇逃兵即行查本营，将本人同家口解赴；若将领隐匿，督抚查参。"又"官兵家住乡井者，奉旨准移入城，家给一合米，委属不足，请量增。"俱下部议行。十一月，随大将军阿尔津复辰州。十四年，可望降，随承畴进取贵州。十六年，承畴题授贵州提督，特旨加太子太保。

时土寇冯天裕等倡乱黔蜀间，同总兵胡茂祯等平之。贵州水西多凶苗,本深击斩二千八百有奇,驻六广河。苗谋劫营,本深设伏,大败之,诸寨降。康熙六年,平西王吴三桂辞总管任,本深陈三桂功绩,请勿听辞。语在三桂传。十二年,三桂反,本深叛应之,授伪将军职。十九年,贝子彰泰同将军蔡毓荣、穆占等败贼于铁索桥,进复贵阳。本深降,械至京,磔死。

张 国 柱 杨遇明 杨富 蔡禄 杨来嘉 王永清

张国柱,奉天铁岭人。明副将。

本朝顺治二年,自海道率兵来降,五年二月,授都督佥事,充湖广随征左路总兵官。六年二月,予三等轻车都尉世职。八年闰二月,续顺公沈永忠遣国柱同护军统领马进功剿湖南贼,有功。旋从平南王尚可喜复广东郡县,琼州土寇窃发据城,国柱渡海,复其城。海寇郑成功遣黄梧犯琼州,击破之。十二月,偕总兵南一魁败李定国于南宁,定国走安隆。经略洪承畴令国柱留镇广西。七年十月,授云南永顺镇总兵官。时吴三桂剿李定国于木邦,虑蛮暮、猛密二土司为定国煽惑,令国柱以兵三千屯南甸。未几,定国死。

康熙二年十二月,擢云南提督,三年六月,加太子少保。四年四月,迤东土酋王耀祖反,众至数万,国柱发兵讨之。六月,三桂疏言:"土酋王耀祖窥臣远征水西,窃据新兴,僭号大庆,谋犯省城;分遣贼党陷易门、宁州、嶍峨,攻昆阳、江川、通海、宜良、弥勒、石屏,及临安府城。提督张国柱等调兵分路剿捕,所向克捷。"五年正月,三桂复疏言:"云南诸土酋禄昌贤等作乱,臣同国柱等分兵进剿,平贼寨数十,擒昌贤及其党王翔、张长寿、李成林、李世藩、[一]李日森、沈应麟、龙元庆、侬得功等,悉诛之。远近蛮猓,闻风慑伏,滇南大定。"得旨,嘉奖。六年,三桂疏称目疾,乞解总管任,国柱素党三桂,疏留之。十二年十一月,三桂反,国柱首从逆,受伪职,为定远大将军、东平公。自后提督杨遇明,总兵杨富、蔡禄、杨来嘉、王永清,悉从贼。十三年,国柱陷衡州,进据长沙,复与吴应麟抗大兵于岳州,分掠郡县。十六年,征南将军穆占进剿长沙,国柱于城外筑壕,布木蒺藜,列象阵以死守。穆占连击败之,国柱走衡州。十九年,大兵复湖南、贵州,国柱遁入云南。二十年二月,贝子彰泰围吴世璠于云南省城,遣使招抚诸路,国柱自大理府率所部伪官缴印札,诣军门降。二十二年二月,伏诛。

遇明,锦州人。以守备来降,授山东莱州游击。剿土寇有功,累迁至副将。顺治十二年,授湖广常德镇总兵官。孙可望来犯,击走之。康熙元年,移广东新安镇,旋擢广东提督。九年五月,以老乞休,家于常德。

子宝荫,先为三桂藩下总兵,从三桂反,率贼至常德,遇明为内应,城遂陷。遇明寻死。十九年三月,大兵复沅州,宝荫降。二十一年,流徙宁古塔。

富,福建漳州人。初为郑锦伪都督。康熙二年,来降,授左都督。三年六月,授四川川北镇总兵官。五年十一月,调浙江水师左路总兵。十一年四月,移江西南瑞镇总兵。十三年七月,三桂兵犯江西,富潜谋内应,巡抚董卫国擒斩之。

禄,海澄人。自海道来降。顺治十八年九月,授左都督,予三等男世爵。康熙三年十一月,授河南河北镇总兵官。十三年三月,三桂犯湖南,禄潜结来嘉谋应三桂,阳称捕鱼,令一军尽甲,增制兵械,购骡马,民一夕数徙。侍卫观保驰奏,上命内大臣阿密达率兵至怀庆察之。阿密达至,禄不出迎,入城,施炮拒敌,阿密达击擒之,并斩其子。

　　来嘉,福州人。初为海寇郑锦伪都督。康熙元年,来降。三年十一月,授湖广襄阳镇总兵官。十三年三月,与副将洪福据榖城叛,并受三桂伪将军职。五月,复犯均州。九月,来嘉犯南漳。十一月,陷中峰寨。十四年三月,总兵刘成龙败之于良坪,毁其巢。五月,来嘉复犯南漳,七月,大兵击败之。十一月,来嘉分道入寇。十五年正月,副将四十六破贼于黄宝山。〔二〕五月,以来嘉据郧阳,乘间窃发,设郧阳抚治。九月,福复犯均州。十八年,大兵自荆州渡江,福降,来嘉遁。十九年正月,湖广总督徐治都击破来嘉,追至巫山,来嘉拒战,复破之,二月,克夔州,来嘉走重庆。三月,重庆破,来嘉降,逮至京,未至,死。

　　永清,辽东人。康熙八年,授贵州黔西镇总兵官。十二年十一月,从逆。二十年九月,降。二十一年二月,磔死。谕曰:"王永清身膺重任,甘心从贼。及大兵抵滇,围困省城,为日甚久,犹不归顺;乃与夏国相随在奔窜。迨计无复之,始来投诚,其并捕禁其子,籍其家。"

【校勘记】

〔一〕李世藩　"藩"原误作"蕃"。今据逆检卷上叶四四上改。按逆排
　　卷二叶二上作"璠",异。

〔二〕破贼于黄宝山　"宝"原误作"实"。今据逆检卷上叶四七上及逆

排卷二叶四上改。

曹申吉　　罗森　吴之茂　陈洪明　崔之瑛

曹申吉，山东安丘人。顺治十二年进士，改庶吉士，十四年，授翰林国史院编修，充日讲官。十五年，以才堪外用，选湖广荆南道。十六年，迁河南分巡睢陈兵备道。十七年五月，内擢通政使左通政。十月，迁大理寺卿。康熙六年三月，擢礼部右侍郎。九年十一月，迁兵部右侍郎。时吴三桂分藩云南，征调络绎，黔蜀为往来孔道，廷议责重巡抚，十年，授申吉贵州巡抚，而擢陕西布政使罗森四川巡抚。

森，直隶大兴人。顺治四年进士，累官陕西督粮道、浙江按察使，迁布政使，以久外任故用之。十二年二月，申吉疏言："设官分职，上下相维。独黔省知府、知县，各有专辖之地，分征钱粮，并无经征、督征之异，非所以定经制而专责成也。请将贵阳、安顺、平越、都匀、镇远、思南、铜仁七府知府经管地粮，各归附郭之新贵、普定、平越、都匀、镇远、安化、铜仁七县知县管理；其知府止司督征，庶规制画一。"部议从之。五月，森以招民开垦，议加工部右侍郎衔。十一月，吴三桂反，十二月，犯贵州，申吉从贼。十三年正月，贼犯四川，森与总兵吴之茂并降。申吉喜为诗，招致游士，邀名誉；森亦有能吏声，相继从逆，闻者切齿。三桂性忌，降者多以事见杀。及三桂死，贼党复自相屠戮，申吉、森后俱不知所终。

之茂，锦州人。降贼，为三桂任用，率伪总兵五人犯秦州，后屡败，窜入松潘，所至焚掠。大兵克保宁，擒之茂于阵，械至京，伏诛。封疆大吏从逆者,又有广西巡抚陈洪明、云南布政使崔之瑛。

洪明,辽东人,隶汉军镶蓝旗。以笔帖式授户部主事,累迁至郎中。康熙十二年二月,擢奉天府尹。十一月,授大理寺卿。十三年二月,擢户部右侍郎。六月,授广西巡抚。八月,洪明偕总督金光祖疏言:“吴三桂遣贼攻陷梧州,现督水陆官兵进取,逆贼遁走。”梧州已复,得旨嘉奖。十一月,疏言:“土寇窃发,如李三、官七乘机倡乱,已分遣将弁荡平。尚有潜伏山陬海澨者,应亟除,梧州宜设重兵以资剿御。”谕曰:“梧州,两粤接壤要地。今粤西有事之秋,李三、官七贼寇灭后,尚可喜即撤兵速赴梧州。”十四年五月,洪明遣游击陈汝德剿伪总兵李梅友于苍梧,败之,毁其寨。十五年二月,尚之信叛降三桂,洪明从逆。十八年,复来降。二十一年,议政大臣等议,洪明应革职立绞,谕曰:〔一〕“陈洪明前赴任时,朕召至乾清门,奏称:‘臣一介草茅,蒙皇上知遇,务期勉竭愚诚,以报知遇。’及粤东被陷,朕意此人未肯从贼,且彼并无父母妻子牵制之情,只身何难自拔? 而乃深负国恩,受贼伪职,又具启吴三桂,情殊可恶,理应正法,姑从宽免死,着流徙宁古塔,籍其家。”

之瑛,霸州人。顺治十三年,授陕西汉羌道。康熙二年,擢云南布政使。十二年,从逆。二十年,云南平,之瑛论死。

【校勘记】

〔一〕谕曰　原脱“曰”字。今据逆检卷上叶五一上及逆排卷二叶七上补。

王辅臣

王辅臣,山西大同人。明末为盗,号"马鹞子"。

本朝顺治五年,大同总兵姜瓖叛,辅臣从之,为伪副将。六年,英亲王阿济格围大同,辅臣降,隶正白旗汉军,授侍卫。十年,随经略大学士洪承畴征明桂王朱由榔,擢湖广总兵,随定贵州。十六年,云南既定,吴三桂留镇,奏授辅臣援剿右镇总兵。十八年,随大军至缅甸,取朱由榔。康熙三年,叙功,加衔左都督。四年,迤东土酋王耀祖据新兴叛,辅臣讨之,破木城九,擒伪国公赵印选。九年,擢陕西提督,驻平凉。十二年,三桂反,使约辅臣从逆。十三年二月,辅臣遣子继贞首三桂逆书,得旨褒奖,予三等子,世袭;授继贞大理寺少卿。

时湖南、四川皆陷贼,上命顺承郡王勒尔锦征湖南,调辅臣随征。旋命兵部尚书莫洛经略陕西、四川,莫洛奏留辅臣,仍驻平凉,随大军进征四川。辅臣疏请入觐,密陈韬略。上以边疆正资弹压,谕俟贼平后来京。辅臣复疏言:"昔年随经略洪承畴出师湖南,于土俗民情,颇悉其概。及任云南总兵,凡地形险要,苗猓种类,知之最详。愿往湖南随征立功。"谕以进征四川,亦可立功。寻莫洛统陕西诸将征四川,檄辅臣随征,辅臣怀叛志,以乏马辞。莫洛给马二千,辅臣欲摇众心,谓:"经略尽调我良马他往,以疲瘠者与我,欲置我于死地。"十二月,行次宁羌,两营距二里许,潜布枭健,截诸险隘,纠众逼莫洛营,噪以马羸饷缺。莫洛遣从者抚慰,辅臣突前,炮矢齐发,莫洛自出督战,中鸟枪殁。

辅臣胁经略标兵及运粮兵二千馀自随,还踞略阳,通款三桂,留莫洛军营之郎中祝表正。时定西大将军贝勒洞鄂奉诏统师继莫洛后至沔县,闻变,退保汉中,入奏。上遣辅臣子继贞赍敕谕辅臣曰:"昔世祖章皇帝知尔才勇兼优,拔于侪伍之中,置之侍卫之列。继命随经略洪承畴进取滇黔,尔殚心抒忠,茂建功绩,遂进秩总戎。迨及朕躬,以尔勋旧重臣,岩疆攸赖,特擢陕西提督,来京陛见,面加询问。知忠贞天禀,猷略出群,特赐密谕,想尔犹记忆也。去冬吴逆叛变,人怀观望。尔独首倡忠义,举发逆札,遣子驰奏,益悉尔之忠诚纯笃,不负朕知。及经略莫洛奏请率尔入蜀,朕以尔与莫洛毫无猜嫌,故令同往建功。兹兵变之后,召询尔子,始知莫洛与尔颇有嫌隙,则朕之知人未明,俾尔变遭意外,忠荩莫伸。咎在朕躬,于尔何罪?朕之于尔,任寄心膂,恩重河山。以朕之惓惓于尔,知尔必不负朕也。尔所属官兵,行役艰辛,变起仓猝,朕惟加矜恤,并勿致谴,已令陕西督抚招徕安插。特再颁专敕,尔果不忘累朝恩眷,不负平日忠悃,敛戢所属官兵,各归队伍,即令仍还平凉原任。已往之事,概不追论。勿心存畏疑,有负朕笃念旧勋之意。"十四年正月,辅臣得继贞所赍敕,具疏附祝表正还奏,而留继贞弗遣。

辅臣之在略阳也,诱蔡州副将陈善以城叛,遂移据秦州。其在宁羌胁从之二千众,莫肯为用,各乘间脱走;自平凉随至之卒伍,日夜思故乡,散去者亦数百人。辅臣乃毁凤县之偏桥,使叛党王好文等以兵阻栈道,大军在汉中,饷不继,退归西安。于是汉中、兴安相继为三桂贼将所踞。辅臣留其党踞秦州,而自携旧兵归平凉。三桂赂以白金二十万两,与伪印曰"平远大将军陕西东路总兵"。辅臣为布逆书,要约党附,固原道陈彭受伪巡抚札,定边副将朱龙受伪招抚总兵札，各叛踞城邑，合谋诱胁，游击袁成梁，以巩昌叛；副将江有仓、参将潘瑀以阶文、洮岷叛；守备曾文耀以临洮叛；兰州游击董正己潜结抚标弁卒作乱，举城从逆；同州游击李师膺据神道岭以叛，杀韩城知县翟世琪，陷洛川、宜川、鄜州，陕西郡邑骚动。延绥镇属之向水、鱼河、波罗各营，葭州及吴堡、清涧、米脂等县，先后附贼。

初，辅臣之附疏祝表正还奏也，谓莫洛激其兵变，己弗能禁，乞先遣中使抚辑，兵众得所，当即束身归罪。上鉴其狡诈，诏在陕诸将申严防御，毋纵蔓延，而仍命祝表正赍谕慰抚如初。辅臣复留表正弗报，表正屡切责之，旋遇害。谕趣统师贝勒大臣分路进讨，于是贝勒洞鄂克秦州，伪总兵陈万策降；安西将军穆占、靖逆将军张勇克巩昌，伪总兵陈科降；西宁总兵王进宝克兰州，伪总兵赵士升降；甘肃总兵孙思克复静宁，平远将军毕力克图复绥德、延安，陕西提督陈福复定边城，擒朱龙及伪副将倪先德，斩之。辅臣见大军所向克捷，逆党渐散，乃为缓兵计，以书致贝勒洞鄂，乞奏请再颁赦诏，遣威望大臣受降。洞鄂以闻，上谕之曰："前屡降旨，王辅臣果悔罪来降，当宥其前罪。顷秦州诸处官兵来降，悉与宽赉，辅臣安有不知？彼乞降，诈也，特缓我师，为苟延日月计耳。且前遣祝表正尚未归，岂宜复遣大臣？尔等宜以王辅臣既邀恩赦，犹不悔祸，布告官吏军民，俾知举兵诛乱之故，急合兵攻取平凉。"是时吴三桂由湖南寇江西，势猖獗，辅臣因是观望。其叛党吴之茂、谭弘等由兴化犯商州，复引四川贼犯秦州，屯踞北山，截我临巩援师路。辅臣使伪总兵李国良以众八千由宁朔入寇，别使贼犯灵州，大军分道进剿，乃遁。

十五年二月，上命大学士图海为抚远大将军讨辅臣。四月，张勇剿贼于通渭，复其城。五月，图海大破贼于平凉城北之虎山墩，辅臣穷蹙乞降，上宥其前罪，颁诏抚慰。辅臣使子继贞、伪总兵蔡元缴所受吴三桂伪札印，诣军门降。诏复辅臣官爵，加太子太保，授靖寇将军，随图海驻汉中。继贞亦复原官，寻擢太仆寺卿。辅臣怀疑惧，与其妻妾四人，自缢死，独辅臣苏。二十年，云南平，辅臣奉诏随图海入觐，至西安病死。上从部臣请，停其世袭，罢继贞任，家属归旗。

谭弘　子天祕　郑蛟麟

谭弘，四川万县人。初为明总兵官。本朝顺治三年，明桂王朱由榔大学士吕大器督西南诸军，弘与其弟诣及谭文等皆受约束。时张献忠遗党孙可望等窜川南，弘等亦分据川东，又与李自成党李来亨等联络声援。五年，犯保宁，四川巡抚李国英败之。七年，可望以川南降于桂王，阳奉之，阴图自据。桂王大学士文安之念川中诸将兵尚强，欲结之以抗可望，乃自请督师，加诸镇封爵。桂王进弘新津侯、李来亨及谭诣、谭文等公侯爵有差；令安之赍敕印往，可望虑安之图己，邀止安之，夺弘等敕印。可望将图蜀，发兵由川南入，而别遣将渡金沙河，出黎州陷嘉定，弘与诣、文并附于可望。十四年，可望自贵州降于大军，弘等复归桂王。十五年二月，弘进据忠州、万县。七月，攻重庆，总兵官陈廷俊败之。十六年，弘与来亨等由水道袭重庆，会弘、诣以私忿杀谭文，诸将不服，安之欲讨弘、诣，弘、诣惧，率所部来降。随授弘川北总兵官，加慕义侯。康熙十二年，吴三桂叛，十三年，弘与四川提督郑蛟麟合谋从贼,受伪总管、将军。

　　蛟麟,明都司,自松山来降者也。三桂使蛟麟犯汉中,为大军所破,蛟麟复降。十五年九月,弘欲犯湖广郧阳,先遣贼众泊船琵琶滩,阻运道。招抚杨茂勋,偕副都统李林隆、提督佟国瑶等败之。十月,弘率贼三十馀艘顺流下,围郧阳城。将军噶尔汉等败之陡岭,更以水陆兵夹击,弘复遁。十八年,上以湖南、广西底定,贼殄灭可期;念弘抗拒有日,或由迫胁所致,特加专敕令其侄前副将谭天叙赍往招抚。十九年二月,湖广提督徐治都复夔州,弘遣子伪右将军天祕赍辩明胁从疏,并缴伪晋国公敕、伪广威将军印,及文武官印,亲率子侄伪总兵官谭地升、谭地晋等诣军门降。未几,三桂陷泸州、永宁、叙州,弘复叛,谕曰:"谭弘变起仓猝,虽盘踞万县,实属疥癣。但破其出犯之贼,则弘无路可归,自必授首。"乃趣将军吴丹、鄂克济哈、赵良栋,总督杨茂勋,巡抚杭爱,提督王之鼎等,分道进击。十月,弘与彭时亨等攻涪州,十二月,复犯夔州。上命噶尔汉及川陕总督哈占速进。二十年正月,弘死。

　　时噶尔汉击败云南贼,弘子天祕震恐,走万县天字城寨贼巢以遁。于是大兵进取万县,既而开县、建始、忠州、梁山悉平。六月,徐治都檄参将涂铠谕降,哈占复遣官招之。天祕犹豫未决,大兵围云南,天祕穷蹙始降。二十一年五月,磔于市。

　　祖泽清

　　祖泽清,大寿第四子。康熙六年,由参领授广东高雷廉总兵。十四年七月,据高州叛,降于吴三桂。命平南王尚可喜、将军尼雅翰、前锋统领觉罗舒恕、总督金光祖会剿。十六年,尚之信以从逆反正,袭平南亲王,传檄两广,泽清亦投诚。事闻,谕曰:"祖泽清先虽被胁从逆,仍感戴国恩,密谋斩倡乱逆弁陈嘉正,擒伪将军谢厥扶等,剃发归顺,其加都督同知,仍管总兵事。"八月,泽清执厥扶及伪总兵邓镇奇,同知谢济,游击韩达,守备韩元隆、韩国勋、邓骏,送之信所,诏诛之。十月,命泽清同光祖进取南宁、柳州。

十七年三月,泽清复叛,谕曰:"祖泽清先经反叛,及投诚后,随加宽宥,仍授总兵,旋擢銮仪卫使。今复负恩反叛,凶恶已极,即行诛灭。平南王尚之信,将军莽依图、额楚,巡抚傅弘烈,总督金光祖,可会同商酌,速行剿灭。"未几,泽清勾山海诸寇,分犯电白。敕之信、额楚等速攻剿。四月,之信同副都统额赫讷等统满汉兵抵电白。泽清设五营据守,之信等分击,连破之,斩伪总兵江琼及贼众四千馀;追二十馀里,城中贼众坚守,围之十七日夜,原任都司王得功等逾城降,之信等驰百八十里抵高州,泽清挈家遁入山。

十八年四月,谕兵部曰:"逆贼吴三桂煽乱以来,各处大小文武官员,势穷力竭,迫而从贼,朕久已洞悉。其悔罪来归者,概行宽宥。惟泽清父子兄弟,向受国恩甚厚,前叛时意其必被迫胁,不得已而从逆。及既降复叛,则甘心附贼可知。情罪重大,国法难容。不许招抚,亦不许其投诚。尔部即密谕各路大将军、将军、督抚、提镇等遵行。"八月,官兵搜山,获泽清及其子良梗,送京师。十九年二月,泽清、良梗俱磔死,诸子家口籍没。

耿精忠

耿精忠，汉军正黄旗人。靖南王继茂长子，幼随父镇所。顺治十一年，继茂遣入侍，世祖章皇帝念继茂南征有功，授精忠一等子爵，尚肃亲王豪格女，封和硕额驸。康熙二年，继茂请令精忠赴闽学军事，圣祖仁皇帝允之。十年，继茂疾，奏以精忠代理藩事，寻卒。诏精忠袭父爵。

十二年七月，精忠闻平南王尚可喜将撤藩归辽东，亦具疏请撤，得旨允行。十一月，吴三桂反，命精忠仍留镇。三桂以书诱之，精忠与藩下左翼总兵曾养性，右翼总兵江元勋，参领白显忠、徐文耀、王世瑜、王振邦、蒋得轼等潜定逆谋，十三年三月，踞福州反。以兵胁总督范承谟，不屈，遂幽之，及其家属五十馀人。自称"总统兵马大将军"，效三桂蓄发易衣冠，私铸"裕民通宝"钱。以曾养性、白显忠、江元勋为伪将军，分陷延平、邵武、福宁、建宁、汀州，藩下佐领黄国瑞、林芳孙、廖廷云、李似桂，护卫夏季旺、吕应斗，长史陈仪、陈斌，及凡从逆者，各加伪职，分播逆书，约三桂分寇江西、江南，约潮州总兵刘进忠扰广东，通海贼郑锦于台湾，赂以沿海郡邑，倚为声援。浙江总督李之芳闻变，先遣副将王廷梅等击贼，自率兵驻衢州守御。贼众突越仙霞岭寇浙江，陷江山县，以衢州有备，分陷温州、处州；又别趋江西，寇广信、建昌。

上命平南将军赉塔帅师之浙江，定南将军希尔根之江西，并敕杭州、镇江水师分防海疆。诏削精忠爵，收禁其在京兄弟，宣谕中外曰："逆贼耿精忠庸懦无能，痴愚寡识，赖祖父之馀勋，袭封王爵,宜感恩图报。不意其包藏祸心,径行反叛。今削其爵,遣发大兵进剿。凡被贼迫胁之官员兵民,有能擒耿精忠投献军前者,优加爵赏;或以兵马城池纳款者,论功收录;或力有不逮自拔来归者,亦免罪收用。其藩下人在直隶各省出仕者,概从宽宥,虽有父子兄弟在福建者,亦不株连。勿得心怀疑畏,自罹法网,负朕好生之意。”寻谕吏、兵二部曰:〔一〕“曩者耿精忠之祖父耿仲明,当太宗文皇帝时,航海归诚,优锡王爵,效力行间,劳绩茂著。及其身故,睿亲王不令承袭;世祖章皇帝追念旧勋,以其子继茂袭爵,俾镇岩疆。爰及朕躬,惓怀勋裔,恩宠有加。后览继茂遗疏,有‘民兵凋敝,海贼未灭,死不瞑目’之语,忠荩堪念。且因精忠自幼曾为近侍,予袭王爵,仍镇闽省,望其绍祖父遗训,殚竭忠猷。不意为逆贼吴三桂煽惑,一旦叛乱。大兵进剿,歼灭在即。但念其无知被诱,堕人狡计,非素蓄逆谋、首倡叛乱者比。况自祖父以来,受恩四十馀年,至精忠之身,遽至宗祀斩绝,朕心深为不忍! 其传谕精忠果能革心悔祸,投诚自归,剿除海贼,以赎前罪,即视之如初。朕以至诚待天下,必不食言。”遣工部郎中周襄绪偕精忠护卫陈嘉猷赍敕赴闽,精忠留之。养性诱温州总兵祖弘勋、平阳游击司定猷,并以城叛,偕伪镇海都督林冲,伪中军都督徐尚朝,伪总兵阎标、宋书聘、冯公辅、沙有祥、曾玺、陈理、连云登,伪副将吴荣先、陈鹏等,陷瑞安、乐清及仙居、太平、黄岩,窥宁波、绍兴,陷嵊县,连陷处州郡邑,进犯金华。精忠偕伪左军都督周列,伪总兵王飞石、桑明、李云龙,伪副将江明等,陷广信、建昌、饶州,复纠合玉山、永丰土贼,东犯常山,陷开化、寿昌、淳安、遂安,别犯徽州、婺源、祁门,势日猖獗。

　　上以康亲王杰书为奉命大将军，贝子傅喇哈为宁海将军，率禁旅，并调驻守江南之喀喇沁、土默特兵征浙江；复命安亲王岳乐统师驻南昌，简亲王喇布驻江宁。谕康亲王曰："精忠虽背恩反叛，念其祖父投诚效力，累世旧勋，朕岂肯以耿精忠之罪及其先人？大兵平定闽省之日，其祖父骸骨，仍许收葬。"是时将军赉塔兵驻衢城，贼由江山县入犯，赉塔同之芳率副都统喇哈瑚图、副将王廷梅等击却之。副将牟大寅斩伪参将张雄于常山；副将洪起元败贼于绍兴，复嵊县；副将鲍虎败贼于淳安之围屏镇，擒王飞石、江明，复寿昌、遂安；副都统沃申、玛哈达、石调声，总兵李荣、陈世凯，参将陈梦旸，屡摧贼众于金华，斩阎标、宋书聘、吴荣先。会康亲王至金华，与贝子傅喇哈率副都统穆赫林等剿贼，复金华附近诸邑，败曾玺、陈理于台州之黄瑞山，斩陈鹏，复黄岩、太平、乐清；玛哈达击败徐尚朝、沙有祥、冯公辅等，复处州；穆赫林击败林冲于白水洋，复仙居；简亲王以兵助江宁将军额楚，击走徽州、婺源、祁门贼众；将军希尔根复建昌、饶州。安亲王至南昌，移书精忠约降，精忠答书，语多狂悖。

　　十四年七月，上谕吏部、兵部曰："逆贼耿精忠负恩附逆，煽乱闽疆，荼毒生灵，罪恶重大。凡兄弟族人，律应不赦。但念其弟耿昭忠、耿聚忠及族人等，道途远隔，实未同谋，竟尔株连，朕心不忍！其概从宽释，官职悉令如故。"并命聚忠赍敕谕精忠曰："尔祖父宣力累朝，勋猷懋著，爰俾世袭王爵，格外加恩。逮尔父病殁，令尔袭封镇闽，方谓尔克绍前猷，殚忠报国。不意尔反为吴逆狡谋所惑，蹂躏土地，残害生民。朕犹念尔祖父前功，终不忍绝。凡尔在京诸昆弟及属下人，概行宽宥，给还官职，恩礼如常。今大军云集，时势昭然，尔自知之。朕复念尔变乱，必由逼迫所致。故复下赦书，遣尔弟耿聚忠赍至军前，明谕朕意。尔若即悔罪率众归诚，当复尔王爵，如旧镇守。倘能剿除海寇，共奏朕功，仍复优叙，加以爵赏。前使臣周襄绪等不遣之归，或别有故，朕不介意。尔勿听煽惑之言，终怀疑惧，负朕始终保全之意。"聚忠至衢州，精忠不纳，使其党江元勋、徐文耀、黄国瑞等扼关隘，肆逆如故。初，精忠将反，其母周氏哭阻之，藩下都统马九玉亦以吴三桂不可效为言，精忠勿听。周氏愤死。九玉旋从逆，为伪骁骑将军，与伪前锋都督朱怀德、伪总兵马胜等踞江山县，精忠屡迫之，犯衢州，战辄败。刘进忠之以潮州叛也，受精忠伪职，为宁粤将军。

　　平南王尚可喜奉诏发兵讨精忠，精忠求援于郑锦，遂引海贼入潮州，据惠州。三桂亦驱广西叛贼逼肇庆。可喜虑分御力竭，请敕广西大兵援广东，精忠益驱伪将军邵连登、刘如桂、黄朝用、伪总兵马鹏等，犯建昌、〔二〕抚州、赣州，连结三桂贼众于袁州、吉安，阻大兵不得达粤。可喜子之信遂纠广州、肇庆官属降三桂。乘惠州不守，锦使其党刘国轩等踞之。锦寻与精忠构衅，尽夺泉州、漳州诸地以自属。十五年二月，贝子傅喇哈誓师黄岩，进征温州，连破贼垒，曾养性凭江拒战，累月未能薄城。上命之芳饬兵固守衢州、金华，傅喇哈剿除温州、处州贼众。谕趣康亲王自金华移师衢州，进征福建。八月，康亲王同将军赉塔督兵败贼于大溪滩，下江山，九玉潜遁。招降伪参将金应虎，遂克仙霞关，攻拔浦城县。是时，锦侵扰兴化及福州，精忠与其党武灏、沈伟、郭景汾、罗万里等搜掠福宁、建宁、邵武、延平财利以饵众；将不继，又屡为大兵挫衄，势益穷蹙。以范承谟久羁不屈，使人害之，并戕其幕客嵇永仁及家属之被系者。

康亲王进征建阳，移书精忠曰："尔蒙累朝厚恩，世授王爵，正当遇时立功，以承先绪。乃溺于奸计，自取诛夷。圣上念尔祖父之功，凡尔在京诸弟俱留原职，如旧豢养；复遣尔弟聚忠招抚，因不得前进还京。今大兵屯仙霞岭，长驱直入，攻拔浦城。浦城乃闽省财赋要地，咽喉既塞，粮运不通，建宁、延平旦夕可下。与其絷颈受戮，不如率众归诚，仍授王爵，保全百万生灵。况郑锦与尔有不共戴天之仇，攘夺郡邑无已时。尔当助大兵进剿立功，何久事仇人为？"精忠得书，犹豫未决，答书言："自愿归诚，恐部众不从，致滋变患。望奏赐明诏，许赦罪立功，以慰众心，乃可率属降。"康亲王复建宁府，次延平。精忠震慑无措，遣其子显祚同前赍敕被留之周襄绪、陈嘉猷，迎大军。十月朔，康亲王遣官赍敕宣示精忠，精忠出城降，请随大军剿海贼，立功赎罪。康亲王以闻，下王、贝勒、大臣议奏，复精忠靖南王爵，属下官职如旧；令精忠率之征剿。上乃以耿昭忠为镇平将军，赴福州驻守；命精忠随大军剿海贼，旋收复兴化、泉州、漳州，逐锦入台湾，进征潮州。会之信以广州归顺，进忠亦降，精忠驻守潮州。

十六年四月，奏遣子显祚入侍，命列散秩大臣。九月，康亲王令将军赉塔偕精忠所属都统马九玉率将士守潮州，撤精忠还福州，诏止之，谕戒康亲王及参赞大臣曰："今当招携抚顺之时，不宜遽撤耿精忠，以疑众心。王大臣等不预请旨即撤之，殊为失计。嗣今凡事当熟筹，毋得径行。"十一月，藩下参领徐鸿弼、佐领刘延庆、护卫吕应赐、典仪陈良栋、护军苏云会等具状，遣人赴部首精忠归顺后尚蓄逆谋,凡五款:一违康亲王令,不悉举出奸党;一潜结海贼,通音问;一与刘进忠执手耳语,谓乞降非所愿;一密令腹心藏铅药,约俟异日取用;一散遣旧兵归农,令分携兵器,勿留供大军。部臣以状闻。昭忠在福州同参赞大臣介山、吴努春亦以鸿弼首词具疏入告,上留疏于中。

十七年春,海贼陷海澄、长泰、平和、漳平、同安、惠安、永春等城,诏精忠还福州,昭忠携其祖父骸骨还京。是年秋,三桂死。贼之在江西、湖南者半窜遁,海贼亦败溃,退踞海澄。上密谕康亲王曰:"自数年用兵以来,所费不赀,民力疲困。今大破湖南贼寇,馀孽遁入云贵,旦夕歼灭。惟福建海贼窃踞海澄,倚厦门、金门为营窟,大兵进剿,并藉水师,应撤骑兵之半,以苏民力。耿精忠在闽,尚虑变生意外,故暂停撤。如降旨令精忠来京,或滋疑惧。王当令其奏请陛见。"寻康亲王疏劾精忠罪,请逮系正法。谕曰:"今广西、湖南、汉中、兴安俱已底定,逆贼馀党引领以冀归正者,不止百千。耿精忠若即正法,馀党或致寒心;如能自请来京,庶事皆宁帖。王当加意开导之。"十九年四月,精忠疏请入觐,得旨,以马九玉为福州将军,辖藩下兵。八月,昭忠、聚忠并疏劾精忠,精忠至,上允王大臣等所请,以前此留中诸疏,下法司勘问,精忠辨归顺后绝无叛志。法司以鸿弼等首词可按,且有昭忠、聚忠劾奏,精忠应革王爵,与其子显祚,及曾养性、白显忠等俱磔死,家口籍没。上命系精忠,俟鸿弼等及逆党俱至京,再核议以奏。寻遣聚忠赴福州,以罪不株连,晓谕藩属,并迁精忠家属归旗。是年,之信为藩属首悖逆,伏诛。

明年十月,大兵平云南,三桂孙世璠及其党俱殄灭。诏撤旧隶精忠藩下官职之在浙闽者,还京。九玉亦解任归旗。给事中姚祖顼、御史孙必振交章言三桂宜戮尸,精忠及逆党罪状,应按律拟磔。上询廷臣欲予宽减,大学士明珠奏言:"精忠罪较之信尤为重大,之信不过纵酒行凶,口出妄言。精忠负恩谋反,且与安亲王书多狂悖语,情无可贷。当敕法司明正典刑。"于是精忠与曾养性、白显忠、江元勋、刘进忠、徐文耀、王世瑜、王振邦、蒋得輄,并磔于市,悬首示众。显祚及祖弘勋、司定猷、黄国瑞、林芳孙、廖廷云、李似桂、夏季旺、吕应斗、陈仪、陈斌、武灝、沈伟、郭景汾、罗万里等,咸伏诛,籍其家。

【校勘记】

〔一〕寻谕吏兵二部曰 原脱"吏兵二"三字。逆排卷二叶二〇下同。今据逆检卷上叶六八上补。

〔二〕犯建昌 "犯"上原衍"助显忠"三字。逆检卷上叶六三下同。今据逆排卷二叶二四下删。

曾养性 刘秉政

曾养性,奉天人。初从耿继茂征广东,隶靖南王藩下。累官副都统。继茂移藩福建,养性从破海贼于厦门。康熙十一年,授藩下左翼总兵官。十三年三月,耿精忠反,巡抚刘秉政从逆。精忠以养性为伪都督,连陷福宁诸州县。养性率贼万馀犯浙江之平阳,游击司定猷缚总兵蔡朝佐迎降,遂据平阳。五月,潜师渡飞云江,攻瑞安不下,转逾桐岭,游击魏万侯迎战败死,养性进屯温州城外西山。六月,温州镇总兵祖弘勋通贼,巡道陈衷赤、永嘉县知县马玠遇害。^{〔一〕}养性入据城，伪加弘勋威远将军，聚众十万，趋台州，过乐清，攻破之；长驱下天台、仙居及绍兴之嵊县，布伪剳。宁海、象山、新昌、馀姚土寇蜂起，养性伪授鲁朝全为总兵，褚楚白为都督，使踞大岚山，扰绍兴、宁波。养性分遣贼犯金华，自犯黄岩。九月，黄岩陷，总兵阿尔泰从贼。十月，养性偕伪都督周列等率贼二万馀，自常山犯衢州，将军赉塔、总督李之芳分路奋击，大破之。十一月，复犯衢州，仍败之。十二月，养性偕伪总兵徐尚朝等，率马步贼三万、土寇二万，攻金华，副都统玛哈达、总兵陈世凯迎战于积道山，破其木城，杀贼二万馀。养性退据天台。

十四年三月，养性率伪总兵八人、骑六千、步卒数万，南至长石岭，北至三江，延袤数十里，连屯二十五营，复遣贼将朱飞熊率水师万馀、舟三百馀艘，泊小梁山下。四月，将军傅喇哈进击之，斩飞熊，养性退据茂平岭，扼险抗拒。五月，巡道许弘勋、绍兴协都司王得福剿大岚山贼，招降楚白，斩朝全，养性失援。八月，傅喇哈自土木岭间道济师，出茂平岭背，贼惊溃；乘胜趋黄岩，养性弃营据城拒守，傅喇哈进围其城。养性夜突围，走温州，馀贼以城降；乘胜复乐清，从楠溪沿山至青田，渡江向温州。养性遣贼迎战于上塘，转战至缐障，遇伏横击之，贼首尾不相顾，溃走。养性乃浚温州城河，拆民居，增战具固守，不下。傅喇哈围之，十五年二月，夜犯大营。傅喇哈先营山上，令诸军谨守；及曙，分兵下山，奋击，阵斩伪都督孙可得、伪总兵李节等，贼大败。追至将军桥及灰桥，扼其归路，贼尽堕水中，斩首二万馀。养性堕马，浮水逃入城困守，不能复出。九月，养性闻大兵入福建，精忠降，势迫无所归，十月朔，率众以城降。十二月，自温州率兵至福州，仍为藩下总兵官。耿聚忠疏劾精忠并劾养性，旋随精忠还京。二十一年正月，养性磔死。弘勋、定猷并伏诛。

秉政，汉军正红旗人。初为直隶鸡泽知县。顺治九年，行取，授云南道监察御史。十五年，迁太仆寺少卿。十六年，转左通政。寻擢宁夏巡抚。康熙四年，裁缺，五年，补福建巡抚。附精忠同谋逆，后从精忠出降。逮赴京，道病死，籍其家。

【校勘记】

〔一〕巡道陈衷赤永嘉县知县马玠遇害　"衷"原误作"丹"，又"玠"误作"瑲"。今据逆排卷二叶三〇下及贰检卷下叶一下改。

刘进忠

刘进忠，辽东辽阳人。初为明总兵马得功部校。本朝顺治二年，随马得功在芜湖迎降。[一]旋从剿福建海贼，荐擢靖南王藩下右路镇标副将。康熙三年，迁随征福建中路总兵官。六年，改广东水师左路，寻调广西左江。八年，复调广东潮州。

十三年四月，进忠潜通耿精忠，拥兵叛。先是，进忠闻滇闽有变，遂萌异志，遣其心腹杨希震赴福州纳款，献潮州地，并请假将军印以号召。续顺公沈瑞驻潮，知其谋，游击李成功、张善继亦密约共图进忠。至是，沈瑞起兵，巷战兵败；成功等被杀。精忠使漳浦镇总兵官刘炎统兵至，势益张。进忠授宁粤将军伪职，并执瑞及副都统邓光明官兵家属驱入福建，拘于漳浦。七月，逆党陈奠据程乡，八月，刘斌据普宁，先后为都统尚之孝等所败，复其城。方之孝兵抵潮，进忠窥其移营，辄鼓众出犯，之孝败之于新亨，分兵克东津、笔架山、洗马桥诸隘。巡抚刘秉权、总兵王国栋亦攻毁潮州城南凤凰州木城，斩伪都督金汉臣，合围潮州。十四年，海逆郑锦寇漳泉，拔之，与精忠有隙，闽粤路梗。进忠因再用希震策，纳款于锦。锦遣伪总统刘国轩引贼肆掠，伪授进忠伯爵。之孝与战，不利，退守惠州。十五年，精忠降，进忠仍拥众观望。十六年三月，福建既定，康亲王杰书奏以将军玛哈达、都统赉塔统兵，同精忠进取潮州，进忠穷迫归顺。上命宥进忠罪，仍为潮州镇总兵官，随大兵进剿。

　　寻授征逆将军。六月，疏言：“臣以辽东武夫，〔二〕历擢潮镇，曷敢一旦背叛，自取灭门？实由续顺公部下都统邓光明等，见臣训练，顿生诽谤，乃约游击李成功、张善继率两路兵马钞臣前后，乱矢如雨。〔三〕臣仓卒应变，亦站队堵御。死亡之际，不暇择人，走险求救，苟延岁月。及闻康亲王奉命到闽，私幸得瞻天日，故差员远输诚款，虽屡经郑逆调遣，臣皆按兵不动。抑且漳泉兵食全资惠潮。臣随严禁接运，所以漳泉之众不战自馁。今幸邀圣明，赦愆复职。又加臣为征逆将军，仍带伯衔，可谓荣出非分。自今以往，臣之性命身家，均为皇上再造。若不据实陈情，是臣既误于前，又复隐讳于后。殆必归诚之心未坚，报效之志未切，臣虽万死不足赎矣。”疏入，报闻。六月，进忠以康亲王杰书招抚文檄，潜通吴三桂召兵自救，为尚之信侦获，上闻，谕曰：“刘进忠中怀诡谲，非实意归诚。可檄康亲王密为之备。”寻又命调其标兵剿贼，移进忠福州。十七年，命来京，其标员率兵赴广西效用。十九年，精忠为部下徐鸿弼举发罪状，事涉进忠，有“与进忠密谈,结为心腹"语,下廷议,逮问得实,诏与<u>精忠</u>同磔于市。

【校勘记】

〔一〕随马得功在芜湖迎降　原脱"马"字。<u>逆检</u>卷下叶四下同。今据<u>逆排</u>卷三叶一上补。

〔二〕臣以辽东武夫　"夫"原误作"人"。<u>逆检</u>卷下叶六上同。今据<u>逆排</u>卷三叶二上改。

〔三〕乱矢如雨　"乱"原误作"炮"。<u>逆检</u>卷下叶六下同。今据<u>逆排</u>卷三叶二下改。

　　尚之信

　　<u>尚之信</u>,汉军镶蓝旗人。<u>平南王</u><u>可喜</u>长子,幼随父镇所。年十九,<u>可喜</u>遣入侍。<u>世祖章皇帝</u>念<u>可喜</u>功多,授<u>之信</u>秩,与公爵同。<u>康熙</u>十年,<u>圣祖仁皇帝</u>允<u>可喜</u>请,令<u>之信</u>赴<u>广东</u>佐理军事,<u>之信</u>别营新宅以居。

　　十二年,<u>可喜</u>欲归老<u>辽东</u>,请以<u>之信</u>袭封留镇。部议藩臣无乞休子袭之例,令撤藩偕归。会逆藩<u>吴三桂</u>反,<u>可喜</u>奉诏留镇,遣次子<u>之孝</u>讨叛贼<u>刘进忠</u>于<u>潮州</u>,奏请以<u>之孝</u>袭封。诏<u>可喜</u>如旧理事,俟贼平,以<u>之孝</u>袭。旋晋<u>可喜</u>平南亲王、<u>之孝</u>平南大将军,命<u>之信</u>以讨寇将军衔,协谋征剿。未几,<u>高州</u>总兵<u>祖泽清</u>附<u>三桂</u>据城叛,引<u>广西</u>叛贼<u>马雄</u>、<u>郭义</u>及<u>三桂</u>所遣伪将军<u>董重民</u>、<u>李廷栋</u>、<u>王弘勋</u>等,遂陷<u>广东</u>郡邑。海贼<u>郑锦</u>遣贼<u>万馀</u>助<u>进忠</u>入寇,<u>之孝</u>战失利,退驻<u>惠州</u>。十五年春,<u>可喜</u>卧疾,<u>之信</u>代理事。<u>三桂</u>诱其藩属从逆,水师副将<u>赵天元</u>、总兵<u>孙楷宗</u>相继叛,<u>之信</u>

遂降三桂,遣心腹环守可喜藩府,戒毋得关白诸事,杀金光以徇。

　　金光者,浙江义乌人。随可喜幕下,赞谋画策最久,可喜奏以其计擒佛山镇奸民江鹏骞,得旨叙功,授鸿胪寺卿衔。常以之信凌虐藩属,不可袭封,告可喜者也。之信遂授伪职"招讨大将军、辅德公",与海贼议和,夺之孝兵柄,使闲居广州。三桂屡胁之信出庾岭抗大军,之信赂以库金十万两,乃已。

　　可喜卒,三桂以辅德亲王伪印与之信,之信旋遣使赴江西通款大军,密疏愿立功赎罪,谕曰:"尔父航海归诚,功猷茂著。自吴逆叛乱以来,益矢忠荩,故特封为亲王,授尔为讨寇将军,正期克奋勇略,扫除逆贼。不图粤省变乱,道路梗阻。今览尔密奏,称'父子世受国恩,断不敢怀异志,愿立功赎罪,来迎大师'。朕知尔父子不忘报国,念笃忠贞,因仓猝变乱,朕心深为悯恻!已往之罪,概行赦免。果能相机剿贼,立功自效,仍加恩优叙。"十六年,之信请敕大军速进粤。是时三桂以董重民为伪总督,踞肇庆。初,广西疍户谢厥扶当赵天元未叛时,先以缯船数百附马雄,诱天元从贼。至是,三桂令厥扶统辖水师,加伪职定海将军,与重民合拒大军。之信密约重民所部兵,令以缺饷噪,乘间擒重民,邀击厥扶,大败之,厥扶遁入海。之信遣副都统尚之瑛率兵迎大军驻韶州,疏陈阖属归正;并言藩下总兵伪授翼勇将军王国栋、藩下长史伪授总兵李天植等,赞襄有功,并得旨嘉奖,下部议叙,之信袭封平南亲王,王国栋等各复旧职,俟诸路贼平,再议。谕之信曰:"今据时势,剿贼吴三桂,甚为紧要。亟宜趣兵速进,前此贼兵屯聚长沙,掘濠立桩,仅可支持旦夕。诚使诸路进兵,彼安能随处备设桩濠以相抗?其灭亡可翘足而待矣!"寻之信遣使入贡,谕曰:"昔尔先人在时,贡献方物,靡不竭诚。二年以来,粤东事变,信使弗通。每念及尔先人素日忠贞不二,为国忘家,罔不悯伤。今王克承先志,恢复粤东,使人远来贡献,良属可嘉!但用兵之秋,非无事时比。况见此物,不胜思念尔先人,王其安戢粤东,恢复粤西、湖南,以继尔先人未尽之志,朕心深为期望。此等细务,劳人费事,其暂止。"

是年秋,三桂从孙世琮踞桂林,之信遣总兵尚从志以兵三千随巡抚傅弘烈进征。弘烈击败伪将军赵天元,复梧州、浔州,规取平乐、桂林。诏之信由韶州进取宜章、郴州、永州。之信疏言:"粤东土贼尚多,潮惠人心未定。臣宜留镇省城。"得旨:"令将军喇哈达、〔一〕赉塔统兵同进潮州。刘进忠等知皆已归顺,海寇败遁,王又以土寇为辞,不离省城。倘逆贼各路来犯,不惟广西难复,楚贼难灭,即广东亦难保矣。其速统兵前赴韶州剿贼。"时镇南将军莽依图击败伪将军胡国柱、马宝等于韶州,诏移师梧州,因之信未具舟舰,师行濡滞,总督金光祖由浔州进征世琮,不胜。谕责之信曰:"金光祖不守梧州,轻进失利,犹幸梧州无虞。万一梧州失利,则进取三桂大兵,后路亦阻。前调将军莽依图等速赴梧州,王不亟发船,致误军行,不可谓非王失机也。梧州乃两广接壤要地,其即遣精兵戍守。"

十七年正月,之信疏言:"臣奉命进取宜章、郴、永,行至清远,以总督金光祖及高州诸处报警,遂还省城。今海贼又突犯潮阳,臣未能统兵远征。"得旨:"潮州、惠州既有将军赉塔等镇守,剿海寇不为不足;今将军莽依图深入广西,事机所系甚重,且广西早定,则湖南之寇不能自存。王其亲往广西策应,毋误军事。"

之信复疏言："高、雷、廉三郡初定,恐为逆贼煽惑。再四熟筹,不得不留镇省城。"诏精选藩兵遄发,暂停亲往,之信遣国栋率兵赴宜章。九月,疏言："前者永兴危急,臣恐国栋不能制贼,拟亲往策应。顷闻吴三桂已死,永兴贼遁。今湖南势如瓦解,臣当进定广西。"诏以之信为奋武大将军,合永兴大兵并进。十八年,大兵自湖南进广西,赵天元降。之信疏言："前此粤东之变,起自江门;江门水师之叛,倡于赵天元。请明正其罪。"诏即诛之。时世琮寇扰南宁,之信既次横州,进驻韶封,俄复退还广州,自陈患痔日剧,有事医疗。诏移随征部众与莽依图统摄,之信令藩下总兵时应运率之往。莽依图已击败世琮,将进征桂林,留应运驻守南宁。贼党范齐、韩孟明等窜踞武宣,之信疏陈海寇宜防,未能西剿,上复谕趣之。

十九年三月,之信乃率兵西剿。初,之信既袭爵,以之孝旧握兵为嫌,不欲其居广州,奏请召赴京师,之孝旋自请募兵三千效力。得旨,赴江西剿贼。藩属苦之信残暴,念之孝弗置,之信益猜忌,素嗜酒,怒辄执佩刀击刺,又好以鸣镝射人。叛将孙楷宗之归顺也,上宥其罪,之信杖毙之。护卫张永祥为之信赍疏至京,召对承优旨,以总兵擢用。之信故阻抑,复屡辱以鞭筶。怒护卫张士选语忤,射之残其足,诸护卫皆不平。国栋时为藩下都统,与副都统尚之璋、总兵宁天祚每与语,愤形于色,巡抚金俊察其情,疏请谕趣之信西剿,留国栋、之璋、天祚守广州。至是,之信赴武宣,永祥、士选诣阙,首之信跋扈怨望,弗愿剿贼,糜兵饷,擅杀人诸罪状。上命刑部侍郎宜昌阿以巡视海疆赴潮州,传谕将军赍塔移师广州,绥辑藩属。先传谕王国栋等如能执之信,许便宜行事,并以罪不株连,宣谕藩属。四月,宜昌阿至广州,国栋与金俊密议,选藩下兵,以参领李文科率之,驰诣总督金光祖、提督哲尔肯、副都统金榜选、总兵班际盛协擒之信。金俊上疏曰:"自滇黔叛乱以来,兵民殒于锋镝,财赋竭于军需,皇上夙夜焦劳,于今七载。吴三桂固为乱首,而尚之信实为乱源。何则?之信凶残暴虐,赋性豺狼,其父可喜深虑其包藏祸心,戕害诸弟,因有移归辽东之请。三桂即藉撤藩倡乱,耿精忠效之。群逆蜂起,皆之信启其端也。可喜复虑其拥兵速祸,故请以次子改袭。使之信稍有人心,当必悔罪效忠,顾乃倚贼纠变,枭斩鸿胪寺卿金光,投顺三桂,冀为伪王,以逞骄志。及三桂与以辅德公伪敕册印,又遣马雄屯三水索助饷银十万两,始颓然气沮,复谋归正。天恩待以不死,俾袭父爵,宜抚心知愧,奋志图功。乃不赴韶州征剿,不救永兴危急,抗违诏令,养贼邻封。且以奉命宥罪之孙楷宗擅以杖毙,目中尚有三尺法乎?臣犹忆十七年九月公宴,之信语督臣金光祖云:'上欲我出兵,乃不与我一黄顶带。'翌日复议,怒责盐驿道金事李毓栋云:'尔甫来此,事事与我违拗。我一刀砍尔,上亦无奈我何!'昨岁七月,宴罢,私语臣曰:'非我归正,尔安得至广东?凡事当顺从我,不独吴三桂能杀巡抚朱国治也。'臣正色叱之,乃以酒醉自解。其狂悖无忌惮如此。昔可喜将终,曰:'必葬我海城。'之信置若罔闻,惟营造藩府,终岁不辍。其意实欲久踞广东。不忠不孝,人皆詈之。耿精忠归正后,即遣子入侍。之信三子皆年长有室,臣谓入侍不容缓,之信曰:'天下未定,岂宜令孩童远行?'是则异志犹存,叛心未已,如见肺肝矣。至于兵无实额,饷多虚冒,致海贼肆扰,又其贻误封疆也。臣莅粤两载，具知其父积有功劳，诸弟亦小心奉法，惟之信悖逆乱常，灭绝天理。察其近习左右，俱义愤不平。因密约都统王国栋等共酌机宜。之信旦夕就擒，乞敕议正法，以戒天下为臣而怀二心者。"

国栋亦上疏自述其与金俊、尚之璋、宁天祚同心密谋状，复代之信母舒氏、胡氏上疏曰："逆子尚之信怙恶不悛，酗酒肆暴，杀害善良，凌虐官吏；甚至奉命出师，顿兵不进，私回东省，迟误军机。不臣之心久萌，谋逆之变可虑。恐祸延宗祀，不禁饮泣寒心！密令都统王国栋等选员擒之，请旨正法，并收禁其妻耿氏、子崇溢。乞圣慈垂念先臣忠荩，改令一子袭爵。"是时光祖、榜选、际盛因武宣新复，屯兵城外，之信入踞城。光祖等得国栋檄，令兵围城，以永祥、士选首告罪款，有逮问旨宣示之信，之信就逮，还广州。上疏辨，谓永祥、士选以责惩私怨、捏款诬陷，诸疏并下廷议，议削之信爵，逮至京鞫讯。时藩兵八千在广西，有讹言进征云南，即分置戍守者，多惶惧逃归。命宜昌阿与赉塔慰遣西征，并宣谕曰："前尚之信为属员张永祥等首告诸不法事，朕欲明其虚实，故令来京，非以所言皆实，必欲治以法也。平南藩下官兵，本朝豢养四十馀年，世受国恩，最为深厚。初无欲行解散之心，宜释去嫌疑，各保身家妻子，以副朕恩养保全之意。"七月，宜昌阿将逮之信起行，藩下长史李天植以发难由国栋，白于之信母及其弟副都统之节、之璜、之瑛，诱国栋议事，伏兵杀之。将军赉塔率禁旅收捕，鞫同谋者，自副都统、参领、佐领至校卒，得百馀人。天植自服造谋，之信辨不知，护卫田世雄证之信欲杀国栋，使告天植。谳成，驰奏，法司核议之信与之节、之璜、之瑛、天植凡同谋者,依律拟斩籍没。之信母舒氏、胡氏怨国栋代诉之信谋逆,应坐同谋;之孝、之璋及诸幼弟虽不同谋,应革职枷责。得旨:"平南王尚可喜航海归诚,效力行间,久镇粤东,著有劳绩。及吴逆叛反,坚守臣节,不肯从逆,为逆子尚之信所迫,愤恨殒命。朕每念及,深为悯恻! 其妻舒氏、胡氏,从宽免死,并免籍没;尚之孝、尚之璋等免革职枷责,皆令赴京。尚之信不忠不孝,罪大恶极,本当如议处斩,念其曾授亲王,姑从宽赐死。尚之节、尚之璜、尚之瑛革副都统,与李天植等俱即处斩,应籍赀财,留充广东兵饷。"

是年九月,之信赐死广州。永祥、土选优叙擢用,世雄以不先举发,坐杖流。上复传谕宜昌阿曰:"尚之信虽经犯法,其妻子不可凌辱,应遣人护送还京。向闻广东有大市、小市之利,经藩下人霸占,可会同巡抚详察,仍归民间。其藩下所收私税,每岁不下数百万,当尽充国赋,以佐军需。又各省商贩,欲倚藩下,投入者甚多,应察出,各复其旧。"寻命改隶藩下十五佐领于汉军,驻广东,别设将军、副都统辖之,之信亲属俱归旗。

【校勘记】

〔一〕令将军喇哈达　"喇"原误作"玛"。逆检卷下叶一二下同。今据逆排卷三叶七上改。按本卷郑芝龙传作"都统喇哈达",可证。

严自明

严自明,陕西凤翔人。明参将。

本朝顺治元年,大兵至陕西,自明降。三年二月,防守汉中,招降张献忠伪将李旺、张颠等。九月,生擒伪将张黑子,斩首四百馀。陕西总督孟乔芳令率兵收川,败伪先锋张定邦、都督刘孝招,降官三十馀员。时西充李巽德称明唐王隆武年号,自明败之,复击斩贺珍馀贼于阳平。三年,肃亲王豪格进取四川,以自明为副将,驻防川北保宁。四年,招抚权演等于广元,败赵荣贵于剑川、〔一〕梓潼。五年二月,明桂王总兵谭弘攻保宁,自明斩获甚众。四月,授保宁总兵,加都督金事。七年,蓬州白莲教李希先、杨允等倡乱,自明剿擒之。八年,剿抚万山寨贼赵大光,平之,加署都督同知。十一年,改守永宁总兵。十二年九月,招降桂王将军杨国明、总兵武国用。十月,擢江西提督,叙功,加左都督。康熙七年,裁缺,九月,补广东提督。十三年七月,潮州总兵刘进忠叛,逆党陈奠等分据程乡县,自明分兵击败之,降伪守备张奉寰,得旨嘉奖。九月,逆藩吴三桂以伪札遗之,自明举首,下部议叙。十月,授三等轻车都尉世职,以其子武进士梅署守备。

　　十五年二月,尚之信叛应三桂,自明从逆。十一月,纠众逼南康,巡抚佟国桢、将军觉罗舒恕等败之,破其营十七,自明退据南安。十六年四月,致书总督董卫国乞降,得旨:“严自明若悔过归正,来迎王师,当赦其罪,仍前录用。”五月,自明降后,之信亦降,疏言:“自明系吴逆旧属,不知军旅。今粤东初复,兵心甫定,若复令自明统辖,恐兵心未能安贴。”上命自明以将军赴广州闲住。寻疏请回京,从之。十二月,授銮仪使。未几,病死。

【校勘记】

〔一〕败赵荣贵于剑川　“川”原误作“州”。逆检卷下叶二三下同。今据逆排卷三叶一五下改。

孙延龄

孙延龄，辽东人。父龙，随孔有德来归，隶汉军正红旗，授二等男爵。世祖章皇帝时，封有德定南王，镇广西，龙为部将。有德以女四贞字延龄。及有德殉节桂林，龙亦殁于阵，予恤典。以延龄袭二等男，复加一云骑尉。时四贞尚幼，特赐白金万两，岁俸视郡主。既长，适延龄。

康熙五年五月，圣祖仁皇帝命延龄为镇守广西将军，统辖有德所遗部众，驻桂林。八月，礼部议给四贞仪从，得旨："定南王为国捐躯，又复绝嗣。世祖章皇帝命其女视郡主食俸。今请给仪从，如议行，后不为例。"时吴三桂以平西王爵留镇云南，凡滇黔官吏悉擅除授，延龄效之，渐骄纵，无忌惮。十一年九月，御史马大士疏劾："延龄擅铨武职，为部臣驳奏。延龄复徇私渎请，乞赐严敕，以为恣肆不臣者戒。"疏下部察议，申禁之。十二年七月，部下都统王永年，副都统孟一茂，参领胡同春、李一第等，列延龄赃款及纵属殃民、城门昼闭、乡民不敢入城，移牒总督金光祖，光祖以闻。上遣侍郎勒德洪赴粤审理，御史鞫讯，疏言："延龄职位本微，祇因配定南王女，是以命之掌管藩兵，终属外姓，无承袭勋爵之例。乃驻粤以来，凌辱职官，擅补营员，近复委其兄孙延基总管部兵，军心未能贴服。讦告纷纷，乞敕延龄还京。其部兵或归隶入旗，或仍令驻防，遣将军统辖。"疏下部确议，以延龄既为永年奏劾，特遣大臣往勘，应俟谳成再议。既而勒德洪鞫讯永年所劾属实，请治延龄罪，得旨宽免。

　　十二月，吴三桂反，上以广西境邻贵州，授延龄为抚蛮将军，命与都统线国安固守疆圉，会同广西巡抚马雄镇、提督马雄御剿贼寇。三桂以逆书诱之，十三年二月，延龄遂据桂林叛，杀王永年、孟一茂、胡同春、李一第等，以兵围巡抚廨署，执雄镇及其家属幽置之。事闻，诏削延龄职，宣谕中外曰："逆贼孙延龄素无才能功绩，祗缘定南王孔有德航海归诚，出师尽节，世祖章皇帝悯其遗孤，不忍分离，仍以所属官员统之，养赡加恩，概从优厚。迨朕御极，念孙延龄既配王女，应量加宠荣，故授为将军，使之管理定南王所遗官兵，镇守粤西。在孙延龄叨冒崇阶，自应恪恭职掌，殚忠报效。乃历任以来，屡有过犯，经王永年等劾奏赃罪，部议从重处分，朕犹以定南王之功，曲加贷宥，仍令管兵如故。近复赐以抚蛮将军印，委任有加，恩宠罔替。不意其包藏祸心，背恩忘义，连结逆贼吴三桂，径行反叛，国法难容，宜加显戮。今削其将军职衔，大兵指日进剿，立正典刑。但念两营官兵系定南王旧人，受恩累朝，忠义素著，必不甘心从逆，隳弃前勋。其有能斩孙延龄投献军前者，优加爵赏；或以兵马城池纳款者，论功叙录；或力有不逮，自拔来归者，亦免罪收用。至父兄子弟，现在京城、直隶各省者，概不株连。毋得心怀疑畏，自罹法网，负朕好生之意。"

　　四月，延龄疏言："滇黔告变，臣两疏具报。因桂林重地，臣奉谕集兵守御，屡移咨督臣金光祖居中调度，提臣马雄赴省面商机宜，不料督、提二臣诱臣部下都统王永年等谋杀害臣。幸一朝败露，本旗官兵遂将王永年等翦除，督臣金光祖以奸计未遂，诬臣作叛，诳疏上闻。前蒙赐臣抚蛮将军敕印，赍至肇庆。督臣执留不发,臣未克祇受。今衡、永之间,滇兵数万,与粤为邻。臣固不惜顶踵,勉图报效,乃督、提二臣视臣如仇,是弃臣于陷穽之中也。此臣不得不伸之苦衷,惟希睿鉴。"疏入,上谕平南王尚可喜及金光祖、马雄曰:"孙延龄奏督、提二臣诱其都统王永年谋害之故,不得已翦除王永年。此潜通吴逆饰词诬奏耳。然孙延龄虽叛,其所部兵曾随定南王效力国家,豢养有年,恐大兵至日,概行诛戮,朕心有所不忍。前有旨如孙延龄改过来降,亦从宽宥,尔等不可以此遂缓进剿;必孙延龄果悔罪归诚,乃受降具奏。"又谕可喜、光祖等曰:"孙延龄有可剿之势,即议进剿;若未可速进,候大兵来粤,协力剿灭。"

是时逆藩耿精忠自福建寇掠江西,三桂踞湖南诸郡,纠贼犯袁州、吉安,大兵与贼相持,未能达粤。延龄遂自称安远大将军,移牒平乐、梧州诸郡,煽诱从逆。未几,马雄亦叛附三桂,缐国安病死。粤西守土文武官,或望大兵赴援,或被群贼胁从,不复与延龄为敌,三桂遍给伪册印,以叛党傅奇栋为伪巡抚,李迎春为伪布政使,程可则为伪按察使。延龄招致万羊山贼众,参以旧军,分设五镇,[一]每镇兵二千,纵之寇扰郡邑,旋僭称安远王。有傅弘烈者,旧为庆阳知府,当三桂未反时,举发三桂不轨事,坐诬,谪戍苍梧。延龄既叛,弘烈欲假事权,集兵图恢复,受三桂伪职为信胜将军,与延龄友善,数以大义陈说,延龄犹豫未决,妻四贞约弘烈往迎大兵,至即反正。

十六年,弘烈迎大兵于江西,先致书将军舒恕言:"四贞欲延龄归顺,曾告弘烈谓无刻不以隆恩豢养为念。若赐敕赦延龄罪,封四贞为郡主,则粤西可定。"舒恕以情入奏,诏督捕理事官麻勒吉相机招抚,授傅弘烈广西巡抚,合大兵进征。先是,三桂屡胁延龄助寇湖南,延龄以部众不从报谢。至是,将归顺,为三桂侦知,使从孙世琮纠贼逼桂林,诱执延龄杀之。四贞善骑射,能杀贼,贼相戒无犯,留伪将军李延栋于桂林,通声援。凡延龄部众,听其旧将统之。世琮别掠平乐、浔州、横州、南宁,为大兵所败,中伤死。弘烈至平乐,延龄旧将刘彦明、徐洪镇、徐上远等擒斩李廷栋,逐走贼众,偕缐国安子成仁率桂林官吏兵民归顺。四贞还京师。

【校勘记】

〔一〕分设五镇　"镇"原误作"旗"。逆排卷三叶二一上同。今据逆检卷下叶三一下改。

　马雄　　子承荫　郭义

马雄,陕西固原人。广西提督马蛟麟之族子,蛟麟抚为子。顺治八年,袭一等轻车都尉世职。九年,充定南王标下左翼总兵官。十年,叙随征湖南、广西军功,加都督同知。十一年九月,授二等男,镇守广西。时明桂王朱由榔据安隆,遣其将李定国扰南宁。十二年,定国令其党李先芳、廖凤等据藤县,雄击破之,擒其所授知府江炎。十三年二月,靖南王耿继茂兵抵南宁,定国奔南安,雄追擒其阳春伯李先芳,斩其参将杜纪,俘获无算。四月,加右都督。十五年,定国遣其党阎维龙、赵延生等陷横州,防守都司赵连城退屯贵县。雄率兵驰援,维龙等弃城遁,遂复横州。十六年,加云骑尉世职。十七年,广东巡按御史张问政劾雄庇商抗课,欠盐饷,部议降二级,照旧管事。十八年,授广西提督。康熙十三年二月,孙延龄叛应吴三桂,广西震动。雄邀执三桂伪官左江镇总兵官郭义,并举首三桂逆书,得旨加奖。

义,福建海澄人。先由海道来降,以湖广郧阳镇总兵移镇左江。至是,偕雄同守柳州。上谕马雄等曰:"保固粤西,实尔等是赖。今大兵已抵武昌,倘贼兵犯武冈、宝庆,尔等率所部官兵,进剿其后,大兵迎击于前,自可克期扑灭。尚其谋定后举,以副朕倚任至意。"六月,雄疏言:"延龄贼众不下万五六千人,臣虽坚守柳州,众寡不敌,乞发兵应援。"上命平南王尚可喜、总督金光祖酌发广东兵赴援。九月,雄及郭义俱叛降三桂,于是广西全陷。十五年二月,雄因高雷兵变,率贼犯广东,连陷州县。未几,尚之信叛,广东全陷。十二月,义偕广东从逆提督严自明进逼南康,连兵十七营。江西巡抚佟国桢、将军舒恕等击败之,义等退据南安。十六年五月,将军莽依图进攻南安,自明以城降,义走广西。先是抚远大将军图海疏言:"马雄陷贼,其母及族人俱在固原,今雄母欲令其孙承先持书赴广西招降。"诏给承先游击衔,遣赴广西,旋命督捕理事官麻勒吉赍敕赴简亲王喇布军前,谕马雄曰:"尔世受国恩,镇守西粤,劳绩素著。自吴三桂、孙延龄相继背叛,整兵防御,力保孤城,邀执伪差,矢心报国。尔之忠贞,朕久洞悉。后缘贼氛逼近,援绝势单,当力难持守之时,为暂尔自全之计。兹各路大兵剿抚并用,每念粤西变叛各官陷贼,自拔无由,以尔摅忠有素,追溯前劳,尤深轸恻。今特颁专敕宣谕,尔等果翻然悔悟,弃逆效顺,将尔已往之罪,并所属官吏,悉行赦免。若能剿寇立功,仍加恩优叙。尔其无怀疑惧,以负朕笃念旧勋至意！"十七年正月，将军莽依图疏言雄病死雒容，谕麻勒吉等曰："马雄虽死，其馀党尚踞粤西，着仍随简亲王偕行，以昭朕敕罪论功之意。"

十八年六月，之信奏雄子马承荫率伪将军郭义及伪文武官缴敕印，来降。八月，承荫请效力自赎，谕曰："原任广西提督马雄之子马承荫，不忘国恩，归诚可嘉！应授承荫伯爵，给与将军敕印，随大兵剿贼。其同来归附文武官弁，酌量给劄，以示鼓励。"旋给义总兵衔，协守南宁。伪将军吴世琮犯南宁，筑长围守之。城中食且尽，义严守备，乘间出战，贼屡却而复合。会将军舒恕来援，义出城策应，大破贼兵。世琮负重伤遁。将军莽依图疏言："义固守南宁，非他人归诚者比。请仍授左江总兵官。"从之。十九年正月，承荫标兵以阙饷噪，简亲王喇布戢之，承荫言于简亲王以旧设五营兵少，请增援剿二营，营各千人。喇布以闻，谕曰："将军标下无设七营例，马承荫仍立五营，兵五千，参将、守备各官听其选择，会剿云贵。"

二月，承荫复反，绐傅弘烈登舟，遣兵袭破其营。简亲王喇布还保桂林。上命湖广绿旗兵二千，速赴简亲王军前协剿。五月，总督金光祖击承荫于武宣，败之；将军莽依图又败之于隆安。六月，简亲王喇布至雒容，进取柳州。承荫率伪文武官弁诣军门降，谕曰："初，马承荫及所部兵背叛，蹂躏江上，扰掠生民，罪恶已极。后见湖南平定，广西恢复，穷迫请降。朕欲生民早获宁息，悉宥前罪，封以伯爵，授为将军，仍令管兵，标员亦分营补用。及大兵规取云贵，无故背恩复叛，致误征讨大事。今因兵败势蹙，窘急归降，其押解来京。"承荫逮至京，论死。

御史孙必正论郭义应连坐,谕曰:"近日言官参奏郭义,朕念从贼者,前既有旨宽宥,又加诛戮,于前旨未符。朕于大恶,决不轻恕;其馀若尽论死,不太甚乎? 凡随从失节者,令革职放回原籍,以示宽典。"义还籍,寻死。

缐国安

缐国安,辽东人。随定南王孔有德来归,隶汉军正红旗。崇德元年,授二等男爵。随征海外各岛及朝鲜。顺治元年,从大军入山海关,击走流贼李自成。二年,随有德破自成于潼关,授定南王前锋统领。移师下扬州,渡江克江阴县。三年,自成死,馀党李锦、郝摇旗等分据湖广。国安随有德至岳州,督兵征长沙、衡州、永州、宝庆,所向克捷。

时明桂王朱由榔与其将胡一青等由武冈窜桂林,其贵溪王朱常滽,恢武伯向登位、章平伯周金汤、万安伯张士举、乐平伯盖遇时、兴平伯牛万才,军门王顺祖、向文明,总兵林国瑞等,犹拥众据湖南。有德奉命专征,国安从。五年二月,克沅州,擒常滽、登位,进攻辰州及石阡、思南、平溪、清浪,皆下之。擢定南王左翼总兵,加都督同知。七年正月,克新田县,斩金汤。二月,克新宁县,擒顺祖、国瑞、文明降。四月,克桂阳,降士举、遇时。八月,克黄阳山,斩万才,进攻桂林,克之,由榔遁。八年二月,连克柳州、梧州、浔州、平乐、南宁、太平、思恩等府,广西平。有德镇桂林,命国安分驻南宁。九年,擢广西提督。会李定国纠众陷桂林,有德死之。国安家属遇害。平乐、梧州、浔州继陷,国安率兵复梧州,又偕左翼总兵马雄、右翼总兵全节复浔州,遣游击戴成功等复平乐,留雄守。十年正月,偕全节复桂林。四月,胡一青纠众数万来犯,国安拒之,斩级三千,生擒二百五十馀。城得全,收集难丁家口二千一百九十馀,给衣食;安置投诚弁兵。叙功,加左都督。

七月,定国复犯桂林,诸郡县多骚动,国安悉力守战,获其贼众、火药,定国败遁。上嘉其功,加太子太保。十一年九月,封三等伯,授众官总领,驻镇桂林。十二月,由象武追定国至界化土司,复宾州、横州、浔州、南宁、思恩、太平等府。十二年四月,给征蛮将军印,统摄瑶僮。五月,回桂林,九月,赐鞍马、弓矢。十五年正月,命同征南将军卓布泰取贵州。四月,由庆远复柳州之融县、怀远、罗城,庆远之天河、荔波、河池、南丹。六月,抵贵州独山州,进趋都匀,降定国众数万。十一月,由罗延河追至罗田,斩获无算。越日,大败定国于凉水井,又败之水寨山口,定国遁,复安隆新城。十六年正月,同三路大兵取云南。二月,追剿定国至永昌、腾越,战磨盘山,大破之。定国遁入南甸,遂驻沙木河,督造浮桥。三月,旋云南省城。七月,奉旨班师回粤。十二月,靖南王耿继茂移镇广西,谕国安率所部来京。十七年二月,命为广东都统。四月,谕兵部:"广西岩疆,当厚集兵力,镇守。都统缐国安免赴广东,统领定藩下官兵驻广西,应行事宜,速议具奏。"寻议国安应以都统、太子太保、三等伯镇守广西,加征蛮将军,总管定藩下官兵。再拨与绿旗兵三千,驻桂林。得旨,缐国安授广西等处镇守征蛮将军。康熙五年,以老乞休,从之。

十二年,逆藩吴三桂反。广西邻贵州,上以国安素得军心,授都统,与将军孙延龄、提督马雄固守御剿。十三年二月,延龄据桂林叛，国安与雄相继从贼。十五年，奉旨："马雄屡请援师，因不即至，势迫从贼，缘国安为延龄逼叛。伊等皆受国厚恩，大将军简亲王酌议，遣人招抚。"寻遣督捕理事官麻勒吉赍敕招之，未抵桂林，国安病死。

子成仁，同延龄伪将刘彦明等归顺。

姜瓖

姜瓖，陕西榆林人。明宣化镇总兵。流贼李自成至居庸关，瓖迎降。

本朝顺治元年五月，睿亲王多尔衮定京师，瓖乘机入大同，杀流贼伪总兵张天林、柯天相等，据宁武、代州，沿边诸邑奉表投诚。睿亲王令管总兵事，瓖请以明枣强王裔朱鼎珊嗣藩大同，奉明宗社。睿亲王切责之。八月，命佩征西前将军印，镇大同。十二月，随英亲王阿济格征陕西，保德、宁武界，断流贼粮道。榆林东西各堡闻风归顺。英亲王以瓖统摄宣化、大同诸镇兵马，招抚属邑。二年正月，伪总兵高一功自延安出犯保德、宁武，瓖率所部并调蒙古兵迎击，斩获无算。一功遁去。六月，入觐，寻还镇。

五年十一月，喀尔喀部众入边，上遣英亲王同端重亲王博洛等统兵驻防大同，总督耿焞率司道各官出城储偫刍粮，瓖闻大兵至，疑袭己，遂据城叛。焞奔阳和，瓖杀其家属殆尽。十二月，伪称大将军，易冠服，遣其党姚安入朔州。明废弁万练乘变袭踞偏关，瓖即以练为伪偏关道。宁武、岢岚、保德相继失守。刘迁者，亦明废弁也，纠亡命，受伪左大将军职，略雁门关及代州、繁畤、五台等邑，太原告警。巡抚祝世昌连疏请兵，上遣都统巴颜、副都统鄂洛索臣率禁旅赴英亲王军,合围大同。先赍敕谕瓖曰:"前因有事蒙古,故命王等来大同。如果尔等有罪当诛,安用此诡计为? 此必有奸人煽惑离间,如能悔罪归诚,仍当宥过恩养。"瓖负固如故。复遣其党姚举等四出劫掠,明参将王永强据榆林,与瓖通谋,自称招抚大将军,杀延绥巡抚王正志及靖边道夏时芳等,窥西安。六年正月,上遣敬谨亲王尼堪、镇国公喀尔楚浑、辅国公穆尔祜率禁旅赴太原,都统库鲁克、阿赖分兵败贼于石岭关,贼退据忻州,复进克之,追剿贼众,屡捷,斩伪巡抚姜辉。

三月,睿亲王统兵出居庸关,拔浑源州,进薄大同城,遣谕瓖降,许自新。瓖乃托言军民胁之起事,欲以自解,请免罪。王怒其傲谩,益治攻具,会豫亲王多铎薨,睿亲王还京,贼援兵五千馀由大同北山至,立两营逼我军,瓖亦率千馀骑出城搏战,端重亲王督护军统领鳌拜及诸将分兵击破之,瓖败入城。是时,都统李国翰等已击败王永强于同官,延绥诸逆渐平、惟废官李建泰等尚与瓖遥应。四月,大军克左卫,上遣贝子务达海等至军中,更代英亲王入京。五月,万练、刘迁复由清源、徐沟分道犯太原,署副都统洛硕、卦喇等率驻防兵与祝世昌合击,八月,迁败,走黄香塞,大兵围破之,迁伏诛。偏关、岢岚相继复。练自焚死。馀贼为大军所杀,及自拔来归者,甚众。

瓖势日穷蹙,上仍命英亲王往围大同,城中食尽,死伤枕藉。伪总兵杨振威及伪官裴季中等谋斩瓖,并其兄琳、弟有光首,出降,遂复大同。明年,建泰等亦伏诛。

李建泰

李建泰，山西曲沃人。明天启五年进士，官至大学士。崇祯末，自请督师，西剿流寇。及京师陷，建泰率残卒数百，辇饷银入保定城。贼攻城甚厉，建泰倡言曰："势不支矣！姑与议降。"书牒迫署知府邵宗元用印，宗元不从。建泰中军副将郭宗杰等内应贼，城陷，建泰出降。

本朝顺治二年三月，诏录崇祯旧臣，五月，起授弘文院大学士。寻充纂修明史总裁官，赐玲珑鞍马。越日，赐黄金二百两、白金千两。八月，赐品服、貂蟒各一袭。十二月，祁州知州孙率礼欲揭其前任张弘发亏帑事，建泰纳弘发贿，致书率礼嘱止之。率礼直揭通政司，发建泰书为左证。建泰谋之通政使李天经，寝其事。率礼候逾月不得旨，再控于刑部，逮问得实，天经镌二级，建泰罢归。四年三月，有参将李大生者，讦奏建泰鸱伏曲沃，招纳亡命，谋不轨。部鞫无据，褫责大生，建泰免议。

六年八月，山西土贼聚寇曲沃，建泰通谋，〔一〕以书结翼城令何斯美为援，斯美缚使者，首于知府徐来麟。及曲沃贼败，建泰遁去。巡抚祝世昌以闻，得旨："逆贼李建泰负恩倡乱，深可痛恨！着地方官严行缉获。"时叛镇姜瓖据大同，建泰复合贼将李大猷、房箕尾等马步贼兵千馀，据太平遥应之。会谦郡王瓦克达等讨平潞安、平阳、泽州诸路，建泰犹负固不下。十一月，大军围太平，势迫乃降。七年五月，伏诛。亲属逆党并论如律，籍其家。

【校勘记】

〔一〕建泰通谋　原脱"建"字。今据逆检卷下叶四八下及逆排卷四叶
　　五上补。

金声桓

金声桓，辽东人。初为明总兵黄龙裨将，与大兵战于旅顺，龙败死，声桓遁去。后复隶宁南侯左良玉部下，为后营总兵。

本朝顺治二年五月，英亲王阿济格追剿流贼李自成至九江，声桓随良玉子梦庚投诚。王奉诏班师，声桓请收江西郡邑以自效。王令以提督抚剿总兵衔，挂讨逆将军印，声桓遂自九江传檄下南康、南昌，移兵驻南昌。十月，授镇守江西总兵。

时明唐王朱聿键据福建，自号隆武，江西郡邑多附之。复有益王朱由本据建昌，永宁王朱慈炎据抚州，声桓遣副将王体忠击走由本，擒斩其监军道王养正，布政使夏万亨，知府王域，推官王允浩、史夏隆等；复遣副将王得仁围抚州，慈炎弃城遁，得仁追杀之。建昌、抚州、袁州相继归顺。三年，叙投诚功，赐冠服、玉带、鞍马。先是，声桓自旅顺败遁，其妻子兄弟并为大军所获，太宗文皇帝命赡养之。至是，声桓疏请取其孥，得旨允行。又疏言："臣原衔提督抚剿，今更为镇守，体统迥异。请如原衔赐敕印，节制文武官，便宜行事。"部议："江西寇氛尚炽，宜予敕印，改镇守为提督剿抚事宜，会同抚按，听招抚大学士洪承畴裁决。我朝无镇臣节制文官及便宜行事之例，声桓所请冒昧，申饬。"诏如议。会侍郎孙之獬以兵部尚书衔招抚江西，于声桓所置官属多更易。声桓疏劾其札委专擅，之獬坐褫职。是年，声桓遣兵克赣州，四

年,克吉安、广信,屡剿灭明宗室及故官之踞城匿山寨者,江西郡邑底定。

声桓自以功高未酬封爵,怀叛志。王得仁者,旧为自成裨将,所称王杂毛者也,助声桓攻战久,亦自负其功,以叙录弗及,心怏怏。五年正月,声桓与合谋,纠众据南昌叛,围巡按董学成廨,学成遇害,邀巡抚章于天于江中,拘系之。声桓伪称豫国公,称得仁为建武侯,诡云明唐王未死,分牒授职,书"隆武四年",遣人四出,约期举兵。广东提督李成栋叛应之。得仁偕伪将白之裔、潘永禧、吴高等分陷南康、饶州、九江。声桓谋趋南安,与成栋通声援。先集众围犯赣州,三月,巡抚刘武元、总兵胡有陞婴城固守,屡出兵败之,势稍沮。上命征南大将军谭泰、都统何洛会进讨,复九江、南康、饶州,进剿南昌,声桓引众还救,为武元、有陞追击,斩薙过半。南昌伪守将宋奎光、郭天才,伪先锋刘一鹏,以迎战大兵获胜报,声桓喜,趋得仁速进,大败于七里街,乃尽撤屯兵入城。大兵凿濠筑垒,久围之。六年正月,攻城北门,潜分兵城南,树云梯破城,斩得仁,声桓中矢,投水死,磔其尸;奎光、天才、一鹏及诸叛党,皆伏诛。

章于天

章于天,辽东人。崇德六年举人,任礼部启心郎。顺治元年七月,授山东兖东道,驻沂州。河道总督杨方兴令同河道朱国柱率兵剿满家洞贼,屡战皆捷。会肃亲王豪格统师至,以于天为向导,攻毁贼巢,斩获无算。大兵徇曹州,明镇将刘泽清家在焉,城中居民既归顺,讹言泽清将引兵杀掠,复谋迁避。于天轻骑入城绥辑之,民以无恐。复籍泽清家财,充军饷。方兴奏其能,请改充西道,驻曹州。二年七月,部推湖广荆南道,方兴复以其练习河务,奏留之。三年十月,擢江西巡抚。江西为明藩封地,明亡,其宗室逃匿者,诸废绅每挟以号召人众,踞城邑,抗拒大兵。总兵金声桓偕副将王得仁等攻剿逾年,颇有功。

于天既之任,复檄副将徐文灿、汤执中、刘一鹏等分剿泸溪、东乡、吉水、龙泉、浮梁诸寨,获明瑞昌王朱统鉴等,复擒斩其总兵王来八、盛明世,兵部郭应衡、郭应铨等。于天以诸将功次,悉由己论定,日骄纵,索贿,屡与声桓隙,且嫚骂得仁。声桓久怀叛志,得仁复怂恿之。时郡邑频罹水旱,于天假平粜名,搜括诸富室,或诬以隐匿废藩庄田,拷索餍欲乃已。五年正月,于天以巡核庄田,率数十骑赴瑞州,得仁向声桓曰:"此非独索贿也!其将径往赣州,合镇兵围我乎?"声桓遂与偕,叛据南昌,纠党袭于天于江中,挟之归,饵以多金,使董造炮车,于天遂从贼。逾数月,大兵围南昌,得仁拒战大败,声桓惧于天泄其谋,乃杀之。

李成栋　袁彭年

李成栋,山西人。少从高杰为盗,号"李诃子"。后随杰降明,累官总兵,守徐州。

本朝顺治二年四月,豫亲王多铎兵定江南,成栋率所部降,从大军下扬州、江宁,复随贝勒博洛渡江,分徇太仓、嘉定、南汇、上海,皆有功。十一月,授吴淞总兵。明故官荆本彻据崇明,成栋攻克之,本彻窜入海。三年二月,叙投诚功,赐冠服、玉带、鞍马。寻诏博洛为征南大将军,由浙江进取福建,成栋随征,定邵武、汀州、漳州。十月,博洛承制以总兵佟养甲署两广总督,成栋署两广提督,合军征广东。是时,明唐王朱聿键弟聿𨮁,据广州,明桂王朱由榔据肇庆,〔一〕成栋先下惠州、潮州,获惠潮道印,〔二〕即用其印,绐牒广州,报无警,使不设备。潜师为贾人装,袭破广州,擒聿𨮁及明宗室王世子十三人,俱杀之。四年,由榔退入广西,其大学士陈子壮、尚书张家玉等,拥众踞肇庆、三水、新宁、东莞、新安等城,成栋与养甲次第剿平。养甲令成栋进取广西,克梧州。明大学士丁魁楚乞降,成栋使部将杜永和杀之岑溪,掠其赀,招抚浔州、平乐。明总兵李承志、李明忠皆以城降,遂趋桂林,军北门。由榔使大学士瞿式耜守城,不能下。甘竹滩贼渠余龙连结子壮、家玉攻肇庆、广州,养甲自广州告急,成栋收军还援,击走之。子壮、家玉俱死。

是年六月,授广东提督,加左都督衔。先是,成栋与养甲共定广东,以部众争功,渐生隙。至是,因养甲奉诏总督两广,而己仅得提督广东,疑养甲有意抑之。布政使袁彭年阴劝之叛。五年正月,江西叛镇金声桓遗书招成栋,会赣州守将高进库告急于广东,养甲令成栋赴援。彭年故不发饷,养甲趣之亟,成栋遂拥众反,纳款由榔,迎之入广东。由榔授成栋惠国公爵,使其党戕养甲及巡按刘显名、潮州总兵车任重等。于是广东郡邑皆从叛。八月,由榔至肇庆,以成栋子元允为锦衣卫指挥使,永和伯爵,彭年为左都御史。

彭年,公安人。明进士。先以给事中降于大军。至是,复叛附由榔,与由榔旧臣刘湘客、丁时魁、金堡、蒙正发相结,揽威权,倚元允为助。时号彭年等为“五虎”,元允为“护法韦驮”。九月,成栋纠众十馀万,分路出信丰、南安,犯赣州,南赣巡抚刘武元、总兵胡有陞出战,连破贼营,成栋退踞信丰。六年正月,大军破南昌,诛声桓,乘胜进围信丰,副都统觉善先登破城,贼溃遁,我兵追蹑之,成栋马蹶,堕水死。由榔以永和为总督,代成栋守广州,元允为中军都督,授南阳侯爵;成栋次子建捷为威武将军、前军都督。

七年正月,平南王尚可喜、靖南王耿继茂兵下广东,由榔走梧州,使元允踞肇庆,建捷入广州,与永和合力抗拒。成栋尝增筑广州城,两翼设炮台临江,永和等恃险死守,十一月,攻拔之。建捷奔肇庆,永和奔琼州,元允、建捷寻遁广西,从由榔走南宁。既而出掠钦州,继茂擒之,元允、建捷并伏诛。八年九月,永和以琼州降,充随征左都督。康熙元年十二月,授福建右路水师总兵官。六年闰四月,永和死。

【校勘记】

〔一〕明桂王朱由榔据肇庆　原脱“明”字。今据逆检卷下叶五五下及逆排卷四叶二下补。

〔二〕获惠潮道印　“潮”原误作“州”。今据逆检卷下叶五五下及逆排卷四叶一一下改。

　　郑芝龙

郑芝龙,福建南安人。明末,入海寇颜思齐党为盗,后受抚,累官总兵。

本朝顺治二年,大军定江南,芝龙弟鸿逵为明福王朱由崧总兵,守瓜洲,兵败南还,与明阁部黄道周拥立唐王朱聿键于福建,封芝龙为南安伯,晋平国公。

芝龙尝亡命日本,娶倭妇生子森,以厚币迎归,引谒聿键,赐姓朱,改名成功,封忠孝伯;而芝龙以聿键立非己意,日与文臣忤。又以我招抚大学士洪承畴、御史黄熙胤与同里,通音问,密谋归款。三年,贝勒博洛师至福建,斩聿键,以书招芝龙降。芝龙喜,率所部降军门。时成功年二十三,阻之不从,遁入海。四年,博洛班师,以芝龙归,诏隶汉军正黄旗。芝龙子六,长即成功,先为南安生员,后冒称明裔;次世忠、世恩、世荫、世袭、世默。芝龙入京,惟世忠从。

成功纠众得数千人,据南澳,遥奉明桂王朱由榔年号,自称招讨大将军。鸿逵据白沙,族人郑彩据厦门,郑联据梧州,互犄角,劫掠沿海郡县。五年,叙芝龙投诚功,授三等子爵。是年,成功陷同安,进犯泉州,总督陈锦等以兵援,成功遁。六年,由榔遣使封成功延平公。七年,成功寇广东、潮州,为总兵王邦俊击败;还,自揭阳袭夺彩军,联度不敌,亦避去。成功始据厦门、金门。八年,巡抚张学圣侦成功复寇潮州,遣总兵马得功袭厦门,攫其赀。成功还,复连陷同安、漳浦、诏安、南靖、平和、海澄、长泰,进围漳州。九年三月,锦赴援,战于江东桥,不利,退屯灌口,为家奴李忠刺死。十月,都统金砺援至,成功败遁海澄。先是,芝龙请留弟芝豹及子世恩守其祖栖庭、父士表墓,母妻妾及诸子随入京,并请改隶镶红旗汉军。诏允所请,仍官世忠为二等侍卫。至是,上命芝龙书谕成功及鸿逵降,许赦罪授官,并听驻原地方防剿浙、闽、广东海寇,往来洋船令管理。十年,诏封芝龙同安伯、成功海澄伯、鸿逵奉化伯,授芝豹左都督。使至闽,芝豹随母入京。成功不受封,掠如故。十一年,寇漳州,千总刘国轩叛,献城。芝龙请令世忠偕使往抚。

成功益骄,要地及饷,不剃发,书词悖慢,命世子济度为定远大将军,赴闽防剿。是时,成功分所部为七十二镇,伪设六官理事,假由榔号便宜封拜。十二年正月,左都御史龚鼎孳疏劾芝龙蒙豢养者十年,弥桀骜。家仆往来海上,信息频通。子弄兵海堧,父高枕都下。酿祸之根,请早除。而巡抚佟国器亦获芝龙与成功私书上之,诏革芝龙爵,下狱。八月,成功陷浙江舟山,闻大军南来,遁。十二月,芝龙仆尹大器首其父子交通状,敕芝龙自狱中以手书招成功,不降,即夷其族。十三年,严禁沿海奸民与海贼贩米接济。[一]初,成功令伪将苏茂寇揭阳,败归,恶而杀之。至是,谋仍北犯,留其党黄梧守海澄,梧以茂见杀,惧及;斩伪总兵华栋以城降。诏即封梧为海澄公,驻漳州。梧乃悉发郑氏墓,斩成功所置五官商之为漳民害者。是冬,济度班师。成功陷闽安镇,犯福州,转掠浙江温、台等郡。

十四年二月,梧荐降将施琅同办贼。琅晋江人,初为成功部将,后投诚,父及弟侄均被杀。梧知琅智勇,故荐之,于是擢琅副将。三月,梧具揭兵部,请速翦芝龙以绝盗根。诏流芝龙及其家属于宁古塔。梧等谓不杀芝龙,成功之心不死,海上诸伪将投诚之意不决。总督李率泰以闻,上嘉纳之。是年,鸿逵病死,成功陷台州,十五年,陷温州。由榔遣使封成功延平王。十六年五月,成功连艘北犯,逾崇明,陷镇江,顺流犯江宁。八月,舟至观音门,值贵州凯旋大军浮江下,败其前锋,成功率水陆贼数万围江宁,列巨舰阻江南北要路。江苏巡抚蒋国柱、总兵梁化凤赴援夹攻,贼大败,阵斩伪总统余新,生擒伪提督甘辉等,俘斩甚众。馀孽退犯崇明,游击刘国玉等复击败之,成功南遁。十月,命将军达素、总督李率泰分军:一出漳州,一出同安,捣厦门。寻以战舰未修,引还。十七年,命靖南王耿继茂由广东移镇福建,都统宗室罗托为安南将军督剿。十八年,谕迁濒海民入内界,增兵守边。

成功既自江南败归,又接济路绝,由榔已走缅,少声援,势日蹙,乃觊取台湾以自保。台湾旧为荷兰国红毛番所有,芝龙与颜思齐等为盗时屯于此,后仍归荷兰。至是,成功舟抵鹿耳门,阻风涛不得入;潮骤涨丈馀,遂登岸。荷兰人拒之,成功给曰:"此地我先人故物,珍宝听尔载归,地仍还我。"荷兰引去,成功入据之。其留守铜山伪都督万仪、万禄等,赴梧军降。是冬,芝龙及子世恩、世荫、世默等,俱伏诛。康熙元年,潮州总兵许龙擒成功从弟成赐于厦门。成功之入台湾也,长子锦留厦门,与乳媪通,生子。成功怒,遣伪刑都事洪卯、礼都事黄副杀锦及锦母董氏,且遣伪总兵周全斌尽杀诸伪将留者。于是诸伪将拥立锦为平国公,以兵拒,杀卯、副,囚全斌。成功闻之,恚甚,发狂,啮指死。台湾诸伪将亦以成功弟世袭为招讨大将军,寻为锦所逼,奔泉州,降,授左都督。

继茂、率泰以成功既死,谕锦降,不从。会锦杀其从伯父郑泰于金门,泰弟伪同安伯鸣骏及泰子缵、伪永城伯缵绪均赴泉州降,[二]鸣骏授遵义侯、缵绪慕恩伯、缵左都督,诸来归者,各授爵。二年六月,诏檄荷兰夹板船会剿厦门、金门两岛,于是继茂、率泰简投诚军及荷兰船出泉州,提督马得功出同安,梧及提督施琅出漳州。十月,大军克厦门,贼溃。琅以水师同荷兰众进击,斩千馀级,乘胜克金门及崳屿。锦与伪忠明伯周全斌宵遁,寻突犯云霄镇,〔三〕总兵王进功击破之。三年正月,伪都督杜辉献南澳,授左都督;全斌亦降,授承恩伯。锦与伪永安侯黄廷等拥众保铜山。三月,继茂、率泰进攻,梧、琅先后以兵出八尺门,黄廷及伪将军翁求多等率众三万降,遂拔铜山,焚之,获仗战舰无算。锦载其孥渡海,入台湾。海上诸岛悉平。

七月,上以琅谙海疆军务,特授靖海将军,以承恩伯周全斌及降将左都督杨富为副,进剿台湾,〔四〕荷兰复以夹板船至,约期攻澎湖,会阻风不得进。四年,廷议撤兵,琅乃还。率泰遣知府慕天颜赍诏至台湾谕降,锦请称臣入贡,如朝鲜例,上弗许。嗣锦阴遣人往来岛上,与沿海民互市,颇接济为奸利。琅密奏:"若恣锦生聚,是养痈也,宜速剿。"六年,召琅来京,又陈台湾可取状,下部议,以风涛险,制胜难必,寝其事。十三年,耿精忠叛应吴三桂,据福建,结锦为援。锦乃仍称由榔年号,纠众渡海而西陷泉州。事闻,上谕总督郎廷佐以耿逆宜剿,海寇宜抚。会潮州总兵刘进忠叛,降于锦。锦遂入潮州,执续顺公沈瑞及其孥,精忠复结锦围漳州,梧恚卒。子芳度婴城守,以计佯与锦和,拒精忠,命平南王尚可喜发兵援之。十四年,芳度计泄,精忠围益急,总兵吴淑等叛献城,芳度督家丁巷战,力尽,赴井死,全家遇害。十五年,康亲王杰书奉命定福建,精忠降。锦遣伪总统许耀以贼二万犯福州,连营乌龙江,康亲王遣都统喇哈达等渡江奋击,克贼营,追奔四十里,进兵规复兴、泉、汀、漳四郡。十六年,副都统穆赫林等克泰宁、建宁、宁化、长汀、清流、归化、连城、上杭、武平、永定十县。喇哈达等克泉州,斩许耀。锦弃漳州遁。

十七年春,康亲王遣知府张仲举招谕锦,不纳,其党复由海澄据玉洲等寨,分犯石码、江东桥。漳泉复告警,伪总督林英犯泉州,提督段应举击败之于日湖,生擒伪总兵林耀等。叛贼吴淑复由石码登岸,海澄公黄芳世同都统孟安击败之,沉其船;副将汪国祥亦败锦子克塽于庙岭。上以海寇盘踞厦门诸处,勾结山贼,煽惑地方,由濒海民为之接济,诏如顺治十八年例,迁界守边。四月,穆赫林、黄芳世会师湾腰树御贼帅刘国轩,失利,贼遂陷平和、漳平,及海澄,段应举、穆赫林与总兵黄蓝皆死之。国轩寻围泉州,命趋诸道军会剿,于是将军喇哈达、赖塔,总督姚启圣,由安溪出同安,巡抚吴兴祚由仙游出永春,提督扬捷由兴化下惠安,总兵林贤、黄镐、林子威以舟师由闽出定海。八月,大军复平和、漳平、惠安,泉州围解。启圣同赖塔等追国轩至长泰,大破之于蜈蚣山,斩四千馀级。九月,复同安,斩伪副将林钦。十月,赖塔败贼于万松关,启圣、捷及副都统吉勒塔布等,败国轩于江东桥,又败之于潮沟,副都统瑚图败吴淑于石街,尽焚沉其船。贼党遁据厦门、金门,命厚集舟师取二岛。

十八年四月,以万正色为水师提督。国轩之遁也,启圣遣人入岛招之,弗从。启圣因疏言:"郑锦以台湾为穴,必不降,招抚无益。其伪武平侯刘国轩为贼渠魁,请赦罪,许授公爵;并赦伪将军吴淑罪,许授侯爵。若二人解体投诚,则锦势孤,海寇可立灭。"报闻。十月,副都统沃申败贼于东石,斩林英,擒伪总兵陈深。十九年正月,正色请以水师攻海坛,而令兴祚赴同安,与启圣、捷督陆路兵规取厦门。正色寻分前锋兵为六队,逼海坛,亲统巨舰继之,又以轻舟绕出左右,并力攻,以巨炮击破贼船十六,溺死三千馀,贼悉溃,伪将朱天贵遁据南日、湄州等澳。二月,正色追击至平海澳,与兴祚师会,天贵纠伪将军林陞据崇武澳。正色乘风自平海南下,贼迎拒,掩击破之,斩伪总兵吴丙、伪副将林勋,湄州、南日、平海、崇武诸澳悉下。天贵降。沃申击贼将张志于大定、小定,连败之。我兵水陆进趋玉洲,国轩走厦门,伪总兵苏堪以海澄降。启圣亦分遣总兵赵得寿、黄大来随赖塔击陈洲、马州湾、腰山、观音山、展旗诸寨,兴祚复同喇哈达等由同安追剿至浔尾,遂克厦门、金门,馀寇遁还台湾。八月,命于厦门、金门留兵镇守。康亲王还京。二十年正月,启圣、兴祚疏请展界,俾沿海民复业,从之。是月,锦病死。伪侍卫冯锡范等以锦次子克塽袭为延平王,其长子克𡍲被缢死。

　　五月,上以台湾贼众内乱,仍命琅为水师提督,同启圣克期进剿。时续顺公沈瑞被絷在台湾,与伪行人傅为霖谋内应,事泄,遇害。是冬,启圣与琅议师期,启圣欲用北风,由围头进,琅欲用南风,由铜山进,议不协。二十一年,琅请简水师二万、战舰三百,独任讨贼。又言:“不破澎湖,台湾断无取理。臣请先取澎湖,督臣留厦门济饷。”允之。二十二年春,国轩贻书启圣请如琉球诸国例,称臣入贡。启圣以闻,上弗许,趣琅进兵。时国轩拥众二万馀,据守澎湖甚坚。六月,琅军发铜山,入八罩屿,乘南潮攻澎湖,斩伪将军沈诚等七十馀,复以大鸟船五十六,分八队奋击,沉其船二百,斩伪官三百馀、兵万馀。国轩乘小舟由吼门窜去,馀众悉降。

　　七月,克塽遣伪官郑平英等乞降,琅请颁赦招抚,上敕谕郑克塽、刘国轩、冯锡范等曰:"帝王抚御寰区,仁覆无外,即海隅日出之邦,无不欲其咸登衽席,共乐升平。尔祖父自明季以来,出没海洋,盘踞岛屿。本朝定闽,尔祖郑成功窃据海隅,甘外王化,以及尔父郑锦勾引奸徒,窥伺内地。屡经剿抚,顽梗怙终。尔方童稚,妄思效尔前人,窜伏台湾,恃为窟穴,倚险负固,飘突靡常。以致沿海居民,时遭兵燹。朕念中外兵民,皆吾赤子,何忍听其久罹水火?故特命提督施琅选将练兵,出洋进剿。旋奏报澎湖已克,台湾指日荡平。总督姚启圣以尔等降疏奏闻;又据来使呈乞恩赦。朕体上天好生之德,特颁赦旨,前往开谕。尔等果能悔罪投诚,率所属伪官军民人等悉行登岸,将前罪尽行赦免,仍加恩安插,务令得所。尔等其审图顺逆,善计保全,以副朕宥罪施仁至意。"克塽既奉敕,遣伪官冯锡珪、刘国昌赍送降表,琅令侍卫吴启爵持榜示入台湾,谕军民剃发。八月,琅率大军入鹿耳门,至台湾,克塽及伪武平侯刘国轩、伪忠诚伯冯锡范率伪文武官迎降,收伪延平王金印一,招讨大将军金印一,公、侯、伯、将军银印五。其地设府一,曰台湾,县三:曰台湾、凤山、诸罗。自郑氏据台湾二十馀载,至是始入版图焉。是年,克塽至京,授公爵,隶汉军正红旗。克塽死,爵除。

【校勘记】

〔一〕严禁沿海奸民与海贼贩米接济　原脱下"海"字。逆排卷四叶一
　　　七上同。今据逆检卷下叶六一上补。

〔二〕伪永城伯缵绪均赴泉州降　"缵"原误作"光"。今据逆检卷下叶

六四下及逆排卷四叶一九上改。

〔三〕寻突犯云霄镇　原脱"突"字。逆排卷四叶一九下同。今据逆检
　　卷下叶六五上补。

〔四〕进剿台湾　"进"上原衍一"将"字。逆排卷四叶二〇上同。今据
　　逆检卷下叶六五下删。

刘泽清

刘泽清,山东曹县人。明辽东宁前卫守备,迁山东都司佥
书,加参将。本朝天聪四年,大兵攻明铁厂,泽清来援,距铁厂十
五里,遇我军,转战至遵化入城守,叙功迁副总兵。五年,以侵军
粮被勘,令立功自赎。寻与昌平总兵陈洪范、副将方登化、参将
祖宽等复登州,迁总兵,加右都督,统兵防漕。十年,我兵入明昌
平,泽清入卫,驻新城,移守通州,加左都督、太子太师。时山东
饥民聚盗,曹濮尤甚。泽清会总兵杨御蕃剿捕,寻镇山东防海。
流贼李自成围开封久,泽清以五千人赴援,渡河立营,与贼持三
日,拔营归。军士争舟,多溺死。每妄报大捷,又诡坠马被伤,得
邀赏,令赴保定剿贼,不从,由临清大掠而南。给事中韩如愈尝
劾泽清,后奉使过东昌,泽清遣人杀之。

李自成陷燕京,明福王朱由崧、潞王朱常淓俱避贼至淮安,
南京兵部尚书史可法议立潞王,凤阳总督马士英密结泽清及高
杰等,迎福王立之。时议设淮、扬、庐、凤为四镇,以泽清镇淮北,
经理山东,封东平侯。恃拥立功,干预朝政,请以五月改元,又请
宥故辅周延儒赃禁,巡按不得访拿赃罪,又严缉故总督侯恂及其
子方域,福王皆从之。兵部侍郎吕大器劾马士英,泽清阿士英

指,力诋大器阴怀异图,大器乞休去。左都御史刘宗周崇祯时以言事罢归,福王起为原官,宗周疏称时政语侵泽清。泽清遂诋其阴挠恢复,激变士心,并诬宗周与姜曰广、吴甡等谋危君父,又私缮疏连署高杰、刘良佐、黄得功名,上之,得功疏辩不与闻,杰、良佐亦云不知,泽清气沮。顺治二年四月,豫亲王多铎围扬州,都统准塔分兵由徐州趋淮安,泽清率总兵马化豹等五十馀人、兵二千、船三十,迎降,九月,至京,赐居宅、衣服,授三等子爵。

五年五月,曹县贼首李化鲸、李名让、张学允等拥立明裔朱凤鸣养子李洪基为伪王,陷曹县、定陶、武城、东明等处。上命英亲王阿济格往剿,擒名让、学允等解京,得泽清密通化鲸书,许为内应。奏闻,得旨:"刘泽清系世袭一品官,破格恩养,或出诬陷亦未可定。自后不可私遣人往曹州等处,如曹州等处人来,亦即送出,以防诬陷。"八月,泽清遣人往东明与从子之幹、之桧书事觉,命内院会同兵部鞫实,请治泽清罪。得旨:"刘泽清荷恩至厚,待曹县事平,自见明白。可任其同妻子居住,止将刘之幹等拿解来京。"九月,械之幹及化鲸、洪基至,鞫化鲸等为之幹煽诱,泽清潜主谋,寄书有"不可露我姓名"语。奏入,命内院会同六部研讯确议,遂磔于市,亲属流徙。

马逢知

马逢知,原名进宝,山西隰州人。明安庆副将、都督同知。

本朝顺治二年,进宝闻王师南下,首先具启遣使至九江迎降。英亲王阿济格随令招抚安、庐、池、太,巡抚张亮、总兵杨振宗、副将李自春等文武各官及所统兵万馀人,加总兵衔,入京陛

见,赐一品服色,并庄田、宅地、鞍马有差。旋隶镶白旗汉军,后改正蓝旗。[一]

三年,从端重亲王博洛南征,克金华,即令镇守。六年,命加都督佥事,授金华总兵,管辖金、衢、严、处四府。七年九月,奏言:"臣家口九十馀人,从征时即领家丁三十名,星赴浙东。此外俱在旗下,距金华四千馀里,关山迢递,不无内顾之忧。恳准搬取。"下部知之。十一月,土贼何兆隆啸聚山林,外联海贼,为进宝擒获。随于贼营得伪疏稿,谓进宝与兆隆通往来,疏请明鲁王颁给敕印,又得伪示,称进宝已从鲁王。进宝以遭谤无因,白之督臣陈锦,以明心迹。锦疏奏闻,得旨:"设诈离间,狡贼常情。马进宝安心供职,不必惊惧。"八年五月,予骑都尉世职。九月,总统台、温水陆官兵,攻鲁王部将阮进、张名振于舟山,大败之。九年四月,加都督同知。九月,率浙兵协剿海贼郑成功。十一年二月,闽寇魏福贤犯衢州、处州,进宝剿平之。十二月,加左都督。随征福建左路,十三年,迁苏松常镇提督。

十四年九月,诏改名逢知。十月,以江南总督郎廷佐奏,命逢知专管陆兵,使与水师提督梁化凤各无统摄,遇有警息,两相犄角,共图战守。十六年,海寇郑成功犯江宁,连陷州县,梁化凤击退之。九月,部臣劾逢知失陷城池,当镇江失守,拥兵不救,贼遁又不追剿,应革世职并现任官,撤取回旗。得旨,马逢知免革职,着解任。先是,户科给事中孙光祀密纠逢知当海贼犯江宁时,竟不赴援。及贼复攻崇明,为官兵所败,反代其请降,巧行缓兵之计。镇海大将军刘之源、江南总督郎廷佐、苏松巡按马腾陞先后疏报:"伪兵部黄徵明乃数年会缉未获之海逆,今经缉获解京。其侄黄安自海中遣谍陈谨衮缘行贿，计脱徵明，并赍书逢知，传递关节。”礼科给事中成肇毅亦疏陈："逢知通海情形昭著，今虽奉命撤回，而苏、松两郡之民，受其鱼肉侵凌，倾家绝命者，指不胜屈。请即逮治，并令抚按严究党羽。”

十七年六月，命廷臣会鞫，以逢知交通海贼，拟并诛其子。八月，上以未得逢知叛逆实事，命刑部侍郎尼满往江南同之源、廷佐确审，寻合疏陈奏："逢知于我军在沙浦港获海贼柳卯，即声言卯系投诚，赏银给食，托言令往招抚，纵之使还。又海逆郑成功曾遣伪官刘澄说逢知改衣冠，领兵往降。逢知虽声言欲杀刘澄，反馈以银两。又遣人以扇遗成功，并示以投诚之本。又私留奉旨发回之蔡正，不即斥逐，并将蔡正之发剃短，以便潜往；且遣人护送出境。是逢知当日从贼情事，虽未显著，然当贼犯江南时，托言招抚，而阴相比附，不诛贼党，而交通书信，兼以潜谋往来，已为确据。”疏入，仍命议政王、贝勒、大臣核议，寻论罪如律，逢知伏诛。

【校勘记】

〔一〕后改正蓝旗　原脱"后"字。逆排卷四叶二九上下同。今据逆检卷下叶七八上补。

曹纶

曹纶，正黄旗汉军。父廷奎，历任江南淮安府通判、贵州安顺府同知、署南笼府知府。仲苗滋事，以捍御发疾，卒于围城中。妻荆氏、妾孙氏并自缢。

　　乾隆五十八年,纶以闲散充整仪尉。嘉庆六年,升治仪正。十年,授公中佐领。十六年,外授独石营都司。初,纶随父廷奎在江南任时,荣华会逆首林清雇为松粮道长,随以催漕往来淮安,纶始与相识。及纶任京秩,清亦入京,居于近京之黄村,以纶家贫,为出赍赎取质衣。纶乃与之盟誓为兄弟,倾心事之。清复贻马一匹、骡一头,自此赠遗来往不绝。清再入城买米,纶为之用佐领图记,诡称兵丁食米,送米出城,于是交益密。纶旋与原任提督王柄家奴王五结交往来。及纶将赴独石,先至清家,清令之入教,传以八字咒语,纶受其咒,时时诵习,以祈福祐。纶旋以领饷入京,清党孙九、刘福受令纶子福昌约王五至纶家,密告以清之逆谋,言清已至河南纠约人众,令纶至期相助;否则在独石口收人入会,以为声援。纶诺之而去。其子福昌亦入教。后纶再入京领饷,贼党皆劝令师事清,纶遂向清叩头,清稍举手答之而已。纶询清以起事之期,清谓期至,当遣信相约。

　　十八年九月,清党滋扰河南滑县,纶心窃喜,谓清事成可得大官,事败亦不至干累及已。而清复遣其丑类潜入京城,乘门军不备,藏械突入东华门、西华门,先期果遣其党至独石口与纶约,适纶奉差赴热河,不见而去。而纶长子福昌先已受贼之缠头白布及“得胜”二字口号矣。时值上举行木兰秋狝之典,回銮至白涧,途次报至,即敕步军统领回京,迅速督捕首逆。其入城之贼七十馀名,已为官军歼获尽净;贼之未入城者,亦以次收捕。圣驾回京,禁城内外,肃清安堵。首逆清已就擒,其党供纶父子预逆谋,捕福昌讯之,得实,遂逮纶。十一月,至京,下刑部勘问。纶初不承,逆党董国太证之,纶知不可掩,始吐实。部议,纶罪大恶极,依谋反大逆律,应磔死;亲属缘坐。上御瀛台廷讯,纶俯首服罪。上如部臣议,纶及其子福昌俱磔于市,悬首示众,次子重庆、三子鹤龄皆斩,同日伏诛。叔廷琦、兄维、侄咸亨亦坐斩,命改为斩监候,入本年朝审情实,纶妻杨氏及女、福昌妻夏氏,子积善及女,发各省驻防官兵为奴,并削除旗档。其失察纶父子与知逆情不行陈奏之汉军科道,并失察兵丁福昌从习邪教,及该旗之都统、副都统等,各黜降有差。

谕曰:"本日廷讯逆犯曹纶已尽法惩治,按律凌迟枭示,并将其家属应行缘坐各犯,分别办理矣。曹纶系正黄旗汉军,伊伯祖曹瑛曾任侍郎,伊祖曹成曾任知府,伊父曹廷奎曾任同知,世受国恩;且伊嫡母荆氏、生母孙氏因伊父署南笼府任时,苗匪围城俱自缢殉节。曹纶身任都司,以四品职官竟敢扶助林清通同谋逆,欲为一二品大员。乱臣贼子,行同枭獍,处以极刑,所以彰国宪而快人心。至八旗汉军,自我太祖、太宗开国之初,从龙著绩,栉风沐雨,勋载旗常,我国家视同世仆,实与八旗满洲、蒙古无异。百数十年以来,汉军中历任文武大臣,名卿硕辅,节概炳著者,指不胜屈。即现在简用内外大员,亦皆克宣力效忠,无愧阀阅。不意竟有曹纶一人败常蔑本,实出人情意想之外,谅八旗汉军闻之,自必人人愤恨,义切同仇! 不知此等败类,乃戾气所钟,譬如万顷嘉禾,间生稂莠,锄而去之,无害良亩。即如林清本系畿辅民人,敢兴悖乱,国有常刑,只将逆犯诛殛,断无因林清一犯,将近畿数百万良民皆疑其反侧之理。现在曹纶一家已销除旗档,我汉军臣仆皆当视曹纶为异类,不必引以为愧。所有八旗满洲、蒙古、汉军等,惟当感激国家培养厚恩,勿忘祖父勤劳世泽,共矢天良,力抒忠荩,无负朕谆谆训勉至意。"及朝审勾到,谕曰:"本日勾到朝审官常各犯内斩犯曹廷琦、曹维、曹咸亨三犯,均系逆犯曹纶期亲服属,按律缘坐,本应予勾。但曹廷琦等素因曹纶性情乖张,罔顾伦理,久经断绝往来,情同陌路,不特于曹纶蓄心谋逆,毫不知情,即其从前入教,亦并无见闻。且曹纶之母荆氏、孙氏前在伊父曹廷奎南笼任所,因苗匪围城,俱自缢身故。曹纶负国昧良,不念累朝豢养深恩,行同枭獍,然朕敕法施仁,并行不悖,于殉节死难后嗣,仍必宽其一线。曹廷琦、曹维、曹咸亨俱着免其勾决,交刑部牢固监禁。"

十九年三月,谕曰:"曹纶身为职官,甘心附从逆贼林清,谋为不轨,罪大恶极,实从来所未有。其身已显伏国法,不可不将其逆迹书之简册,俾令遗臭万年。着国史馆将该逆事实编列逆臣传,以为乱臣贼子之戒。"

清史列传人名索引

一、本索引是根据点校本《清史列传》简体字本编制的。每条注明简体字本册数、卷数和页数。

二、本索引收录了《清史列传》中凡有传记的人名，同时附传、附见的人名，亦予收录。同一人物有多篇传记者，同时保留两处信息。

三、凡更改姓名或有以字、号称者，以常用姓名为主目，另一姓名列为参见条目。

四、凡同姓名人物，在人名后括注其籍贯；满族人名相同者，则另注其姓氏，以示区别。

五、凡有姓名之妇女，以姓名为主目，但只有姓氏者，则括注其从属关系。

六、本索引按汉语拼音排列。

柏贵　6/43/3564

柏景伟　8/67/5664

柏葰　5/40/3329

拜山　1/4/188

拜思哈　1/5/283

拜音图　1/3/175

班初罕　1/7/482

班第　3/19/1467

邦乌礼　8/65/5424

包慎言　9/69/5886

包世臣　9/73/6282

包世荣　9/69/5853

宝第　6/50/4147

宝恩　1/2/44

宝郎阿　1/4/188

宝纶　3/19/1464

宝铭　7/53/4371

宝奈　8/65/5430

宝山　2/11/836

宝鋆　7/52/4317

保麟　5/38/3175

保宁(瓜尔佳氏)　3/19/1495

保宁(图博特氏)　5/35/2864

保善　4/31/2519

保泰　3/19/1495

葆初　7/58/4772

葆淳　5/37/3027

葆符　5/37/3027

鲍超　7/56/4617

鲍承先　10/78/6751

鲍皋　9/71/6145

鲍桂星　4/32/2631

鲍敬　10/78/6753

鲍开禧　6/50/4180

鲍开源　6/50/4180

鲍起豹　6/50/4177

鲍世爵　7/56/4625

鲍廷博　9/72/6199

鲍倚云　9/72/6184

鲍友信　6/50/4177

鲍鉁　9/71/6140

鲍之钟　9/71/6145

鲍祖恩　7/56/4625

鲍祖龄　7/56/4625

鲍祖祥　7/56/4625

贝和诺(崇果氏)　8/65/5422

贝和诺(富察氏)　2/11/830

本科里　1/4/255

布彦达赉　3/20/1576

布彦泰　7/54/4425

布彦图　8/65/5423

布英克　8/65/5430

C

蔡本崇　2/14/1041

蔡本俶　3/26/2072

蔡本俊　3/26/2076

蔡德晋　9/68/5735

蔡方炳　9/71/6059

蔡观澜　2/14/1041

蔡琳　1/7/452

蔡禄　10/80/6941

蔡懋德　9/71/6059

蔡士英　1/7/447

蔡世远　2/14/1039

蔡所性　8/66/5509

蔡珽　2/13/972

蔡新　3/26/2071

蔡行达　3/26/2076

蔡毓荣　1/7/447

蔡长汉　2/14/1040

蔡长汭　2/14/1041

蔡长溎　2/14/1041

曹本荣　8/66/5537

曹秉哲　10/77/6666

曹恩汴　4/32/2594

曹恩濊　4/32/2597

曹尔堪　9/70/5973

曹福昌　10/80/6997

曹禾　9/71/6052

曹鹤龄　10/80/6997

曹鸿勋　8/64/5320

曹积善　10/80/6997

曹锦彝　6/47/3881

曹钧彝　6/47/3881

曹开业　5/35/2845

曹纶　10/80/6995

曹仁虎　9/72/6181

曹溶　10/78/6777

曹绍楠　4/32/2596

曹绍桐　4/32/2598

曹申吉　10/80/6943

曹师曾　5/35/2843

曹廷栋　9/71/6113

曹廷奎　10/80/6997

曹廷琦　10/80/6998

曹维　10/80/6998

曹文埴　4/32/2591

曹锡宝　9/72/6204

曹玺　9/71/6140

曹咸亨　10/80/6998

曹秀先　3/20/1537

曹续祖　8/66/5531

曹学闵　9/72/6169

曹宜溥　8/66/5538

曹寅　9/71/6140

曹咏祖　3/20/1537

曹钰彝　6/47/3881

曹毓瑛　6/47/3879

曹贞吉　9/70/6026

曹振镛　4/32/2591

曹钟彝　6/47/3881

曹重庆　10/80/6997

策巴　8/65/5430

策丹　6/50/4147

策楞　3/21/1665

策塔尔　8/65/5428

岑春蓂　7/59/4844

岑春荣　7/59/4844

岑春煦　7/59/4844

岑春煊　7/59/4844

岑毓英　7/59/4830

察尔岱　1/3/155

察汉扣　8/65/5424

察喀尼　1/4/180

察克慎　1/4/194

察克图　3/22/1685

察尼　1/3/130

柴大纪　3/25/2015

柴静仪　9/70/5951

柴绍炳　9/70/5947

禅布　1/4/197

长霖　7/55/4506

长麟　7/56/4604

长龄　5/36/2919

长清　1/6/351

长瑞　5/35/2883

长寿　5/35/2883

长泰　5/35/2883

长源　1/3/155

常阿岱　1/1/8

常安　1/6/418

常保　4/29/2331

常大淳　6/43/3558

陈奉兹　9/72/6174

陈孚恩　6/47/3902

陈福　1/6/418

陈傅霖　4/27/2185

陈皋　9/71/6135

陈庚焕　8/67/5647

陈恭尹　9/70/5961

陈观全　7/56/4642

陈官俊　5/36/2993

陈国瑞　7/56/4635

陈沆　9/73/6284

陈豪　10/77/6637

陈鹤　9/72/6244

陈鹤书　9/69/5834

陈宏谋　3/18/1429

陈宏绪　9/70/5953

陈洪谏　9/74/6393

陈洪明　10/80/6944

陈洪绶　9/70/5963

陈鸿寿　9/71/6123

陈厚耀　9/68/5725

陈厚钟　5/36/3001

陈厚滋　5/36/3001

陈瑚　8/66/5506

陈化成　5/39/3236

陈淮　4/27/2184

陈奂　9/69/5918

陈潢　1/8/590

陈辉祖　3/18/1426

陈际新　9/71/6125

陈继鹭　3/64/5352

陈建侯　10/77/6604

陈杰　9/73/6305

陈介祺　5/36/3002

陈金绶　6/44/3668

陈景和　6/47/3906

陈景彦　6/47/3904

陈景云　9/71/6082

陈九龄　8/66/5572

陈居诚　2/11/847

陈居隆　2/11/847

陈克家　9/72/6247

陈兰第　4/34/2803

陈兰森　3/18/1439

陈兰豫　4/34/2803

陈兰滋　4/34/2803

陈理　8/65/5439

陈澧　9/69/5894

陈立	9/69/5916	陈诗	9/72/6232
陈銮	5/38/3127	陈士璠	9/71/6127
陈履和	9/68/5782	陈世倌	2/16/1187
陈懋龄	9/69/5851	陈世凯	10/78/6802
陈梦雷	2/10/732	陈世琳	1/6/420
陈名魁	8/65/5450	陈世庆	9/72/6174
陈名夏	10/79/6904	陈世勋	1/6/420
陈能徵	6/44/3672	陈寿祺	9/69/5834
陈裴之	9/73/6264	陈寿熊	8/67/5667
陈鹏年	2/13/981	陈树华	9/68/5776
陈启泰	8/64/5342	陈泰	1/4/248
陈启源	9/68/5696	陈天培	10/78/6805
陈迁鹤	8/67/5595	陈廷芳	5/39/3240
陈乔枞	9/69/5836	陈廷棻	5/39/3240
陈庆涵	5/38/3131	陈廷会	9/70/5950
陈庆门	10/75/6456	陈廷敬	2/9/660
陈庆升	8/67/5605	陈万策	8/67/5600
陈确	8/66/5499	陈维崧	9/71/6037
陈汝登	9/70/5963	陈文黻	10/77/6670
陈汝咸	9/74/6417	陈文述	9/73/6263
陈山崐	3/18/1428	陈武	8/65/5408
陈诜	2/12/868	陈锡嘏	9/74/6417
陈陛	8/65/5438	陈熙晋	9/68/5804
陈圣矩	8/65/5439	陈显诚	6/44/3672

陈显德　6/44/3672

陈显铭　6/44/3672

陈象枢　9/68/5746

陈小连　6/47/3906

陈偕灿　9/73/6307

陈学孔　8/65/5432

陈严祖　3/18/1426

陈掖臣　10/79/6905

陈仪　9/71/6095

陈奕禧　9/71/6086

陈益　1/6/430

陈英　8/65/5438

陈榕　8/66/5528

陈用光　4/34/2801

陈于廷　9/71/6037

陈玉璧　10/75/6476

陈玉龙　8/65/5438

陈玉瑾　9/71/6059

陈玉友　9/71/6097

陈遇夫　8/67/5609

陈元龙　2/14/1051

陈允衡　9/70/5955

陈泽培　7/56/4641

陈鳝　9/69/5813

陈章　9/71/6135

陈璋　8/64/5391

陈长镇　9/71/6119

陈兆仑　9/71/6111

陈贞慧　9/71/6037

陈箴　2/17/1363

陈振世　5/39/3240

陈之闿　2/14/1052

陈之遴　10/79/6859

陈之龙　10/79/6900

陈中孚　5/35/2903

陈撰　9/71/6133

陈子恭　2/11/847

陈子良　2/11/847

陈子升　9/70/5961

陈子温　2/11/847

陈梓　8/66/5498

陈宗谊　9/69/5899

陈祖范　9/68/5733

陈佐平　10/77/6623

成德（博尔济吉特氏）
　5/40/3289

成德（钮祜禄氏）　5/35/2832

成德（叶赫氏）　4/28/2253

成都　8/65/5417

成国梃　8/65/5416

成静生　8/65/5484

成楷　7/60/4920

成康保　9/74/6402

成宽　1/3/154

成明　8/65/5430

成溥　8/65/5411

成孺　8/67/5683

成受　6/44/3674

成顺　5/39/3181

成友　6/44/3674

成肇麐　8/65/5483

诚保　1/3/129

承保　7/56/4581

承斌　6/50/4132

承恩　5/37/3031

承培元　9/73/6262

承铨　6/50/4132

程承休　5/35/2857

程大纯　8/66/5536

程大中　9/72/6171

程福基　5/42/3484

程福均　5/42/3484

程福培　5/42/3484

程福增　5/42/3484

程含章　5/35/2850

程洪源　5/35/2857

程焕　8/65/5437

程际盛　9/68/5766

程建勋　6/51/4222

程晋芳　9/72/6151

程景伊　3/21/1611

程康庄　9/71/6054

程可则　9/71/6065

程良受　8/66/5515

程棫采　5/42/3485

程枚功　5/37/3069

程荣功　5/37/3069

程梯功　5/37/3069

程廷祚　8/66/5581

程同文　9/73/6263

程文进　8/65/5432

程校功　5/37/3069

程学启　6/51/4218

程瑶田　9/68/5782

程荫桂　8/65/5437

程乔采　5/42/3480

程祖洛　5/37/3062

迟维坤　9/74/6423

充保　1/3/115

充顺巴本　2/10/745

崇安　1/1/11

崇纲　7/52/4281

崇格林沁　6/45/3690

崇吉　1/2/99

崇凯　7/52/4281

崇礼　8/61/5023

崇龄　5/42/3480

崇纶（喜塔腊氏）　6/43/3579

崇纶（许氏）　7/52/4324

崇霈　7/52/4281

崇绮　7/58/4769

崇实　7/52/4329

崇熙　7/52/4281

崇绪　7/52/4281

崇绚　7/52/4281

崇勋　7/52/4281

初铭峻　4/34/2787

初彭龄　4/34/2777

储大文　9/71/6069

储方庆　9/71/6069

储欣　9/71/6069

储裕立　10/77/6632

褚克昌　6/44/3683

褚库　1/5/345

褚汝航　8/65/5469

褚廷璋　9/72/6182

褚寅亮　9/68/5765

褚英　1/3/120

椿寿　8/61/5039

椿泰　1/1/11

淳颖　1/2/43

绰克都　1/1/19

崔华（江苏太仓州人）
　　9/70/5988

崔华（直隶平山人）
　　9/74/6374

崔世荣　8/65/5396

崔述　9/68/5781

崔渭源　8/67/5614

崔蔚林　8/66/5529

崔应榴　9/69/5856

崔应泰　8/65/5396

崔之瑛　10/80/6944

崔宗泰　9/74/6370

戴震　9/68/5770

戴祖启　8/67/5639

丹臻　1/2/60

单大经　7/52/4290

单懋谦　7/52/4288

单启藩　7/52/4290

旦岱　8/65/5395

党成　8/66/5533

党崇雅　10/79/6876

党湛　8/66/5514

德安　8/65/5472

德保　3/24/1879

德昌　3/22/1683

德成额　5/35/2882

德福　3/22/1735

德格类　1/3/173

德厚　5/38/3177

德峻　5/37/3087

德克济　8/65/5430

德克塞　1/4/228

德勒格尔　1/7/484

德楞泰　4/29/2367

德麟　3/26/2062

德凌册　8/65/5431

德龄　6/44/3663

德隆　6/44/3663

德沛　1/2/73

德平阿　5/35/2882

德普　1/3/146

德普兴阿　4/31/2560

德器　1/6/356

德清阿　4/31/2560

德润　6/50/4146

德塞　1/2/70

德森　6/44/3663

德世库　1/7/492

德文泰　1/3/112

德兴阿　6/50/4168

德荫　5/38/3177

德钰　5/38/3177

德元　6/48/3973

德昭　1/2/55

德振　5/38/3127

邓安邦　7/60/5002

邓承修　8/63/5278

邓传安　10/75/6488

邓纯　8/67/5633

邓尔恒　6/44/3684

2/17/1340

定敏(宗室)　1/3/157

定长　2/17/1340

董邦达　3/20/1532

董淳　4/28/2212

董诰　4/28/2209

董桂敷　8/67/5627

董含　9/70/6009

董基诚　9/73/6289

董开国　8/65/5397

董魁　8/65/5412

董联毅　3/24/1869

董淇　4/28/2211

董士锡　9/72/6237

董天弼　3/24/1865

董廷柏　8/65/5397

董廷儒　8/65/5397

董廷元　8/65/5396

董卫国　1/7/441

董学礼　10/79/6897

董以宁　9/70/5967

董永蕃　10/79/6898

董祐诚　9/73/6287

董俞　9/70/6008

董玉林　8/65/5438

董振国　8/65/5398

栋世禄　1/4/221

洞鄂　1/2/52

洞福　1/3/112

都斡海　1/5/279

都克　1/5/277

都隆阿　6/44/3680

都斯噶尔　8/65/5424

都图　3/24/1879

都兴阿　7/55/4555

窦大任　8/66/5561

窦光鼐　3/24/1894

窦克勤　8/66/5561

窦遴奇　9/70/5969

窦容邃　9/74/5562

窦墫　8/67/5654

杜翻　5/41/3349

杜笃祜　1/6/383

杜度　1/3/127

杜堮　5/41/3343

杜尔祜　1/3/128

杜翰　6/48/3939

杜峤　8/65/5413

杜岕　9/70/5960

杜立德　1/7/501

杜受田　5/41/3343

杜澳　9/70/5980

杜庭琛　5/41/3350

杜庭珏　6/48/3941

杜庭璞　6/48/3941

杜庭璆　5/41/3351

杜显奇　8/65/5442

杜濬　9/70/5960

杜越　8/66/5490

杜诏　9/71/6091

杜之栋　8/65/5400

端恩　1/2/44

端木国瑚　9/73/6313

段嘉梅　9/72/6171

段起　10/77/6615

段永福　5/39/3208

段玉裁　9/68/5773

对喀纳　1/6/386

兑沁巴颜　1/4/179

敦拜　1/4/236

敦达　1/3/129

敦多哩　2/12/857

敦柱　8/65/5422

多铎　1/2/45

多尔衮　1/2/23

多尔集　8/65/5424

多和伦　2/11/784

多弘安　9/74/6354

多龄　7/52/4288

多隆阿　6/50/4121

多尼　1/2/51

多义　1/3/160

多永武　8/65/5429

E

额楚　1/6/412

额尔德布图　8/65/5424

额尔德尼　1/4/194

额赫玛瑚　2/11/784

额克亲　1/3/164

额勒德理　4/31/2559

额勒登保　4/29/2351

额勒登额　3/22/1681

额勒和布　7/57/4702

额勒景额　7/55/4563

额勒木图　8/65/5421

恩韶 6/50/4147
恩寿 6/46/3839
恩特贺莫扎拉芬 3/25/2001
恩通 7/52/4288
恩长 4/31/2518
恩钊 7/52/4287

F

法宝 8/65/5421
法保 1/6/414
法尔善 1/3/156
法固达 2/9/638
法海 2/13/996
法喀 2/12/907
法坤宏 8/67/5644
法良 4/27/2174
法亮 7/58/4772
法若真 8/67/5644
法塞 1/3/162
法式善 9/72/6218
樊雨 9/73/6322
范朝俨 8/65/5422
范沉 1/5/265
范承斌 1/5/269
范承谟 1/6/392
范承勋 2/11/837
范鄗鼎 8/66/5531
范弘嗣 8/66/5531
范家相 9/68/5762
范明徵 8/66/5569
范楠 1/5/265
范时崇 2/12/880
范时捷 2/15/1151
范时绎 2/15/1149
范泰亨 8/67/5682
范泰衡 8/67/5682
范文寀 1/5/265
范文程 1/5/265
范希选 8/65/5421
范芸茂 8/66/5531
范鏓 1/5/265
方苞 3/19/1497
方秉 4/33/2703
方朝 9/71/6065
方成珪 9/69/5875
方传穆 4/33/2698
方粹然 9/68/5782
方大湜 10/77/6636

方大猷　10/79/6902

方登峄　9/71/6089

方殿元　9/71/6065

方东树　8/67/5668

方菉如　9/71/6088

方逢年　9/70/6005

方富　8/65/5432

方观承　2/17/1343

方国栋　9/74/6348

方还　9/71/6065

方积　10/75/6516

方绩　8/67/5668

方坰　8/67/5665

方联聚　9/73/6290

方履籛　9/73/6290

方迈　8/67/5601

方楘如　9/71/6088

方潜　8/67/5674

方日新　8/67/5629

方瑞兰　10/77/6640

方申　9/69/5878

方世�　3/19/1497

方式济　9/71/6089

方受畴　4/33/2701

方廷珍　7/60/4943

方维甸　4/33/2679

方相宸　8/65/5441

方相衮　8/65/5441

方象瑛　9/70/6005

方孝标　3/19/1497

方耀　7/60/4939

方以智　9/68/5695

方元鹍　9/73/6265

方云旅　3/19/1497

方振声　8/65/5454

方正澍　9/72/6184

方中德　9/68/5695

方中履　9/68/5695

方中通　9/68/5695

方宗诚　8/67/5669

房可壮　10/79/6822

斐雅思哈　1/6/348

费淳　4/28/2235

费庚吉　10/76/6541

费经虞　8/66/5525

费凌阿　8/65/5431

费履升　4/28/2240

费密　8/66/5525

傅拉塔 2/9/616

傅喇塔 1/3/144

傅勒赫 1/1/19

傅眉 9/71/6054

傅明垣 1/6/426

傅鼐 2/15/1166

傅清 3/19/1457

傅森 4/28/2255

傅山 9/71/6053

傅以渐 1/5/327

傅宸 9/70/5986

傅泽布 8/65/5429

傅振邦 7/56/4628

富春 1/2/81

富达礼 1/3/144

富尔泰 1/3/163

富海 8/65/5421

富俊 4/34/2735

富喀禅 1/7/461

富拉塔 2/15/1145

富兰 8/65/5429

富勒浑 3/25/2005

富连 3/25/1988

富良（富察氏） 2/14/1046

富良（宗室） 1/3/159

富隆额 7/59/4910

富明阿 8/61/5053

富宁安 2/12/922

富努保 1/6/414

富庆（额尔德特氏）

　4/29/2347

富庆（乔佳氏） 6/50/4171

富森布 8/65/5449

富善（舒穆禄氏） 1/4/261

富善（宗室） 1/3/146

富绥 1/2/60

富文 1/6/381

富兴 2/14/1047

富增 1/2/81

富兆 5/42/3428

富忠阿 4/29/2357

富珠隆阿 4/30/2410

G

噶布喇 1/6/374

噶达浑 1/5/281

噶尔秉阿 8/65/5430

噶尔噶苏迪 8/65/5449

噶尔汉　1/5/283

噶哈　1/5/278

噶赖　1/4/211

噶礼　2/12/901

噶林　8/65/5421

噶禄　1/4/187

盖方泌　10/75/6519

甘国璧　2/15/1138

甘国城　1/6/392

甘国均　1/6/392

甘京　8/66/5518

甘文焜　1/6/389

甘应魁　1/6/389

幹都　2/12/907

幹泰　2/12/907

刚阿泰　10/78/6711

刚林　1/4/232

刚塔　3/25/2028

刚毅　8/62/5115

纲阿塔　4/30/2459

高斌　2/16/1249

高不骞　9/70/6033

高层云　9/70/6032

高承业　6/51/4204

高第　10/78/6785

高定邦　8/65/5444

高斗光　10/79/6826

高尔位　2/10/722

高尔俨　10/79/6907

高拱弼　10/78/6785

高广厚　3/23/1779

高广兴　3/23/1779

高恒　2/16/1260

高杰　8/65/5443

高进库　10/78/6798

高晋　3/23/1770

高连升　6/51/4201

高朴　2/16/1260

高其佩　1/6/399

高其仕　2/12/933

高其位　2/12/933

高其倬　2/14/1103

高杞　4/33/2663

高起　2/12/933

高镶　8/66/5489

高人杰　3/22/1692

高仁　3/22/1691

高尚义　1/6/398

桂有根　4/31/2494

桂中行　10/77/6672

郭柏荫　7/55/4532

郭宝昌　7/60/4997

郭承举　7/60/4927

郭尔印　2/10/763

郭和　1/5/269

郭洪臣　2/11/824

郭景昌　2/10/763

郭崑焘　9/73/6329

郭良俊　8/65/5437

郭良相　8/65/5437

郭麠　9/73/6292

郭起元　9/72/6160

郭人鸿　7/60/4927

郭人济　7/60/4927

郭人凯　7/60/4927

郭人彦　7/60/4927

郭人漳　7/60/4927

郭善邻　8/67/5614

郭尚先　9/73/6273

郭世隆　2/11/824

郭寿域　8/65/5425

郭松林　7/60/4920

郭廷贵　8/65/5442

郭琇　2/10/762

郭养志　8/65/5407

郭仪霄　9/73/6302

郭义　10/80/6973

郭应邦　8/65/5410

国璘　8/65/5435

国兴　8/65/5434

果尔明阿　8/65/5454

果勒丰阿　1/2/82

H

哈达哈　3/21/1670

哈岱　3/21/1632

哈尔扣　8/65/5421

哈尔萨　1/3/111

哈芬布　6/46/3834

哈丰阿　2/17/1278

哈国泰　3/24/1871

哈国兴　3/24/1870

哈朗阿　4/29/2367

哈凌阿　8/65/5436

哈宁阿(富察氏)　1/4/217

哈宁阿(瓜尔佳氏)

3/21/1674

哈宁阿（他塔喇氏）　1/7/482

哈攀龙　3/24/1870

哈尚德　3/18/1401

哈什屯　1/5/343

哈文彪　3/24/1873

哈文虎　3/24/1873

哈元生　3/18/1399

海存　1/5/346

海尔图　1/4/255

海金　1/4/262

海兰　1/6/356

海兰察　3/25/1991

海龄（郭洛罗氏）　5/38/3178

海龄（觉罗）　5/37/3027

海禄　3/24/1938

海绶　2/11/787

海望　2/16/1269

韩当　8/66/5492

韩得智　8/65/5442

韩海　9/71/6102

韩荩光　9/74/6376

韩克均　5/38/3145

韩梦周　8/67/5642

韩世贵　8/65/5435

韩菼　2/9/679

韩应陛　9/73/6337

汉初罕　1/7/482

汉岱　1/3/160

杭世骏　9/71/6131

豪格　1/2/57

郝长庆　8/63/5206

郝尔德　10/78/6707

郝进山　8/65/5408

郝林　1/7/492

郝效忠　10/78/6706

郝懿行　9/69/5830

郝浴　1/7/490

何焯　9/71/6081

何承禧　5/41/3391

何道深　8/65/5432

何道生　9/72/6224

何桂清　6/49/4029

何翰章　7/54/4471

何和哩　1/4/180

何金寿　10/77/6638

何璟　7/54/4463

何九成　8/65/5406

花连布　4/29/2342	黄丹书　9/72/6229
花色　8/65/5422	黄登贤　3/20/1600
花沙布　6/46/3834	黄芳度　2/9/624
花沙纳　5/41/3392	黄芳名　2/9/625
花尚阿　3/25/2005	黄芳声　2/9/625
华长卿　9/69/5902	黄芳世　2/9/626
华宁　1/1/21	黄芳泰　2/9/627
华玘　1/2/98	黄芳祐　2/9/625
华乾　8/65/5427	黄辅辰　10/76/6563
华善(瓜尔佳氏)　1/5/326	黄富民　5/37/3007
华善(纳喇氏)　2/13/990	黄机　1/5/336
华希闵　8/67/5589	黄嘉　2/16/1226
华学泉　8/66/5550	黄嘉谟　3/25/1958
华玉淳　9/68/5734	黄检　2/16/1226
怀塔布　7/58/4773	黄景仁　9/72/6210
黄安国　8/65/5438	黄居中　9/71/6054
黄安涛　9/73/6275	黄爵滋　5/41/3407
黄百家　9/68/5693	黄开榜　6/51/4204
黄本骥　9/73/6309	黄模　9/68/5766
黄本骐　9/73/6309	黄农　8/67/5589
黄秉淳　3/25/1957	黄培芳　9/73/6299
黄秉中　2/12/886	黄彭年　10/76/6565
黄承吉　9/69/5871	黄丕烈　9/72/6200
黄承宪　8/61/5095	黄溥　2/9/627

黄仁　8/65/5447

黄任　9/71/6107

黄商衡　8/67/5589

黄生　9/68/5698

黄士得　8/65/5442

黄世发　9/74/6424

黄仕简　3/25/1947

黄式三　9/69/5921

黄奭　9/69/5871

黄枢　2/9/625

黄叔璥　8/67/5616

黄叔琳　2/14/1099

黄树榖　9/73/6254

黄廷桂　2/16/1216

黄廷鉴　2/12/887

黄廷枢　2/16/1226

黄廷钰　2/12/887

黄图安　10/79/6825

黄万鹏　8/61/5091

黄文爗　2/16/1226

黄文旸　9/72/6244

黄梧　2/9/621

黄熙　8/66/5518

黄宪章　2/16/1216

黄燮清　9/73/6318

黄兴梧　9/69/5921

黄揆　8/65/5447

黄仪　9/70/6017

黄贻楫　6/48/3932

黄乙生　9/72/6211

黄以恭　9/69/5922

黄以周　9/69/5922

黄易　9/73/6254

黄翼升　7/60/4948

黄翼章　8/61/5095

黄应文　8/65/5446

黄应缵　2/9/628

黄永　9/70/5968

黄永年　8/67/5629

黄虞稷　9/71/6054

黄与坚　9/70/6006

黄钰　7/53/4391

黄钺　5/37/3003

黄贞麟　9/74/6368

黄振　8/65/5447

黄之隽　9/71/6117

黄秩林　5/41/3412

黄中　9/71/6083

黄子高　9/73/6337

黄宗汉　6/48/3929

黄宗会　9/68/5693

黄宗羲　9/68/5690

黄宗炎（湖南长沙人）
　7/60/4960

黄宗炎（浙江余姚人）
　9/68/5693

黄尊素　9/68/5690

辉兰　8/65/5396

辉塞　1/4/210

惠栋　9/68/5723

惠龄（赫舍里氏）　5/42/3480

惠龄（萨尔图克氏）
　4/30/2389

惠伦　3/22/1732

惠士奇　9/68/5722

惠有声　9/68/5722

惠周惕　9/68/5722

慧成　6/48/3968

霍达　10/78/6799

霍隆武（巴雅克氏）　5/39/3186

霍隆武（博尔济吉特氏）
　6/44/3682

霍隆武（富察氏）
　6/44/3679

霍隆武（钮祜禄氏）
　6/44/3618

霍顺武　6/43/3597

J

积哈纳　1/2/78

积拉堪　1/3/170

姬登第　8/65/5422

基溥　6/47/3911

嵇曾筠　2/16/1242

嵇承谦　3/21/1631

嵇承群　3/21/1631

嵇承闲　3/21/1631

嵇承豫　3/21/1631

嵇璜　3/21/1619

嵇璇　3/21/1627

嵇永仁　8/65/5418

吉尔杭阿　6/43/3541

吉郎阿　4/27/2202

纪大奎　10/75/6502

纪迻宜　10/75/6457

纪汝佶　4/28/2230

纪汝似　4/28/2230

纪树馨　4/28/2230

纪映钟　9/70/5942

纪昀　4/28/2226

计东　9/70/6002

季邦桢　5/42/3473

季纶全　5/42/3473

季念诒　5/42/3473

季芝昌　5/42/3468

济度　1/2/69

济尔垓　1/4/211

济尔哈朗　1/2/64

济什哈　1/4/255

济世　1/4/252

济席哈　2/11/830

继芳　6/47/3913

继福　6/50/4172

继格　6/50/4172

继崑　6/50/4172

继勋　6/50/4172

嘉善　5/41/3407

贾汉复　10/78/6790

贾会　8/65/5448

贾田祖　9/68/5794

贾希魁　8/65/5449

贾孝珍　6/46/3829

贾桢　6/46/3823

贾致恩　6/46/3829

江长贵　7/56/4625

江承惠　8/65/5455

江承之　9/69/5827

江德量（江苏江都人）
　　9/68/5797

江德量（江苏仪征人）
　　9/71/6122

江藩　9/69/5870

江皋　9/74/6377

江镠　9/68/5780

江山定　8/65/5404

江声　9/68/5777

江士韶　8/66/5507

江孝棠　6/43/3525

江孝诒　6/51/4196

江孝咏　6/51/4196

江恂　9/71/6121

江永　9/68/5747

江永辉　8/65/5448

江昱　9/71/6121

蒋知廉　9/72/6173

蒋知让　9/72/6173

蒋祝　10/75/6455

焦安民　1/4/223

焦葱　9/65/5843

焦镜　9/69/5843

焦廷琥　9/69/5846

焦循　9/69/5843

焦袁熹　8/67/5591

焦源　9/69/5843

杰书　1/1/8

介福　2/12/913

金榜　9/68/5790

金敞　8/66/5548

金大成　8/65/5407

金德嘉　9/71/6062

金德瑛　3/20/1533

金鹗　9/69/5920

金芳　8/65/5408

金福曾　10/77/6656

金光　8/65/5413

金光悌　4/32/2626

金光祖　1/5/319

金国保　8/65/5434

金国琛　10/77/6607

金汉蕙　8/65/5407

金俊　1/5/287

金俊明　9/70/5941

金焜　9/71/6134

金砺　1/5/286

金农　9/71/6135

金溶　10/75/6466

金声桓　10/80/6980

金世爵　8/65/5413

金文淳　9/71/6134

金以琳　8/65/5407

金曰追　9/68/5755

金兆燕　9/71/6110

金镇　9/74/6344

金之俊　10/79/6815

金志章　9/71/6133

锦台什　1/7/484

晋度　6/48/3971

晋康　6/48/3971

晋翼　6/48/3971

靳辅　1/8/578

靳让　9/74/6401

靳应选　1/8/578

柯鉝　1/4/247

柯汝极　1/4/246

柯耸　9/71/6121

柯维桢　9/71/6121

柯永昇　1/4/247

柯永盛　1/4/246

柯煜　9/71/6121

克昌　7/52/4281

克尔素　1/5/274

克齐　1/3/133

克什图　1/4/217

克兴额　6/44/3622

克宜福　2/17/1333

孔传铎　9/68/5785

孔传坤　10/76/6529

孔道兴　8/65/5401

孔广森　9/68/5785

孔广栻　9/68/5787

孔继汾　9/68/5785

孔继涵　9/68/5787

孔钮　1/4/231

孔四贞　10/80/6969

孔廷训　10/78/6700

孔希贵　10/78/6785

孔有德　10/78/6695

库布素浑　1/3/135

库尔阐　1/5/285

库礼　1/7/463

夸岱　2/10/757

侉克札　1/6/356

蒯德模　10/77/6653

蒯贺荪　10/76/6578

奎林　3/22/1726

奎润　7/53/4367

奎耀　3/24/1891

奎照　3/24/1891

揆叙　2/12/909

魁龄　7/52/4327

魁玉　7/55/4563

崑冈　7/57/4716

堃林　5/40/3289

L

拉布敦　3/19/1465

拉哈达　2/9/638

拉托尔凯　8/65/5436

拉锡　2/13/1025

拉忻　2/10/756

喇布　1/2/70

喇哈达　1/4/250

喇扣　1/4/197

喇扬阿　1/5/301

来保　2/15/1174

来衮　2/13/1021

来祐　1/3/165

来灵　3/24/1938

来色　8/65/5422

赖慕布　1/3/164

赖士　1/2/81

赖塔　1/7/446

兰布　1/2/80

兰格　6/50/4146

兰翮　1/3/135

兰泰　8/65/5395

蓝拜　1/5/278

蓝诚　3/25/1966

蓝鼎元　10/75/6461

蓝理　2/11/851

蓝日宠　2/12/922

蓝廷珍　2/12/921

蓝元枚　3/25/1959

郎布林沁　6/45/3690

郎球　1/6/347

郎色　2/12/930

郎坦　2/10/753

郎廷辅　2/10/694

郎廷相　2/10/694

郎廷佐　1/5/294

郎熙载　1/5/294

郎元振　8/65/5402

朗图　1/4/207

劳崇光　6/48/3986

劳汉　8/65/5393

劳史　8/67/5583

劳潼　8/67/5610

劳文翾　6/48/3996

劳文翻　6/48/3996

劳文嚣　6/48/3996

劳孝舆　9/71/6114

乐斌　7/54/4434

乐昌　6/47/3910

乐钧　9/72/6209

乐善　6/44/3672

勒保　4/29/2295

勒贝　1/7/487

勒尔贝　1/3/115

勒尔锦　1/3/114

勒尔谨　3/25/2005

勒尔图　3/19/1465

勒克德浑　1/3/113

雷伯籲　9/71/6048

雷衡　7/53/4386

雷士俊　8/66/5511

雷学淇　9/69/5867

雷以諴　7/53/4376

雷正绾　7/60/4973

雷宗庆　7/53/4386

雷鐏　9/69/5867

冷鼎亨　10/77/6668

冷格　8/65/5423

冷僧机　1/4/235

冷士嵋　9/70/5942

黎承礼　7/55/4525

黎简　9/72/6228

黎锦缨　7/55/4525

黎培敬　7/55/4522

黎士弘　9/70/5993

黎士毅　9/74/6367

黎应南　9/69/5849

黎致远　9/74/6368

礼敦　1/7/458

李柏　8/66/5554

李邦全　8/65/5412

李葆恂　8/63/5244

李本方　7/54/4443

李本深　10/80/6939

李秉礼　9/72/6202

李炳涛　10/77/6626

李彩　2/12/863

李灿　8/65/5412

李长庚　4/31/2494

李长禄　6/51/4230

李长盛　8/65/5404

李超孙　9/69/5855

李朝斌　7/60/4960

李朝仪　10/76/6580

李臣典　6/51/4227

李成栋　10/80/6981

李诚　9/68/5805

李诚元　10/76/6589

李承本　8/65/5439

李澄中　9/70/6025

李洧　6/47/3865

李达璋　7/60/4965

李杭　6/42/3542

李鹤年　8/63/5240

李鹤章　8/65/5472

李洪宗　8/65/5426

李鸿宾　5/36/2982

李鸿枼　8/62/5187

李鸿藻　7/57/4721

李鸿章　7/57/4653

李化熙　10/78/6774

李怀民　9/72/6201

李槐荫　8/65/5451

李桓　5/42/3451

李潢　9/69/5851

李璜　7/60/4965

李吉　8/65/5403

李继学　1/4/252

李继业　8/66/5566

李骥元　4/72/6186

李鉴　10/78/6782

李嚼　9/74/6365

李金镛　10/77/6651

李进忠　8/65/5404

李经楚　7/59/4864

李经方　7/57/4670

李经迈　7/57/4670

李经畲　7/59/4864

李经世　8/66/5565

李经述　7/57/4670

李景祥　10/77/6690

李炯　10/75/6489

李俊　1/4/246

李闿　6/43/3550

李铠　9/68/5717

李锴　9/71/6139

李可从　8/66/5511

李焜瀛　7/57/4728

李来泰　9/70/5982

李来章　8/66/5566

李烂　10/78/6743

李连元　8/65/5439

李联琇　9/69/5927

李良臣　8/65/5404

李良年　9/71/6041

李麟　2/12/861

李鲁生　10/79/6852

李率泰　1/5/307

李蔓　2/13/980

李茂　8/65/5403

李天宠　10/67/5601

李天馥　9/68/5711

李廷灿　8/65/5442

李廷钰　4/31/2501

李亭　8/65/5416

李同福　7/60/4965

李同寿　7/60/4965

李图南　8/66/5574

李威　9/68/5754

李维钧　2/13/976

李维寅　9/72/6175

李卫　2/13/1004

李焘　1/7/493

李文安　7/59/4858

李文耕　10/76/6527

李文田　7/58/4816

李文藻　9/72/6175

李文炤　8/67/5607

李文仲　8/65/5427

李希佐　10/76/6529

李傒应　7/60/4965

李显祖　1/4/245

李宪喦　9/72/6202

李宪乔　9/72/6202

李向日　8/65/5412

李向阳　8/65/5458

李星沅　5/42/3444

李惺　9/73/6281

李兴锐　8/62/5184

李续宾　6/43/3526

李续宜　6/49/4040

李养成　8/65/5406

李耀祖　8/65/5408

李邺嗣　9/70/5962

李一忠　10/4/244

李贻德　9/69/5813

李因材　8/66/5553

李因笃　8/66/5553

李荫祖　1/4/245

李应芳　8/65/5432

李应瑞　5/39/3228

李应选　8/65/5432

李永安　10/78/6743

李永春　8/65/5433

李永芳　10/78/6709

李永贵　8/78/5433

李永庆　8/65/5439

李永陞　10/78/6743

栗烜　5/38/3122

栗燿　5/38/3122

栗毓美　5/38/3115

连承宗　8/65/5450

连斗山　9/68/5739

连士奇　8/65/5412

连旭　8/65/5450

联顺　4/29/2331

联元　8/61/5038

廉保　6/47/3922

廉定　7/58/4772

廉宏　7/58/4772

廉密　7/58/4772

廉溥　6/43/3600

廉容　7/58/4772

良揆　7/57/4713

梁丁辰　5/38/3140

梁敦书　3/20/1595

梁份　9/70/5937

梁逢辰　5/38/3140

梁恭辰　5/38/3140

梁国治　3/21/1613

梁鸿翥　8/67/5646

梁化凤　1/5/301

梁肯堂　4/27/2175

梁履绳　9/68/5798

梁宁吉　4/27/2178

梁佩兰　9/71/6064

梁霈　8/65/5452

梁清标　10/79/6873

梁如升　4/27/2178

梁上国　9/68/5769

梁诗正　3/20/1592

梁泰来　8/65/5452

梁廷辉　8/65/5451

梁廷枏　9/73/6318

梁同书　9/72/6165

梁文濂　3/20/1592

梁锡玙　9/68/5734

梁玉绳　9/68/5798

梁云构　10/79/6835

梁章钜　5/38/3135

梁作长　1/5/303

廖定邦　8/65/5428

廖冀亨　9/74/6414

廖家驹　8/61/5036

廖明文　8/65/5445

廖世荫　8/61/5036

刘宝簉　4/27/2143

刘宝篯　4/27/2143

刘宝籍　4/27/2143

刘宝楠　9/69/5909

刘本铎　7/55/4521

刘本鉴　7/55/4521

刘本针　8/61/5020

刘本钟　8/61/5020

刘斌　8/65/5434

刘秉琳　10/76/6599

刘秉恬　4/27/2136

刘秉璋　8/61/5067

刘秉政　10/80/6957

刘步蟾　7/60/4996

刘步墀　6/48/3977

刘昌　10/79/6885

刘超凤　8/65/5419

刘朝望　7/59/4905

刘朝仰　7/59/4905

刘承谟　8/65/5408

刘炽昌　4/33/2679

刘传莹　8/67/5658

刘淳　9/73/6285

刘醇骥　9/70/6013

刘大櫆　9/71/6123

刘大绅　10/75/6499

刘道谦　7/59/4891

刘典　7/55/4514

刘定邦　8/65/5407

刘笃烈　7/59/4891

刘恩广　8/66/5567

刘恩溥　8/63/5262

刘芳名　10/78/6738

刘逢禄　9/69/5864

刘凤诰　4/28/2289

刘诰　10/78/6718

刘恭冕　9/69/5910

刘光　1/5/290

刘国泰　8/65/5410

刘国祉　7/59/4891

刘含芳　10/77/6663

刘汉儒　10/79/6824

刘衡　10/76/6532

刘厚基　7/56/4632

刘厚荣　7/59/4882

刘厚填　7/56/4634

刘华海　3/26/2083

刘镮之　3/26/2081

刘辉祖　8/67/5594

刘继圣　9/74/6423

刘家璠　7/59/4891

刘家珍　9/71/6049

刘捷　8/67/5593

刘锦棠　7/59/4882

刘进忠　10/80/6959

刘俊德　10/78/6693

刘开　9/72/6189

刘坤一　7/59/4864

刘崐　8/65/5424

刘崑龙　8/65/5438

刘连捷　8/61/5015

刘良臣　10/78/6693

刘良驹　10/76/6535

刘良駟　10/76/6535

刘良佐　10/79/6835

刘禄　8/65/5406

刘纶　3/20/1601

刘履恂　9/69/5909

刘茂林　8/66/5502

刘懋德　8/65/5404

刘懋谦　8/65/5404

刘梦鹏　8/66/5539

刘明镗　7/60/4995

刘铭传　7/59/4901

刘能纪　7/59/4871

刘齐　8/67/5593

刘麒祥　6/49/4096

刘棨　9/74/6405

刘千　8/65/5438

刘青莲　8/66/5568

刘青芝　8/66/5568

刘清　4/33/2672

刘庆凯　10/76/6556

刘权之　4/28/2230

刘蓉　6/49/4089

刘若珪　4/28/2235

刘若璪　4/28/2235

刘绍攽　8/67/5634

刘绳武　7/54/4463

刘盛苻　7/59/4905

刘盛芥　7/59/4905

刘盛芸　7/59/4905

刘士铭　10/75/6444

刘世臣　8/65/5403

刘世薯　9/68/5787

刘寿曾　9/69/5878

刘书年　9/69/5903

刘思铃　7/59/4871

刘思镠　7/59/4871

刘思锜　7/59/4871

刘思谦　7/54/4463

刘思铨　7/59/4871

刘思询　7/54/4463

刘斯组　9/68/5745

刘嗣绾　9/72/6210

刘松山　6/51/4185

刘嵩　8/65/5438

刘台斗　10/76/6521

刘台拱　9/68/5787

刘体道　8/61/5073

刘体乾　8/61/5073

刘体仁(安徽庐江人)
　　8/61/5073

刘体仁(甘肃宁夏人)
　　10/78/6740

刘体仁(河南颍川人)
　　9/70/5999

刘体信　8/61/5073

刘体智　8/61/5073

刘体重　10/75/6507

刘廷选　6/48/3977

刘廷诏　8/67/5679

刘廷榛　4/33/2679

刘统勋　3/18/1440

刘潢　10/78/6718

刘伟　9/74/6366

刘渭龙　8/65/5416

刘文淇　9/69/5876

刘武元　10/78/6717

刘锡朋　3/26/2081

刘锡瑜　9/69/5876

刘熙载　8/67/5680

刘喜海　3/26/2083

刘献廷　9/70/6014

刘湘煃　9/71/6125

刘庠　9/69/5929

刘祥　8/65/5427

刘心学　9/71/6048

刘星炜　3/26/2113

刘雄　8/65/5426

刘煦　10/75/6509

刘延祉　8/65/5412

刘岩　9/71/6073

刘扬武　5/39/3230

刘耀武　5/39/3230

刘以贵　8/66/5570

刘绎　8/67/5676

刘应宾　10/79/6837

刘应科　8/65/5411

刘莹　4/33/2679

刘墉　3/26/2077

刘永澄　9/71/6048

刘永庆　8/63/5229

刘有名　8/65/5433

刘于义　2/16/1198

刘馀祐　10/79/6881

刘玉麐　9/68/5789

刘毓崧　9/69/5874

刘元恩　4/28/2293

刘元龄　4/28/2293

刘源灏　6/48/3977

刘源渌　8/66/5568

刘岳昭　7/59/4827

刘跃云　3/20/1603

刘云魁　8/65/5445

刘允孝　5/39/3228

刘韵珂　6/48/3973

刘藻　3/23/1822

刘泽涵　10/79/6836

刘泽洪　10/78/6693

刘泽清　10/80/6992

刘长佑　7/54/4457

刘榛　9/70/6000

刘正宗　10/79/6861

刘之源　1/5/287

刘直辅　8/65/5442

刘中柱　9/71/6049

刘倬云　8/61/5018

刘汋　8/66/5501

刘熽　9/51/4193

刘子壮　9/70/5977

刘宗泗　8/66/5567

刘宗源　8/66/5517

刘宗周　8/66/5501

刘祖棠　6/48/3979

刘祖栻　6/48/3979

刘佐清　8/65/5445

留雍　1/3/112

柳荣宗　9/69/5905

柳兴恩　9/69/5904

柳寅东　10/79/6901

六十（富察氏）　8/65/5421

六十（佟佳氏） 1/4/201

六严 9/73/6261

龙光甸 9/69/5911

龙启瑞 9/69/5911

龙胜榜 8/65/5442

龙文彬 8/67/5677

隆保 3/19/1467

隆科多 2/13/953

陇洲 8/65/5424

娄诗汉 10/77/6613

楼俨 9/71/6092

卢本 5/36/2945

卢存心 9/68/5750

卢道悦 9/71/6104

卢端黼 5/35/2893

卢光夒 5/36/2947

卢光祖 10/78/6796

卢见曾 9/71/6104

卢坤 5/35/2883

卢奇 10/78/6797

卢文弨 9/68/5750

卢荫溥 5/36/2943

鲁宾 1/3/133

鲁国男 10/79/6857

鲁九皋 9/72/6163

鲁懋 8/65/5428

鲁普萨翰 8/65/5430

鲁器 8/65/5428

鲁淑 10/75/6465

鲁学礼 8/65/5404

鲁一同 9/73/6330

陆安邦 8/65/5461

陆邦烈 9/68/5712

陆宝忠 8/61/5057

陆葆德 6/43/3571

陆春 8/65/5460

陆次云 9/70/6011

陆大坊 8/61/5063

陆繁弨 9/70/5952

陆费彬 6/43/3574

陆费墀 3/26/2116

陆费菜 6/43/3574

陆费翰 6/43/3574

陆费棨 6/43/3574

陆费璪 6/43/3572

陆费森 6/43/3574

陆费寀 6/43/3574

陆费夒 6/43/3574

陆光祖　5/42/3463

陆广霖　10/75/6476

陆继辂(江苏武进人)
　　10/75/6478

陆继辂(江苏阳湖人)
　　9/72/6235

陆继祖　4/31/2542

陆建瀛　5/42/3455

陆堦　9/70/5946

陆景贤　8/64/5390

陆肯堂　9/70/6032

陆孔奂　9/74/6393

陆奎勋　8/67/5622

陆陇其　1/8/539

陆鏊　3/26/2118

陆培　9/70/5946

陆圻　9/70/5945

陆卿鹄　8/66/5510

陆求可　9/74/6369

陆璨　3/26/2118

陆莱　9/70/6021

陆绍宣　8/64/5390

陆绍言　8/64/5390

陆绍宗　8/64/5390

陆师　9/74/6428

陆世仪　8/66/5503

陆式毂　5/42/3463

陆嵩　9/73/6258

陆文　9/73/6257

陆锡熊　3/25/1988

陆燿　3/24/1927

陆耀通　9/72/6236

陆贻典　9/71/6055

陆寅　8/66/5499

陆应毂　6/43/3567

陆有仁　4/31/2539

陆元鼎　8/64/5387

陆元辅　8/66/5559

陆元鏡　3/26/2118

陆元纶　9/69/5920

陆运昌　9/70/5946

陆在新　9/74/6392

陆增祥　9/73/6255

陆钟汉　5/42/3463

陆钟江　5/42/3463

陆钟泉　5/42/3463

陆钟泽　5/42/3463

禄康　5/40/3318

禄庆　1/3/156

禄全　8/65/5472

禄义　1/3/126

路德　8/67/5663

路桓　8/67/5664

璐达　1/1/20

伦成　1/3/156

伦柱　1/3/118

罗本镇　5/39/3220

罗惇衍　6/47/3887

罗棻　6/47/3895

罗纲　7/60/4973

罗绘锦　1/4/227

罗济　8/65/5394

罗嘉旦　5/42/3514

罗进连　8/65/5446

罗举睿　8/65/5446

罗科铎　1/3/106

罗魁　8/66/5515

罗洛浑　1/3/105

罗明秀　7/60/4969

罗启元　8/65/5437

罗清湜　5/42/3454

罗绕典　5/42/3452

罗荣光　8/62/5180

罗森　10/80/6943

罗胜昶　8/62/5182

罗胜晖　8/62/5182

罗士琳　9/69/5887

罗思举　5/39/3215

罗涛　5/42/3454

罗天尺　9/71/6115

罗廷玉　8/62/5182

罗廷璋　8/62/5182

罗屯　1/7/481

罗文光　8/65/5427

罗孝连　7/60/4969

罗绣锦　1/4/226

罗勋　5/42/3454

罗仰怀　7/60/4973

罗仰焕　7/60/4973

罗仰经　7/60/4973

罗仰昀　7/60/4973

罗有高　9/72/6194

罗载堂　8/65/5437

罗泽南　5/42/3509

罗兆升　5/42/3514

罗兆作　5/42/3514

马九经　8/65/5412
马俊　8/65/5426
马喇　2/11/833
马廉德　8/63/5214
马廉溥　8/63/5214
马鸣佩　1/6/396
马宁　10/78/6794
马佩璈　8/64/5325
马丕瑶　7/59/4892
马齐　2/14/1042
马荣祖　9/71/6122
马如龙(陕西绥德州人)　2/9/614
马如龙(云南建水人)　8/62/5121
马汝良　8/65/5433
马瑞辰　9/69/5839
马三俊　9/69/5839
马三奇　10/78/6707
马陞基　1/6/398
马世洪　1/6/397
马世济　1/6/397
马世俊　9/70/5988
马世泰　1/6/397
马世永　1/6/397
马思文　10/79/6812
马嗣煜　8/66/5515
马骕　9/68/5698
马腾　8/65/5426
马腾龙　8/65/5406
马维翰　9/71/6103
马维骐　8/64/5321
马武　2/14/1046
马显伯　2/11/788
马新贻　6/49/4013
马雄　10/80/6972
马雄镇　1/6/396
马瑜　4/31/2477
马玉(甘肃宁夏人)　2/11/787
马玉(贵州南笼人)　8/65/5426
马玉崑　8/63/5212
马彧士　8/66/5514
马毓桢　6/49/4016
马曰琯　9/71/6134
马曰璐　9/71/6134
马云皋　1/6/397
马之才　8/65/5412

毛宸　9/71/6055

毛岳生　9/73/6297

茅星来　8/67/5584

冒丹书　9/70/5944

冒襄　9/70/5944

懋巴里　1/5/281

梅曾亮　9/73/6295

梅鼎祚　9/70/5999

梅庚　9/70/5999

梅毂成　2/17/1283

梅朗中　9/70/5999

梅清　9/70/5999

梅文鼎　9/68/5704

梅文鼏　9/68/5709

梅文𪩘　9/68/5708

梅以燕　9/68/5708

梅鈗　2/17/1287

门度　1/3/124

猛色礼　8/65/5395

孟超然　8/67/5638

孟格色珥　8/65/5396

孟古慎　1/5/269

孟健　8/65/5393

孟乔芳　10/78/6711

孟熊弼　10/78/6714

梦麟　2/15/1159

米汉雯　9/70/5970

米思翰　1/6/379

米元俿　8/66/5517

绵课　1/2/63

绵洵　6/44/3607

绵宜　7/58/4776

绵懿　5/41/3371

苗夒　9/69/5913

苗胙土　10/79/6837

闵鹗元　4/27/2181

明安达礼　1/5/276

明安图　9/71/6124

明德（辉和氏）　3/23/1759

明德（舒穆禄氏）　1/6/406

明亮　4/29/2314

明霖　5/39/3182

明仁　3/19/1464

明瑞　3/22/1726

明善（郭洛啰氏）　5/39/3182

明善（索氏）　6/47/3913

明善（宗室）　6/43/3589

明寿　5/41/3384

明文　5/39/3182

明新　9/71/6125

明绪　6/50/4132

明训　6/50/4147

明谊　6/50/4147

明珠　1/8/546

谟尔赓额　4/29/2367

谟尔珲　2/9/646

莫晋　5/35/2862

莫克库　8/65/5431

莫洛　1/6/415

莫洛浑　1/4/189

莫蕃　10/75/6494

莫友芝　9/69/5833

莫与俦　9/69/5832

莫元伯　9/72/6217

莫钟琪　5/35/2864

墨德哩　7/55/4569

墨麒　8/61/5023

牟庭　9/69/5832

缪承勋　8/65/5461

缪尚诰　9/73/6262

缪志林　8/65/5460

慕天颜　2/12/893

穆成额　1/7/461

穆尔哈齐　1/3/120

穆尔祜　1/3/154

穆哈达　1/6/426

穆和蔺　2/15/1165

穆瑚禄　1/4/197

穆克德　2/15/1162

穆克德起　4/34/2734

穆克登阿　4/27/2157

穆克登布（富察氏）

　8/65/5454

穆克登布（钮钴禄氏）

　5/35/2832

穆克金布　6/44/3617

穆里玛　1/4/194

穆其琛　10/76/6592

穆腾额　6/44/3623

穆图善　7/56/4575

穆荫　6/47/3906

穆占　1/7/484

穆彰阿　5/40/3308

N

那尔苏　6/45/3699

那福　7/56/4582

那摩佛　1/6/366

那清安　7/52/4295

那赛　1/6/356

那苏泰　3/26/2109

那彦宝　5/38/3162

那彦成　4/33/2641

那彦瞻　3/26/2052

那彦珠　3/26/2052

纳达齐　8/65/5436

纳丹珠　2/11/787

纳盖　1/4/208

纳勒本　8/65/5454

纳林　8/65/5421

纳穆札勒　3/19/1492

纳齐额　8/65/5424

纳世通　3/22/1743

纳延泰　5/36/2919

奈雅图　8/65/5431

南楚　1/7/484

南鹏　10/79/6912

南一魁　10/79/6910

讷尔都　1/6/368

讷尔福　1/3/106

讷尔经额　5/40/3302

讷尔苏　1/3/106

讷尔图　1/3/106

讷摩布　4/31/2560

讷穆金　1/3/134

讷亲　3/22/1699

讷延泰　4/30/2389

呢玛善　4/30/2462

尼喀纳　2/12/922

尼堪　1/2/78

尼满（钮祜禄氏）　1/4/250

尼满（正白旗满洲）

　8/65/5421

尼努　1/5/292

尼思哈　1/2/80

尼唐阿　1/5/292

尼雅哈　1/8/546

尼雅翰　1/3/159

倪炳　8/65/5437

倪灿　9/70/5990

倪璠　9/71/6087

倪国正　8/65/5428

倪济远　9/73/6300

倪开祥　8/65/5444

潘敦伟　6/48/3964

潘敦俨　6/48/3964

潘铎　6/48/3960

潘高　9/71/6144

潘贵　8/65/5428

潘槐庭　9/73/6339

潘焕龙　9/73/6286

潘玠　9/71/6144

潘耒　9/71/6050

潘孟齐　9/71/6066

潘璞　7/55/4540

潘士良　10/79/6869

潘士权　9/68/5740

潘世恩　5/40/3261

潘树挈　7/58/4746

潘维城　9/69/5910

潘锡爵　9/69/5911

潘永芳　7/55/4543

潘永受　7/55/4543

潘咏　9/73/6339

潘治　10/77/6645

潘柱　8/65/5400

潘咨　8/67/5652

潘祖保　5/40/3268

潘祖年　7/58/4746

潘祖同　5/40/3268

潘祖荫　7/58/4733

庞大堃　9/69/5914

庞垲　9/70/6034

庞招俊　9/70/6034

庞钟璐　6/49/4077

培成　4/27/2193

彭邦畴　4/26/2096

彭朝龙　4/27/2168

彭承尧　4/27/2164

彭达孙　6/45/3772

彭大寿　8/66/5535

彭定求　8/66/5524

彭端淑　9/71/6116

彭福孙　6/45/3772

彭榖孙　6/45/3772

彭国栋　8/65/5442

彭翰孙　6/45/3772

彭见绅　7/58/4760

彭见绥　7/58/4760

彭见綷　7/58/4760

彭捷　8/65/5427

彭良翚　4/26/2093

齐倩　5/39/3215
齐芬　6/47/3909
齐健　5/39/3215
齐克塔哈　1/3/141
齐克新　1/2/89
齐兰　6/47/3909
齐玛塔　1/4/250
齐慎　5/39/3210
齐苏勒　2/13/985
齐伟　5/39/3215
齐彦槐　9/73/6284
齐召南　9/71/6129
齐振海　8/65/5400
齐重义　5/39/3215
祁埙　5/37/3077
祁充格　1/4/231
祁寯藻　6/46/3773
祁世长　6/46/3790
祁宿藻　9/72/6213
祁友慎　6/46/3790
祁韵士　9/72/6212
祁之鏶　5/37/3077
祁之镠　5/37/3077
祁之铨　5/37/3077
祁之釪　5/37/3077
奇昆　1/2/99
奇兰布　1/7/466
奇塔特　1/4/199
奇通阿　1/2/76
祈天保　3/23/1780
耆龄　6/50/4130
耆年　7/58/4774
耆英　5/40/3318
琦善　5/40/3289
启秀　8/62/5112
千柱　8/65/5421
谦德　1/1/20
钱宝惠　9/73/6273
钱炳森　9/73/6273
钱昌龄　3/25/1985
钱焯　4/28/2286
钱陈群　3/19/1501
钱陈氏（钱陈群母）
3/19/1502
钱澄之　9/68/5694
钱大昕　9/68/5756
钱大昭　9/68/5759
钱德承　10/76/6589

容照　4/33/2653

嵘林　6/50/4153

如松　1/2/55

茹敦和　10/75/6493

茹棻　10/75/6494

阮常生　5/36/2960

阮恩海　5/36/2960

阮福　5/36/2960

阮祜　5/36/2960

阮孔厚　5/36/2960

阮元　5/36/2948

芮长恤　8/66/5508

瑞昌（马佳氏）　6/50/4171

瑞昌（钮祜禄氏）

　6/44/3603

瑞常　6/46/3810

瑞成　6/46/3815

瑞麟　6/46/3829

瑞祥（舒穆鲁氏）　6/44/3625

瑞祥（他塔拉氏）　6/44/3663

瑞元　4/32/2626

瑞徵　5/40/3301

润德　4/30/2437

S

撒木贝　2/11/785

萨弼　1/3/155

萨碧图　8/65/5399

萨宾图　1/3/134

萨布素　2/10/745

萨达喀　8/65/5421

萨哈连　1/4/195

萨哈璘　1/2/82

萨喇奇　8/65/5394

萨廉　5/40/3317

萨麟　5/40/3317

萨穆哈　2/10/757

萨善　5/40/3317

萨玉衡　9/72/6227

萨徵　5/40/3317

塞赫　1/4/214

塞黑里　1/6/356

塞克精额　1/6/356

赛冲阿　4/30/2463

赛尚阿　7/52/4271

三宝　3/21/1653

三泰　3/19/1496

三音布　4/31/2559

桑调元　8/67/5584

桑格　1/7/463

桑天显　8/67/5584

色赫(莫勒济氏)　8/65/5399

色赫(舒觉罗氏)　8/65/5396

色克精额　3/20/1576

色勒奇　2/12/907

色楞(齐默特氏)　8/65/5422

色楞(托和洛氏)　1/5/281

色楞(正黄旗蒙古)
　8/65/5424

色楞额　7/59/4905

色思特　2/16/1232

僧格林沁　6/45/3687

沙克都尔扎布　8/65/5431

沙克都林扎布　7/60/4915

沙通阿　2/11/787

闪崇和　8/61/5097

闪崇仁　8/61/5097

闪崇寿　8/61/5097

闪崇羲　8/61/5097

闪殿魁　8/61/5096

闪国策　8/61/5097

闪国翰　8/61/5097

闪国书　8/61/5097

闪国贤　8/61/5097

闪国勋　8/61/5097

闪国训　8/61/5097

闪国璋　8/61/5097

善(西鲁特氏)　2/15/1153

善联　5/40/3283

善禄　6/43/3597

善佺　7/55/4506

商盘　9/71/6112

上官铉　1/7/510

尚安泰　7/55/4562

尚崇坦　1/5/319

尚格　1/3/109

尚可喜　10/78/6721

尚镕　9/73/6322

尚善　1/3/122

尚世特　1/6/402

尚廷枫　9/71/6095

尚维岳　8/65/5443

尚学礼　10/78/6721

尚漾　9/71/6095

尚政华　8/65/5443

尚之隆　10/78/6726

尚之孝　1/5/317

尚之信　10/80/6961

邵昂霄　9/71/6126

邵灿　8/63/5214

邵曾可　8/66/5492

邵大业　10/75/6472

邵晋涵　9/68/5784

邵鲲　8/65/5400

邵齐焘　9/72/6153

邵诗　9/73/6300

邵士奇　8/65/5425

邵顺年　8/65/5466

邵嗣尧　9/74/6394

邵天眷　9/73/6300

邵廷采　8/67/5585

邵懿辰　8/65/5465

邵应邲　8/65/5432

邵瑛　9/68/5751

邵咏　9/73/6300

邵友濂　8/63/5214

邵远平　9/70/6019

邵长蘅　9/71/6058

邵之保　8/65/5433

绍曾　6/44/3622

折遇兰　9/72/6170

申涵光　9/70/5971

申涵盼　9/70/5971

神保住　1/2/73

沈岸登　9/71/6042

沈邦清　8/65/5406

沈葆桢　7/53/4407

沈冰壶　9/71/6139

沈炳谦　9/68/5737

沈炳巽　9/71/6138

沈炳震　9/68/5737

沈赤然　9/72/6192

沈初　4/28/2262

沈大成　9/72/6167

沈德潜　3/19/1515

沈辙清　7/53/4424

沈光邦　9/70/6021

沈光荣　9/74/6429

沈桂芬　7/52/4291

沈国模　8/66/5491

沈皞日　9/71/6042

沈珩　9/70/6020

沈佳　8/67/5587

沈嘉辙　9/71/6085

沈进　9/71/6044

沈近思　2/12/939

沈敬　8/65/5406

沈珏　9/72/6156

沈兰生　4/28/2264

沈莲生　4/28/2264

沈联辉　8/65/5455

沈璘庆　7/53/4424

沈伦　8/65/5405

沈梦兰　9/68/5808

沈名荪　9/71/6085

沈起元　10/75/6449

沈谦　9/70/5949

沈钦韩　9/69/5862

沈钦裴　9/73/6270

沈庆曾　9/74/6426

沈镕经　10/77/6673

沈士则　8/66/5543

沈世魁　10/79/6812

沈受弘　10/75/6449

沈叔埏　9/72/6156

沈涛　9/69/5869

沈天成　1/6/394

沈廷芳　9/71/6084

沈廷甲　8/65/5453

沈彤　9/68/5744

沈琬庆　7/53/4424

沈维炳　10/79/6820

沈玮庆　7/53/4424

沈文奎　1/4/238

沈文焘　7/52/4295

沈文炘　7/52/4295

沈锡珪　7/52/4295

沈锡华　10/77/6618

沈璿庆　7/53/4424

沈衍庆　10/76/6562

沈垚　9/73/6260

沈瑶庆　7/53/4424

沈业富　9/72/6168

沈翊清　7/53/4424

沈莹庆　7/53/4424

沈永忠　10/79/6812

沈用济　9/70/5951

沈友　8/65/5453

沈瑜庆　7/53/4424

沈玉琏　2/12/942

沈元沧　9/71/6084

沈云骧　6/47/3863

石家绍　10/76/6548

石清吉　6/51/4233

石天柱　1/5/322

石廷柱　1/5/322

石文炳（辽东人）　1/5/326

石文炳（正白旗汉军）
　3/19/1496

石现瑞　8/65/5445

石云倬　2/15/1168

石韫玉　9/72/6232

石阵图　8/65/5443

史秉直　10/76/6550

史夔　2/15/1178

史梦兰　9/73/6333

史绍登　10/75/6517

史申义　9/71/6066

史孝咸　8/66/5491

史贻直　2/15/1178

史奕昂　2/15/1184

史奕瓛　2/15/1185

世斌　7/57/4706

释迦保　3/23/1780

寿昌　7/52/4327

寿格　6/46/3815

寿蓉　7/60/4918

寿山　8/61/5053

寿善　5/41/3407

书麟　4/27/2193

舒保　6/50/4155

舒常　4/27/2127

舒尔哈善　5/35/2881

舒赫　1/5/285

舒赫德　3/20/1577

舒兰　2/12/857

舒亮　4/27/2154

舒鲁泰　8/65/5421

舒明阿　5/40/3283

舒宁　3/20/1589

舒恕　1/7/458

舒通阿　5/38/3175

舒位　9/72/6239

舒兴阿　5/42/3474

舒瞻　9/71/6141

双德　8/65/5449

双福　6/44/3662

双明　6/50/4157

双全　6/50/4126

双泰　7/56/4591

双喜　2/9/618

顺德　1/1/20

硕岱　2/11/785

硕龄　4/32/2614

硕塞　1/2/36

硕色(赫舍里氏)　1/6/370

硕色(乌雅氏)　2/15/1160

硕色纳　1/4/222

硕寿　1/3/157

硕托　1/3/176

四姑　6/50/4167

嗣存　6/50/4150

松龄　5/42/3480

松岫　7/54/4433

松筠　4/32/2561

崧蕃　7/59/4823

嵩安　4/28/2255

嵩椿　1/3/124

嵩林　6/50/4153

嵩申　7/52/4342

嵩祝　2/13/1021

宋邦宪　9/70/5973

宋葆淳　9/68/5718

宋必达　9/74/6360

宋昌图　8/67/5631

宋大樽　9/72/6221

宋德宜　1/7/496

宋国中　8/65/5404

宋建勋　8/65/5433

宋鉴　9/68/5718

宋景昌　9/73/6262

宋骏业　1/7/500

宋荦　2/9/684

宋绵初　9/68/5794

宋庆　8/62/5155

宋权　10/78/6770

宋实颖　9/70/6003

宋士宗　8/66/5519

宋世荦　9/68/5808

宋天杰　8/62/5159

宋琬　9/70/5972

宋湘　9/72/6248

宋翔凤　9/69/5866

宋炘　10/78/6772

宋应亨　9/70/5972

宋裕继　8/62/5159

宋振麟　8/66/5515

宋之盛　8/66/5519

索尔和　1/4/193

索尔和诺　1/7/479

索勒和　1/7/484

索琳　3/26/2109

索尼　1/6/370

索诺木　8/65/5424

索什米　8/65/5421

索长阿　1/6/347

T

塔拜　1/3/158

塔勒岱　1/7/465

塔齐布　6/44/3656

塔斯哈　5/35/2882

塔瞻　1/4/260

台布　2/17/1343

台斐音　2/17/1343

泰斐英阿　1/3/118

谈泰　9/69/5851

谭拔萃　7/60/4981

谭拜　1/6/368

谭宝琛　6/47/3887

谭宝璐　6/47/3887

谭宝珫　6/47/3887

谭宝瑛　6/47/3887

谭宝箴　8/61/5088

谭碧理　8/63/5226

谭从炳　8/63/5227

谭辅宸　8/61/5088

谭国泰　6/51/4237

谭弘　10/80/6948

谭吉璁　9/71/6041

谭敬昭　9/73/6299

谭琼英　8/66/5517

谭上连　7/60/4933

谭泰　1/4/227

谭天祕　10/80/6949

谭廷襄　6/47/3881

谭行义　2/17/1320

谭延闿　8/61/5088

谭尹钢　7/60/4935

谭莹　9/73/6334

谭钟麟　8/61/5083

谭宗浚　9/73/6335

檀萃　9/72/6183

坦修　8/65/5429

汤斌　1/8/534

汤储璠　9/73/6308

汤家相　9/74/6359

汤金钊　5/41/3351

汤宽　5/41/3361

汤鹏　9/73/6302

汤其仁　8/66/5518

汤修　5/41/3361

汤学淳　5/41/3361

汤学海　5/41/3361

汤学治　5/41/3361

汤右曾　2/9/687

汤之锜　8/66/5547

汤之旭　8/66/5564

汤准　8/66/5563

汤祖契　1/8/534

唐保住　2/12/908

唐殿魁　6/51/4230

唐定魁　5/39/3252

唐古哈　1/4/231

唐际盛　5/39/3249

唐鉴　8/67/5652

唐阶泰　9/70/6004

唐进宝　1/6/397

唐梦赉　9/70/5979

唐冕　8/67/5652

唐铨　8/65/5411

唐绍闻　7/60/4981

唐士杰　8/65/5402

唐树义　8/65/5462

唐绥祖　3/22/1749

唐孙华　9/71/6074

唐通　10/79/6895

唐友耕　7/60/4978

唐玉春　8/65/5433

唐甄　9/70/6004

塘阿礼　1/5/299

陶葆廉　8/61/5080

陶岱　2/10/697

陶恩培　6/43/3562

陶桄　5/37/3061

陶弘才　8/65/5401

陶季　9/71/6058

陶茂林　7/60/4935

陶模　8/61/5073

陶善培　8/61/5080

陶澍　5/37/3048

陶廷栋　6/43/3564

陶元淳　9/74/6410

特赫讷　1/4/197

汪远孙　9/68/5799

汪曰桢　9/73/6307

汪越　9/72/6148

汪照　9/68/5756

汪中　9/68/5795

王安国　2/17/1363

王鳌永　10/78/6700

王柏心　9/73/6323

王邦畿　9/71/6065

王弼　8/65/5425

王抃　9/70/6007

王彪　8/65/5435

王秉恭　8/65/5399

王秉政　8/65/5399

王步青　8/67/5590

王昶　3/26/2114

王朝纲　5/39/3233

王朝纶　5/39/3233

王朝式　8/66/5492

王朝选　8/65/5425

王成功　8/65/5407

王承瀚　5/39/3259

王承泗　5/39/3259

王承文　8/65/5428

王承祖　6/43/3553

王崇简　1/8/527

王大经　9/70/5943

王大任　8/65/5434

王大勋　8/65/5423

王得凤　8/65/5442

王得禄　5/39/3230

王德榜　8/61/5011

王德教　8/65/5400

王德屏　10/75/6492

王登联　1/6/360

王鼎　5/36/2960

王铎　10/79/6830

王芳寿　8/65/5441

王凤翔　8/65/5443

王夫之　8/66/5515

王伏金　8/65/5422

王福坤　8/65/5483

王辅臣　10/80/6945

王谷弼　8/65/5422

王光显　8/65/5437

王广心　2/10/712

王国栋　2/13/994

王国卿　8/65/5425

王庆云	6/46/3842	王寿昌	4/34/2800
王全	8/65/5435	王寿同	4/34/2800
王仁东	6/46/3842	王摅	9/70/6007
王仁堪	10/77/6680	王澍	9/71/6092
王日杏	8/65/5437	王嗣槐	9/70/6010
王荣棨	8/65/5437	王崧	9/69/5908
王如玉	8/65/5437	王隼	9/71/6065
王繻	9/74/6407	王太岳	9/72/6154
王汝衡	8/65/5439	王昙	9/72/6240
王盛唐	1/6/362	王天池	8/65/5438
王诗正	8/65/5478	王天鉴	9/74/6346
王时熙	9/70/5984	王廷贵	8/65/5401
王时翔	10/75/6459	王廷衡	8/65/5405
王士祐	9/70/5985	王廷槐	8/65/5440
王士俊	3/18/1386	王庭	9/70/5976
王士禄	9/70/5984	王维新	8/65/5401
王士乾	9/70/6014	王玮庆	5/37/3031
王士让	9/68/5744	王文谦	5/42/3444
王士祯	2/9/681	王文清	9/68/5739
王世富	8/65/5407	王文韶	8/64/5304
王世选	10/78/6753	王文恕	5/42/3444
王式丹	9/71/6079	王文治	9/72/6166
王守堃	5/42/3444	王无党	10/79/6832
王守愚	5/42/3444	王无咎	10/79/6832

王希伊　10/75/6478

王锡　9/68/5712

王锡阐　9/68/5709

王锡朋　5/39/3257

王锡棨　5/37/3031

王熙　1/8/527

王孝祺　8/63/5216

王心敬　8/66/5513

王新命　2/11/853

王鑫　8/65/5476

王顼龄　2/10/720

王萱龄　9/69/5868

王巡泰　8/67/5634

王延年　9/71/6108

王岩　9/71/6048

王衍梅　9/73/6275

王彦和　4/34/2800

王揆　2/9/673

王瑶湘　9/71/6066

王曜南　9/69/5885

王曜昇　9/70/6008

王一德　8/65/5414

王一魁　8/65/5441

王奕鸿　2/9/675

王奕清　2/9/675

王翼孙　8/65/5447

王懿德　5/42/3441

王懿荣　8/65/5480

王懿修　5/37/3008

王寅清　10/77/6665

王引之　4/34/2797

王应春　8/65/5401

王永吉　10/79/6828

王永清　10/80/6942

王用予　1/7/477

王猷定　9/70/5984

王友亮　9/72/6152

王有龄　6/43/3550

王又旦　9/74/6373

王又朴　9/68/5729

王右曾　9/72/6155

王聿修　8/67/5614

王钰孙　8/64/5319

王堉时　3/26/2089

王乔云　6/43/3553

王豫　9/73/6292

王元榜　5/37/3010

王元复　8/67/5608

王元爵　8/65/5399

王元启　9/72/6166

王原祁　9/70/6007

王源　8/66/5578

王钺(山东历城人)

　　9/70/6026

王钺(山东诸城人)

　　9/70/5981

王筠　9/69/5883

王赠芳　9/73/6280

王照圆　9/69/5831

王肇谦　10/76/6559

王喆生　8/66/5524

王拯　9/73/6315

王正官　8/65/5442

王正儒　7/60/4964

王正志　10/78/6702

王之鼎　10/78/6754

王之纲　10/79/6871

王之锐　8/67/5617

王之智　8/65/5442

王植　8/67/5615

王骘　1/8/566

王撰　9/70/6007

王灼　9/71/6124

王晫　9/70/5951

王宗诚　5/37/3008

王宗炎　9/72/6192

王祖源　8/65/5482

王作亮　10/78/6702

旺吉努　1/5/343

危龙光　8/66/5518

韦逢甲　8/65/5458

韦预　8/65/5458

伟齐　1/4/193

卫立鼎　9/74/6382

卫周胤　10/78/6780

卫周祚　10/79/6878

魏定国　3/18/1407

魏方泰　3/18/1407

魏琯　10/79/6867

魏涵晖　3/18/1410

魏亨逵　5/35/2903

魏亨埏　5/35/2903

魏际瑞　8/70/5634

魏礼　9/70/5935

魏荔彤　9/68/5728

魏嵘　8/65/5433

吴其彦　5/38/3131

吴奇　8/65/5432

吴启丰　10/78/6802

吴启爵　10/78/6802

吴绮　9/71/6038

吴骞　9/72/6158

吴清皋　9/72/6209

吴清鹏　9/72/6209

吴庆坻　6/48/4001

吴全美　7/60/4931

吴任臣　9/68/5690

吴荣光　5/38/3141

吴荣禧　5/38/3135

吴汝玠　10/78/6769

吴汝为　9/74/6358

吴若准　5/35/2843

吴三桂　10/80/6921

吴省兰　4/28/2272

吴省钦　4/28/2269

吴师贞　8/65/5420

吴时谏　2/9/658

吴时讷　2/9/658

吴时谦　2/9/658

吴时咏　2/9/658

吴士功　3/23/1814

吴士鉴　6/48/4001

吴殳　9/70/5966

吴树声　9/69/5927

吴嗣昌　8/65/5428

吴嗣爵　5/35/2836

吴嵩梁　9/72/6211

吴台硕　8/67/5624

吴太冲　9/70/6010

吴泰来　9/72/6182

吴棠　7/53/4399

吴梯　10/76/6525

吴琠　2/9/656

吴廷华　9/68/5731

吴廷香　7/56/4605

吴廷桢　9/71/6079

吴惟华　10/79/6854

吴伟业　10/79/6840

吴文墥　6/48/4001

吴文溥　9/72/6201

吴文镕　5/42/3432

吴文炜　9/71/6066

吴雯　9/71/6052

吴锡麒　9/72/6208

徐邦道　7/60/5007

徐邦庆　10/76/6531

徐葆光　9/71/6075

徐本　2/16/1203

徐必达　9/74/6360

徐彬　5/41/3404

徐潮　2/11/821

徐成贵　8/65/5435

徐承埰　5/35/2850

徐承焯　5/41/3404

徐承爔　5/41/3404

徐承烜　5/41/3404

徐承煜　8/63/5228

徐大贵　2/9/643

徐砀　8/65/5410

徐栋　10/76/6549

徐方瑞　8/65/5437

徐复　9/68/5797

徐广缙　6/48/3945

徐鑅庆　9/72/6224

徐宏基　2/10/706

徐会沣　8/61/5028

徐绩　4/27/2178

徐嘉炎　9/70/6022

徐堦　5/35/2850

徐进第　8/65/5404

徐克范　9/72/6148

徐恪　8/67/5588

徐锟　4/27/2181

徐邻唐　8/66/5563

徐林鸿　9/70/6011

徐念祖　8/67/5594

徐杞　2/16/1207

徐起元　10/78/6789

徐乾学　2/10/701

徐釚　9/71/6052

徐日簪　8/65/5437

徐荣　9/73/6336

徐善　9/68/5701

徐善建　8/67/5624

徐谂　8/65/5437

徐世淳　9/68/5701

徐世沐　8/67/5588

徐世溥　9/70/5954

徐世清　8/65/5433

徐寿朋　8/63/5227

徐树本　2/9/671

徐树毅　2/10/704

许定吉　10/79/6834

许恩缉　7/59/4901

许尔安　10/79/6834

许庚身　7/58/4761

许桂林　9/69/5905

许瀚　9/69/5820

许珩　9/68/5797

许鸿磐　9/72/6213

许煌　8/65/5437

许济　8/65/5437

许景澄　8/62/5182

许景淹　8/65/5432

许均　9/70/5992

许乃普　6/47/3871

许彭寿　6/47/3905

许祺身　10/77/6690

许钤身　6/47/3879

许汝霖　2/12/891

许世德　8/65/5403

许松年　4/31/2495

许遂　9/71/6102

许泰　8/65/5406

许廷恩　4/31/2506

许廷鏶　9/71/6144

许廷梓　8/65/5437

许文爵　8/65/5420

许文耀　8/65/5411

许锡麟　4/31/2506

许旭　9/70/6006

许瑶光　10/76/6593

许友　9/70/5992

许遇　9/70/5992

许岳生　4/31/2506

许振祎　7/59/4880

许之俊　6/47/3879

许之鹏　7/58/4763

许之荣　7/58/4762

许宗彦　9/69/5828

许祖京　9/69/5828

绪曾　6/48/3973

绪成　6/44/3606

绪恩　6/44/3606

绪光　6/44/3607

续昌　7/58/4774

薛传均　9/69/5874

薛琮　8/65/5438

薛大烈　4/31/2481

薛凤祚　9/68/5700

薛福　4/31/2487

薛福成　7/58/4817

薛国栋　8/65/5439

薛焕　7/53/4386

薛浚　8/61/5044

薛镕　9/70/5958

薛寿　9/69/5874

薛所蕴　10/79/6889

薛翼运　7/58/4822

薛于瑛　8/67/5662

薛允升　8/61/5039

逊柱　2/12/930

Y

雅布　1/2/72

雅尔哈齐　1/2/89

雅尔哈善　3/22/1735

雅尔吉代　8/65/5422

雅尔江阿　1/2/73

雅赖　1/6/400

雅朗阿　1/3/108

雅隆阿　8/65/5422

雅秦　1/4/197

雅图　2/13/1021

延祜　6/45/3745

延龄　8/64/5335

延茂　7/60/4911

延祺　6/45/3745

延寿　1/7/461

延信　1/3/177

延增　6/50/4142

严长明　9/72/6196

严观　9/72/6197

严沆　9/70/5973

严翊昌　7/54/4497

严杰　9/69/5876

严毅　8/66/5549

严可均　9/69/5841

严如熤　10/75/6510

严绳孙　9/70/5990

严树森　7/54/4488

严遂成　9/71/6101

严一鹏　9/70/5990

严虞惇　9/71/6072

严元照　9/69/5843

严正基　10/75/6512

严芝　10/75/6512

严篱昌　7/54/4497

严自明（陕西凤翔人）
　10/80/6967

严祖衡　7/54/4497

严祖彭　7/54/4497

阎福玉　8/65/5420

阎敬铭　7/57/4671

阎迺林　7/57/4683

阎迺竹　7/57/4683

阎若璩　9/68/5714

阎循观　8/67/5640

阎尧熙　10/75/6435

阎咏　9/68/5717

颜伯焘　6/48/3941

颜登第　8/65/5438

颜光敏　9/70/6024

颜光敹　9/70/6025

颜光猷　9/70/6025

颜检　4/31/2519

颜履敬　8/65/5458

颜希深　4/31/2519

颜学优　8/65/5458

颜元　8/66/5576

颜樾　4/31/2520

颜扎布　8/65/5424

衍潢　1/2/60

衍秀　5/40/3308

彦德　7/53/4353

晏端书　7/55/4507

晏方琦　7/55/4514

晏振怙　7/55/4514

晏振恪　7/55/4514

晏振怡　7/55/4514

扬福　3/24/1935

扬古利　1/4/227

扬奇　1/3/115

扬舒　1/4/204

杨宝　9/70/6002

杨宝荫　10/80/6941

杨宾　9/70/6002

杨昌泗　6/51/4215

杨昌濬　8/61/5063

杨长龄　3/22/1725

杨超曾　2/17/1328

杨朝正　9/74/6407

杨成鼎　8/65/5456

杨承注　5/39/3200

杨椿　9/71/6098

杨大埙　9/69/5880

杨道濲　7/54/4487

杨德成　7/59/4875

杨德亨　8/67/5675

杨恩桓　5/39/3200

杨恩科　5/39/3200

杨恩檀　5/39/3200

杨恩桐　5/39/3200

杨芳　5/39/3190

杨芳灿　9/72/6222

杨凤苞　9/73/6278

杨富　10/80/6941

杨毅成　7/59/4875

杨光先(江苏江宁人)　8/65/5406

杨光先(贵州石阡人)　8/65/5442

杨国桢　5/37/3047

杨国佐　5/37/3047

杨和道　8/65/5404

杨宏万　8/65/5455

杨宏祖　8/65/5404

杨垕　9/72/6173

杨捷　2/9/640

杨潽仪　7/54/4487

杨揆　9/72/6223

杨来嘉　10/80/6942

杨鸾　9/71/6143

杨伦　9/72/6220

杨履基　8/67/5592

杨懋恬　5/35/2845

杨懋仪　7/54/4487

杨梦槎　8/65/5437

杨名时　2/14/1092

杨铭传　8/62/5200

杨铭福　8/62/5201

杨铭贵　8/62/5201

杨铭爵　8/62/5200

杨铭銮　8/62/5200

杨铭枢　8/62/5201

杨铭勋　8/62/5200

杨霈霖　7/59/4875

杨岐珍　8/62/5198

杨荣绪　10/77/6603

杨儒　8/63/5207

杨汝楫　7/56/4649

杨汝能　7/56/4650

杨三知　8/65/5414

杨胜儒　7/54/4471

杨士祥　8/65/5419

杨世怀　8/65/5456

杨守恩　8/62/5198

杨述曾　9/71/6099

杨树椿　8/67/5661

杨思圣　9/70/5970

杨素蕴　2/9/618

杨天阶　8/65/5425

杨廷桂　9/73/6319

杨廷璋　3/21/1637

杨通　8/65/5439

杨文定　6/43/3584

杨文乾　2/13/1015

杨无咎　9/70/5940

杨锡绂　3/18/1377

杨熙简　5/35/2847

杨先春　8/65/5434

杨显若　8/65/5426

杨秀观　6/51/4217

杨秀贵　7/54/4472

杨秀实　6/51/4217

杨学培　6/43/3588

杨延亮　8/65/5455

杨仪成　7/59/4875

杨怿曾　5/35/2906

杨应琚　3/22/1716

杨雍建　1/6/376

杨用湑　5/35/2910

杨于果　9/72/6207

杨瑀　8/66/5510

杨玉科　7/56/4646

杨遇春　5/37/3034

杨遇明　10/80/6941

杨岳斌　7/54/4471

杨泽万　8/65/5456

杨镇荣　7/54/4487

杨正仪　7/54/4487

杨之连　8/65/5422

杨仲兴　9/71/6116

杨重毅　3/22/1722

杨重雅　7/59/4872

杨重英　3/22/1722

杨铸　2/9/643

杨自旺　8/65/5434

杨宗贵　8/65/5438

杨宗仁　2/13/991

杨宗义　9/74/6407

杨祖贤　8/62/5201

尧泰　1/7/463

姚椿　9/73/6294

姚法祖　1/8/608

姚范　9/72/6188

姚菜　4/27/2186

姚国庆　10/77/6617

姚宏任　8/66/5543

姚怀祥　8/65/5458

姚际恒　9/68/5703

姚令仪　9/73/6294

姚鼐　9/72/6186

姚配中　9/69/5886

姚启圣　1/8/603

姚汝金　9/71/6136

姚世俊　8/65/5438

姚世钰　9/71/6135

姚廷璋　8/65/5458

姚文然　1/7/508

姚文田　4/34/2787

姚文燮　9/74/6375

姚燮　9/73/6317

姚学塽　8/67/5651

姚延儒　8/65/5402

姚晏　4/34/2796

姚仪　1/8/608

姚莹　9/73/6265

姚元之　5/42/3425

姚之骃　9/70/6019

冶大雄　2/15/1171

冶继钧　2/15/1173

冶正宗　2/15/1174

叶布铿额　8/65/5454

叶臣　1/4/214

叶初春　10/79/6892

叶德豫　5/35/2835

叶敦艮　8/66/5501

叶方蔼　2/9/677

叶封　9/70/6008

叶矞　2/9/648

叶继雯　9/72/6231

叶可松　8/63/5240

叶可熙　8/63/5240

叶可钲　8/63/5240

叶可植　8/63/5240

叶堃恩　8/63/5240

叶龙　8/65/5427

叶名琛　5/40/3333

叶名沣　9/73/6311

臧寿恭　9/69/5859

臧庸　9/68/5789

皂保　7/56/4588

迮鹤寿　9/69/5880

增崇　6/47/3915

增德　6/47/3915

增荣　6/47/3915

曾灿　9/70/5936

曾大祥　8/65/5455

曾广汉　7/59/4858

曾广河　7/59/4858

曾广江　7/59/4858

曾广钧　6/45/3723

曾广銮　7/58/4788

曾广铨　7/58/4788

曾广镕　6/45/3723

曾国藩　6/45/3703

曾国华　8/65/5463

曾国荃　7/59/4850

曾纪凤　10/77/6641

曾纪鸿　6/45/3723

曾纪寿　8/65/5464

曾纪泽　7/58/4778

曾骥云　8/65/5464

曾捷魁　6/49/4021

曾眷　8/65/5446

曾麟书　6/45/3711

曾世荣　8/65/5446

曾受一　8/67/5632

曾望颜　6/49/4018

曾协均　4/33/2715

曾养性　10/80/6957

曾荫椿　7/59/4858

曾燠　4/33/2713

曾曰都　8/66/5518

曾钊　9/69/5889

曾兆龙　7/59/4858

曾兆祥　7/59/4858

曾贞幹　6/45/3715

扎尔汉　5/38/3156

扎福尼　8/65/5396

扎格达　8/65/5431

扎喀纳　1/3/170

扎克丹　7/55/4569

扎坤泰　1/3/165

扎拉芬(博尔济吉特氏)
　6/43/3600

扎拉芬(乌朗哈特氏)

8/65/5436

扎拉芬(张氏)　4/32/2607

扎兰泰(吴雅氏)　3/20/1567

扎兰泰(旗无考)　8/65/5424

扎勒哈哩　7/55/4569

扎勒哈苏　7/55/4569

扎勒杭阿(鄂济氏)
　　4/30/2410

扎勒杭阿(吴佳氏)
　　4/31/2560

查尔海　2/16/1232

查克旦　1/6/356

查揆　9/71/6077

查郎阿　2/16/1232

查慎行　9/71/6075

查昇　9/71/6084

查世球　8/66/5519

查嗣瑮　9/71/6076

查辙　8/66/5519

詹明章　8/66/5571

瞻岱　2/12/910

占鳌　7/57/4721

占凤　7/57/4721

张珊　9/71/6049

张百熙　8/61/5044

张必弘　8/65/5425

张必禄　5/39/3220

张秉彝　2/9/653

张炳文　9/73/6298

张伯行　2/12/871

张曾　9/71/6146

张弨　9/68/5690

张朝臣　8/65/5420

张陈氏(张远母)　9/70/6029

张成孙　9/69/5826

张诚基　4/31/2537

张承烈　8/66/5515

张承勋　10/78/6749

张崇兰　9/68/5770

张从义　8/65/5404

张存　8/65/5419

张存仁　10/78/6714

张大受　9/71/6080

张大猷　1/4/242

张大智　7/60/4988

张丹　9/70/5950

张得胜　7/60/4984

张德标　8/65/5437

张可大　8/66/5510

张克嶷　9/74/6400

张烺　2/11/807

张联恩　6/46/3842

张亮基　6/49/4021

张烈　8/66/5540

张镠　8/67/5643

张履　9/72/6242

张履祥　8/66/5493

张茂长　6/46/3842

张茂贵　6/46/3842

张茂时　6/46/3842

张渼　5/35/2899

张沐　9/74/6372

张穆　9/73/6324

张能麟　8/66/5541

张鹏　5/39/3260

张鹏翀　9/71/6110

张鹏翮　2/11/799

张鹏翼　8/66/5573

张其烈　10/78/6794

张其龙　10/78/6793

张淇　3/19/1511

张琦　10/76/6531

张清士　8/65/5439

张权　8/64/5367

张全玉　8/65/5435

张仁黼　8/64/5295

张仁侃　8/64/5367

张仁熙　9/70/6012

张日晸　5/38/3140

张瑞荫　7/57/4688

张若霭　2/14/1089

张若澄　2/14/1090

张若麒　10/79/6893

张若渟　2/14/1090

张若震　3/22/1697

张森　8/66/5563

张绅　9/72/6226

张师劭　6/49/4051

张师载　2/12/877

张时为　8/66/5522

张士琦　9/74/6430

张士秀　5/39/3260

张士元　9/72/6241

张氏（杨无咎继妻）
　　9/70/5941

张世永　8/65/5437

张树屏　6/51/4227

张树珊　6/51/4223

张树声　7/54/4444

张澍　9/73/6251

张顺　8/65/5406

张松林　5/38/3180

张松龄　8/65/5416

张泰开　3/24/1877

张泰瑞　8/65/5400

张天福　10/78/6794

张天禄　10/78/6792

张廷济　9/73/6255

张廷璐　2/14/1088

张廷枢　2/13/950

张廷玉　2/14/1062

张廷瑑　2/14/1089

张维恭　8/66/5497

张维屏　9/73/6298

张文虎　9/73/6337

张文俊　8/65/5425

张问安　9/72/6231

张问达　8/66/5511

张问陶　9/72/6230

张喜　5/38/3180

张夏　8/66/5550

张先志　8/65/5422

张祥　8/65/5434

张祥河　6/46/3839

张向宸　6/49/4029

张忻　10/79/6908

张行健　8/65/5421

张行素　9/68/5697

张煦　7/59/4891

张煊　10/78/6786

张塥　9/74/6398

张炎　8/65/5452

张养　8/65/5427

张曜　7/55/4544

张一魁　2/16/1226

张怡　8/66/5510

张逸少　2/10/728

张翊宸　6/49/4029

张荫清　6/44/3652

张应昌　9/69/5859

张应庚　1/4/244

张应举　8/65/5426

张应田　3/19/1513

张英　2/9/653

张勇　10/78/6744

张由庚　5/39/3225

张由基　5/39/3225

张有埰　7/53/4393

张有培　7/53/4393

张有埏　7/53/4393

张有垣　7/53/4393

张玉　8/65/5426

张玉书　2/10/725

张元骥　7/57/4688

张元龙　8/65/5412

张远　9/70/6029

张远览　9/72/6178

张云璈　9/72/6177

张云逮　6/51/4227

张云章　8/67/5590

张允随　2/16/1226

张长庚　1/7/456

张照　3/19/1509

张贞　9/70/5981

张贞生　8/66/5539

张甄陶　10/75/6479

张振锽　8/61/5052

张振镛　8/61/5052

张振鋆　8/61/5052

张之洞　8/64/5352

张之万　7/57/4684

张志雄　8/65/5406

张轴新　5/38/3141

张自超　8/67/5592

张自烈　8/66/5521

张自勋　8/66/5521

张作楠　9/73/6268

章大来　9/68/5712

章镐　4/32/2622

章冠山　8/65/5452

章洪钧　10/77/6674

章埏　4/32/2622

章式成　8/65/5446

章泰　2/16/1232

章坦　4/32/2622

章宪　8/65/5445

章煦　4/32/2616

章学诚　9/72/6214

章于天　10/80/6981

章藻功　9/71/6039

章恺　9/70/5954

章宗源　9/72/6215

彰宝　3/23/1827

彰古　8/65/5396

彰库善　8/65/5395

彰泰　1/3/137

彰柱　8/65/5421

昭梿　1/1/11

兆德　2/17/1294

兆惠　3/20/1557

赵滨彦　6/49/4059

赵秉冲　8/65/5437

赵秉贻　10/76/6576

赵秉渊　8/65/5437

赵炳言　6/49/4053

赵朝珍　8/65/5446

赵成功　8/65/5401

赵承馥　10/79/6835

赵得和　8/65/5460

赵殿成　9/71/6087

赵敦诗　4/33/2708

赵敦训　4/33/2708

赵敦诒　4/33/2708

赵发元　8/65/5461

赵凤诏　2/12/866

赵光　6/47/3866

赵光国　8/65/5446

赵国麟　2/14/1109

赵弘灿　2/12/878

赵弘燮　2/12/879

赵鸿举　7/60/4989

赵怀玉　9/72/6237

赵吉士　9/74/6361

赵继序　9/68/5739

赵进美　9/71/6060

赵景贤　6/49/4053

赵君良　8/65/5427

赵坤　8/65/5432

赵涞彦　6/49/4059

赵良栋　1/7/471

赵良辅　8/65/5400

赵溱彦　6/49/4059

赵青藜　9/72/6147

赵日熙　4/28/2277

赵润彦　6/49/4059

赵绍祖　9/73/6293

赵申乔　2/12/863

赵深彦　6/49/4058

赵慎畛　4/33/2704

赵世新　10/79/6834

钟濂　5/40/3333

钟麟　1/6/440

钟谦钧　10/77/6611

钟文　6/47/3913

钟文烝　9/69/5906

钟祥　5/38/3122

钟音　4/31/2518

钟渊映　9/71/6042

仲燊　7/53/4367

仲永檀　3/18/1393

众神保　8/65/5422

周秉礼　10/77/6646

周长发　9/71/6127

周承炯　7/58/4811

周春　9/68/5807

周达武　7/60/4965

周大枢　9/71/6129

周德禄　6/46/3799

周德润　7/58/4802

周光碧　5/42/3497

周光岳　5/42/3490

周广业　9/68/5767

周国衡　8/65/5437

周祜　7/56/4612

周煌　3/24/1892

周济　9/72/6247

周家驹　7/56/4617

周家麖　7/56/4612

周家谦　7/56/4612

周京　9/71/6132

周靖　9/70/5940

周克开　10/75/6481

周连　8/65/5435

周亮工　10/79/6863

周茂兰　9/70/5939

周启仁　8/65/5438

周起渭　9/71/6067

周清任　7/58/4811

周荣陛　6/50/4174

周容　9/70/5963

周上友　8/65/5442

周盛波　7/56/4609

周盛传　7/56/4612

周盛华　7/56/4612

周世美　8/65/5425

周寿昌　9/73/6328

周树槐　9/73/6277

周天孚　6/50/4175

周天爵	5/42/3486	周肇	9/70/6006
周天命	8/65/5400	周之琦	6/49/4059
周天培	6/50/4175	周中孚	9/69/5860
周天受	6/50/4172	周中鋐	9/74/6422
周天顺	6/50/4174	周准	9/71/6146
周天元	6/50/4174	周祖培	6/46/3790
周廷栋	4/28/2281	朱安邦	8/65/5442
周文令	6/46/3799	朱百城	5/37/3019
周文喜	6/50/4175	朱百谷	5/37/3019
周祥发	8/66/5519	朱百梅	5/37/3019
周象明	8/66/5560	朱百顺	5/37/3019
周雄	8/65/5406	朱百行	5/37/3019
周宣猷	9/71/6118	朱必堦	2/14/1038
周学健	3/23/1806	朱必坦	2/14/1038
周耀宗	8/65/5442	朱彬	9/69/5821
周仪暐	9/73/6289	朱昌祚	1/6/358
周永年	9/68/5785	朱次琦	10/76/6586
周永绪	8/65/5405	朱大源	10/76/6540
周有德	1/7/455	朱道文	8/67/5673
周有声	9/72/6243	朱稻孙	9/71/6040
周于礼	9/72/6221	朱凤标	6/46/3817
周元儒	8/65/5433	朱绂	1/6/360
周笈	9/71/6043	朱根仁	10/77/6629
周在浚	9/70/6000	朱光进	8/67/5621